EURODÉLICES

EUROPAS MEISTERKÖCHE BITTEN ZU TISCH

EURODÉLICES

EUROPAS MEISTERKÖCHE BITTEN ZU TISCH

VORSPEISEN
HAUPTGERICHTE
DESSERTS

KÖNEMANN

Danksagung

Wir danken allen Personen, Restaurants und Unternehmen, die durch ihre wertvolle Mitarbeit zum Gelingen dieses Buches beigetragen haben.

Schwierigkeitsgrad der Rezepte:

★ leicht
★★ mittel
★★★ schwierig

Fotos: Studio Lucien Loeb, Maren Detering

Übersetzungen aus dem Französischen:
Kalte Vorspeisen: AMS/Dr. Simone Schultze
Warme Vorspeisen: AMS/Anette Andrée, Thomas Wenzel
Fisch & Meeresfrüchte: Charlotte Ronsiek
Fleisch, Wild & Geflügel: Angelika Heth
Desserts: Dr. Jörg Meidenbauer Verlagsbüro
Gebäckspezialitäten: Maria Probst

Projektkoordination: Isabel Weiler
Redaktion: Claudia Boss-Teichmann

Printed in Spain

ISBN 3-8331-1052-X

10 9 8 7 6 5 4 3 2
X IX VIII VII VI V IV III II

Inhalt

Vorwort

Eurodélices bringt ausgesuchte Gaumenfreuden erlesener Spitzengastronomie in Ihre Küche. Rund 100 Küchenchefs renommierter Restaurants aus 15 Ländern, viele von ihnen mehrfach preisgekrönt, haben sich für dieses einzigartige Kochbuch zusammengetan. Hier verraten sie ihre besten Rezepte für unübertroffene warme und kalte Vorspeisen, Fisch- und Fleischgerichte, Desserts und Gebäckspezialitäten.

So ist mit diesem opulenten Band auf 832 Seiten nicht nur eine unentbehrliche Sammlung für jeden Feinschmecker entstanden, sondern auch ein einzigartiges kulinarisches Dokument europäischer Kultur jenseits kurzlebiger Küchen-Moden. Auf faszinierende Weise spiegelt es ebenso gemeinsame Wurzeln europäischer Kochkunst wieder wie ihre phantastische Vielseitigkeit.

Speisen ist schließlich viel mehr als nur die Befriedigung eines natürlichen Bedürfnisses. Immer wieder erhebt sich das Kochen geradezu in den Rang einer Kunst, zumal, wenn es Feste oder besondere Ereignisse zu begehen gilt – im privaten ebenso wie im öffentlichen Leben. Unter dem aufmerksamen Blick von Köchen setzen sich Liebespaare zu Tisch, um Zukunftspläne zu schmieden, man versammelt sich um eine Tafel, um erfolgreiche Geschäfte abzuschließen, Verträge zu unterzeichnen oder auch, um einen Streit beizulegen.

Oft lernen wir die Kultur unserer Nachbarn zuerst über ihre Küche kennen. So können kulinarische Köstlichkeiten auch zu Toleranz verhelfen, und wer kann dazu mehr beitragen als Spitzenköche aus den verschiedenen Ländern Europas?

Für dieses Buch haben sich ausgewiesene Könner vereint, um in einem faszinierenden Panorama der europäischen Küche ihre besten Rezepte zu versammeln. Wer ihre Gastfreundschaft bereits genossen hat, darf sich auf eine Wiederholung raffinierter Erlebnisse freuen, alle anderen erwartet eine neue Leidenschaft. Köstlichkeiten aus verschiedenen Teilen des Kontinents zeigen, daß die Leidenschaft für exquisite Tafelfreuden in der alten Welt, der Wiege der Gastronomie, ungebrochen ist.

Diese einzigartige Sammlung von über 350 sorgfältig ausgewählten Rezepten weckt die Lust auf immer neue kulinarische Entdeckungen. Sie eröffnet klassische Genüsse, das gastronomische Erbe unserer Vorfahren, die in Jahrhunderten kulinarischer Tradition die moderne Küche von heute geformt haben. Aber auch Neues entsteht: In überraschender Weise werden vertraute Zutaten neu verwendet, und Köstlichkeiten entstehen aus Ingredienzen, die aus fernen Regionen stammen und denen wir mitunter zum ersten Mal begegnen.

Schließlich kennt die Gastronomie keine Grenzen, sie ist nicht an Länder gebunden. Sie spricht eine universelle Sprache, die Freunde eines ehrlichen Geschmacks ebenso schätzen wie Liebhaber des Besonderen. Diese Sprache vermittelt sich über die Sinne, sie läßt die Qualität der Speisen und die Raffinesse der Zubereitungen aus den unterschiedlichsten Breitengraden schätzen und achten – und sie entführt uns ins unendliche Reich des Geschmacks und opulenter Farben.

All das enthält dieser Band – von der erlesenen Kleinigkeit bis zum opulenten Festmahl. Die Rezepte animieren nicht nur zum Nachkochen, sondern regen auch die Kreativität an. Denn auf dem ganzen Kontinent widmen sich Feinschmecker der europäischen Eß- und Kochkultur ebenso wie die Autoren dieser Reihe. Sie finden hier zuverlässige Anleitungen für jede Gelegenheit, den unkomplizierten, aber feinen Imbiß ebenso wie das exquisite mehrgängige Menü. Über 2000 Farbabbildungen mit genauen Schritt-für-Schritt-Anleitungen garantieren gutes Gelingen.

So kommen Sitten und Gebräuche, Freuden und Geheimnisse unterschiedlichster Küchen zusammen, um Neues zu schaffen und unsere Lebensfreude beim Genuß raffinierter Spezialitäten zu steigern.

Kalte Vorspeisen

Kalte Stock

Vorbereitungszeit: *20 Minuten*
Kochzeit: *10 Minuten*
Schwierigkeitsgrad: ★

Für 4 Personen

Für die Suppe:
500 g Stockfisch (Kabeljau)
1 kg Kartoffeln
5 Knoblauchzehen
3 Thymianzweige
1/2 Bund Petersilie
2 Glas Olivenöl

Für die Brühe:
2 Zwiebeln
2 Lauchstangen
Petersilie

Für die Garnitur:
1 roter Paprika
1 grüner Paprika
1 Tomate

Diese Suppe ist wie ein Rollenspiel für fünf Darsteller: Stockfisch, Kartoffel, Petersilie, Olivenöl und Knoblauch. Diese Zutaten ergeben eine exzellente Suppe, die heiß und kalt gleichermaßen schmeckt und die man zu jeder Jahreszeit essen kann, wenngleich man den Fisch vorzugsweise im Winter zubereiten sollte.

Stockfisch oder Kabeljau ist der große Favorit der baskischen Fischer in Spanien, die ihn gleich auf dem Schiff zubereiten, in Salzlake konservieren und ihren Ehefrauen mitbringen, die Hunderte von Zubereitungsarten kennen. Auch in anderen spanischen Regionen ebenso wie in Portugal, Norwegen und Frankreich wird dieser Fisch gerne verzehrt. Für diese Suppe benötigt man einen Stockfisch, der mindestens sechs Monate in Salz eingelegt war und den man deshalb einige Tage vor dem Verzehr wässern muß. Bei einem großen Filet ist es einfacher, das Fleisch vorher in Streifen zu schneiden, was auch das Anrichten der Speise erleichtert.

Knoblauch und Olivenöl sind die treuesten Begleiter der baskischen Küche und in diesem Rezept gebührend vertreten. Unser Chef empfiehlt den Gebrauch frischen Knoblauchs, der eine anregende Wirkung hat; vielleicht ist er deshalb auch bei Sportlern so beliebt. Er besitzt zudem einen pikanteren Geschmack als eingelegter Knoblauch, was jedoch nicht von allen Gästen geschätzt wird. Wenn man ihnen zuliebe auf Knoblauch verzichten möchte, ersetzt man ihn durch eine größere Menge Olivenöl.

1. Den Stockfisch 36 Stunden vor der Zubereitung wässern, dabei alle acht Stunden das Wasser erneuern. Das Einweichwasser aufbewahren und für die Brühe verwenden, zu der zusätzlich Lauch, Zwiebeln und Petersilie gegeben werden.

2. In einen Stieltopf Stockfisch, Kartoffeln, Petersilie und Thymian geben. Die passierte Fischbrühe angießen und etwa 15 Minuten kochen lassen. Ein schönes Stück Fisch für die Garnitur zurückbehalten.

fischsuppe

3. Den Knoblauch in Scheiben schneiden und in einer beschichteten Pfanne in Olivenöl anbräunen und zur Suppe geben. Grünen und roten Paprika putzen, Tomate entkernen und ebenso wie den restlichen Stockfisch zum Garnieren in kleine Würfel schneiden.

4. Wenn die Suppe gar ist, mit einem Mixer fein zerkleinern und nachwürzen. In die Mitte eines tiefen Tellers einen Eßlöffel der Garnitur geben und die Suppe außen herum angießen. Diese Suppe kann heiß, lauwarm oder kalt serviert werden.

Heilkräuter

Vorbereitungszeit: *15 Minuten*
Schwierigkeitsgrad: ★

Für 4 Personen

Für den Salat:
1/2 Bund Basilikum
1/2 Bund Kerbel
1/2 Bund Schnittlauch
1/2 Bund Gartenkresse
1/2 Bund Fenchelkraut

1/2 Bund glatte Petersilie
1/2 Bund Pimpinelle
1/2 Bund Korianderblätter
1/2 Bund Spinatblätter
1/2 Bund Rauke
einige Gurkenkrautblüten

Für die Vinaigrette:
200 ml kaltgepreßtes Olivenöl
Knoblauch, Basilikum
Salz

Die meisten aromatischen Kräuter stammen ursprünglich aus dem Mittelmeerraum. Man kennt seit der Antike ihren therapeutischen Nutzen, und einige von ihnen sind schon während der Römerzeit aus der Medizin direkt in die Küche eingegangen. Auch heute noch kann man ihre Vielfalt und den reichhaltigen Geschmack ohne weitere Zutaten pur genießen, wie Jean Bardet dies in seinem üppigen Festival der Heilkräuter beweist.

Nennen wir die würzige und aromatische Petersilie, die Kresse, deren scharfer Geschmack sich nach dem Feinhacken seltsamerweise in eine leichte Würze verwandelt, und den Kerbel mit seinem raffinierten, schnell verfliegenden Duft. Ebenso angenehm für das Auge wie wohlschmeckend für den Gaumen wird dieser Salat besonders fein, wenn man ihn mit absolut frischen Kräutern zubereitet. Man kann natürlich ganz nach Geschmack und Jahreszeit weitere Zutaten hineingeben. Die eßbaren Blumen stellen eine interessante Variante dar und heitern außerdem durch ihre leuchtenden Farben die optische Erscheinung auf. So bietet das Gurkenkraut, das von Mai bis September auf feuchten Böden, manchmal sogar in Höhenlagen bis 1800 m, blüht, schöne Blau-, Weiß- und Rottöne, von denen man die besten auswählt.

Um die herrliche Würze der verschiedenen Kräuter zu unterstreichen, sollte man möglichst kaltgepreßtes Olivenöl (»extra vergine« bzw. extra nativ) verwenden, dessen grüne Farbe den optischen Eindruck des Salats abrundet. Dieses weniger als ein Jahr alte Öl paßt mit seinem typischen Geschmack besonders gut zu unserem provenzalischen Salatrezept.

1. Eine Knoblauchzehe und Basilikum putzen und fein hacken. Die beiden Zutaten mischen und mit Olivenöl und Salz verrühren.

2. Die Blätter sämtlicher Kräuter ablösen und in klarem Wasser schwenken. Abtropfen lassen und in die Salatschleuder geben, um das überschüssige Wasser zu entfernen.

salat

3. Wenn nötig, die Kräuter auf Küchenpapier nachtrocknen lassen und danach mit einem Teil der Vinaigrette mischen.

4. Einige Blüten von Kapuzinerkresse dekorativ kreisförmig auf einem Teller anordnen. Den Kräutersalat in der Mitte aufhäufen und mit einigen Gurkenkrautblüten dekorieren. Rundherum mit etwas Vinaigrette beträufeln.

Baccalà-

Vorbereitungszeit: *15 Minuten*
Kochzeit: *7 Minuten*
Schwierigkeitsgrad: ★

Für 4 Personen

600 g	Baccalà (frischer Kabeljau)
350 g	Kartoffeln
4	Eiertomaten
4	getrocknete Tomaten
4	Basilikumblätter
12 EL	Olivenöl, extra nativ
4 EL	Zitronensaft
1 EL	Olivenpaste »Tapenade«
einige	schwarze Oliven
	Salz, Pfeffer

Die Vorliebe für den Kabeljau und seine zahlreichen Zubereitungsarten hat der provenzalische Schriftsteller Alphonse Daudet auf den Punkt gebracht, indem er von »Stockfischabenden« in einem berühmten Pariser Café sprach. Auch viele zeitgenössische Küchenchefs verarbeiten den Kabeljau immer wieder gern und stärken so die gastronomische Vorrangstellung dieses Salzwasserfisches, der im Atlantik, im Ärmelkanal und in der Nordsee häufig zu finden ist.

Wie die deutschen unterscheiden auch die französischen Fischer zwischen frischem Kabeljau und getrocknetem Stockfisch. Er läßt sich besonders leicht fangen, wenn sich die Kabeljaus auf offener See zur Fortpflanzung sammeln. In Italien heißt der leicht an der Luft getrocknete Kabeljau »baccalà«, in Anlehnung an das spanische Wort »bacalao«. Der Salat, den Giuseppina Beglia hier vorstellt, sollte sofort verzehrt werden, da er sich nicht aufbewahren läßt. Man kann ihn auch mit ganz frischem Kabeljau, Lotte (Seeteufel) oder mit einer in Scheiben geschnittenen Scholle zubereiten, vorausgesetzt, daß die Fische leicht vorgekocht wurden, damit das Fleisch weich ist.

Die »Tapenade« ist eine typisch provenzalische Beigabe, die sich durch die Nähe zu Italien ergibt. Sie erfordert erstklassige, würzige Zutaten: Olivenöl, Kapern, schwarze Oliven und Anchovis werden nach alter Tradition mit einer Olivenholzquetsche gepreßt. Die getrockneten Tomaten werden nach einem simplen Verfahren hergestellt: Man setzt sie einige Wochen der Sommersonne aus. Andernfalls findet man sie bereits fertig getrocknet im Handel, im Notfall könnten sie auch im Backofen getrocknet werden.

1. Die Haut des Fisches abziehen und die Gräten entfernen. Kartoffeln waschen und vierteln. Zuerst die Kartoffeln in kochendes Salzwasser geben, zwei bis drei Minuten später den Kabeljau zufügen. Fünf Minuten bei schwacher Hitze köcheln lassen.

2. Den Fisch auf einen Teller legen und mit einem Eßlöffel locker zerteilen. Die getrockneten Tomaten und die Basilikumblätter in kleine Stückchen schneiden.

Salat

3. In eine Schüssel einen Eßlöffel Tapenade geben und vier Eßlöffel Zitronensaft zufügen. Salzen, pfeffern, dann mit Olivenöl verrühren. Die Eiertomaten überbrühen und die Haut abziehen. Beiseite stellen.

4. Die Kartoffeln sternförmig auf die Teller verteilen. Die Kabeljauscheiben dazulegen, mit Tomate und Basilikum garnieren. Mit der Sauce und einer Prise frischem Pfeffer aus der Mühle würzen und mit einigen schwarzen Olivenstückchen dekorieren.

Artischocken-Hummer-

Vorbereitungszeit: *30 Minuten*
Kochzeit: *30 Minuten*
Schwierigkeitsgrad: ☆☆

Für 4 Personen

2	Hummer à 600 g
8	Artischocken
	Fischfond
1	Zitrone
20 g	Mehl
500 ml	süße Sahne
100 ml	Senfvinaigrette
10 ml	Erdnußöl
4	Gelatineblätter
	Salz, Pfeffer

Für die grüne Sauce:

250 ml	Mayonnaise
	Estragonblätter
	Kerbel
	glatte Petersilie
	Basilikum
	Spinat

Es ist kein Irrtum der Natur, daß der Hummer zwei unterschiedlich große Zangen besitzt: Eine dient zum Zermahlen, die andere zum Fangen der Beute. Die eine wie die andere bedeutet eine Gefahr für den Koch, und deshalb sollte man sie sorgfältig zusammenbinden, bevor dieses an den Küsten beheimatete Schalentier, dessen größte Exemplare eine Länge von 75 cm erreichen können, in der Küche verarbeitet wird. Es ist für dieses Rezept nicht so wichtig, ob sie männlich oder weiblich sind, da sie nur leicht gekocht werden.

Bei Betrachtung der düsteren, von Katharina von Medici überlieferten Bildnisse, läßt sich kaum nachvollziehen, daß diese französische Königin die Artischocken wegen ihrer angeblich aphrodisischen Eigenschaften geliebt haben soll. Durch sie wurde dieses Gemüse in Frankreich heimisch und erfreute sich Ende des 16. Jahrhunderts größter Beliebtheit bei Hofe.

Wählen Sie dicke, fleischige Artischocken, die sich schwer in der Hand anfühlen, mit spröden grünen Blättern. Die meisten Artischockenarten erreichen ihre volle Reife im Mai und Juni. Man kocht sie mit Zitronensaft und vermengt sie mit etwas Mehl, damit sie nicht zu stark an Farbe verlieren und oxidieren. Letzteres ist allerdings unvermeidlich, wenn sie nicht innerhalb kürzester Zeit nach dem Kochvorgang verspeist werden.

Die Artischockenböden werden mit Olivenöl und Kräutern angerichtet. Hier knüpft die grüne Sauce, die auch gut zu Schalentieren paßt, an diese Tradition an; ihre Farbe läßt sich durch Verwendung von mehr Spinat intensivieren. Die aromatischen Kräuter sollten sehr frisch und duftend sein, damit sich ihre Aromen gut mischen, ohne einander zu überdecken. Man sollte sie in der vorgegebenen Reihenfolge mischen.

1. Artischockenböden durch Drehen ablösen und mit Zitrone einreiben. Erdnußöl und Mehl in ein wassergefülltes Gefäß geben. Zitronensaft und eine Prise Salz zufügen. Die Artischockenböden zehn Minuten darin kochen, dann in der Kochflüssigkeit abkühlen lassen. Vier Böden in zwölf Scheiben schneiden.

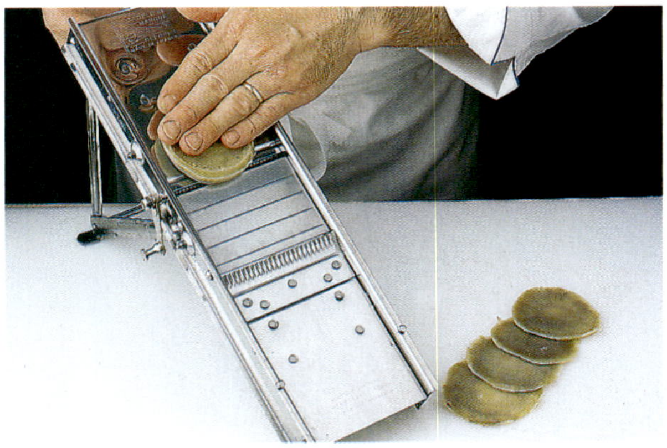

2. Einen Teil der Artischockenböden (etwa 150 g) in sehr kleine Würfel schneiden. Die übrigen Artischockenböden und die oberen Blätter zuerst im Mixer zerkleinern, dann durch ein feines Sieb streichen. Dieses Püree mit der zuvor in kaltem Wasser eingeweichten Gelatine andicken. Die steifgeschlagene Sahne unterrühren. Würzen, dann kalt stellen.

Pastete in grüner Sauce

3. Hummer in Fischfond kochen. Abkühlen lassen und das Hummerfleisch herauslösen. Einen Teil in Medaillons schneiden, den anderen in Würfel. Für die grüne Sauce einen Teil des Kerbels zurückbehalten. Den Rest zusammen mit dem Estragon, der glatten Petersilie, dem Basilikum und dem Spinat blanchieren. Abschrecken und das Ganze zu einem Püree verarbeiten und zum Schluß mit Mayonnaise mischen.

4. Hummerwürfel und Artischockenwürfel mischen. Die Teller mit grüner Sauce bedecken. Einen Artischockenboden in der Mitte plazieren. Mit Artischockenpüree aus der Spritztüte garnieren. Hummer- und Artischockenwürfel zugeben. Diesen Vorgang wiederholen, mit einem Artischockenboden abschließen. Senfvinaigrette darüber träufeln. Mit Hummermedaillons und Kerbelblättern dekorieren.

Connaught-

Vorbereitungszeit: *3 Stunden*
Backzeit: *1 Stunde 15 Minuten*
Schwierigkeitsgrad: ★★★

Für 12 Personen

2	Wildenten
1 kg	Schweinefleisch (Schulter und Nacken)
450 g	fetter Schweinebauch
75 ml	Portwein
28 ml	Cognac
10 ml	Rum

100 g	Gänseleber (foie gras mi-cuit)
100 g	Herbsttrompeten-Pilze
500 ml	Entenfond
14 g	Salz
5 g	schwarzer Pfeffer, frisch gemahlen
1 TL	4-Kräutermischung
1 TL	Natron
50 g	Trüffelscheiben
7	Gelatineblätter
30 g	Pistazien
	Thymian
	Lorbeer

Die Wildente ist reich an Kalium und Phosphor und gehört zu den Schwimmvögeln, die die Jäger und Gourmets in der Jagdsaison besonders schätzen. Sie ist außerdem seit mehr als 4000 Jahren das Aushängeschild der chinesischen Küche.

Diese Terrine eignet sich besonders für Enten mit sehr weißem Fleisch, z.B. aus der Gegend von Nantes. Aber auch Fasane, die man häufig unter den Wildfleischangeboten findet und die vorzugsweise mit Schweinefleisch gemischt werden sollten, da ihr Fleisch trockener als das der Ente ist, können gut verwendet werden. Beim Schweinefleisch sollte man die wohlschmeckenden Partien bevorzugen, wie Nacken und Rücken.

Die Herstellung unserer Terrine erstreckt sich über drei Tage, wie den Angaben unseres Küchenchefs zu entnehmen ist, und erst am dritten Tag kann man mit dem Backen beginnen. Zehn Minuten vor Ende der Backzeit sollte der Terrinendeckel abgenommen werden, damit sich eine dünne, aromatische Kruste bilden kann. Wenn die Terrine aus dem Backofen kommt, fügt man ein Gläschen Rum hinzu oder grünen Kräuterlikör, falls man sich für Fasan entschieden hat. Dann beginnt der schwierigste Teil: das langsame Pressen der Terrine, wodurch sich beim Abkühlen das natürliche Gelee bildet.

Dieses Gericht entwickelt erst nach einer Woche Ruhezeit seinen vollen Geschmack. Doch sollte es auch nicht länger als drei Wochen aufbewahrt werden, da die Qualität des Gelees dann nachläßt. Die Originalversion dieser Terrine findet man seit dreißig Jahren auf der Speisekarte eines Restaurants, dessen Besuch bei der nächsten Reise nach London auf dem Programm stehen sollte: das »Connaught« – es liegt zwischen Grosvenor- und Berkeley-Square.

1. Knochen und Sehnen der Enten entfernen. Dann das Fleisch in Streifen von 1 cm Breite schneiden. 24 Stunden in der Mischung aus Portwein, Cognac, Salz und Pfeffer marinieren lassen. Schweinefleisch vom Knochen lösen, 450 g mageres Fleisch beiseite stellen und aus den Enten- und Schweineknochen und Gewürzen einen Fond kochen. Sehr fein passieren. Die Knochen erneut in Wasser legen und daraus durch starkes Einkochen 125 ml Enten-Schweinegelee bereiten.

2. Das magere Schweinefleisch und den Schweinebauch durch den Fleischwolf drehen (grober Einsatz), ebenso das marinierte Entenfleisch (mittlerer Einsatz). Die in Wasser eingeweichten Gelatineblätter mit Entenfond mischen. Salz, Pfeffer, Natron und die in Alkohol gelöste 4-Kräutermischung vermengen. Den Entenfond und das Gelee sowie die Trüffelscheiben mit dem zerkleinerten Fleisch zu einer Farce vermengen. 24 Stunden ziehen lassen.

Terrine

3. Gänseleber und Pilze ähnlich wie die Entenfleischstreifen schneiden. Eine Schicht Fleischfarce in die Terrinenform geben, dann abwechselnd Entenfleischstreifen, Leber und Pilze. Mit einer zweiten Schicht der Farce belegen, dazwischen Pistazien streuen. Mit der restlichen Farce bedecken. Thymian und Lorbeer zugeben und abdecken.

4. Im Wasserbad 50 Minuten bei 175 °C und 10 bis 15 Minuten ohne Deckel bei 200 °C garen. Aus dem Backofen nehmen, etwas Rum zugeben, dann kühlen. Mit einem Brettchen und einem Gewicht darauf beschweren. Aufbewahren.

Hummersalat mit

Vorbereitungszeit: *45 Minuten*
Kochzeit: *25 Minuten*
Schwierigkeitsgrad: ★

Für 4 Personen

4		norwegische Hummer à 400 g (möglichst weibliche)
4		grüne Äpfel (Granny Smith)
1		Radicchio-Salat
1		grüner Friséesalat
1		roter Friséesalat
50	g	Pinienkerne, geröstet
200	ml	Erdnußöl
		Essig
500	ml	Weißwein
4	l	Wasser
1	Prise	Curry
		Thymian, Lorbeer
		Salz, Pfeffer

Für die Mayonnaise:

4		Eigelb
100	ml	Weinessig
250	ml	Erdnußöl
1	TL	Dijonsenf
		Salz, Pfeffer

Man schwankt im allgemeinen zwischen zwei Hummersorten: dem blauen Hummer von der Bretagne-Küste und dem orangenen Hummer aus Kanada. Der bretonische Hummer ist in Frankreich wegen seines würzigen Fleisches beliebter. Es empfiehlt sich, lebende Exemplare von geringer Größe zu kaufen, da das Fleisch der größeren Hummer zäher ist.

Der Hummer kann einige Stunden im voraus zubereitet werden. Es genügt, den lebenden Hummer ein paar Minuten lang in Brühe zu tauchen. Wenn man das Schalentier herausgenommen hat, läßt man die Fischbrühe abkühlen und gibt dann den kalten Hummer wieder hinein, damit er schön feucht bleibt. Die Rogen der weiblichen Hummer sollten herausgenommen und getrocknet werden, als wertvolle Zutat für verschiedene Saucen.

Der Hummerschwanz, der möglichst knusprig sein sollte, paßt sehr gut zu säuerlichen Apfelscheiben. Es eignen sich Granny-Smith-Äpfel, die ursprünglich aus Australien stammen und in den letzten Jahren verstärkt in Frankreich angebaut werden. Von Oktober bis April sind sie auf den Märkten erhältlich und haben ein weißes Fruchtfleisch unter der charakteristischen grün glänzenden Haut.

Die Mayonnaise wird hier durch etwas Kochflüssigkeit vom Hummer und ein wenig Curry verfeinert, den man vorsichtig dosiert und erst ganz zum Schluß zugibt.

Preiswertere Varianten dieses Gerichts kann man auch mit einem Krebs oder mit Langustinen zubereiten.

1. Eine Brühe aus Weißwein, Wasser, Kräutern, Salz und Pfeffer bereiten. Zum Sieden bringen und die Hummer 15 Minuten darin kochen. In der Kochflüssigkeit abkühlen lassen. Für die Mayonnaise: Die Eigelbe salzen und pfeffern, Senf zugeben. Kräftig schlagen, den Essig und nach und nach das Öl einarbeiten. Beiseite stellen.

2. Die Pinienkerne im vorgeheizten Backofen bei ca. 200 °C oder in der Pfanne drei bis vier Minuten rösten. Den Salat gründlich putzen, dann gut trocknen, mit Salz und Pfeffer, Öl und Essig abschmecken und die Pinienkerne zugeben. Diesen Salat dekorativ in der Tellermitte anrichten.

grünen Äpfeln

3. Die Hummer aus der Brühe nehmen und halbieren, Beine und Panzer für die Garnierung aufbewahren. Die Hummerschwänze der Länge nach in dünne Scheiben schneiden. Die Äpfel vierteln, dann ebenfalls in dünne Scheiben schneiden.

4. 30 ml Kochflüssigkeit der Hummerbrühe in 160 g Mayonnaise einrühren. Abschmecken, dann eine Prise Curry hinzufügen. Jede Hummerscheibe in die Sauce tauchen, dazwischen jeweils eine Apfelscheibe legen.

Marinade aus

Vorbereitungszeit: *20 Minuten*
Schwierigkeitsgrad: ★

Für 4 Personen

500	g	Sardinen
8		junge Lauchstangen
1		großer Apfel (Melrose oder Granny Smith)
1		Zitrone
50	ml	Crème double
80	ml	Vollmilch
4	TL	Olivenöl
		Salz, Pfeffer

Für die Garnitur:
Dill
Mohnsamen
Paprikapulver
Salz, Pfeffer

In der Normandie gibt es viele Naturschätze, lebhafte Fischereihäfen und große landwirtschaftliche Betriebe – in seinen Kompositionen räumt unser Küchenchef dieser Gegend einen bevorzugten Rang ein. Man kennt natürlich die normannische Butter und Sahne, aber auch die Käsesorten und Äpfel in unendlichen Geschmacks- und Farbvariationen.

Diese erfrischende Vorspeise wird mit Sardinen- oder Anchovisfilets zubereitet, möglichst frisch vom Fang. Gleichwohl sollten die marinierten Sardinen erst am folgenden Tag gegessen werden, da die verschiedenen Zutaten sich wegen der Kühlung erst mit Verspätung zu ihrem vollen Geschmack entwickeln und die Speise an Feinheit gewinnt. Die Sardinen sollten klein sein, mit festen Körpern und glänzenden Augen, das Fleisch ein wenig fett. Die Anordnung ihrer Innereien macht das Ausnehmen sehr leicht. Bei der Auswahl der Äpfel fällt es schwer, sich zwischen der sehr aromatischen, ursprünglich aus Amerika stammenden Sorte Melrose und dem grünen säuerlichen, aus Australien eingeführten Granny Smith zu entscheiden. Auf jeden Fall erfordert dieses Rezept frische, knackige Früchte.

Wenn es nicht auf Anhieb gelingt, die Fischmarinade aus der Form zu stürzen, kann man versuchen, sie mit dem Messer vorsichtig vom Rand zu lösen, ohne natürlich ihr Äußeres zu zerstören. Man verschönert das Ganze mit kleinen Lauchstangen oder Kräutern der Saison und rundet den Gesamteindruck mit etwas frisch gemahlenem Pfeffer aus der Mühle und grobem Meersalz ab.

1. Sardinen ausnehmen und putzen. Filets auslösen und die Reste entfernen. Die Zitrone schälen, dann auspressen. Die Schale in dünne Streifen schneiden und kurz überbrühen. Den Apfel schälen und in dünne, runde Scheiben schneiden, diese mit Hilfe eines geriffelten Ausstechers zu Kreisen von 6 cm Durchmesser formen. Würzen und mit etwas Zitronensaft beträufeln.

2. Sardinenfilets mit Salz, Pfeffer und der Hälfte des Zitronensafts etwa 15 Minuten marinieren. Die Crème double zusammen mit der Milch zu einer leichten Schlagsahne verarbeiten und den restlichen Zitronensaft zugeben.

frischen Sardinen

3. Den jungen Lauch auslesen und waschen. Kurz überbrühen und beiseite stellen. Auf den Boden von vier kreisrunden Förmchen von 6 cm Durchmesser und 4 cm Höhe je eine Apfelscheibe geben, dann mit einem marinierten Sardinenfilet auslegen.

4. In Lagen übereinanderschichten: Sahne, Apfel, Sahne, Sardine. Etwa 24 Stunden kalt stellen. Auf jeden Teller eine Sardinenmarinade stürzen, daneben zwei junge Lauchstangen legen, dann mit Olivenöl beträufeln. Zum Schluß mit Zitronenschale, Dill, Mohnsamen und Paprikapulver garnieren.

Krevetten und Kaviar

Vorbereitungszeit: *45 Minuten*
Kochzeit: *45 Minuten*
Schwierigkeitsgrad: ★

Für 4 Personen

24	Krevetten
75 g	Ossiotr-Kaviar
20	grüne Spargelstangen
1	Lauchstange
1	Zwiebel
1	Kartoffel
1 l	Geflügelfond
250 ml	Schlagsahne
100 g	Butter
	Muskatnuß, gemahlen
	Salz, Pfeffer

Man könnte von einer Revolution der Krevetten sprechen: Während man diese kleinen Süßwasser-Schalentiere früher in Flüssen fing, wo sie inzwischen fast gänzlich verschwunden sind, erlebt man heute die Entstehung regelrechter Zuchtfarmen, die ihre ausgezeichneten Produkte in großem Stil exportieren. Dies ist zum Beispiel bei den australischen und vor allem bei den Krevetten aus Lousiana, USA, der Fall, deren Hauptsorte »procambarus clarki« oder einfach »rote Krevette« heißt. Man darf aber nicht vergessen, daß die Krevetten vor der Zubereitung beschnitten werden müssen, damit sie ihren feinen Geschmack behalten.

Störe findet man heute fast nur noch im Kaspischen Meer, was den Kreis der kaviarproduzierenden Länder stark einschränkt. Diese wundervollen »Perlen des Meeres«, die schon von dem französichen Schriftsteller Rabelais im 16. Jahrhundert mehrmals erwähnt wurden, genießen unter Feinschmeckern einen legendären Ruf. Jan Buytaert empfiehlt für dieses Rezept Ossiotr-(oder Ossetra-)Kaviar, der heute oft dem Beluga vorgezogen wird und dessen grobe Körner sich gut lösen und mit der Creme verbinden.

Die Spargelspitzen sollten über Wasserdampf »al dente« gegart werden, damit sie in ihrer Festigkeit einen guten Kontrast zur Creme bilden; die Spargelstangen werden hingegen pochiert. Um gute Ergebnisse zu erzielen, sollte man grünen, sehr festen Spargel aussuchen.

Diese kalte Vorspeise paßt besonders gut zu einem sommerlichen Abendessen. Ähnlich gut schmeckt sie auch mit feinen Hummerstreifen anstelle der Krevetten.

1. Spargel schälen und halbieren. Die Spitzen beiseite legen, die Enden zusammen mit der in grobe Stücke geschnittenen Lauchstange und Zwiebel in Butter anschwitzen, den Geflügelfond und eine große, geschälte Kartoffel zugeben. 45 Minuten bei schwacher Hitze köcheln.

2. Spargelspitzen im Dampftopf garen. Die Spargelstangen mit dem Gemüse im Mixer zu einer Spargelcreme verarbeiten, mit Salz und Pfeffer abschmecken. Den Fond für die Krevetten aufbewahren. Ein wenig Muskatnuß zufügen und abkühlen lassen.

in Spargelcreme

3. Krevetten in dem Fond kochen und ausnehmen. Zwei Drittel Spargelcreme mit einem Drittel Schlagsahne und Kaviar mischen.

4. Creme und Kaviar auf die Teller verteilen. Auf jeden ein Bündel lauwarme Spargelspitzen legen, darauf die Krevetten, und das Ganze mit einem Krevettenkopf garnieren. Sofort servieren.

Kalte

Vorbereitungszeit: *45 Minuten*
Kochzeit: *45 Minuten*
Schwierigkeitsgrad: ★★

Für 4 Personen

1 kg	Zucchini
700 g	Auberginen
850 g	Tomaten
200 g	grüner Paprika
220 g	roter Paprika
250 g	Zwiebeln
25 g	Knoblauch
100 g	Tomatenpüree
	Brunnenkresse, püriert
	Tomaten, gewürfelt
12	Eier
	Salz, Pfeffer

Nach Wunsch:

150 g	Mischsalat
	Essig

»Piper«: Dieses Wort aus dem Béarn (Gascogne) für Paprika ist der Ursprung, von dem der französische Begriff »Piperade« hergeleitet wird. Man kennt viele verschiedene Variationen und Farben dieses Paprikagerichts, die von einer Region zur nächsten wechseln. Hier dominiert das Rot der Tomate, aber der Erfindungsreichtum Jacques Cagnas fügt noch weitere Farben hinzu: seine Palette wird durch das Grün der Kresse und das Gelb des Omeletts erweitert.

Früher wegen ihrer blutreinigenden Eigenschaften beliebt, konnte die Brunnenkresse sich nach und nach auch wegen ihres pikanten und ausgeprägten Aromas durchsetzen. Sie ist eine Pflanze, die nur im Wasser wächst, da sie ansonsten sofort verwelkt. Die erfolgreichsten französischen Kressezüchter findet man heute in der Pariser Region, im Departement Essonne, wo jedes Jahr um Ostern große Kresse-Märkte abgehalten werden.

Um ein intensives Rot für dieses Gericht zu erzielen, muß man unbedingt sehr reife und fleischige Tomaten verwenden, das heißt Sorten aus dem sonnigen Mittelmeerraum. Das Gelb der Eier komplettiert diese dreifarbige Komposition, die an die Flaggen vieler französischsprachiger Länder in Afrika erinnert.

Bei den anderen Gemüsesorten richtet man sich nach der Natur, die den Lauf der Jahreszeiten bestimmt: Je nach Saison wählt man mittelgroße Auberginen oder grünen und roten Paprika.

1. Jeweils vier Eier in drei verschiedene Schüsseln aufschlagen. In die eine Schüssel die pürierte Kresse, in die andere die durch ein Sieb gestrichenen, gewürfelten Tomaten geben, die dritte so belassen. Würzen und drei flache Omeletts zubereiten.

2. Wenn die Omeletts abgekühlt sind, aus jedem vier Scheiben von 8 cm Durchmesser ausstechen, auf vier Tellern anrichten und beiseite stellen.

Piperade

3. Die Gemüse in kleine Würfel schneiden und einzeln in einer Pfanne mit Olivenöl jeweils 15 Minuten bräunen, dann abkühlen lassen.

4. Auf den Boden einer Kreisform von 8 cm Durchmesser und 4,5 cm Höhe die erste Omelettscheibe legen. Darauf einen Löffel Gemüse, dann ein zweites, andersfarbiges Omelett, wieder einen Löffel Gemüse, schließlich das dritte Omelett geben. Auf die Mitte eines Tellers stürzen, außen herum mit einem Klecks aus Kressepüree, einem aus Tomatenpüree und einem aus Gemüse dekorieren oder nach Wunsch mit angemachtem Salat garnieren.

Schottische Lachsrose

Vorbereitungszeit: *30 Minuten*
Backzeit: *5 Minuten*
Schwierigkeitsgrad: ★

Für 4 Personen

300 g Lachsfilet, geräuchert
1 Zitrone
4 Dillzweige

Für die Zitronencremesauce:
100 ml Sahne
Saft von 1 Zitrone
Salz, Pfeffer

Für die Haferküchlein:
50 g Haferflocken, gemahlen
50 g Haferflocken
15 g Schweinefett
$2^1/_2$ g Trockenhefe
1 Prise Salz

Es war auf einer Reise nach Japan, auf der unser Küchenchef dieses Rezept entworfen hat. Die Rose symbolisiert England und das Haferküchlein ist der traditionelle schottische »oatcake«.

Der schottische Lachs stammt meistens aus dem Fluß Tay, wo die Fischer ihn, im Gegensatz zu anderen Flüssen, das ganze Jahr über fangen. Für dieses Rezept wählt man am besten ein Stück mit einem Gewicht von etwa 5 kg, das 24 Stunden in grobem Meersalz einlegt wird, damit es mürbe wird. Anschließend wird der Lachs geräuchert. Jeder pflegt übrigens seine kleinen Geheimnisse: Stewart Cameron verwendet Lachse, die man mit kleinen Holzspänen aus alten Whiskyfässern abreibt, in denen man ursprünglich Sherry aus Spanien importierte. Man kann das Rezept also ganz nach Belieben noch weiter komplizieren oder vereinfachen. Für den privaten Bedarf kauft man am besten ein großes geräuchertes Lachsfilet. Das Anfertigen der »Rosen« erscheint vielleicht schwierig: Bevor man ein erstes Dreieck um sich selbst faltet, muß man weitere Dreiecke um dessen Basis wickeln und sie miteinander verbinden, was im Prinzip durch die ölige Konsistenz des Fisches vereinfacht wird.

Die Haferküchlein sollten vor dem Backen nicht zu feucht sein. Wenn man vor diesem ganz speziellen Gebäck zurückschreckt, finden sich auch andere Möglichkeiten, wie zum Beispiel Brioche, geröstetes Brot oder Vollkornbrot.

1. Das Stück Räucherlachs mit einem scharfen Messer in feine Scheiben schneiden.

2. Jede Scheibe der Länge nach halbieren, um Bänder von etwa 5 cm Breite zu bekommen. Jedes Band mit einem scharfen Messer in Dreiecke schneiden.

auf Haferküchlein

3. Aus den Dreiecken »Rosen« formen, dabei in der Mitte beginnen. Die Zitronencremesauce zubereiten: In einer Rührschüssel sehr vorsichtig die Sahne mit dem Zitronensaft verrühren. Abschmecken und kalt stellen. Die andere Zitrone schälen, vierteln und die Haut entfernen.

4. Alle Zutaten für die Haferküchlein in einer Rührschüssel mit lauwarmem Wasser vermischen, den Teig sehr fein ausrollen und mit einer runden Form Scheiben ausstechen. Diese auf ein Backblech legen und fünf Minuten bei 180 °C backen. Auf jeden Teller ein Küchlein geben, darauf die Lachsrose setzen und mit Dillzweigen, Zitronenstückchen und ein wenig Zitronencremesauce garnieren.

Gegrillter Thunfisch

Vorbereitungszeit:	*50 Minuten*
Kochzeit:	*30 Minuten*
Kühlzeit:	*2 Stunden*
Schwierigkeitsgrad:	★★

Für 4 Personen

12	Thunfischmedaillons à 35 g
4	Auberginen
2	Tomaten
1	Zitrone
1	kleine Gurke
2	Paprika, rot und grün
4	Zucchiniblüten
1	Knoblauchzehe
12	frische Mandeln
4	Basilikumblätter
2	glatte Petersilienzweige

2	Thymianzweige
12	rote Oliven
	Olivenöl, kaltgepreßt
	Salz, Pfeffer

Für 1 Liter Gazpacho:

1	weiße Zwiebel
1	Gurke
1	grüner Paprika
1	roter Paprika
6	Tomaten
1	Knoblauchzehe
6	glatte Petersilienzweige
6	Minzeblätter
100 ml	Olivenöl, kaltgepreßt
30 ml	Sherryessig
	Salz, Pfeffer aus der Mühle

Ein delikates Rezept wie dieses, in der sich marinierter Thunfisch (am besten eignet sich Bonito) und gekühlter Gazpacho miteinander verbinden, ist typisch spanisch. Der sich ergänzende Geschmack gegrillter und in Olivenöl marinierter Auberginen macht aus dieser Vorspeise ein gastronomisches Ereignis.

Der Thunfisch sollte möglichst ein schönes Exemplar mit gestreiftem Rumpf von 3 bis 4 kg Gewicht sein, dessen Fleisch ebenso schmackhaft wie zart ist und das man zu Medaillons von passender Dicke schneiden kann. Der Fisch sollte sehr sorgfältig zubereitet werden, damit er nicht trocken und faserig wird. Das vorausgehende Marinieren in Olivenöl soll dem Fisch Feuchtigkeit verleihen. Anschließend wird er einfach gegrillt.

Die Auberginen passen als Beilage sehr gut dazu, vor allem, wenn man die kleinen Auberginen aus der Provence verwendet, die beim Grillen wenig Wasser abgeben. Schneiden Sie die Auberginen in Streifen, dadurch erhalten sie mehr Geschmack und Festigkeit.

Der Gazpacho, den Francis Chauveau hier vorstellt, sollte lange genug in Olivenöl ziehen, damit sich sein Geschmack richtig entfalten kann. Diese gekühlte Suppe, die sehr appetitanregend ist, könnte nach alter Nizza-Tradition zu Socca (Kichererbsenpfannkuchen) serviert werden, mit leicht zerstoßenen Anissamen bestreut.

1. Die Auberginen im ganzen und ungeschält auf den Grill legen. Nach dem Grillen abkühlen lassen, der Länge nach halbieren, das Fruchtfleisch vorsichtig aus der Schale lösen und in schmale Streifen schneiden. Diese mit feingehacktem Knoblauch 1½ Stunden in Olivenöl marinieren.

2. Für den Gazpacho: Paprika säubern und Kerne entfernen. Das Gemüse in Scheiben schneiden, Minzeblätter und Petersilie zufügen. Mit Essig und Olivenöl anmachen, salzen, pfeffern und für zwei Stunden in den Kühlschrank stellen. Mischen und durch ein Sieb passieren. Die Mandeln abziehen; die Basilikumblätter und Zucchiniblüten leicht anbraten. Je eine Paprikaschote, Tomate und Gurke in grobe Würfel schneiden.

mit kaltem Gazpacho

3. Die Thunfischmedaillons in Olivenöl mit Thymian und Zitronensaft 30 Minuten marinieren. Von jeder Seite einige Minuten grillen. Den restlichen Paprika grillen, die Haut unter kaltem Wasser abziehen, Kerne entfernen. Die zweite Tomate für die Medaillons häuten und die Schale in Form von Blütenblättern schneiden.

4. Die Auberginenstreifen in die Tellermitte geben. Darauf die Thunfischmedaillons legen, die Zucchiniblüten und die Basilikumblätter. Außen herum etwas Gazpacho angießen und mit Gemüsewürfeln, abgezogenen Mandeln, Olivenscheiben und Petersilienblättern garnieren. Den gekühlten Gazpacho in einer Extraschüssel servieren.

Makrelenstreifen

Vorbereitungszeit: *30 Minuten*
Kühlzeit: *24 Stunden*
Schwierigkeitsgrad ★

Für 4 Personen

4	Makrelen
1	roter Paprika
1	Zitrone
etwas	4-Gewürze-Mischung
1	Lorbeerblatt
	Schnittlauch
	Estragon
	Petersilie
100 ml	Olivenöl
	grobes Meersalz
	Pfeffer aus der Mühle
4	Basilikumblätter

Es gibt viele Fische, die unter verschiedenen Namen auftauchen: Kabeljau und Stockfisch, Lotte und Seeteufel, Seewolf und Steinbeißer. Zu diesem schwierigen Vokabular gesellen sich auch noch die unzähligen Traditionen: So hat man ursprünglich Gründlinge in Streifen geschnitten und fritiert, doch heute bereitet man auch andere Fische auf diese Art zu, z.B. Merlan, Scholle und Makrele.

Die Makrele ist eine entfernte Verwandte des Thunfischs. Sie scheut die Einsamkeit, man findet sie immer in großen Schwärmen. Dieser Herdeninstinkt führt so weit, daß sie zusammen in die kleinsten Netze schwimmen, auch wenn sie gar nicht durch einen Köder dorthin gelockt wurden. So kommt es, daß sie mit der vereinten Kraft eines ganzen Schwarms manchmal die kleinen Fischerboote hinter sich herziehen. Die Makrele ist spindelförmig, sehr schnell und sofort an ihrem stahlblauen Rücken zu erkennen. Ihr festes, halbfettes Fleisch eignet sich für jede Art von Zubereitung.

Die Frische der Makrelen läßt sich an der Röte ihrer Kiemen und an ihren leuchtenden Farben feststellen. Dieses Rezept kann nur mit fangfrischen Fischen zubereitet werden, die man roh serviert, nachdem man sie 24 Stunden in eine einfache Marinade eingelegt hat. Die einzige Schwierigkeit besteht darin, sie in feine Streifen zu schneiden, doch kann man sie einige Stunden bei -3 °C tiefkühlen, damit das Fleisch fester wird und sich leichter schneiden läßt.

1. Makrelen ausnehmen, den Rücken vom Bauch trennen. Die kleinen Gräten mit einer Pinzette entfernen. 24 Stunden in Meersalz einlegen.

2. Am nächsten Morgen die Filets abwischen, dabei das Salz völlig entfernen, in gleichmäßige Stücke von 10 cm Länge schneiden und kalt stellen.

nach Art von Sète

3. Filetstücke in feine Streifen schneiden. Schnittlauch, Estragon und Petersilie im Mörser zerstoßen. Den roten Paprika in sehr kleine Stückchen schneiden.

4. In einer Metallschüssel frische Kräuter und 4-Gewürze-Mischung, das Lorbeerblatt, Pfeffer und den kleingeschnittenen Paprika mischen, Olivenöl und Zitronensaft zufügen. Die Makrelenstreifen fächerartig auf den Tellern anrichten. Mit Zitronensauce übergießen und mit einigen Basilikumblättern garnieren.

Gebratene Entenleber

Vorbereitungszeit: *30 Minuten*
Kochzeit: *15 Minuten*
Schwierigkeitsgrad: ★★

Für 4 Personen

1	Entenleber à 600 g
1 Bund	weißer Spargel
1 Bund	grüner Spargel
einige	Kerbelblätter
	Butterschmalz
	Schnittlauch
	evtl. Preiselbeeren

Für die Vinaigrette:

250 ml	Öl
400 ml	Essig
	Salz, Pfeffer

Die Geflügelzucht reicht bis in die Antike zurück, als die Gallier die Stopfleber bereits kannten und den Römern das Rezept übermittelten. Man stopfte die Gänse und Enten mit Feigen und konservierte die Leber in Honigmilch, wodurch sie sich aufblähte und einen zarten, öligen Film bekam.

Ob von Ente oder Gans, die Leber sollte vor allem sehr frisch sein, glatt und schön gelappt, mit einer gleichmäßigen Farbe zwischen Gelb und Weiß. Man sollte sie nicht zu dick wählen, da sie beim Braten all ihr Fett verlieren könnte. Man kauft heute mehr und mehr rohe Leber, die sich jedoch sehr schlecht konservieren läßt (nicht länger als eine Woche im Kühlschrank). Man sollte sie daher so schnell wie möglich zubereiten, bevor die Galle austritt und durch ihre Bitterkeit das gesamte Gericht verdirbt.

Um gleichmäßig geformte Schnitzel zu erhalten, empfehlen unsere Küchenchefs, ein sehr dünnes Messer zu benutzen, das man vorher leicht anwärmt, indem man es z.B. in ein Gefäß mit warmem Wasser taucht.

Man kann mit den zwei Spargelfarben spielen, sollte jedoch stets auf die Qualität achten. Die Stangen sollten spröde, die Spitzen sehr gerade sein. Man kocht den Spargel vorsichtig in einem hohen Gefäß, in das er aufrecht stehend hineinpaßt. So bewahren die Spitzen, die dabei immer nach oben weisen sollten, ihre Farbe; sie dienen später als dekoratives Element.

Dieses Gericht wird lauwarm serviert, da so der feine Geschmack der Entenleber am besten zur Geltung kommt.

1. Die Entenleber zubereiten: In gleichmäßige Scheiben von 1 cm Dicke schneiden.

2. Mit einem Sparschäler den Spargel schälen, weißen und grünen Spargel jeweils zehn Minuten separat in Salzwasser kochen. Abschrecken und beiseite stellen.

mit Spargelspitzen

3. Die Entenleberschnitzel salzen. In Butterschmalz braten, dabei von jeder Seite einige Minuten bräunen. Beiseite stellen.

4. Den Spargel auf jedem Teller fächerförmig anordnen, abwechselnd weiße und grüne Stangen. Mit Vinaigrette bepinseln, die Entenleber daneben legen. Mit etwas Kerbel (oder Preiselbeeren) und Schnittlauch garnieren.

Lottencarpaccio mit

Vorbereitungszeit: *30 Minuten*
Schwierigkeitsgrad: ★

Für 4 Personen

500 g	Lotte (Schwanzstück)
250 g	Seeschnecken
1	Tomate
1	Schalotte
1	Zitrone
2 kg	Meersalz
100 ml	Olivenöl
	grüner Pfeffer
	rosa Pfeffer
1	Bouquet garni
	Estragon
	Kerbel
	Schnittlauch
	Salz, Pfeffer

Es war im 19. Jahrhundert, bei einer Retrospektive der Werke des venezianischen Malers Vittore Carpaccio, als der Küchenchef von »Harry's Bar« in Venedig das »Rindercarpaccio« erfand. Diese Hommage hat zahlreiche Nachahmer gefunden und bis heute viele Variationen erfahren. Das »Lottencarpaccio« ist nicht die schlechteste.

Das Lottenfilet muß hierfür einige Stunden in Meersalz eingelegt werden, wodurch das Fleisch fester wird, ohne seine Zartheit zu verlieren. Da die Zubereitung einige Zeit dauert, sollte man ein paar Tage im voraus damit beginnen, um die Lotte im richtigen Augenblick in den Räucherofen zu geben. Aber Richard Coutanceau hält diesen Schritt nicht für obligatorisch. Die Schwierigkeit liegt vor allem darin, die Lotte in sehr feine Scheiben zu schneiden, die man vorsichtig flach klopfen sollte, damit man sie wirklich als »Carpaccio« bezeichnen darf.

Die ausgenommenen Seeschnecken stellen dazu einen angenehmen Kontrast dar, weil ihr Fleisch sehr knusprig ist. Auch relativ dicke schwarze Strandschnecken »littorina littoralis« eignen sich, die man in der Bretagne und im Aunis häufig das ganze Jahr über findet. Sie werden in einer aromatischen Brühe gekocht, und man braucht nur etwas Geduld und eine ruhige Hand, um sie mit einer kleinen Nadel vorsichtig aus der Schale zu holen. Der beste Teil der Seeschnecke befindet sich in ihrem weichen Ende, das Kenner gerne vergleichend als »foie gras« (Stopfleber) der Schnecke bezeichnen.

Nicht immer bekommt man gerade den vorgeschlagenen Fisch, deshalb läßt sich dieses Rezept auch mit Seebarschfilet zubereiten, das sich gut für »Carpaccio« eignet. Man serviert diese delikate Vorspeise gut gekühlt.

1. Das Lottenfilet häuten. Mit Olivenöl befeuchten und eine Stunde lang in Meersalz einlegen. Mit klarem Wasser abspülen und zwölf Stunden ruhen lassen. Dann 36 Stunden in den Räucherofen geben. Die Tomate häuten, entkernen und in Würfel schneiden.

2. Die Seeschnecken unter klarem Wasser abwaschen, in Wasser mit einer Prise Salz, einigen Pfefferkörnern und dem Bouquet garni drei bis vier Minuten kochen. Die Schnecken abtropfen lassen und auspulen.

Seeschneckensalat

3. Die Seeschnecken mit einer Vinaigrette auf der Basis von Olivenöl und Zitronensaft anrichten. Gehackten Estragon, zerstoßene rosa und grüne Pfefferkörner, geschnittenen Kerbel und eine Prise Salz zugeben. Zum Schluß Schnittlauch und die gehackte Schalotte unterheben.

4. Die Lotte in sehr feine Scheiben schneiden und in Blütenform auf den Tellern anordnen. Sie werden mit der gleichen Marinade wie die Seeschnecken gewürzt. In die Tellermitte etwas Seeschneckensalat geben. Mit Kerbelblättern und Tomatenwürfeln garnieren.

Kalt-warme

Vorbereitungszeit: *30 Minuten*
Kochzeit: *15 Minuten*
Schwierigkeitsgrad: ★★

Für 4 Personen

36		dicke, krause Austern
50	ml	Schlagsahne
100	g	Spinat
100	g	Lauch

50	g	Karotten
6		Schalotten
370	ml	Weißwein, trocken
200	ml	Weinessig
50	ml	Olivenöl
100	ml	Crème fraîche
100	g	frische Butter
1	Prise	Safranfäden
		grobes Meersalz
		Salz, Pfeffer

Es war reiner Zufall, daß Jean Crotet am Ende eines Mahls in Ermangelung weißer Buttersauce kurzerhand auf die Idee kam, aus den Resten verschiedener Saucen diese originelle Austernbeilage zuzubereiten. Diese Vorspeise besteht also aus einer feinen Gemüsemischung mit warmen und kalten Austern.

Für dieses Rezept benötigt man sehr frische Austern mit gewellter Schale, möglichst dick und fleischig. Normannische Austern, die einen starken Jodgeschmack aufweisen, erfüllen die Voraussetzungen sehr gut, vor allem die schweren Spezial-Austern mit ihrem exzellenten Aroma. Man sollte diese Qualitätsmuscheln vorsichtig bei einer Temperatur von höchstens 60 °C ziehen lassen, damit ihre Geschmacksstoffe nicht verkochen. Manche edlen Austern vertragen überhaupt kein Garen, man läßt sie daher roh.

Ebenso wichtig ist die Frische der Schalotten und des jungen Gemüses, die mit Vinaigrette und trockenem Weißwein zu einer geschmeidigen Creme verarbeitet werden. Der Weißwein könnte auch durch Champagner ersetzt werden, um die Verbindung von Austern und Gemüse noch leichter zu machen.

Für die Garnitur bestreut man die Teller zunächst mit grobem Meersalz, weil die Austernschalen darauf einen besseren Halt haben, so daß man die Sauce hineingießen kann, ohne etwas zu verschütten.

Man sollte dieses Gerichst möglichst sofort nach der Zubereitung essen und keinesfalls nochmals erwärmen, weil dies dem Geschmack der Austern sehr schaden würde.

1. Die Austern öffnen, das Innere herausnehmen, ohne es zu beschädigen, abwaschen und zusammen mit ihrem Meerwasser in eine Kasserolle geben. Bei schwacher Hitze ziehen lassen. Beiseite stellen.

2. Ein Viertel der Schalotten mit Essig einkochen. Die Hälfte beiseite stellen, abkühlen lassen, geschlagene Sahne, Salz und Pfeffer zufügen. Zur anderen Hälfte Olivenöl, Salz und Pfeffer geben (lauwarme Vinaigrette). Die restlichen Schalotten mit Wein einkochen. Erneut aufteilen: Crème fraîche und Safran zugeben, aufkochen und würzen, die andere Hälfte unter Schlagen mit Butter mischen.

Austernplatte

3. Den Spinat waschen, entstielen und blanchieren. Die Lauchstangen und Karotten in dünne Streifen (Julienne) schneiden und fünf Minuten blanchieren.

4. Die Servierteller mit grobem Meersalz bestreuen, neun Muschelschalen pro Person darauf legen und folgendermaßen garnieren: drei mit Spinat und Safransauce, drei mit Lauch und Buttersauce, drei mit Karottenjulienne und lauwarmer Vinaigrette. Die Austern im Backofen kurz erwärmen und in die Schalen zu den jeweiligen Saucen legen.

Tomaten-Gazpacho

Vorbereitungszeit: *20 Minuten*
Kochzeit: *2 Stunden*
Schwierigkeitsgrad: ★

Für 4 Personen

9		Tomaten
1		Gurke
1	Bund	Sellerie
1		Zucchini
1		roter Paprika
1/2		grüner Paprika

1		Schalotte
1		Eigelb
60	g	Tapenade aus schwarzen Oliven
300	g	Schafsmilchfrischkäse
30	ml	Crème double
30	ml	Olivenöl
einige		Spritzer Tabasco
4		schöne Basilikumblätter
		Schnittlauch, gehackt
		Kerbel
		Salz, Pfeffer
		Eiswürfel

Elegant serviert mit einer kleinen Farce, weicht der Gazpacho hier von seiner Tradition ab, um bei einem größeren Essen als Vorspeise zu dienen. Michel Del Burgo hat dieses Rezept in der Provence im »Hôtel de l'Europe« (Avignon) kreiert – deshalb paßt es sehr gut in dieses Buch mit europäischen Köstlichkeiten.

Obwohl der Gazpacho in Spanien als einfaches Gericht gilt, kann man ihn auch einmal mit besonderen Zutaten zubereiten, z.B. mit dem hier verwendeten französischen Schafsmilchfrischkäse, der sich sehr gut mit der Tomate verbindet. Unser Küchenchef bevorzugt kleine, sehr aromatische, sonnengereifte Tomaten, die dem Gazpacho die nötige Fülle verleihen. Sie sollten auf jeden Fall sehr rot und vollfleischig sein.

Es gibt ein grundsätzliches Problem, Gazpacho zu binden: Die Flüssigkeit und das grobkörnige Tomatenfleisch bilden selten eine gute Emulsion, außerdem kann diese durch den Saft der Tomaten zu dünnflüssig werden. Um eine gleichmäßigere Masse zu erhalten, empfiehlt Michel Del Burgo die Verwendung von Eigelb.

Die anderen Gemüse untermalen den Tomatengeschmack, z.B. die Gurke, die durch Einlegen in Salz leichter verdaulich wird. Die Tapenade schließlich macht den Geschmack dieser kalten Suppe pikanter. Es gibt auch Frischkäse aus Kuh- oder Ziegenmilch, den man in Ermangelung von Schafsmilchfrischkäse verwenden könnte.

1. Für die Zubereitung des Gazpacho Olivenöl mit einer gewürfelten roten Paprikahälfte, der kleingeschnittenen Schalotte und dem Eigelb vermischen. Fünf frische, in Stücke geschnittene Tomaten zu dieser Masse geben. Abschmecken und etwas Tabasco zufügen. Das Ganze zusammen mit Eiswürfeln fein pürieren, bis es sich gut verbunden hat. Zwei Stunden kalt stellen.

2. Den restlichen roten Paprika, Gurke, grünen Paprika, Zucchini, Sellerie und eine enthäutete und entkernte Tomate klein schneiden. Paprika, Zucchini und den Sellerie leicht blanchieren. Vier Tomaten enthäuten, oben einen Deckel abschneiden, aushöhlen und im Backofen backen.

mit Tapenade

3. Den Frischkäse etwas abtropfen lassen und mit der Crème double mischen, um eine cremige und fette Masse zu erhalten. Salz, Pfeffer und kleingehackten Schnittlauch zugeben. Vier Fünftel davon in eine kleine Rührschüssel füllen, Tapenade zufügen und glattrühren.

4. Das kleingeschnittene Gemüse gut mischen. Mit Salz, Pfeffer und kleingehacktem Basilikum würzen und die Tomaten damit füllen. Je eine Tomate in die Mitte eines Tellers legen, rundherum Gazpacho angießen. Mit einem Basilikumblatt garnieren.

Salatcocktail mit lauwarmen

Vorbereitungszeit: *20 Minuten*
Kochzeit: *3 Minuten*
Schwierigkeitsgrad: ★

Für 4 Personen

20	Jakobsmuscheln
16	Tomaten
	Dillzweige
	Olivenöl

Für den Salatcocktail:

Kopfsalat
Lollo rosso
Feldsalat
Radicchio
Endiviensalat
Friséesalat
Eichblattsalat

Für die Sahnevinaigrette:

8 EL	Rotweinessig
16 EL	Olivenöl
12 EL	Sahne
	Salz und Pfeffer aus der Mühle

Für die Sherryvinaigrette:

4 EL	Sherryessig
8 EL	Erdnußöl
12 EL	Olivenöl, kaltgepreßt
	Salz und Pfeffer aus der Mühle

Es gibt zahllose grüne Salatsorten, die im Französischen manchmal die seltsamsten Spitznamen haben, wie »Maikönigin«, »Zierde von Nantes« oder »Kapuzinerbart«. Ursprünglich ohne weitere Zutaten als Appetitanreger serviert, wird der Salat heute meist mit Saucen und Gewürzen sehr abwechslungsreich veredelt. Dazu wird der Salat gut durchgemischt, damit sich die Würze gleichmäßig verteilt.

Zu dem Salatbett für die Jakobsmuscheln gehören unter anderen Kopf-, Feld- und Friséesalat. Diese Vielfalt schreckt auf den ersten Blick vielleicht ab, doch kann man zur Not auch fertig gemischten Salat verwenden, der zumindest aus einigen der oben genannten Sorten besteht.

Um dem Ganzen noch mehr Raffinesse zu verleihen, werden die Jakobsmuscheln zugegeben. Dazu eignen sich am besten Muscheln mittlerer Größe, die fest verschlossen, d.h. lebend, und sehr frisch sind. Dieses zweischalige Weichtier ist das Emblem der Pilger von Compostela: Man wäscht rasch den Inhalt der Muscheln und die Corail und brät es dann vorsichtig in der Pfanne.

Wenn man die Jakobsmuscheln entsprechend zubereitet, verleihen sie dieser lauwarmen Vorspeise einen kräftigen Jodgeschmack, der ideal mit den knackigen Salat- und den zwei Vinaigrettesorten harmoniert.

1. Die Muschelschalen öffnen und ausleeren. Die Bärtchen abziehen. Das Innere der Muscheln rasch und gründlich abwaschen, ebenso die Corail. Alles auf ein saugfähiges Küchenpapier legen, damit es gut trocknet. Etwas Dill in das Olivenöl geben und darin die Jakobsmuscheln mindestens eine Viertelstunde marinieren.

2. In einer Schüssel die Sahnevinaigrette zubereiten: Olivenöl und Rotweinessig mischen und eine Prise Salz zugeben. Die Sahne unterrühren, abschmecken. Dann aus Sherryessig, Erdnußöl, kaltgepreßtem Olivenöl, Salz und Pfeffer die Sherryvinaigrette zubereiten.

Jakobsmuscheln und Dill

3. Die Salatsorten verlesen und mit der Sahne-Vinaigrette mischen. Etwas Salz in eine heiße Pfanne streuen, darin die Muscheln und die Corail höchstens eine Minute von jeder Seite anbraten.

4. Tomaten kreuzweise einschneiden und ein bis zwei Minuten in kochendes Wasser legen. Die Tomaten abschrecken, sobald sich die Haut zu lösen beginnt, dann abziehen. Tomaten vierteln, in Streifen, dann in Würfel schneiden. Diese Würfel in die Sherryvinaigrette geben und umrühren. Den Salatcocktail in der Tellermitte anrichten, die Muscheln im Kranz darum legen, mit Dillzweigen dekorieren.

Hummer mit Apfel und

Vorbereitungszeit: *25 Minuten*
Kochzeit: *10 Minuten*
Schwierigkeitsgrad: ★

Für 4 Personen

2		Hummer à 700 g
2		Äpfel (Golden Delicious)
2		Tomaten
100	g	grüne Bohnen, extra fein
400	g	Mischsalat
100	g	Feldsalat
100	ml	Olivenöl
		Essig
		Salz, Pfeffer

Für die Curry-Vinaigrette:

40	g	Currypulver
		passierte Tomaten
1/4		Apfel, gerieben
2		Eigelb
2	TL	Senf
200	ml	Öl
200	ml	Crème fraîche
2	EL	Zitronensaft
etwas		Essig
		Salz, Pfeffer

Claude Dupont bezeichnet diese Vorspeise als »méli-mélo«, was soviel wie »konfuses Mischmasch« heißt, obwohl dieses Gericht wirklich nicht so aussieht. Doch denkt man dabei zumindest an eine gewisse Freiheit, mit der man die erfrischende Mischung aus Schalentieren, Obst und Gemüse zusammenstellen kann.

Die Hummer sollten fest mit dem Panzer verbunden sein. Hummerfleisch ist mager, zart und sehr würzig, was alle, die es einmal probiert haben, bestätigen können. Wenn möglich, sollte man den blauen bretonischen Hummer wählen (das ist die Farbe des lebenden Tieres) oder eine kanadische Sorte. Er wird kurz in kochendes Wasser getaucht, und anschließend sollte er in der Brühe abkühlen, damit das Fleisch schön weich bleibt.

Die Ausgewogenheit dieses Gerichts hängt eng mit der richtigen Dosierung des Currys zusammen, dessen exotisches Parfüm die Vinaigrette bestimmt. Es gibt übrigens viele verschiedene Sorten dieses Gewürzes, das eigentlich eine Mischung aus mehreren Einzelgewürzen darstellt: Ingwer, Kreuzkümmel, Kurkuma, Koriander und einige andere Zutaten verbinden sich zu einem würzigen Pulver oder einer Paste.

Ein Zuviel an Curry würde dem Geschmack des Hummers ausgesprochen schaden, dessen delikate Würze leicht überdeckt wird. Deshalb ist hier – wie eigentlich immer – Vorsicht die wichtigste Voraussetzung für ein erfolgreiches Gelingen.

1. Die Vinaigrette zubereiten: Zwei Eigelb mit Senf, Öl, Essig, Salz und Pfeffer verrühren. Das Currypulver, ein Viertel eines geriebenen Apfels und die passierten Tomaten zugeben. Crème fraîche und Zitronensaft unterrühren. 15 Minuten ruhen lassen, dann durch ein feines Sieb passieren.

2. Die Hummer in Brühe kochen und lauwarm abkühlen lassen. Halbieren und das Fleisch der Schwänze, Scheren und Beine aus der Schale lösen. Den Mischsalat mit Salz, Pfeffer, Olivenöl und Essig würzen.

leichter Curry-Vinaigrette

3. Den Teller mit Streifen enthäuteter Tomaten und blanchierten grünen Bohnen garnieren. Mit Hilfe einer Kreisform in der Tellermitte eine Rosette aus Feldsalat formen. Eineinhalb Golden Delicious-Äpfel klein schneiden und mit etwas Curry-Vinaigrette anrichten.

4. Feldsalat würzen, die Kreisform mit Apfelstückchen auslegen, darauf etwas Mischsalat geben, mit dem in Scheiben geschnittenen Hummerfleisch und den Scheren belegen. Das Ganze mit Curry-Vinaigrette beträufeln.

Törtchen vom Reh mit Gänse

Vorbereitungszeit: *1 Stunde 30 Minuten*
Kochzeit: *8 Minuten*
Kühlzeit: *2 Stunden*
Schwierigkeitsgrad: ★★

Für 4 Personen

Für die Törtchen:
240 g Rehrücken
150 g Gänseleber
2 Gelatineblätter
1 Karotte, 1/2 Sellerieknolle
10 ml Sauternes
20 ml Cognac
125 ml Bratensaft vom Wild
125 ml Sahne
Salz, Pfeffer aus der Mühle

Für das Gelee:
200 ml Wildbrühe
3 Gelatineblätter

Für das marinierte Weißkraut:
200 g Weißkohl
100 ml Traubenkernöl
100 ml Weißweinessig
1/2 TL Zucker

1 Msp. Kreuzkümmel, gemahlen
Salz, Pfeffer

Für die Sauce:
100 g Pfifferlinge, 1 Schalotte
250 ml Bratensaft vom Wild
1 Schuß Himbeeressig
Kerbel

Im Herzen der dichten Wälder Württembergs erstrecken sich die Ländereien des Prinzen von Hohenlohe-Öhringen. Dort befindet sich in einem Jagdhaus das elegante Hotel, in dem unser Küchenchef seine Talente auslebt. Die Fülle an Wildbret macht ihn besonders erfinderisch bei Wildrezepten. Daher ist das vorliegende Rezept eine Hommage an diesen zauberhaften Ort und seinen heutigen Besitzer, Prinz Kraft-Alexander.

Die Versorgung ist ideal: Lothar Eiermann bekommt das ganze Tier in unvergleichlicher Frische in seine Küche geliefert. Mit allen Wildteilen versorgt, die er sich nur wünschen kann, ja sogar mit allen Schlachtresten, kann er seiner Phantasie freien Lauf lassen und unvergeßliche Gerichte kreieren. Wenn er weniger Glück hat, muß er sich gegen Ende des Sommers mit Rehböcken begnügen (die sich von frischen Kräutern ernährt haben) und ein paar Tage warten, bevor sie gegessen werden können. Man verwendet für diese Vorspeise den Rehrücken ohne Knochen und Sehnen. Das Schwierigste ist die Zubereitung des Rehgelees, das man erhält, wenn die in kleine Stücke geschnittenen Rückenknochen zunächst überbrüht und dann langsam eingekocht werden.

Die Beilage für die Rehküchlein ist das Ergebnis mehrerer Versuche mit Rotkohl und Weißkohl. Schließlich hat sich unser Küchenchef für letzteren entschieden. Es handelt sich hier um einfachen Weißkohl, aus dem zum Beispiel auch das in Deutschland und im Elsaß so beliebte Sauerkraut hergestellt wird. Der Himbeeressig stellt die ideale Verbindung zwischen dem Rehfleisch und der Gänseleberpastete dar. Einige Versuche mit Sherryessig brachten nur mittelmäßige Resultate.

1. Für die Gänselebermousse wird der Bratensaft vom Wild zur Hälfte eingekocht, abgekühlt und dann mit der gewaschenen Gänseleber im Mixer püriert. Die Gelatine zum Auflösen in den Sauternes geben, dann unter die Masse rühren. Ein Drittel der geschlagenen Sahne mit der Lebermasse mischen und den Rest mit einem Teigspatel unterheben. Abschmecken und den Cognac zugeben.

2. Den Rehrücken entbeinen, das Filet von allen Seiten anbraten und abkühlen lassen. Karotte und Sellerie schälen, in Streifen von etwa 5 cm x 6 mm schneiden, in Salzwasser blanchieren, in kaltem Wasser abschrecken und abtropfen lassen. Vier Kreisformen jeweils abwechselnd mit Karotten- und Selleriestreifen auskleiden. Den Weißkohl klein schneiden und eine Stunde zusammen mit den genannten Zutaten marinieren.

leber, Weißkraut und Pfifferlingen

3. Nun die Kreise bis zu 1 cm unter dem Rand mit der Gänselebermousse füllen. Für die Sauce die gewürfelte Schalotte anbräunen, Himbeeressig zugießen, den Bratensaft vom Wild zugeben und einköcheln lassen.

4. Den Rehrücken in dünne Scheiben schneiden und in Rosetten auf die Gänselebermousse in die Förmchen legen. Die Wildbrühe mit Gelatine vermischen, auf die Törtchen verteilen und kalt stellen. Den Kohl abtropfen lassen und in der Pfanne leicht anbräunen. Die Pfifferlinge anschwitzen und die Teller garnieren. Im letzten Moment die Sauce zugeben und das Ganze mit Kerbelblättchen garnieren.

Junger Hering mit

Vorbereitungszeit: *20 Minuten*
Kochzeit: *30 Minuten*
Schwierigkeitsgrad: ★

Für 4 Personen

4		junge Heringe, mariniert
4		Kartoffeln (Opperdoezer Ronde)
1		Zwiebel
1	TL	Senf
200	ml	trockener Weißwein
200	ml	Sojaöl
		Meersalz
		Pfeffer

In Holland ist das Erscheinen des jungen Herings Anfang Mai ein ähnliches Ereignis wie in Frankreich der Verkaufsbeginn des Beaujolais nouveau. Schon im 18. Jahrhundert nahmen mehr als 400 000 Fischer an dem traditionellen Wettfischen teil, dessen Ziel es war, Ihrer Majestät »den Hering der Königin« zu bringen. Schon auf den Schiffen füllte man die Heringe in Fässer und legte sie nach dem von Willem Benkelszoon entwickelten Verfahren in Salz ein. Die Fässer mit den gepreßten und gesalzenen Fischen wurden sehr teuer verkauft – einmal soll ein Faß auf der öffentlichen Versteigerung einen Preis von 35 000 Gulden erzielt haben (etwa 15 000 Euro)!

Man ißt Hering mit den Fingern und reicht dazu geschnittene Zwiebeln und Gurken. In diesem Rezept, das Constant Fonk eigens für *Eurodélices* entwickelte, besteht die Beilage zum Hering aus Kartoffeln anstelle des Weißbrots, das in Amsterdam serviert wird. Wenn möglich, sollte man natürlich holländische Kartoffeln der Sorte »Opperdoezer Ronde« verwenden. Hierbei handelt es sich um eine einzigartige Kartoffelsorte mit ganz runden Knollen, die in schwefelhaltiger Erde wachsen, von Hand geerntet werden und erstaunlicherweise bis zur Reife lediglich neun Wochen benötigen. Opperdoezer Ronden bleiben außerdem beim Kochen schön fest, doch findet man sie in Deutschland eher selten, so daß man sie wahrscheinlich durch Bintje-Kartoffeln ersetzen muß.

Der Nordseehering ist unvergleichlich: Er sollte eine rote Mittelgräte und eine angemessene Größe haben. Diese Vorspeise mit Kartoffeln und Fisch ist ein recht kräftiges Gericht, eignet sich daher hervorragend für die kalte Jahreszeit und bestätigt aufs Angenehmste die alte Weisheit: »Wenn der Hering da ist, ist der Arzt fern«.

1. In einem Mixer Weißwein, Öl und Senf gut durchmixen und abschmecken. Einige Zwiebelringe in diese Vinaigrette legen und marinieren lassen.

2. Heringsfilets auslösen, Gräten entfernen und mit einem Ausstecher Kreise von 3 cm Durchmesser ausschneiden.

»Opperdoezer Ronde«

3. Kartoffeln schälen und kochen, mit dem gleichen Ausstecher wie die Heringe zu Kreisen formen.

4. Die Kartoffelscheiben kreisförmig auf dem Teller anordnen und darauf die Heringsscheiben legen. Mit marinierten Zwiebelringen garnieren und mit der Vinaigrette anrichten.

Krebsgemüse mit

Vorbereitungszeit: *1 Stunde*
Kochzeit: *20 Minuten*
Schwierigkeitsgrad: ★★

Für 4 Personen

3	kg	Taschenkrebse
500	g	Lauch
500	g	Kartoffeln (Roseval)
12		Kirschtomaten
2		Limetten
125	ml	Crème double
50	g	Hummercorail, gekocht
500	ml	Olivenöl
2	l	Gemüsebrühe
1	TL	Thymianblüte
1	Bund	Schnittlauch
1	Bund	Dill
		Salz, Pfeffer

Unter den zahlreichen Krabbensorten hat der Taschenkrebs besonders viel Fleisch. Man nennt dieses friedliche Schalentier auch »den Schläfer«, da es auf dem Meeresboden ununterbrochen »Siesta« zu halten scheint. Aus diesem Grund fangen die Fischer Taschenkrebse in großen Mengen in der Nordsee, im Ärmelkanal und im Mittelmeer, und man erhält ihn das ganze Jahr über beim Fischhändler. Kaufen Sie schwere und lebende Krebse, möglichst weibliche Exemplare, da sie Corail enthalten. Man kocht Taschenkrebs in Brühe, damit sein Fleisch weich bleibt. Um ihn problemlos aus der Schale lösen zu können, empfiehlt unser Küchenchef, große Krebse von mindestens 1 kg Gewicht zu kaufen.

Die Roseval-Kartoffel ist eine Herbstkartoffel mit rosa oder roter Schale und sehr dichtem, gelb getöntem Fruchtfleisch. Sie wird bevorzugt im Ganzen gekocht, schmeckt aber auch gewürfelt sehr gut. Natürlich kann man auch eine andere Kartoffelsorte verwenden. Beide Gemüsearten, Kartoffeln und Lauch, sollten nach dem Kochen noch eine leicht knackige Konsistenz haben.

Bereiten Sie die würzige Vinaigrette unbedingt mit Olivenöl zu, dessen verdauungsfördernde Wirkung bekannt ist und das dem Gericht eine mediterrane Nuance verleiht. Verwenden Sie am besten ein Öl aus erster Kaltpressung, dessen feines Aroma durch den Saft der Limetten veredelt wird. Letztere sind übrigens bei den Japanern sehr beliebt, die damit Rohfisch marinieren.

Diese Vorspeise sollte man sehr frisch genießen und nicht länger als 48 Stunden aufbewahren.

1. Den Lauch in Rechtecke, die Kartoffeln in Würfel schneiden. Einzeln in Salzwasser kochen, abschrecken. Der Lauch sollte nach dem Kochen bißfest, die Kartoffeln noch fest sein. Beide Gemüse mischen. Die gewaschenen Kirschtomaten bei schwacher Hitze mit Thymianblüte in Olivenöl schmoren, kalt stellen.

2. In eine Schlagschüssel den geschnittenen Lauch und die Kartoffeln geben, mit einem Eßlöffel Crème double binden und würzen. Taschenkrebse in Brühe kochen und ausnehmen. Das Fleisch mit Olivenöl, gehacktem Schnittlauch, Salz und Pfeffer abschmecken.

Olivenöl und Limetten

3. Kreisformen auf Alufolie stellen und zur Hälfte mit Gemüse füllen. Darauf das gekochte Krebsfleisch geben, mit etwas Crème double verrühren, mit Hummercorail und gehacktem Schnittlauch bestreuen, kalt stellen. Aus Olivenöl, Limetten, Salz und Pfeffer eine Vinaigrette bereiten.

4. Das Krabbengemüse in die Tellermitte legen. Außen herum abwechselnd Kirschtomaten, die Krebsscheren und Zwischenscherenstücke anordnen. Mit etwas Vinaigrette begießen. Mit Dillzweigen und gehacktem Schnittlauch garnieren. Gut gekühlt servieren.

Gefüllte

Vorbereitungszeit: *1 Stunde*
Kochzeit: *20 Minuten*
Schwierigkeitsgrad: ★★

Für 4 Personen

4		Spinnenkrabben à 600 g
2		Spinnenkrabben à 1 kg
5		Taschenkrebse à 700 g bis 1 kg
800	g	Tintenfisch
1	kg	Meeresalgen
10		Tomaten
8		Knoblauchzehen
1		Zitrone
2		Eigelb
100	ml	Olivenöl
50	ml	Weinessig
5	l	Wasser
1		Bouquet garni
30	g	Lachsrogen
20	g	Sevruga-Kaviar
1	Bund	Basilikum
20	g	grobes Meersalz
10	g	weißer Pfeffer

Trotz ihrer harten Schale verbirgt die Spinnenkrabbe unter ihrem rotbraunen Panzer und in ihren scharlachroten Beinen ein Fleisch von seltener Finesse. Sie kompensiert ihre unbeholfene Fortbewegungsweise dadurch, daß sie sich unter Algen und Vorsprüngen versteckt. Die größte Art dieser Schalentiere, die bis zu 50 m tief tauchen, kann 18 cm groß werden und lebt vor allem an der Südküste Englands. Für dieses Frühlingsgericht empfiehlt unser Küchenchef gut entwickelte Exemplare von 600 g bis zu 1 kg Gewicht, möglichst von der bretonischen Küste.

Nachdem sie 15 Minuten gedämpft oder in Brühe gekocht wurde, muß das gesamte Fleisch und die Corail sorgfältig ausgelöst werden. Die Spinnenkrabbe enthält außerdem so viele Knorpel, daß die Konsistenz und der Geschmack dieses Gerichts zusätzlich verfeinert werden müssen. Dafür wählen Sie am besten Taschenkrebsfleisch, vor allem das Fleisch aus den Zangen (die man nach dem Auslösen aus der Schale über Dampf garen sollte), und Tintenfische. Aus der Corail der Spinnenkrabben kann man eine traditionelle Sauce bereiten, die hervorragend zu Schalentieren paßt.

Mit weiblichen Spinnenkrabben läßt sich diese Vorspeise schön garnieren (man erkennt sie daran, daß sie unter dem Panzer eine längere Zackenleiste besitzen), weil ihre Eier dekorativer als Kaviar oder Lachsrogen sind. Wenn man nur männliche Krabben erhält, könnte man sie auf einem Algen- oder Frischkräuterbett servieren.

1. Spinnenkrabben waschen und abbürsten, 15 Minuten in Brühe kochen, die Taschenkrebse 20 Minuten kochen. Die kleinen Spinnenkrabben ausnehmen, ohne die Beine auszulösen. Die großen Spinnenkrabben und die Taschenkrebse aus der Schale lösen. Die Corail beiseite stellen, aussieben und zum Aïoli geben (zwei Eigelb mit zerdrücktem Knoblauch und Olivenöl zu Mayonnaise verrührt).

2. Drei Knoblauchzehen hacken, die Tomaten schälen, entkernen, würfeln und in Olivenöl andünsten. Salzen und pfeffern. Die Tintenfische säubern und in dünne Streifen schneiden (möglichst eine Stunde einfrieren, damit das Fleisch weicher wird). Die Tintenfische fünf Minuten in der Tomatenmasse dünsten.

Spinnenkrabbe

3. Das Fleisch der Spinnenkrabben und Taschenkrebse mit den Tintenfischen mischen. Alle Basilikumblätter und zwei Drittel der Aïoli zugeben. Die Scheren der beiden Taschenkrebse für die Garnierung aufbewahren. Einen Kreis von 7 cm Durchmesser aus dem Panzer der vier kleinen Spinnenkrabben mit einem Seitenschneider ausschneiden, den Deckel entfernen.

4. Algen zwei Minuten in kochendem Wasser blanchieren, abschrecken. Durch die Öffnung das Innere der Spinnenkrabben füllen. Mit Krebsscheren dekorieren, mit Lachsrogen und Kaviar portionsweise garnieren. Auf einem Algenbett servieren, eventuell den Deckel mit Krabbeneiern füllen, mit Olivenöl bestreichen.

Kuttelsalat mit Gänseleber

Vorbereitungszeit:	*30 Minuten*
Kochzeit:	*1 Stunde 30 Minuten*
Schwierigkeitsgrad:	★★

Für 4 Personen

500 g	Kutteln
300 g	Gänseleber
300 g	dicke Bohnen
1	Zwiebel
1	Karotte
1	Selleriestange
1	Knoblauchzehe
1	Schalotte
4	Wachteleier

2	Eier
1 EL	scharfer Senf
1 EL	Delikateßsenf
100 ml	Erdnußöl
100 ml	Olivenöl
500 ml	Weißwein
3 EL	Weinessig
1 EL	Balsamessig
300 g	Semmelbrösel
40 g	Mehl
	verschiedene Salate
	Kerbelblätter
	Thymian, Lorbeer
	Salz, Pfeffer

Kutteln und Gänseleber sind im Elsaß gleichermaßen beliebt. Der Ruf von Kutteln in Rieslingsauce hat zu Recht schon längst die Grenzen der Region überschritten. Dieser trockene und fruchtige Riesling ist als Saucengrundlage unvergleichlich, vor allem zusammen mit Bratkartoffeln. Es ist erstaunlich, daß in der französischen Gastronomie die Elsässer Kutteln von den Rezepten anderer Regionen nicht beeinflußt sind; dieses Gebiet hat, wie man sieht, seine Eigenheiten bewahrt.

Kutteln sind gemischte Schlachtabfälle vom Rindermagen, die von den Metzgern gut gereinigt und blanchiert werden. Man sollte sie trotzdem vor der Zubereitung eine Stunde in Brühe kochen, damit sie ein wenig Würze bekommen. In der Regel bereitet man sie am Vortag zu und bewahrt sie dann im Kühlschrank in der Kochflüssigkeit auf. Wenn man die kleinen panierten Rechtecke brät, sollte die vorgegebene Bratzeit unbedingt eingehalten werden, weil eine zu stark gebräunte Panade bitter wird.

Die Gänseleber gibt diesem Gericht einen weichen Charakter. Sie ist nicht unbedingt notwendig, bietet aber einen guten Kontrast zu den knusprigen Kutteln. Die Vinaigrette sollte recht kräftig sein, damit sie sich von dem ausgeprägten Kuttelgeschmack gut abhebt.

Falls man keine frischen dicken Bohnen erhält – denn es gibt sie nur im Sommer – kann man sie je nach Geschmack durch grüne Bohnen oder durch Linsen ersetzen. Das Ganze wird gerade lauwarm serviert.

1. Die Kutteln blanchieren und eine Stunde kochen. Zwölf Rechtecke von 3 cm Seitenlänge daraus schneiden und mit Mehl, Ei und Semmelbröseln panieren. Die restlichen Kutteln in Streifen schneiden und nochmals 30 Minuten in Weißwein mit Gemüseeinlage köcheln, dann abtropfen lassen. Etwas Kochflüssigkeit beiseite stellen.

2. In einem Mixer die Schalotte, beide Essigsorten, Salz und Pfeffer, die beiden Senfsorten, etwas Kochflüssigkeit von den Kutteln und Olivenöl einige Sekunden mixen. Die dicken Bohnen in Salzwasser blanchieren und in Eiswasser abschrecken, dann ausschälen.

und dicken Bohnen

3. Die Gänseleber in vier Scheiben von je 60 g schneiden. In Erdnußöl die gewürzten Gänseleberscheiben und die panierten Kutteln zwei bis drei Minuten pro Seite braten. Die Kuttelstreifen und die dicken Bohnen in der Vinaigrette erwärmen.

4. Den Salat kranzförmig auf den Tellern anordnen. In die Mitte die warmen Kuttelstreifen und Bohnen legen, darauf je drei panierte Kuttelecken, dann die gebratene Gänseleber und je ein gebratenes Wachtelei. Mit einigen Kerbelblättern garnieren.

Hummer-

Vorbereitungszeit: *30 Minuten*
Kochzeit: *30 Minuten*
Kühlzeit: *24 Stunden*
Schwierigkeitsgrad: ★★

Für 4 Personen

2	Hummer à 500 g
1	Gurke
8	Tomaten
1/2	roter Paprika
1	Lauchstange
300 g	Zwiebeln
1	Knoblauchzehe
3	Brotscheiben ohne Rinde
3	Basilikumblätter

1 Prise	Kreuzkümmel
1 Prise	Koriander
200 ml	Olivenöl
100 ml	Rotweinessig
250 ml	Sahne
500 ml	Hummersuppe (siehe Grundrezepte S. 803)
	Salz, Pfeffer

Für die Garnitur:

1	roter Paprika
1	grüner Paprika
1	Gurke
3	Weißbrot-Scheiben
	Olivenöl
	Basilikumblätter

»Gazpacho« entstand im spanischen Sevilla. Diese erfrischende Suppe bereiteten die Bauern früher auf dem Feld zu: Die Gemüsesorten – Gurken, Tomaten und Zwiebeln – wurden im Mörser zerstampft, mit Semmelbröseln gebunden und mit Knoblauch und Olivenöl in einer Tonschüssel zubereitet, die dem Ganzen einen speziellen, sehr frischen Geschmack verlieh. All das findet sich in unserem Rezept wieder, verfeinert mit einer maritimen Nuance.

Die Gurke gab es bereits vor mehr als 3000 Jahren und wird heute besonders von Diätfreunden geschätzt. Dieses Kürbisgewächs verdankt ihnen viel, da es wegen seiner Bitterkeit lange ein Schattendasein führte. Heute sind die guten Eigenschaften der Gurke bekannt – sie enthält wenig Kalorien und viel Wasser, ein wichtiges Element des Gazpacho. Damit er gut gelingt, wird er stets mit gut gereiftem und saftigem Gemüse zubereitet.

Wenn Sie keine Fischbrühe zur Hand haben, können Sie die Hummersuppe auch einfach mit etwas Wasser verdünnen, denn der Hummergeschmack ist so kräftig, daß er sich stets durchsetzt. Dieser Rat gilt nicht unbedingt für alle Schalentiere, jedoch zum Beispiel für Krevetten und Langustinen, die als Suppe auch sehr gut zum Gazpacho passen würden.

Der Gazpacho ist eine Vorspeise, die gekühlt angeboten wird; manche servieren ihn auch als Zwischengang anstelle eines Digestifs.

1. Das gesamte Gemüse klein schneiden. Geschnittenen Basilikum und geschälten, gewürfelten Knoblauch unterrühren. Die Hummer ausschälen. Scheren und Schwänze in die Brühe geben und zur Hummersuppe kochen.

2. Zur Gemüsemasse Rotweinessig, Olivenöl, Kreuzkümmel und Koriander geben. Salzen und pfeffern. Die Krusten vom Brot abschneiden und mit den übrigen Zutaten vermischen. 24 Stunden ziehen lassen.

Gazpacho

3. Nach der Ruhezeit mit einem Rührgerät fein pürieren. 1 l vom Gazpacho abmessen, mit der Hummersuppe mischen. Abschmecken, nochmals mixen, 250 ml Sahne zugeben und ein letztes Mal mixen. Kalt stellen.

4. Die Parikaschoten und die Gurke schälen, einzeln in kleine Stücke schneiden. Die zurückbehaltenen Brotkrusten würfeln und einige Minuten in Olivenöl anbräunen. Den Gazpacho gut gekühlt in einem Teller servieren, die Garnitur separat daneben. Hummerfleisch einlegen und mit Basilikumblättern dekorieren.

Tomatensaft mit

Vorbereitungszeit: *45 Minuten*
Kochzeit: *3 Minuten*
Schwierigkeitsgrad: ★

Für 4 Personen

1 1/4 kg Tomaten
50 g Basilikum
100 g Kerbel
1 Bund glatte Petersilie
3 Thymianzweige
1 Knoblauchzehe
1 Schalotte
125 ml Weißwein
grobes Meersalz

Für das Gemüse:
Karotten
Tomaten
Zucchini
Knollensellerie
dicke Bohnen
feine Erbsen

Man kann diesen Tomatensaft als kalte Vorspeise oder als eine Art Digestif nach dem Hauptgang servieren. Er ist einfach in der Zubereitung und sehr erfrischend. Achten Sie darauf, sehr reife, rote und würzige Tomaten zu verwenden, zum Beispiel von der Sorte Roma, die man mit Stiel kauft, weil dieser als ein Beweis der Reife dient. Sie haben festes Fruchtfleisch und einen für dieses Gericht unerläßlichen süßen Geschmack. Im 19. Jahrhundert hielt man in England die Tomate für ein gefährliches Gemüse, das gemäß den Hygienevorschriften vor dem Verzehr 3 Stunden gekocht werden mußte. Unsere Kenntnisse der Naturprodukte haben sich inzwischen verbessert, so daß die Zubereitung dieses Rezeptes etwas schneller geht – wenn man einmal von der Abtropfzeit absieht.

Der Tomatensaft benötigt eine gute Würze. Dazu gehören aromatische Kräuter, wie frisches Basilikum, glatte Petersilie und Kerbel. Man könnte diesem Bouquet garni noch Dill und Fenchel sowie leicht säuerlichen Schnittlauch zufügen.

Die mit den Fingern zerdrückten Tomaten geben nur nach und nach ihren Saft ab, weshalb man sie über Nacht abtropfen lassen muß. Sie sollten ein sehr dünnes, möglichst locker gewebtes Leintuch verwenden, daß auch einen Teil der Fruchtmasse passieren läßt. Etwas Zeit kostet auch die Vorbereitung des Gemüses, vor allem der Bohnen und Erbsen, die man »al dente« kochen sollte, so bleiben die Vitamine erhalten.

1. Tomaten entstielen, waschen und in eine Schüssel geben. Geschnittene Kräuter, Schalotte, Knoblauchzehe und Weißwein zugeben und würzen.

2. Die Tomaten zerdrücken, zwischen den Fingern pressen, bis sie gut zerquetscht sind.

Kerbel und Gemüse

3. Das Ganze in ein Leintuch geben und 24 Stunden darin liegen lassen, bis der Saft abgetropft ist.

4. Das Gemüse schälen und fein würfeln. Die Bohnen enthäuten und die feinen Erbsen ausschälen, separat kochen. In eine Suppentasse etwas gefilterten Saft, Gemüsegarnitur und die Kerbelblätter geben, kalt servieren.

Feiner Goldbrassensalat

Vorbereitungszeit:	*20 Minuten*
Kühlzeit:	*1 Stunde*
Schwierigkeitsgrad:	*★*

Für 4 Personen

1	Goldbrasse à 1 kg
1 kg	grobes Meersalz
200 g	grüne Bohnen
1 Bund	Radieschen
100 g	Mischsalat
30 ml	Olivenöl
4	Kartoffelschälchen

Für die Marinade:

1 l	Weißweinessig
150 g	Zucker

Für die Gemüsesauce:

150 g	Kopfsalat
1	Gurke
1	grüne oder rote Tomate (nach Wunsch)
1	Zitrone
einige	Basilikumblätter
60 ml	Olivenöl, extra nativ
	Salz, Pfeffer

Cop Goldbrasse lebt auf Felsgründen, deshalb findet man sie sowohl im Atlantik als auch im Mittelmeer. Es sind sicherlich die goldenen Reflexe ihrer Haut, denen sie ihren Namen verdankt. Dieser etwas fettreiche Fisch besitzt ein festes, weißes und sehr jodhaltiges Fleisch.

Als großer Liebhaber marinierter Fische empfiehlt unser Küchenchef ganz besonders diesen feinen Goldbrassensalat. Der Fisch wird nicht gekocht, sondern zuerst in grobes Meersalz eingelegt und dann in Weißweinessig mariniert, was ihm einen besonderen Geschmack verleiht. Je nach Filetdicke variiert die Marinierzeit, man sollte sie jedoch nicht übertreiben. Rechnen Sie etwa eine Stunde pro 1 kg Fleisch: das Filet sollte unter der Außenschicht fest bleiben. Ein kleiner Barsch könnte in diesem Rezept übrigens die Goldbrasse ersetzen.

Die Gemüsesauce enthält insbesondere Gurke, die schon in der Antike bekannt war, wenn gleich wegen ihrer Bitterkeit wenig geschätzt wurde. Man könnte dieses durch das Einlegen der Gurke in Honig neutralisieren, oder – wie hier – die Gurke etwa 10 Minuten in Salz ziehen lassen. Danach kann man sie ohne Bedenken in die Sauce geben, zusammen mit einer angenehm säuerlichen grünen Tomate.

Wenn Sie die Farbe der Sauce ein wenig variieren möchten, fügen Sie noch rote Bete, Sellerie oder Karotten hinzu.

1. Die Goldbrassenfilets auslösen, Reste entfernen und eine Stunde lang mit grobem Meersalz bedecken. Gründlich mit kaltem Wasser abwaschen. Aus Essig und Zucker eine Marinade bereiten, die Filets hineingeben und eine Stunde darin ruhen lassen, dabei regelmäßig mit der Flüssigkeit übergießen.

2. Filets aus der Essigmarinade nehmen und in dünne Stücke teilen. Eine Stunde kühl stellen.

mit Gemüsesauce

3. Die grünen Bohnen waschen und »al dente« kochen, Bohnen und Radieschen in feine Streifen schneiden.

4. In den Mixer Kopfsalat, Gurke, Basilikum und (eventuell) Tomate geben, zerkleinern. Olivenöl und Salz zugeben. Den Mischsalat in die Tellermitte legen, würzen und mit den dünnen Goldbrassenscheiben belegen. Rundherum die Julienne aus grünen Bohnen und Radieschen verteilen. Die Sauce in einem Kartoffelschälchen dazu servieren.

Geräucherte Entenbrust

Vorbereitungszeit: *30 Minuten*
Kochzeit: *10 Minuten*
Kühlzeit: *24 Stunden*
Schwierigkeitsgrad: ☆☆

Für 4 Personen

2	Entenbrüste
30 g	schwarzer Tee
1 EL	Hoi Sin-Sauce (Fertigprodukt)
	Öl

Für das Gemüse:

8	frische kleine Maiskolben
10	Kirschtomaten
80 g	Zuckererbsen

Für die Salzlake:
Pökelsalz (14 g pro kg)

Für die Miso-Vinaigrette:

1 EL	Miso
1 EL	Öl
1 EL	Reisessig
2 EL	Brühe

Für die Dekoration:
glatte Petersilie
krause Petersilie
Kerbel

Das Räuchern diente lange Zeit zur Konservierung von Speisen, heute ist es eher ein Mittel, um den Speisen eine besondere Note zu verleihen. Hier zeigt unser Küchenchef, wie er auf diese Weise einfache Entenbrüste verwandelt.

Das Räuchern mit Tee (ganze Blätter, kein Broken-Tee) wird in China praktiziert; es verleiht dem Fleisch einen köstlichen Geschmack. Vor allem der schwarze Tee, den man in Holzkisten verkauft, eignet sich gut für diese Zubereitung, da sein Aroma sehr ausgeprägt ist. Wenn man keinen Räucherofen besitzt, kann man ihn durch eine Pfanne mit Siebaufsatz ersetzen oder einen aus Holzresten basteln. Damit sich die Entenbrüste besser räuchern lassen, sollen sie 24 Stunden in Salzlake eingelegt werden, so wird das Fleisch mürbe. Nach dem Räuchern werden die Entenbrüste mit Hoi Sin-Sauce bestrichen. Das sind fermentierte und parfümierte Sojabohnen mit Gewürzen, die Sie im Glas in Asienläden erhalten können. Wenn diese Verbindung zunächst auch unerwartet erscheint, gehen die Hoi Sin-Sauce und das Fleisch doch eine perfekte Verbindung ein. Nach der Zubereitung läßt man die Entenbrüste einen Moment ruhen, damit das Fleisch wieder weich werden kann. Dann wird es mit einem spitzen Messer in gleichmäßige Scheiben geschnitten.

Miso ist eine Paste aus fermentierten Sojabohnen. Das kräftigste Aroma besitzt das rötliche Miso, aber das mildere weißliche Miso eignet sich (in kleinen Mengen) besser für den westlichen Gaumen.

1. Entenbrüste mit Salz einreiben und 24 Stunden im Kühlschrank ziehen lassen. Den Tee in eine Räucherpfanne geben. Das Sieb auflegen, die gesalzenen Entenbrüste darauf plazieren und das Ganze mit einem Deckel verschließen.

2. Erhitzen, bis die Teeblätter entflammen und zu rauchen beginnen. Entenbrüste 15 bis 20 Minuten räuchern. Wenn Rauch sichtbar wird, die Hitze reduzieren, um das Fleisch nicht zu stark zu garen.

und Gemüse mit Miso

3. Die Haut der Entenbrüste alle 5 mm längs und quer einschneiden. Öl sehr stark erhitzen und das Fleisch darin braten, zuerst von der Hautseite. Fünf Minuten von jeder Seite anbraten, dann für zehn Minuten ruhen lassen. Die Entenbrüste mit Hoi Sin-Sauce bestreichen und in Scheiben schneiden.

4. Alle Zutaten der Miso-Vinaigrette verrühren und beiseite stellen. Das Gemüse putzen, dann klein schneiden. Auf jedem Teller das Gemüse anordnen, die Vinaigrette zugeben und darauf die Entenscheiben legen. Mit Kräutern dekorieren.

Teighörnchen mit

Vorbereitungszeit: *45 Minuten*
Kochzeit: *30 Minuten*
Schwierigkeitsgrad: ★★

Für 4 Personen

2	Taschenkrebse à 800 g
4	Brikteigfladen (ersatzweise Blätterteig)
2	Pampelmusen
1	Orange

1	Zitrone
1	Schalotte
20 g	Sesamsamen
200 ml	Schlagsahne
250 ml	Öl
	Butter
1 Bund	Schnittlauch
1/2 Bund	Kerbel
1/2 Bund	Estragon
einige	Salatblätter
	Salz, Pfeffer

Diesen Teighörnchen mit Krebsfüllung kann kaum ein Feinschmecker widerstehen. Sie sehen aus wie kleine Füllhörner aus dünnen Brikteigfladen, die mit einer Krabbenfarce gefüllt sind. Ursprünglich aus Tunesien stammend, hat sich dieser dünne Fladen aus Mehl, Wasser, Salz und Sojaöl in ganz Europa durchgesetzt und dabei seine vielfältigen Verwendungsmöglichkeiten unter Beweis gestellt: Seine leichte Verarbeitung ermöglicht alle Formen von Rollen, Pasteten oder Teigtaschen. Man sollte ihn jedoch unbedingt trocken aufbewahren, vor allem wenn man die Teighörnchen im voraus zubereitet.

Es gibt weltweit eine beeindruckende Vielfalt an Krebsen: grüne, blaue, rote, braune. Bei diesen Schalentieren ist der Hinterleib unterentwickelt und verschwindet unter dem Rückenpanzer, anders als bei Hummer, Langustinen oder Garnelen. Taschenkrebse, die man im Französischen auch als »Schläfer« bezeichnet, weil sie sich kaum bewegen, schmecken von April bis Juni besonders gut. Wählen Sie bevorzugt weibliche Krebse, denn sie haben besser entwickelte Panzer und mehr Corail. Sie sollten sehr frisch sein – möglichst lebend.

Die Kochzeit beginnt mit dem ersten Aufwallen, nachdem man den Krebs in das kochende Wasser gegeben hat. Damit das Fleisch seine Zartheit bewahrt, lassen Sie den Krebs unbedingt in der Kochflüssigkeit abkühlen. Anschließend herausnehmen und mit einem feuchten Tuch abdecken. Besser wäre es noch, den Krebs warm zu stellen.

Sie können für dieses Rezept ebenso zerkleinerten Thunfisch verwenden (sogar frisch gekochten und anschließend tiefgefrorenen Thunfisch) und anstelle der Pampelmusen gut durchgereifte Avocadoviertel.

1. Die Krebse 25 Minuten in sprudelndem Salzwasser kochen. Danach ziehen lassen. Das Krebsfleisch mit einem Löffel aus der Schale lösen. Die Vinaigrette aus Öl, dem Saft einer halben Zitrone und der in Ringe geschnittenen Schalotte vorbereiten.

2. Aus Pappe einen Kreis von 20 bis 25 cm Durchmesser schneiden und daraus einen Trichter formen. Mit Hilfe dieser Grundform aus Alufolie Trichter rollen, wobei der befestigte Papptrichter mit der Folie umwickelt wird.

Krebsfüllung

3. Die hauchdünnen Teigblätter ausschneiden und mit Hilfe der Aluminiumtrichter 4 Teighörnchen formen und mit Sesamsamen bestreuen. Die Teighörnchen mit geklärter Butter bestreichen, im 180 °C heißen Backofen vier bis fünf Minuten backen.

4. Das Krebsfleisch mit Schlagsahne, kleingehacktem Schnittlauch, Orangenschale, Salz und Pfeffer mischen. Die Teighörnchen mit dieser Krabbenfarce füllen und auf Tellern anrichten. Daneben auf der einen Seite Pampelmusenfilets, auf der anderen den mit der Vinaigrette angerichteten Salat legen. Mit Estragon und Kerbel garnieren.

Gelierte Suppentafel

Vorbereitungszeit: *45 Minuten*
Kochzeit: *45 Minuten*
Kühlzeit: *30 Minuten*
Schwierigkeitsgrad: ☆☆

Für 4 Personen

4	Kartoffeln
2	Lauchstangen
200 ml	Sahne
200 ml	klare Brühe
300 ml	Geflügelbrühe

Zum Klären der Suppe:

40 g	Rindfleisch, gehackt
1	Tomate
20 g	Lauch
20 g	Karotte
20 g	Knollensellerie
1	Eiweiß
1	Gelatineblatt
3	Eiswürfel

Für die Garnierung:

1	kleiner Zucchino
1	kleine Karotte
1	weiße Rübe
	Kerbel

Für die Suppeneinlage:

120 g	Hühnerbrust
100 g	gekochte Gänseleber

Das Elsaß hat dank seiner Landwirtschaft, Flüsse und Wildbestände immer großen Wert auf die Gastronomie gelegt. Die Elsässer Küche (die sich nicht auf das berühmte »choucroute« beschränkt) diente oft auch als Vorbild für Feinschmecker jenseits des Rheins und ist bis heute von ausgesprochener Kreativität.

Émile Jung beweist das stellvertretend mit diesem Kartoffel-Lauch-Püree. Schon in der Antike erfreute sich Lauch großer Beliebtheit: Der Pharao Cheops gab ihn seinen tapfersten Soldaten zum Lohn. Lauch wird dreimal pro Jahr geerntet: im Frühling, im Herbst und im Winter. Hauptanbaugebiete in Frankreich sind die Bretagne und die Normandie. Im vorliegenden Fall verwendet man nur das Weiße des Lauchs, das einen angenehm süßlichen Geschmack besitzt.

Die Kartoffel ist in der Tradition des Elsaß tief verwurzelt. Man kann die unerläßlichen Dienste, die sie während der Kriege und Hungersnöte geleistet hat, gar nicht hoch genug veranschlagen, zumal das Elsaß von den Ländern beiderseits des Rheins immer wieder bedrängt wurde. Wählen Sie für das Püree die klassischen Bintje-Kartoffeln, deren Festigkeit beim Kochen gut erhalten bleibt.

Die Zubereitung und besonders das Würzen kostet etwas Zeit und viel Sorgfalt. Ein paar Tricks helfen jedoch, zum Beispiel die Zugabe von Eiswürfeln zum Klären der Suppe, die das Hartwerden des Eiweißes verhindert. Achten Sie darauf, das Gelee relativ dünnflüssig zu halten, damit es – im Gegensatz zum traditionellen, festen Gelee – auf der Zunge zergeht und sein feines Aroma entfaltet.

1. Zum Klären der Suppe alle Zutaten in grobe Stücke schneiden und mit dem Eiweiß mischen. Unter Rühren die Eiswürfel zufügen. Nach und nach unter ständigem Rühren klare Brühe und Geflügelbrühe zugießen. Etwas Flüssigkeit für das Püree zurückhalten.

2. Die Suppe 20 Minuten bei mittlerer Hitze kochen, dabei ständig weiterrühren. Durch ein Sieb passieren.

nach Elsässer Tradition

3. Kartoffeln schälen, waschen, würfeln und zusammen mit 100 g geputztem und kleingeschnittenem Lauch kochen. Aus Lauch, Kartoffeln, klarer Brühe und Geflügelbrühe ein Püree bereiten, Sahne zufügen. Mit Hilfe einer Kreisform von 5 cm Durchmesser in die Mitte der tiefen Teller geben.

4. Rundherum gewürfelte Gänseleber und gedünstete Hühnerbrust verteilen. Die leicht gelierte Brühe angießen. Mit Karotten-, Rüben- und Zucchinikugeln und ein paar Kerbelblättern garnieren.

Torte von der Entenleber

Vorbereitungszeit: *1 Stunde*
Kochzeit: *5 Minuten*
Kühlzeit: *12 Stunden*
Schwierigkeitsgrad: ★★★

Für 8 Personen

1	Entenleber à 600 g
100 g	Mandelblättchen
250 ml	Sahne
5 g	Speisestärke
300 ml	klare Brühe
100 ml	Muskatwein, lieblich
40 ml	Cognac
4	Gelatineblätter
	Salz, weißer Pfeffer aus der Mühle

Für das Traubenconfit:

500 g	helle Trauben
50 g	Zucker
2	Gewürznelken
	Saft von 1/2 Zitrone
2	Gelatineblätter
100 ml	Weißwein

Für den Genueser Teig:
(siehe Grundrezepte S. 802)

»Zur Traube« – so lautet der Name von Dieter Kaufmanns Restaurant, das wegen seiner Leidenschaft für gute Weine in ganz Deutschland bekannt ist. Kaufmann ist glücklicher Besitzer eines Weinkellers mit mehr als 30 000 edlen Flaschen, darunter sowohl große französische Crus (Romanée-Conti, Yquem, Lafite und Pétrus) als auch beste deutsche Weine, die er in einigen seiner Rezepte verwendet.

Diese Vorspeise ist ein Beweis dafür: Anfangs als echte Süßspeise konzipiert, mit einem Genueser Teig und einem beinahe karamelisierten, süßen Weingelée, dann anläßlich des Geburtstags eines Freundes weiterentwickelt, wurde sie schließlich in die Karte des Restaurants aufgenommen.

Verwenden Sie für die Torte Entenleber, da sie weniger Fett als Gänseleber enthält. Die Farce muß unbedingt bei richtiger Temperatur verarbeitet werden, da die Leber bei zu großer Hitze bitter werden kann. Die Sahne wird vorsichtig unter die Mousse gehoben, die zusammen mit der Entenleberfarce schichtweise auf den Boden aus Genueser Teig gefüllt wird. Beide Schichten müssen bei der Herstellung der Torte ausgewogen sein, damit sie beim Servieren den gewünschten Effekt ergeben.

Damit man für diese Arbeit genügend Zeit hat, sollte man die eingelegten Trauben im voraus zubereiten und dafür die ausgezeichneten Chasselas-Trauben wählen. Sie können diese sogar länger als eine Woche im Kühlschrank aufbewahren.

1. 100 g Entenleber kühl stellen. Den Rest durch ein Sieb passieren und kühl stellen. 100 ml klare Brühe mit 50 ml Muskatwein und dem Cognac erhitzen, von der Platte nehmen und vorsichtig unter Rühren die passierte Entenleber untermischen. Sie darf nicht zu warm werden. In die mit einer dünnen Schicht aus Genueser Teig ausgelegten Form von 16 cm Durchmesser füllen und 20 Minuten kalt stellen.

2. Für die Zubereitung der Mousse 100 ml klare Brühe erhitzen und mit Weizenstärke binden. Die 100 g Entenleber in dünne Scheiben schneiden, in die Brühe geben und leicht schmelzen lassen. Im Mixer pürieren, dann durch ein Sieb streichen. Vier eingeweichte Gelatineblätter zugeben. 15 bis 20 Minuten ins Kühlfach stellen.

mit Traubenconfit

3. Sahne halbfest schlagen und vorsichtig unter die Grundmasse für die Mousse rühren. Mit Salz und weißem Pfeffer abschmecken. Das Ganze als zweite Schicht in die Torte füllen. 12 Stunden kalt stellen. Für das Traubengelee die restlichen 100 ml Brühe zusammen mit einem eingeweichten Gelatineblatt erhitzen, 50 ml Muskatwein zugeben und abkühlen lassen. Die Torte mit diesem Gelee glasieren.

4. Für das Traubenconfit: Zitronensaft, den restlichen Weißwein und Gewürznelken mischen. Die Trauben enthäuten, entkernen und darin marinieren. Aus 50 g Zucker eine helle Karamelmasse herstellen und mit der Traubenmarinade ablöschen. Ein aufgelöstes Gelatineblatt zugeben und sofort beseite stellen. Die Torte aus der Form nehmen und rundherum mit gebräunten Mandelblättchen bedecken.

Weißfischrogen mit

Vorbereitungszeit: *25 Minuten*
Kochzeit: *5 Minuten*
Schwierigkeitsgrad: ★

Für 4 Personen

200 g Weißfischrogen
400 g Kartoffeln
4 EL Crème fraîche
4 EL rote Zwiebel
etwas Butter

1 Zitrone
etwas Schnittlauch
Salz, Pfeffer

Man hält Fischrogen im allgemeinen für ein Luxusgut, mit dem man gerne kleine Häppchen, Partygerichte und kunstvolle Speisen dekoriert. In Schweden zählt Weißfischrogen zu den einfachen Speisezutaten, weshalb er in diesem von den russischen Blini inspirierten Gericht auftaucht – der Weißfisch steht hier anstelle des Störs, die Kartoffeln ersetzen den Bliniteig.

Heutzutage ist der Weißfisch recht selten geworden. Neben seinem schmackhaften Fleisch wird aus seinen Schuppen auch eine Essenz gewonnen, mit der man Glasperlen überzieht, so daß sie echten Perlen zum Verwechseln ähnlich werden. In Schweden heißt der kleine Weißfisch, dessen delikaten Rogen man verwendet, »lörja«. Er wird in der Ostsee oder in den großen Binnenseen, wie Vänern oder Vätten, gefangen: Jedes seiner Eier wird von der Haut gelöst und zu zwei oder vier Prozent mit Salz vermengt.

Der beste Herkunftsort von Weißfischrogen ist der Hafen von Kalix in Nordschweden, nicht weit von der finnischen Grenze. Der salzige Geschmack hat eine starke Jodnuance, und seine Farbe – gelb oder rot – ist sehr ausgeprägt (grauen Rogen sollten Sie auf keinen Fall wählen). Man könnte auch Lachs- oder Forellenrogen als Ersatz nehmen, deren Geschmack vielleicht etwas feiner ist. Probieren Sie auch einmal Weißfischrogen mit Dillsauce, wie in dem Heringsrezept »nach Art der K.B.« auf der vorigen Seite.

1. Kartoffeln waschen und schälen, Keime entfernen. Mit Hilfe einer Küchenreibe in dünne Scheiben schneiden und diese nochmals quer in sehr feine Stückchen schneiden.

2. Die Kartoffelstifte kräftig pressen, damit das Wasser herauskommt. Die rote Zwiebel und den Schnittlauch klein schneiden.

Kartoffelküchlein

3. Aus den Kartoffeln kleine Pfannkuchen formen und mit etwas Butter in einer Pfanne anbräunen.

4. In die Mitte eines Tellers den Kartoffelpfannkuchen legen, daneben je ein Klößchen Weißfischrogen, Zwiebel und Schnittlauch mit einem Zitronenviertel. Die Crème fraîche extra dazu reichen.

Gemüseterrine mit

Vorbereitungszeit: *1 Stunde*
Kochzeit: *2 Stunden 30 Minuten*
Kühlzeit: *3 Stunden*
Schwierigkeitsgrad: ★★

Für 8 Personen

4	Fenchelknollen
5	Zucchini
5	Auberginen
2 kg	Tomaten
2	rote Paprika
1	Knoblauchknolle
7	Gelatineblätter
1 l	Olivenöl

einige	Spritzer Pastis
	Thymian
	Salz, Pfeffer

Für das Senfpüree:

1	Artischocke
1	Karotte
1	Zwiebel
1	Knoblauchzehe
2	große Champignons
15 g	Senf
100 ml	Weißwein
	Olivenöl
etwas	Milch
1 Prise	grobes Meersalz

Es gibt zahllose Terrinen und sehr viele Liebhaber von Terrinen: gefüllt mit Fleisch, Fisch oder auch nur mit Gemüse bieten sie eine reichhaltige Auswahl. Seit dem 16. Jahrhundert hat man begonnen, Gemüsearten zu zählen, von denen man ohne Zuckerzugabe die Blätter, den Stiel oder die Knolle essen kann – dabei ist man auf gut 300 verschiedene Sorten gekommen, die alle ihre eigene Geschichte und Zubereitungsart haben.

Fenchel, Zucchini und Auberginen sollten beim Einkauf sehr fest sein. Sie werden in Olivenöl gedünstet (unser Küchenchef bevorzugt das Öl aus Maussane-les-Alpilles), das ihnen ein mediterranes Aroma verleiht. Lassen Sie die verschiedenen Gemüsesorten recht knackig, um einen guten Kontrast zu den Tomaten zu erhalten.

Kaufen Sie reife, feste und vor allem reichlich Tomaten: Sie benötigen etwa 2 kg rohe für 600 g eingelegte Tomaten. Das Fruchtfleisch wird gut gewürzt, bevor man es dicht an dicht auf eine Platte legt und in den Backofen schiebt. Die Tomaten können sehr gut auch im voraus zubereitet werden, zum Beispiel am Vortag. Wenn man eine Vorliebe für Knoblauch hat, gibt man ihn als Paste auf jede Tomatenschicht – aber man sollte die Knoblauchzehen zweimal hintereinander in Milch blanchieren, bevor sie zur Paste einkocht werden, um den Geschmack zu mildern.

Diese Vorspeise wird gut gekühlt, mit einer gegrillten Scheibe Landbrot und Ziegenfrischkäse serviert, der mit etwas Dill bestreut ist.

1. Die groben Hüllblätter der Fenchelknollen entfernen. Paprika schälen, entkernen und in Stücke schneiden. Die Fenchelknollen in Olivenöl dünsten und leicht salzen. Etwas Pastis zugeben und 20 Minuten kochen lassen. Nun den Paprika in heißes Olivenöl legen und 20 Minuten dünsten.

2. Die Zucchini in breite Streifen schneiden, dabei einen Teil des weißen Inneren übriglassen, ebenso mit den Auberginen verfahren. Die beiden Gemüse in Olivenöl andünsten, salzen und pfeffern. 15 Minuten köcheln lassen. Die enthäuteten und entkernten Tomaten in Olivenöl mit Knoblauch, Thymian, Salz und Pfeffer einlegen. Zweieinhalb Stunden bei 80 °C im Backofen ziehen lassen.

süßem Senfpüree

3. Für das Senfpüree: Artischockenherz, Karotte, Zwiebel, Champignons und die zweimal in Milch blanchierte Knoblauchzehe klein schneiden. Für zehn Minuten in heißes Olivenöl geben, mit Weißwein ablöschen. Den Senf und eine Prise grobes Meersalz zufügen. Mit Alufolie abdecken und weitere 15 Minuten dünsten lassen, anschließend pürieren.

4. Die Terrinenform mit Folie auslegen, dann die Füllung schichtweise hineingeben: Auberginen, Zucchini, Fenchel, Paprika, Fenchel, Zucchini, Auberginen. Zwischen jede Schicht die eingelegten, halbierten Tomaten und ein zuvor in kaltem Wasser eingeweichtes Gelatineblatt legen. Die Terrinenform schließen und im Wasserbad 20 Minuten bei 175 °C im Backofen garen.

Ochsenschwanz-Kugeln

Vorbereitungszeit: *1 Stunde*
Kochzeit: *4 Stunden*
Schwierigkeitsgrad: ★★★

Für 4 Personen

1/2	Ochsenschwanz
2	Scheiben Gänseleberpastete
	Tomaten
1	Sellerieknolle
1	Karotte
1	kleine Lauchstange

1	Zwiebel, gespickt mit 3 Gewürznelken
1 EL	Tomatenmark
1 EL	Mohnsamen
2	Thymianzweige
1	Lorbeerblatt
40 g	glatte Petersilie, gehackt
300 ml	Rotwein
1 l	Rindfleischbrühe
	Sherryessig
100 ml	Walnußöl
	Fritierfett
	Salz, Pfeffer

Ochsenschwanz wird oft wenig geschätzt, obwohl es sich hierbei um preiswertes und schmackhaftes Fleisch handelt. Er besitzt eine ausgezeichnete Konsistenz und ist gerade im obersten fleischigen Teil sehr delikat. Unser Küchenchef empfiehlt den Schwanz eines jungen Ochsen aus dem Schweizer Kanton Waadt, zum Beispiel von der Rasse Simmental. Der Ochsenschwanz muß sehr lange, etwa 4 Stunden, bei schwacher Hitze kochen. Das ist notwendig, damit das Fleisch all seine Geschmacksstoffe freisetzt und sich leicht vom Knochen lösen läßt. Man ißt nur das Fleisch, aber man braucht Geduld, um es von Fett und Nervengewebe zu befreien.

Für die Herstellung der Sellerieravioli benötigen Sie gleichmäßige Selleriescheiben, die Sie beispielsweise mit Hilfe einer Wurstschneidemaschine erhalten. Der Sellerie sollte nicht holzig, sondern sehr fest und frisch sein. Besonders geeignet sind hierfür die Sorten »Alba« oder »Mentor«, wenn sie nach traditioneller Art angebaut wurden. Der Selleriegeschmack paßt hervorragend zur Gänseleberpastete, was schon in vielen anderen Rezepten erprobt wurde.

Die Wahl der Leberpastete hängt von deren Konsistenz und den leicht süßlichen Geschmacksnuancen ab. Gut wäre zum Beispiel eine Marinade aus Madeira und Zucker, da die Pastete zum Schluß noch eine Mohnkruste erhält, was einen guten Kontrast bildet.

Anstelle des Ochsenschwanzes können Sie auch einen Kalbsschwanz verwenden und als Beilage dazu eine fritierte Zwiebeljulienne reichen.

1. Den Ochsenschwanz von allen Seiten salzen und pfeffern. In eine mit Tomaten und Gewürzen ausgelegte Schmorpfanne geben. Mit Wein angießen, salzen, pfeffern, durchrühren und vier Stunden schmoren lassen. Den Sellerie schälen, in Scheiben von 2 mm Dicke schneiden und ein bis zwei Minuten in Brühe kochen. Aus den Selleriescheiben mit einem Ausstecher 24 Kreise von 5 cm Durchmesser formen.

2. Den Ochsenschwanz ein wenig abkühlen lassen, das Gemüse in kleine Würfel schneiden, den Bratenfond durch ein feines Sieb passieren und zu Gelee einkochen lassen. Das Fleisch vom Knochen lösen, Fett und Nervengewebe entfernen und in kleine Würfel schneiden. Petersilie unter das Fleisch mischen, Gemüsewürfel, Essig und vier Eßlöffel reduzierten Fond zugeben. Gut vermengen und abschmecken.

mit Sellerieravioli

3. Diese Füllung auf zwölf Sellerieschieben geben und mit zwölf weiteren Scheiben abdecken, damit sie wie Ravioli aussehen. Dann die Sauce zubereiten: In einen Mixer einen großen Teil des restlichen Selleries, Essig, Walnußöl und etwas Bratenfond geben. Das Ganze fein pürieren und abfüllen. 50 g Selleriejulienne braten und beiseite stellen.

4. Die Leberpastetenscheiben halbieren, vier Kugeln formen und wie Pralinen in einer Mischung aus Selleriejulienne und Mohnsamen wälzen. In der Tellermitte die Kugeln auf drei Sellerieravioli legen und mit etwas Sauce garnieren.

Bretonische Hummerterrine

Vorbereitungszeit:	*40 Minuten*
Kochzeit:	*20 Minuten*
Kühlzeit:	*12 Stunden*
Schwierigkeitsgrad:	★★

Für 4 Personen

2	Hummer à 600 g
	Brühe (für den Hummer)
250 g	Zwiebeln
375 g	Lauch
200 g	roter Paprika
50 g	grüne Bohnen
125 g	Spinat
	Karotten
	Olivenöl
	Salz, Pfeffer

Für die Tomatensauce:

250 g	Tomaten
25 g	Tomatenmark
2	Spritzer Tabasco
30 ml	Essig
100 ml	Olivenöl
1 Prise	Salz

Obwohl die Zubereitung dieser Vorspeise ein wenig länger dauert, hat sie auch einige verlockende Vorzüge: Sie läßt sich der Jahreszeit anpassen, indem man jeweils das in der Saison angebotene Gemüse verwendet. Sie hält sich im Kühlschrank mehrere Tage.

Die äußeren Hüllblätter des Lauchs sind bei diesem zweifarbigen Gemüse besonders schön, und ihre Fasern sind gut für die Verdauung. Paradoxerweise wird in der kalten Jahreszeit am meisten Lauch gegessen, obwohl diese Pflanze gegenüber Kälte sehr empfindlich ist und keinerlei Frost verträgt. Der Lauch gehört botanisch gesehen zur Familie der Liliengewächse, ebenso wie die mit ihm verwandten Gemüsesorten Zwiebel und Knoblauch. Entfernen Sie den grüne Keim beim Lauch, dann schmeckt er nicht so bitter. Achten Sie beim Zubereiten der Terrine darauf, die einzelnen Gemüsesorten in gleichmäßigen Schichten anzuordnen. Das Ganze muß nach jeder Schicht gewürzt werden, der Hummerschwanz kommt in die Mitte – dort kommt er am besten zur Geltung.

Schließlich muß die Terrine gepreßt und etwa zwölf Stunden kalt gestellt werden. Danach ist sie fest genug, um sie in Scheiben von 2 cm Dicke zu schneiden und auf einer edlen Tomatensauce anzurichten. Die Tomaten sind je nach Jahreszeit mehr oder weniger saftig, weshalb Sie sie gut pürieren sollten, damit sich eine sehr feine und gleichmäßige Masse ergibt. Geben Sie das Olivenöl erst im letzten Moment zu, da es bei Kontakt mit dem kalten Gemüse gerinnen könnte.

1. Die Lauchstangen zusammenbinden und acht bis zehn Minuten in Salzwasser kochen. Abschrecken. Im gleichen Salzwasser die Zwiebeln, Karotten, grüne Bohnen und Spinat kochen. Anschließend kurz in Eiswasser tauchen. Die Lauchstangen halbieren und mit ihren Blattstreifen die Terrinenform auslegen.

2. Den Hummer in einer Brühe kochen. Den Paprika schälen, dann in Stifte schneiden. In Olivenöl anbraten, die gekochten Karotten halbieren. Zuerst die Ecken, dann den seitlichen Boden der Terrinenform mit den Karottenstücken auslegen.

mit Tomatensauce

3. Danach die Terrine mit verschiedenen Schichten füllen, nacheinander mit grünen Bohnen, kleingeschnittenen Zwiebeln, Spinat und Paprika. Darauf den Hummerschwanz legen und mit weiteren Gemüselagen abdecken.

4. Die Terrinenform mit den Lauchstreifen und Folie verschließen. Die Form in ein anderes Gefäß stellen und mit einem Gewicht von 5 kg pressen. Zwölf Stunden in den Kühlschrank stellen. Für die Sauce die Tomaten im Mixer zerkleinern, das Tomatenmark und die weiteren Zutaten zugeben. Fein pürieren. Die Vorspeise schön anrichten.

Garnelen und

Vorbereitungszeit: *40 Minuten*
Kochzeit: *20 Minuten*
Schwierigkeitsgrad: ★★

Für 4 Personen

400	g	Garnelen (roh oder gekocht)
125	g	Salz pro Liter Kochflüssigkeit
1–2		Tomaten
1/2		roter Paprika
einige		Kopfsalatblätter
1		Schalotte, feingehackt
2	EL	Mayonnaise
4		Baguette-Scheiben
1	Schuß	Tabasco
		Salz, Pfeffer
1		Dillzweig

Für das Würzöl:

100	ml	Sesamöl, 5 grüne Pfefferkörner
20	g	Kräuterblätter (Petersilie, Estragon, Basilikum, Dill)
1/2		Knoblauchzehe

Für das Gemüse:

100	g	Blumenkohlröschen
100	g	Karotten, 1 kleiner Zucchino
100	g	Petersilienwurzel oder Pastinake
2		Safranfäden, 1 Knoblauchzehe
1		Dillblütenzweig

Für die Safransahne:

100	ml	Schlagsahne
1		Safranfaden
		Dillblüten

Mit unterschiedlichen und einander geschmacklich ergänzenden Gemüsesorten hat unser Küchenchef hier ein farbenfrohes Rezept entworfen, das durch die Dillblüten dominiert wird. Es handelt sich dabei um die Blüten des Dillstrauchs, die viel würziger sind als die gebräuchlicherweise verwendeten Blätter. Von Mitte August bis Ende Oktober erhältlich, passen Dillblüten sehr gut zu Lammfleisch, zu feinen Meeresfrüchten und natürlich zu vielerlei Fischgerichten.

Die Garnelen sollten höchstens einige Minuten in stark gesalzenem Wasser gekocht werden. Die Größe dieser kleinen Schalentiere ist nicht so wichtig wie ihr Geschmack, da es etwa 3000 Garnelensorten gibt (von den kleinen grauen Sorten bis hin zum gewaltigen Seekrebs). Die Garnelen können Sie, auch abhängig von der Jahreszeit, durch Taschenkrebs, Langustinen oder Hummer ersetzen.

Die wichtigsten Zutaten dieser Vorspeise sind die verschiedenen Gemüsesorten. Verwenden Sie zum Beispiel Pastinaken, Karotten und Petersilienwurzel sowie Blumenkohl, Fenchel oder Sellerie.

Die für Dänemark ungewöhnliche und interessante Safransahne verleiht dem Gericht zusätzlich Kontur. Um das Ganze noch weiter zu veredeln, fügen Sie der Mayonnaise einige diskrete Prisen Zimt hinzu.

1. Das gesamte Gemüse putzen und mit einem Zweig Dillblüten, der Knoblauchzehe und dem Safran in Salzwasser leicht köcheln lassen. Nach dem Kochen auf ein Tuch geben und kalt stellen. Die Garnelen mit einem Dillzweig kochen und aus der Schale lösen. Die Tomate häuten, entkernen und ebenso wie die halbe Paprikaschote in kleine Würfel schneiden.

2. Für das Würzöl Sesamöl, Pfefferkörner, Knoblauch und die Kräuter in einen Mixer geben und gut durchmischen. Mit diesem Öl vier Baguette-Scheiben tränken und in einer Pfanne grillen, bis sie knusprig werden.

gekochtes Dillgemüse

3. Alle Gemüsesorten hacken und mit der mit einem Schuß Tabasco und einer gehackten Schalotte verfeinerten Mayonnaise mischen. Für die Safransahne die Sahne mit Safran und Dillblüten zur Hälfte einkochen. Durch ein Sieb streichen und abschmecken.

4. Auf jeden Teller eine Kreisform legen, die Hälfte des Gemüses, die Hälfte der Garnelen und dann das restliche Gemüse hineingeben und gut pressen. Noch eine Schicht der Tomaten-Paprika-Mischung zugeben, dann die Form entfernen. Die restlichen Garnelen, das gegrillte Brot und die Safransahne harmonisch verteilen. Mit Salatblättern dekorieren.

Blätterteigtarte mit Thunfisch,

Vorbereitungszeit: *40 Minuten*
Kochzeit: *15 Minuten*
Schwierigkeitsgrad: ★

Für 4 Personen

600 g	Thunfisch
400 g	Blätterteig (siehe Grundrezepte S. 799)
800 g	Tomaten
6	Knoblauchzehen
1 l	Olivenöl
6	Basilikumzweige
2	Thymianzweige
2	Lorbeerblätter
	Salz, Pfefferkörner

Das große Erdbeben von Lissabon im 18. Jahrhundert, das unzählige Opfer im Inneren der Stadt gekostet hat, hatte auch Auswirkungen auf die maritime Welt: So verließ der Thunfisch, der hier seit der Antike gelebt hatte, endgültig die portugiesische Küste. Man findet ihn heute noch häufig im Golf von Biskaya und im Mittelmeer. Das Fleisch dieses unermüdlichen Schwimmers wird an diesen Küsten immer gern gegessen, doch zeigt es eine leichte Neigung zum Austrocknen. Kochen Sie den Fisch daher nur so lange wie unbedingt nötig.

Wählen Sie einen roten und sehr festen Thunfisch, um sicherzugehen, daß er frisch ist (prinzipiell findet man Thunfisch von April bis November auf den Märkten). Damit er den Geschmack der Kräuter richtig annimmt, muß er mindestens 24 Stunden mariniert werden, was Sie in Ihrer Planung berücksichtigen sollten. Das anschließende Garen ist eine japanische Methode; sie verleiht dem Thunfisch einen leichten und angenehmen Rauchgeschmack. Spießen Sie dafür das Thunfischfilet mit einer Gabel auf und ziehen Sie es rasch durch eine Flamme. Für diese Art der Zubereitung muß der Fisch natürlich absolut frisch sein, weil er zum Schluß halbroh gegessen wird.

Die Blätterteigscheiben, die den Boden der Tarte bilden, sollten nicht zu lange backen, damit sie nicht bitter werden. Unser Küchenchef rät, die Teigscheiben erst nach dem Backen mit einem Ausstecher zu formen – so werden sie gleichmäßiger. Diese einfache, lauwarme Vorspeise eignet sich besonders für den Sommer.

1. Den Thunfisch am Vortag in Olivenöl mit Lorbeer, Thymian, Knoblauch und den Pfefferkörnern einlegen und marinieren lassen.

2. Den Blätterteig ausrollen, vier Kreise von 18 cm Durchmesser ausschneiden. Den Blätterteig mit der Gabel einstechen, dann 20 Minuten kalt stellen. Zehn bis zwölf Minuten bei 210 °C im Backofen backen, dabei nicht braun werden lassen.

Tomaten und Basilikum

3. Die Tomaten häuten und entkernen, in Würfel schneiden und mit etwas Olivenöl, Salz und Pfeffer andünsten. In der Zwischenzeit die marinierten Thunfischfilets über der Flamme eines Stövchens oder eines Salamanders (elektrisches Gerät zum Bräunen) rasch anräuchern.

4. Die Kräuter zu den gut reduzierten Tomaten geben, ebenso etwas Öl der Marinade. Die lauwarme Tomatenmasse auf die Blätterteigböden streichen, darauf den in dünne Scheiben geschnittenen Thunfisch rosettenförmig anrichten. Mit etwas Öl der Marinade bestreichen, damit sie schön glänzen, ein paar Basilikumblätter verteilen und lauwarm servieren.

Spanferkelsülze mit

Vorbereitungszeit: *20 Minuten*
Kochzeit: *2 Stunden*
Kühlzeit: *24 Stunden*
Schwierigkeitsgrad: ★★

Für 4 Personen

	Schulter und Nacken vom Spanferkel
5	Karotten
1	Lauchstange
½	Sellerieknolle
2	Zwiebeln
2	Gelatineblätter
	Thymian
1	Lorbeerblatt
	glatte Petersilie
1	Gewürznelke
750 ml	Weißwein
	Mischsalat
	Salz, Pfeffer

Für die Vinaigrette:

1	Lauchstange
1	Schalotte
1	Tomate
10 g	Kapern
30 ml	Weinessig
60 ml	Erdnußöl
½ TL	Senf
1 Bund	Estragon
	Salz, Pfeffer

Hier haben Sie Gelegenheit, eine luxemburgische Vorspeise kennenzulernen. In der Sülze befindet sich nicht nur das Fleisch, sondern auch eine ganze Reihe von Zutaten, die den Tischgästen wie in einer Vitrine präsentiert werden.

Beginnen Sie schon relativ früh mit den Vorbereitungen, denn man benötigt etwas Geduld, um die kleinen Fleischteile des Ferkels vom Knochen für möglichst schöne Stücke zu lösen. Der Erfolg dieses Rezepts hängt von einer guten Festigkeit der Sülze ab. Bei dieser sehr schnellen und einfachen Zubereitung von Sülze, wie sie hier beschrieben wird, dürfen die eingeweichten und aufgelösten Gelatineblätter auf keinen Fall mitgekocht werden, da sie den Geschmack beeinträchtigen würden. Es ist auch möglich, zusammen mit dem Spanferkel eine Kalbshachse zu kochen, die ihr natürliches Gelee in die Brühe abgibt. Dies würde – wie Léa Linster versichert – ebenfalls eine ausreichend feste Sülze ergeben.

Der Geschmack der Sülze sollte sehr fein sein, damit sie den des Ferkels nicht überdeckt. Dies gilt ebenfalls für die Lauchvinaigrette. Allein serviert stellt die Spanferkelsülze eine köstliche Vorspeise dar, zusammen mit Bratkartoffeln ist sie eine sehr herzhafte Hauptmahlzeit, die zu jeder Jahreszeit paßt.

1. Das Spanferkel tranchieren, dabei Schulter und Nacken trennen. Das Fleisch zusammen mit dem Gemüse, der Kräutermischung und dem Wein zum Kochen bringen und mit Wasser aufgießen. Nach dem Kochen die Karotten herausnehmen, das Fleisch abtropfen und abkühlen lassen. Die Knochen sorgfältig auslösen und das Fleisch in Stücke schneiden. Die Kochflüssigkeit durch ein Sieb gießen und die Gelatineblätter zufügen.

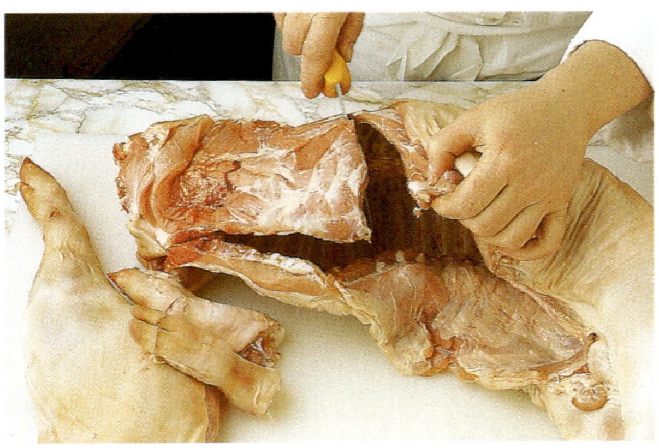

2. Karotten in Stifte schneiden, Petersilie hacken. In eine Terrinenform schichtweise Fleisch, Karottenstifte, gehackte Petersilie, eine neue Schicht Fleisch usw. füllen, bis sämtliche Zutaten verbraucht sind. Mit der Kochflüssigkeit aufgießen und 24 Stunden kalt stellen.

Lauchvinaigrette

3. Für die Vinaigrette Senf, Essig, Salz, Tomate und Pfeffer mit einem Schneebesen verrühren. Erdnußöl zufügen. Die Gemüse und das Estragon hacken und mit den Kapern zu der Vinaigrette geben.

4. Die Sülze in Scheiben schneiden und jeweils eine Scheibe auf jeden Teller legen. Mit Vinaigrette umgießen und mit einer kleinen Portion Mischsalat servieren.

Kaninchen-Sellerie-

Vorbereitungszeit: *1 Stunde*
Kochzeit: *45 Minuten*
Kühlzeit: *12 Stunden*
Schwierigkeitsgrad: ☆☆

Für 8 Personen

500 g	Kaninchenfleisch
300 g	Entenleber
500 g	Knollensellerie
5	Gelatineblätter
250 ml	Honigwein
750 ml	Geflügelfond
etwas	Zitronensaft

Für die aromatische Garnitur des Gelees:

750 ml	Geflügelfond
1	Karotte
1	Zwiebel
1	Lauchstange
1	Bouquet garni

Für die Salatbeilage:

200 g	Mischsalat
	Keimlinge
100 ml	Vinaigrette

Vom Orient bis zum Okzident war der Honig schon immer berühmt für seine heilenden Kräfte, und die Bienen, die ihn sammeln, wurden bereits in der Antike verehrt. Wenn man der griechischen Mythologie glaubt, war Honigwein der bevorzugte Trank der Götter auf dem Olymp, die auch die Sterblichen an dieser Köstlichkeit teilhaben ließen. Im Grunde ist Honigwein nur eine fermentierte Honiglösung, der ziemlich leicht in guten Kräuter- oder Honiggeschäften erhältlich ist. Der Honigwein verleiht dem Gelee Geschmack und Finesse, doch nimmt er diesem keinesfalls seinen Charakter.

Die Qualität des Kaninchens ist der Schlüssel zum Erfolg. Kaufen Sie möglichst ein junges Zuchtkaninchen von einem Bauernhof, das im Freien aufgewachsen ist. Seine Knochen und Reste kann man für die Zubereitung des Gelees verwenden. Die Rippchen werden zunächst aufbewahrt; sie dienen zum Schluß als Dekoration dieser Vorspeise. Bei der Zubereitung der Terrine braucht man ein wenig Aufmerksamkeit, wenn sie tadellos gelingen soll. Schneiden Sie die Sellerieschreiben schön rechteckig, ebenso die Entenleber, so daß die Wände der Form mit etwa gleichgroßen Stücken perfekt abgedeckt werden. Das Gelee muß in dem Augenblick zugegeben werden, in dem es bereits abgekühlt, aber noch nicht fest geworden ist.

Es empfiehlt sich, die Terrine am Vortag zuzubereiten und sie über Nacht kalt zu stellen. Sie könnten die Terrine aber auch eine gute Woche lang aufbewahren. Anstelle des Kaninchens würde sich für diese Vorspeise auch ein Freilandhähnchen vom Bauernhof eignen.

1. Das Kaninchen in Stücke schneiden, die Rippen beiseite stellen. Das Fleisch mit der aromatischen Garnitur des Gelees in kaltem Wasser aufsetzen, zum Kochen bringen und 45 Minuten bei schwacher Hitze köcheln lassen. Den Geflügelfond erhitzen und die eingeweichten Gelatineblätter hineingeben. Wenn der Fond wieder abgekühlt ist, den Honigwein zufügen.

2. Die Sellerieknolle schälen und Scheiben von 3 mm Dicke schneiden. Die Scheiben drei bis vier Minuten in gesalzenem und mit ein wenig Zitronensaft vermischtem Wasser kochen, so daß sie noch knackig bleiben, und auf saugfähiges Küchenpapier legen.

Terrine mit Honigwein

3. Eine dreieckige Terrinenform zuerst mit dem Sellerie, dann mit der Entenleber auslegen. Das Ganze mit Gelee übergießen und kalt stellen. Dann die Form mit dem Kaninchenfleisch füllen und mit Gelee bedecken. Zwölf Stunden kalt stellen.

4. Die gewürzten Kaninchenrippen drei bis vier Minuten bei mittlerer Hitze in Butter braten. Die Terrine aus der Form stürzen und mit Hilfe eines in heißes Wasser getauchten Messers in 3 mm dicke Scheiben schneiden. Auf einem Teller anrichten. Den Salat mit der Vinaigrette anmachen und als Beilage servieren.

Kartoffel-

Vorbereitungszeit: *35 Minuten*
Kochzeit: *6–8 Minuten*
Schwierigkeitsgrad: ★★

Für 12 Personen

2 kg	Kartoffeln
150 g	Trüffeln
800 ml	Trüffelsaft
100 ml	Kalbsfond, reduziert
	Pilze (wahlweise)
	Salz, Pfeffer

Die hier vorgestellte Verbindung von einfacher Kartoffel und feiner Trüffel stellt ein überraschendes Geschmackserlebnis dar. Für dieses Gericht eignen sich die B.F. 15 oder Bintje-Kartoffel, eine blaßgelbe Sorte, die auch nach dem Kochen nicht zerfällt. Sie sorgt für eine gute Festigkeit der Terrine, die aus übereinanderliegenden Schichten besteht. Man kann diese Kartoffeln in ebenso dünne Scheiben schneiden wie die Trüffeln.

Diese Pilzart, die man auch als »schwarze Perle der Küche« bezeichnet, findet man auf den französischen Spezialmärkten in Carpentras, d'Aups oder Cahors in vielen verschiedenen Variationen. Die Trüffelsuche ist heutzutage etwas leichter geworden, weil man inzwischen ausgebildete Trüffelhunde einsetzt. Sie sind leichter zu führen als Trüffelschweine, doch muß man sie so dressieren, daß sie ihre Fundstücke nicht auf der Stelle fressen. Guy Martin empfiehlt vor allem die schwarzen Périgord-Trüffeln, die im Winter ein Gewicht von 20 bis 50 g erreichen.

Die Terrine gewinnt nach dem Pressen und einer ausreichenden Ruhezeit die nötige Festigkeit. Schneiden Sie sie am besten mit einem elektrischen Messer in dünne Scheiben, um den schönen optischen Eindruck der kleingeschnittenen Trüffeln zu erhalten.

Für eine preiswerte Variante dieses Gerichts schlägt unser Küchenchef vor, die Trüffeln durch Lachs oder Anchovisfilets zu ersetzen, die man abwechselnd mit Pesto und Basilikum würzt.

1. Die Kartoffeln schälen und waschen. Mit dem Schneidmesser oder einer Reibe der Länge nach in dünne Scheiben schneiden. Salzen und pfeffern. Dann im Dampfkochtopf garen.

2. Die Trüffeln mit der Reibe dünn schneiden.

Trüffel-Terrine

3. Die Terrinenform mit einer angefeuchteten Frischhaltefolie auskleiden, auf den Boden der Form zwei Schichten Kartoffeln und eine Schicht Trüffeln legen. So lange abwechselnd Kartoffeln und Trüffeln in die Form schichten, bis alle Zutaten verbraucht sind.

4. Den Kalbsfond mit dem Trüffelsaft zu Gelee einkochen und über die Terrine gießen. Leicht pressen und mehrere Stunden kalt stellen. Die Terrine mit einem elektrischen Messer in Scheiben schneiden und auf Tellern anrichten. Wahlweise mit gebratenen Pilzen garnieren.

Rascasse mit Tapenade und

Vorbereitungszeit:	*1 Stunde*
Kochzeit:	*8 Minuten*
Kühlzeit:	*24 Stunden*
Schwierigkeitsgrad:	★★

Für 4 Personen

2	Rotbarsche à 1 kg
1	Avocado
4	Reisblätter
4	Tomaten
1	Zitrone
20 ml	Kirsch-Noilly (Wermut)
	Salz, Pfeffer

Für die Marinade:

200 ml	Olivenöl
2	Knoblauchzehen, zerdrückt
2	Korianderkörner
3	Thymianzweige
2	Basilikumzweige
1	Rosmarinzweig
1	Salbeizweig

Für die Tapenade:

80 g	schwarze Oliven
10 g	Kapern
80 ml	Olivenöl
1 TL	Balsamessig
	Salz, Pfeffer

Dieter Müller versucht stets, auf der Grundlage traditioneller Produkte aus verschiedenen Regionen seinen gastronomischen Horizont zu erweitern. Als Sproß einer Feinschmeckerfamilie, der mit der Mittelmeerküste von Italien bis Spanien vertraut ist, erweitert er sein Repertoire durch regionale Spezialitäten, die er mit nach Hause nimmt.

Etwas typisch südländisches ist der Rotbarsch, der wegen seines Aussehens auch Seeskorpion oder Drachenkopf genannt wird. Dieser stachelbewehrte Fisch ist ein wichtiger Bestandteil der französischen Bouillabaisse und der provenzalischen Fischsuppe. Man verwendet beide Arten, den roten und den schwarzen Drachenkopf, die »scorpaena scrofa« und »scorpaena porcus« genannt werden. Für dieses Rezept benötigen Sie einen recht großen Rotbarsch, dessen Fleisch fest ist. Es wird mit Olivenöl mariniert.

In Asien ist Dieter Müller auf die Reisblätter gestoßen, die als delikate Förmchen für die Avocadomousse dienen. Obwohl die Avocado sehr viel Fett enthält, paßt sie sich hervorragend ganz verschiedenen Geschmacksrichtungen an und ist auch wegen der leichten Zubereitung sehr beliebt. Suchen Sie eine schön reife, aber noch nicht braune Avocado aus, die aus Kalifornien, Israel oder von den Antillen stammt.

Sehr provenzalisch ist natürlich die Tapenade aus schwarzen Oliven und Kapern. Sie zaubert das köstliche Aroma des Südens auf die Teller Ihrer Tischgäste.

1. Die Rotbarschfilets auslösen, Gräten und Haut entfernen. Waschen und auf einem Küchentuch trocknen lassen. Die Filets 24 Stunden in eine Marinade aus den angegebenen Zutaten einlegen, danach würzen, mit Basilikum- und Salbeiblättern umwickeln und in Küchenfolie und Alupapier einrollen.

2. Die Filets zehn Minuten in 80 °C warmen Wasser ziehen lassen. Aus dem Topf nehmen und abkühlen lassen. Für die Tapenade die Oliven entsteinen, in sehr kleine Würfel schneiden und mit den anderen Zutaten vermengen. Das Ganze in einem fest schließenden Glasgefäß bis zum nächsten Tag aufbewahren.

Avocadomousse im Reisblatt

3. Die Reisblätter in Quadrate von 8 cm Seitenlänge schneiden. Mit Hilfe eines Korkens in Form bringen und fünf Minuten im Backofen backen. Die Avocado mit Salz, Noilly Prat und Zitronensaft mischen, um eine feine und leichte Mousse zu erhalten. Mit einer Spritztüte und einer geriffelten Sterntülle in die Reisblattförmchen füllen.

4. Die Filets in Medaillons von 1 cm Dicke schneiden. Auf jeden Teller ein kleines Salatsträußchen und zwei Rotbarschmedaillons legen und mit etwas Tapenade garnieren. Daneben auf die eine Seite ein Reisblattküchlein mit Avocadomousse legen, auf die andere Seite eine Kirschtomate. Zum Schluß mit etwas Olivenöl beträufeln.

Mediterraner

Vorbereitungszeit: *30 Minuten*
Kochzeit: *8 Minuten*
Schwierigkeitsgrad: ★

Für 4 Personen

12–16	große Mittelmeer-Garnelen (Gambas)
12	Herzmuscheln
20	Seemuscheln
	verschiedene Salate (je nach Marktangebot)

120 g	feine grüne Bohnen
8	Champignons
2	Tomaten
1	Selleriestange
	eingelegte Schalen von 1 Orange
einige	Sesamsamen, geröstet

Für die Vinaigrette:

50 ml	süßer Weinessig
100 ml	Olivenöl, kaltgepreßt
etwas	Senf
	Salz, Pfeffer

Dieser Salat mit Garnelen und anderen Meeresfrüchten ist eine ausgezeichnete Sommervorspeise. Er repräsentiert die katalonische Küche, die zu einem großen Teil auf Meeresfrüchten basiert. Diese Vorliebe zeigt sich auch in den vielen Salaten, die unendlich variiert werden.

Gambas sind große rote Garnelen und in Spanien äußerst beliebt, wo man sie sehr häufig als Vorspeise serviert. Was man dort besonders schätzt, ist ihr leichter Algengeschmack, wenn sie sehr frisch sind. Als Beweis ihrer Frische werden sie mit Kopf serviert (eingefroren werden nämlich nur die Garnelenschwänze). Der Kopf zeigt wie ein Barometer den Zustand der Garnelen an: Wenn er sich schwarz verfärbt, sollte man auch den Schwanz nicht mehr essen. Beim Kochen muß das Aroma der Gambas bewahrt werden, was am besten dadurch gewährleistet wird, daß man sie dämpft oder in einer Brühe aus Meerwasser kocht.

Die See- und Herzmuscheln sind im allgemeinen sehr schmackhaft, aber unter ihrer Schale bleibt oft eine erstaunliche Menge Sand hängen. Legen Sie sie daher 48 Stunden in Meerwasser. Auf diese Weise können die Weichtiere sich weiterhin in ihrem natürlichen Umfeld bewegen, ohne noch mehr Sand aufzunehmen.

Die Muscheln verstärken den Jodgeschmack der Gambas und damit das Meeresaroma des Salats. Andere kleine Schalentiere würden sich auch für dieses Rezept eignen, beispielsweise Langustinen.

1. Die verschiedenen Salate waschen. Die grünen Bohnen »al dente« kochen. Sellerie schälen und hacken, Tomaten häuten und in Würfel schneiden. Die Champignons putzen und in feine Streifen schneiden.

2. Die Vinaigrette aus den angegebenen Zutaten bereiten und in einer Salatschüssel das zuvor geschnittene Gemüse untermischen.

Gambas-Salat

3. Gambas putzen, dabei den Kopf nicht entfernen, den Darm entfernen und über Dampf kochen (z.B. in einem Couscous-Topf). Die See- und Herzmuscheln gut reinigen und wässern.

4. Die Muscheln in einer Stielpfanne bei starker Hitze zusammen mit ein wenig ungeschältem Knoblauch zwei Minuten dünsten. Den Mischsalat auf die Teller legen, das Gemüse zugeben und mit etwas Vinaigrette anrichten. Einige geröstete Sesamsamen und in Streifen geschnittene, eingelegte Orangenschalen darüber streuen. Die Garnelen und die beiden Muschelsorten harmonisch verteilen.

Salat mit gerösteten Wachteln

Vorbereitungszeit: *30 Minuten*
Kochzeit: *30 Minuten*
Schwierigkeitsgrad: ★

Für 4 Personen

4		ganze Wachteln à 150 g
120	g	grüne Linsen
50	g	junge Spinatblätter
1		Bouquet garni
2	TL	Schnittlauch, gehackt

Für die Würze der Linsen:

2		Tomaten
1		Schalotte
1	TL	Dijonsenf
1	TL	Sherryessig
1	EL	Erdnußöl
1	TL	Schnittlauch, gehackt
		Salz, Pfeffer aus der Mühle
		grobes Meersalz

Geflügel bietet viele Variationsmöglichkeiten. Hier ist es ein Salat mit Wachtel. Diese kleine Geflügelart hat wenig Fett und wurde früher sehr häufig von April bis Oktober gefangen. Bei Tisch war sie deshalb fast schon ein alltäglicher Anblick. Heutzutage gibt es immer weniger wilde Wachteln, dafür aber immer mehr Zuchttiere.

Man brät Wachteln häufig am Spieß, doch eignen sich auch andere Zubereitungsarten. Das etwas feste, sehr helle Fleisch dieses Geflügels läßt sich hervorragend räuchern, wozu man einen entsprechenden Räucherofen benötigt. Falls Sie aber keinen besitzen, können Sie es ein wenig länger in der Pfanne anrösten. Die verschiedenen Räucherholzsorten, mit denen sich die Wachteln behandeln lassen, führen zu ganz unterschiedlichen Resultaten und verleihen dem Fleisch ebenso starke wie ungewöhnliche Geschmacksnuancen.

Die berühmteste grüne Linsenart sind die französischen Linsen aus Puy, die sich besonders für dieses Gericht eignen. Man sollte sie blanchieren und nur leicht kochen, damit sie noch ein wenig knackig bleiben. Würzen Sie mit dem Senf, der nicht zu scharf sein darf, nur sparsam. Die jungen Spinatblätter werden gründlich gewaschen und abgetropft – ihre Frische verbindet sich sehr gut mit den Wachteln.

1. Linsen blanchieren, mit dem Bouquet garni 30 Minuten kochen, dann abtropfen lassen. Mit Öl und Sherryessig, gehackter Schalotte, Salz und Pfeffer aus der Mühle würzen. Tomaten blanchieren, häuten und würfeln. Im letzten Moment je einen Teelöffel Dijonsenf und gehackten Schnittlauch sowie die Tomatenwürfel zu den Linsen geben.

2. Wachteln flambieren, halbieren und die Knochen entfernen. In einer Kasserolle die Wachteln mit der Hautseite nach unten 30 Minuten schmoren lassen. Zum Schluß die Wachtelstücke rundherum würzen und dann bei stärkerer Hitze von beiden Seiten anbräunen, bis sie eine schöne rötlich-braune Farbe bekommen.

und Puy-Linsen

3. Die jungen Spinatblätter waschen und verlesen. Die Wachtelfilets in Scheiben schneiden und mit dem Schenkelfleisch mischen.

4. Auf vier angewärmten Tellern die Linsen anrichten, mit Spinatblättern und Wachtelscheiben und -schenkeln umlegen. Etwas Pfeffer darüber mahlen, dann einige Körner grobes Meersalz und den restlichen gehackten Schnittlauch darüber streuen.

Geflügelcremesuppe mit

Vorbereitungszeit: *30 Minuten*
Kochzeit: *1 Stunde 30 Minuten*
Schwierigkeitsgrad: ★★

Für 4 Personen

Für die Geflügelcremesuppe:

1 Hähnchen von etwa 1| kg
2 l Wasser
3 Karotten
1 Zweig Selleriekraut
1 Zwiebel
4 Gewürznelken
1 Knoblauchzehe
1 Bouquet garni
30 g Mehl
30 g Butter
250 ml Schlagsahne
Salz, Pfeffer

Für die Schnee-Eier:

8 Eiweiß
1 Bund Kresse
Salz

Schnee-Eier werden normalerweise zum Dessert serviert, zusammen mit Englischer Sauce. Früher wurden sie auch aus Biskuitscheiben oder aus trockenem, in Likör eingelegtem Brioche zubereitet, dazu wurde Beerenobst gereicht. Unser Küchenchef schlägt für diese Vorspeise salzige Schnee-Eier vor, die von ihrer Konzeption her überraschend sein mögen, aber hervorragend zu der Geflügelcremesuppe passen.

Beginnen Sie mit der Zubereitung eines schön großen und fleischigen Hähnchens, dessen Geschmack den Geflügelfond bestimmt. Die Zutaten der Brühe sollen das Aroma noch verstärken und müssen entsprechend dosiert werden. Die Mehlschwitze als Grundlage der Geflügelcremesuppe darf nicht zu viel Mehl enthalten, damit das Ganze nicht zu dickflüssig wird. Verdünnen Sie sie nötigenfalls noch mit etwas mehr Sahne oder einem Rest Geflügelfond.

Für die Schnee-Eier selbst braucht man sehr festen Eischnee, der durch die Zugabe von Salz während des Schlagens noch etwas haltbarer wird. Der pikante Geschmack der Kresse – reich an Jod und Vitamin C – verleiht den Schnee-Eiern eine schöne blaßgrüne Farbe. Fast die gesamte europäische Kresse wird in Frankreich und England produziert, insbesondere in Schottland. Wählen Sie möglichst eine Kressesorte mit kleinen Blättern, die einen intensiveren Geschmack als die großblättrige Kresse hat. Ideal wäre wilde Brunnenkresse, die besonders scharf ist, aber auf Märkten kaum zu bekommen ist. Auf jeden Fall sollte sie vorsichtig unter den Eischnee gehoben werden, damit dieser nicht zusammenfällt. Eine letzte, aber nicht unwichtige Vorsichtsmaßnahme: Lassen Sie die Schnee-Eier in siedendem Wasser bei einer Temperatur von höchstens 90 °C ziehen, damit das Eiweiß nicht verdirbt.

1. Das Hähnchen ausnehmen und vorbereiten, mit Karotten, Selleriekraut, Zwiebel, Gewürznelken, Knoblauchzehe und Bouquet garni in kaltes Wasser legen und zum Kochen bringen. Eine Stunde kochen lassen, dann das Hähnchen aus der Brühe nehmen und in feine Streifen schneiden. Beiseite stellen.

2. Eine Mehlschwitze aus je 30 g Mehl und Butter bereiten und für die Creme den Geflügelfond angießen. Diese helle Geflügelcremesuppe 20 Minuten kochen lassen. Die Sahne einrühren und weitere zehn Minuten kochen. Fein pürieren und abkühlen lassen.

Kresse-Schnee-Eiern

3. Die Kresseblätter von den Stielen lösen, waschen und gut abtropfen lassen. Die Eiweiß zu Schnee schlagen, dabei leicht salzen. Die Kresseblätter unter den Eischnee heben.

4. Mit einem großen Löffel Schnee-Eier abstechen, in siedendem Wasser etwa eineinhalb Minuten von beiden Seiten kochen. Auf einem Sieb abtropfen lassen. Die Hähnchenstreifen auf vier Suppenteller verteilen und die kalte, gut abgeschmeckte Geflügelcremesuppe darüber gießen. Pro Teller zwei bis drei Schnee-Eier zugeben.

Entenfilet-Salat mit

Vorbereitungszeit: *1 Stunde*
Kochzeit: *10 Minuten*
Schwierigkeitsgrad: ★

Für 4 Personen

2	Entenbrüste
1	Orange
einige	Kresseblätter
30 g	Butter
	Korianderkörner
	Salz, Pfeffer

Für den Birnensalat mit Pinienkernen:

2	grüne Birnen
100 g	Pinienkerne
1 EL	Sherryessig
3 EL	Erdnußöl

Für die Julienne:

1	Karotte
1	Selleriestange

Schon die Römer verspeisten gerne Hirn und Brust der Ente, wogegen diese Geflügelart im Hochmittelalter weniger geschätzt war. In der Feudalzeit wurde sie dann traditionell zum Weihnachtsfest zubereitet, und seitdem ist die Ente ein Klassiker der Gastronomie.

Die Entenbrust gehört zu den besten Stücken. Bei Mastenten, die man vor allem wegen der Stopfleber hält, ist diese ein besonders dickes Filetstück. Heute wird Entenbrust sogar geräuchert und in Frankreich kochte man lange Zeit das Fleisch hauptsächlich als Konserve ein. Braten Sie die Entenbrust zuerst auf der Hautseite, damit das darin enthaltene Fett beim Braten in das Fleisch ziehen kann. Von der anderen Seite wird die Entenbrust dann nur noch kurz angebraten. Danach läßt man das Fleisch ruhen, bevor es in Scheiben geschnitten wird, da es auf diese Weise schön weich bleibt.

Die grünen Birnen passen hervorragend zu herzhaften Speisen, weil sie leicht säuerlich sind. Vergessen Sie nicht, sie sofort nach dem Würfeln mit Zitronensaft zu beträufeln, da das Fruchtfleisch der Birnen sonst sehr schnell oxidiert. Dieser kleine Fruchtsalat mit Pinienkernen verdankt seinen Charakter nicht zuletzt dem Sherryessig, dessen subtiles, dem Madeira verwandtes Aroma den Birnengeschmack unterstreicht. Je nach Jahreszeit können Sie diese Vorspeise gerne noch zusätzlich mit Kresse- oder Korianderblättern, Heidelbeeren oder Granatapfelkernen garnieren.

1. Birnen schälen und in kleine Stücke schneiden. Zusammen mit den Pinienkernen zu einem Salat vermischen. Eine Vinaigrette aus Sherryessig und Erdnußöl bereiten, mit drei Vierteln davon den Birnensalat würzen.

2. Die Entenbrüste in der Pfanne in Butter braten, so daß das Fleisch noch rosig bleibt. Nach einer kurzen Ruhezeit quer zur Faser in dünne Scheiben schneiden.

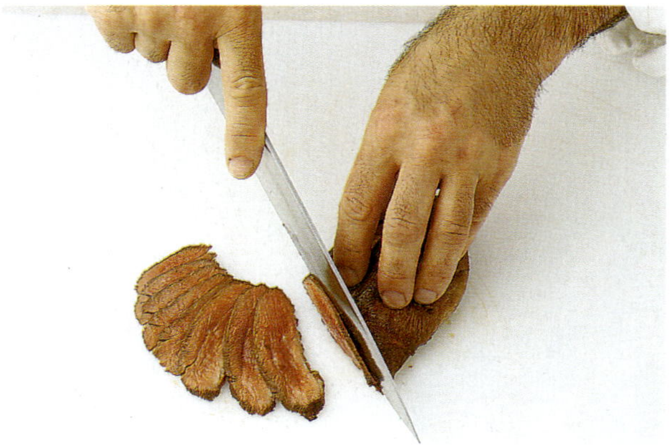

Birnen und Sherry

3. Aus Sellerie und Karotten eine Gemüsejulienne bereiten (in dünne Streifen schneiden) und blanchieren. Ebenso mit ein wenig Orangenschale verfahren.

4. Die Entenbrustscheiben mit der restlichen Vinaigrette befeuchten. In die Tellermitte jeweils den Birnensalat geben, die Sellerie- und Karottenstreifen darüber streuen und dann die Entenbrustscheiben verteilen. Mit den Orangenschalenstreifen dekorieren und zwischen die Entenbrustscheiben einige Kresseblätter und Korianderkörner legen.

Krevetten und Zuckererbsen

Vorbereitungszeit: *1 Stunde*
Kochzeit: *1 Stunde 15 Minuten*
Schwierigkeitsgrad: ★★

Für 4 Personen

16	Krevetten
1 kg	Zuckererbsen

Für die Brühe:

100 ml	Essig
300 ml	trockener Weißwein
3 l	Wasser, Meersalz
1 Bund	Dill, 1/2 Lorbeerblatt
10	Pfefferkörner, zerdrückt
1	Lauchstange, 1 Zwiebel
1/4	Sellerieknolle, etwas Zucker

Für die Vinaigrette:

100 g	schwarze Trüffeln
100 ml	Trüffelsaft
100 ml	heller Kalbsfond
etwas	Obstessig
etwas	Balsamessig
etwas	Olivenöl und Traubenkernöl

Für den Krevettenfond:

	Scheren und Schalen der Krevetten
100 g	kleingeschnittenes Gemüse: Fenchel, Lauch, Sellerie
2	Schalotten, 1/2 Knoblauchzehe
1 EL	Tomatenmark
1	Estragonzweig, 1 Thymianzweig
1 Prise	Zucker, 200 ml Weißwein
50 g	Butter, Salz und Pfeffer

Seit dem Mittelalter erfreuen sich Krevetten besonderer Beliebtheit. Im 19. Jahrhundert kamen sie so sehr in Mode, daß man sie in riesigen Mengen verzehrte; nach der Belle Époque wurden sie jedoch immer seltener und immer teurer. Heutzutage gibt es in den meisten Regionen kaum noch Krevetten; die berühmteste Sorte ist die mittelgroße Krevette mit roten Beinen, die man im Sommer wie im Herbst fängt. Verwenden Sie am besten lebende Krevetten. Für dieses Rezept benötigen Sie Krevetten mit einem Gewicht von jeweils 60 bis 100 g, bei denen Sie vor der weiteren Zubereitung den Darm entfernen müssen. Kochen Sie sie möglichst erst im letzten Moment, damit sie nicht austrocknen oder hart werden.

Die Zuckererbsenschoten werden entfasert, aber nicht geschält; ihre Reifezeit sind die Monate Mai und Juni. Es gibt verschiedene Sorten, darunter helle Schoten und solche mit kleinen violetten Blüten. Dies sind Erbsenschoten ohne Fasern, die man auch als »Gourmet-Erbsen« bezeichnet und die im 17. Jahrhundert von Italien nach Frankreich importiert wurden. Wählen Sie nur dicke, leuchtend grüne Schoten ohne Flecken.

Im Sommer ist diese lauwarm servierte Vorspeise sehr zu empfehlen, und sie paßt gut zu einer edlen Hauptspeise wie z. B. Kalbsbries.

1. Krevettenfond: Das kleingeschnittene Gemüse und die gehackten Schalotten zwei bis drei Minuten in Butter anschwitzen, die Scheren und die zerdrückten Krevettenschalen sowie alle Gewürze und das Tomatenmark zugeben. Das Ganze zwei bis drei Minuten schmoren lassen. Weißwein zufügen und mit Wasser auffüllen. 30 bis 40 Minuten köcheln lassen, salzen und pfeffern. Durch ein Sieb passieren und zu vier Eßlöffel Krevettenfond reduzieren.

2. Die Trüffeln mit einem langen Messer so fein wie möglich in kleine Würfel schneiden. Die Zuckererbsenschoten putzen und Fäden abzupfen, dann nicht zu lange in Salzwasser kochen, damit sie noch knackig bleiben. Abkühlen lassen und zum Trocknen auf ein Küchentuch legen. Die Brühe mit allen Zutaten aufkochen, eine Stunde ziehen lassen. Die Krebse zwei Minuten darin kochen. Köpfe und Schwänze anbrechen. Dann entfernen.

mit Trüffelvinaigrette

3. Vinaigrette: Den Kalbsfond und die Trüffeln in eine Kasserolle geben, zur Hälfte einkochen und abkühlen lassen. Die kleinen Trüffelwürfel und die restlichen Zutaten untermischen. Nochmals das Ganze zum Kochen bringen, eine Stunde köcheln lassen. Die Krevetten hineingeben, zwei bis drei Minuten kochen, dann abkühlen lassen.

4. Die Zuckererbsen auf vier flachen Tellern sternförmig anordnen. Die Schoten mit etwas Vinaigrette befeuchten. Die Krevettenschwänze in die Mitte des Sterns legen und mit der restlichen Trüffelvinaigrette beträufeln. Außen um die Zuckerschoten herum kreisförmig den Krevettenfond angießen.

Forellengazpacho

Vorbereitungszeit: *45 Minuten*
Kochzeit: *15 Minuten*
Schwierigkeitsgrad: ★

Für 4 Personen

8		Krevetten
240	g	Seeforellenfilet
260	g	Tomaten
10	g	Gurke
40	g	Paprika
50	g	Zwiebeln
1		Knoblauchzehe
1	EL	Semmelbrösel
25	g	Olivenöl
1	EL	Essig
etwas		Tabasco
		Salz, Pfeffer

Für die Garnitur:

1/2		grüner Paprika
1/2		roter Paprika
1/2		gelber Paprika
3		Tomaten
40	g	Salzkraut (Salicornia)
4		glatte Petersilienzweige
		Schnittlauch, gehackt

Obwohl Schweizer Küchenchef, hat sich Roland Pierroz dieses von den andalusischen Traditionen inspirierte Rezept ausgedacht. Die Originalität liegt hier in der Verbindung von Krevetten mit Seeforelle (»salmo trutta lacustris«) beziehungsweise mit einer anderen Unterart des Lachses wie Wildlachs oder Goldforelle.

Dennoch kam Roland Pierroz nicht durch Zufall auf die Seeforelle: Dieser Fisch ist in den Alpenseen sehr verbreitet, da er besonders in kalten Gewässern gut gedeiht. Die Seeforelle ist sehr viel größer als die Flußforelle – sie kann manchmal bis zu 1,40 m lang werden – und wird wegen ihres zarten Fleisches sehr geschätzt. Wenn man ihre rötliche Farbe durch eine kurze Kochzeit bei nicht zu starker Hitze erhält, schmeckt sie um so besser.

Leider kann man Krevetten heute nicht mehr in Gewässern fischen, weil sie aus den Flüssen so gut wie verschwunden sind. Die Sorten, die man heute kaufen kann, stammen aus Züchtungen. Die Krevettensorte mit roten Beinen, die sich leicht unterscheiden läßt, muß nur kurz gekocht werden.

Für den Gazpacho empfiehlt unser Küchenchef verschiedenfarbige Paprikaschoten und vor allem eine Paprikasorte mit annähernd runden Schoten, glatter, glänzender Haut und köstlichem Fruchtfleisch. Man sollte Gazpacho sehr kalt, aber nicht gefroren servieren, weil sonst die verschiedenen Zutaten keine gleichmäßige Masse mehr bilden und das Gazpacho in seine einzelnen Bestandteile zerfällt.

1. Tomaten häuten und drei Stück für die Dekoration beiseite legen. Die anderen halbieren, das Innere aushöhlen und die Tomaten in kleine Stücke schneiden. Den roten Paprika waschen, aufschneiden, Kerne und weiße Teile entfernen. Zwiebel und Gurke schälen, die Kerne der Gurke entfernen, dann das Gemüse in Stücke schneiden.

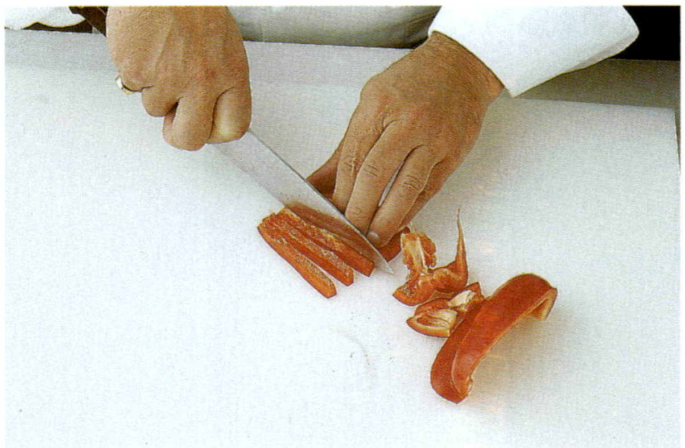

2. Das Ganze im Mixer pürieren, Semmelbrösel und Olivenöl zugeben und erneut durchmixen. Essig, Salz, Pfeffer, Knoblauch und einen Schuß Tabasco unterrühren. Durch ein Sieb passieren und kalt stellen.

mit Krevetten

3. Salzwasser in einem Edelstahltopf zum Kochen bringen und die Krevetten darin eine Minute ziehen lassen, dann herausnehmen, aus der Schale lösen und die Schwänze in etwas Kochflüssigkeit aufbewahren. Die Forellenfilets drei Minuten über leichtem Dampf garen, sie sollten im Innern noch leicht rosig sein. Grüne und gelbe Paprikaschoten waschen, Stiele und weiße Teile entfernen.

4. Paprikaschoten einzeln würfeln, ebenso die drei restlichen Tomaten. Das Salzkraut waschen, abtropfen und kühl halten. Das Gazpacho in die Teller gießen, ein Stück Forelle und zwei Krevettenschwänze zufügen. Mit Krevettenpanzern, einem glatten Petersilienzweig dekorieren und mit dem gewürfelten Paprika, Tomaten und dem Schnittlauch bestreuen.

Gefüllte kleine

Vorbereitungszeit: *1 Stunde*
Kochzeit: *10 Minuten*
Schwierigkeitsgrad: ★★

Für 4 Personen

16	kleine Kalmare (8 – 10 cm)
8	Langustinen
2	Tomaten
1	roter Paprika
1	Aubergine
8	junge Zucchini
1	Zwiebel
	Olivenöl
	Schnittlauch

Für die Vinaigrette:

	Saft von 1 Zitrone
200 ml	Olivenöl
100 ml	Walnußöl
2 TL	Sojasauce
	Schnittlauch
1	Basilikumzweig
	Salz, Pfeffer aus der Mühle

»Ratatouille« kommt aus der provenzalischen Gastronomie und ist eine Art Ragout aus Gemüse, das man in Olivenöl langsam schmoren läßt und mit regionalen Gewürzen fein abschmeckt. Im Grunde gibt es in der Provence so viele Ratatouille-Rezepte wie Köche, da die Zutaten von Rezept zu Rezept deutlich variieren.

Was immer gleich bleibt, ist die Art der Zubereitung: Die jeweiligen Gemüsesorten müssen einzeln gebraten werden, bevor man sie miteinander mischt und zusammen einkocht, bis eine harmonische, weiche Masse entsteht. Allerdings bilden die Zucchini eine Ausnahme: sie müssen in kochendem Wasser blanchiert und sofort abgeschreckt werden. Anhand dieses roten Fadens bereiten die Brüder Pourcel ihre Ratatouille zu und geben lediglich noch feingeschnittene Langustinen hinein, um dem Ganzen sozusagen ihre »Handschrift« zu verleihen.

Bei dieser Vorspeise wird die Ratatouille außerdem noch in die sackförmigen Körper der kleinen Kalmare gefüllt, die man im südfranzösischen Sète traditionellerweise mit Wurst füllt. Das ist eine ideale Zubereitung, weil die Ratatouille dadurch nicht eintrocknen kann und schön knackig bleibt, außerdem passen die Langustinenschwänze hervorragend zu den Tintenfischen. Die Kalmare unterscheiden sich von den Tintenfischen zumindest in der Größe. Für dieses Rezept verwendet man Sepiolen, die man im Mittelmeer in großen Mengen fängt. Braten Sie sie nur sehr vorsichtig an und stimmen Sie die Zeit gut ab, denn ein zu langes Kochen könnte ihre Füllung fade werden lassen.

1. Alle Gemüsesorten schälen und in 3 cm große Würfel schneiden, von den Zucchini nur die äußeren Teile verwenden. Einzeln in einer antihaftbeschichteten Pfanne anbraten, außer den Zucchini, die blanchiert und sofort abgeschreckt werden. Die Langustinenschwänze aus der Schale lösen, den Darm entfernen, dann in kleine Stücke schneiden und sämtliche Gemüse für die Ratatouille mischen. Die Vinaigrette zubereiten.

2. Die Kalmare ausnehmen, unter fließendem Wasser gut reinigen und beiseite stellen. Nach dem Blanchieren die Köpfe abziehen, klein hacken und zur Ratatouille geben.

Kalmare

3. Mit Hilfe einer Spritztüte die Kalmare mit der Gemüsemischung füllen und mit einem Holzspießchen verschließen. Etwa zehn Minuten in Olivenöl andünsten. Würzen und gut bräunen lassen, wenn nötig im Backofen. Die jungen Zucchini mit dem Küchenschneider der Länge nach schneiden, in Salzwasser kochen und abschrecken.

4. Die Zucchini in Butter andünsten, würzen und beiseite stellen. Den Bratensaft auffangen, der aus den Kalmaren austritt. Unter die Vinaigrette rühren. Die Zucchini in die Mitte der Teller legen, die Tintenfische außen herum. Das Ganze mit Vinaigrette beträufeln und mit Schnittlauch dekorieren.

Rindfleischsalat mit

Vorbereitungszeit: *1 Stunde*
Kochzeit: *45 Minuten*
Schwierigkeitsgrad: ★

Für 4 Personen

500	g	Rinderfilet
4		Selleriestangen
1		Knoblauchzehe
2	EL	Olivenöl, kaltgepreßt
1	EL	leichtes Olivenöl
1/2	TL	Salz
1	TL	zerstoßener Pfeffer

Für die Garnitur:

100	g	Rauke
2–3	EL	Parmesan, frisch gehobelt

Für die Würze:

50	ml	Olivenöl, kaltgepreßt
50	ml	weißes Trüffelöl
50	ml	Balsamessig
50	ml	Sauce aus Rindfleischsaft
		Salz, schwarzer Pfeffer

Für dieses Gericht empfiehlt unser Küchenchef Rinderfilets von den schottischen Angus-Rindern aus Aberdeen. Die gute Weidequalität und die strenge Auswahl der Tiere garantieren hervorragendes Fleisch. Aber natürlich kann man auch anderes gutes Rindfleisch verwenden.

Verarbeitet wird hier Rinderfilet, ein zarter, langgestreckter Muskel, der neben dem Rückgrat liegt. Braten Sie es bei starker Hitze an, um es nach britischer Tradition außen stark angebräunt und innen sehr weich und blutig zu bekommen. Dieses Ergebnis erzielen Sie mit Hilfe einer sehr heißen Pfanne, in der das Filet direkt gewürzt wird.

Dieses Rezept ist vom italienischen Carpaccio inspiriert, es enthält einige sehr spezifische, transalpine Produkte: weißes Trüffelöl aus dem Piemont, Balsamessig aus Modena und Reggiano-Parmesan. All diese Zutaten sollten von hervorragender Qualität sein und genau nach den oben angegebenen Vorgaben dosiert werden.

Anstelle des Rinderfilets können Sie auch ein falsches Filet oder sogar Rumpsteakherzen verwenden. Auf jeden Fall sollten Sie das Fett nicht abschneiden, weil es dem Fleisch während des Bratens mehr Geschmack verleiht. Auch andere Versionen des Salats sind denkbar, beispielsweise in der Jagdsaison mit Rehfleisch oder einfach mit gegrilltem Hähnchen.

1. Das Rinderfilet waschen und der Länge nach halbieren, mit Salz, zerstoßenem Pfeffer und Öl würzen. In einer sehr heißen Pfanne das Fleisch pro Seite eine Minute braten, bis es außen stark anbräunt, innen aber noch recht blutig bleibt. Bei Raumtemperatur lauwarm abkühlen lassen.

2. Den grobgeschälten und in Stücke geschnittenen Sellerie mit Wasser, der ganzen, nicht abgezogenen Knoblauchzehe und Salz zum Kochen bringen und dünsten lassen, bis der Sellerie gar ist. Von der Platte nehmen, Olivenöl und schwarzen Pfeffer zugeben und mindestens eine Stunde ziehen lassen.

Sellerie und Trüffelöl

3. Das Rinderfilet kurz vor dem Servieren in Scheiben von etwa einem halben Zentimeter Dicke schneiden. In einer kleinen Schüssel vorsichtig die Zutaten der Würzsauce verrühren. Die Raukenblätter waschen.

4. Den Salat in mehreren Schichten auf den Tellern anordnen, zuerst Rinderfilet, darauf Sellerie, Raukenblätter und Parmesan legen, bis alle Zutaten aufgebraucht sind. Die Würzsauce großzügig über jeden Teller verteilen und sofort servieren.

Kaninchenrücken in

Vorbereitungszeit: *1 Stunde*
Kochzeit: *20 Minuten*
Kühlzeit: *2 Stunden*
Schwierigkeitsgrad: ☆☆

Für 4 Personen

2	Kaninchenrücken à 350 g
4	kleine Artischockenböden
2	Schalotten
100 g	Mischsalat
4	Gelatineblätter

500ml	Weißwein (Chinon blanc)
200 ml	Vinaigrette
1	Rosmarinzweig
6	Kerbelblätter
	Salz, Pfeffer

Im mittelalterlichen Frankreich wurde das Kaninchen immer dann gejagt, wenn Wild knapp war. Heute bieten Züchter viele verschiedene Sorten an. Am besten wählt man junge Kaninchen vom Bauernhof, deren Fleisch mit einem Qualitätssiegel versehen ist. Man sollte sie erst 48 Stunden nach der Schlachtung zubereiten, durch das Abhängen wird das Fleisch ein wenig zarter.

Direkt oberhalb der Keule befindet sich das besonders gute Rückenstück, das hier verwendet wird. Es handelt sich um ein rundes Stück, das man vor einer kurzen Marinade (von etwa sechs Stunden) mit Fäden nicht zu stark zusammenbinden sollte. Gegen Ende der Kochzeit gibt man zum Kaninchenfleisch ein wenig Gemüse, das man etwa noch zwei Minuten mitkochen läßt. Die Brühe wird dann mit geschlagenem Eiweiß geklärt und anschließend durch ein Sieb passiert. Dann läßt man die Flüssigkeit abkühlen und erhält ein schönes, klares Gelee.

Ausreichend große Artischockenböden besitzen die bretonischen Artischocken, die besonders fleischig und knackig sind und einen guten Kontrast zum Fleisch und zum Gelee bilden. Bevor Sie sie in dünne Scheiben schneiden, sollten sie zuvor gründlich gekühlt sein.

Kochen Sie das Kaninchen keinesfalls ohne Rosmarin – ein typisch mediterranes Gewürz, das vor allem Fleischgerichten eine aromatische Note verleiht. In der Verbindung mit dem Weißwein (unser Küchenchef ist begeistert vom Chinon blanc) entsteht eine feine Harmonie.

1. Die Kaninchenrücken waschen, mit Küchengarn einbinden und zusammen mit den zerstoßenen Knochen in eine Kasserolle legen, Rosmarin und die gehackten Schalotten zufügen, mit Weißwein bedecken. Salzen und bei schwacher Hitze 20 Minuten kochen. Von der Herdplatte nehmen.

2. Gelatineblätter in kaltem Wasser einweichen, in die Kochflüssigkeit vom Kaninchen geben und durch ein Küchentuch passieren. Die Artischockenböden in Scheiben schneiden, kochen und abkühlen lassen.

Weißweingelee

3. Das Küchengarn vom Kaninchenfleisch lösen, das Fleisch mit dem Gelee übergießen und kalt stellen. Die Artischockenscheiben und den Mischsalat einzeln mit Vinaigrette abschmecken.

4. Das gelierte Kaninchenfleisch in runde Scheiben schneiden. In die Tellermitte je einen Artischockenboden legen und die Kaninchenscheiben außen herum anordnen. Mit Kerbelblättchen dekorieren und mit grobgehacktem Gelee bestreuen.

Hummer- und Jakobs

Vorbereitungszeit: *30 Minuten*
Kochzeit: *10 Minuten*
Schwierigkeitsgrad: ★★

Für 4 Personen

12 Jakobsmuscheln
2 Hummer à 400 g
200 g Mischsalat

Für den Hummer-Kochsud:
1 Zwiebel
1 Karotte
1 Lauchstange
1 Selleriestange
1 Thymianzweig

Lorbeer
1 Zitrone
Salz, Pfeffer

Für die Lauchvinaigrette mit Trüffeln:
1 kleine Lauchstange
2 Schalotten
10 g Trüffeln
20 ml Trüffelsaft
40 ml Sherryessig
80 ml Erdnußöl
Salz, Pfeffer

Zum Dekorieren:
1/2 Bund Schnittlauch
4 Kerbelzweige

Die Verbindung von Hummer und Jakobsmuscheln ist klassisch und gilt als Aushängeschild der vornehmsten Tafeln. Man benötigt hierfür absolut frische Zutaten, die von hervorragender Herkunft beziehungsweise Verarbeitung sein sollten.

Ob er nun aus Kanada oder der Bretagne stammt, Hummer sollte nie zu lange in der Kochflüssigkeit liegen, denn nach etwa 8 Minuten wird sein Fleisch zäh und verliert diesen herrlichen Geschmack, der seinen hohen Preis auf dem Markt rechtfertigt. Außer Zitronensaft (oder einem Schuß Weißwein), der dem Hummerfleisch eine gewisse Frische verleiht, können Sie auch ein paar Algen in die Kochflüssigkeit geben, um so den leichten Jodgeschmack dieses Schalentiers noch zu verstärken. Die Hummer lassen sich problemlos durch Langusten ersetzen, wenngleich ihr Fleisch einen etwas anderen Geschmack hat.

Dieser Salat sollte lauwarm serviert werden, obwohl es sich eigentlich um eine kalt-warme Mischung handelt, die zum Schluß mit gehackten Trüffeln und Trüffelsaft verfeinert wird. Damit das Servieren gut gelingt, empfiehlt unser Küchenchef, die Hummer und Jakobsmuscheln mit etwas Öl zu bestreichen, dann kurz in den Grill zu stellen und die Vinaigrette ebenfalls leicht anzuwärmen.

Zur Krönung des Ganzen könnte man noch ein paar dünne Scheiben vom Barsch oder Stör um den Salat legen.

1. Aus allen angegebenen Zutaten eine Brühe bereiten. Die Hummer fünf Minuten bei sprudelndem Wasser darin kochen, dann herausnehmen und aus der Schale lösen. In der Zwischenzeit die Jakobsmuscheln auslösen und gut säubern.

2. Die Muscheln in Scheiben schneiden. Auf einem antihaftbeschichteten Blech aus den Muschelscheiben vier Rosetten formen, in die Mitte pro Person einen halben Hummer legen. Den Salat verlesen und mit viel Wasser gründlich waschen.

muschelsalat mit Trüffeln

3. Für die Vinaigrette die Schalotten klein schneiden, in eine Stielpfanne geben, Sherryessig angießen und die Flüssigkeit verkochen lassen. Erdnußöl, Trüffelsaft und 6 g gehackte Trüffeln zugeben. Die Vinaigrette erwärmen, mit Salz und Pfeffer abschmecken. Kleingeschnittenen Lauch zufügen.

4. In einer Schüssel Salat und Vinaigrette mischen. Die Muschel-Hummer-Rosetten zwei Minuten in den auf 200 °C erhitzen Backofen stellen. Salat jeweils in die Tellermitte legen, darauf die Rosette. Mit Trüffelvinaigrette beträufeln. Zum Schluß mit gehacktem Schnittlauch, einigen Kerbelblättern und einer schönen Trüffelscheibe dekorieren.

Gedämpfte Gambas mit

Vorbereitungszeit: *30 Minuten*
Kochzeit: *40 Minuten*
Schwierigkeitsgrad: ★

Für 4 Personen

16	große Gambas
1	Schweinsfuß
32	grüne Spargelstangen
8	kleine Karotten
1	Schalotte
1	Zwiebel
	Petersilie

50 g	Butter
1 l	Kalbsfond
500 ml	Portwein
1 Bund	Rauke
	Olivenöl
	Salz, Pfeffer

Für die Dekoration:
kleine, in Olivenöl geschmorte Zwiebeln

Der pikante Geschmack der Rauke (oder Rucola) hat ihr schon im antiken Rom viele Freunde verschafft. Das hat sich bis heute kaum geändert. Ihr Geschmack erinnert an getrocknete Früchte und an wilde Rettichblätter. Im Italienischen nennt man sie »rocchetta«, da diese Salatpflanze, die der gleichen botanischen Familie wie der Senf angehört, ursprünglich aus dem Süden und aus Zentraleuropa stammt. Wenn Sie den Geschmack der Rauke zu aufdringlich finden, können Sie sie mit anderen Zutaten mischen, wie hier mit den Gambas, die ihr eine etwas mildere Note verleihen.

Es gibt auch im Atlantik Gambas, mit schwarzgestreifter Schale; aber man kennt in Deutschland und Frankreich vor allem Gambas aus dem Mittelmeer. Diese dunkelrosa getönten Schalentiere unterscheiden sich von den Krevetten durch ihr Fleisch und von den Langustinen durch ihre Größe: Ihr fleischiger Schwanz besitzt eine feste Konsistenz und einen äußerst aromatischen Geschmack. Ein wenig schwierig ist lediglich das Ausschälen. Man kann sie auf alle möglichen Arten zubereiten: kurz in kochendem Wasser garen, auf einer Platte grillen, dämpfen oder nach echt katalanischer Tradition mit Knoblauch oder Petersilie braten.

Als Beilage passen die kleinen grünen Spargelstangen gut dazu, am besten wäre wilder Spargel, den man manchmal in Wäldern findet. Es genügt, die Stiele abzuschneiden und sie nur kurz zu kochen, damit sie angenehm knackig bleiben. Leider wird der kleine grüne Spargel nur für eine sehr begrenzte Zeit im Jahr verkauft (etwa vier Wochen ab Mitte Juni) und fast nur im Süden. Falls Sie diese Sorte nicht bekommen, wären junge Lauchstangen eine interessante Alternative.

1. Den Schweinsfuß mit einer Karotte und einer Zwiebel zwei Stunden kochen. Dann das Wasser mit einer in Scheiben geschnittenen Karotte und Petersilie zum Kochen bringen und die Gambas drei bis vier Minuten darin garen. Den Schweinsfuß vom Knochen lösen und in kleine Würfel schneiden. Die kleinen Zwiebeln etwa 30 Minuten bei schwacher Hitze in Olivenöl schmoren.

2. Die restlichen Karotten »al dente« kochen. Den Spargel schälen, in kochendem Salzwasser garen und abschrecken. In einer Pfanne etwas Butter schmelzen, Olivenöl zugeben, Spargel und Karotten darin andünsten.

Taschenkrebs

3. Einen Eßlöffel junges Essiggemüse, Whisky, die Englische Sauce, Piripiri (Nelkenpfeffer) und ein halbes hartgekochtes und gehacktes Ei zugeben. Abschmecken.

4. Das Ganze vorsichtig mischen. Die Taschenkrebspanzer jeweils mit dieser Füllung garnieren, mit dem restlichen gehackten Ei und Petersilie dekorieren. Zusammen mit den Scheren auf vier Tellern anrichten.

Krevetten-Dolmas mit Butter-

Vorbereitungszeit:	*14 Minuten*
Kochzeit:	*15 Minuten*
Schwierigkeitsgrad:	★★

Für 4 Personen

24	Weinblätter
100 g	Rundkornreis
20	Krevetten
50 g	Zwiebeln
2	Eigelb
etwas	Butter
etwas	Sahne
500 lm	Fischbrühe
50 ml	Ouzo
100 ml	Weißwein
etwas	Öl
5	Dillzweige
	Zitronensaft
	Salz, Pfeffer

Für die Füllung:

50 g	Karotten
50 g	Zucchini
50 g	Lauch

Weinblätter sind eine traditionelle Zutat der griechischen Küche und sind so einfach zuzubereiten, daß sie in ganz Europa Verbreitung gefunden haben. Die Füllung der Weinblätter auf der Basis von Reis läßt sich unendlich variieren, wenn man einige Grundregeln beachtet. Zunächst sollten Sie die Weinblätter in kochendem Salzwasser blanchieren, um ihnen die erforderliche Biegsamkeit zu verleihen. Falls man keine frischen Blätter erhält, empfiehlt es sich, die statt dessen verwendeten in Salzlake eingelegten Weinblätter gründlich zu wässern. Kochen Sie danach die Dolmas zwischen zwei Tellern, damit der Reis sich nicht zu stark aufbläht und die Weinwickel zum Platzen bringt. Man verwendet hellen Rundkornreis, der schon nach kurzer Kochzeit relativ weich wird.

Die einzelnen Zutaten der Füllung werden am besten separat gekocht, weil ihre verschiedenen Garzeiten unvereinbar sind: Wenn man die Krevetten zusammen mit dem Reis kochen würde, würden sie hart werden. Deshalb wird die Füllung erst zum Schluß vermengt, nachdem die Krevetten gerade lange genug gegart wurden, um noch schön weich zu sein. Es gibt übrigens eine erprobte Taktik, mit der man die Weinblätter um die Füllung rollt: Schlagen Sie die beiden Seiten der Blätter nach innen und halten Sie sie mit den Fingern fest, während man sie nun der Länge nach wie Cigaretten aufrollt.

Der Anisgeschmack des Nationalgetränks Ouzo unterstreicht das Krevettenaroma und rundet den Erfolg dieser Vorspeise ab.

1. Die Weinblätter in Salzwasser blanchieren. Die kleingeschnittene Zwiebel und das zerkleinerte Gemüse für die Füllung in Butter andünsten. Dill und Reis zugeben, vorsichtig mischen und salzen. Die Fischbrühe angießen, aufkochen und bei schwacher Hitze köcheln lassen. Acht Krevetten in Würfel schneiden, in Butter anbraten und mit Weißwein ablöschen, dann mit dem Reis vermengen und die Hälfte des Ouzo unterrühren.

2. Für die Herstellung der Dolmas auf jedes Weinblatt einen Eßlöffel Füllung geben und die Blätter zu einer Rolle formen. Den Boden einer Kasserolle mit Weinblättern auslegen, darauf die Dolmas plazieren und mit Weinblättern abdecken.

Ouzo-Zitronen-Sauce

3. Ein wenig Brühe, Öl und den restlichen Ouzo zugeben. Die Dolmas mit einem Teller abdecken (damit sie nicht aufplatzen können) und etwa zehn Minuten kochen lassen.

4. Für die Sauce die Fischbrühe einkochen, Sahne und Zitronensaft zugeben, nochmals reduzieren. Von der Platte nehmen, Eigelb zufügen und Butter unterschlagen. Durch ein Sieb passieren, mit gehacktem Dill und Ouzo abrunden und abschmecken. Die Teller mit Dolmas und Sauce füllen und mit zwei Krevetten dekorieren.

Kräuterkrapfen mit

Vorbereitungszeit: *1 Stunde*
Kochzeit: *15 Minuten*
Kühlzeit: *12 Stunden*
Schwierigkeitsgrad: ☆

Für 4 Personen

1	Bund	Brennesseln (etwa 100 g)
100	g	Zucker
100	g	Traubenzucker
500	ml	Wasser
		Saft von 1/2 Zitrone

Für den Krapfenteig:

250	g	Maizena
200	ml	Wasser
1		Eigelb
1		Eiweiß

Für die Kräuter und Blumen:

8	junge Karotten, pochiert mit Salz und Zucker
4	Fenchelzweige
8	Karottengrünzweige
12	Veilchen
4	Tulpen
4	Thymianzweige
4	rote Salbeizweige
4	grüne Salbeizweige
4	Liebstöckelzweige
4	Melissenzweige
4	glatte Petersilienzweige
	Sonnenblumenöl

Unser belgischer Küchenchef möchte Sie in diesem Gericht anregen, Pflanzen zu probieren, die normalerweise in jedem Garten wachsen, die man aber nie als eßbar betrachten würde. Das ist bei den meisten Kräutern und Blumen hier der Fall, deren therapeutischer Nutzen wohlbekannt ist. Dennoch sollte man unbedingt auf die Herkunft der Pflanzen achten, denn einige könnten mit künstlichen Farb- und Konservierungsstoffen behandelt worden sein, damit sie sich besser verkaufen. Probieren Sie sie vor der Zubereitung, um sicherzustellen, daß sie das richtige Aroma und keinen unerwünschten Nachgeschmack haben.

Darüber hinaus gibt es viele Kräuter, die sich für die Herstellung von Krapfen eignen, von den ganz gewöhnlichen – wie Basilikum oder Petersilie – bis hin zu den weniger bekannten, wie z.B. Melisse oder Liebstöckel, ein ursprünglich aus Persien stammender Doldenblütler, der blutreinigende Eigenschaften besitzt.

Die Brennessel sollten Sie mit Hilfe von Handschuhen sammeln, dann kochen und gründlich trocknen lassen. Der Aufguß bereitet keine Probleme, ebensowenig die Zubereitung des Sorbets selbst. Wenn Sie Brennesselgeschmack nicht mögen, können Sie auch Salbei oder Estragon auf die gleiche Weise zubereiten.

Die in unseren Breiten sehr häufig zu findende Brennessel wird übrigens oft für Saucen oder Suppen verwendet und besitzt viele heilende Eigenschaften. Sogar die brennende Flüssigkeit, die die Haut bei dem geringsten Kontakt mit dieser Pflanze reizt, regt trotz dieses unangenehmen Nebeneffekts den Kreislauf an.

1. Wasser, Zucker, Traubenzucker, Brennesseln und Zitronensaft mischen. Zum Kochen bringen und zwölf Stunden ziehen lassen. Durch ein feines Sieb passieren und im Eisfach gefrieren. Wenn das Ganze relativ fest geworden ist, mit Hilfe einer Gabel auflockern, damit es körnig wird und mit einem Löffel zu Klößchen formen.

2. Das Eigelb mit Maizena mischen, Wasser zugeben und diesen Teig gut durchrühren. Vorsichtig mit einem Teigrührer das steif geschlagene Eiweiß unterheben.

Brennesselklößchen

3. Kräuter gut waschen und trocknen. In einem Fritiertopf bei mittlerer Hitze das Sonnenblumenöl bis zum Siedepunkt erwärmen. Die Blätter und Blumen in den Teig tauchen und dann in das heiße Fritierfett legen. Leicht anbräunen, dann herausnehmen und auf saugfähigem Küchenpapier abtropfen lassen.

4. Die Kräuter und Blumen halbkreisförmig auf den Tellern anordnen und mit dem Brennesselsorbet sofort servieren.

Hähnchensalat mit

Vorbereitungszeit:	*45 Minuten*
Kochzeit:	*20 Minuten*
Schwierigkeitsgrad:	★★

Für 4 Personen

4	Hähnchenbrüste
16	Langustinen à 80–100 g
10 g	Curry
4	Kirschtomaten
12	Spinatblätter

12	Feldsalatblätter
4	Champignons
4	grüne Melonenkürbisse
1	Karotte
100 g	Gurke
1	Zitrone
2 EL	Schlagsahne
30 ml	Olivenöl
2	Kerbelzweige
1 l	Brühe
	Salz, Pfeffer aus der Mühle

Die Originalität dieses Rezepts liegt in der Verbindung von Geflügel und Schalentieren. Die feine, pulverförmige Kräutermischung »Curry« stammt aus Indien und wurde von den Engländern in Europa eingeführt; ihre Zusammensetzung kann variieren. In der Regel besteht sie hauptsächlich aus Kreuzkümmel, Koriander, Muskat und Kurkuma, aber auch aus Gewürznelken, Cayennepfeffer und Ingwer. Dosieren Sie dieses Pulver maßvoll, da zuviel Curry die anderen Zutaten bitter werden läßt.

Es wird empfohlen, Hähnchen vom Bauernhof zu kaufen, zum Beispiel Bresse-Hähnchen, deren Brüste man leicht vom Knochen lösen kann, bevor man sie dämpft. Diese Geflügelstücke besitzen weniger Fett als die Schenkel und lassen sich besser anrichten. Damit man sie kochen kann, ohne daß sie hart werden, rollt man die Hähnchenbrüste in Klarsichtfolie oder, nach alter Manier, in Küchentücher ein.

Ideal für die Füllung sind die relativ großen bretonischen Langustinen mit einem Gewicht von 80 bis 100 g, doch sollte man sie nach kurzer Kochzeit sofort aus der Brühe nehmen. Wenn sie zu lange in der kochenden Flüssigkeit liegen, zerfällt das Fleisch. Statt Langustinen können Sie auch große Krevetten oder Gambas verwenden, deren Körperform jedoch nicht ganz so dekorativ ist.

Suchen Sie für den Spinat ganze Blätter ohne Risse aus, die in kochendem Wasser blanchiert und sofort abgeschreckt werden. Ihr Geschmack und ihre Farbe runden die Langustinenfarce auf harmonische Weise ab.

Die Hähnchenbrüste sollten weit genug aufgeschnitten werden, damit man sie reichlich füllen kann. Um das Ganze noch raffinierter zu machen, können Sie aus den Spinatblättern kleine Kugeln formen, die Sie dann dort hineinschieben.

1. Die Langustinen in einer gut gewürzten Brühe kochen, abkühlen lassen und ausschälen (vier ganze Langustinen aufbewahren). Spinatblätter blanchieren, abschrecken und auf einem Küchentuch abtropfen lassen. Die vier ganzen Langustinen für die Dekoration nach hinten umbiegen, dabei die Scheren in den Panzer des Schwanzes stechen.

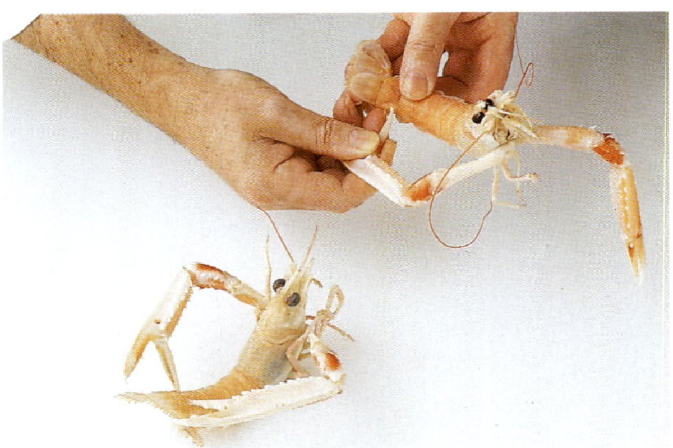

2. Die Haut von den Hähnchenbrüsten abziehen und jedes Stück mit einem Messer zu einer Tasche aufschneiden. Kirschtomaten häuten und aushöhlen. Die geschälte Gurke in kleine Würfel schneiden, mit Schlagsahne und Kerbel würzen und damit die Kirschtomaten füllen.

Curry-Langustinen

3. Die Hähnchenbrüste würzen und mit Spinat und dem mit Curry gewürzten Langustinenfleisch füllen. Dann in Küchenfolie einrollen und acht bis zwölf Minuten dämpfen. Wenn sie gar sind, aus dem Topf nehmen und in der Folie abkühlen lassen.

4. Melonenkürbisse blanchieren, aushöhlen, mit Karottenkugeln und dem Scherenfleisch der Langustinen füllen. Mit Olivenöl und Zitronensaft würzen. Die Champignons in dünne Scheiben schneiden und mit Zitronensaft beträufeln. Eine ganze Langustine auf jeden Teller legen, die Hähnchenmedaillons daneben fächerartig anrichten. Feldsalat sowie die gefüllten Melonenkürbisse und Kirschtomaten dekorativ verteilen.

Getrüffeltes Rindercarpaccio

Vorbereitungszeit: *15 Minuten*
Schwierigkeitsgrad: ★

Für 4 Personen

400 g	Rumpsteak
50 g	alter Parmesan
50 g	schwarze Trüffeln
200 g	Portulak
100 g	Rauke
1	Zitrone
50 ml	Sherryessig
75 ml	Walnußöl
75 ml	Erdnußöl
	Salz, Pfeffer

Carpaccio ist italienischer Herkunft und bedeutet rohes, in hauchdünne Scheiben geschnittenes Rinderfilet. Diese äußerst feine Vorspeise kennt zahlreiche Variationen, da man sie gerne auch aus anderen, luxuriösen Zutaten herstellt. So sieht man häufig Carpaccios aus Entenfleisch, Lachs oder Goldbrasse. Unser Küchenchef stellt hier ein traditionelles Rezept vor, das er nach eigenem Geschmack gewürzt hat.

Die eigentliche Saison der Trüffel beginnt im Januar und dauert bis zum März. Die schwarzen Trüffeln aus dem Périgord haben eine leicht rissige Haut und ein weiß marmoriertes Fruchtfleisch, dessen Dichte man am besten vor dem Kauf überprüfen sollte. Man sollte sie außerdem vor der Zubereitung in Vinaigrette marinieren, die auf diese Weise ein herrliches Trüffelaroma bekommt.

Man wird kaum einen festeren und trockeneren Käse als alten Parmesan finden, dessen pikanter Geschmack unvergleichlich ist. Der Parmesan der Sorte »Reggiano« ist die berühmteste Sorte dieser italienischen Käsefamilie, zu der auch der »Grana« aus der Po-Ebene gehört. Um ihn als Beilage nach dem Vorbild der Fleischscheiben in möglichst dünne Scheiben zu schneiden, sollte man am besten einen Sparschäler oder einen Küchenhobel benutzen.

Portulak ist ein recht fettes Kraut, dessen Blätter normalerweise als Salat gegessen werden. Die beste Portulak-Sorte hat große, ein wenig klebrige Blätter und wird auch Gold-Portulak genannt. Die knackige Frische des Salats macht ihn zum idealen Begleiter dieser charaktervollen Vorspeise.

1. Die Salate gründlich unter fließendem Wasser reinigen. Bei Bedarf wiederholen. Danach die Hälfte der Trüffeln in dünne Scheiben schneiden und die andere Hälfte in feine Streifen.

2. Die Vinaigrette zubereiten. Dafür die Gewürze in Sherryessig auflösen, dann das Walnuß- und Erdnußöl untermischen. Sämtliche Trüffelstücke zugeben. Das Ganze mindestens eine Stunde ziehen lassen.

mit altem Parmesan

3. Das Rumpsteak kurz vor dem Anrichten der Teller in ganz feine Scheiben schneiden. Sie sollten so dünn wie Papier sein.

4. Salzen, pfeffern und mit der Trüffelvinaigrette einpinseln, die zuvor mit ein paar Spritzern Zitronensaft verfeinert wurde. Den Salat würzen und auf die Teller verteilen. Die Fleischscheiben schön anrichten, mit sehr dünn gehobelten Parmesanscheibchen und den Trüffelscheiben und -streifen bestreuen.

Stockfisch-Brandade

Vorbereitungszeit:	*1 Stunde*
Kochzeit:	*45 Minuten*
Schwierigkeitsgrad:	★★

Für 4 Personen

900 g	frischer Stockfisch
1	Zwiebel, 1 weiße Lauchstange
4 EL	Sahne, 1/2 l Wasser

Für das Püree:

200 g	Kartoffeln
2	Knoblauchzehen

Für die Brandade:

6	Gelatineblätter, 500 ml Sahne
200 ml	Kochflüssigkeit
6 EL	Olivenöl, Salz, Pfeffer

Für die pikante Sauce:

	Vinaigrette,
300 g	baskische Sauce

Für die baskische Sauce:

1 kg	Tomaten
2	Zwiebeln, 1 grüner Paprika
50 ml	Weißwein
50 ml	heller Fond
1 EL	Tomatenmark
30 ml	Olivenöl, Salz, Pfeffer

Für die Vinaigrette:

1	Eiweiß, 40 g Senf
15 ml	Rotweinessig
16 ml	Englische Sauce
200 ml	Erdnußöl
5 g	Salz, Pfeffer

Dieses Stockfischgericht ist eine gute Gelegenheit, um die weniger repräsentativen Teile dieses Fisches zu verarbeiten, wie z.B. die Unterseiten, das Schwanzfilet und andere Reste. Im nördlichen Teil Frankreichs kennt man viele verschiedene Namen für den Stockfisch, zum Beispiel »doguette« (in Dünkirchen) oder »moulou« (an der Atlantikküste). Die Normannen lieben diesen Fisch besonders, und die Häfen von Dieppe oder Fécamp gelten als wichtige Stockfischlieferanten. In der Normandie gibt es daher unzählige Stockfischrezepte und -variationen.

Hier wird der Stockfisch traditionell mit Sahne verfeinert und wie eine Suppe mit Lauch gekocht. Dadurch entsteht eine gewisse Süße, die ein gutes und harmonisches Gegengewicht zu der baskischen Sauce bildet. Man mischt diese Sauce unter die Vinaigrette, die dadurch sehr viel Schärfe erhält. Sie können diese Spezialität auch zu anderen Gerichten servieren, beispielsweise zu einem guten Stück Thunfisch oder Bonito-Filet. Den Zusatz »auf baskische Art» findet man oft bei Hähnchen, klaren Suppen oder manchen Kartoffelgerichten. Dabei handelt es sich meistens um eine Beilage aus Tomaten, Paprika und rohem Bayonne-Schinken.

Gilles Tournadre macht Sie darauf aufmerksam, die Stockfischmasse mit Kartoffeln und die baskische Sauce sehr vorsichtig miteinander zu vermischen, denn dies ist ein kritischer Augenblick. Das Resultat sollte eine schön gleichmäßige Masse sein. Wenn möglich, verwenden Sie Sahne aus Isigny, die ein spezielles Gütesiegel trägt («appellation d'origine contrôlée«) und einen besonders hohen Anteil an pasteurisierten Milchfetten besitzt.

1. Für die baskische Sauce kleingeschnittene Zwiebel und Paprika in Olivenöl anschwitzen. Mit Weißwein ablöschen, Tomaten, einen Eßlöffel Tomatenmark und den hellen Fond zufügen. Nach dem Kochen im Mixer pürieren.

2. Alle Zutaten der Vinaigrette in einer Salatschüssel mischen. Den Stockfisch mit der zerkleinerten Zwiebel, der weißen Lauchstange und der Sahne in Wasser garen. Zum Kochen bringen und fünf Minuten bei geschlossenem Deckel köcheln lassen. Von der Platte nehmen und den Fisch in der Kochflüssigkeit abkühlen lassen.

mit baskischer Sauce

3. Für die pikante Sauce die Vinaigrette mit 300 g baskischer Sauce mischen. Ein Kartoffelpüree bereiten und mit zwei Knoblauchzehen würzen.

4. Den Stockfisch abtropfen lassen. Die in kaltem Wasser eingeweichten Gelatineblätter mit 200 ml Kochflüssigkeit vermengen. Alles zusammen mit dem Püree mischen und Olivenöl unterrühren. Abkühlen lassen und die geschlagene Sahne unterheben. Auf jeden Teller zwei Stockfisch-Klößchen legen und rundherum mit pikanter Sauce garnieren.

Entenbrust

Vorbereitungszeit: *20 Minuten*
Kühlzeit: *1 Stunde 45 Minuten*
Schwierigkeitsgrad: ★

Für 4 Personen

2	Entenbrüste
100 g	Parmesan
	Salz, Pfeffer

Für die Vinaigrette:

1	kleine Dose Trüffelsaft
2	Limonen
200 ml	Olivenöl

Für die Garnitur:

3	Chicorée
	Feldsalat
2 EL	Senf

In diesem Rezept wird das italienische Carpaccio statt mit Rindfleisch mit Ente serviert. Gemeinsam mit dem Chicoree als Beilage wird diese kalte Vorspeise auch Figurbewußten gerecht.

Gegen Ende des 19. Jahrhunderts wurde in Brüssel Chicorée erstmals zum Verzehr angeboten. Der Erfolg dieses »Brüsseler Chicorées«, der im Flämischen »witloof«, im französischsprachigen Belgien »chicon« und in Frankreich »endive« genannt wird, hält immer noch an. Da er sehr kalorienarm ist, paßt der rohe Chicorée zu den meisten Salatarten, auch zu den eher pikanten, wie z.B. Feldsalat oder Kresse. Wählen Sie gut verschlossenen Chicorée von ganz weißer Farbe; die äußeren, leicht angewelkten Blätter werden vor dem Waschen entfernt.

Man kann außerdem den mittleren, weißen Keil herausschneiden, in dem sich die Bitterstoffe konzentrieren. Der Chicorée wird hier sehr fein geschnitten und mit Hausmachersenf und Trüffelsaft ausgewogen gewürzt. Die Vinaigrette sollte möglichst mit Walnußöl zubereitet werden, da der Nußgeschmack besonders gut zum Aroma des Chicorées paßt.

Die Entenbrüste sollten Sie bevorzugt von fleischigen Enten wählen, weil sie unter der Haut eine dicke Fettschicht haben. Bevor man das Fleisch in sehr dünne Scheiben schneidet, empfiehlt es sich, die Entenbrüste eine Zeitlang in das Gefrierfach zu legen.

1. Die Entenbrüste etwa eine Stunde und 45 Minuten in das Gefrierfach legen, damit das Fleisch fest wird. Mit einem Messer (oder Schneidegerät) in feine Scheiben von 2 mm Dicke schneiden.

2. Den Chicorée sehr fein schneiden und mit zwei Eßlöffeln Senf mischen. Chicorée jeweils in der Mitte der vier Teller anhäufen.

carpaccio

3. Die Entenbrustscheiben harmonisch zu einem Fächer zum Tellerrand hin anrichten.

4. Aus Trüffelsaft, Zitronensaft und Olivenöl eine Vinaigrette bereiten. Die Entenbrustscheiben damit anfeuchten, die einzelnen, gewaschenen und abgetropften Feldsalatblätter im Kranz um den Chicorée legen und mit geriebenem Parmesan garnieren.

Kalter

Vorbereitungszeit: *30 Minuten*
Kochzeit: *8 Minuten*
Schwierigkeitsgrad: ★

Für 4 Personen

300 g	Spaghetti
50 g	Steinpilze, in Essig konserviert
50 g	schwarze Oliven
100 g	Thunfisch in Öl
50 g	marinierte Rinderzunge
100 ml	Olivenöl
	Schale von 1/2 Orange
1 TL	Basilikum, gehackt
	Salz, Pfeffer

Für die Dekoration:
Schale von 1 Zucchino

Alle Anstrengungen der französischen Gastronomen konnten Italien als führendes Exportland für Teigwaren nicht entthronen. Mit mehr als 200 verschiedenen Sorten zeigen die Italiener, mit welchem Erfolg sich selbst die ältesten kulinarischen Traditionen industrialisieren lassen.

In der ganzen Welt kennt man Spaghetti, die man mit dieser gewissen Drehung aus dem Handgelenk ißt. Aber man kann Spaghetti auch mit anderen Beilagen als mit der üblichen Bologneser Sauce kombinieren, wie dieses Rezept beweist. Es ist zwar für niemandem ein Geheimnis, aber man sollte es trotzdem noch einmal sagen: Spaghetti werden »molto al dente« in Wasser mit einem Schuß Olivenöl und möglichst erst ganz zum Schluß gekocht.

Dieser großer Klassiker wird hier mit eingelegten, gehackten Steinpilzen und Thunfisch in Öl serviert. Den individuellen Touch bekommt das Gericht jedoch durch die marinierte Zunge, die man in feine Streifen schneidet und deren Säure mit den Nudeln und dem Thunfisch kontrastiert. Für diese Piemonteser Spezialität wird eine Rinderzunge 48 Stunden in Wein mit Kräutern, Knoblauch und Zwiebeln mariniert – wobei man sie siebenmal in dieser Marinade wendet. Wenn Sie kein Piemonteser sind oder Zunge nicht mögen, kann man sie leicht durch eine dicke Scheibe Kochschinken ersetzen. Anstelle der marinierten Steinpilze kann man auch frische Champignons verwenden.

Diese Vorspeise enthält Elemente aus verschiedenen Gegenden Italiens: Orangen aus Sizilien, Zunge aus dem Piemont, Oliven aus Ligurien – und natürlich Spaghetti, deren Ursprungsort Neapel ist.

1. Die marinierte Rinderzunge in dünne Streifen schneiden. Im Kühlschrank aufbewahren und erst kurz vor dem Servieren zum Salat geben.

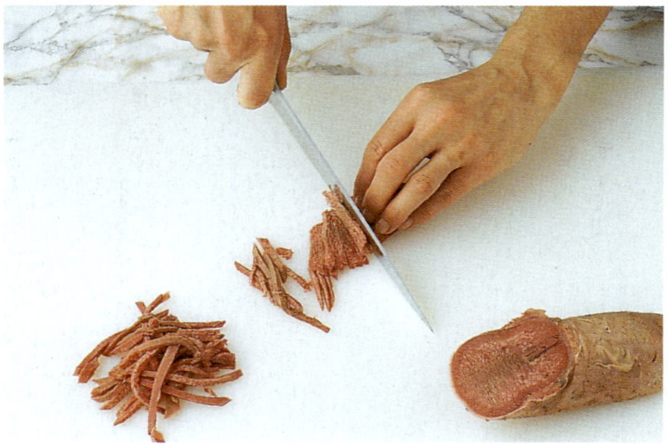

2. Oliven entsteinen, halbieren, den Thunfisch zerbröckeln und die Pilze in dünne Scheiben schneiden. Die Orangenschale in Streifen schneiden und blanchieren.

Spaghetti-Salat

3. Die Spaghetti in einer Kasserolle in sprudelndem Salzwasser kochen, bis sie »al dente« gegart sind. Kurz unter kaltes Wasser halten und abtropfen lassen, in einer Salatschüssel mit Olivenöl mischen.

4. Alle Zutaten des Salats mischen, salzen und pfeffern. Auf Tellern anrichten und mit blanchierten Zucchinistreifen und Basilikumblättern garnieren.

Bellevue-Hummer mit

Vorbereitungszeit: *15 Minuten*
Kochzeit: *20 Minuten*
Schwierigkeitsgrad: ★

Für 4 Personen

2	Hummer à 500 g
2	Artischockenböden
1	Brokkolikopf
2	Selleriestangen
1/2	Zwiebel
50 ml	Erdnußöl
	Saft von 1 Zitrone
1 Prise	Mehl
8	Schnittlauchhalme
15 g	Kerbel
	Salz, Pfeffer

Für die Mayonnaise:

2	Eier
1 TL	Senf
20 ml	heller Essig
50 ml	Öl
	Salz, Pfeffer

Der Hummer gilt als König der bretonischen Küsten, wo er jedoch leider immer seltener wird. Zu den bekanntesten Hummergerichten zählt dieser beliebte Bellevue-Hummer, den die Marquise von Pompadour Ludwig XV. in seinem Schloß Bellevue in der Nähe von Meudon serviert haben soll.

Wählen Sie blaue Hummer aus der Bretagne, möglichst weibliche, denn sie besitzen mehr Fleisch als die männlichen Hummer. Ihre Scheren sollten gut zusammengebunden werden, damit es zu keinem Unfall kommt. Kochen Sie die Hummer kurz, aber kräftig in einer mit Algen verfeinerten Brühe.

Die Mayonnaise sollte genau nach den Angaben unseres Küchenchefs zubereitet werden. Insbesondere muß das Öl in einem sehr dünnen Strahl und unter ständigem Rühren zugegossen werden, damit die Sauce nicht gerinnt.

Der optische Eindruck des Bellevue-Hummers wird durch die Beilage aus grünen Gemüsesorten noch verbessert: Kerbel, nach Wunsch auch Kresse, Artischocken und Brokkoli. Letzterer ist eine italienische Art des Blumenkohls und neben seiner wunderschönen Farbe besitzt er viele Nährstoffe. Sie können sowohl seine Blätter als auch die Röschen essen.

1. Aus einer halben Zwiebel und dem Sellerie die Brühe für die Hummer bereiten. Kalt aufsetzen und nach dem ersten Aufkochen die Hummer hineintauchen. Acht Minuten bei starker Hitze kochen. Dann die Hummer zehn Minuten in der Brühe abkühlen lassen, damit diese aromatischer wird.

2. Die Hummer der Länge nach halbieren, dabei am Kopf beginnen. Den Schwanz aufrollen, damit er beim Schneiden nicht zerquetscht wird. Die Scheren auslösen, dann zwei oder drei Beine für die Dekoration beiseite legen und das Fleisch in Medaillons schneiden.

Kerbel-Vinaigrette

3. Die Mayonnaise aus zwei Eigelben, einer Prise Salz, Pfeffer, einem Teelöffel Senf und dem Essig bereiten. Das Öl in feinem Strahl dazugießen. In einen Mixer einen Eßlöffel Mayonnaise, 50 ml Wasser und 15 g Kerbelblätter geben. Gut durchmixen und nach und nach 50 ml Erdnußöl unterrühren.

4. In einem Schmortopf mit Wasser und Zitronensaft sowie einer kleinen Prise Mehl die Artischocken 15 Minuten bei schwacher Hitze köcheln lassen, dann vierteln. Den Brokkoli bißfest kochen, anschließend mit kaltem Wasser abschrecken. Das Ganze harmonisch auf großen Tellern anrichten, mit Schnittlauchhalmen und Hummerbeinen dekorieren und kalt servieren.

Tauben und Gänseleber

Vorbereitungszeit: *1 Stunde 30 Minuten*
Kochzeit: *1 Stunde 5 Minuten*
Schwierigkeitsgrad: ★★★

Für 4 Personen

2		große Bresse-Tauben
100	g	Gänseleber (aus der Dose)
2	kg	Gänseschmalz
4		Karotten
4		weiße Rüben
8		Rettiche
50	g	junge Erbsen
50	g	grüne Bohnen
1		Trüffel à 20 g
10	g	4-Gewürze-Mischung
300	ml	Trüffelöl
		Olivenöl
		Saft von 1/2 Zitrone
		Zucker, Salz, Pfeffer

Für das Gelee:

		Taubenkarkassen
je 1		Karotte, Zwiebel und Selleriestange, gehackt
1		Bouquet garni
20	g	Tomatenmark
2		Gelatineblätter

Zum Klären:

3	Eiweiß
1	Karotte
1	Lauchgrün
4	Sternanis

Die Haltung von Tauben galt in Frankreich lange Zeit als Vorrecht adliger Richter, und während des Ancien Régime war sie nur auf den Tischen der reichen Leute zu finden. Heute bekommt man Zuchttauben – im Gegensatz zu Wildtauben – fast das ganze Jahr über, doch sind sie im Juni und Juli besonders zu empfehlen.

Unser Küchenchef hat für dieses Rezept Tauben aus Bresse gewählt, die pro Stück etwa ein Gewicht von 200 bis 300 g aufweisen. Er hat festgestellt, daß das Fleisch dieser Tauben dichter und zarter ist als das der meisten Tauben, die man sonst auf den Märkten findet. Diese Feinheit harmoniert ausgesprochen gut mit der eingemachten Gänseleber und dem knackigen jungen Gemüse.

Die Zubereitung des Gelees erfordert eine gewisse Disziplin. Damit es ein intensives Aroma bekommt, ist die genaue Dosierung des Sternanis sehr wichtig. Die gleichmäßgen Blüten des Sternanis haben erwiesenermaßen auch heilende Eigenschaften. Den Namen hat diese Staude wegen des leicht anisartigen Geschmacks erhalten, obwohl sie in Wirklichkeit mit dem echten Anis (Fenchel bzw. Pimpinelle), einem Doldenblüter, nichts gemein hat. Es ist übrigens ein Bestandteil der sogenannten 5-Gewürze-Mischung, das in der asiatischen Küche sehr beliebt ist und neben Sternanis noch Gewürznelken, chinesische Zimtrinde (Cassia), Fenchel und Fagara enthält.

1. Aus den Taubenkarkassen mit einem Bouquet garni, 20 g Tomatenmark, gehackter Karotte, Zwiebel und Selleriestange einen Geflügelfond bereiten. Eine Stunde kochen, dann durch ein Sieb passieren und die in kaltem Wasser eingeweichte Gelatine zugeben. Den Fond mit Eiweiß, Sternanis, dem Lauchgrün und der kleingeschnittenen Karotte klären.

2. Den Boden der Teller mit diesem Gelee glacieren. Die Gänseleber mit Salz, Pfeffer und 4-Gewürze-Mischung würzen. In Gänseschmalz 30 Minuten bei 80 °C schmoren, dann eine Stunde abkühlen lassen.

auf Gelee

3. Das Taubenfleisch anbraten, es sollte innen noch rosa bleiben. In Scheiben schneiden. Gänseleber und Trüffel in dünne Scheiben schneiden.

4. Das Gemüse putzen und schneiden, 30 Minuten in Olivenöl mit einer Prise Zucker, Salz und Pfeffer dünsten. Das gedünstete Gemüse mit Trüffelöl und dem Saft einer halben Zitrone mischen. Auf den Tellern anrichten, dabei Trüffeln und Taubenfleisch abwechseln und daneben die Gänseleberscheiben legen. Dekorativ mit Gemüse garnieren.

Lauwarme Tintenfische mit

Vorbereitungszeit: *30 Minuten*
Kochzeit: *20 Minuten*
Schwierigkeitsgrad: ★★

Für 4 Personen

1 kg	kleine Tintenfische
1 l	Hühnerbrühe
30 g	Butter
	Kräuter

Für das Gemüse:

150 g	Pastinaken
150 g	Sonnenröschen
150 g	Kerbelknollen
150 g	Petersilienwurzel
150 g	Fenchelwurzeln

Für die Vinaigrette:

100 ml	Weinessig
100 ml	Balsamessig
200 ml	Olivenöl
100 ml	Sojasauce
einige	Spritzer Chilisauce und Tabasco
1	Anchovisfilet, gehackt
	gehackte Kräutermischung aus: Zwiebel, Knoblauch, Schalotte, Ingwer, Minze, Melisse, Eisenkraut und Thymianblüten
	Salz, Pfeffer aus der Mühle

Ganz in der Nähe des Versailler Restaurants »Trois Marches« haben die königlichen Gärtner früher viele Obst- und Gemüsesorten angebaut, die heute nur noch selten verwendet werden. Unser Küchenchef Gérard Vié möchte sich hier diesen Gemüsesorten besonders widmen.

Aus der botanischen Familie der Korbblütler hat Gérard Vié das sogenannte Sonnenröschen ausgewählt, das man nicht mit der Sonnenblume verwechseln sollte. Diese mit gelben Blüten übersäte Pflanze trägt den wissenschaftlichen Namen »heliantus tuberosus«, man kennt sie auch unter dem Namen »Topinambur«.

Aus der botanischen Familie der Doldenblütler stammen die Pastinaken, die man mit der Karotte vergleichen kann, da schon die Römer beiden Gemüsesorten den gleichen Namen, »pastinaca«, gegeben haben. Die Wurzelknolle der Pastinaken unterscheidet sich von den Karotten jedoch durch ihre weiße Farbe und ihren sehr aromatischen Geschmack. Es gibt verschiedene Pastinakensorten, die runde bis längliche Wurzelformen haben. Zu den Wurzeln gehören auch die Petersilienwurzeln, deren Geschmack mit dem Knollensellerie vergleichbar ist, sowie die Fenchelwurzeln, die schon die Römer roh und gekocht verspeist haben, und schließlich die fleischigen, gedrungenen Kerbelknollen, die ein weißes, süßliches Fruchtfleisch besitzen.

Die ebenfalls verwendeten kleinen Tintenfische werden auf zwei verschiedene Arten zubereitet. In beiden Fällen sollten sie nur kurz braten, damit sie nicht austrocknen. Zum Schluß wird die Soja-Vinaigrette über die Tintenfische geträufelt.

1. Die Tintenfische waschen, abtropfen und in dünne Streifen schneiden. Kalt stellen. Die Tinte aufbewahren.

2. Das Gemüse schälen, in Stifte schneiden und separat in Hühnerbrühe kochen. Lauwarm halten.

Gemüse und Kräutern

3. Alle Zutaten der Vinaigrette mischen und 24 Stunden ziehen lassen. In einer Salatschüssel die Gemüsestifte mit einem Teil der Vinaigrette würzen. Die restliche Vinaigrette durch ein Sieb gießen und nur die ölige Flüssigkeit aufbewahren. Die Tintenfische würzen, die Hälfte mit einem Teil des Vinaigretteöls in einer Pfanne anbraten.

4. Mit dem restlichen Öl die zweite Hälfte der Tintenfische braten, die Tinte zufügen und drei bis vier Minuten dünsten lassen. Auf die Tellermitte jeweils ein Gemüsebett legen, aus den mit Tinte gefärbten Tintenfischen einen Kranz formen, in die Mitte die weißen Tintenfischstreifen geben. Das Tellerrund mit den restlichen Gemüsestiften hübsch dekorieren.

Carpaccio und Tatar

Vorbereitungszeit: *30 Minuten*
Schwierigkeitsgrad: ★

Für 4 Personen

16		große Jakobsmuscheln
50	g	Beluga-Kaviar
50	g	roter Lachskaviar
4	EL	Crème fraîche
4	EL	Schnittlauch, feingehackt

24		Löwenzahnblätter (Blattspitzen)
1/2		Zitrone
		Salz, Pfeffer aus der Mühle

Für die Zitronenmarinade:

50	g	Melisse
		Saft von 1/2 Zitrone und 1/2 Limone
150	ml	Olivenöl
1	Prise	Zucker
		Meersalz

Als echter Kenner von Jakobsmuscheln läßt Harald Wohlfahrt sie sich extra aus Irland oder Schottland liefern, um sie dann zu Tatar und Carpaccio zu verarbeiten. Vor allem die kalten Gewässer der irischen See bieten zahlreichen Muschelarten, die von November bis März gefischt werden, einen idealen Lebensraum.

Die Jakobsmuschel erhielt je nach Epoche und Region verschiedene Namen, z.B. nennt man sie im Französischen auch »große Pelerine« oder »Kamm des Jakobus«. Trotz der mittelalterlichen Darstellungen hat der Heilige Jakobus allerdings nie diese Muschel getragen, die man zu seinem Emblem erhoben hat. Vielmehr haben die Pilger von Compostela diese strahlenförmige Muschelschale wegen ihrer Form als Teller verwendet, so daß sie nach und nach als Symbol ihrer Vereinigung betrachtet wurde.

Sie benötigen sehr frische, d.h. lebende, und gut geschlossene Jakobsmuscheln. Sie enthalten stets noch ein wenig Meerwasser und lassen sich nur mit Mühe öffnen. Man sollte das Innere gut von den Randorganen lösen und dann mit der Zubereitung beginnen.

Die Melisse, die der Marinade einen kräftigen Geschmack verleiht, hat die mediterrane Küche schnell erobert, obwohl sie ursprünglich aus dem Orient kommt. Man verwendet sie gerne anstelle der Zitrone, da sie ähnlich schmeckt, aber ein weniger aggressives Aroma besitzt. Sie wird hier mit Schnittlauch und Löwenzahn kombiniert, dessen junge Blätter eine feine Bitterkeit besitzen. Und schließlich bringt der Kaviar, wenn auch nur in kleiner Menge verwendet, dem Ganzen noch eine leicht ölig-salzige Nuance.

1. Für die Zubereitung der Marinade die Melisse grob hacken, mit Olivenöl und Zitronen- sowie Limonensaft mischen. Meersalz und eine Prise Zucker zufügen und 24 Stunden ziehen lassen.

2. Die Jakobsmuscheln aus der Schale lösen, äußere Schleimhäute entfernen, in Eiswasser reinigen und auf saugfähigem Küchenpapier trocknen lassen. Die Hälfte der Muscheln in sehr kleine Würfel schneiden.

von Jakobsmuscheln

3. Dieses Tatar mit der Hälfte des Schnittlauchs, etwas Marinade, Salz und Pfeffer würzen. Mit der Hälfte des Lachskaviars vermengen. Crème fraîche mit restlichem Lachskaviar und einem Drittel des Beluga-Kaviars vermengen, mit Zitronensaft abschmecken. Die restlichen Jakobsmuscheln in dünne Scheiben schneiden und auf die Teller verteilen. Abschmecken und mit ein wenig Marinade bepinseln.

4. Mit einem Löffel das Tatar zu Klößchen formen und auf das Carpaccio legen, mit Löwenzahnblättern und Schnittlauch garnieren. Um das Carpaccio die Kaviarsauce angießen, in die Mitte restlichen Beluga-Kaviar geben, mit Marinade und gehacktem Schnittlauch dekorieren.

»Giardinetto« mit

Vorbereitungszeit: *30 Minuten*
Kochzeit: *20 Minuten*
Schwierigkeitsgrad: ★

Für 4 Personen

8	Mini-Karotten
4	Mini-Rüben
4	kleine Kartoffeln
4	weiße Frühlingszwiebeln
4	kleine Artischocken
1	große Lauchstange
2	Brokkoliröschen

Für die Meerrettichsauce:

1	EL	Meerrettich, frisch gerieben
1		gehackte Schalotte
3		Eier, Saft von 1 Zitrone
80	g	Béchamelsauce
1	EL	Senf
200	ml	Schlagsahne
		Salz, Pfeffer

Für die Béchamelsauce:

500	ml	Milch, 20 g Butter
20	g	Mehl
1	Prise	Salz

Diese kalte Vorspeise soll die Vielfalt eines Gemüsegartens darstellen. Armando Zanetti, der Gemüse und Gärten besonders liebt, hat dieses Rezept noch mit einer neuartigen Meerrettichsauce verfeinert, die die klassische Mayonnaise ersetzt.

Unser Küchenchef verwendet hartgekochtes Eigelb, das besser verdaulich ist als rohes; wichtig sind außerdem die flüssige Sahne – weniger fetthaltig als Olivenöl – und der frische Meerrettich mit seinem pfeffrig-scharfen Geschmack, der mit Weißwein abgemildert wird. Der Meerrettich darf erst im letzten Moment gerieben werden, damit er nicht schal wird. Niemals sollte man welke oder aufkeimende Wurzeln verwenden, denn sie sind so bitter, daß sie den Geschmack der Sauce zerstören. Das Gemüse kochen Sie am besten in Edelstahltöpfen, damit es frisch bleibt. Den »Gemüsegarten« können Sie nach eigenem Geschmack und je nach Saison zusammenstellen – im Sommer roh und knackig, im Winter weich gegart. Denkbar wäre zum Beispiel auch eine bunte Mischung aus Artischocken, Topinambur und Rüben. Tatsächlich ist es vor allem die Sauce, die das Ganze harmonisch verbindet und dem »Giardinetto« Charakter verleiht.

Bei den Kartoffeln sollten Sie eine festkochende Sorte wählen und darauf achten, daß sie weder zu kurz noch zu lange gart.

1. Für das Gemüse Karotten, Rüben, Kartoffeln und Artischocken putzen und schön zurechtschneiden. Die Lauchstange in vier Stücke, den Brokkoli in vier Röschen teilen. Die Zwiebeln schälen, das Grün nur etwa 3 cm stehen lassen, den Rest abschneiden.

2. Sämtliche Gemüsesorten separat kurz in kochendem Salzwasser garen, damit sie – mit Ausnahme der Kartoffeln – noch knackig bleiben.

Meerrettichsauce

3. Für die Béchamelsauce Butter und Mehl zusammen erhitzen. Abkühlen lassen, dann die kochende Milch zugeben. Das Ganze zum Kochen bringen und beiseite stellen. Für die Meerrettichsauce drei hartgekochte Eigelb mit einem Eßlöffel Senf mischen, die gehackte Schalotte, einen Eßlöffel geriebenen Meerrettich und die Béchamelsauce zufügen.

4. Zum Schluß die Meerrettichsauce zwei bis drei Minuten mixen, dabei Zitronensaft und Schlagsahne unterrühren. Sauce jeweils in die Tellermitte geben, dann das Gemüse farblich harmonisch einzeln verteilen.

Warme Vorspeisen

Gemüsegericht

Vorbereitungszeit: *30 Minuten*
Kochzeit: *20 Minuten*
Schwierigkeitsgrad: ★

Für 4 Personen

1 kg	grüne Bohnen
1	Blumenkohl
1 kg	Artischocken
1 kg	Saubohnen

1 kg	Erbsen
1 kg	Steinpilze
2	Knoblauchzehen
	grüne Spargel
	weiße Spargel
2	Scheiben roher Schinken
	Speiseöl
	Mehl
	Fleischbrühe
	Salz, Pfeffer

Dieses Gericht, leicht verdaulich und daher auch hervorragend für Geschäftsessen geeignet, erinnert unseren Chef an seine Mutter, die ihn schon in jungen Jahren mit den Freuden des Kochens vertraut machte. Beim Zubereiten muß natürlich das Aroma aller Zutaten bewahrt bleiben, um später sowohl den Geschmack eines jeden Gemüses zur Geltung zu bringen als auch um die Aromen von Gartengemüsen und wilden Pilzen harmonisch zu verbinden.

Der Steinpilz, der vor allem im Baskenland vorkommt, verleiht diesem Gemüsegericht einen rustikalen Beigeschmack, der als Kontrast zu dem bißfest gekochten Gemüse sehr interessant ist. Da kein einziges dieser Frühlingsgemüse die gleiche Garzeit hat, werden sie alle getrennt zubereitet. Eigentlich kümmert sich Hilario Arbelaitz recht wenig um die genaue Einhaltung der Zusammensetzung, solange die Hauptkomponenten Erbsen, grüne und weiße Bohnen, Spargel und Steinpilze zur Verfügung stehen. Um dieses zentrale Thema herum kann man nach Geschmack und Laune komponieren.

Die Pilze (ausnahmsweise kann in diesem Rezept der Steinpilz durch den Schwammpilz ersetzt werden) sollten erst im letzten Moment zubereitet werden, was dem Erhalt ihres Aromas zugute kommt. Selbstverständlich werden auch die verschiedenen Gemüse sehr frisch ausgewählt – im Idealfall direkt aus dem Garten. Den letzten Schliff erhält das Gericht durch den rohen Serrano-Schinken aus Spanien.

Außerhalb der Saison kann man dieses Gericht auch mit Spinat und Kohl (zurückhaltend) ergänzen.

1. Alle Gemüse waschen und gegebenenfalls schälen, die verschiedenen Kochzeiten peinlich genau einhalten: grüne Bohnen: acht Minuten; Blumenkohl: zehn Minuten; Artischocken: 15 Minuten; Saubohnen: drei Minuten; Erbsen: fünf Minuten; grüner Spargel: vier Minuten; weißer Spargel: zehn Minuten.

2. Den Schinken in kleine Streifen schneiden, in Öl anbraten, etwas Mehl zugeben und knusprig werden lassen.

mit Steinpilzen

3. Das Gemüse zugeben, mit etwas Fleischbrühe ablöschen. Die Pilze mit einem feuchten Tuch oder Schwamm (kein fließendes Wasser) reinigen.

4. Die Pilze in Stücke schneiden, mit etwas Öl in der Pfanneanbraten, dem Gemüsetopf beigeben. Den Knoblauch in Öl goldbraun anbraten, ebenfalls dem Gemüsetopf beigeben. Das Gericht sehr heiß servieren.

Paprikaschoten mit

Vorbereitungszeit: *1 Stunde 30 Minuten*
Kochzeit: *1 Stunde*
Schwierigkeitsgrad: ★★

Für 4 Personen

250	g	Kabeljau, gesalzen
8		rote Paprikaschoten
1		Zwiebel
3		Knoblauchzehen
50	g	Brotkrumen
150	ml	Olivenöl
150	ml	Sahne
1		Ei
3		Petersilienzweige
1	Prise	Zucker

Auf der spanischen Seite der Pyrenäen ist die Paprikaschote sehr beliebt, besonders der sogenannte Piquillo aus der Gegend von Pampelune in Navarra. Es handelt sich dabei um eine sehr fleischige Variante, die jedoch hierzulande nur sehr schwer zu finden ist. Im September geerntet, wird er von Hand geputzt und dann gegrillt, denn das Waschen unter fließendem Wasser würde zum Verlust vieler wesentlicher Eigenschaften führen. Paprikaschoten können je nach Belieben als Hauptbestandteil des Gerichts eingesetzt werden, genauso gut aber als ebenso einfache wie äußerst raffinierte Beilage.

Paprikaschoten passen besonders gut zu dem im Geschmack sehr kräftigen Kabeljau, den die Spanier gerne in einer dicken, mit Brotkrümeln angereicherten Sauce präsentieren. Firmin Arrambide bemüht sich, dieses Gericht etwas leichter verdaulich zu gestalten und empfiehlt hierfür, die Sauce separat zu servieren. Die fein-rote Farbe der Paprikaschoten wird durch die kurze Garzeit nicht beeinträchtigt. Andererseits gewährt auch die Kabeljaufüllung durch ihre sehr kurze Kochzeit, die das Austrocknen verhindert, und durch den Zusatz von Knoblauch und Zwiebeln, eine gewisse Leichtigkeit und beste Verträglichkeit.

Das Rezept mit gefüllten Paprikaschoten, in der eigenen Sauce serviert, kann selbstverständlich auch nach Geschmack auf andere Zutaten angewendet werden: So können zum Beispiel auf dieselbe Zubereitungsweise Krabbenfüllung, gehackte Geflügel- oder Lammfüllung zur Geltung kommen oder sogar ein köstliches Kartoffelpüree mit Knoblauch. Die meisten Pilze und Kräuter lassen sich ebenfalls mit Paprikaschoten sehr harmonisch verbinden, man kann somit diese Vorspeise ins Unendliche beliebig variieren.

1. Den Kabeljau 24 Stunden wässern. Die Paprikaschoten auf eine Gabel spießen, unter den Grill legen, bis die Haut schwarz wird, mit kaltem Wasser abschrecken, die Haut abziehen, den Stielansatz und die Kerne entfernen. Die acht geschälten Schoten mit Olivenöl begießen, auf beiden Seiten salzen, 15 Minuten bei 180 °C im Backofen backen und abkühlen lassen.

2. Die Zwiebel schälen und in Streifen schneiden, den Knoblauch hacken, zusammen in 20 ml Olivenöl anbraten, 15 Minuten bei schwacher Hitze ziehen lassen. Währenddessen den Kabeljau zerpflücken, die Gräten sorgfältig entfernen, zu den Zwiebeln und dem Knoblauch geben, eine Minute mitbraten lassen. Die Pfanne vom Herd nehmen, 50 g Brotkrumen zugeben, um die Füllung zu binden.

Kabeljaufüllung

3. Vom dickeren Ende einer jeden Paprikaschote 2 cm abschneiden. Diese kleinen Stücke 15 Minuten lang in 150 ml Sahne kochen, danach pürieren und durchsieben. Salzen und eine Prise Zucker zugeben.

4. Die Paprikaschoten füllen, mit Mehl bestäuben und in einem geschlagenen Ei wenden. Mit 80 ml Olivenöl in der Pfanne anbraten. Den Boden der Servierplatte mit einem Teil der Paprikasauce bedecken, den Rest in eine Saucenschüssel geben. Die Schoten in die Sauce auf der Platte legen, mit Petersilie garnieren und servieren.

Frische Nudelröllchen

Vorbereitungszeit: *1 Stunde*
Kochzeit: *10 Minuten*
Schwierigkeitsgrad: ★★

Für 4 Personen

Für den Nudelteig:

250	g	feines Mehl
8		Eigelb
1	Prise	Salz

Für die Garnelensauce:

12		Riesengarnelen
100	g	Zucchini
12		Zucchiniblüten
4		Tomaten
1		Schalotte
100	ml	Olivenöl, kaltgepreßt
		Salz, Pfeffer, scharfer Chili

Die Erfindung der Teigwaren wird seit jeher von vielen Völkern beansprucht: Die Italiener, aber auch die Chinesen und manch andere behaupten, dieses Rezept im Mittelalter erfunden zu haben, vielleicht sogar schon früher. Wir wollen uns in diese Debatte nicht einmischen, Tatsache aber ist, daß in Italien schon seit der Renaissance dieses Rezept die Speisekarte bereichert hat und daß im 15. Jahrhundert in Neapel Nudeln sogar schon »industriell« hergestellt wurden.

Man kann diesem Schatz der Feinschmecker soviel Lob spenden wie es Variationen gibt: Die Erfindungsgabe großer Küchenchefs wird uns mit immer neuen Kreationen erstaunen! Eier und Mehl ohne Zugabe von Wasser, das ist das Geheimnis des Teigs in seiner bewundernswerten Schlichtheit. Man kann ihn im voraus zubereiten, um ihn dann erst im letzten Moment auszurollen. Man sollte jedoch beachten, daß er in diesem Fall mit einem feuchten Tuch bedeckt im Kühlschrank ruhen muß, um nicht auszutrocknen.

Zucchini sind eigentlich ein Sommergemüse, aber heutzutage auch das ganze Jahr hindurch erhältlich. Die Schale mit ihrer leicht rauhen Oberfläche sollte eine schöne, grüne Farbe haben, ohne braune Flecken. Kleinere Zucchini sind zarter und geschmackvoller. Nur kurz kochen, damit das Fleisch bißfest bleibt.

Giuseppe Breglia hat für dieses Rezept Gamberoni genommen, das sind große, rosarote Garnelen, wie sie auch im Golf von San Remo vorkommen. Sie können aber auch die im Handel erhältlichen Riesengarnelen nehmen. Es ist ratsam, wenn auch mühselig, die Garnelen vor dem Zubereiten zu enthäuten, um das Fleisch mit den Aromen der Zutaten zu imprägnieren.

1. Das Mehl auf den Tisch häufen, eine Prise Salz und die Eier zugeben und gut durchkneten, damit der Teig weich und elastisch wird. Den Teig eine Stunde zugedeckt ruhen lassen, danach dünn ausrollen.

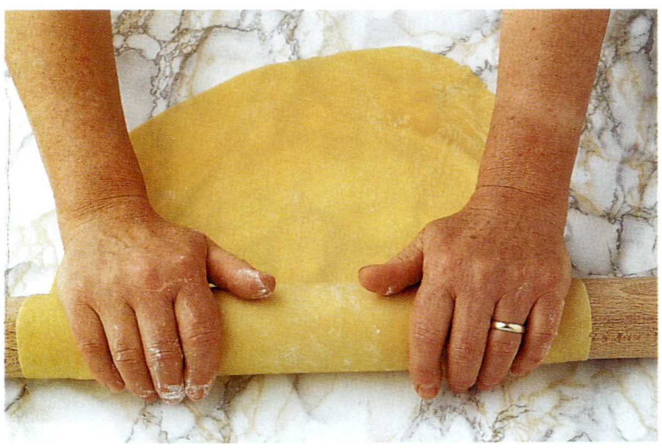

2. Den ausgerollten Teig in ca. 5 cm breite Quadrate schneiden und diese mit Hilfe eines Bleistifts quer zu Röllchen formen.

mit Riesengarnelen

3. Das Olivenöl in der Bratpfanne erhitzen, gehackte Schalotten und die in Würfel geschnittenen Zucchinistücke zugeben, fünf Minuten anbraten. Die gehäuteten Garnelen, gewürfelte Tomaten und Zucchiniblüten zugeben, mit Salz und scharfem Chili abschmecken.

4. Das Ganze weitere fünf Minuten braten, beiseite stellen und warm halten. Die Teigröllchen fünf Minuten in Salzwasser kochen, abgießen, mit den Garnelen vermengen, auf Tellern anrichten und sofort servieren.

Risotto mit Zucchiniblüten

Vorbereitungszeit: *15 Minuten*
Kochzeit: *20 Minuten*
Schwierigkeitsgrad: ★★

Für 4 Personen

4		Zucchiniblüten
180	g	Reis (Carnaroli)
20		Muscheln (Vongole)
4		rote Riesengarnelen
100	g	Zucchini
4		Tomaten
1		kleine Lauchstange
1		weiße Zwiebel
2		Schalotten
1		Knoblauchzehe
1/2	Glas	trockener Weißwein
500	ml	Hühnerbrühe
200	ml	Olivenöl, kaltgepreßt
40	g	Parmesankäse, gerieben
50	g	Butter
1	Bund	Petersilie
1		Rosmarinzweig
		Salz, Pfeffer

Risotto (italienisch »kleiner Reis«) wurde schon immer in Fett zusammen mit gehackten Zwiebeln angebraten, bevor er in Brühe gargekocht wurde. Heutzutage wird er mit vielerlei Zutaten angereichert wie zum Beispiel Meeresfrüchten, Geflügelleber oder Pilzen.

Der Reis sollte unbedingt den Vorgaben dieses Rezepts entsprechen: Man wählt deshalb einen weißen, großkörnigen Reis wie etwa Arborico oder Carnaroli, den auch unser Chef bevorzugt. Der Reis darf nicht gewaschen sein, um das enthaltene Stärkemehl nicht wegzuspülen, auch sollte er nur behutsam mit einem Holzlöffel umgerührt werden. Nachdem er mit Zwiebeln und Zucchini in reichlich Olivenöl angebraten wurde, sollte die Garzeit 20 Minuten nicht überschreiten. Gegen Ende, wenn der Reis schon fast gar ist, gibt man Butter und geriebenen Parmesankäse zu und läßt ihn auf schwacher Hitze noch einige Minuten ziehen.

Für das Ragout aus Muscheln (Vongole) und Riesengarnelen dürfen nur ganz frische Meeresfrüchte verwendet werden. Die sogenannten Vongole gehören einer Muschelart an, die hauptsächlich im Mittelmeer vorkommt. Der Weißwein hat in diesem Rezept keine andere Aufgabe, als dem Gericht einen leicht säuerlichen Akzent zu verleihen. Er sollte deshalb nur in Maßen verwendet werden.

Die Zucchiniblüten werden roh verzehrt. Man wählt große, kräftige und fleischige Blüten aus, wobei sich die männlichen Blüten besser zum Füllen eignen, aber auch mit Feingefühl zu handhaben sind. Man sollte zudem berücksichtigen, daß die Blütenblätter sehr schnell verwelken, selbst wenn man sie mit einem feuchten Tuch bedeckt. Diese warme Vorspeise ist hauptsächlich im Sommer sehr beliebt.

1. Zwiebel, Lauch und Zucchini in kleine Stücke schneiden, mit reichlich Olivenöl im Kochtopf fünf bis zehn Minuten bei schwacher Hitze anbraten. Den Reis zugeben, mit einem Holzlöffel umrühren und nochmals drei bis vier Minuten ziehen lassen. Dann den Weißwein zugeben und so lange kochen lassen, bis die Flüssigkeit ganz aufgesogen ist.

2. Anschließend eine Tasse heiße Hühnerbrühe zugeben. Den Reis nun bei starker Hitze unter ständigem Umrühren schmoren lassen und hin und wieder etwas Hühnerbrühe nachgießen. Fünf Minuten vor Ende der Garzeit den Reis mit Butter und geriebenem Parmesankäse binden.

und Muschelragout

3. Olivenöl, einen Rosmarinzweig und gehackten Knoblauch in eine Bratpfanne geben. Muscheln und die Riesengarnelen sorgfältig waschen und letztere teilweise (am Schwanz) enthäuten. Alles in die Pfanne geben. Sobald sich die Muscheln öffnen, die in kleine Würfel geschnittenen Tomaten zugeben.

4. Mit Weißwein ablöschen, würzen und ganz am Schluß mit gehackter Petersilie bestreuen. Die Zucchiniblütenkelche mit Risotto füllen, nachdem die Blätter und Stengel entfernt wurden. Auf Tellern anrichten, mit dem Muschelragout garnieren.

Cremesuppe mit Muscheln

Vorbereitungszeit: *30 Minuten*
Kochzeit: *40 Minuten*
Schwierigkeitsgrad: ★★

Für 4 Personen

2	kg	Miesmuscheln
2	kg	Mittelmeerfisch (Stachelfisch, Meeraal, Knurrhahn)
25	g	frischer Fenchel
150	g	Lauch
750	g	Tomaten
150	g	Zwiebeln
1		Knoblauchzehe

2		Schalotten
50	g	Butter
50	g	Schweizer Käse, gerieben
		Brot (Baguette), geröstet
300	ml	Crème fraîche
		Olivenöl
500	ml	schwerer Weißwein
50	ml	Pastis (Anislikör)
25	g	Petersilie
1/2		Lorbeerblatt
1		Thymianzweig
		Safranfäden
		Salz, Pfeffer

Man mag darüber denken wie man will, aber auch Unaufmerksamkeit bringt zuweilen überraschende Dinge zuwege. So kam es, daß unser Chef einmal aus Unachtsamkeit Miesmuscheln zu seiner Bouillabaisse hinzufügte und dadurch ungewollt dieses Rezept erfand, dessen Erfolg so groß war, daß es heute regelmäßig auf der Speisekarte des Restaurants von Paul Bocuse zu finden ist.

Natürlich sollte auch hier strengstens auf die Qualität der Muscheln geachtet werden. Die Miesmuschel eignet sich bestens für dieses Gericht. Sie ist sehr geschmackvoll, besitzt eine wundervoll orangegelbe Farbe, die sie auf der ganzen Welt berühmt gemacht hat, und ist dank der Erfahrung von Generationen von Muschelproduzenten bereits entsandet und gefiltert. Für Christian Bouvarel kommt keine andere als eben diese Muschelart in Frage, sei sie aus Spanien oder aus Holland: Sie ist absolut frei von Sand. Sobald sich die Muscheln beim Kochen geöffnet haben (nicht zu lange kochen), sollte man den Sud trotzdem noch einmal durchsieben. Die Zugabe von Crème fraîche schließt das behutsame Kochen bei schwacher Hitze ab.

Die für die Zubereitung dieses Gerichtes benötigten Mittelmeerfische sind im Prinzip dieselben wie für eine Bouillabaisse, (falls im Fachhandel nicht erhältlich, können sie auch durch andere, z. B. Rotbarsch, ersetzt werden). Die subtile Mischung aus Safran und Pastis, zusammen mit einem schweren Weißwein, im Originalrezept Pouilly-Fuissée, wird sicher niemanden unberührt lassen. Beiläufig sei erwähnt, daß der Safran, ein seit dem Mittelalter beliebtes, aromatisches Gewürz, erstmals von savoyardischen Kaufleuten nach Frankreich gebracht wurde und seither hauptsächlich im Rhônetal angebaut wird. Safran wird erst gegen Ende zugegeben, um sein unvergleichliches Aroma zu erhalten.

1. Die Muscheln in Weißwein zusammen mit gehackten Schalotten, Petersilie und 50 g Butter aufkochen, bis sie sich öffnen. Ein paar der Muscheln für die Dekoration beiseite legen, die restlichen aus den Schalen lösen. Die Fische ausnehmen, entschuppen und in grobe Stücke schneiden.

2. Olivenöl erhitzen, gehackte Zwiebeln, die Safranfäden und den in dünne Streifen geschnittenen Lauch zugeben. Fünf Minuten bei schwacher Hitze dämpfen.

und Safran

3. Mit Anislikör ablöschen. Etwas Wasser aufgießen, den Wein, den Muschelsud, den Fisch, Tomaten und Kräuter zugeben. 40 Minuten kochen lassen, würzen und abschmecken. Das Ganze durch ein feines Sieb drücken, dabei das Fischfleisch so gut wie möglich passieren. Das Ganze erneut aufkochen.

4. Als letztes die Crème fraîche zugeben, nochmals zwei Minuten kochen und dann in eine Suppenschüssel füllen. Der geriebene Käse und die gerösteten, mit Olivenöl und Knoblauch bestrichenen Baguettes werden separat dazu gereicht. Die Cremesuppe mit den Muscheln in Suppentellern servieren, die vorher beiseite gelegten Muscheln mit Schale zur Dekoration verwenden.

Lasagne

Vorbereitungszeit: *3 Stunden*
Kochzeit: *20 Minuten*
Schwierigkeitsgrad: ★★★

Für 4 Personen

4 Wolfsbarschfilets

Für den Teig:

500 g	Mehl
6	Eigelb
2	Eier
	Spinat, püriert
	Tintenfischtinte
	Tomatenmark
	Salz

Für die Basilikumbutter:

500 ml	Wasser
1	Basilikumstrauß
1 EL	Bratenfond
100 g	Butter

Nach seiner Rückkehr von einer kulinarischen Weltreise hat ein Onkel mütterlicherseits unseres Küchenchefs diesem die vier wichtigsten Geheimnisse der Kochkunst anvertraut: Die verwendeten Produkte mit Achtung behandeln, die Kochzeiten genauestens einhalten, die Rolle der verschiedenen Aromen und die Harmonie bei deren Zusammensetzung beachten.

Das hier vorgestellte, sehr appetitliche Lasagnegericht, dessen Teig sich schon durch seine einfallsreiche Kombination hervortut, bringt eben diese vier genannten Prinzipien zum Ausdruck. Carlo Brovelli färbt jedes Teigband mit natürlichen Essenzen (Tintenfischtinte, Tomaten und Spinat) und setzt bei der Zubereitung sein ganzes Können ein, zur größten Freude von Augen und Gaumen. Natürlich kann man, je nach Laune und Geschmack den Teig auch mit anderen Zutaten kolorieren.

In Italien gibt es eine Vielzahl von Lasagnerezepten. Die bekanntesten sind wohl die Lasagne »à la bolognaise«, aber auch Lasagne »al pesto« oder Lasagne »verdi« sind sehr beliebt. In unserem Fall garniert der Küchenchef seine Lasagne mit Wolfsbarschfilet, das nur kurz gedämpft wird, um das Aroma nicht zu verlieren. Dieser Fisch aus dem Mittelmeer ist eigentlich ein gewöhnlicher Barsch, im Gegensatz zum echten Wolfsbarsch aus der Nordsee, dessen Filets meist geräuchert verzehrt werden.

Zu erwähnen sei noch die Butter mit Basilikum, jenem aromatischen, von der südlichen Sonne verwöhnten Küchenkraut. Es verwundert auch nicht, daß eben diese südliche Sonne, »il Sole«, das Aushängeschild des jahrhundertalten Restaurants unseres Chefs schmückt, eines Restaurants, das zudem an einer der romantischsten Straßen der Lombardei liegt.

1. Den Bratenfond mit fünf Basilikumblättern in 500 ml Wasser kochen. Bis auf 250 ml einkochen lassen, mixen und durchsieben. Den Rest der gehackten Basilikumblätter zugeben, mit Butter zu Sauce schlagen und warm halten.

2. Den Lasagneteig mit Mehl, Eiern und fünf Eigelb zubereiten. In vier gleiche Portionen teilen und die erste mit Tintenfischtinte durchkneten, die zweite mit Tomatenmark, die dritte mit Spinatpüree und nur die vierte Portion bleibt unkoloriert. Eine Stunde unter einem feuchten Tuch ruhen lassen, dann dünn ausrollen und in lange Streifen schneiden.

»del Sole«

3. Die bunten Streifen nebeneinander legen, mit dem restlichen Eigelb zusammenkleben, in Salzwasser abkochen und auf einem Tuch ausbreiten. Die Wolfsbarschfilets würzen, drei Minuten dämpfen. Warm halten.

4. Auf jeden Teller eines der bunten Lasagneblätter legen. Mit einem Barschfiletstück belegen, mit der Basilikumbutter begießen und dann mit einem weiteren Blatt Lasagne abdecken. Sofort servieren.

Ravioli mit frischer

Vorbereitungszeit: *1 Stunde*
Kochzeit: *8 Minuten*
Schwierigkeitsgrad: *☆*

Für 4 Personen

Für den Ravioliteig:

250 g	Mehl
1 EL	Öl
3	Eigelb
1	Ei
250 g	Spinat
	Salz

Für die Füllung:

2	Zucchini
1	rote Paprikaschote
1/2	Fenchelknolle
1	Sellerieherz
200 g	Senfkraut
200 g	Ricotta
	Butter, zerlassen
	Basilikum, gehackt
	Salz, Pfeffer

Nichts verbietet eigentlich, mit den alten Traditionen zu brechen und Ravioli einmal mit etwas anderem als Fleisch, Fisch oder Käse zu füllen. Dies schlägt uns Carlo Brovelli vor: Ein vegetarisches Rezept, bei dem sich die Füllung auf eine gekonnte Mischung aus bißfest gekochten Gemüsen und dem berühmten Ricottakäse beschränkt.

Die grüne Färbung des Teigs wird durch Spinat erzielt, der vorher gut abgetrocknet werden sollte. Die unregelmäßige Färbung des Teigs mit kleinen, grünen Sternchen kann auch mit Mangoldblättern erzielt werden. Von der Verwendung von Petersilie wird abgeraten, sie würde den Teig zu sehr dunkeln lassen.

Die Kochzeiten der verschiedenen Gemüse sind peinlich genau einzuhalten, schließlich sollen ja die Aromen von jedem erhalten bleiben. Auf keinen Fall sollte man der Versuchung nachgeben, andere als die genannten Gemüsesorten zu verwenden, denn das würde dieses Rezept zu sehr komplizieren. Ausnahmsweise kann jedoch nach Wunsch dieser exklusiven Mischung aus Gemüse und Ricottakäse Senfkraut zugefügt werden.

Ricotta, ein Käse der aus Milch von Kühen oder Schafen gewonnen wird, hat die Eigenschaft, beim Kochen nicht zu schmelzen. Er fügt der Gemüsefüllung einen kräftigen Geschmack hinzu, so wie er das gewöhnlich auch bei den verschiedensten Antipasti und Teigwarengerichten tut. Der Ricotta muß besonders frisch sein, denn dieser Käse neigt dazu, recht schnell einen bitteren Beigeschmack anzunehmen, der dieses Rezept verderben würde. Um ihn mühelos der Gemüsefüllung beimischen zu können, empfiehlt unser Chef, ihn vorher im Mixer mit etwas Milch zu verdünnen.

1. Den Ravioliteig mit den aufgeführten Zutaten zubereiten, und mit einem Teil des blanchierten und gehackten Spinats mischen. Den Teig eineinhalb Stunden in einem feuchten Tuch ruhen lassen, dann dünn ausrollen und in Streifen schneiden.

2. Die Zucchini in 1 cm dicke Streifen schneiden, würfeln, und bißfest abkochen. Mit den anderen Gemüse genauso verfahren. Alles gut abtropfen lassen und kalt stellen.

Gemüsefüllung

3. Das Senfkraut waschen, klein schneiden. Zusammen mit den abgekühlten Gemüsewürfeln und mit dem Ricotta mischen, würzen und zerlassene Butter zugeben.

4. Die Teigstreifen in Quadrate schneiden, die eine Hälfte mit Eigelb bestreichen. Etwas Füllung auf jedes Quadrat legen, mit einem anderen Quadrat bedecken. Die Ravioli zwei Minuten in Salzwasser kochen. Auf den Tellern in Form einer Blüte anrichten, in die Mitte einen Eßlöffel voll Gemüsewürfel geben, mit zerlassener Butter übergießen und mit den gehackten Basilikumblättern bestreuen.

Pochierte Eier

Vorbereitungszeit:	*30 Minuten*
Kochzeit:	*10 Minuten*
Schwierigkeitsgrad:	★

Für 4 Personen

8	Eier
6	Eigelb
400 g	Hopfensprossen (ersatzweise Sojasprossen)
500 ml	Sahne
250 ml	helles Bier (Saint-Feuillien aus Belgien, falls erhältlich)
50 ml	Weißweinessig
1 TL	milder Senf
	Kerbelblätter
	Salz, Pfeffer

Kaum ein Nahrungsmittel kann sich wie das Ei rühmen, in allen Bereichen der Küche vertreten zu sein. Gesüßt oder gesalzen, trägt das Ei in all seinen Formen zu unzähligen gastronomischen Erfolgen bei. Belgien zählt übrigens mit über drei Milliarden Einheiten jährlich zu den großen eierproduzierenden Ländern. Der Nährwert des Eis ist außergewöhnlich: Es enthält praktisch als einziges das Vitamin D, hinzu kommen die Vitamine A, E und K. Somit ist es ein sehr ausgewogenes und nahrhaftes Lebensmittel.

Eier sollten immer frisch verzehrt werden. Man kann ihre Frische prüfen, indem man sie in kaltes Wasser legt. Das frische Ei liegt horizontal am Boden der Schüssel, während ein weniger frisches sich senkrecht aufrichtet oder sogar nach oben schwimmt. Für die Zubereitung von pochierten Eiern sollten nur sehr frische Eier verwendet werden, die vorher einige Stunden im Kühlschrank abgekühlt werden sollten, damit das Eiweiß beim Kochen besser gerinnt. Die eventuell dabei entstehenden Unregelmäßigkeiten werden vor dem Anrichten entfernt.

Hopfensprossen sind eine interessante belgische Spezialität, aber leider nur von Mitte März bis Ende April erhältlich. Man sagt ihnen medizinische Heilkräfte nach, und der französische Dichter Rabelais schwor auf ihre potenzfördernde Wirkung. Man nimmt am besten feste, knackige Sprossen, die mehrmals unter fließendem Wasser gewaschen werden müssen, da sie ja in der Erde gewachsen sind. Falls Hopfensprossen nicht verfügbar sein sollten, können sie durch Sojasprossen ersetzt werden.

Die Biersorte Saint-Feuillien ist in Belgien sehr häufig zu finden und harmoniert auf natürliche Weise mit dem Hopfen. Man kann aber durchaus auch andere, vorzugsweise helle Biersorten für die Sauce verwenden.

1. Die Hopfensprossen gut waschen, den harten Teil der Sprossen entfernen. 150 ml Bier in einem Kochtopf auf drei Viertel reduzieren. Die Sahne zufügen, erneut aufkochen, mit Salz und Pfeffer würzen. Die abgetropften Hopfensprossen zugeben, nochmals fünf Minuten kochen, dann herausnehmen und den Kochsud beiseite stellen.

2. 100 ml Wasser und 50 ml Weißweinessig in einem Topf zum Kochen bringen. Währenddessen acht Eier in einzelne, kleine Schalen schlagen. Behutsam ein Ei nach dem anderen in den kochenden Sud geben. Zwei Minuten kochen lassen, herausnehmen und in lauwarmem Wasser beiseite stellen.

in Biersauce

3. Sechs Eigelb mit 100 ml Bier in einer Schüssel vermischen und schaumig schlagen, dann bei schwacher Hitze mit dem Schneebesen zu einer cremigen Sauce aufschlagen. Das Kochwasser der Hopfensprossen und einen Teelöffel Senf zufügen, mit Salz und Pfeffer würzen. Die Sauce durch ein Sieb passieren.

4. Die Hopfensprossen auf dem Teller zu einem Nest formen. Die pochierten Eier abtrocknen und eventuelle Unregelmäßigkeiten entfernen. Auf jedes Nest ein Ei geben, die Sauce drumherum gießen, mit Kerbelblättern verzieren.

Tomatentörtchen in

Vorbereitungszeit: *1 Stunde*
Backzeit: *15 Minuten*
Schwierigkeitsgrad: *☆*

Für 4 Personen

2 1/2 kg	Tomaten
3	Lavendelzweige
100 g	Mozzarella
400 g	Blätterteig
100 ml	Olivenöl
	Salz, Pfeffer

Für die Dekoration:

4	kleine Kirschtomaten
	Schnittlauch

Früher sagte man dem Olivenöl schlimme Eigenschaften nach: Es sollte den Cholesterinspiegel erhöhen, und Ernährungsfachleute bedienten sich seiner nur mit Widerwillen. Heutzutage hat das reine, kaltgepreßte Olivenöl längst einen Adelstitel erworben und erfreut sich des Rufs einer wahrhaftigen Gabe der Sonne. So namhafte Meisterköche wie Ducasse und Troisgros verwenden es mit Vorliebe.

Sie beziehen es aus Maussane-les-Alpilles, einem kleinen Dorf in der Nähe von Baux-de-Provence, in der herrlichen südfranzösischen Provence gelegen, deren Ölmühlen in der ganzen Welt berühmt sind. Dort wird jeder Arbeitsgang, von der Auslese der Oliven bis hin zum eigentlichen Mahlvorgang, der viermal wiederholt wird, mit größter Sorgfalt und in Anlehnung an die alte provenzalische Tradition ausgeführt. So entsteht in dieser Gegend ein ganz außergewöhnliches Olivenöl mit zartem Aroma.

Aber Olivenöl allein reicht nicht aus: Auch die ausgewählten Tomaten müssen fest, nicht zu wäßrig und sehr schmackhaft sein. Die sogenannte Roma-Tomate vereint in sich alle diese Eigenschaften, besonders während der sonnigen Monate Juli und August, wenn sie reif ist. Wenn die Tomaten geschält sind, sollten sie aber trotzdem noch sorgfältig abgetrocknet werden, bevor sie in Olivenöl (...aus Maussane natürlich) eingelegt werden.

Der Lavendel verleiht dem Olivenöl eine zusätzliche provenzalische Note, man denke nur an die riesigen Lavendelfelder, die sich dort in ihrer malvenfarbenen Pracht bis zum Horizont erstrecken. Die Lavendelzweige mit ihren Blüten werden in Olivenöl eingelegt und in die Sonne gestellt. 48 Stunden genügen normalerweise, es sei denn, man hat nicht das Glück, in einer so von der Sonne verwöhnten Landschaft zu wohnen.

1. Die Tomaten schälen und entkernen Gut abtrocknen, mit einer geeigneten Form runde Scheiben ausstechen und mit einem saugfähigen Papier nochmals abtrocknen. 12 Minuten bei 220 °C backen.

2. Die Tomaten mit Olivenöl begießen, salzen, abkühlen lassen. Den Mozzarella in Streifen schneiden. Den Lavendel in Olivenöl einlegen, ziehen lassen.

Olivenöl und Lavendel

3. Kleine Backformen mit einer Lage Tomaten, einer Lage Mozzarella, wieder einer Lage Tomaten usw. füllen. Den Blätterteig ausrollen und auf die Größe der Backformen zuschneiden.

4. Die gefüllten Backformen mit dem Blätterteig bedecken und 15 Minuten überbacken. Abkühlen lassen, umstürzen und auf Tellern anrichten. Ein paar Tropfen Olivenöl mit ein paar Lavendelblüten drumherum anordnen. Mit etwas Schnittlauch und einer Kirschtomate in der Mitte der Törtchen dekorieren. Lauwarm servieren.

Muscheln aus Loch Fyne

Vorbereitungszeit:	*35 Minuten*
Kochzeit:	*10 Minuten*
Schwierigkeitsgrad:	★★

Für 4 Personen

40	Miesmuscheln

Für die Lachsfüllung:

400 g	Lachsfilet
1	Schalotte
2	Eiweiß (75 g)
250 ml	Sahne
	Cognac (oder Brandy)
1 Prise	Cayennepfeffer
	Salz, Pfeffer

Für die Sauce:

20 g	Keta-Kaviar (Lachskaviar)
20 g	Butter
250 ml	Sahne
150 ml	Muschelsaft
30 ml	Weißwein
10 g	Schnittlauch
1	Schalotte
	Salz, Pfeffer

Wenn Musset, der große französische Meisterkoch und Erfinder distinguierter Füllungen, die Kreationen von Stewart Cameron kosten könnte, würde er bestimmt ausrufen: »Eine Muschel hat entweder geöffnet oder geschlossen zu sein!«. Das ist auch die Meinung der Muschelzüchter aus der Gegend von Loch Fyne an der schottischen Westküste, die für die Qualität ihrer Muscheln berühmt sind. Wir vom Kontinent werden deshalb für dieses Rezept weder die großen spanischen Muscheln auswählen noch die Bouchot-Muscheln aus dem Mittelmeer, sondern ganz einfache, mittelgroße Miesmuscheln.

Die ganze Kunst besteht darin, die Muschelschalen so weit wie möglich zu füllen. Darum entfernt man auch die dünne, membranartige Haut, die sich im Innern der Schalen befindet, bevor man die Füllung hineingibt. Wahrscheinlich haben auch Sie noch nie eine Muschel zugebunden, um sie geschlossen zu halten, aber diese Vorsichtsmaßnahme ermöglicht erst das Füllen nach den Vorgaben des Rezepts. Auch sollte der Füllung nicht allzuviel Eiweiß beigemischt werden, da sie sonst zu steif wird.

Keta-Kaviar, wie Lachskaviar auch genannt wird, spielt hier eigentlich nur eine dekorative Rolle; trotzdem paßt sein Aroma gut zum Ganzen, man sollte also nicht zögern, die Muscheln großzügig damit zu bestreuen.

Nach vielen fehlgeschlagenen Versuchen rät unser Chef davon ab, dieses Rezept auch auf Austern anzuwenden. Ansonsten sind Variationen bei der Zusammenstellung der Füllung erlaubt, und sei es nur, um die vielfältigen Köstlichkeiten von Loch Fyne zu genießen, in denen sich Meeresfische und Süßwasserfische miteinander tummeln. Die Schotten wissen diese Schätze der Natur aufs beste zuzubereiten.

1. Für die Füllung, den Lachs in einer Schüssel mit Cognac, gehackter Schalotte, Eiweiß und Cayennepfeffer mischen und pürieren. Ca. 15 Minuten kalt stellen. Anschließend die Sahne zugeben und nochmals kalt stellen.

2. Die Muscheln gründlich waschen und bei starker Hitze kurz aufkochen, bis sie sich öffnen. Das Muschelfleisch aus der Schale lösen und beiseite stellen. In die eine Hälfte der Muschelschalen die Lachsfüllung streichen.

mit Lachsfüllung

3. Das Muschelfleisch auf die Füllung legen. Die beiden Schalenhälften schließen und zubinden. Die Muscheln etwa fünf Minuten pochieren, dann ist die Füllung gar.

4. Die Muscheln aus dem Wasser nehmen, die Bindfäden entfernen, die obere Hälfte der Schalen abheben und die gefüllten Muscheln sternförmig auf Tellern anrichten. Für die Sauce 5 g gehackte Schalotten in Butter anschwitzen, den Weißwein zugeben, bis auf die Hälfte reduzieren, den Muschelsaft zugeben und erneut reduzieren. Die Sahne einrühren und das Ganze durch ein Sieb passieren. Zuletzt gehackten Schnittlauch und etwas Lachskaviar darüber streuen.

»Mezzeluna« mit

Vorbereitungszeit: *2 Stunden*
Kochzeit: *20 Minuten*
Schwierigkeitsgrad: ★★

Für 4 Personen

Für den Ravioliteig:

300 g	Mehl
3	Eier
40 g	Spinat

Für die Sauce:

1	Aubergine
2	Zucchini
100 ml	Sahne
100 g	Butter
	Thymian, Salz

Für die Füllung:

200 g	Fisch (Heilbutt, Seezunge, Kabeljau)
100 g	Ricotta
1	Schalotte
120 ml	Weißwein, trocken
1	kleines Stück Butter
	Petersilienzweige
	Salz, Pfeffer

Die unglaubliche Vielzahl italienischer Teigwarengerichte haben manchmal auch ganz witzige Bezeichnungen: »paglia e fieno« (»Heu und Stroh«) nennt man zum Beispiel solche, bei denen grüne, also mit Spinat gefärbte Nudeln sich mit goldgelben Eiernudeln vermengen. So auch in diesem Rezept, bei dem die vorgeschlagene Form der Ravioli Halbmonden ähnelt und daher den Name »mezzeluna« erhalten hat. Dieses althergebrachte Rezept hat, von unserem Chef auf den Geschmack der Zeit gebracht, ein sehr breites Publikum erobert.

Als Beigabe zu der Füllung aus Adria-Fischen hat sich Ricotta bewährt, ein frischer Schafskäse, der durch eine erstaunliche Vielfalt von Verwendungsmöglichkeiten glänzt. Ob roh oder gekocht, hält er seinen Einzug in den verschiedenartigsten Zusammenstellungen: in Salaten, Vorspeisen, Hauptgerichten und in Desserts.

Bei der Auswahl der Fische darf nicht der Zufall entscheiden. Sie sollten alle der gleichen maritimen Umgebung entstammen und einige Gemeinsamkeiten aufweisen. So werden Heilbutt, Seezunge und Kabeljau bevorzugt. Die feine Struktur ihres Fleisches paßt gut zusammen und harmoniert hervorragend mit der hier verwendeten Würzung. Man könnte natürlich auch Wolfsbarsch oder Seeteufel verwenden, auf keinen Fall aber Lachs oder Rotbarbe, da deren Geschmack zu stark ausgeprägt ist.

Die Gemüsesauce mit Thymian sollte dem Ganzen eine gewisse Leichtigkeit verleihen, aber auch andere Zutaten wie gelbe Paprikaschoten, Steinpilze oder sogar Linsen eignen sich hierfür bestens. So wird auch die alte Küchenregel gewahrt, die da lautet: »Schön anzusehen, schmackhaft und leicht verdaulich sollte es sein!«

1. Die gereinigten, in Stücke geschnittenen Fische in Butter mit gehackten Schalotten andünsten. Weißwein zugeben und durch Einkochen reduzieren. Dann die Petersilie zugeben und alles abkühlen lassen. Den Ricotta beimischen, salzen, pfeffern und anschließend das Ganze im Mixer pürieren.

2. Den Ravioliteig zubereiten und einen Teil davon mit blanchiertem, gehacktem Spinat färben. Eine Stunde ruhen lassen. Den Teig ausrollen und kleine, runde Stücke ausstechen. Die Fischfüllung darauf geben, die Teigstücke zusammenklappen und daraus halbmondförmige Ravioli formen.

Gemüsen und Thymian

3. Die Aubergine und die Zucchini in kleine Würfel schneiden, mit Salz und Thymian würzen, in 50 g Butter anbraten. Die Hälfte davon warm stellen, zur anderen Hälfte die Sahne geben und fertig garen.

4. Die Ravioli in Salzwasser kochen, abgießen und die restliche Butter zugeben. Das gegarte Gemüse pürieren und durchsieben. Anschließend diese Sauce auf vorgewärmte Teller geben. Die Ravioli in Form von Blumen darauf anrichten, immer abwechselnd eine grüne und eine gelbe. In der Mitte mit Fischstücken und dem Rest der Gemüsewürfel garnieren.

Ravioli mit Schafskäse

Vorbereitungszeit: *1 Stunde 15 Minuten*
Kochzeit: *40 Minuten*
Schwierigkeitsgrad: ★★

Für 4 Personen

Für den Ravioliteig:
300 g Mehl
3 Eier

Für die Füllung:
200 g Ricotta
200 g gereifter Schafskäse

2 Eigelb
Muskatnuß, gemahlen
Petersilie
Salz, Pfeffer

Für die Paprikacreme:
2 gelbe Paprikaschoten
1 Schalotte
50 ml Sahne
Butter
Salz

Für die Dekoration:
1 rote Paprikaschote

Wieder einmal wird uns die Vielfalt gefüllter Teigwaren vor Augen geführt, die dem schöpferischen Erfindungsgeist keine Grenzen setzt. Die Kunst der Raviolizubereitung läßt der Phantasie freien Spielraum, verlangt aber trotzdem nach außergewöhnlichen kulinarischen Fähigkeiten.

Das Beispiel, das unser Chef hier liefert, ist typisch italienisch: die Verwendung zweier verschiedener Arten von Schafskäse, die auf der Halbinsel gleichermaßen beliebt sind: zum einen der Ricotta, ein frischer, zwei bis drei Tage alter Schafskäse aus der Emilia-Romagna, den man an seiner Zartheit erkennt, zum anderen der klassische, aus geronnener Schafsmilch gewonnene Käse, der mehrere Monate, manchmal über ein Jahr, reifen muß und daher auch wesentlich mehr Charakter aufweist. Beide Käsearten vereinen sich sehr harmonisch, vorausgesetzt, der letztgenannte hat seine Reifezeit nicht überschritten und verströmt kein zu starkes Aroma. Man kann natürlich die Ravioli auch mit anderen Schafskäsesorten zubereiten, sogar mit »pecorino di fossa«, der so genannt wird, weil er drei Monate lang in einem Erdloch reift. Die Vielfalt der Aromen, die sich ausnahmslos untereinander mischen lassen, erlaubt somit unzählige Möglichkeiten, die Füllung zu gestalten.

Auf der anderen Seite sollte man aber der Milde der Paprikaschoten besondere Beachtung schenken, denn gerade vom Kontrast zwischen dem lieblichen Aroma dieses Gemüses und dem herzhaften Geschmack der Füllung hängt der Erfolg des Rezepts ab. Von allen zur Auswahl stehenden farblichen Varianten der Paprikaschote rät unser Chef hier, der gelben Schote den Vorzug zu geben, denn sie bietet unter ihrer glänzenden, glatten Haut sehr zartes, saftiges Fleisch.

1. Zur Zubereitung der gelben Paprikacreme zuerst die gehackte Schalotte in Butter anbraten. Dann die in kleine Stücke geschnittenen Paprikaschoten dazugeben, etwas Wasser nachgießen, salzen und gar kochen. Das Ganze im Mixer pürieren. Durchsieben und die Sahne zugeben. Nochmals kochen, bis eine cremige Sauce entsteht, dann warm halten.

2. Die verschiedenen Käsesorten in einer Schüssel im Wasserbad zum Schmelzen bringen, die anderen Zutaten für die Füllung untermischen.

auf Paprikacreme

3. Den Ravioliteig aus Mehl und Eiern zubereiten, zu einer Kugel formen, und 1 Stunde ruhen lassen. Den Teig zu zwei gleich großen Fladen ausrollen. Den einen Teil mit Häufchen aus der Füllung belegen, mit dem anderen Teil bedecken und zu traditionellen viereckigen Ravioli formen. Diese mit einem Teigrad ausschneiden und in sehr viel Wasser kochen.

4. Dann die Ravioli und die in dünne, lange Streifen geschnittene rote Paprikaschote kurz in Butter anbraten. Den Boden der vorgewärmten Teller mit der Paprikacreme bedecken, die Ravioli darauf anrichten und mit den roten Paprikastreifen dekorieren.

Scampi-Risotto mit Stein

Vorbereitungszeit: *30 Minuten*
Kochzeit: *45 Minuten*
Schwierigkeitsgrad: ☆

Für 4 Personen

12	Scampi à 50 g
200 g	italienischer Arborio-Reis
300 g	Steinpilze
4	violette Artischocken
40 g	Zwiebeln, gehackt
30 g	Trüffeln aus der Provence
50 ml	Trüffelsaft
	Olivenöl, kaltgepreßt
4	Basilikumblätter
	Butter
	Parmesankäse
	Salz, Pfeffer aus der Mühle

Für die Scampi-Brühe:

40 g	Karotten
40 g	Zwiebeln
40 g	Stangensellerie
1	Knoblauchzehe
1	Thymianzweig
150 ml	Weißwein

Hier werden uns verschiedene Spezialitäten aus dem Mittelmeerraum vorgestellt: Trüffeln aus der südfranzösischen Provence, Risotto aus Italien und Scampi aus dem Mittelmeer.

Risotto »à la milanaise« ist auf der ganzen Welt berühmt und wird mit langkörnigem Reis zubereitet, wie ihn unsere Freunde jenseits der Alpen besonders lieben. Die Sorte Nano Vialone ist besonders zu empfehlen, aber leider nur sehr selten im Handel zu finden. Häufiger erhält man dagegen den Carnaroli. Unser Küchenchef spricht sich hier für den Arborio aus, dessen große, dicke Körner viel Stärke besitzen. Aus diesem Grund wird der Reis vor dem Kochen auch nicht gewaschen.

Der Reis wird mit gehackten Zwiebeln zusammen in Olivenöl angebraten, bevor man die mit der Gabel zerdrückten Trüffeln hinzugibt. Die Sommertrüffeln, auch Johannistrüffeln genannt, mit dunkelbrauner Farbe und hellen Adern, eignen sich bestens für dieses Rezept.

Der Reis muß während der Garzeit regelmäßig mit der Kochbrühe der Scampi aufgegossen werden, da er die Flüssigkeit aufsaugt. Man sollte den Reis sehr behutsam und nur mit einem Holzlöffel umrühren, dann erhält man ein cremiges Reisgericht, in dem die zarten Steinpilze einen sehr guten Kontrast zum etwas festeren Fleisch der Scampi bilden.

Francis Chauveau empfiehlt, die Köpfe der Scampi vor dem Kochen zu zerdrücken, denn auf diese Weise zieht ihr Aroma noch besser in die Brühe. Falls gerade keine Scampi verfügbar sein sollten, können auch große Mittelmeergarnelen oder Hummer aus Norwegen verwendet werden.

1. Den Reis und die gehackten Zwiebeln in Olivenöl goldgelb anbraten, die zerdrückten Trüffeln zugeben und schmoren lassen. Die Schwänze der Scampi aus den Panzern lösen, der Länge nach in zwei Stücke schneiden und den Darm entfernen. Die Köpfe zerdrücken, zusammen mit der obengenannten Gemüsegarnitur anbraten und mit Weißwein und Wasser ablöschen. 30 Minuten kochen, passieren.

2. Den Reis mit der Kochbrühe der Scampi aufschütten. 18 Minuten kochen und dabei immer wieder unter behutsamem Umrühren mit einem Holzlöffel etwas Brühe zugeben. Den Trüffelsaft zufügen und wenn nötig mit etwas Brühe verlängern. Butter und etwas Olivenöl untermischen, dann wird der Reis zart und sämig.

pilzen und Trüffelaroma

3. Die Artischocken entblättern, die Böden und Stiele in Scheiben schneiden. Die Steinpilze reinigen, ebenfalls in Scheiben schneiden. Artischocken und Pilze getrennt braten. Aus einem Stück Parmesankäse vier lange, spitze Stäbchen schneiden. Die Basilikumblätter in Öl braten. Die Scampi kurz, aber kräftig braten.

4. Den Boden der flachen Teller ganz mit Risotto bedecken. Darauf die Steinpilze und die Artischocken anrichten. Die Scampi in der Mitte aufhäufen, mit den Käsestücken und Basilikumblättern dekorieren.

Grüner Spargel mit

Vorbereitungszeit: *20 Minuten*
Kochzeit: *10 Minuten*
Schwierigkeitsgrad: ✯

Für 4 Personen

32		grüne Spargelstangen
2	l	Wasser, 60 g grobes Salz (zum Kochen)
300	g	frische, feste Auberginen
1	l	Wasser, 30 g grobes Salz (zum Waschen)
1	l	Wasser, 30 g grobes Salz (zum Kochen)

Zum Würzen der Auberginen:

1	EL	Olivenöl
1		Knoblauchzehe, geschält
		Dill- oder Fenchelkraut
60	g	schwarze Oliven

Für die Sauce:

80	g	Butter
50	ml	Wasser
1	TL	grüne Aniskörner
		Saft von 1 Zitrone
		Olivenöl
		Salz, Pfeffer

Diese Vorspeise vereint drei gastronomische Spezialitäten aus der Gegend um Cannes in Südfrankreich: Spargel, Auberginen und schwarze Oliven. Die Farben dieser Zutaten erfreuen das Auge genauso, wie ihr Aroma dem Gaumen schmeichelt.

Jacques Chibois empfiehlt grünen oder weißen Spargel, dessen Spitzen durch einige Stunden Sonnenbestrahlung eine violette Farbe angenommen haben. Ihr Geschmack wird dadurch etwas kräftiger. Wenn man Spargel einige Tage aufbewahren möchte, legt man ihn am besten waagerecht, in ein feuchtes Tuch gehüllt, in den Kühlschrank. Der Spargel wird hier in Wasser gekocht, dem man grobes Meersalz beifügt. Dieses Salz enthält mehr Jod, wodurch die Spargelstangen zart und geschmeidig bleiben. Man nimmt am besten feste Auberginen mit glatter, glänzender Haut und möglichst junge Exemplare mit wenigen Kernen, dann verkürzt sich auch die Kochzeit. Und natürlich kommen nur kleine, saftige Oliven in Frage, sogenannte Nizza-Oliven, die blanchiert werden müssen, um sie von der konservierenden Salzlake zu befreien.

Die Zubereitung der Buttersauce verlangt viel Fingerspitzengefühl. Sie ist sehr empfindlich und kann leicht umkippen, wenn der eine oder andere Vorgang zu lange dauert.

Dieses Rezept wäre unvollständig, würde man nicht auch den grünen Anis erwähnen (nicht zu verwechseln mit dem Sternanis), dessen subtiles, typisch südländisches Aroma eine wichtige Rolle in der Harmonie dieser Vorspeise spielt.

1. Die Spargel schälen, zu Bündeln zusammenbinden, die Stangen am unteren Ende auf gleiche Länge abschneiden. Grobes Salz in kochendes Wasser geben, die Spargel darin zehn Minuten kochen, ohne den Topf abzudecken. Mit heißem Wasser abspülen und warm halten.

2. Die Auberginen schälen und in ca. 1 cm große Würfel schneiden. Die Haut in dünne Streifen schneiden, in Salzwasser abkochen und sofort kalt abspülen. Die Würfel 15 Minuten wässern, dann in kochendes Wasser geben und fünf Minuten kochen. Ebenfalls kalt abspülen, und eine Stunde lang abtropfen lassen.

Oliven und Anis

3. Die Auberginen in eine beschichtete Pfanne mit Olivenöl, Knoblauch, Salz, Pfeffer und der Hälfte der schwarzen Oliven geben. Kurz anbraten und vor dem Servieren etwas Zitronensaft zugeben. Die andere Hälfte der Oliven entkernen, in acht Stücke schneiden und zweimal blanchieren.

4. Die Aniskörner in Wasser aufkochen, Butter und Olivenöl zugeben, etwas abgeriebene Zitronenschale und einen Schuß Zitronensaft beimischen, salzen und pfeffern. Zuletzt die andere Hälfte der Oliven in die Sauce geben. Das Auberginengemüse auf Tellern anrichten, den Spargel darüber legen und mit Sauce übergießen. Mit Oliven und etwas Dill dekorieren.

Anchovis

Vorbereitungszeit: *45 Minuten*
Kochzeit: *20 Minuten*
Schwierigkeitsgrad: ★★

Für 4 Personen

80		frische Anchovis
8		Kartoffeln
20		große Tomaten
2		große Zwiebeln
1		Bouquet garni
40	g	schwarze Oliven

10	ml	Sherryessig
		Olivenöl
2	EL	Schnittlauch, gehackt
1	Bund	Basilikum
		Salz, Pfeffer

Für die Vinaigrette:

125	ml	Olivenöl
20	ml	Zitronensaft
4		große Dorschleberstücke
		Salz, Pfeffer

Michel Del Burgo hat einmal während eines offiziellen Empfangs in Barcelona, bei dem er die französische Region Languedoc-Roussillon vertrat, eine riesige Anchovistorte zubereitet. Dieses Rezept wird hier vorgestellt. Es ist eine Gelegenheit, die frischen Anchovis (ebenfalls unter der Bezeichnung »Sardelle« bekannt) einmal gebührend zu würdigen, was leider nur zu selten geschieht.

In Europa ist nur eine einzige Art von Anchovis bekannt. Sie gehört, trotz ihres vielversprechenden Namens (»Engraulis encrassicholus«) zur Familie der Heringe und lebt im Sommer in großen Schwärmen dicht unter der Meeresoberfläche, während sie den Winter in der Tiefe verbringt, um sich dort zu vermehren. Die Fischer im Mittelmeer locken sie in der Nacht mit Scheinwerfern an; sie lassen sich dann zu Tausenden in den feinmaschigen Schleppnetzen fangen. Der Hafen von Sete ist der Hauptumschlagplatz für den Anchovishandel.

Frische Anchovis haben eine Länge von etwa zehn bis zwölf Zentimetern. Ihre Augen sind glänzend, und der Körper ist steif und zerbrechlich. Wenn der Kopf abgetrennt ist, lassen sich die Filets mühelos auslösen und von den verhältnismäßig großen Gräten befreien. In der Vinaigrette spielt die Dorschleber eine wichtige Rolle. Wenn die Leber fachgerecht eingearbeitet und durch ein Sieb gedrückt wird, erhält man am Ende eine sehr delikate, gleichmäßige cremige Sauce. Die Kartoffeln, die als Unterlage dienen, dürfen ruhig etwas mehlig sein, aber auch neue Kartoffeln eignen sich hierfür bestens. Falls keine frischen Anchovis zu haben sind, können auch kleine Sardinen verwendet werden, obwohl ihr Geschmack nicht ganz so ausgeprägt ist.

1. Die Anchovis wie oben beschrieben ausnehmen und gründlich abwaschen. Mit Hilfe eines etwa zwölf Zentimeter großen Ringes die Anchovis rosettenförmig auf einer Edelstahlplatte anrichten. Die Tomaten schälen, entkernen und grob hacken. Die Zwiebeln klein schneiden, in Olivenöl anbraten, die Tomaten und das Bouquet garni zugeben, würzen und etwas reduzieren lassen.

2. Die Kartoffeln kochen und pellen. Mit der Gabel zerdrücken, um die Unterlage herzustellen. Etwas Olivenöl, Sherryessig, Salz, Pfeffer und gehackten Schnittlauch beimischen. Das Ganze in einer Schüssel erwärmen. Die schwarzen Oliven entkernen und in kleine Stücke schneiden.

törtchen

3. Für die Vinaigrette Olivenöl und Zitronensaft mischen. Die Dorschleberstücke mit der Gabel zerdrücken, die Sauce zugeben, würzen und durch ein feines Sieb streichen. Die Olivenstückchen und die gehackten Basilikumblätter zu den Tomaten geben, würzen und abschmecken.

4. In dieselben Ringe, die auch für das Anrichten der Anchovis benutzt wurden, nun zuerst eine etwa 1 cm dicke Lage Kartoffeln geben, darüber eine ebenso dicke Lage Tomaten. Die Anchovis in der Zwischenzeit im Backofen unter dem Grill überbacken, dann mit Hilfe eines Spatels auf die Törtchen legen, mit Schnittlauch und Basilikumblättern dekorieren.

Lammbries mit

Vorbereitungszeit: *1 Stunde*
Kochzeit: *10 Minuten*
Schwierigkeitsgrad: ★★

Für 4 Personen

500 g	Lammbries
12	Karotten
12	grüne Spargelstangen
6	violette Artischocken
1	Zucchini
80 g	feine Erbsen
100 g	kleine Saubohnen
8	Schnittlauchhalme
	Zitronensaft
etwas	Mehl

Für die Vinaigrette:

80 g	Schalotten
250 ml	Balsamessig
100 ml	Olivenöl

Für die Kalbsbrühe:

250 g	Kalbsfleisch (Suppenfleisch)
1	Tomate
2	Karotten
2	Zwiebeln
1	Bouquet garni
150 ml	Weißwein
	Portwein
	Butter
	Kerbel, Schnittlauch
	Salz, Pfeffer

Michel Del Burgo mußte erst einmal nach Flamanville in Nordfrankreich reisen, um das außergewöhnlich schmackhafte Aroma von Lammbries zu entdecken, obwohl es doch in seinem heimischen Baskenland das »atxuria« genannte Gegenstück gibt. In beiden Fällen verwendet man das Bries von sehr jungen Lämmern, die nicht älter als neun bis zehn Wochen sind und nicht mehr als zehn Kilogramm wiegen.

Innereien sollten immer unverzüglich zubereitet und verzehrt werden. Das Bries wird zunächst in eiskaltes Wasser gelegt, um dann sorgfältig gereinigt zu werden. Anschließend wird die dünne Haut entfernt, die das Bries umschließt, bevor man es scharf anbrät.

Die in diesem Gericht verwendeten Gemüsesorten sind in der Heimat unseres Küchenchefs wohlbekannt und beliebt. Besonders die Saubohne kommt gekocht in Suppen und Ragouts vor, oder aber roh als Zutat von Salaten.

Man sollte großen Wert auf die Frische aller Gemüse legen, auch sollten sie möglichst »al dente« gekocht werden. Dies trifft vor allem auf die Erbsen zu, die möglichst zuerst zubereitet werden sollten. Michel Del Burgo findet alle seine Gemüse immer frisch auf den Märkten seiner Heimatstadt Carcassonne. Aber auch bei uns gibt es immer mehr frische Gemüsesorten zu jeder Jahreszeit zu kaufen, und manchmal erstaunt sogar die Vielfalt neuer Arten von Gemüse, Obst und Gewürzen.

1. Die Artischocken entblättern; die Stiele nicht ganz entfernen. Die Herzen mit Zitronensaft beträufeln, zugedeckt in Salzwasser mit etwas Zitrone kochen und etwas Mehl zugeben. Nach dem Kochen die feinen Haare entfernen. Die Karotten schälen und die Blätter aufheben. Die Karotten genau wie alle anderen Gemüse in Salzwasser kochen, dann abkühlen lassen.

2. Für die Kalbsbrühe die Fleischstücke anbraten, das Bouquet garni und die Gemüsegarnitur zugeben, mit Weißwein und Portwein ablöschen. Den Sud reduzieren und mit Wasser aufgießen. Kochen lassen; durch ein Sieb passieren. Für die Vinaigrette die gehackten Schalotten in Olivenöl anschwitzen, den Balsamessig zugeben, reduzieren, die Kalbsbrühe zugeben und nochmals reduzieren.

frischen Gemüsen

3. Das Lammbries blanchieren und abkühlen lassen, anschließend in einer Pfanne mit Butter und Öl goldbraun braten. Der reduzierten Vinaigrette nochmals gehackte Schalotten, etwas Brühe, Olivenöl, gehackten Schnittlauch, Kerbelblätter und den Saft einer Zitrone zugeben; dann würzen.

4. Die Gemüse in Butter erneut erhitzen, zuletzt die Saubohnen und die Erbsen zugeben. Die Gemüsemischung auf Tellern zusammen mit dem Lammbries anrichten, die Vinaigrette darüber gießen.

Rührei im Waffelteig mit

Vorbereitungszeit:	*20 Minuten*
Kochzeit:	*5–7 Minuten*
Schwierigkeitsgrad:	★

Für 4 Personen

8	Eier, Handelsklasse A
2	Seeigel
40 g	Trüffeln
20 g	Butter
80 ml	Crème double
5 g	Kerbel
6	Scheiben Filoteig (ersatzweise Blätterteig)
	Pfeffer

Für das Tomatenpüree:

150 g	Tomaten
1	Bouquet garni
	Schalotten, Knoblauch
	Salz, Pfeffer

Für die Seeigelsauce:

5 g	Seeigelfleisch
10 g	Butter
100 ml	Schlagsahne
	Zitronensaft
	Koriander

Der Seeigel, dessen Fleisch einen sehr ausgeprägten Jodgeschmack besitzt, wird Ihre Tischgäste entzücken, besonders wenn er mit Rührei und Trüffeln serviert wird. Diese Vorspeise kann nur von Anfang Mai bis Ende August zubereitet werden, wenn der Fang von Seeigeln erlaubt ist. Die Tiere müssen schwarze, glänzende Stacheln aufweisen, die fest an der Schale haften, – dies ist das sicherste Anzeichen für Frische.

Von den drei eßbaren Seeigelarten, die auf dem Markt erhältlich sind (grüne, violette und schwarze), gibt man nach Möglichkeit der violetten den Vorzug. Diese Art, manchmal auch »Igel der Meere« genannt, lebt auf dem Meeresgrund in einer Tiefe von etwa 100 Metern und wird mit ausgedienten Fischernetzen gefangen, die man mit Gewichten beschwert und die so den Meeresboden durchkämmen. Vom Seeigel wird nur das Fleisch verzehrt, das sich im Innern der Schale befindet, wo es sternförmig in fünf »Zungen« rund um die sehr komplexe Mundöffnung dieses Tieres angeordnet ist. Bei den sogenannten »Zungen« handelt es sich in Wirklichkeit um die Geschlechtsorgane, die winzige Eier enthalten. Nach einer komplizierten Metamorphose bringen sie den neuen Seeigel hervor, so wie wir ihn kennen. Es steht fest, daß der Seeigel sich nur in seiner natürlichen Umgebung fortpflanzen kann. Man kann also nie gezüchtete Seeigel kaufen.

Das Rührei sollte ohne jede Hast zubereitet werden. Mit einem hölzernen Kochlöffel wird behutsam umgerührt, und die Crème double wird erst zuletzt beigemischt, um gleichzeitig den Kochvorgang zu beenden. Nur bei Verwendung ganz frischer Eier kommt eine gleichmäßig sämige Masse zustande.

1. Die Eier in eine Schüssel schlagen. Die Trüffeln klein hacken, alles mit den Eiern vermischen und beiseite stellen. Die Seeigel öffnen, das Fleisch aus den Schalen lösen und den Saft aufbewahren. Die Schalen waschen.

2. Zur Zubereitung der Sauce den Saft der Seeigel in einen Kochtopf geben, einen Schuß Zitronensaft, etwas Butter und frischen Koriander zufügen. Das Ganze erhitzen und mit dem Fleisch der Seeigel binden. Mit dem Schneebesen aufschlagen und durch ein Sieb passieren. Die geschlagene Sahne unterheben. Das Tomatenpüree mit den oben aufgeführten Zutaten im Mixer zubereiten.

Seeigeln und Trüffeln

3. Die Rühreier in einer Pfanne mit zerlassener Butter zubereiten, dabei einen hölzernen Kochlöffel benutzen. Mit Salz und Pfeffer würzen, zum Schluß die Crème double zugeben und den Kochvorgang beenden.

4. Das Rührei nach Wunsch entweder in die Schalen der Seeigel oder in Filo- oder Blätterteigformen füllen. Das noch lauwarme Seeigelfleisch darüber legen. In die Mitte eines jeden Suppentellers einen Eßlöffel voll Tomatenpüree geben, die Schalen oder Teigformen darauf anrichten und die Teller rundum mit Sauce begießen. Mit den Trüffelstückchen und Kerbelblättern bestreuen.

Leipziger Allerlei

Vorbereitungszeit: *30 Minuten*
Kochzeit: *30 Minuten*
Schwierigkeitsgrad: ★★

Für 4 Personen

12	Flußkrebse
250 g	Kalbsbries
150 g	frische Morcheln
1 kg	Frühlingsgemüse (Frühlingslauch, Erbsen, Karotten, grüne- und weiße Spargel, Steckrüben, Kohlrabi, Stangensellerie)
200 g	Butter
200 ml	Champagnersauce
200 ml	Krebssauce
1	Bouquet garni
	Muskatnuß, Salz, Pfeffer
4	Gebäckstücke aus Blätterteig

Für die Krebssauce:

	die Karkassen der Krebse
250 ml	Hühnerbrühe
20 ml	Weißwein
10 ml	Cognac
30 ml	Sahne
	Traubenkernöl
2	Schalotten
20 g	Butter
20 g	Tomatenpüree
1/4	Lorbeerblatt
1	Gewürznelke
	Salz, Pfeffer, 4 Pfefferkörner

Für die Weiße Champagnersauce
(siehe Grundrezepte S. 806)

Dieses Rezept wird wohl in die deutsche Geschichte eingehen, denn Lothar Eiermann hat es am 3. Oktober 1990, dem Tag der deutschen Wiedervereinigung, kreiert. Der Titel »Leipziger Allerlei« nimmt Bezug auf ein Rezept aus dem Leipzig der Nachkriegszeit, als in der damaligen DDR der 50er Jahre selbst Gemüse wie Karotten, Spargel und Erbsen nur in wenigen Geschäften zu haben waren. Das Originalrezept enthielt, vagen Überlieferungen zufolge, ebenfalls Kalbsbries und Krebse, was etwas erstaunlich klingen mag. So hat unser Chef dieses Nachkriegsrezept auf seine Weise neu gestaltet.

Man schiebe jeden Gedanken, die eine oder andere Zutat durch gängige Produkte zu ersetzen, gleich beiseite. Kalbsbries, Krebse und Morcheln dulden keinen Ersatz und von der Qualität des Kalbsbries hängt der ganze Erfolg dieses Rezeptes ab. Lothar Eiermann empfiehlt, nur Bries zu verwenden, das von noch säugenden Kälbern stammt. Es sollte nicht größer als eine Männerfaust sein, und eine gleichmäßige Farbe ohne Flecken aufweisen. Falls es noch Blut enthält, sollte man das Bries einige Stunden in kaltes Wasser legen, bevor es als ganzes Stück gekocht wird. Unserem Chef zufolge darf auch die Haut, die das Bries schützend umschließt, erst nach dem Kochen entfernt werden, da sie allzugroße Hitzeeinwirkung vom Bries abhält.

Die Krebssauce sollte strikt nach den Vorgaben zubereitet werden, damit sie nicht mißlingt.

1. Das Kalbsbries reinigen, in gewürztem Wasser rosa kochen. Für die Champagnersauce zum Kalbsbriessud Schalotte, Lorbeer und Pfeffer geben, auf die Hälfte reduzieren. Die Sahne zugeben, erneut reduzieren. Durch ein Tuch seihen, Noilly zugeben, erneut aufkochen. Crème fraîche und Butter einrühren, zuletzt den Champagner zugeben, würzen. Die Morcheln und die Gemüse blanchieren.

2. Die Karkassen der Krebse bei starker Hitze anbraten, Schalotten, Lorbeer, Gewürznelke und Pfeffer zugeben und erneut braten. Das Tomatenpüree unterrühren, das Ganze mit Cognac flambieren, mit Weißwein und Brühe ablöschen und auf die Hälfte des Volumens reduzieren. Zum Schluß die Sahne zugeben, alles durch ein Tuch seihen. Mit Butter aufschlagen, würzen und abschmecken.

mit Gemüse

3. Das Kalbsbries häuten und in Scheiben schneiden, mit Mehl bestäuben und in etwas Butter goldgelb braten. Die Morcheln anbraten, leicht salzen und mit dem Bouquet garni vermischen.

4. Die Krebsschwänze in Butter anbraten. Die verschiedenen Gemüsesorten ebenfalls in Butter anbraten, dann die Krebssauce zugeben. Die Teller mit der hellen Sauce bedecken. Die Gemüse, das Kalbsbries, die Krebse und die Morcheln darauf anrichten, mit einem Stück Blätterteig dekorieren.

Fischtörtchen mit

Vorbereitungszeit: *45 Minuten*
Kochzeit: *40 Minuten*
Schwierigkeitsgrad: ★★★

Für 4 Personen

24	Miesmuscheln
1	Seelachs
1	große Kartoffel
25 g	Kartoffel, gekocht
6	Knoblauchzehen
6	Eigelb
100 ml	Olivenöl
4	Scheiben Blätterteig
	Salz, Pfeffer

Für den Fischsud:

1 kg	Fischgräten
2	Zwiebeln
6	Knoblauchzehen
2	Schalotten
100 g	weiße Lauchstangen
	Selleriestangen
	Orangenschalen
350 ml	trockener Weißwein
	Butter
	Thymian, Lorbeer,
	glatte Petersilie
	Pfeffer

Die klassische Fischsuppe verwandelt sich hier in eine einfache, aber einfallsreiche Vorspeise, bei der die Brotcroûtons durch die in Holland sehr beliebten Kartoffeln ersetzt werden. Kleine Gebäckstücke aus Blätterteig verzieren nicht nur das fertige Gericht, sondern bilden auch einen angenehmen Kontrast zu den auf der Zunge zergehenden Fischtörtchen.

Der Erfolg des ganzen Rezeptes hängt im wesentlichen von den raffinierten Aromen des Fischsuds ab und ebenso von der Zeitspanne, die der Seelachs darin zubringt. Andere Weißfische, wie zum Beispiel der Seeteufel oder der Wolfsbarsch, eignen sich ebenfalls bestens für dieses Rezept. Begleitet wird der Fisch hier von Muscheln. Die sogenannten »Zeelandmuscheln« aus Holland sind typische Vertreter der dortigen Muschelproduktion. Sie werden auf den großen Fischmärkten verkauft und erleben zur Zeit einen wahren Triumph im Exportgeschäft. Sie sind verhältnismäßig groß und daher etwas schwieriger in der Handhabung, haben aber wiederum den Vorteil, daß die niederländischen Muschelproduzenten sie während des Wachstums im Muschelpark von Sand befreien. Natürlich eignen sich auch französische, »Bouchotmuscheln« ausgezeichnet für diese Zubereitung, sie müssen aber vor Gebrauch eineinhalb Stunden in Salzwasser gereinigt werden.

Die Kartoffel wird in dünne Lamellen geschnitten und vor der eigentlichen Zubereitung blanchiert. Die hier verwendeten Törtchenformen dienten ursprünglich der Herstellung von Gewürzgebäck, einer mit Konfitüre gefüllten Spezialität, die vorzugsweise in Nonnenklöstern hergestellt wurde.

Diese Vorspeise muß heiß serviert werden und besticht nicht nur durch ihre gefällige Präsentation, sondern auch durch ihren delikaten Geschmack.

1. Die Fischgräten wässern und reinigen, in Butter anbraten, mit Weißwein ablöschen. Die Flüssigkeit durch Kochen reduzieren und erneut mit Wasser aufgießen. Die angegebenen Zutaten für den Fischsud zugeben, das Ganze 25 Minuten lang kochen, durch ein Sieb passieren und den Seelachs in diesem Sud pochieren.

2. Die Aïolisauce aus dem Eigelb, 25 g gekochter Kartoffel, sechs zerstoßenen Knoblauchzehen und Olivenöl im Mixer zubereiten. Mit der Hälfte dieser Sauce den Fischsud binden. Die Muscheln öffnen, in jede Schalenhälfte ein Stück Muschelfleisch geben, mit Aïolisauce auffüllen und im Backofen bei Oberhitze überbacken.

Muscheln und Sauce

3. Die rohe Kartoffel in dünne Scheiben schneiden und blanchieren. Die Böden der Törtchenformen mit einer Kartoffelscheibe bedecken und die Formen bis auf drei Viertel der Höhe mit dem Fleisch von gekochtem Seelachs füllen.

4. Die Formen nun bis obenhin mit der Aïolisauce auffüllen und drei Minuten bei starker Oberhitze überbacken. Den Blätterteig zu halbmondförmigen Stücken formen, 20 Minuten im Backofen backen, anfangs bei 200 °C, später auf 180 °C verringern. Wie abgebildet in tiefen Tellern die Törtchen mit den Muscheln und der Sauce umgießen und mit dem Gebäck anrichten.

Schwarzwurzeln mit

Vorbereitungszeit:	*45 Minuten*
Kochzeit:	*1 Stunde 30 Minuten*
Schwierigkeitsgrad:	★

Für 4 Personen

4	kg	Schwarzwurzeln
200	g	schwarzer Rettich
1		Zitrone
12		frische Walnüsse
15	g	Paprika, gemahlen
60	g	Mehl
200	ml	Olivenöl
3		Majoranzweige
		Salz

Für die Sauce hollandaise
(siehe Grundrezepte S. 805)

Unser Chef zieht gerne gegen kulinarische Vorurteile zu Felde: So kümmert er sich hier um den Fall der Schwarzwurzel. Dieses äußerlich recht unansehnliche Gemüse ist eine ausgezeichnete Beilage von Fleischgerichten. Das Wurzelgemüse, welches viel Wasser in sich aufsaugen kann, sollte in frischem Zustand eine glatte Oberfläche aufweisen und festes Fleisch besitzen. Es wird empfohlen, Schwarzwurzeln von der Dicke eines Daumens auszuwählen, deren Inneres nicht faserig ist.

Was die Kochzeit der Schwarzwurzeln betrifft, gibt es viele Meinungen. In jedem Fall legt man dieses Gemüse eine Stunde in kaltes Wasser, dem 20 g Mehl und Zitronensaft beigegeben werden. Die Kochzeit verkürzt sich etwas, wenn man kleinere Stücke zurechtschneidet.

Frische Walnüsse sind von Oktober bis März zu bekommen – ihr Aroma ist sehr gut mit dem des schwarzen Rettichs zu kombinieren. Dieser ist in Osteuropa sehr beliebt und wird bei uns zu Unrecht verschmäht. Das Wurzelknollengemüse enthält viel Vitamin C und seine Zubereitung ist so einfach wie die von Möhren. Auch rote Radieschen können verwendet werden, sie sind im Handel einfacher zu bekommen und erfüllen den gleichen Zweck.

In allen Fällen wird dieses Gericht von einer Sauce hollandaise begleitet, die mit ungezuckerter Mandelmilchcreme angereichert wird. Der Geschmack der Schwarzwurzeln wird dadurch abgerundet. Das Paprikapulver wird seinerseits den scharfen Geschmack des Rettichs mildern. Diese Vorspeise sollte lauwarm serviert werden.

1. Die Schwarzwurzeln unter fließendem Wasser abwaschen, schälen und in ca. 12 cm lange Stücke schneiden. Dann in Wasser einlegen, in das 20 g Mehl pro Liter und der Saft einer Zitrone eingerührt wurden, und zum Kochen bringen. Wenn die Schwarzwurzeln einen Durchmesser von etwa 10 bis 12 mm haben, beträgt die Kochzeit eine Stunde und zehn Minuten.

2. Die Sauce hollandaise mit Eigelb und vier Supppenkellen Wasser bei sehr schwacher Hitze aufschlagen. Die Butter erwärmen, nach und nach in die Sauce mischen, würzen und mit Cayennepfeffer und vier Tropfen Mandelmilch abschmecken.

frischen Walnüssen

3. Die Schwarzwurzeln auf einem Tuch abtropfen lassen, in Olivenöl tauchen und die Enden der Stangen mit Paprikapulver bestreuen. Die Nüsse, die schon am Vorabend in Zuckerwasser eingelegt werden sollten, schälen. Den schwarzen Rettich schälen, in dünne Scheiben schneiden und in kaltes Wasser legen.

4. Auf jeden Teller drei Eßlöffel Sauce hollandaise geben, die Schwarzwurzeln hübsch darauf anrichten, mit drei Rettichscheiben und drei Nußkernen pro Teller dekorieren sowie mit Paprikapulver und einigen Majoranblättern bestreuen.

Blutwurst nach

Vorbereitungszeit: *1 Stunde 30 Minuten*
Kochzeit: *45 Minuten*
Schwierigkeitsgrad: ★★★

Für 4 Personen

450	g	Kalbsbries (oder Lammbries)
450	ml	Schweineblut
		Wurstdarm (ausreichend für etwa 20 Wurstscheiben)
2		große Kartoffeln
1/4		Zwiebel
8		Perlzwiebeln
50	g	weiße Bohnen
50	g	Karotten
50	g	Hafer
50	g	Rosinen
250	ml	helle Kalbsbrühe
100	ml	Weißweinessig
		Olivenöl
200	g	Butter
1		Rosmarinzweig
1		Thymianzweig
3		Lorbeerblätter, zerstoßen
		Salz, Pfeffer

Paul Heathcote hat diese sehr persönliche Version von Blutwurst auf Einladung eines französischen Hauses aus der Champagne geschaffen, wo man ursprünglich ein Rezept auf der Basis von Kaviar, Trüffeln oder Gänsestopfleber haben wollte. Seither haben viele große britische Küchenchefs sein Rezept in ihr Repertoire aufgenommen, und bis heute ist der Erfolg ungebrochen.

Zu beachten ist, daß die alte Regel, Fettwürfel in die Blutwurst einzuarbeiten, von Paul Heathcote gebrochen wird. Er ersetzt das Fett durch in Essig marinierte Rosinen. Frisches, aber schon angetrocknetes Schweineblut eignet sich bestens zum Zubereiten dieses Rezeptes. Es erfordert viel Fingerspitzengefühl, denn das Blut darf nicht kochen, sondern muß im Wasserbad gerinnen. Um die erforderlichen 75 °C im Inneren der Wurst zu erreichen, sollte das Wasserbad auf genau 82 °C temperiert werden. Der Hafer ist bei unseren britischen Nachbarn ein alter Bekannter der Blutwurst. Die verschiedenen Aromen der Zutaten werden harmonisch von Thymian und Rosmarin untermalt, vor allem aber vom Lorbeer, dessen getrocknete Blätter zerstoßen werden, um so viel Aroma wie möglich freizusetzen.

Das Kalbsbries spielt die Hauptrolle. Es wird in tadellosem Frischezustand eingekauft und in der Pfanne gebraten, um so viel Saft wie möglich herauszuschwitzen. Man kann es auch durch Lammbries der gleichen Qualität ersetzen.

Für den Kartoffelbrei verwendet man am besten eine mehlige, also saugfähige Kartoffelsorte. Von den etwa 1000 bekannten Sorten empfiehlt unser Küchenchef hier die Mary Pipper, eine in Großbritannien sehr beliebte Sorte.

1. Das Bries eine Minute in kochendem Wasser blanchieren. Die Hautmembrane entfernen. Das Bries in grobe Stücke schneiden und in Olivenöl goldbraun braten. Die Rosinen und ein Lorbeerblatt in Essig einlegen, wobei dieser vollkommen aufgesogen werden sollte. Die Rosinen bei schwacher Hitze dämpfen, ohne sie zu karamelisieren, der Essig sollte verdampfen.

2. Das Schweineblut in einer Schüssel unter ständigem Rühren im Wasserbad gerinnen lassen. Die Thymian- und Rosmarinblätter von den Zweigen abpflücken. Alle aufgeführten Zutaten (Zwiebeln, Hafer, Kalbsbries, Rosinen und Kräuter) mit dem Blut vermischen, würzen und abschmecken.

Paul Heathcote

3. Die Mischung in Wurstdärme füllen und 40 Minuten im Wasserbad bei genau 82 °C pochieren. Die weißen Bohnen ebenso wie die Karotten und die Perlwiebeln eine halbe Stunde lang in Kalbsbrühe mit zerstoßenem Lorbeer kochen. Etwas von dem Gemüse herausnehmen, den Rest durch ein Sieb passieren.

4. Die ungeschälten Kartoffeln kochen, anschließend pellen und mit der Gabel zerdrücken. Butter zugeben, salzen und pfeffern. Die inzwischen abgekühlten Blutwürste in Scheiben schneiden, in Olivenöl anbraten und auf den Kartoffelbrei geben. Das zurückbehaltene Gemüse in der Sauce erneut erhitzen und drumherum anrichten.

»Klippfisk«

Vorbereitungszeit: *30 Minuten*
Kochzeit: *10 Minuten*
Schwierigkeitsgrad: ★★

Für 4 Personen

250	g	Stockfisch (gesalzener, getrockneter Kabeljau)
200	g	Kartoffeln
1	Paket	Brikteig
1		Knoblauchzehe
200	ml	Olivenöl
100	ml	Milch
		Butter, zerlassen
1	Bund	Basilikum
		Salz, Cayennepfeffer

Für die Sauce und zum Garnieren:

1		grüne Paprikaschote
4		große Tomaten
1		Knoblauchzehe
2		Zwiebeln
12		schwarze Oliven
100	ml	Olivenöl
100	ml	Fischsud

Stockfisch, also getrockneter, in grobem Salz eingelegter Kabeljau, ist nicht nur in Norwegen sehr beliebt, sondern auch im restlichen Europa, ganz besonders in Spanien und Portugal. Diese beiden Länder importieren einen großen Teil der skandinavischen Produktion. Die hier vorgestellten, knusprigen Stockfischtörtchen mit Bacalaosauce vereinigen die Liebhaber dieses Fisches, ob sie nun aus nordischen oder südeuropäischen Ländern stammen. Der Kabeljau lebt hauptsächlich in den kalten Gewässern des Nordatlantiks; im Winter wird er auch in den norwegischen Fjorden mit Hilfe großer Reusen gefangen. Diese Fangmethode ist natürlich nicht zu vergleichen mit jener der großen Fabrik-Trawler, die bis zu 1000 Tonnen Fisch laden.

Unser Küchenchef, ein Experte auf diesem Gebiet, verwendet luftgetrockneten Kabeljau, der etwas mehr Feuchtigkeit enthält und somit auch zarter ist. Er bearbeitet das Fischpüree sofort nach dem Kochen, solange es noch warm ist. Das Mischen von Fisch, Kartoffeln und Milch wird durch die gleichmäßige Temperatur erleichtert. Diese Mischung wird nun zusammen mit Basilikum zu kleinen Törtchen geformt und je nach Geschmack in Brikteig oder Blätterteig gehüllt. Der würzige Geschmack des Olivenpürees (»tapenade«) verleiht dem Gericht eine südländische Note und unterstreicht das Aroma des Fisches.

Die Bacalaosauce ist spanischen Ursprungs (»bacalao« ist der spanische Name des Stockfisches) und besteht aus einer delikaten Verbindung von Olivenöl, Zwiebeln, Knoblauch und Tomaten, der man noch etwas Stockfisch beimischt. Pikant gewürzt, wird sie sicher bei den Gästen allgemeine Zustimmung finden.

Auch gesalzener Rochen eignet sich hervorragend für diese Art der Zubereitung. Sein Fleisch ist etwas zarter und gelatinehaltiger, aber ähnlich wohlschmeckend.

1. Den Stockfisch 48 Stunden wässern. Die Knoblauchzehe schälen, dreimal hintereinander blanchieren, pürieren und für die Fischfüllung aufbewahren. 150 g Stockfisch in Milch pochieren und die geschälten Kartoffeln kochen und alles zusammen mit dem Knoblauchpüree, Salz und Cayennepfeffer mixen.

2. Brikteig oder hauchfeinen Blätterteig ausbreiten. Ein Häufchen Fischmasse und ein Basilikumblatt darauf geben, den Teig zusammenfalten und zu kleinen Päckchen formen.

3. Die Törtchen kurz in Butter und Olivenöl anbraten, bis sie goldbraun sind. Die Paprikaschote blanchieren, die Tomaten häuten und in Scheiben schneiden. Die Zwiebel fein hacken und in Olivenöl anschwitzen. Ein Püree aus schwarzen Oliven, Knoblauch und Olivenöl herstellen.

4. Zur Zubereitung der Bacalaosauce die Zwiebeln, die Tomaten und den Knoblauch in Olivenöl anbraten. Den Fischsud und die restlichen 100 g Stockfisch zugeben und die Flüssigkeit reduzieren. Das Ganze pürieren, würzen und abschmecken. Wie abgebildet anrichten.

Knoblauchsuppe mit

Vorbereitungszeit: *30 Minuten*
Kochzeit: *20 Minuten*
Schwierigkeitsgrad: ★

Für 4 Personen

500 g	kleine Miesmuscheln
500 g	frischer Knoblauch
500 g	Kartoffeln
2	Salbeiblätter
100 ml	Olivenöl, kaltgepreßt
250ml	Weißwein
750 ml	Vollmilch
	Salz, Pfeffer

Die gesundheitsfördernde Wirkung des Knoblauchs ist schon seit der Antike bekannt. Man schätzte damals vor allem seine wurmbekämpfende Wirkung, sagte ihm aber auch nach, er sei schwer verdaulich. Knoblauch wird heute hauptsächlich in Süditalien und im Südwesten Frankreichs intensiv angebaut. Gewöhnlich nur zum Würzen von Saucenfonds und Fleischgerichten benutzt, spielt der Knoblauch in dem hier vorgestellten Gericht die Hauptrolle.

Die Zubereitung der Knoblauchzehen zusammen mit Kartoffeln und Milch mindert deren schwerverdauliche Eigenschaften. Alfonso Iaccarino, der auf seinem eigenen Bauernhof unter anderem auch Knoblauch anbaut, empfiehlt, für dieses Rezept jungen, frischen Knoblauch mittlerer Größe zu verwenden, der von Mai bis September geerntet wird und auch geschmacklich nicht so stark ausgeprägt ist. Das Hauptanbaugebiet befindet sich in Saint-Clar, in der Region Gers in Südwestfrankreich. Von dort aus kommt er, zu Zöpfen gebunden, in den Handel.

Allzu frischer Knoblauch sollte vor Gebrauch einige Tage trocknen. Man hängt dazu die Zöpfe in einem wohltemperierten, gelüfteten Raum auf. Andererseits sollte aber auch kein zu alter Knoblauch verwendet werden, denn er nimmt gerne den Geschmack von Erde an.

Für die Kartoffeln, die der Suppe ihre cremige Konsistenz verleihen, nimmt man am besten Winterkartoffeln. Zur geschmacklichen Abrundung kann nach Wunsch Rosmarin, Majoran oder Salbeikraut verwendet werden, – letzteres eignet sich übrigens auch für eine hübsche Dekoration. Das würzige Aroma des Salbeis ist trotz seines bitteren Beigeschmacks im gesamten Mittelmeerraum sehr beliebt.

1. Die Kartoffeln schälen und in Würfel schneiden. Zusammen mit dem Knoblauch in Olivenöl bei schwacher Hitze anbraten.

2. Die Kartoffeln mit einer Mischung aus Weißwein und Vollmilch bedecken und zum Kochen bringen.

Salbei und Muscheln

3. Das Ganze 20 Minuten lang bei schwacher Hitze kochen, dann mixen und durch ein Sieb passieren. Würzen, abschmecken und warm halten.

4. Die Muscheln waschen, im Dampf garen und aus den Schalen nehmen. Die Suppe in tiefen Tellern anrichten, die Muscheln hinein geben und mit Salbeiblättern dekorieren.

Rotbarben im Teigmantel

Vorbereitungszeit:	*45 Minuten*
Kochzeit:	*20 Minuten*
Schwierigkeitsgrad:	★

Für 4 Personen

2	Rotbarben
4	quadratische Brikteigblätter (ersatzweise Blätterteig)
2	Tomaten
3	Paprikaschoten (rot, grün, gelb)
1	Eigelb
4	Knoblauchzehen

2	Schalotten
4	Kopfsalatblätter
100 g	grüne Oliven
4 EL	Reis
2 EL	Champagneressig
3 EL	Olivenöl
1 TL	Tomatenpüree
1 EL	Zucker
1 EL	Ingwer
1 EL	Tapiokastärke
100 ml	Geflügelbrühe
	Salz, Pfeffer

Man sagt, es gäbe keine besseren Rotbarben als die aus Bandol, jenem kleinen Fischerhafen an der französischen Mittelmeerküste, wo es außerdem einen wundervollen Wein gibt. Aber Rotbarben haben nicht nur eine Heimat, man findet sie auch in Norwegen und vor der kanadischen Küste. Unser Küchenchef zeigt uns hier, daß Rotbarben auch in der Schweiz beliebt sind.

Wir wollen uns nicht in den Streit einmischen, ob nun Rotbarben aus felsigen Gewässern besser seien als solche, die am schlammigen Meeresgrund leben. Deren Farbe ist rotbraun und ihr Aroma weniger ausgeprägt. Die Rotbarben werden scherzhafterweise auch »Schnepfen der Meere« genannt. Sie zählen zu jenen auserlesenen Fischen, die in der berühmten Bouillabaisse Verwendung finden. Rotbarben sind zarte, gebrechliche Fische, die behutsam zu handhaben sind, was besonders beim Auslösen der mit vielen Gräten gespickten Filets wichtig ist. Die Kochzeit darf höchstens sieben Minuten betragen, ansonsten verliert der Fisch sein zartes Aroma. Unser Küchenchef ist sich dessen bewußt und schützt seine Rotbarben im Brikteigmantel vor zu großer Hitze beim Backen. Es ist darauf zu achten, daß die Filets mit der Hautseite nach oben in den Teig gelegt werden, um das Fleisch vor direkter Hitzeeinwirkung zu schützen.

André Jaeger hat sich lange in Asien aufgehalten, und somit ist es nicht verwunderlich, daß auch seine Paprikasauce starken östlichen Einfluß erkennen läßt, der uns Europäern ungewohnt erscheinen mag. So werden zum Beispiel frische Ingwerwurzeln und Tapiokastärke verwendet. Daneben kommen aber auch bekannte Zutaten zur Anwendung, wie etwa Kopfsalatblätter oder Eigelb, das man zum Zusammenkleben der Brikteigblätter braucht. Der Kopfsalat sollte große, schöne Blätter mit kräftigen Rippen haben.

1. Zunächst den Reis kochen und den Salat waschen. Die Filets der Rotbarben auslösen und alle Gräten sorgfältig entfernen. Die Brikteigblätter oder Blätterteigvierecke ausbreiten. Auf jedes Teigstück ein Blatt Salat legen und einen Eßlöffel voll Reis darüber geben.

2. Die Fischfilets salzen und mit der Hautseite nach oben auf den Reis legen. Die Teigränder mit Eigelb bepinseln und zusammenfalten. Das Ganze sieben Minuten bei 250 °C im Backofen backen.

mit asiatischer Paprikasauce

3. Die Paprikaschoten vierteln, das Mittelstück und die Kerne entfernen, den Rest schälen und in Streifen von etwa ½ cm Breite schneiden. Den Knoblauch und die Schalotten schälen, in kleine Scheiben schneiden und in kochendem Wasser blanchieren. Olivenöl in einer Bratpfanne erhitzen, die Paprikaschoten, den Knoblauch und die Schalotten zugeben, alles kräftig anbraten.

4. Das Tomatenpüree unterrühren, ziehen lassen. Die Tomaten schälen, entkernen und klein hacken. In die Pfanne geben und mit Geflügelbrühe ablöschen, abdecken und fünf Minuten bei schwacher Hitze schmoren lassen. Die Oliven entkernen, halbieren und in die Pfanne geben. Die Tapiokastärke mit Essig mischen, ebenfalls in die Pfanne geben. Mit geriebenem Ingwer, Zucker und Salz würzen.

Ochsenschwanzsuppe

Vorbereitungszeit: *25 Minuten*
Kochzeit: *50 Minuten*
Schwierigkeitsgrad: ★★

Für 4 Personen

80 g	Trüffeln
200 g	Rinderhack
400 g	Rindfleisch (Backe)
400 g	Ochsenschwanz
200 g	Karotten

100 g	Zwiebeln
1	Lauchstange
1	Selleriestange
etwas	Sherryessig
4 EL	Trüffelsaft
500 g	Blätterteig (siehe Grundrezepte S. 799)
3	Eigelb
100 g	Butter
	Thymian, Lorbeer, Petersilie
	Salz, Pfeffer

Seit 1975 steht diese Suppe auf der Speisekarte des Restaurants von Paul Bocuse und löst bei den Gästen dieses berühmten Restaurants in Collognes-au-Mont-d'Or immer wieder helle Begeisterung aus.

Die Größe einer Trüffel hat eigentlich keinen Einfluß auf ihre Qualität. Die bekanntesten Trüffelarten stammen aus der Gegend von Aups in der Provence und aus der Ardèche. Die Trüffelsuche ist mit mancherlei Schwierigkeiten verbunden (denn auch die für die Suche abgerichteten Schweine, sogenannte »Trüffelschweine«, fressen gerne Trüffeln), auch der Regen spielt eine Rolle. Es gibt sogar Kaufleute, die sich ganz auf den Handel mit Trüffeln spezialisiert haben, wie zum Beispiel die Herren Dumont und Guyon, die seit über zwanzig Jahren die feinsten Restaurants der Welt beliefern. Falls man selbst Trüffeln an Ort und Stelle einkaufen möchte, sollte man sich erst einmal vor Straßenhändlern in acht nehmen und niemals Trüffeln kaufen, die nicht sorgfältig gereinigt sind. Oft macht nämlich dann die Erde das Gewicht aus. Die beste Konservierungsmethode für Trüffeln besteht darin, sie mit ungekochtem Reis zusammen in einem luftdicht verschlossenen Behälter aufzubewahren. Dabei wird der Reis mit dem reichen Aroma der Trüffeln parfümiert.

Was den Blätterteig betrifft, sollte dieser auf keinen Fall länger als 20 Minuten gebacken werden. Roger Jaloux rät sogar, den Teig und die Suppe am Vortag zuzubereiten und kühl aufzubewahren. Diese Vorsichtsmaßnahme verleiht dem Teig eine festere Struktur und verhindert damit, daß er beim Backen in sich zusammenfällt oder gar in die Suppe sinkt.

Die Suppe selbst stellt keine besonderen Anforderungen an die Kochkunst. Das Rindfleisch aus der Backe und der Ochsenschwanz sorgen für ein köstliches Aroma, und es ist ganz unverständlich, warum diese Delikatesse auch »Hirtensuppe« genannt wird.

1. Die Trüffel sorgfältig reinigen, von Erde befreien und in dünne Scheiben schneiden.

2. Aus dem Rindfleisch und den Ochsenschwanzstücken eine Kraftbrühe kochen (20 Minuten Kochzeit). Gleichzeitig das Gemüse in Würfeln schneiden, in Butter anbraten. Das gekochte Fleisch ebenfalls in kleine Würfel schneiden.

mit Blätterteighut

3. Das abgekühlte Fleisch und das gebratene Gemüse in Suppentassen anrichten, mit dem Hackfleisch mischen und obenauf einen Eßlöffel von den Trüffeln geben.

4. Die Suppentassen mit Kraftbrühe auffüllen und würzen. Mit einer Scheibe Blätterteig bedecken, diesen mit Eigelb bepinseln und das Ganze 20 Minuten bei 200 °C im Backofen überbacken.

Maultasche mit Kaninchen

Vorbereitungszeit:	*1 Stunde 30 Minuten*
Kochzeit:	*15 Minuten*
Schwierigkeitsgrad:	★★

Für 4 Personen

2	Kaninchenrücken (mit Nieren und Leber)
2	Kaninchenköpfe
150 g	Gemüse-Brunoise (Sellerie, Karotten, Lauch)
2	Schalotten, gehackt
100 ml	Kaninchen- oder Gemüsefond
	Öl, Butter
	Thymian, Rosmarin
	Salz, Pfeffer

Für die Sauce:

200 g	Karotten, gewürfelt
	Karottenblätter
2	Schalotten, gehackt
200 ml	Kaninchen- oder Gemüsefond
	Crème fraîche
	Butter
50 ml	Weißwein

Für den Maultaschenteig:

3	kleine Eier
250 g	Mehl
1 Prise	Salz

Die vor allem in Süddeutschland sehr beliebten Maultaschen sind vergleichbar mit großen Ravioli, deren Ränder nicht geschlossen wurden. Dieses sehr sättigende Gericht schwäbischen Ursprungs wird meistens in Kraftbrühe serviert oder von gemischten Salaten begleitet. Die hier vorgestellte Version ist etwas leichter verdaulich. Das verwendete Kaninchenfleisch ist fettarm, besitzt wenig Kalorien, aber viele Proteine. Freilaufend gezogene Kaninchen, die zudem mit Gerste und Luzerne gefüttert wurden, bieten diese Vorteile in noch höherem Maß. Den Frischezustand der im Handel angebotenen Tiere erkennt man an den Läufen, die sich noch geschmeidig anfühlen sollten.

Die Beilage aus Karotten ist auch ein Augenzwinkern in Richtung der bekannten Bugs-Bunny-Zeichentrickfilme. Jungen, frischen Karotten wird hier der Vorzug gegeben, sie sind das ganze Jahr hindurch zu haben und passen sehr gut zu diesem Rezept. Um den Eigengeschmack der Gemüse zu bewahren, wird empfohlen, die von Dieter Kaufmann vorgeschlagenen südländischen Küchenkräuter nur in Maßen zu verwenden.

Anstelle der Dekoration aus Karottenblättern können natürlich auch, je nach Laune und Geschmack, andere Gemüse oder Kräuter verwendet werden, wie zum Beispiel Lauch, Kerbel oder die Blätter der glatten Petersilie. Wichtig ist vor allem, dem Gericht einen farbigen Kontrast zu verleihen.

Dieses Gericht eignet sich nicht nur als Vorspeise, sondern auch zur Bereicherung eines Abendbrots im Kreis der Familie.

1. Die Kaninchenrücken von den Knochen lösen, in Butter zusammen mit den Nieren und der Leber anbraten. Die Kaninchenköpfe, 150 g kleingeschnittenes Gemüse und gehackte Schalotten zugeben, mit Fond löschen und 15 Minuten kochen. Das Gehirn und die Zungen der Tiere herausnehmen.

2. Den zuvor zubereiteten Maultaschenteig zu dünnen Bändern ausrollen. Die Hälfte davon mit Karottenblättern dekorieren, zu Rechtecken schneiden, in sprudelndem Salzwasser kochen und kalt abschrecken.

in Karottenbutter

3. Zur Zubereitung der Sauce die gehackten Schalotten und die gewürfelten Karotten in Butter anbraten. Die Crème fraîche und den Fond zugeben, etwa zehn Minuten kochen lassen, mixen und durch ein Sieb passieren. Den Weißwein und die Karottenblätter mit der Sauce mischen.

4. Jedes der Kaninchenfilets in drei Stücke schneiden. Auf jeden Teller ein Teigrechteck legen, das Kaninchenfleisch, je ein Stück Zunge, Hirn, Niere und Leber darauf anrichten, mit etwas Kochsud beträufeln, ein weiteres Teigstück darüber legen und die Karottensauce drumherum gießen.

Brennesselsuppe nach

Vorbereitungszeit: *25 Minuten*
Kochzeit: *5 Minuten*
Schwierigkeitsgrad: ☆

Für 4 Personen

1	Bund	Brennesseln (ohne Blüten)
4		Wachteleier
1	l	Hühnerbrühe
4	EL	Schnittlauch
1	Prise	Anispulver
1	Prise	Fenchelpulver
		Salz, Pfeffer

Für die Mehlschwitze:

1	EL	Mehl
1	EL	Butter

Örjan Klein erinnert gerne daran, daß Brennesseln viel Eisen enthalten und somit die Gesundheit fördern. Das ist dann immer eine Gelegenheit für ihn, von seiner Großmutter Hildur zu erzählen, die ihn früher mitnahm, um Brennesseln zu sammeln, aus denen sie eine köstliche Suppe zu kochen pflegte. Das Sammeln ist eine recht komplizierte Angelegenheit, für die man auf jeden Fall Handschuhe benötigt, aber unser Küchenchef hat bis heute eine Vorliebe für diese Brennesselsuppe und begeistert damit auch seine Gäste jedes Jahr zum Frühlingsanfang aufs neue. So groß ist der Erfolg dieser Vorspeise, daß pro Tag 15 Liter davon verzehrt werden, was natürlich ein ganzes Heer von Sammlern und ebensoviele Handschuhe voraussetzt.

Früher bildeten Suppen die obligatorische Eröffnung jeder Mahlzeit. In Schweden war besonders die gelbe Erbsensuppe beliebt. Man genoß diese sehr sättigende Suppe immer am Donnerstagabend, da ja der Freitag nach katholischem Brauch Fastentag ist. Bereichert wurde diese Suppe mit Schweinefleisch und Speck. Die Studenten von Uppsala, der ältesten Universität Schwedens, haben nicht lange gebraucht, um ihre eigene Version mit heißem Punsch zu erfinden.

Für dieses Rezept werden kleine, junge Brennesselpflanzen ohne Blüten verwendet, denn wenn sie erst einmal erblüht sind, besitzen sie nicht mehr dieselben geschmacklichen Eigenschaften. Von der Konservierungszeit hängt auch der Gehalt an Vitaminen ab, man sollte also Brennesseln höchstens zwei bis drei Minuten blanchieren, bevor man sie feingehackt der Suppe beigibt. Dies geschieht im letzten Moment, also kurz vor dem Servieren. Ein Wachtelei als Dekoration macht sich sehr gut, aber auch ein kleines Hühnerei oder gar einige Lachseier eignen sich.

1. Die Brennesseln waschen, blanchieren, mit kaltem Wasser abschrecken, hacken und beiseite stellen.

2. Die Hühnerbrühe aufkochen und mit Mehlschwitze binden; dabei mit dem Schneebesen gut rühren, um eine gleichmäßige Masse zu erhalten.

Großmutters Art

3. Das Anispulver und den Fenchel in die Suppe rühren, würzen und abschmecken. Die Wachteleier fünf bis sechs Minuten lang kochen.

4. Die Brennesseln zur Suppe geben. Das Ganze mixen, dann in Suppentellern anrichten. Mit einem Wachtelei und gehacktem Schnittlauch dekorieren und sofort servieren, um die grüne Farbe zu bewahren.

Gehackter Kalbskopf

Vorbereitungszeit: *1 Stunde*
Kochzeit: *1 Stunde 15 Minuten*
Schwierigkeitsgrad: ★★

Für 4 Personen

24	große Austern
2	Schalotten
4	Scheiben Toastbrot
	glatte Petersilie
	grobes Salz

Für den Kalbskopf:

500 g	Kalbskopf
50 g	magerer Bauchspeck
100 g	Karotten
30 g	Zwiebeln
2	Knoblauchzehen
1	Bouquet garni
500 ml	Rotwein
500 ml	Kalbsbrühe
	Butter
	grobes Salz, Pfeffer

Ausgewachsene, zum Verzehr geeignete Austern sind drei bis vier Jahre alt. Das wußten auch schon die alten Griechen, die aus den Schalen dieser Tiere ein Pulver mahlten, das sie für einen starken Liebestrank benutzten. Das lateinische Wort für Auster »ostrea« hat keinen Bezug zu dem ähnlich klingenden altgriechischen Ausdruck, der ein Töpferwerkzeug bezeichnet, das in seiner Form den Austernschalen jedoch ähnlich ist.

Austern werden im allgemeinen lebend, also roh genossen. Aber auch in gekochter oder gebackener Form finden sie immer mehr begeisterte Anhänger, denn ihr Fleisch bleibt beim Erhitzen zart und schmackhaft. Von den vielen verschiedenen Austernarten, die sich im Angebot befinden, nimmt man für dieses Rezept am besten die sogenannte Belon, deren Zuchtparks sich an den Ufern des gleichnamigen Küstenflusses in der südlichen Bretagne erstrecken. Man achte ganz besonders darauf, daß die Temperatur der Austern beim Erhitzen niemals 37 °C übersteigen darf; dies erfordert sogar die Verwendung eines Thermometers.

Kalbskopf wird von unseren niederländischen Nachbarn sehr geschätzt. So gibt es ein Gericht namens »Kalbspolet«, einem Eintopf aus Kalbskopf mit Kopfsalatblättern und Erbsen. Das hier vorgestellte Rezept wird jeden Gast begeistern. Es muß natürlich aus absolut frischem Kalbskopf zubereitet werden, der zuvor über Nacht gewässert wird, was eine gute Organisation voraussetzt. Dieselbe Regel gilt übrigens auch für Kalbshaxen, die nach Wunsch den Kalbskopf in diesem Rezept ersetzen können.

Ein letzter Ratschlag: Für die Sauce, die aus der Kochflüssigkeit hergestellt wird, eignet sich ein schwerer, sonnenverwöhnter Rotwein wie zum Beispiel ein Côtes-du-Rhône ganz ausgezeichnet.

1. Den Kalbskopf 24 Stunden wässern, dann blanchieren, abkühlen lassen und in grobe Stücke schneiden. In einem Kochtopf die Karotten, die Zwiebeln, den Knoblauch und den gewürfelten Bauchspeck in Butter anbraten. Den Kalbskopf und das Bouquet garni zugeben, mit Pfeffer und einer Prise grobkörnigem Salz würzen. Das Ganze mit Rotwein ablöschen und mit Kalbsbrühe aufgießen.

2. Den Kochtopf mit Backpapier bedecken, eine Stunde und 15 Minuten bei 160 °C im Backofen garen. Die Kalbskopfstücke herausnehmen und kalt stellen. Den Kochsud durchsieben. Den Kalbskopf in kleine Würfel schneiden, die Petersilie und die Schalotten fein hacken. Die Austern öffnen, den Saft filtern. Die Austern kurz bei schwacher Hitze pochieren und in einem Tuch warm halten.

mit Austern

3. Den Saft der Austern reduzieren. Etwas Kochsud vom Kalbskopf zugeben, aufkochen und mit Butter cremig schlagen. Die Toastbrotscheiben in kleine Würfel schneiden und in zerlassener Butter anbraten.

4. Die gereinigten Austernschalen auf einem Bett aus grobem Salz anrichten und im Backofen erhitzen. Die Austern in die Schalen geben, die Kalbskopfstückchen mit den Schalotten und der Petersilie darüber geben, mit Sauce begießen und mit Brotcroûtons bestreuen.

Burgunder Schneckentopf

Vorbereitungszeit: *20 Minuten*
Kochzeit: *5 Minuten*
Schwierigkeitsgrad: ★

Für 4 Personen

4	Eier
48	Weinbergschnecken
100 g	Spinat
125 g	Champignons
100 g	Perlzwiebeln
	Schalotten, gehackt

150 g	Bauchspeck, gesalzen
200 g	Butter
500 ml	Wasser
100 ml	Rotwein
100 ml	Essig
	Kerbel
	Salz, Pfeffer

Für die Rotweinsauce:

1 l	Rotwein
500 ml	Kalbsbrühe
12	rote Schalotten
	Butter

Wir befinden uns hier im Herzen der Bourgogne, denn wir haben nicht nur die berühmten Weinbergschnecken aus der dortigen Gegend vor Augen, sondern auch typische Zutaten wie Zwiebeln, Speck und Champignons. Das uralte Rezept der in Rotwein pochierten Eier, in der Bourgogne nennt man sie »meurette«, machen die Bewohner des Herzogtums Burgund denen der Grafschaft Burgund seit jeher streitig.

Diese Zubereitungsweise wird angeblich von einem alten Seefahrerbrauch abgeleitet, bei dem man die Eier in heißem, gewürztem Rotwein kochte. Unser Chef schlägt vor, die Eier ganz einfach in einem Gemisch aus Wasser, Essig und Rotwein zu pochieren. Die Rotweinsauce wird separat zubereitet. Das Originalrezept schreibt zwar Rotwein zum Pochieren vor, aber nichts und niemand verbietet, auch Weißwein zu verwenden.

Die zum Pochieren bestimmten Eier sollten absolut frisch sein. Auch gibt man dem Kochsud kein Salz bei, denn dieses würde durch das im Eiweiß enthaltene Albumin verhindern, daß das Ei richtig gerinnt. Am besten eignen sich Eier der Handelsklasse A oder B. Übrigens halten Spanier und Franzosen den Europarekord im Eierverzehr mit jährlich 270 Eiern pro Einwohner.

Natürlich können lebende Schnecken auch zu Hause kochfertig vorbereitet werden, es erfordert aber sehr viel Geduld. Das Reinigen in Essigwasser und das zweimalige Abkochen der Tiere, einmal in Wasser und einmal in Brühe, hat schon manchen Amateur entmutigt. Gott sei Dank gibt es ja tafelfertige Schnecken im Handel. Man sollte sich jedoch vor Nachahmungen und Ersatzprodukten hüten, wie zum Beispiel den Achatschnecken, die immer häufiger angeboten werden.

1. Die kleingeschnittenen Schalotten mit einem Liter Rotwein im Kochtopf aufkochen, auf drei Viertel Liter reduzieren. Die Kalbsbrühe zugeben, nochmals auf die Hälfte des Volumens reduzieren. Pro Person sollte man einen Eßlöffel voll Sauce vorsehen, die am Ende mit Butter aufgeschlagen wird.

2. Den Bauchspeck in Streifen schneiden und blanchieren. Die Perlzwiebeln in Wasser kochen, dann alles in Butter anbraten. Die Champignons in feine Lamellen schneiden, ebenfalls in Butter anbraten. Den rohen Spinat direkt in Butter geben und dünsten. Mit den Schnecken auf dieselbe Weise verfahren, gehackte Schalotten zugeben.

mit Eiern in Rotwein

3. In einem Kochtopf Wasser, Essig und 100 ml Rotwein mischen, aufkochen, der Sud sollte nur leicht brodeln. Die Eier darin wie gewohnt drei bis vier Minuten pochieren, herausnehmen und auf Küchenpapier abtropfen lassen.

4. Auf jedem Teller ein Ei auf einem Spinatbett anrichten. Die Schnecken, die Perlzwiebeln, die Champignons und den Speck drumherumlegen, das Ganze mit der Sauce begießen und mit einigen Kerbelblättern dekorieren.

Tintenfisch-Risotto mit

Vorbereitungszeit: *30 Minuten*
Kochzeit: *17 Minuten*
Schwierigkeitsgrad: ★

Für 4 Personen

160 g	Arborio-Reis
600 g	kleine Tintenfische
200 g	Tomaten
20 ml	Olivenöl
600 ml	klare Geflügelbrühe
300 g	Butter
200 g	Parmesan
4	Basilikumzweige
	Salz, Pfeffer

Risotto ist eigentlich eine Spezialität der Stadt Venedig und ihrer Umgebung. In dieser Region Norditaliens einschließlich der Lombardei kennt man über fünfzig verschiedene Zubereitungsarten dieses Reisgerichts. Dazu gehört natürlich ein italienischer Reis wie zum Beispiel der großkörnige Arborio, der während des ganzen Kochvorgangs behutsam (eine italienische Mamma würde sagen: liebevoll) umgerührt werden muß, und zwar ausschließlich mit einem hölzernen Kochlöffel. Dieser sehr stärkehaltige Reis verdreifacht sein Volumen beim Kochen und wird dabei zart und geschmeidig, besonders wenn man ihm beim Andünsten etwas Butter beigibt. Dabei darf der Reis aber nicht bräunen.

Die Zwergsepia sind kleine Tintenfische und gehören der artenreichen Familie der Kalmare an. Sie ähneln ihren großen Vettern, sind aber nur drei bis sechs Zentimeter groß. Auch sie verstecken sich im Angriffsfall in einer Wolke aus Tinte. Diese kleinen Lebewesen erfreuen sich seit langem in Asien großer Beliebtheit, aber auch in die europäische Gastronomie haben sie nach und nach Einzug gehalten, dabei half ihnen wohl auch die einfache Art ihrer Zubereitung.

Unser Küchenchef empfiehlt, die Tintenfische schon am Vorabend zu reinigen und vorzubereiten, denn diese Arbeit erfordert etwas Zeit und Ruhe. Zuerst entfernt man die Haut dieser Weichtiere, dann schneidet man die Körper der Länge nach in zwei Hälften und wäscht diese sorgfältig in klarem Wasser aus, um Sand und andere Unreinheiten zu entfernen.

In der südfranzösischen Stadt Aigues-Mortes in der Camargue wird zum Osterfest ein berühmtes Spezialitätengericht aus solchen Tintenfischen zubereitet.

1. Den Reis in zuvor erhitzter Butter in einem großen Kochtopf andünsten.

2. Den Reis mit klarer Geflügelbrühe ablöschen. Bei schwacher Hitze kochen lassen und immer wieder etwas Brühe aufgießen, die der Reis beim Kochen aufsaugen soll.

Tomaten und Basilikum

3. Sobald der Reis gar und recht zart ist, Butter zugeben, mit geriebenem Parmesankäse binden.

4. Die Tintenfische wie oben beschrieben vorbereiten, zusammen mit den geschälten, grob geschnittenen Tomaten und dem Basilikum in Olivenöl kurz anbraten. Den Reis auf Tellern anrichten, die Tintenfischstücke darüber legen, mit dem restlichen Bratsaft aus der Pfanne begießen und ein klein wenig Olivenöl darüber geben.

Paniertes Kalbshirn mit

Vorbereitungszeit: *1 Stunde 20 Minuten*
Kochzeit: *15 Minuten*
Schwierigkeitsgrad: ☆☆

Für 4 Personen

4	Kalbshirnstücke
250 g	kleine Pfifferlinge
6	Shiitake-Pilze
40 g	Saubohnen
40 g	Sojasprossen
100 ml	Essig
etwas	Sojasauce
150 ml	Rinderbrühe
150 ml	Kalbsbrühe
1	Friséesalat

1 Bund	Kerbel
1	Thymianzweig
1/2	Lorbeerzweig
	Korianderkörner
	Salz, Pfeffer

Zum Panieren:

1	Ei
50 g	Mehl
50 g	Semmelbrösel
30 g	Senf

Für die Vinaigrette:

150 ml	Balsamessig
100 ml	Traubenkernöl
	Salz, Pfeffer

Trotz der vielen Versuche, die unternommen wurden, um Hirn beliebt zu machen, bleibt es bis heute mit Vorurteilen behaftet – dabei handelt es sich um eine der feinsten Innereien überhaupt. Hirn ist sehr reich an Vitaminen, Phosphor und Proteinen und sollte eigentlich so manchen Feinschmecker überzeugen. Wenn das Hirn wie hier paniert zubereitet wird, stellt es eine wahre Delikatesse dar, außen schön knusprig und innen wunderbar zart.

Die Sojapflanze ist in Europa erst seit etwa 200 Jahren bekannt. Somit haben wir einen Rückstand von rund 5000 Jahren zu den asiatischen Völkern, die diese nahrhafte und schmackhafte Pflanze schon seit frühester Zeit genießen. Zuerst stellte man bei uns aus Soja entweder Öl oder Margarine her, erst nach Ende des Ersten Weltkriegs hat sich die Sojapflanze auch als vollwertiges Gemüse durchgesetzt. Man benutzt die hellen, knackigen Sprossen dieser Pflanze, die allerdings sehr sorgfältig gewaschen werden sollten und vor allen Dingen nicht zu lange gekocht werden dürfen, da sie sonst schlaff werden und ihr Aroma schnell verlieren.

Michel Libotte hat als Beilage zum Kalbshirn eine Mischung aus Pfifferlingen und den vitaminreichen chinesischen Baumpilzen (Shiitake) vorgesehen, die dem Ganzen eine harmonische Note verleiht. Die Saubohnen, die übrigens zur selben Pflanzenfamilie gehören wie die Sojabohnen, waren zwar schon im Altertum bekannt, aber weder bei den Ägyptern noch bei den Griechen oder Römern sehr beliebt. Erst das Christentum hat diese Hülsenfrucht wohlwollend aufgenommen, ist doch die Saubohne in südlichen Ländern das Symbol des Dreikönigsfests. Man sagt sogar, daß Karl der Große diese Bohnen über alles liebte. Man wählt am besten ganz junge Saubohnen aus, denn sie sind am leichtesten verdaulich.

1. Die Hirnstücke eineinhalb Stunden in kaltes Salzwasser einlegen, anschließend Haut, Venen und Blutreste entfernen. Das Hirn zwölf Minuten in gesalzenem Essigwasser pochieren, dem man Thymian und Lorbeerblätter zugibt. Den Schaum abschöpfen. Die Hirnstücke im Kochsud abkühlen lassen. Der Länge nach in schnitzelförmige Scheiben schneiden, salzen und pfeffern, mit Senf bestreichen und panieren.

2. Die Pfifferlinge reinigen, zwei- bis dreimal in klarem Wasser spülen und abtrocknen. Kurz bei starker Hitze anbraten, aus der Pfanne nehmen. Den in der Pfanne verbleibenden Saft mit der Rinderbrühe und der Kalbsbrühe ablöschen, das Ganze einkochen lassen. Die ungemahlenen Korianderkörner zufügen, die Pfifferlinge wieder in die Pfanne geben, noch etwas schmoren lassen, Butter zufügen.

Pfifferlingen und Saubohnen

3. Die panierten Hirnstücke von beiden Seiten drei bis vier Minuten in Butter braten. Die Vinaigrette aus Balsamessig, Traubenkernöl, Salz und Pfeffer zubereiten. Gehackte Kerbelblätter zu den Pfifferlingen geben.

4. Die in Scheiben geschnittenen chinesischen Pilze anbraten. Die Sojasprossen, die blanchierten Saubohnen und einen Schuß Sojasauce zugeben. Anschließend mit Friséesalat mischen und mit der Vinaigrette würzen. Die Hirnstücke auf Tellern anrichten, den lauwarmen Salat in die Mitte geben, die Pfifferlinge dazu geben, mit etwas Sauce begießen.

Grüne Bohnensuppe mit

Vorbereitungszeit: *40 Minuten*
Kochzeit: *45 Minuten*
Schwierigkeitsgrad: ☆

Für 4 Personen

500 g	grüne Bohnen
200 g	Bauchspeck, geräuchert
4	geräucherte Kochwürste
1/4	Sellerieknolle
1/2	Lauchstange
1	Zwiebel
150 g	Kartoffeln
1	Knoblauchzehe, gehackt
40 g	Sauerrahm
	Petersilie
	Salz, Pfeffer

Für die Mehlschwitze:

25 g	Butter
25 g	Mehl
etwas	Gemüsebrühe

Mit dieser Bohnensuppe (»Bouneschlupp«) befinden wir uns mitten in der luxemburgischen Tradition. Dieses Gericht wird das ganze Jahr über zubereitet, in der Saison natürlich mit frischen Bohnen, ansonsten mit Konserven. Die reichhaltigen Zutaten machen aus dieser Suppe schon beinahe ein Hauptgericht, wie überhaupt die gesamte Gastronomie des Großherzogtums sehr sättigende Speisen anbietet. Natürlich werden auch hier nur schmackhafte Zutaten ersten Frischegrades verwendet.

Moderne Anbau- und Zuchtmethoden haben die Bohnen ihrer Fäden entledigt, die man früher unter großen Mühen herausziehen mußte, gleichzeitig sind die Bohnen schmackhafter und zarter geworden. Die anderen Gemüse dieses Rezepts stellen keine besonderen Anforderungen: Der Knollensellerie sollte fest und schwer sein, der Lauch frisch und knackig, und für die Kartoffeln eignet sich am besten die Sorte Charlotte, die das Kochen übersteht, ohne böse Überraschungen zu bereiten.

Beim geräucherten Bauchspeck sollte man besonders auf Qualität achten. Er sollte zu gleichen Teilen Fett und mageres Fleisch enthalten, ansonsten wird er beim Kochen entweder zu trocken oder zu fett. Für den Rest nimmt man deftige Kochwürste, die, wie alle Schweinefleischprodukte in Luxemburg, recht fett sind. Besonders der geräucherte Schinken erfreut sich dort zu Recht großer Beliebtheit. Man sollte allerdings beim Dosieren dieser Zutaten etwas Zurückhaltung üben, allein schon der Gesundheit zuliebe.

1. Die angegebenen Gemüsezutaten waschen, schälen und klein schneiden; in Salzwasser kochen.

2. Den Bauchspeck und eine gehackte Knoblauchzehe zugeben. 30 Minuten kochen lassen, zuletzt die Kartoffeln zugeben, nochmals 15 Minuten kochen.

Räucherspeck und Wurst

3. Aus Butter, Mehl und etwas Gemüsebrühe eine Mehlschwitze zubereiten. Die Suppe damit binden; salzen und pfeffern. Die Würste 20 Minuten in sprudelndem Wasser kochen.

4. Den Bauchspeck und die Würste in Streifen beziehungsweise Scheiben schneiden. Die Suppe in Suppenteller geben, die Wurst- und Speckstücke zufügen, in die Mitte eines jeden Tellers einen Teelöffel voll Sauerrahm geben und das Ganze mit Petersilie bestreuen.

Käseterrine mit Schinken

Vorbereitungszeit: *30 Minuten*
Kochzeit: *1 Stunde 15 Minuten*
Schwierigkeitsgrad: ★★

Für 12 Personen

600 g	Beaufort-Käse
6	Artischockenböden
40	Scheiben Pancetta-Schinken (oder 10 Scheiben Schinken aus Savoyen)
etwas	Mehl
	Zitronensaft
12	Eier
6	Eigelb
250 ml	Milch
100 ml	Weißwein
250 ml	Sahne
100 ml	Essig
	Feldsalat

Für die Senfsauce:

40 g	Senf
300 ml	Kalbsbrühe

Der ausgezeichnete Gastronom Maurice-Edmond Sailland, genannt »Curnonsky«, beschrieb den Beaufort als den Prinzen unter den Käsen und den König unter den Gruyèrekäsesorten. Auch unser Küchenchef Guy Martin verwendet diesen Käse mit Vorliebe. Es stimmt, daß der Beaufort aus Savoyen mit seinem nussigen Aroma das Prädikat »Hochgebirgskäse« zu Recht trägt, denn er wird aus der ausgewählten Milch von Gebirgskühen hergestellt, die für ihr schönes, geflecktes Fell bekannt sind. Der Beaufort muß sechs Monate lang reifen, wodurch die Käsemasse dicht und fest wird. Sie hat übrigens auch keine Löcher, nur manchmal kleine Risse.

Unser Küchenchef empfiehlt, diese Terrine mit Pancetta zuzubereiten, einem nach alter Tradition geräucherten Speck aus Schweinebauch. Aber auch andere europäische Schinkensorten eignen sich für diese Zubereitung, wie zum Beispiel der italienische Prosciutto aus San Daniele oder Parma. Diese norditalienische Region hat überdies ganz besondere Beziehungen zu Savoyen, denn in alten Zeiten durchquerten Händler mit Gewürzen aus dem Orient diese Hochgebirgsregionen, und so diente Savoyen schon immer als Drehscheibe zwischen Frankreich und Italien. Auch spanische Schinkensorten wie zum Beispiel der Serrano, der Iberico oder der Pata Negra bieten eine ausgezeichnete Qualität und passen bestens zu diesem Gericht.

Das Gleichgewicht der verschiedenen Aromen wird auch durch die pochierten Eier mit Senfsauce und die Petersilie erhalten. Es sei hier nochmals darauf hingewiesen, daß zum Pochieren von Eiern nur ganz frische Exemplare verwendet werden dürfen.

Guy Martin fügt hinzu, daß dieses Rezept auch mit Emmentaler Käse realisierbar ist, den man von seiner Festigkeit her mit dem Beaufort vergleichen kann.

1. Den Beaufort in 5 mm dicke Würfel schneiden, den Weißwein dazu geben, über Nacht marinieren lassen. Die Artischockenböden auslösen, in einer Mischung aus Wasser, Mehl, Zitronensaft und Salz kochen. Die Terrinenform mit dünn geschnittenen Pancetta-Scheiben auslegen.

2. Sechs Eigelb in eine Schüssel schlagen, die Sahne und die Milch zugeben, mit dem Schneebesen verrühren, dann den abgetropften Käse zugeben. Die zwölf Eier in kochendem Wasser mit 100 ml Essig pochieren.

und Artischocken

3. Den Boden der Terrinenform mit einem Drittel des Beauforts und etwas Käse-Sahne bedecken. Währenddessen für die Senfsauce 40 g Senf mit 300 ml Kalbsbrühe einkochen lassen. Die Artischockenböden zu Vierecken schneiden.

4. Die Terrinenform mit jeweils einer Lage Artischocken und Käsemasse auffüllen. Das Ganze mit Aluminiumfolie abdecken. 75 Minuten bei 155 °C im Ofen backen und etwas abkühlen lassen. Auf jedem Teller eine Scheibe lauwarmer Terrine legen, daneben je ein pochiertes Ei auf einer Portion Feldsalat anrichten, mit Senfsauce übergießen.

Fischsuppe mit

Vorbereitungszeit: *15 Minuten*
Kochzeit: *30 Minuten*
Schwierigkeitsgrad: ★★

Für 4 Personen

800 g Venusmuscheln
1 große Zwiebel
2 Knoblauchzehen
Saft von 1 Zitrone
3 Scheiben Toastbrot
Butter
100 ml Olivenöl

50 ml Weißwein
2 EL Maismehl
2 Eigelb
Koriander, gehackt

Für den Fischsud:
Fischköpfe und Gräten (von Meeresfischen)
1 Lauchstange
1 Selleriestange
Petersilie
4 schwarze Pfefferkörner
Salz

Die Familie der Muscheln, der ja auch die Venusmuschel angehört, zählt über 500 Arten. Wie unschwer zu erraten ist, verdankt die Venusmuschel ihren Namen der römischen Göttin der Liebe, die der Sage nach in der Schale einer solchen Muschel den Fluten entstiegen sein soll. Bulhão Pato, der berühmteste portugiesische Gastronom des 19. Jahrhunderts, hat diese Muschelart bei seinen Landsleuten bekanntgemacht, seither ist ihr Aroma und ihr zartes Fleisch allseits beliebt.

Die Venusmuschel läßt sich ebensogut lebend verzehren wie gekocht, kalt oder warm, ohne jemals ihren Geschmack zu verlieren. In dem hier vorgestellten Rezept werden die Muscheln in einer schmackhaften Suppe präsentiert, angereichert mit frischen Kräutern. Petersilie, Sellerie und vor allem frischer Koriander sind in Portugal sehr beliebt. Genau dieser Koriandergeschmack dominiert hier alle anderen Aromen und verleiht dem Gericht seinen typischen Charakter, den es beim Dosieren der anderen Zutaten zu bewahren gilt.

Wenn nötig, kann die Fischsuppe auch im voraus zubereitet werden. Man bindet sie dann einfach kurz vor dem Servieren mit einem Eigelb. Die Suppe darf aber auf keinen Fall mehr kochen. Auch der Koriander wird in diesem Fall erst im letzten Moment zugefügt, ansonsten würde er zuviel von seinem Aroma verlieren. Es empfiehlt sich, die Brotcroûtons nicht in der Suppe zu servieren, sondern getrennt, so daß sich jeder Gast nach Belieben davon bedienen kann. Zudem bilden die Croûtons einen interessanten Kontrast zur cremig-zarten Suppe.

1. Die Muscheln sorgfältig waschen, mindestens zwei- oder dreimal abspülen und in Weißwein aufkochen, um sie zu öffnen. Diesem Sud Fischköpfe und Gräten, Lauch, Sellerie, Petersilie, Pfefferkörner und Salz zugeben, erneut aufkochen, dann durch ein Sieb passieren.

2. In einer größeren Kasserolle die Zwiebel und den gehackten Knoblauch zehn Minuten in Olivenöl bei schwacher Hitze dünsten, dann den Fischsud zugeben.

Venusmuscheln

3. Das Maismehl mit kaltem Wasser anrühren, in die Suppe mischen und nochmals aufkochen.

4. In einer Schüssel das Eigelb, den Zitronensaft und den gehackten Koriander verrühren. Die Suppe vom Herd nehmen, die Koriandermischung zugeben, die Suppe damit binden und unverzüglich servieren. Toastbrot in Würfel schneiden und in Butter goldbraun braten. Die Croûtons werden separat gereicht.

Frikassee von Schnecken

Vorbereitungszeit: *1 Stunde*
Kochzeit: *2 Stunden 30 Minuten*
Schwierigkeitsgrad: ★★★

Für 4 Personen

40	Weinbergschnecken
1/2	kleiner Kalbskopf
1	Kalbsfuß
2	Tomaten, 1 Karotte
1	Lauchstange, 1 Zwiebel
1/4	Sellerieknolle
1	Schalotte
2	Knoblauchzehen
	Brotkrumen
50 ml	Olivenöl
30 g	Parmesan, gerieben
1	Lorbeerblatt, Thymian
4	Rosmarinzweige
4	Salbeiblätter
	Gurkenkrautblüten
	Staudenselleriebläter
	Gewürznelke, Petersilie
etwas	Schnittlauch
	Salz, 10 schwarze Pfefferkörner

Für die Gemüsebeilage:

400 g	Blattspinat
2	Kartoffeln
1	Schalotte
50 g	Butter
	Olivenöl

Für die Sauce:

200 ml	Fond vom Kalbskopf
	Rotwein (Banyuls)
etwas	Butter

Die wahre Gastronomie kümmert sich nicht um Grenzen. Ein gutes Beispiel dafür ist das hier vorgestellte Gericht: Kalbskopf aus Deutschland (hauptsächlich Baden-Württemberg), Rösti aus der Schweiz, Weinbergschneckenfrikassee nach Burgunder Art, ein Wein aus den schwarzen Grenache-Trauben Kataloniens und nicht zuletzt Olivenöl aus Italien. Was braucht man mehr, um das vereinte Europa zu bauen?

Unser Küchenchef schlägt die Weinbergschnecke vor, die jener aus der Bourgogne sehr ähnlich ist. Dies ist nicht weiter verwunderlich, denn auf beiden Seiten der Grenze liegen berühmte Weinbaugebiete. Schnecken allein haben aber nicht genügend Eigengeschmack, und so fügt ihnen unser Küchenchef zur Unterstützung zartes Kalbskopffleisch hinzu. Auch ein gutes Kalbsbries würde sich dazu bestens eignen. Dieses zarte Ragout bildet einen interessanten Kontrast zu den knusprigen Rösti, die diesmal aus rohen Kartoffeln hergestellt werden. Unser Chef empfiehlt dafür die Kartoffelsorte Bintje, da diese nicht sehr mehlig sind und beim Braten nicht zerfallen.

Die Dekoration ist nicht gerade das Einfachste bei der Zubereitung dieser komplexen Vorspeise, davon zeugt schon die Verwendung von gebratenem Kalbsfuß oder Gurkenkrautblüten und Majoran. Die Aromen dieser Pflanzen heben den Geschmack des Frikassees noch hervor. Letztendlich gibt der Wein aus Banyuls das Seine hinzu. Dieses Produkt mittelalterlicher Winzerkunst entfaltet sein Aroma erst mit der Zeit. Früher war seine Verbreitung regional begrenzt, heute ist er in jedem guten Weinkeller Europas ein Muß.

1. Den Kalbskopf und den Kalbsfuß säubern und mit der Karotte, dem Lauch und dem Sellerie zusammen kochen. Den Kalbskopf nach einer Stunde herausnehmen, den Fuß noch eine weitere Stunde kochen lassen. Das Kalbskopffleisch in kleine Würfel schneiden, kalt stellen. Das Kalbsfußfleisch von den Knochen lösen, in 5–6 cm lange Streifen schneiden.

2. Auf Backpapier die Kalbsfußstreifen gitterförmig anrichten, kalt stellen. Anschließend diese Gitter in Olivenöl braten. Diese Arbeit erfordert sehr viel Feingefühl. Zur Zubereitung der Sauce den Wein und die Kalbsbrühe mischen und eindicken, bis die Sauce sirupartig wird. Vom Herd nehmen, die Butter unterrühren und durch ein Sieb passieren, würzen.

und Kalbskopf in Banyuls

3. In einer beschichteten und mit Knoblauch ausgeriebenen Pfanne das Öl und etwas Butter erhitzen. Die Schnecken, die Kalbskopfwürfel und gehackte Schalotte hineingeben, drei bis vier Minuten braten. Mit der Sauce ablöschen, die gewürfelten Tomaten, Kräuter und Brotkrumen zugeben, würzen und abschmecken. Den Spinat kochen, dann in Butter und gehackter Schalotte wenden.

4. Die Rösti aus dünn geschnittenen, rohen Kartoffelstreifen zubereiten, in Olivenöl in der Pfanne braten. Die Rösti auf Tellern anrichten, ein Häufchen Spinat darüber geben, das Ragout darauf anrichten, mit geriebenem Parmesan bestreuen und kurz überbacken. Das Ganze mit den Gittern aus Kalbsfuß und den Gurkenkrautblüten dekorieren, eine Schnecke im Häuschen daneben legen.

Meeresfrüchtetopf

Vorbereitungszeit: *40 Minuten*
Kochzeit: *30 Minuten*
Schwierigkeitsgrad: ★★

Für 4 Personen

8	große Langustinen
1	Hummer à 500 g
300 g	kleine Tintenfische (mit ihrer Tinte)
300 g	Venusmuscheln und Herzmuscheln
100 g	Reis
1	grüne Paprikaschote
	Zwiebeln
3	Knoblauchzehen
	Petersilie, gehackt
1 l	Olivenöl
600 ml	Fischsud (ungesalzen)
	Salz, Pfeffer

Für die Hummerbrühe:
Karotten
Zwiebeln (mit Gewürznelken)
Sellerie
Lorbeer

Diese katalanische Spezialität war ursprünglich eine Fischermahlzeit. An Bord wird nur der Reis mitgenommen, alle anderen Zutaten werden an Ort und Stelle frisch gefangen. Auch wenn heute aus diesem einfachen Essen eine gastronomische Leckerei gemacht wurde, darf man den rauhen Alltag dieser Fischer nicht vergessen. Schon Victor Hugo sagte von ihnen: »Arme Leute, sie müssen des nachts fort ins Dunkle, ins Ungewisse. Harte Arbeit, alles ist kalt, alles ist schwarz, kein Lichtschimmer«.

Auf einem kleinen Fischkutter besteht die Besatzung gewöhnlich aus acht Männern, von denen normalerweise immer derselbe die Suppe zubereitet. Auf solchen Booten wird aus Sicherheitsgründen nicht fritiert oder gebraten. Die Fische werden zerstampft und mit Reis oder dünnen Nudeln gekocht. Die spanische Tradition verlangt nach rundkörnigem Reis, den man beim Kochen immer wieder mit Brühe aufgießt, so daß er nicht oder nur sehr leicht klebt .

Die Tinte der Tintenfische verleiht diesem Eintopf nicht nur eine sehr ungewöhnliche schwarze Farbe, sie dient auch der Harmonisierung der verschiedenen Aromen aus dem Meer. Übrigens gibt es heute Tintenfischtinte auch tafelfertig in Dosen zu kaufen, das erspart die umständliche Handhabung der Tintenbeutel dieser Weichtiere.

Jean-Louis Neichel empfiehlt, den Fischsud mit einem kleinen Knurrhahn zuzubereiten. Dieser Fisch wird ungewaschen und nicht geschuppt in Wasser gekocht, dem man Safran und Bohnenkraut zugibt. Nach dem Kochen wird das Ganze zerstoßen und durch ein feines Sieb passiert.

1. Zwiebeln und die grüne Paprikaschote klein schneiden. Die Tintenfische waschen und gut abspülen, die Tinte aufbewahren. Das Gemüse und die Tintenfische 15 Minuten mit Olivenöl in einer Pfanne braten, die Pfanne dabei bedecken. Den Hummer in Gemüsebrühe aus Zwiebeln, Karotten, Sellerie und Lorbeer kochen.

2. Den Knoblauch und die gehackte Petersilie in Olivenöl andünsten. Die mit Wasser gestreckte Tinte und den Reis zugeben, alles gut mischen. Nach und nach den Fischsud einrühren.

nach Seemannsart

3. Die Muscheln waschen, zu den Tintenfischen in den Topf geben und würzen. 15 Minuten kochen lassen, bei halber Kochzeit abschmecken und gegebenenfalls nachwürzen.

4. Ein wenig vom gebratenen Knoblauch mit Petersilie und einigen Tropfen Olivenöl zerstampfen. Zu den Muscheln geben, zugedeckt stehen lassen. Die Langustinenschwänze braten, das Hummerfleisch aus dem Panzer lösen und in Scheiben schneiden. Die Muschel-Reis-Mischung in Suppentellern anrichten, mit Hummerscheiben und Langustinenschwänzen dekorieren.

Austern im Lauchbett

Vorbereitungszeit: *30 Minuten*
Kochzeit: *10 Minuten*
Schwierigkeitsgrad: *★*

Für 4 Personen

4		Dutzend Austern
3		Lauchstangen
1		Zitrone
200	g	Süßrahmbutter
1	EL	blauer Mohn
		Salz, Pfeffer aus der Mühle

Heutzutage wird nur der Samen des Mohns gegessen, in früheren Zeiten wurden aber auch die Blätter dieser Pflanze ähnlich wie Spinat verzehrt. In bestimmten Regionen Asiens kennt man auch das Mohnöl oder »huile d'oeilette«. Wohlbekannt ist die pharmazeutische Verwendung von Mohn und ebenso, daß sich aus ihm Opium gewinnen läßt. Obwohl Mohn hauptsächlich in der Bäckerei verarbeitet wird, kann er auch zum Würzen herzhafter Speisen verwendet werden, wie zum Beispiel eines Gerichts mit warmen Austern, die die Hauptzutat dieses Rezepts bilden. Damit die Mohnsamen aromatischer werden, sollte man sie einige Minuten im Backofen rösten.

Für dieses Rezept sollte man Austern aus der Bretagne (»huitres creuses«) wählen, und zwar nach Möglichkeit eine besondere Art, deren tiefgrüne Farbe als ihr Markenzeichen gilt. Sie werden aus großer Meerestiefe geholt, was ihr saftiges und festes Fleisch ausgiebig aromatisiert. Man prüft die Frische der Austern, indem man den Austernrand mit der Spitze eines Messers berührt. Die lebende Auster wird sich sofort leicht zurückziehen.

Es hat einige Zeit gedauert, bis die Anhänger der rohen Austern eingesehen haben, daß diese auch warm zu genießen sind. Austern sollten allerdings weder zu kurz noch zu lange gekocht werden. Im ersten Fall fehlt ihnen die Konsistenz und im zweiten werden sie zu zähem Gummi. Gleiches oder Vergleichbares gilt für den Lauch, der weder halbgar noch verkocht serviert werden sollte. Von der feinen Dosierung hängt offensichtlich der Erfolg des Ganzen ab.

Paul Pauvert ist durchaus damit einverstanden, daß die Austern durch Seezungenfilets ersetzt werden, die ebenfalls sehr gut mit dem Mohn harmonieren.

1. Die Austern öffnen und aus der Schale lösen. Dann einige Minuten im vorher passierten eigenen Saft pochieren. Abtropfen lassen. Die Mohnsamen im Backofen leicht rösten.

2. Die Lauchstangen in Rauten schneiden. In 50 g Butter dünsten. Einen Eßlöffel Austernsud zugeben und die Hitze langsam reduzieren. Mit Pfeffer würzen und fünf Minuten bei schwacher Hitze köcheln lassen.

mit Mohnbutter

3. Den Lauch beiseite stellen. Aus 150 g Butter, dem reduzierten Austernfond und dem Saft einer Zitrone eine Buttersauce herstellen.

4. Die Mohnsamen und eine Prise Pfeffer aus der Mühle zufügen. Die Lauchrauten auf Tellern anrichten und die Austern in Rosetten darauf plazieren. Mit der Buttersauce bedecken. Heiß servieren.

Artischocken mit Oliven

Vorbereitungszeit: *1 Stunde*
Kochzeit: *30 Minuten*
Schwierigkeitsgrad: ★

Für 4 Personen

4	Artischocken
100 g	Ziegenkäse
4	Fleischtomaten
	Saft von 1 Zitrone
500 g	Kartoffeln, mehlig kochend
2	Anchovisfilets
50 g	schwarze Oliven
	Koriander, rote Pfefferkörner
5	Basilikumblätter, Thymian

1/4	Lorbeerblatt
1/4	Knoblauchzehe, 2 Eigelb
50 ml	Milch, 50 ml Sahne
100 ml	Olivenöl
20 g	frische Butter
	Salz, Pfeffer

Für den Petersiliensaft:

200 ml	Gemüse- oder Geflügelbrühe
1 Bund	glatte Petersilie
50 g	junge Spinatblätter
	Kerbelzweige
1 TL	Knoblauch, gehackt
30 g	sehr kalte Butter
	Salz, Pfeffer aus der Mühle

Als weit entfernter Abkömmling der Distel kam die Artischocke erst in jüngster Zeit auf unseren Tisch, nachdem sie eine durchaus ehrenhafte Karriere als Diuretikum in der Heilkunde hinter sich gebracht hatte. Erst in der Renaissance wurde sie nach einem bemerkenswerten Entrée bei Hofe zu einem beliebten Bestandteil der königlichen Tafel.

Es gibt im wesentlichen zwei große Artischockenfamilien: Jene der südlichen Gebiete, die häufig roh gegessen wird, wie die in Italien und in der Provence angebaute, kleine violette Artischocke oder »poivrade«, und jene aus der Bretagne oder dem Norden, die in kochendem Wasser gegart wird. Die große grüne Artischocke aus Laon und insbesondere die stumpfnasige aus der Bretagne, die unser Küchenchef hier empfiehlt, gehören zu der zweiten Kategorie. Auf keinen Fall darf man vergessen, kurz vor der Zubereitung den Stiel mit einer schnellen Bewegung abzudrehen. Auf diese Weise entfernt man zugleich eine ganze Anzahl zäher, faseriger Stränge, die bis in den Artischockenboden hineinreichen.

Es gibt in Frankreich eine Vielzahl von verschiedenen Ziegenkäsesorten, die teils in Asche gereift sind und in unterschiedlichen Reifegraden zu erhalten sind. Nur sechs von ihnen rühmen sich einer geprüften Herkunftsbezeichnung, und ihre Hersteller wachen eifersüchtig über die Qualität ihrer Veredelung, die zu einem großen Teil die Raffinesse ihres Geschmacks ausmacht. Für diese Vorspeise wählt man einen kleinen Käse, der nach einer kurzen Reifezeit von nur zwei Wochen noch seine weiche Konsistenz hat.

Die in Salzlake konservierten Anchovis müssen sorgfältig in Wasser oder Milch abgespült werden, um den Salzgeschmack zu mildern. Wenn man statt der krausen Petersilie die aromatischere glatte Petersilie verwendet, schmeckt der Petersiliensaft kräftiger.

1. Die Artischockenblätter entfernen. Den Stiel abdrehen. Schön geformte Böden herausschneiden und mit Zitrone beträufeln.

2. Zum Kochen der Artischockenböden Pfefferkörner, Lorbeer, zerstoßenen Koriander, Thymian und fein in Scheiben geschnittenen Knoblauch mit Wasser bedecken. 50 ml Olivenöl zufügen. Die Böden zugeben und etwa 20 Minuten bei schwacher Hitze kochen lassen. Das Artischockenheu entfernen.

und Ziegenkäse gefüllt

3. Die Tomaten überbrühen, häuten und zerkleinern. Die Oliven entkernen und in kleine Würfel schneiden. Den Ziegenkäse würfeln. Die Anchovisfilets in kaltem Wasser zehn Minuten entsalzen. Das Basilikum klein schneiden. Diese Zutaten mit 50 ml Olivenöl mischen und auf die Artischockenböden streichen. Das Kartoffelpüree zubereiten.

4. Die gefüllten Böden mit einem Eßlöffel Kartoffelpüree bedecken, bis sie kleinen Halbkugeln ähneln. Das Eigelb mit der Sahne mischen. Das Püree damit bepinseln und unter dem Grill bräunen. Gemüsebrühe erhitzen, zerkleinerte Kräuter und Spinat zugeben und kurz aufkochen. Pürieren und durch ein Sieb geben, mit Butter aufschlagen. Auf Tellern anrichten und mit Petersiliensaft umgießen.

Tortelloni nach

Vorbereitungszeit:	*45 Minuten*
Kochzeit:	*20 Minuten*
Schwierigkeitsgrad:	★★

Für 4 Personen

12 frische, grüne Lasagneblätter

Für die Füllung:

100 g	Séré-Käse (Ricotta oder Sérac)
20 g	rote Paprikaschoten
20 g	gelbe Paprikaschoten

20 g	grüne Paprikaschoten
1	Aubergine
1	Ei
	Olivenöl
	Salz, Pfeffer aus der Mühle

Für die Dekoration:

4 EL	Olivenöl, kaltgepreßt
4	Oliven
2	Knoblauchzehen
4	Basilikumblätter
	Parmesankäse

Zweifellos verdankt Roland Pierroz dieses mediterrane, nach Olivenöl und Basilikum duftende Rezept, das wenig mit der Schweizer Küche gemein hat, seiner italienischen Abstammung. Als nach Nizzaer Art geben sich diese Tortelloni wegen ihrer Füllung auf der Grundlage von Auberginen, Paprika und Oliven aus, so wie es in der alten Grafschaft Nizza gebräuchlich war, die erst seit 1860 zu Frankreich gehört.

Beginnen Sie mit der Zubereitung des feinen Teigs, der mit einem Nudelholz sehr dünn ausgerollt wird. Er sollte aus glutenreichen italienischen oder kanadischen Hartweizenmehl bestehen, das so schmackhafte Nudeln liefert, wie man sie sich nur wünschen kann.

Besonders gut verbinden sich diese Tortelloni mit Gemüse aus der Region, wie der Aubergine. Dazu wählen Sie am besten eine Aubergine mittlerer Größe mit einer glatten und sehr glänzenden violetten Schale. Die Paprikaschoten sind unabdingbar, denn sie verleihen der Füllung Farbe und weiche Konsistenz, ebenso wie das Olivenöl, das schon von sich aus den Duft südlicher Länder heraufbeschwört. Es ist bemerkenswert, daß unser Küchenchef auch den Séré in sein Rezept einbaut, einen weißen Käse aus der Schweiz lateinischen Ursprungs (der Name leitet sich von »serum«, d.h. »Molke« her), der hier seiner Konsistenz wegen die Rolle des Bindemittels spielt.

Einige Abänderungen sind erlaubt, solange sie zur Atmosphäre des Mittelmeers passen. So eignen sich für die Füllung auch gut Tomaten und Zucchini. Die gefüllten italienischen Nudelgerichte, die in einer Vielzahl von Variationen existieren, bieten ständig Gelegenheit für Phantasie und Innovationen.

1. Den Parmesan mit einem Küchenhobel in feine Späne reiben. Das Basilikum hacken. Die Knoblauchzehen schälen, in feine Scheiben schneiden und braten. Auf Küchenpapier abtropfen lassen.

2. Die Aubergine sowie die grünen, roten und gelben Paprikaschoten fein würfeln. In Salzwasser kurz aufkochen lassen, aber darauf achten, daß sie fest bleiben. Abtropfen lassen und dann kurz in Olivenöl anbraten. Auf Küchenpapier abtropfen lassen.

Nizzaer Art

3. Das Ei aufschlagen. Einen Topf mit Wasser zum Kochen bringen. Das Ei durch ein Sieb passieren, um es zum Stocken zu bringen. Den Topfinhalt erneut durch ein Sieb geben. Die zurückbleibende Eimasse mit dem Gemüse und dem Käse mischen und würzen. Jeweils einen Eßlöffel der Farce auf die Lasagnequadrate geben.

4. Die Quadrate zu Dreiecken falten. Die Ränder zusammenkleben und angleichen. Die Tortelloni im Dampf garen. In einer Kasserolle fünf Eßlöffel Olivenöl mit dem Basilikum langsam erhitzen. Die Tortelloni in der Tellermitte anrichten. Basilikumöl und Parmesan darüber geben. Mit Oliven und gebratenem Knoblauch dekorieren.

Zucchiniblüten mit

Vorbereitungszeit: *14 Minuten*
Kochzeit: *15 Minuten*
Schwierigkeitsgrad: ★★

Für 4 Personen

650 g	Venusmuscheln
12	Zucchini mit Blüten
2	Tomaten
1	Zucchino
40 g	Trüffeln
1	Eigelb
etwas	Wein
200 ml	Sahne
200 ml	Olivenöl
60 g	Butter
1 Bund	Basilikum
	Salz, Pfeffer aus der Mühle

Bedauerlicherweise kennt man bei uns nicht alle Zucchiniarten. Die bekannteste unter ihnen, die »Diamant«, übertrifft alle anderen und scheint auch tatsächlich die beste zu sein. Es lassen sich sicherlich noch viele andere Zubereitungsmöglichkeiten für dieses Gemüse finden, das im Orient ein Symbol für Überfluß und Fruchtbarkeit darstellt und das sich über die mediterrane Küche hinaus inzwischen überall in Europa verbreitet hat.

Nach dem Bild zu urteilen, das der Süden Frankreichs bietet, sind Zucchiniblüten dort ein beliebtes und häufiges Gericht. Der Zucchino selbst ist dabei zwar nur von geringer Größe, dafür aber um so wohlschmeckender, weil die weitgeöffnete und entwickelte Blüte gut gefüllt werden kann. Natürlich müssen diese kleinen Zucchini im richtigen Moment geerntet und baldmöglichst verarbeitet werden. Behutsam in die Blüte pusten, um sie zu öffnen. Die Stempel entfernen und die Blüten schnell blanchieren und dann sofort in Eiswasser abschrecken. Das Füllen der Blüte mit einer Farce ist nicht ganz leicht und wird wahrscheinlich etwas Hilfe und einige Übung mit diesem jungen Gemüse erfordern.

Als Begleitung zu den Zucchini empfiehlt unser Küchenchef Meeresfrüchte, die kaum mehr Zubereitung verlangen, als auf dem Teller angerichtet zu werden. Wenn sie schön frisch sind, werden die Venusmuscheln oder »clovisses« allen Ansprüchen gerecht, und dies um so mehr, wenn sie aus Sète kommen, dem Haupthafen des Mittelmeers, wo diese Muscheln gefangen werden. Von dem Wort »clovisse« leitet sich »clovissère« her, der Name für ein Fischfanggerät, mit dem der Boden der Meereslagunen von Languedoc-Roussillon durchkämmt wird. Besonders im Sommer ist dieses Gericht eine ideale Verbindung zwischen Früchten des Meeres und der Gärten.

1. Vorsichtig die Blütenstempel der Zucchiniblüten entfernen. Die Zucchinistiele abschneiden. In siedendem Wasser 15 Sekunden blanchieren. Abkühlen lassen und der Länge nach halbieren. Abgetrennte Hälften aufbewahren.

2. Abgeschnittene Zucchinihälften und den kleingeschnittenen Zucchino für die Füllung kochen, die Sahne reduzieren und beiseite stellen. Die Muscheln in Wein kochen, bis sie sich öffnen, dann vom Herd nehmen. Aus der Schale lösen, abspülen und zurück in den Sud geben. Die Zucchini nach einigen Minuten Kochzeit vom Herd nehmen. Mit Eigelb und der reduzierten Sahne mischen.

Muschelfüllung

3. Die Tomate häuten und würfeln. Die Trüffeln säubern, schälen und in feine Streifen schneiden. Die Hälfte der Muscheln zufügen und würzen. Diese Farce mit dem Spritzbeutel in die Zucchiniblüten füllen.

4. Die Zucchini in eine feuerfeste Form legen. Etwas Wasser und das Olivenöl auf den Boden geben und dann würzen. Mit Alufolie bedecken und 25 Minuten bei 180 °C backen. Die restlichen Muscheln zugeben und würzen. Die Kochflüssigkeit der Zucchini mit Butter und Trüffelschalen mischen. Die Zucchini anrichten, mit der Sauce beträufeln und mit Trüffelstreifen, Tomaten und Kräutern dekorieren.

Warmer Salat mit

Vorbereitungszeit: *1 Stunde*
Kochzeit: *15 Minuten*
Schwierigkeitsgrad: ★

Für 4 Personen

600 g	Seeteufelschwanz
1	große Kartoffel
einige	gemischte Salatblätter
1	Ei
100 g	Mehl
	Fritierfett
2 EL	Vinaigrette
	Salz
	frisch gemahlener weißer Pfeffer

Für die Senfsauce:

175 ml	Crème double
2 EL	grober Senf

Diese in Großbritannien gebräuchliche Art der Fischzubereitung beweist, daß es nicht schwer ist, mit sehr preiswerten Zutaten zu einem schmackhaften und ausgeklügelten Gericht zu kommen. Besonders delikat ist der Kontrast zwischen dem cremigen Salat und den knusprigen Pommes frites und Fischkrapfen.

Die Wahl des Seeteufels verrät die Herkunft unseres Chefkochs. Es werden in irischen Gewässern zwei Hauptarten der Lotte gefangen: der Gemeine (»Lophius piscatorius«) und der häufigere Rote Seeteufel (»Lophius budegassa«). Der kräftige Geschmack und die fleischige Konsistenz verleihen ihnen einen guten Ruf. Um ihre saftige Konsistenz zu erhalten, sollten Sie die Seeteufelstücke zuerst über Dampf garen und sie erst im letzten Moment in den Fritiertopf geben.

Die von den Iren sehr geschätzte Kartoffel ist Bestandteil zahlloser Rezepte der Insel. Die Sorte »Mary Popper« eignet sich besonders gut, knusprige Pommes frites zuzubereiten, aber gute Ergebnisse erzielt man auch mit der Sorte »Stella« oder »Apollo«. Damit sie leichter werden, läßt Paul Rankin die geschnittenen Kartoffeln 24 Stunden in kaltem Wasser weichen. Sie verlieren so einen beträchtlichen Teil ihrer Stärke. Ein langsames Garen in der Friteuse macht sie außerdem wunderbar knusprig.

Diese Vorspeise kann immer und überall gegessen werden. Eine heiße Tasse Tee paßt sehr gut zu der von ihr verkörperten britischen Tradition.

1. Zwei Eßlöffel Crème double abnehmen, den Rest zum Kochen bringen. Eine Minute köcheln lassen, bis sie leicht angedickt ist. Vom Herd nehmen und den Senf zufügen. Die Kartoffel schälen und in streichholzdicke Stifte schneiden. Eine Stunde in kaltes Wasser legen, damit sie Stärke verlieren.

2. Den Seeteufelschwanz in Stücke von 1 cm Dicke schneiden. Das Ei und die übrige Crème double mischen, die Stücke vom Seeteufel darin wälzen. Gründlich in Mehl wenden, bis die ganze Crème-Ei-Mischung aufgenommen ist.

»Fish and Chips«

3. Die Seeteufelstücke drei Minuten bei 190 °C fritieren. Herausnehmen und auf Küchenpapier abtropfen lassen. Salzen und pfeffern. Anschließend die Pommes frites ebenso zubereiten.

4. Kurz vor dem Servieren Salatblätter in der Vinaigrette wenden und auf vier Tellern verteilen. Die Pommes frites und Seeteufelstücke auf dem Salat anrichten. Einen feinen Hauch Senfsauce darüber geben.

Frikassee von Schnecken und

Vorbereitungszeit:	*40 Minuten*
Kochzeit:	*10 Minuten*
Schwierigkeitsgrad:	★★

Für 4 Personen

24	kleine Kalmare
32	Schnecken
12	Seegurken
1	schwarze Blutwurst
200 g	kleine Zwiebeln

Für den »sofrito«:

500 g	reife Tomaten
1 kg	Zwiebeln
	Zucker, Salz

Für die Sauce:

	Greifarme der Kalmare
500 ml	Gemüsebrühe (Lauch, Petersilie, Blattsalat, 1 Schalotte)
etwas	Safran
	Olivenöl aus erster Pressung

Für die Dekoration:
Kerbel
Schnittlauch, Petersilie
Basilikum, graues Salz
Mandeln (nach Wunsch)

»El Racó de Can Fabes« liegt äußerst günstig am Fuß der Berge, aber nur einige Kilometer vom Mittelmeer entfernt, und ist somit prädestiniert für diese Zusammenstellung von Schnecken und Kalmare. Diese beiden Zutaten, die auf dem Teller das klassische Bündnis von Land und Meer veranschaulichen, sind hier durch den einfachen »sofrito« verbunden, einer traditionellen katalanischen Beilage auf der Grundlage von Tomaten und Zwiebeln.

Die Zutaten sind nicht schwer zu bekommen, denn die kleinen grauen Weinbergschnecken, die man an regnerischen Sonntagmorgen zu Massen findet, sind hier genau richtig. Sie sind im Überfluß beiderseits der Pyrenäen vorhanden, wo die Liebhaber sie als »bouer« bezeichnen.

Dagegen müssen Kalmare sorgfältig ausgesucht werden, vorzugsweise am Ende des Sommers, wenn die beste Saison dafür ist. Falls man sie sogar selbst fischen möchte, sollte man die Verwendung eines Schleppnetzes vermeiden und »a la potera« (Angel mit Spezialhaken) fischen, wie es Santi Santamaria tut aus Sorge darüber, er könnte die Weichtiere beschädigen. Wer sich auf banalere Weise aus den Auslagen eines Fischgeschäfts versorgt, kann auch unbesorgt Tintenfische (»chipirones«) kaufen, jene kleinen Kalmare, die die Spanier so sehr schätzen und zu jeder Tages- und Nachtzeit in »tapas« verzehren.

Vielleicht entdeckt man bei dieser Gelegenheit auch die Seegurke, deren jodhaltiger Geschmack diese knusprige Vorspeise ergänzt. Im Gegensatz zum Augenschein handelt es sich dabei um Tiere mit einer zähen Haut, die mit beweglichen Fangarmen besetzt ist. Es ist bei Tisch wenig angebracht, die erstaunlichen Gewohnheiten dieser Echinodermen zu erläutern, die von den Wissenschaftlern »Holothuria tubulosa« benannt wurden.

1. Die Kalmare säubern. Die Fangarme abtrennen und für die Sauce zurücklegen. Die Fangarme auf der Arbeitsfläche zerkleinern und in einer Pfanne braten, bis sie goldbraun sind.

2. Die gekochten Schnecken aus ihren Schalen lösen. In einer beschichteten Pfanne die kleinen Zwiebeln und Kalmare getrennt braten. Am Ende des Garvorgangs die Schnecken hinzufügen. Für den »sofrito« die Zwiebeln in feine Streifen schneiden, in Öl bräunen und die zerkleinerten Tomaten zufügen. Dünsten, dann im Backofen die Flüssigkeit reduzieren. Mit Salz und Zucker abschmecken.

Kalmare mit »sofrito«

3. Für die Sauce zu den gebräunten Fangarmen die gehackte Schalotte, die anderen Saisongemüse und den Safran zufügen. Mit der Gemüsebrühe ablöschen und um 20% reduzieren. Fünf Minuten ziehen lassen, damit alles Farbe annimmt. Mit Olivenöl aus erster Pressung mischen und abschmecken.

4. Die Blutwurstscheiben in einer Pfanne anbraten. Die Seegurken halbieren (nachdem die Extremitäten gesäubert wurden), in einer Bratpfanne anbraten und zur Kalmare-Mischung geben. Die Kalmare und Seegurken in der Tellermitte anrichten. Die Schnecken und ein Häufchen »sofrito« ringsum plazieren. Mit Kräutern dekorieren.

Eier im Schlafrock mit

Vorbereitungszeit: *5 Minuten*
Kochzeit: *20 Minuten*
Schwierigkeitsgrad: ★★

Für 4 Personen

4	Eier
100 g	Gänsestopfleber
1	weiße Trüffel
1	Schalotte
50 g	Butter
1/2 Glas	Portwein
1/2 Glas	Hühnerbrühe
100 ml	Crème fraîche
	Essig, Salz, Pfeffer

Die weiße Trüffel ist in der Saison von Ende September bis zum Januar äußerst wohlschmeckend. Sie stammt aus der Region von Alba im Piemont, die dem Namen nach eben genau »die Weiße« bedeutet, und deren Weine Dolcetto und Barolo (unserem Küchenchef zufolge der »König der Weine«) in ganz Europa berühmt sind. Von der schwarzen Trüffel unterscheidet sie sich dadurch, daß sie schon vor dem Kochen im rohen Zustand ihr Aroma verströmt. In diesem köstlichen, traditionellen Rezept kann man sie kennenlernen. Ezio Santin, der es seit Jahren praktiziert, verbürgt sich für den Erfolg.

Diese Vorspeise sollte mit ganz frischen Eiern hergestellt werden, die man aus der Kategorie A mit einheitlichem Gewicht von etwa 60 g auswählt. Größere Eier sind nicht unbedingt frischer oder gar besser. Es ist empfiehlt sich, sie in ungesalzenem, mit etwas Essig versehenem Wasser zu pochieren, das, um das Auslaufen des Eiweiß zu verhindern, nur leicht kochen darf.

Die Sauce selbst sollte aus Gänseleberterrine zubereitet und nicht übertrieben gewürzt werden, denn das Trüffelaroma wird durch geschmacklich zu kräftige Zutaten überdeckt und dadurch unweigerlich zerstört. Der Saucenfond aus Portwein muß stark reduziert werden, und die Gänsestopfleber sollte erst nach dem vollkommenen Verkochen der Schalotte zugefügt werden. Es muß sicher nicht extra betont werden, daß der Portwein, der hier zwar nur eine Nebenrolle spielt, von edler Qualität sein sollte.

Die Präsentation dieser Vorspeise erfordert etwas Sorgfalt. Die Eier sollten der Gleichmäßigkeit halber umgedreht werden und von Sauce bedeckt sein, die hier die Rolle eines »Schlafrocks« oder »Mantels« spielt.

1. Ein Stück Butter in eine Bratpfanne geben und die gehackte Schalotte zufügen. Den Portwein zugießen und um drei Viertel reduzieren. Dann die Hühnerbrühe und Crème fraîche zufügen.

2. Erneut zum Kochen bringen und auf die Hälfte reduzieren. Vom Herd nehmen und die gewürfelte Gänseleber und die Butter in der Küchenmaschine unterrühren. Abschmecken und im Wasserbad warm stellen.

Gänseleber und weißer Trüffel

3. Die Eier vier Minuten in kochendem, ungesalzenem und mit etwas Essig vermischtem Wasser pochieren. Auf einem Tuch abtropfen lassen, Unregelmäßigkeiten entfernen.

4. Die pochierten Eier auf Tellern anrichten, mit der Gänseleber-Sauce begießen und mit geraspelter weißer Trüffel bestreuen.

Kleine Kartoffel

Vorbereitungszeit: *10 Minuten*
Kochzeit: *25 Minuten*
Schwierigkeitsgrad: ☆☆

Für 4 Personen

600	g	Bintje-Kartoffeln
750	g	kleine Steinpilze
2		Knoblauchzehen
1	TL	Petersilie, gehackt
5		Thymianzweige
110	g	Mehl
1	EL	Parmesan, gerieben
30	g	Butter
4	EL	Olivenöl, kaltgepreßt
2	EL	Hühner- oder Gemüsebrühe
		Salz, Pfeffer

Gnocchi werden auf sehr unterschiedliche Arten zubereitet. In der Literatur tauchen sie bereits Anfang des 19. Jahrhunderts auf, als Vincenzo Corrado sie in seinem »Cuisinier galant« erwähnte. Dies war auch die Zeit, in der sich der Verzehr der als Nahrungsmittel noch ziemlich unbekannten Kartoffel in Italien durchzusetzen begann. Die Tatsache, daß Gnocchi in Rom aus Hartweizengrieß und in der Gegend um Venedig aus Maismehl hergestellt werden, weist ausreichend auf die Freiheiten hin, die dieses in der ganzen Welt bekannte Gericht seinen Köchen läßt.

Unser Küchenchef schlägt das einfache Kochen der ungeschälten Kartoffeln in Salzwasser vor, damit ihre Konsistenz erhalten bleibt. Er empfiehlt bestimmte Sorten, deren festkochende Qualität bekannt ist, etwa die Kartoffel aus Bologna oder noch einfacher die aus Holland stammende, sehr ertragreiche Bintje, die auf den Märkten das ganze Jahr hindurch reichlich angeboten wird. Der Kochvorgang sollte gut überwacht werden, denn auseinandergefallene Kartoffeln gefährden unwiderruflich die darauffolgenden Arbeitsgänge.

Die Verbindung mit frischen Steinpilzen läßt kaum Alternativen zu. Man kann sie im äußersten Fall durch Morcheln ersetzen und dies auch nur unter der Bedingung, daß es sich um frische handelt. Dieses Rezept erfordert in der Tat mehr Aroma und Weichheit, als es getrocknete Morcheln bieten könnten, mit denen normalerweise die Saucen zubereitet werden.

Die Zutaten für die Gnocchi sollten sehr einfach sein und keine Eier enthalten, die den Teig zäh machen könnten. Die Vertiefung mit Hilfe einer Gabel entspricht der traditionellen Präsentation. Zu guter Letzt sei noch verraten, daß unser Küchenchef Gnocchi mit Tomatensauce mindestens zweimal in der Woche in ungezwungener Atmosphäre zusammen mit dem gesamten Personal verzehrt.

1. Die Kartoffeln in Salzwasser kochen. Einen Steinpilz reinigen, fein würfeln und in einer beschichteten Pfanne mit zwei Eßlöffeln Öl, einer Knoblauchzehe und einem Thymianzweig anbraten. Die Kartoffeln durch den Küchenwolf drehen. Die heißen Pilzwürfel, Mehl und geriebenen Parmesan unter die warme Kartoffelmasse mengen. Das ganze gut durcharbeiten und salzen.

2. Aus dem Teig lange, fingerdicke Schlangen rollen und in etwa 2 cm lange Stücke schneiden. Mit dem Gabelrücken Rillen hineindrücken.

gnocchi mit Pilzen

3. Die restlichen gut gesäuberten Pilze in große Stücke schneiden und auf ein feuchtes Tuch legen. Dann in einer Pfanne mit zwei Eßlöffeln Öl und einer Knoblauchzehe braten. Petersilie zufügen, salzen und nach und nach die Brühe zugießen. Die Pilze beiseite stellen.

4. Die Gnocchi in einem großen Topf mit Salzwasser kochen. In einem Durchschlag abtropfen lassen und anschließend in die Pfanne mit der mit der Butter abgeschmelzten Pilzsauce erneut erhitzen. Auf sehr heißen Tellern servieren, mit einem Thymianzweig dekorieren.

Safran-Risotto

Vorbereitungszeit: *10 Minuten*
Kochzeit: *15 Minuten*
Schwierigkeitsgrad: ★

Für 4 Personen

250 g	Reis
2	Scheiben Gänsestopfleber
2 g	Safranfäden
1	kleine Zwiebel
200 g	Kraftbrühe
50 g	Butter
einige	Tropfen Balsamessig
	Rosmarin
	Salz, Pfeffer

Ursprünglich diente Safran zum Mischen von Farben und wurde auch in großem Umfang für das verschiedene Grün der Fresken und Glasfenster beim Bau des »Duomo« verwendet, der großen Kathedrale von Mailand, die heute immer noch eines der imposantesten Bauwerke der Christenheit darstellt. Man erzählt sich, daß dieses Risotto seinen Ursprung in einer Bemerkung hatte, die ein auf jener Dombaustelle arbeitender Glasermeister einst zu seinem Lehrling machte: »Du wärst sogar fähig, es in der Küche zu verwenden!«

Wenn man der Überlieferung glaubt, gab es dieses Gericht anläßlich der Heirat der Tochter Meister Valerys von Flandern. Dann verbreitete sich das goldgelbe Risotto über ganz Norditalien und wurde besonders in Mailand häufig gegessen, wo die Künstler der Scala und die gute Gesellschaft sich daran erfreuten. Man muß dabei wissen, daß die Sonne und das niederschlagreiche Klima dieser Region sich günstig auf den Reisanbau auswirken und daß es daher viele Reisgerichte gibt.

Man sollte also nach Möglichkeit den für die Region charakteristischen Reis auswählen, um dieses Gericht zuzubereiten, den »vialone nano«, den man »mantecato« oder »al dente« kocht, damit er besser verträglich wird. Die Färbung mit dem Safran gelingt besser, wenn man die Safranfäden vorher einige Stunden in kaltem Wasser einweicht. Als Alternativvorschlag für die Gänsleberscheiben bieten sich Artischockenböden an oder Pilze, die in feine Scheiben geschnitten werden.

1. Die kleine feingehackte Zwiebel in eine Pfanne mit Butter geben und goldgelb braten.

2. Den Reis zugeben und zwei bis drei Minuten mit der Zwiebel verrühren, damit der Reis gut mit Butter getränkt wird. Mehrmals mit der sehr heißen Kraftbrühe angießen.

mit Gänseleber

3. Dem halbgaren Reis den Safran zufügen (der vorher vier bis fünf Stunden in kaltem Wasser gelegen hat, bis er eine fast rote Farbe angenommen hat). Wenn nötig, noch etwas Kraftbrühe angießen, damit der Reis »al dente« gelingt.

4. In einer beschichteten Pfanne die in Stücke geschnittenen Gänseleberscheiben braten. Herausnehmen und beiseite stellen. Den Pfanneninhalt mit Balsamessig ablöschen und gehackten Rosmarin zugeben. Auf jeden Teller ein Eßlöffel Risotto häufen und darauf die Gänseleber verteilen.

Tomatensuppe

Vorbereitungszeit: *15 Minuten*
Kochzeit: *1 Stunde 30 Minuten*
Schwierigkeitsgrad: ☆

Für 4 Personen

5		reife Tomaten
1		grüne Chilischote
1		Zwiebel
2		Knoblauchzehen
1	Bund	Petersilie
4		Eier
4		Scheiben Bauernbrot (oder Weißbrot)
2	EL	heller Weinessig
2	EL	Öl
1	EL	Butter
		Salz, Pfeffer

Die zentrale Rolle, die die Portugiesen in der Entdeckung unerforschter Seerouten spielten, wurde von dem guten Gespür begleitet, Früchte, Gemüse und Gewürze, die die Seefahrer von fernen Ländern mit nach Europa heimbrachten, in den Speiseplan zu integrieren. Der aus der Provinz Alentejo stammende Vasco da Gama entdeckte zum Beispiel 1497 das Kap der Guten Hoffnung und begünstigte im folgenden mit der ganzen Autorität eines Vizekönigs von Portugiesisch-Indien den Handel mit Gewürzen und Früchten.

Die Tomate kam aus der Neuen Welt nach Europa. Aus den vielen verschiedenen Namen, die man ihr gab (Goldapfel, Liebesapfel, Paradiesapfel) läßt sich die außergewöhnliche Popularität, die sie genoß, erkennen. Sie bildet den Bestandteil unzähliger Saucen und Speisen. In der Provinz Alentejo im Süden Portugals sind die Tomate und das Bauernbrot Hauptkomponenten der bäuerlichen Ernährung, ähnlich wie der Ziegen- oder Schafskäse. Das Bauernbrot unterscheidet sich stark von einer anderen in Portugal beliebten Backspezialität, die aus Maismehl hergestellt wird.

Nur reife, fleischige und sehr schmackhafte Tomaten, die zum Beispiel unter der Sonne des Midi gereift sind, eignen sich für die Herstellung dieser Suppe. Das heißt, man sollte sie zu der entsprechenden Jahreszeit zubereiten und die das ganze Jahr hindurch angebotenen roten Tomaten ignorieren, denn nichts kann die natürliche Reifung in der vollen Sonne ersetzen. Wenn man diese grundlegende Regel beachtet und nur vollreife Tomaten der Saison ausgewählt hat, kocht man sie sehr langsam und gibt eine grüne Paprikaschote oder noch besser eine Prise Zucker hinzu, wenn man eine gewisse Säure nicht mag.

1. Die Tomaten schälen und entkernen. Die Zwiebel und die grüne Chilischote in Scheiben schneiden. Knoblauch und Petersilie hacken. Alles in einen Stieltopf geben.

2. Den Gemüsen das Öl, die Butter, Pfeffer und Salz zufügen. Bei sehr schwacher Hitze schmoren lassen.

»Alentejo«

3. In einen kleinen, zu drei Viertel mit Wasser gefüllten Schmortopf zwei Eßlöffel Weinessig ohne Salz geben. Zum Kochen bringen, und die Eier darin drei bis vier Minuten pochieren. Dann sofort in kaltes Wasser tauchen, abtropfen lassen und sauber zurechtschneiden.

4. Zum Servieren die Böden der Suppenteller mit den Brotscheiben auslegen. Jeweils ein pochiertes Ei auf das Brot legen und ringsum die kochende Tomatensuppe geben.

»Portemonnaie« aus

Vorbereitungszeit: *30 Minuten*
Kochzeit: *15 Minuten*
Schwierigkeitsgrad: ★

Für 4 Personen

4		Blätter Filoteig (oder Blätterteig)
30		Muscheln
4		Langustinen
400	g	Zackenbarsch
4		Spargelspitzen
300	g	Karotten
200	g	Zwiebeln, gehackt
60	g	Lauch
200	g	Zucchini

100	ml	Weißwein
50	ml	Cognac
100	ml	Öl
2		Knoblauchzehen
40	g	Butter
		Salz, Pfeffer

Für die Sauce:

2		Tomaten
1		Knoblauchzehe
1		Bouquet garni
50	g	Butter
200	ml	Crème fraîche
50	ml	Olivenöl
100	ml	Weißwein
1	EL	Tomatenmark
		Salz, Pfeffer

Wenn man nicht befürchten müßte, die antiken Völker zu beleidigen, könnte man das Ägäische Meer, den zentralen Ort der griechischen Mythologie, als einen Irrgarten von Inselgruppen und Meeresbuchten bezeichnen. In seinen Fluten ertränkte sich der unglückliche Ägeus, der die Rückkehr seines Sohnes erwartete, und auch der glücklose Ikarus, der der Sonne zu nahe kam, stürzte in dieses Meer. Heutzutage ist die Ägäis ein Gebiet, dessen Reichtum an seltenen Fischen und Krustentieren es zu schützen gilt. Sie ist eine wahre Schatzkammer, deren Produkte es wohl verdienen, in einem »Portemonnaie« präsentiert zu werden. Dies ist zumindest die Ansicht von Nikolaos Sarantos, der dieses Rezept, das traditionell mit Lammfleisch zubereitet wird, auf Meeresfrüchte abgestimmt hat. Ausschließlich aus Mehl, Wasser und Salz hergestellt, gehört der Filoteig seit Jahrhunderten zur griechischen Gastronomie und genießt einen Erfolg, den keinerlei kulinarische Mode jemals verdrängen konnte. In griechischen Läden kann man ihn möglicherweise schon fertig kaufen oder notfalls durch Blätterteig ersetzen. Damit er während des Backens goldbraun wird, wird er mit Öl und Butter bestrichen.

Unter den Zutaten, die dieses »Portemonnaie« enthalten soll, ist der Zackenbarsch oder aber auch jeder andere gezahnte Fisch sicherlich das Beste. Zur Not kann es auch ein Seebarsch, auf keinen Fall aber ein fetter Fisch sein. Der Fisch muß getrennt von den Langustinen in einer Pfanne angebraten werden, bevor er mit Alkohol flambiert wird. Was die übrigen Zutaten betrifft, so empfiehlt unser Küchenchef die weiße, außerordentlich süße Zwiebel von der Insel Cephalonie (der größten der Ionischen Inseln), die der Brunoise aus feingeschnittenem Gemüse eine perfekte Konsistenz verleiht.

1. Die Langustinen schälen, wie den Fisch würfeln. Mit dem gehackten Knoblauch und einer halben Zwiebel anbraten, mit Weißwein ablöschen und dünsten. Die Muscheln öffnen und dabei 16 Muscheln mit Schale beiseite legen. Das Gemüse in feine Streifen schneiden, blanchieren. Eine halbe Zwiebel mit Salz und Pfeffer in Butter anbraten und mit Cognac ablöschen. Zutaten zur Füllung mischen.

2. Für die Herstellung des »Portemonnaies« die Filoblätter buttern und die Füllung in die Mitte legen. Die Teigblätter zu Beuteln schließen und mit einem Band von blanchiertem, abgekühltem Lauch zubinden. Im Backofen etwa zehn Minuten bei 170 °C bräunen. Die Spargelspitzen blanchieren und in Butter gar ziehen lassen.

dem Ägäischen Meer

3. Für die Sauce die Karkassen der Langustinen mit etwas kleingeschnittener Zwiebel, Knoblauch und Karotten andünsten. Die Tomaten zufügen, mit Wein ablöschen und das Muschelwasser zugeben. Schließlich einen Eßlöffel Tomatenmark und das Bouquet garni zufügen. Reduzieren und durch ein Sieb passieren. Die Crème fraîche zugeben und erneut einkochen lassen. Butter zugeben.

4. Die »Portemonnaies« auf der Tellermitte anrichten, mit Sauce beträufeln und mit Muscheln, Spargel und einigen Karotten dekorieren.

Nudeln mit Steinpilzfüllung

Vorbereitungszeit: *1 Stunde 30 Minuten*
Kochzeit: *40 Minuten*
Schwierigkeitsgrad: ★★★

Für 4 Personen

Für den Nudelteig:
8 Eigelb, 500 g Mehl
20 ml Olivenöl, Salz

Für die Pilzfüllung:
500 g Steinpilze
2 Schalotten, 1 Petersilienzweig
2 EL Geflügelfond, Kalbsfond
1 Knoblauchzehe, Salz, Pfeffer

Für den Gruyèreschaum:
50 g Gruyère, 10 g Parmesan
3 Eigelb, 1 Lorbeerblatt
150 ml Sahne
20 ml Schlagsahne
Muskat, Knoblauch, Thymian
Salz, Pfeffer

Für die Garnitur:
8 Steinpilzköpfe
20 g Parmesan
Petersilie

Für den Steinpilzsaft:
150 g Steinpilze,
2 getrocknete Morcheln
150 g Champignons
100 g Röstgemüse
1 Knoblauchzehe
30 g Butter
50 ml Olivenöl
100 ml Weißwein oder Champagner
1 Prise Koriander
1 Lorbeerblatt
Thymian, Petersilie
Salz, Pfeffer

Eines Tages mußte Fritz Schilling für die Redaktion eines Kochbuchs eine originelle Komposition auf Nudelgrundlage improvisieren. Von der Idee eines Schneckenhauses ausgehend, formte er lange Nudeln, die dann spiralförmig um eine passende Füllung herumgerollt wurden. Dieses Konzept erlaubte es ihm, die Steinpilze, denen seine ganze Vorliebe gilt, in den Mittelpunkt zu stellen. Das Rezept entwickelte sich zu einem seiner großen Klassiker, weshalb er es auch hier vorstellt.

Gleichgültig ob man Steinpilze aus Bordeaux oder aus einer anderen Region wählt, man sollte wilde Pilze nicht in Wasser waschen, sondern nur mit einer Bürste vorsichtig reinigen. Dies gilt auch für andere Pilzarten, wie die trichterförmigen Pfifferlinge mit ihren unregelmäßigen Rändern, Eierschwämme, Wiesenchampignons etc. Damit die Nudeln die kalte Füllung gut aufnehmen können, müssen sie gleich nach dem Kochen auf einem Küchentuch getrocknet werden. Kalte Nudeln können die Füllung gut halten, vorausgesetzt, daß diese nicht zu flüssig ist. Von der genauen Regelung der Temperatur und der richtigen Konsistenz beider Elemente dieses Rezepts hängt weitgehend der Erfolg ab.

Die Schaumsauce aus Gruyère ist eine sehr interessante und äußerst schmackhafte Kreation, der man zweifellos noch einige Variationen zufügen könnte, indem man zum Beispiel Emmentaler oder Comté einarbeitet. Auch in der Normandie oder in der Bretagne werden ausgezeichnete Gruyères hergestellt, die durchaus mit den Produkten seiner ursprünglichen Heimat, der Region Gruyère in dem schweizerischen Kanton Fribourg, vergleichbar sind. Für die Schlagsahne verwendet man eine flüssige Sahne von 32% Fettgehalt und schlägt sie bei einer Temperatur von über 5 °C nicht zu stark auf.

1. Alle der angegebenen Zutaten zu einem Nudelteig verkneten und eine Stunde ruhen lassen. Dünn mit einem Nudelholz ausrollen und in 2 cm breite und 50 cm lange Streifen schneiden. In Salzwasser kochen, abkühlen und auf einem Tuch trocknen lassen.

2. Für die Pilzfüllung die Steinpilze hacken, anbraten, die gehackten Schalotten, den Kalbsfond, Knoblauch und die Kräuter zufügen. Einige Minuten die Flüssigkeit einkochen lassen. Abgekühlt auf die Nudeln streichen und den Teig zu einer Schnecke einrollen. Auf gebuttertem Backpapier in eine feuerfeste Schale mit zwei Eßlöffeln Geflügelfond geben. Mit Parmesan gratinieren.

in Gruyèreschaum

3. Für den Guyèreschaum 150 ml Sahne zum Kochen bringen, Knoblauch, Lorbeerblatt, Thymian und geriebene Muskatnuß zufügen und fünf bis sechs Minuten ziehen lassen. Die Eigelbe zufügen und im Wasserbad schaumig schlagen. Den geriebenen Gruyère und Parmesan zufügen und in dem heißen Schaum schmelzen. Durch ein Sieb passieren und mit der geschlagenen Sahne vollenden.

4. Für den Steinpilzsaft Pilze und Röstgemüse, in Olivenöl anbraten, die Kräuter dazugeben, mit Weißwein ablöschen und mit Salz und Pfeffer würzen. Nach 2 Minuten durch ein feines Sieb drücken. Den Jus etwas reduzieren und mit der Butter montieren. Die beiden Saucen im Kontrast anrichten und mit gebratenen Steinpilzköpfen, Parmesan und Kräutern dekorieren.

Doppelt gebackenes

Vorbereitungszeit: *20 Minuten*
Kochzeit: *20 Minuten*
Schwierigkeitsgrad: ★★

Für 4 Personen

60 g	Cheddar-Käse
60 g	Blauschimmel-Käse
12	Spargelspitzen
2	Tomaten
1	Schalotte
4	Eier
200 ml	Sahne

250 g	Butter
1 Glas	trockener Weißwein
500 ml	Geflügelfond
	Schnittlauchhalme
	Kerbelzweige
	Salz, Pfeffer

Für die Bechamelsauce:

50 g	Butter
50 g	Mehl
750 ml	Milch
	Parmesan, gerieben
	Salz

Häufig entstehen aus einem »Unfall« die kreativsten Rezepte. So auch eines Tages, als der Küchenchef der »Queen Elizabeth II« die Soufflés im Ofen vergaß und sie nur mit Hilfe einer in aller Eile zubereiteten Bechamelsauce retten konnte. Die Gäste waren dann aber nicht so pünktlich, wie sie sein sollten, und so mußte er die Soufflés wieder zurück in den Ofen geben. Dabei stellte er fest, daß es durchaus möglich war, sie ein zweites Mal zu backen. Diese später zum Klassiker aufgestiegene Zubereitung wurde dann vor den Augen der Gäste aus der Form genommen und mit Butter und Spargel bedeckt serviert.

Als Grundlage der Soufflés empfiehlt unser Küchenchef einen typisch englischen Käse, den Cheddar, dessen Ursprünge bis in das 16. Jahrhundert in die Zeit Königin Elizabeth I. zurückreichen. Das kleine Dorf in Somerset an der Einmündung der malerischen Schlucht von Cheddar ist weniger bekannt als der zylinderförmige oder rechteckige, oft gelbliche Käse. Er besteht aus einer festgepreßten Masse, ist aber geschmeidig bei Berührung. Der Legende nach wurde Königin Victoria zu ihrer Hochzeit 1840 ein imposanter Cheddar von 500 kg Gewicht überreicht. Man braucht aber sicherlich nicht so viel, um diesen etwas fetten, aber im Geschmack markanten Käse schätzen zu lernen.

Um die Geschmacksnote etwas zu harmonisieren, gibt man dem Ganzen einen weichen Edelschimmelkäse zu, den die Engländer besonders schätzen, ohne ihn jedoch selbst herzustellen: etwa den Bleu d'Auvergne, Bleu de Bresse oder den Bleu de Causses. Die endgültige Entscheidung liegt natürlich beim Koch, aber nach den Empfehlungen unseres Chefkochs erreicht man auch mit einem Boursin mit Knoblauch einen »exciting moment«.

1. In einem Stieltopf eine Mehlschwitze aus Butter und Mehl herstellen. Die kochende Milch vorsichtig zugießen.

2. Der Bechamelsauce die Eigelbe (Eiweiß aufbewahren), den geriebenen Cheddar und den zerkleinerten Blauschimmel-Käse zufügen. Das Eiweiß zu Schnee schlagen und vorsichtig unterrühren.

Käsesoufflé

3. Vier kleine Souffléformen ausbuttern und mit Parmesan bestreuen. Die Masse in die Formen geben und im Wasserbad acht bis zwölf Minuten im heißen Backofen garen. In einem Schmortopf etwas gehackte Schalotte und den Weißwein einkochen, den Geflügelfond und die Sahne zugeben, um zwei Drittel reduzieren. Kleine Butterstücke bei schwacher Hitze unter die Creme rühren.

4. Sauce abschmecken und durch ein feines Sieb passieren. Die Soufflés zurück in den Ofen geben, bis sie gut aufgegangen sind. Die Tomaten in kochendes Wasser tauchen, häuten und entkernen. Den Schnittlauch, den Spargel und die gewürfelten Tomaten in die Sauce geben. Die Soufflés aus der Form nehmen, auf Tellern anrichten und mit der Sauce begießen. Mit Kerbelblättern dekorieren.

Gebratener Chicorée

Vorbereitungszeit: *30 Minuten*
Kochzeit: *15 Minuten*
Schwierigkeitsgrad: ★

Für 4 Personen

3		Chicorée
4		Scheiben rohe Gänsestopfleber
10	g	Butter
15	g	Trüffeln, feingeschnitten
1	TL	Zucker
1	TL	Muskatnuß
1	TL	Sherryessig
1	EL	Olivenöl
		Pfeffer aus der Mühle, Salz

»Ich bin ein großer Chicoréefreund«, vertraute uns unser Küchenchef an, der seit seinem vierzigsten Geburtstag dieses Gericht, ständig auf seiner Speisekarte führt. Für Roger Souvereyns ist Chicorée ein Gemüse, für das man ständig neue gastronomische Formen finden kann, und es hat ihm während seiner Kochkarriere immerzu begleitet.

Die Brüsseler Endivie (in Belgien »chicon« oder »witloof« genannt), eine nahe Verwandte der Zichorie, wird wegen ihrer Bitterstoffe und der verdauungsfördernden Eigenschaften geschätzt. Die alten Griechen gaben ihr den Beinamen »Freundin der Leber«, der möglicherweise zu ihrer Verbindung mit der Gänseleber inspiriert hat. Sehr kalorienarm und zu 95% aus Wasser bestehend, ist sie eines der bevorzugten Gemüse bei Diäten. Die feinen Chicoréeblätter werden hier bei starker Hitze gegart, damit das Wasser verdampft. Sie sollten niemals in ihrem Kochwasser liegenbleiben, weil sie sonst zu bitter werden. Etwas vorsichtige Zuckerbeigabe läßt sie karamelisieren, sie müssen dann aber bis zum Servieren bei entsprechender Temperatur warm gehalten werden.

Im Prinzip ist die rohe Gänseleber ohne Fett. Man schneidet sie sorgfältig in sehr dünne Scheiben, damit sie allein durch ihren Kontakt mit den warmgehaltenen Chicoréeblättern erwärmt werden. Der Geschmack der Leber wird durch die feingeschnittene Trüffel besonders betont.

Dieses Rezept ist ausschließlich für Chicorée gedacht, und so lehnt es Roger Souvereyns auch strikt ab, daß sein bevorzugtes Gemüse durch irgendein anderes ersetzt wird.

1. Den Chicorée in feine Streifen von 3 cm Länge schneiden. Gut waschen und abtrocknen.

2. Die Chicoréestreifen in Öl und Butter bei starker Hitze zwei Minuten braten. Mit Muskatnuß, Salz, Pfeffer und Zucker würzen. Karamelisieren lassen, mit Sherryessig ablöschen.

mit Gänseleber

3. Die feingeschnittene Trüffel zugeben und das ganze zehn Sekunden schmoren.

4. Den Chicorée in die Mitte der vorgewärmten Teller geben. Die 2 mm dicken Gänseleberscheiben obenauf legen und sie vom heißen Chicorée wärmen lassen. Mit etwas Pfeffer aus der Mühle würzen.

Riesengarnelen mit

Vorbereitungszeit: *15 Minuten*
Kochzeit: *1 Stunde 30 Minuten*
Schwierigkeitsgrad: ★

Für 4 Personen

20		Riesengarnelen
300	g	Kichererbsen
4		Kapuzinerkresseblüten
1		Zwiebel
1	Bund	Schnittlauch
50	ml	Weißwein
		Olivenöl
		Sherryessig
		Mehl
		Salz, Pfeffer

Für die Paprikasauce:

2		grüne Paprikaschoten
1/2		Zwiebel
50	ml	Weißwein
50	ml	Fischfond
		Olivenöl aus erster Pressung
		Salz, Pfeffer

In Spanien ist die Kichererbse eine unabdingbare Ergänzung eines sehr populären Eintopfs, dem »cocido«. Die beste Sorte Kichererbsen wird in dem kleinen Dorf Fuente Saucedo nicht weit von Zamora angebaut. Früher war es üblich, den übriggebliebenen Rest der für das Mittagessen gekochten Kichererbsen beim Abendessen zu braten, – daher auch die Garweise, die unser Küchenchef hier anwendet.

Die Kichererbsen müssen eine ganze Nacht in kaltem Wasser eingeweicht und anschließend sehr lange gekocht werden, bis sich das Fleisch von der unverdaulichen Hülle löst. Erst dann beginnt man mit dem Braten in Olivenöl, das die Kichererbsen bedecken sollte.Die Riesengarnelen sollten nur leicht gegrillt werden. In Andalusien werden die besten Garnelen des Mittelmeers gefischt, – leider werden sie in England auch als Köder für die Lachsfischerei verwendet.

Die Kapuzinerkresseblüte hat in diesem Gericht eine doppelte Aufgabe: Die dekorative Blüte verleiht dem Mahl ein japanisches Flair, und sie betont durch ihren pikanten und pfefferähnlichen Geschmack das Kichererbsenpüree. Geschmacklich liegt sie zwischen rotem Rettich, Kresse und Kapern, und sie wird meist in Essig eingelegt. Ihren Namen verdankt die Kapuzinerkresse dem Blütenkelch, der an die Kapuze der Kapuzinermönche erinnert. Pedro Subijana möchte mit dieser Blüte seinen Vater ehren, der als Koch diese Pflanze besonders schätzte.

1. Die Kichererbsen am Vorabend einweichen. In einer Pfanne die gehackte Zwiebel erhitzen, mit Mehl bestäuben und anschwitzen. Mit Wein ablöschen und die Kichererbsen zufügen. Mit Wasser bedecken, salzen und 90 Minuten kochen lassen. Einen Teil der Brühe für die Vinaigrette abnehmen und Essig, Salz und Pfeffer zufügen. Durch ein Sieb passieren.

2. Mit einem Teil der Erbsen und der Brühe in der Küchenmaschine ein Erbsenpüree zubereiten. Die restlichen Kichererbsen abtropfen lassen und in heißem Öl braten.

gebratenen Kichererbsen

3. Im letzten Moment die Riesengarnelen schälen, dabei den letzten Ring auslassen, den Darm entfernen, dann mit Salz, Pfeffer und Olivenöl würzen. In eine Pfanne unter den Grill geben und leicht garen.

4. Die Paprikaschoten entkernen und in große Streifen schneiden. In Öl braten. Nach der Hälfte der Kochzeit die feingeschnittene Zwiebel zugeben. Das Öl abgießen und die Masse mit Wein und Fischfond mischen. Durch ein Sieb geben, abschmecken, einen Schuß Öl zufügen. Auf die Teller etwas Erbsenpüree geben, die Kapuzinerkresseblüte darauf stecken und die Riesengarnelen anrichten.

Gramigna mit mildem

Vorbereitungszeit: *30 Minuten*
Kochzeit: *40 Minuten*
Schwierigkeitsgrad: ★

Für 4 Personen

Für 200 g grüne »gramigna«:

2	Eier
400 g	Mehl
100 g	Spinat
400 g	milder Speck

100 g	Parmesan
250 ml	Balsamessig
	Olivenöl, Salz, Pfeffer

Für 200 g gelbe »gramigna«:

2	Eier
400 g	Mehl

Ursprünglich wurde dieses Rezept mit Quecke zubereitet. Dieses wildwachsende Kraut gab dem Speck einen herben Geschmack, der durch den Balsamessig noch unterstrichen wurde. Und ohne auf die jahrhundertealten kulinarischen Traditionen zu verzichten, macht man damit auch heute noch frische Teigwaren, denen die Italiener besonders zugetan sind. Zumeist als Vorspeise bildet die »gramigna«, in welcher Farbe auch immer, eine Alternative zu den Tagliatelli.

Ideal wäre es sicherlich, die zweifarbige »gramigna« selbst zuzubereiten, etwa mit Hilfe einer besonderen Nudelmaschine, in der die Teigmasse gegen ein Gitter gepreßt wird, so daß spaghettiähnliche Fäden entstehen. Wer so eine Maschine nicht besitzt, kann aber auch fertige Spaghetti verwenden, die man vorher sorgfältig in kleine Stücke bricht.

Seinen typischen Charakter bekommt dieses Rezept durch den unverzichtbaren »aceto balsamico«, den Balsamessig, der heute über die Grenzen Italiens hinaus überall verwendet wird. Die italienische Stadt Modena blickt auf eine lange Tradition zurück, denn bereits seit der italienischen Renaissance gewinnt man hier auf der Grundlage der unvergorenen Trebbianotraube einen ganz besonders wertvollen Essig, der bis zu zehn Jahre in speziell konstruierten kleinen Verbundfässern reifen muß, um sein unvergleichliches Aroma zu entwickeln. Eine Flasche mit dem Etikett »aceto balsamico tradizionale di Modena« garantiert seine Herkunft und traditionelle Herstellungsart. Auch der besonders hohe Preis spricht für dieses außergwöhnliche Produkt, das entweder in kalten oder in warmen Speisen verzehrt wird. Sein intensives Aroma würzt hier den eingekochten Speck, der einen wesentlichen Bestandteil dieses Gerichts bildet.

1. Den milden Speck in feine Würfel schneiden. Den Teig zur Herstellung der »gramigna« zubereiten. Für die gelbe »gramigna« die Eier und das Mehl mischen. Für die grüne »gramigna« den Eiern und dem Mehl noch den gekochten, abgetropften und gehackten Spinat zufügen. Beide Teige durch die Nudelmaschine geben und in kleine Stücke schneiden.

2. In einer Pfanne den feingewürfelten Speck einige Sekunden in sehr heißem Olivenöl braten lassen.

Speck und Balsamessig

3. Salzen, den Balsamessig angießen und schmoren lassen, bis die Flüssigkeit vollkommen verkocht ist.

4. In einem großen Topf mit Wasser die Teigwaren kochen, abtropfen lassen und mit dem Speck mischen. Mit dem geriebenen Parmesan bestreuen.

Makkaroni in

Vorbereitungszeit: *30 Minuten*
Kochzeit: *1 Stunde 40 Minuten*
Schwierigkeitsgrad: ★

Für 4 Personen

200	g	Kaninchenfleisch
70	g	Speck
50	g	Tomate
		Röstgemüse aus Sellerie, Karotten, Schalotten
1	Glas	Weißwein
100	ml	Bouillon
150	g	Parmesan
2		Lorbeerblätter, Rosmarin, Salz, Öl, Butter

Für die Makkaroni (250 g):

3		Eier
400	g	Mehl

Was wäre die italienische Küche ohne Pasta? Dieses Gericht, das normalerweise als Vorspeise serviert wird, ist ganz mit den Traditionen der benachbarten Regionen Lombardei und Emilia-Romagna behaftet. Es ist darüber hinaus ein sehr abgerundetes Entrée, denn es enthält zu gleichen Teilen Teigwaren, Gemüse, Fleisch und Käse.

Kaninchenfleisch wird von den Italienern besonders geschätzt. Sie verzehren mehr als vier Kilo pro Einwohner und Jahr und stehen damit weltweit auf dem ersten Platz. Man sollte festes Fleisch ohne übermäßig viel Fett auswählen, das man in feine Würfel schneidet, um es leicht rosa zu garen. Es existiert übrigens auch eine preiswertere Variante dieses Rezepts, ohne Fleisch, aber mit viel Gemüse zubereitet, was für die erwünschte Kochflüssigkeit wichtig ist.

Traditionsgemäß ist die Herstellung der Teigwaren Handarbeit, und es ist auch üblich, auf sehr spezifische Instrumente zurückzugreifen, um diese oder jene Präsentation zu verfeinern. So verwendet man hier einen kleinen Holzstab, die »pettine«, um den Makkaroni ihre röhrenähnliche Form zu verleihen, und eine gerillte Platte, durch die das Äußere der Teigwaren gleichmäßig mit feinen gekreuzten Rillen dekoriert wird. Es gibt jedoch darüber hinaus auch noch andere Geräte, wie die »chitarra«, ein mit Metallfäden bespannter Holzrahmen, oder das Raviolibrett.

Als Käse, der den Abschluß bildet, empfiehlt unser Chef ein Produkt der Po-Region, den Parmesankäse Grano Padano, den er seinem klassischen Konkurrenten im Süden, dem Parmigiano Reggiano, vorzieht.

1. Die Karotten, den Sellerie und die Schalotten sehr fein hacken. Für die Makkaroni Mehl und Eier zu einem Teig kneten, ausrollen und in Rechtecke schneiden, über die »pettine« (kleiner Holzstab) rollen, zu Makkaroni formen und zur Verzierung über ein gerilltes Brett rollen.

2. In einer Pfanne den gewürfelten Speck und die Gemüsemischung aus Karotten, Sellerie und Schalotten in Olivenöl anschwitzen.

einer Sherryvinaigrette

3. Die Karotte, die Zucchini, die Zwiebel und die Selleriestange fein würfen.

4. Das gewürfelte Gemüse in Butter anschwitzen, die abgespülten Linsen, den Geflügelfond und die Vinaigrette zugeben. Die Rochenfilets auf den Tellern anrichten und die Vinaigrette mit den Linsen gleichmäßig um und auf den Flossen verteilen. Mit Kerbelblättern dekorieren.

Pennette mit Aromen

Vorbereitungszeit: *20 Minuten*
Kochzeit: *8 Minuten*
Schwierigkeitsgrad: ✭

Für 4 Personen

400 g	Pennette
	Tomatensauce von frischen Tomaten (nach Wunsch)
1	Knoblauchzehe
4	Tomaten
1	Schalotte
1	Anchovis, gereinigt, ohne Gräten, feingehackt
1 TL	Kapern, gehackt
1 TL	schwarze Oliven, gehackt
1 TL	Chilischote, feingehackt
1 Bund	Basilikum
	Olivenöl
	Parmesan
	Salz, Pfeffer

Die Zubereitung der Teigwaren setzt einiges Können voraus, wenn sie nicht zu unappetitlichem Brei geraten sollen. Man sollte darauf verzichten, die gekochten und abgetropften Nudeln in kaltes Wasser zu tauchen, denn der Temperaturschock kann sich vernichtend auswirken. Wenn man Nudeln in der Sauce serviert, kann man diese auch mit einigen Eßlöffeln des Kochwassers verdünnen, bevor man beide mischt. Mit solchen Kniffen kann man dieses sehr subtile Rezept angehen, dessen reiche Aromen den Gästen sicher Vergnügen bereiten werden.

Bei den hier gewählten Nudeln handelt es sich um die »pennette«, also kleine »penne rigate«. Ihre Form ist inspiriert von den großen Makkaroni, deren Enden schräg geschnitten werden. Es gibtauch »penne« mittlerer Größe (»mezze penne«), die man bei uns relativ häufig im Angebot findet.

Das Gelingen des Rezepts hängt zudem maßgeblich von der Qualität der Tomaten ab, einer Frucht amerikanischen Ursprungs, die im 16. Jahrhundert über Neapel und Genua nach Europa kam. Hier begleitet dieser »Goldapfel« mediterrane Zutaten, deren Menge und Kombination ganz der persönlichen Vorliebe überlassen bleiben. So könnte man auch Position in der Debatte beziehen, die das Ehepaar Valazza entzweit. Herr Valazza zieht die Beigabe roten Paprikas vor, und Frau Valazza befürwortet den Parmesan. Abwechslung hält deshalb den häuslichen Frieden aufrecht. Die schwarzen Oliven sollten aus Ligurien stammen, wo sehr schmackhafte Sorten wachsen. Luisa Valazza genehmigt auch die Verwendung von grünen Oliven, aber auf das feine Aroma von Basilikum darf man auf keinen Fall verzichten.

1. Das Olivenöl in einer Pfanne erhitzen und den Knoblauch, die gehackte Schalotte, Anchovis, Kapern, die schwarzen Oliven und die Chilischote anbraten.

2. Sobald die Mischung angebraten ist, die Sauce aus frischen Tomaten zufügen. Einige Minuten unter Rühren kochen lassen.

des Mittelmeers

3. Die Pennette in kochendes Salzwasser geben, »al dente« kochen, abtropfen lassen und beiseite stellen. Die Tomaten kurz in kochendes Wasser tauchen, abkühlen lassen und einen Deckel abschneiden. Die Tomaten aushöhlen.

4. Die Pennette in der Sauce braten. Einen Eßlöffel Parmesan und einen Eßlöffel Basilikum zufügen. Die Pennette mit der Sauce in die Tomaten füllen, auf Tellern anrichten und mit Tomatensauce beträufeln.

Auberginenküchlein

Vorbereitungszeit: *10 Minuten*
Kochzeit: *10 Minuten*
Schwierigkeitsgrad: ★★

Für 4 Personen

100 g	Bonito (oder Thunfisch)
100 g	Lachsforelle
1	Aubergine
100 g	Karotten
100 g	Spinat
100 g	grüne Bohnen
200 g	Mehl
	glatte Petersilie
etwas	Butter
20 ml	Sahne
etwas	Milch
	Muskat
	Salz, Pfeffer

Der Bonito lebt bevorzugt in warmen Gewässern. Dieser große, wanderlustige Fisch läßt sich im Mittelmeer, aber auch im Atlantik und der Nordsee antreffen. Sein Fleisch ist, selbst wenn es ein wenig fett sein sollte, sehr zart und zeigt die charakteristischen weißen Streifen. Der Bonito wird wie der Thunfisch zubereitet, mit dem er auch einiges gemeinsam hat.

Die Lachsforelle ist in der Zeit von April bis Juni am besten. Ihr zartrosa Fleisch, das besonders geschätzt wird, sollte unbedingt sehr frisch verarbeitet werden. Ein fester, runder Bauch und ein sehr steifer, mit schimmernden Schuppen bedeckter Körper sind ein Beweis ihrer Frische.

Die Auberginen sind zwar das ganze Jahr hindurch erhältlich, aber im Sommer sind sie am besten. Man sollte mittelgroße, makellose Früchte mit einer sehr glänzenden und dunklen Schale auswählen. Größere Auberginen sind häufig mit zuviel Samen angefüllt. Schöne, saftige Scheiben erhält man, wenn man sie erst in Milch und dann in Mehl wälzt und sie anschließend sanft abklopft, damit der Überschuß abfällt.

Die Gemüsegarnitur sollte eine gewisse Farbvielfalt bieten, um den optischen Eindruck der Vorspeise zu betonen. Man kann also ganz nach Belieben wählen, sollte aber auf das zarte Grün der ersten grünen Erbsen verzichten. Das Püree aus Spinat und Karotten wird cremiger, wenn man etwas Wasser und Sahne zufügt.

Diese Pyramide läßt sich ohne Schwierigkeiten aufrichten, wenn man den Fisch sorgfältig in sehr dünne Scheiben geschnitten hat. Unter dem Grill gegart, werden der Bonito oder die Lachsforelle ihre saftige Konsistenz und ihre ganze Frische behalten.

1. Die Aubergine in Scheiben von 2 mm Dicke schneiden. Mit Salz und Pfeffer würzen. Die Auberginenscheiben dann in Milch und in Mehl wälzen. Die Scheiben in Öl zwei Minuten auf jeder Seite bei starker Hitze braten.

2. Die Karotten nach dem Dämpfen in feine Würfel schneiden, ebenso die Bohnen. Den Spinat blanchieren, fein schneiden und mit 20 ml Sahne, Salz und Muskatnuß erhitzen. Aus einem Teil des Spinats und der Karotten ein Püree herstellen.

nach Fischerart

3. Die Lachsforelle und den Bonito sorgfältig reinigen. Die Filets zuschneiden und die Gräten entfernen. Die Lachsforelle und den Bonito in feine Scheiben schneiden.

4. Die Fischscheiben kurz unter dem Grill garen. Die Auberginenscheiben abwechselnd mit jeweils einer Scheibe Lachsforelle und Bonito zu einer Pyramide aufschichten. Die Gemüse jeweils darüber legen und dabei die Farben variieren. Löffelweise das Spinat- und Karotten-Püree abwechselnd rundum geben. Schließlich mit Petersilienblättern garnieren.

Ragout von karamelisierten

Vorbereitungszeit: *4 Stunden*
Kochzeit: *2 Stunden*
Schwierigkeitsgrad: ★★

Für 4 Personen

1	Kalbszunge
1	Stück Kalbskopf (etwa 1 Kilo)
1	Kalbsbries
2	Kalbshaxen, entbeint
2	Karotten
2	Zwiebeln
1	Selleriestange
1 l	Kalbsfond

1 l	roter Banyuls
1 l	Rotwein
	Portwein
50 ml	Öl
1	Bouquet garni
	Salz, Pfeffer

Für die Garnitur:

20	Spargelspitzen
100 g	dicke Bohnen
1 Bund	junge Karotten
1 Bund	junge weiße Rüben
1 Bund	Perlzwiebeln
	Kerbel

Im 17. und 18. Jahrhundert waren Innereien sehr beliebt, und der Kalbskopf zum Beispiel wurde auf äußerst vielfältige Weise zubereitet. In Anklang an die Gewohnheiten dieser Epoche schlägt Gérard Vié hier eine äußerst originelle, warme Vorspeise vor, die einige Kalbsinnereien enthält und die man zudem auch mehrere Tage nach der Zubereitung aufbewahren kann, sollten die Gäste wider Erwarten einige Reste übriglassen.

Ob rot oder weiß, die Innereien sollten sehr frisch und in einwandfreiem Zustand besorgt und auch sofort verarbeitet werden. Eine vorausgehende, ziemlich lange Einweichdauer ist notwendig, um das Blut und verschiedene Unreinheiten zu entfernen, die sie immer noch enthalten. Dieser Umstand teilt das Rezept dann auch in eine Vielzahl von Etappen auf, und es sollten dafür zwei oder drei Tage eingeplant werden. Einige Vorsichtsmaßnahmen beim Kalbsbries, dem empfindlichsten Teil der Innereien, müssen beachtet werden: Es muß von allen gelblichen Fasern, Blutspuren oder anderem Gewebe befreit werden, nur das sehr weiße und geruchlose Fleisch wird verwendet.

Als Begleitung zu diesem Ragout sollte man feine, junge Gemüse auswählen. Da jedes nach eigenen Kochmethoden verlangt, verarbeitet man es einzeln und nach Möglichkeit im letzten Moment, damit der volle Geschmack erhalten bleibt. Dies trifft besonders auf die dicken Bohnen zu, die man zudem enthäuten muß, denn ihre weiße Haut ist unverdaulich (zumindest, wenn es sich um ältere Bohnen handelt). Man sollte eine größere Menge berechnen, denn man wird permanent verführt, sie während des Kochens zu kosten. Der Banyuls hat einen hohen Zuckergehalt und ist deswegen vorzüglich zum Karamelisieren geeignet. Seine Verwendung verleiht dem Ganzen ein köstliches Aroma.

1. Alle Innereien eine Nacht in kaltem Wasser ausschwemmen lassen. Die Innereien dann blanchieren, abkühlen lassen, abtropfen lassen und reinigen. In Würfel schneiden.

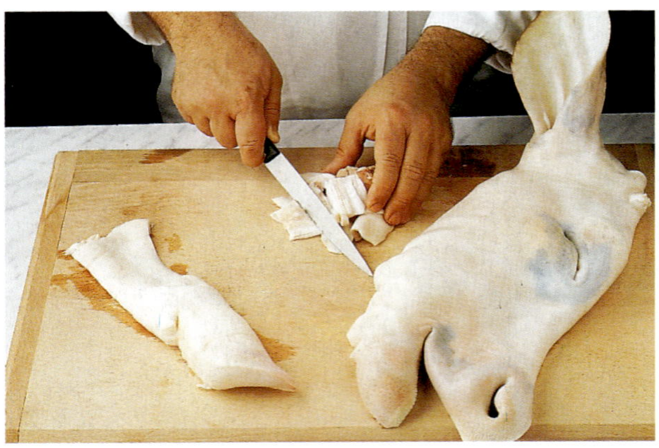

2. Für das Kochen im Banyuls alle Stücke der Innereien in Öl erhitzen und das kleingeschnittene Gemüse aus Karotte, Sellerie, Zwiebel und das Bouquet garni zugeben.

Innereien mit Banyuls

3. Anbraten und das Fett abschöpfen, dann mit Portwein und dem Banyuls ablöschen. Einkochen lassen und den restlichen Rotwein zugeben. Erneut reduzieren, den Kalbsfond angießen und eineinhalb Stunden bei schwacher Hitze kochen lassen.

4. Für die Garnitur die Gemüse einzeln in Salzwasser kochen, dann zusammen in einer Pfanne mit Kochflüssigkeit von den Innereien schmoren lassen. Die Innereien herausnehmen, die Kochflüssigkeit durch ein Sieb geben und einkochen lassen, bis eine cremige Sauce entsteht. Die Innereien wieder zufügen. Auf tiefen Tellern verteilen, mit Kräutern bestreuen. Sehr heiß mit der Garnitur servieren.

Pappardelle in

Vorbereitungszeit: *20 Minuten*
Kochzeit: *2 Stunden 30 Minuten*
Schwierigkeitsgrad: ★★★

Für 4 Personen

400 g	Eiernudelteig (14 Eigelb) oder Nudeln nach Wunsch
500 g	Hasenfleisch
150 g	Schafskäse, gerieben
1	Brunoise aus Sellerie, Karotte, Zwiebeln
	Geflügelbouillon

5	Spinatblätter
2	Knoblauchzehen
1	Tomate
1	Rosmarinzweig
3	Salbeiblätter
2	Lorbeerblätter
1	kleine Chilischote, gehackt
	Kerbel
100 ml	Rotwein
	Olivenöl, kaltgepreßt
	Salz
	schwarzer Pfeffer

Bereits seit der Antike erscheint Hasenfleisch als Zutat einer Vielzahl von Gerichten. Dieses Rezept geht auf kulinarische Traditionen zurück, die die ganze Geschichte der italienischen Halbinsel durchlaufen haben. Der sehr markante Geschmack des Hasenfleisches (vorzugsweise eines jungen männlichen Exemplares) wird Ihre Gäste gewiß begeistern. Beim Kauf des Hasen achtet man auf seine Frische. Ein glänzendes Fell und mit Haaren bedeckte Klauen zeigen sie an. Man läßt ihn vor allem nicht abhängen, denn Hasenfleisch verdirbt sehr schnell.

Wenn man kein Wildliebhaber ist, kann man statt Hase auch Geflügel verwenden.

Der zentrale Bestandteil dieses Rezepts ist der Nudelteig aus Eiern. Wenn es nach unserem Küchenchef geht, müssen im Prinzip nicht weniger als 32 Eigelbe für ein Kilo Mehl verwendet werden. Wenn diese Menge den Bedarf eines Gastgebers weit überschreiten sollte, bewahrt man den übrigen Teig auf, um daraus bei Gelegenheit Lasagne, Tagliatelle, Ravioli, Tortellini, Spaghetti oder jedes andere traditionelle Nudelgericht herzustellen. Alternativ kann man natürlich auch trockene Nudeln verwenden. Die Frische des Spinats ist nicht weniger entscheidend, denn von der Struktur der Blätter, mit denen man die Formen auskleidet, hängt sichtlich der Erfolg des ganzen Gerichts ab.

1. Olivenöl in eine Pfanne geben und die Brunoise, den gehackten Knoblauch, Salbei, Lorbeerblätter, Rosmarin und Chilischote zehn Minuten darin schmoren lassen. Für das Hasenragout das Hasenfleisch in Würfel schneiden und in Öl anbraten, bis alles leicht gebräunt ist.

2. Mit Rotwein ablöschen und zwei Stunden bei schwacher Hitze kochen lassen. Die Sauce zubereiten, dafür etwas zerkleinerte Tomate mit dem Olivenöl mischen und mit einem Schöpflöffel Geflügelbouillon verdünnen. Das ganze mit dem Mixer pürieren und dann durch ein Sieb passieren. Dem Hasenragout zufügen.

Hasensauce

3. Bevor das Hasenragout vollkommen reduziert ist, den aus den Hasenknochen hergestellten Hasenfond zufügen und den Kochvorgang beenden. Kleine Pastetenformen mit rohen Spinatblättern auskleiden. Die Nudeln kochen, abtropfen lassen, in eine Pfanne geben, das Hasenragout zufügen und mit einer Gabel mischen.

4. Die Formen mit den Nudeln füllen, mit geriebenem Schafskäse belegen und fünf Minuten im Backofen backen. Die Formen stürzen, auf Tellern anrichten. Die Sauce ringsum geben und mit Tomatenwürfeln und Kerbelblättchen dekorieren.

Polenta mit

Vorbereitungszeit: *30 Minuten*
Kochzeit: *30 Minuten*
Schwierigkeitsgrad: ★★

Für 4 Personen

200 g	Schafsricotta
200 g	frische Anchovis
20 g	weiße Perlzwiebeln
50 g	Knoblauch
1/2	Chilischote
etwas	Olivenöl
1	Lorbeerblatt
	Salz, schwarzer Pfeffer

Für die Polenta:

300 g	Maismehl
800 ml	Mineralwasser
50 g	Schafskäse
einige	Tropfen Olivenöl
	Salz, Pfeffer

Traditionell ist Polenta ein Brei auf der Grundlage von feinkörnigem Maisgrieß, welcher der Geschichtsschreibung zufolge schon das Grundnahrungsmittel der präkolumbianischen Zivilisationen bildete. Die Maispuffer waren so sehr geschätzt, daß man Maismehl, dessen schöne Farbe auch heute noch besticht, als »Goldregen« bezeichnete. Gianfranco Vissani schlägt hier eine Zubereitung vor, die ursprünglich für ein Schweinefleischragout gedacht war, die aber heute der sizilianischen Tradition folgend mit Zwiebeln und Anchovis gemacht wird.

Es sollten kleine, frische Anchovis mit festem und glänzendem Körper verwendet werden, die man leicht reinigen kann. Sobald der Kopf entfernt ist, läßt sich die Rückengräte ohne Schwierigkeiten herauslösen. Frische Anchovis sind außerhalb der Hauptfanggebiete, die in Spanien, Italien oder dem französischen Midi liegen, nur äußerst selten zu finden. In Italien ist es Brauch, seine Freunde zu der Zubereitung der Polenta einzuladen, damit sie sich beim langsamen Einrühren in das kochende Wasser beteiligen. Es dürfen keine Klümpchen entstehen, denn die Polenta sollte flüssig und cremig sein. Sie verträgt auch keine Wartezeit vor dem Verzehr und muß daher im letzten Moment zubereitet werden. Das gleiche gilt für die Mischung aus Anchovis und Zwiebeln. Man kann die Anchovis auch durch Tomaten und Knoblauch ersetzen. Dies ist aber eine Geschmacksfrage, die jeder für sich entscheiden sollte.

Ricotta ist ein sehr vielseitig verwendbarer Schafskäse, dessen leichte Konsistenz überrascht. In Deutschland ist er in jedem guten Käsegeschäft erhältlich und läßt sich in diesem Rezept auch nicht durch einen anderen Käse ersetzen.

1. Das Wasser mit einem Tropfen Olivenöl, dem geriebenen Schafskäse, Salz und Pfeffer zum Kochen bringen. Das Maismehl 20 Minuten bei schwacher Hitze darin kochen lassen und dabei mit einem Holzspatel umrühren. Die Perlzwiebeln in eine Pfanne geben, mit dem gehackten Knoblauch, dem Lorbeerblatt und der halben Chilischote in Öl leicht anbraten und bräunen lassen.

2. Die Anchovis säubern, waschen, in kleine Würfel schneiden und mit den Zwiebeln mischen. Höchstens zwei Minuten kochen, dann vom Herd nehmen.

Ricotta

3. Die gekochte Polenta 1 cm dick in eine feuerfeste Schüssel streichen. Darüber die Mischung aus Zwiebeln und Anchovis legen und mit dem Öl der Mischung beträufeln.

4. Den gewürfelten Ricotta und den Rest des geriebenen Schafskäses auf die Polenta geben. Das Ganze einige Minuten unter den Grill stellen. Herausnehmen, mit frischen Knoblauchstiften bestreuen und heiß servieren.

Rote Bete im Bierteig

Vorbereitungszeit: *20 Minuten*
Kochzeit: *40 Minuten*
Schwierigkeitsgrad: ★

Für 4 Personen

600 g rote Bete (klein)
50 ml Estragonessig
1 Prise Kümmel
1 Bund Petersilie
Salz

Für den Teig:
300 g Mehl
70 g Butter
3 Eigelb
3 Eiweiß
300 ml helles Bier
2 Prisen Salz

Für die Meerrettichsauce:
1 frische Meerrettichstange
1 Schalotte
500 ml Weißwein
50 ml Noilly Prat (Wermut)
300 ml Gemüsefond
150 g Butter
Sahne
Salz, Pfeffer

Der Hauptanteil deutscher roter Bete wird in Bayern erzeugt. In diesem Rezept, das von ernsthaften Vertretern der vegetarischen Küche stammen könnte, nutzt unser Küchenchef alle Möglichkeiten dieses an Zucker, Kalzium und Eisen reichen Gemüses, um dessen Urheberschaft sich einst Griechen und Römer stritten. Wie dem auch sei, die Europäer haben die rote Bete begeistert aufgenommen: Die Franzosen verzehren sie roh oder gegart in Salaten. Die Engländer füllen sie, und die Norweger genießen sie zusammen mit Heringen.

Es existieren vier Arten von Rüben: runde, flache, halblange und lange. Heinz Winkler empfiehlt für diese Vorspeise die kleinen, noch ziemlich jungen Rüben, die ihre fleischigen Wurzeln unter großen grünen Blättern verstecken. Der Estragonessig verleiht ihnen beim Kochen ein köstliches Aroma, und die ganze Kunstfertigkeit besteht nur darin, sie ausreichend in Fritierteig zu hüllen, um den Tischgästen beim Verzehr eine Überraschung zu bieten.

Damit der Teig beim Fritieren schön knusprig wird, muß er vorher etwas gehen und ihm Butter zugesetzt werden. Den frischen Meerrettich raspelt man erst im letzten Moment, bevor er in die Sauce gerührt wird. Er könnte sonst seinen scharfen Geschmack verlieren, der dem Ganzen erst den richtigen Pfiff gibt.

Wahrscheinlich werden einige Gourmets die Stirn runzeln angesichts dieses zwar köstlichen, aber vielleicht für ihren Geschmack etwas zu phantasievollen »süßen Abenteuers«. Man kann für dieses Rezept auch sehr gut auf Spargel oder Schwarzwurzeln ausweichen, muß in dem Fall aber die Meerrettichsauce weglassen.

1. Für den Fritierteig Mehl, die Eigelbe und das Bier in einer Rührschüssel mischen. Die Butter in einer Pfanne zerlassen und zum Teig geben. Das Salz zufügen, Eiweiß zu Schnee schlagen und behutsam unter die Teigmasse mischen. Den Teig 30 Minuten bei Zimmertemperatur ruhen lassen.

2. Für die Meerrettichsauce die Schalotte hacken, in einer Schwenkpfanne mit Wein und Noilly Prat zum Kochen bringen. Den Gemüsefond zufügen, zu einem Drittel einkochen und die Butter zugeben. Würzen. Den Meerrettich säubern, schälen und raspeln. Die Sauce erneut erhitzen, umrühren und einen Eßlöffel Meerrettich sowie etwas Schlagsahne unterheben.

mit Meerrettichsauce

3. Die rote Bete reinigen und in einem Kochtopf mit Wasser, Estragonessig, Salz und Kümmel zum Kochen bringen. 35 bis 40 Minuten bei mittlerer Hitze kochen. Abtropfen lassen, mit kaltem Wasser abschrecken und schälen. In einer Friteuse Öl auf 160 °C erhitzen, die rote Bete in Mehl und Fritierteig wälzen und ein bis zwei Minuten fritieren.

4. Die »Krapfen« mit dem Schaumlöffel herausnehmen und auf Küchenpapier abtropfen lassen. Die Petersilie für die Dekoration fritieren. Die Meerettichsauce auf die Teller gießen, die fritierte rote Bete und die Petersilie darauf anrichten.

Hechtklößchen

Vorbereitungszeit: *1 Stunde 30 Minuten*
Kochzeit: *30 Minuten*
Schwierigkeitsgrad: ★★

Für 4 Personen

12		große Krebse
300	g	Lauch, Karotten, Sellerie
1	l	Fischfond
100	ml	Schlagsahne
		grobes Salz

Für die Hechtfarce:

150	g	Hechtfilet
1		Eiweiß
		100 ml Sahne
		Zitrone
		Salz, Pfeffer

Für die Garnitur:

50	g	Karotten, 50 g Lauch
50	g	Zuckererbsen
5	g	Sellerie, 1 Bund Dill
80	g	Butter

Für die Sauce:

		Krebsschalen
60	g	Schalotten, gewürfelt
30	g	Karotten, gewürfelt
30	g	Sellerie, Fenchel und Tomaten
1		Zitrone
300	ml	Riesling
100	ml	Noilly Prat (Wermut)
20	ml	Cognac
40	ml	Portwein
250	ml	Fischfond
2	EL	Öl
250	ml	Sahne
2		Korianderkörner
2		Pfefferkörner
1	Bund	Dill

Wenn man von der Form absieht, so unterscheiden sich die deutschen Knödel kaum von den französischen »quenelles«, und auch in der Vielfältigkeit ihrer Zutaten ähneln sich die Varianten: Es handelt sich zumeist um gehacktes Fleisch, Fisch oder Gemüse, das mit Ei gebunden und pochiert wird.

In diesem Rezept spielt der Hecht die Hauptrolle. Er gilt als äußerst feiner Speisefisch und ist an seinem hammerförmigen Maul und einem zart silbrigen Bauch zu erkennen. Dieser Raubfisch aus der Familie der Knochenfische vereint Schläue mit Gefräßigkeit, denn er nimmt die entsprechende Farbe seiner Umgebung an und ist daher höchst unauffällig, wenn er über sein auserwähltes Opfer, zum Beispiel ein Rotauge, herfällt. In den Seen, in denen es eine üppige Vegetation gibt, ist der Hecht eher grünlich, und in brackigen Gewässern neigt er mehr zu einer gelblichen Farbe. Falls er im Ganzen auf die Teller der Gäste kommen soll, muß man einen mittelgroßen Hecht von nicht mehr als 3 kg Gewicht wählen. Dies ist eine notwendige Voraussetzung, damit beim Kochen Zartheit und Aroma erhalten bleiben. Für dieses Rezept kann man auf größere Hechte zurückgreifen, deren Filets besser für die Zubereitung von Klößchen geeignet sind. Bei der Vorbereitung nimmt das Herauslösen der Gräten, mit denen der Hecht von der Natur großzügig ausgestattet ist, die meiste Geduld in Anspruch.

Die Sauce macht keine Schwierigkeiten, wenn man die vielen Zutaten bereit hält, die natürlich von guter Qualität sein müssen. Mit ihren südlichen (Fenchel, Koriander) und ihren subtilen Aromen (Riesling, Noilly Prat, Portwein, Cognac) wird diese schaumige Zubereitung sicher begeistern. Die Herkunft und Art der Krebse ist nicht von Bedeutung, sie müssen hauptsächlich frisch sein.

1. Die Hechtfilets in Würfel schneiden, mit Salz und Pfeffer würzen. Eine Stunde in den Kühlschrank stellen, dann zusammen mit Eiweiß und Sahne in der Küchenmaschine zu einer gleichmäßigen Farce verarbeiten. Abschmecken und einige Tropfen Zitronensaft zugeben. Passieren und kühl stellen. Die Krebse und die Gemüse vier Minuten in Salzwasser kochen, die Krebsgehäuse aufbewahren.

2. Die Gemüse in Rauten schneiden, blanchieren, dann abschrecken. Dill hacken. Die Krebsschalen in Öl anbraten, Gemüse, Gewürze und Dill zufügen. Mit Weißwein, Wermut, Portwein und Cognac ablöschen, einkochen lassen. Den Fischfond angießen, auf ein Drittel reduzieren. Die Sahne zugeben und zehn Minuten bei schwacher Hitze kochen lassen. Abschmecken, passieren, Saft einer Zitrone zufügen.

mit Krebsen

3. Für die Sauce den Krebsfond erhitzen und die Krebse und Gemüse zufügen. Die Butter zugeben und ganz zum Schluß auch den Dill.

4. Die Schlagsahne unter die abgekühlte Hechtfarce heben. Den leicht gesalzenen Fischfond erhitzen, mit dem Eßlöffel 12 Hechtklößchen formen und sie 12 bis 14 Minuten pochieren. Die Klößchen auf die Teller verteilen, mit den Krebsen und den Gemüsen garnieren und die Sauce darüber gießen.

Minestrone mit Bohnen

Vorbereitungszeit: *15 Minuten*
Kochzeit: *2 Stunden 30 Minuten*
Schwierigkeitsgrad: ★

Für 4 Personen

300 g	Borlotti-Bohnen, getrocknet
300 g	Kartoffeln
300 g	Zwiebeln
2	Knoblauchzehen
100 g	Parmaschinken (Endstück)
30 g	Butter
	Parmesan
	Olivenöl
200 g	Salbei
1	Zucchini
	Petersilie
	Salz, Pfeffer

Außer im Sommer erscheint dieses Gericht ständig auf der Speisekarte der »Vecchia Lanterna«, dem Turiner Restaurant von Armando Zanetti. Es handelt sich dabei um eine stark von Traditionen geprägte Zubereitung, die man im Piemont bis ins 14. Jahrhundert zurückverfolgen kann. Die Minestrone ist ein einfaches, preiswertes und kräftigendes Gericht, deren Erfolg in allen Gesellschaftsschichten verbreitet ist. Berühmte Stammgäste (Politiker, Schauspieler, Journalisten) bestellen sie schon bei ihrem Eintreten ins Restaurant.

Im Grunde genommen ist die Minestrone (italienisch »große Suppe«) eine Mischung verschiedener, grob geschnittener Gemüse, zum Beispiel Karotten, Kartoffeln und Sellerie, die in einer Suppe präsentiert werden und deren Zusammenstellung je nach Küchenchef und Region variieren kann. Häufig wird sie von Teigwaren oder Reis begleitet, wie es auch unser Küchenchef Armando Zanetti vorschlägt. Es ist ganz der augenblicklichen Phantasie überlassen, welche Zutaten man wählt, ob Bohnen in Mengen zugefügt werden oder gebratene Steinpilze, wie es seine Großmutter tat, oder aber wie früher an Festtagen Speck- oder Schinkenstücke. In dem hier vorgestellten Rezept werden aus dem Schinken feine Klöße hergestellt, die in die Minestrone eingelegt werden. Der Parmaschinken ist für diese Verwendung am geeignetsten, weil er zugleich schmackhaft und mager ist.

Wenn unser Küchenchef die Borlotti-Bohne empfiehlt, so ist dies kein Zufall: Sie kommt aus der Provinz Belluno, hat eine hellrote, leicht gesprenkelte Farbe und einen kastanienähnlichen Geschmack. Wenn man den Parmaschinken durch Schweins- oder Kalbshaxe ersetzt, kann die Suppe als Vorspeise dienen und die Haxe mit den Bohnen als Hauptgericht serviert werden.

1. Die Bohnen am Vorabend in lauwarmem Wasser einweichen. Mit den Kartoffeln und dem Parmaschinken zum Kochen bringen. Mit Wasser auffüllen und salzen.

2. Den Knoblauch und den zusammengebundenen Salbei in Olivenöl und Butter in einer Pfanne anschwitzen.

auf Piemonteser Art

3. Die Zwiebeln schälen, in feine Scheiben schneiden, in die Pfanne zu Knoblauch und Salbei geben und das Ganze schmoren lassen.

4. Dann alles unter die Bohnen rühren und bei schwacher Hitze ca. zweieinhalb Stunden kochen lassen. Auf Suppentellern mit Pfeffer aus der Mühle, gehackter Petersilie und einem Eßlöffel Olivenöl anrichten und mit Zucchinistreifen dekorieren. Etwas geriebenen Parmesan zufügen.

Savarin mit Artischocken

Vorbereitungszeit:	*20 Minuten*
Kochzeit:	*30 Minuten*
Schwierigkeitsgrad:	★

Für 4 Personen

Für den Savarin:

50 g	Hartweizengrieß
500 ml	Milch
1	Ei
30 g	Parmesan
20 g	Butter
1 Prise	Salz

Für die Artischocken:

2	Artischocken
50 g	Butter
	Petersilie
	Salz, Pfeffer

Für die Fonduta:

300 ml	Milch
200 g	Emmentaler
25 g	Butter
25 g	Mehl
2	Eigelb
	Salz, Pfeffer

In Italien ist die »fonduta« das Gegenstück zum Käsefondue. Die Piemonteser nennen sie »fondua« und stellen sie aus Fontina her, einem fetthaltigen, aus Kuhvollmilch hergestellten halbweichen Kochkäse, der dem Raclette ähnelt. Die Fonduta wird grundsätzlich mit einem Eigelb gebunden und mit Pfeffer gewürzt, was weder in der Schweiz noch in den französischen Bergregionen üblich ist.

Falls man keinen Fontina findet, empfiehlt unser Küchenchef statt dessen einen Raclettekäse, der mit Butter versetzt wird, um eine schöne, geschmeidige und gebundene Paste zu erhalten. Sollte man dagegen feststellen, daß der Käse zu fett ist, genügt es, etwas Wasser hinzuzufügen, um damit der Fonduta die richtige Konsistenz zu geben. Im allgemeinen entspricht auch der Emmentaler, den man fast überall in Europa findet (sogar in der Bretagne wird er hergestellt) ziemlich genau den Anforderungen dieses Rezepts. Der feine Touch von Parmesan hingegen, oder noch besser von Parmesan Grano Padano, mit dem man diese kleine Grießtorte abrundet, läßt sich durch nichts ersetzen.

Der Savarin in diesem Rezept besteht ausschließlich aus Hartweizen – Couscousgrieß kann dafür nicht genommen werden. Man verwendet nach Möglichkeit eine Savarinform, die man auch zur Gestaltung einer Reisbeilage nutzen kann. Die in Scheiben geschnittene Artischocke läßt sich ganz nach Wunsch durch Waldpilze, Steinpilze oder Topinambur ersetzen.

Diese Vorspeise kann für sich allein oder als Beilage zu Fleisch in Sauce serviert werden und erlaubt eine Vielzahl von Varianten, unter anderem die Zugabe von in Scheiben geschnittener weißer Trüffel, eine besondere Piemonteser Spezialität, die unvergeßlich bleiben wird.

1. Für den Savarin die Milch zum Kochen bringen, Butter und Salz zufügen, den Grieß einstreuen, eine Minute mit dem Schneebesen rühren und 15 Minuten kochen lassen. Vom Herd nehmen und das Eigelb und den Parmesan unterrühren.

2. Vier Formen buttern und bis zum Rand mit der Grießmasse füllen. Kühl stellen.

und Fonduta

3. Die Artischocken vorbereiten und in feine Scheiben schneiden. Die Butter erhitzen, Artischocken, gehackte Petersilie, Salz und Pfeffer zufügen. Bei schwacher Hitze ca. 15 Minuten schmoren lassen.

4. Für die Fonduta Butter und Mehl anschwitzen. Die Milch zufügen, zum Kochen bringen und den Emmentaler unterrühren. Wenn die Creme gleichmäßig und geschmeidig ist, die Eigelbe, Salz und nach Wunsch Pfeffer zufügen. Den Boden der Teller mit Fonduta bedecken, in die Mitte den Grießsavarin setzen und darauf die gebratenen Artischocken häufen.

Marmitako

Vorbereitungszeit: *45 Minuten*
Kochzeit: *50 Minuten*
Schwierigkeitsgrad: ✯

Für 4 Personen

1 1/2 kg	Bonito oder Thunfisch (Kopf und Schwanz für den Fischfond)

1 1/2 kg	Kartoffeln
6	Tomaten
3	rote Zwiebeln
6	grüne Chillischoten
5	rote Paprikaschoten, getrocknet
100 ml	Öl
	Salz
	Pfeffer

Mit dem Begriff »marmitako« wird gleichzeitig sowohl der Behälter, der zur Zubereitung dieser baskischen Spezialität dient, als auch das Gericht bezeichnet, nämlich die schmackhafte Verbindung von Bonito, Zwiebeln, Kartoffeln und roten Paprikaschoten. Sein Ursprung geht auf die ersten Fischer aus Bermeo zurück, einem bedeutenden Hafen an der Biskaya, der für seinen Seehecht- und Bonitofang berühmt ist. Diese rauhen Seeleute, die viele Tage aufs Meer hinausfuhren, hatten keine andere Wahl, als ihren Fang mit dem einzigen Gemüse zuzubereiten, das sie konservieren konnten.

Der Bonito ist ein Fisch mit rotem Fleisch, ein Verwandter des weißen Thunfischs, mit dem er den knochigen Charakter teilt. Die beste Art erreicht nur eine geringe Größe und wird in der Weite der Cantabrique gefangen. Da er auf unseren Märkten eine Seltenheit ist, kann man ihn hier durch den Thunfisch ersetzen, mit dem man ein ähnlich gutes Resultat erhält. Andere fetthaltige Fische, wie zum Beispiel der Lachs, könnten ebenfalls gut für dieses Gericht genommen werden.

Die roten Paprikaschoten des Baskenlandes sind manchmal schwer zu konservieren, denn sie enthalten mehr Wasser als andalusische Schoten. Fast das gesamte Fruchtfleisch muß verwertet werden, was durch das Anhaften der Haut erschwert wird. Das Garen der Zwiebel, die gegrillt und nicht karamelisiert werden sollte, ist genau zu überwachen. Was die Kartoffeln anbelangt, so müssen sie von einer festkochenden Sorte stammen, damit der Marmitako sich nicht in einen Brei verwandelt.

1. Die fünf roten, getrockneten Paprikaschoten in kochendes Wasser geben und dreimal blanchieren, gut spülen und das Fruchtfleisch häuten. Währenddessen aus Kopf und Schwanz des Bonitos einen Fischfond herstellen.

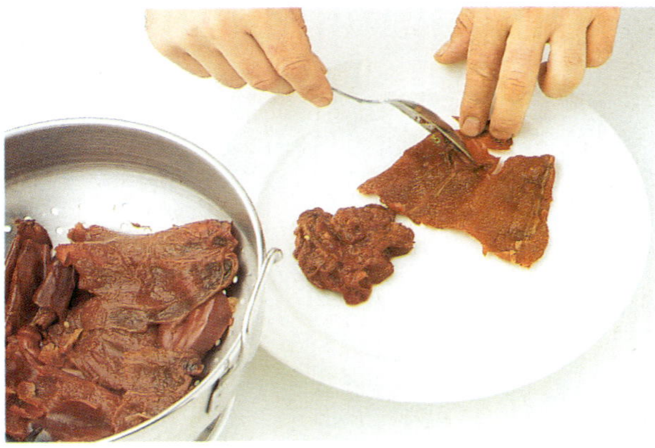

2. In einem Kochtopf die gehackten roten Zwiebeln bei starker Hitze goldbraun anbraten. Die Tomaten und das Fruchtfleisch der roten Paprikaschoten in Öl separat anbraten. 30 Minuten bei schwacher Hitze garen und dann im Mixer pürieren.

mit Bonito

3. Zu den gebratenen Zwiebeln die gehackten Chillischoten und die in Stücke geschnittenen Kartoffeln geben. Gut umrühren. Den Fischfond durch das Sieb passieren und im Kochtopf bis zur Höhe der Kartoffeln angießen. Salzen.

4. Sobald die Kartoffeln gar sind, drei kleine Schöpflöffel Paprika-Tomaten-Püree zugeben, den gewürfelten Bonito zufügen, gut mischen und drei bis vier Minuten kochen lassen. Abschmecken und auf vorgewärmten tiefen Tellern servieren.

Fisch & Meeresfrüchte

Chop Suey mit

Vorbereitungszeit: *2 Stunden*
Kochzeit: *5 Minuten*
Schwierigkeitsgrad: ★

Für 4 Personen

28		große Venusmuscheln
50	g	Shiitake-Pilze
3		Mini-Zucchini
2		Litschis
50	g	Mais, abgetropft
2	Blatt	Gelatine
100	ml	Geflügelfond
etwas		Olivenöl

Für die Zitronenthymian-Butter:

50	g	Butter
1		Zitronenthymianzweig

Wenn Katalonien auch mehrere tausend Kilometer von der nächstliegenden chinesischen Provinz entfernt ist, so hat sich unser Küchenchef bei der Zubereitung frischer Venusmuscheln doch von der orientalischen Küche inspirieren lassen. Auch setzt er geschickt die Produkte aus seiner für Kleinviehhaltung bekannten Heimat ein und kombiniert Muscheln und Geflügelfond. So bietet er einen ganz neuen Ansatz für Zutaten, die uns allen wohlbekannt sind.

Wie wir wissen, ist die Venusmuschel im Mittelmeer heimisch. Nach Ansicht Fernando Adrías kommen die besten Venusmuscheln aus Galicien, wobei seine Vorliebe allerdings nicht den größten, mit 30 bis 50 Gramm pro Stück, sondern den weißen gilt, die er im Gegensatz zu den traditionell üblichen Garmethoden rasch bei starker Hitze zubereitet. Sobald sie sich öffnen, werden sie aus der Schale und der Wärme genommen und im eigenen, mit Gelatine vermischten Saft glaciert. Von dieser Gelatine hängt übrigens das Gelingen dieses Sulzgerichtes maßgeblich ab.

Der Einfluß der chinesischen Küche schlägt sich vor allem beim kleingeschnittenen Gemüse nieder. Hier dominiert der krasse Gegensatz zwischen zarten Mini-Zucchini und herzhaft knackigem Mais. Die Pilze sollten nach Möglichkeit Shiitake sein, sie können aber auch durch andere wilde Arten wie kleine Röhrlinge, Herbsttrompeten oder Pfifferlinge ersetzt werden.

Dieses Rezept kann auch mit anderen Muscheln nachgekocht werden. Unser Küchenchef nennt beispielsweise die an der Costa Brava reichlich vorkommende wilde Miesmuschel, die er durchaus mit Erfolg einsetzt.

1. Die Venusmuscheln bei starker Hitze 2 Minuten in einen Topf tauchen, damit sie sich öffnen. Dann sofort mit einem Messer aus der Schale nehmen, ohne sie dabei zu verletzen. Das Garwasser aufbewahren.

2. Die Venusmuscheln auf einen Rost legen und mit einer Mischung aus Garwasser und in kaltem Wasser aufgeweichter Gelatine glacieren. Dann die Zitronenthymian-Butter zubereiten: Den Thymian in 100 ml Wasser aufbrühen. Diesen Aufguß auf 2 Eßlöffel einkochen und durch ein Spitzsieb passieren. Bei schwacher Hitze die Butter nach und nach untermischen.

Venusmuscheln

3. Die Zucchini in dünne Scheiben schneiden. Dann die Litschis schälen und die Shiitake-Pilze klein schneiden. Bei schwacher Hitze in etwas Olivenöl sautieren. Zuletzt die Litschis und den Mais mit dem Geflügelfond zugeben und 1 Minute garen.

4. Das Gericht auf der Tellermitte anrichten und die Zitronenthymian-Butter rundherum verteilen. Zum Schluß die Venusmuscheln darauf setzen.

Tintenfisch

Vorbereitungszeit: *30 Minuten*
Kochzeit: *15 Minuten*
Schwierigkeitsgrad: ★★★

Für 4 Personen

$1^1/_2$ kg	Zwerg-Sepia (oder Kalmar) mit Tinte
1	Zwiebel
1	grüne Paprikaschote
300 g	Tomaten, zerkleinert
etwas	Öl
	glatte Petersilie
	Salz und Pfeffer

Für die Sauce:

	Kalmartinte
200 ml	Fischfond
100 ml	Weißwein
2	Zwiebeln
	Salz und Pfeffer
etwas	Öl

Die Basken haben seit je eine innige Beziehung zur Zwerg-Sepia. Es gibt keine Bar, deren Auswahl an »Pinxos« (baskische Bezeichnung für »Tapas«) nicht die kleinen Kraken in eigener Tinte (»en su tinta«) enthält. Ab zehn Uhr vormittags können die Gäste in San Sebastián noch vor dem Apéritif die ersten fangfrischen Kalmare verzehren, deren traditionelle Zubereitung sich mit wenigen Begriffen zusammenfassen läßt: Einfachheit, Sachverstand und Köstlichkeit.

Als Kind begleitete unser Küchenchef seinen Vater immer wieder zum Fischfang. Im Andenken an diese Abenteuer empfiehlt er Ihnen heute diesen kleinen Tintenfisch, den er eindeutig dem größeren nordamerikanischen vorzieht. Die in Küstennähe lebenden Arten sind weicher und eignen sich daher ganz vorzüglich für unsere Zwecke.

Auf jeden Fall wird für dieses Rezept der Rücken des Tintenfischs verwendet. Den Tintenbeutel bewahrt man zum Einfärben der Sauce auf; nötigenfalls kann man sich die Tinte aber auch im Glas beim Fischhändler besorgen, ohne daß dies der Qualität des Gerichts abträglich wäre.

Es dauert meist nicht lange, um zu einem Fan der baskischen Küche zu werden, zu der natürlich auch Tapas gehören, die zu jeder Tageszeit Sardellen, Miesmuscheln und die verschiedensten Krakenarten anbieten. Wenn Ihnen dieses Tintenfischtörtchen schmeckt, wird es Ihnen bestimmt sehr schwer fallen, nicht weiter in die Geheimnisse der baskischen Kochkunst vordringen zu wollen. Was sollten wir Ihnen eigentlich Besseres wünschen?

1. Die Tintenfische putzen, dabei die Tinte für die schwarze Sauce aufbewahren. Aus einigen Fischen talergroße Stücke ausstechen und kühl stellen.

2. Die restlichen Tintenfische klein schneiden. Eine Zwiebel und die grüne Paprikaschote in Öl andünsten, die Tintenfischstückchen zugeben. Dann beiseite stellen und die zerkleinerten Tomaten garen.

törtchen

3. Zwei in feine Ringe geschnittene Zwiebeln leicht in Öl anrösten. Dann die Tinte, den Weißwein und den Fischfond zufügen und leicht einkochen. Pürieren, durch ein Spitzsieb streichen und abschmecken.

4. Die Sauce auf den Teller gießen. Förmchen darauf stellen und die Tintenfischstückchen hineingeben. Die zuvor in einer Pfanne mit etwas Öl sautierten Tintenfischtaler daraufsetzen. Die zerkleinerte Tomate in die Mitte geben und mit Petersilie verzieren.

Hecht mit

Vorbereitungszeit: *10 Minuten*
Kochzeit: *15 Minuten*
Schwierigkeitsgrad: ★★

Für 4 Personen

2	kg	Hecht
32		Flußkrebse (vorzugsweise Edelkrebse)
50	ml	Olivenöl

Für die Sauce:

2		Schalotten
20	ml	Cognac
50	ml	trockener Weißwein
250	ml	Sahne
2		frische Estragonzweige
		Salz und grob gemahlener Pfeffer

Der Hecht, ein geschickter Raubfisch, lebt in Flußunterläufen, großen Tümpeln und Flußaltwässern, dringt aber häufig hoch hinauf bis in die Forellenzone. Er wird auch in Teichen gehalten. Zu Zeiten des Absolutismus in Frankreich wurden Hechte aus den Zuchten des Louvre sogar an der Tafel Ludwigs XIV. gereicht.

Das feste, weiße Fleisch des Hechts ist äußerst fein, hat aber sehr viele Gräten, von denen einige tückisch und nur mit der Pinzette zu entfernen sind. Unser Küchenchef empfiehlt Ihnen Exemplare von 2 bis 3 Kilogramm, die erfahrungsgemäß weniger Gräten haben.

Nach einem Aufenthalt im Wasser – ca. 1 Minute – läßt sich der Fisch recht einfach filetieren. Damit die Filets schön weich bleiben und auch richtig durchgaren, dämpft man sie in stetigem, aber nicht zu heißem Dampf. Dazu reicht man eine eher würzige Sauce, da das Fleisch im allgemeinen zwar als angenehm, aber fad gilt.

Der Edelkrebs mit seinen roten Beinchen ist die beliebteste Sorte dieses immer rarer werdenden Süßwasserkrustentieres. Vor dem Garen muß der nach Galle schmeckende Darm entfernt werden.

Als Grundlage für die Sauce nimmt man dünnflüssige, ganz frische Sahne. Es empfiehlt sich, die Sauce am Schluß durch ein Passiertuch zu treiben und, nachdem sie sich abgesetzt hat, durch ein Spitzsieb zu streichen. Schlagen Sie sie kurz vor dem Anrichten vorsichtig auf, damit sie noch leichter und schmackhafter wird.

Dieses Rezept können Sie mit Zander oder auch ganz ohne Fisch und dann mit um so mehr Krebsen nachkochen.

1. Den Hecht in 4 Filets à 450 g zerlegen. Die Filets zerteilen und salzen. Dann die Stücke einzeln in Frischhaltefolie wickeln und bei 70 °C dämpfen.

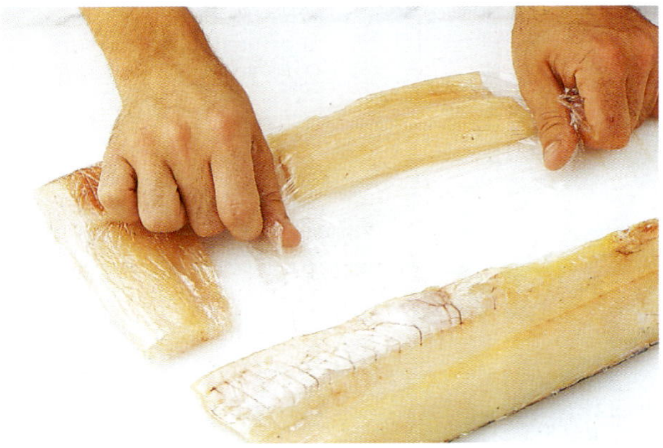

2. Die Krebse von ihrem Darm befreien und in »rauchendem« Olivenöl rot werden lassen.

Flußkrebsen

3. Die Krebse mit Cognac flambieren, dann 3 Minuten in den Backofen geben. Die Krebsnasen von 16 Krebsschwänzen trennen. 4 Krebsnasen zum Garnieren beiseite legen. Die restlichen Krebsnasen in die Schmorpfanne zurückgeben und zerstoßen.

4. Jetzt die gerösteten Schalotten und den grob gemahlenen Pfeffer zufügen. 2 Minuten ausschwitzen lassen. Den Weißwein zugeben und auf die Hälfte einkochen lassen. Sahne und Estragon zufügen. Auf sämige Konsistenz einkochen und abschmecken. Die Hechtfilets mit dieser Sauce überziehen. Mit Krebsen und blanchiertem Estragon garnieren.

Schwertfischragout auf

Vorbereitungszeit: *15 Minuten*
Kochzeit: *15 Minuten*
Schwierigkeitsgrad: ★

Für 4 Personen

400	g	Schwertfisch
2		Auberginen
2		vollreife Tomaten
2		Knoblauchzehen
1	Glas	extra natives Olivenöl
1		Rosmarinzweig
2		Petersilienzweige
		Salz, grobes Meersalz, Pfeffer
etwas		Weißwein

Der Schwertfisch oder »Xiphias gladius« ist nach seinem charakteristischen, langen speerartigen Oberkiefer benannt, den man mit der beeindruckenden Waffe vergleicht, die Schweizer und Landsknechte im ausgehenden Mittelalter mit beiden Händen führten. Der mächtige, vier bis fünf Meter lange Fisch wird im Atlantik und vor allem im Mittelmeer gefangen. Auf dem Markt wird er in Scheiben oder Stücken und glücklicherweise eher selten lebend angeboten.

Sein äußerst feiner Geschmack erinnert sehr an Kalbsfleisch; das Fleisch muß allerdings glänzend und rosig sein. Das Aroma des Schwertfischs wird gerne durch die Zugabe von »Fleur de sel« zur Geltung gebracht; das Salz verbessert die Struktur des Fleisches, und es zerfällt nicht so leicht. Wichtig ist, den Schwertfisch nur besonders sanft zu garen, da sein feiner Wohlgeschmack bei heftigen Behandlungsweisen sehr schnell verlorengehen kann.

Die Beilage aus Auberginen empfiehlt sich besonders im Sommer. Man wähle frische, glänzende Früchte mit schöner dunkler Haut ohne Druckstellen, mit festem Fleisch und wenig Kernen. Zu große Auberginen können mehlig sein und bei der Zubereitung an Aroma verlieren. Gegart werden sie nur kurz, denn mit Öl vollgesogene Auberginen sind wesentlich schwerer verdaulich.

Das in diesem Rezept vorgestellte Ragout läßt sich leicht und schnell zubereiten und kann auch mit anderen Fischen wie Seeteufel, Petersfisch oder Steinbutt nachgekocht werden. Auf jeden Fall muß es schön heiß serviert werden.

1. Die Auberginen in 1/2 cm dicke Scheiben schneiden und auf ein Sieb legen. Salzen und 2 Stunden abtropfen lassen. Sorgfältig trockentupfen und auf einem Grill 5 Minuten auf jeder Seite braten. Warm stellen.

2. In einer Pfanne das Olivenöl mit 1 Knoblauchzehe und dem Rosmarin heiß werden lassen. Den zuvor in Würfel geschnittenen Fisch dazugeben und mit Meersalz und grob gemahlenem Pfeffer würzen. 5 Minuten bräunen lassen.

gegrillten Auberginen

3. Anschließend die gehäuteten, entkernten und kleingewürfelten Tomaten dazugeben und 5 Minuten garen.

4. Mit Weißwein ablöschen. Mit dem restlichen Knoblauch und der zerkleinerten Petersilie würzen. Mischen. Auf jeden Teller 3 Scheiben Auberginen legen. Die gewürzten Schwertfischwürfel darüber geben. Mit Olivenöl beträufeln.

Russisches

Vorbereitungszeit: *1 Stunde 30 Minuten*
Kochzeit: *1 Stunde 30 Minuten*
Schwierigkeitsgrad: ★★★

Für 12 Personen

4	kg	Lachs
200	g	Lachsfleisch
200	g	Schalotten
500	g	Zwiebeln
600	g	Champignons
100	g	Waldpilze
300	ml	Weißwein
400	ml	Fischfond
150	g	Krustentiersalpikon
150	g	Jakobsmuschelsalpikon (nur in der Saison)

150	g	Wildreis, gekocht
150	g	Basmatireis, gekocht
30	g	Kräuter, Petersilie
8		Eier, hartgekocht
$1^1/_2$	l	Crème fraîche

Für die Kulibijaka-Sauce:

200	ml	Noilly-Prat (frz. Wermut)
200	ml	Weißwein
2	l	Lachsschmorfond
100	ml	Fleischglace, eingedickt
200	g	Schalotten
1	kg	Butter
10	g	Pfeffer

Crêpeteig (siehe Grundrezepte S. 801)

Briocheteig (siehe Grundrezepte S. 800)

Marie Antoine Carême wurde als erster Hofkoch des 18. Jahrhunderts berühmt. Überzeugender Beweis seiner kosmopolitischen Küche ist dieses von ihm kreierte Kulibijaka, das seine Premiere am Russischen Zarenhof feierte. Ursprünglich wurde es mit Störmark (dem wertvollen Vesiga) oder mit Geflügel zubereitet. Oberstes Ziel des ohne Form gegarten Kulibijakas ist, die Geschmacksnuancen der einzelnen Zutaten zu erhalten. Überliefert sind auch etwas bescheidenere Varianten mit Kohl, Gemüse u.a.

Die Zubereitung sollte methodisch und gewissenhaft angegangen werden. Am Vortag stellt man einen leichten Briocheteig her, der die vorgeschriebenen Garzeiten besser verträgt als Blätterteig. Gebacken wird er im vorgeheizten Backofen zunächst bei 200 °C, zum Schluß bei 180 °C.

Es empfiehlt sich außerdem, die Garnierung bereits am Vortag zuzubereiten und mit dem Aufschichten erst tags darauf zu beginnen. Dann erst beschäftigt man sich mit dem renommierten schottischen Lachs, dem Herrscher über jene kristallklaren Seen, die der Legende nach von diversen Monstern bevölkert sind. An diesen »Lochs« mit teilweise berühmten Namen gibt es zahlreiche Züchter von Meeres- und Süßwasserfischen, die hervorragende Qualität liefern: zartes Fleisch, das den Garprozeß sehr viel besser übersteht als jeder Wildlachs.

Das Kulibijaka wird direkt aus dem Backofen, also sehr heiß auf den Tisch gebracht. Sie können es allerdings auch noch über Nacht aufbewahren und am nächsten Tag kalt servieren; dazu schmeckt ein kleines Hummergelee und Gurkensalat mit Schnittlauch.

1. Die Form mit geschnittenen Schalotten und Champignons sowie Petersilienzweigen auslegen. Weißwein und Fischfond zugeben. Die Lachsfilets ohne Gräten und ohne Haut hineinlegen und würzen. Im Backofen schmoren lassen. Einen Crêpeteig herstellen und die Kräuter zugeben. 6 Crêpes von 18 cm Durchmesser herstellen.

2. Geschnittene Champignons und Zwiebeln blanchieren. Abkühlen und abtropfen lassen. Eine eher feste Masse herstellen. Die Bestandteile der Füllung zugeben (Petersilie, Zwiebeln, Pilze und Reis) und als Bindemittel verwenden. Abschmecken. Die hartgekochten Eier in Scheiben schneiden. Dann den Briocheteig herstellen.

Lachs-Kulibijaka

3. Den Briocheteig auf ein Backblech legen und mit den Crêpes bedecken. In der Mitte eine Schicht Füllung in der Größe des Lachsfilets auftragen. Das Filet darauf legen und mit einer Lage Füllung bedecken. Die Eierscheiben auflegen. Ein zweites Filet darüber legen. Mit der restlichen Füllung bedecken und mit Briocheteig einschlagen. 30 Minuten bei 200 °C im Backofen backen.

4. Noilly-Prat, Fischfond, eingedickten Fleischfond, kleingeschnittene Schalotten zusammen auf sirupähnliche Konsistenz einkochen. Den Topf vom Herd nehmen und die in kleine Stücke zerteilte Butter unterziehen. Abschmecken. Durch ein Spitzsieb streichen und das Krustentier- und den Jakobsmuschelsalpikon zufügen.

Leichte

Vorbereitungszeit: *1 Stunde*
Kochzeit: *30 Minuten*
Schwierigkeitsgrad: ★★

Für 4 Personen

16		Flußkrebse
200	g	Champignons
750	ml	amerikanische Sauce (siehe Grundrezepte S. 798)
1	Bund	Schnittlauch

Für die Füllung:

125	g	Hechtfleisch
125	g	Zanderfleisch
2		Eiweiß
1		Ei
125	g	weiche Butter
200	ml	Crème double
		Salz und Pfeffer

Klöße aller Art waren früher die Spezialität der volkstümlichen Ausflugslokale von Lyon, in denen sich die Familien auf ihren Sonntagsausflügen gerne niederließen. Christian Bouvarel erinnert sich mit Freuden an diese Feste seiner Kindheit und an die eiskalte Limonade, die die Köstlichkeiten unausweichlich begleitete. Das war auch die Zeit, in der er sich mit seinen Freunden aufmachte, um in den nahegelegenen Flüssen Krebse zu fangen, die seine Mutter dann zusammen mit den leckeren Klößchen servierte.

Obwohl die »Quenelles« eine typische Lyoner Spezialität sind, verweisen sie zumindest lautmalerisch auf ihre Verwandtschaft mit dem deutschen »Knödel«, der von der Fachwelt als Ursprung des Wortes angegeben wird. Meist bestehen sie aus Fisch, der übrigens nur ganz frisch verarbeitet werden darf, z. B. aus Karpfen oder Hecht. Christian Bouvarel ist der Auffassung, daß der Hecht für den Klößchenteig abgemildert werden muß, indem man Zander oder Jakobsmuscheln hinzufügt.

Der Hecht, dieses legendäre Sonntagsanglerglück, eignet sich von seiner Struktur her bestens für unsere Zubereitung. Der in ganz Mitteleuropa und im Donaubecken heimische Zander wird wegen seines weißen und schmackhaften Fleisches geschätzt.

Schließlich sei noch erwähnt, daß die traditionellen Klößchen auch Panade enthalten. Christian Bouvarel läßt sie allerdings lieber weg, um die Leichtigkeit des Gerichts zu erhalten. Ihre Aufgabe wird es nun sein, den Teig mit dem Löffel zu formen, was nach einigen Enttäuschungen durchaus gelingt. Aber verzagen Sie nicht: Lyon wurde auch nicht an einem Tag erbaut!

1. Zander und Hecht filetieren. Die Gräten entfernen. Für 4 Personen 125 g Fleisch von jedem Fisch zurücklegen.

2. Dann den Teig herstellen: Das Fischfleisch mit Salz und Pfeffer in die Küchenmaschine geben und zerkleinern. Das ganze Ei und die 2 Eiweiß, dann die gut gekühlte Crème double zufügen; die Küchenmaschine dabei nicht zu lange laufen lassen. Zuletzt die weiche Butter zugeben. Durch ein Sieb streichen. Anschließend 1 Stunde in einer Schüssel auf Eiswürfel setzen.

Hechtklößchen

3. Die Klöße kochen: das Salzwasser zum Kochen bringen. Die Klöße (3 pro Person) mit einem Löffel ausstechen und ohne zu kochen 10 Minuten pochieren, dabei einmal wenden. Auf einem Tuch abtropfen lassen.

4. Die Champignons putzen und häuten, in Scheiben schneiden und in Butter sautieren. Die Krebse von ihrem Darm befreien, in siedendes Wasser tauchen und ausbrechen. Auf jedem Teller 3 Klöße und 4 Krebse anrichten. Mit amerikanischer Sauce (s. Seite 57) überziehen. Heiß servieren.

Seezungenfilet mit

Vorbereitungszeit: *45 Minuten*
Kochzeit: *15 Minuten*
Schwierigkeitsgrad: ★★★

Für 4 Personen

12		Seezungenfilets
1		Hummer à 600 g
25	g	Trüffelpaste
360	ml	gebundene Hummerbrühe (25 g Maizena pro Liter)
80	ml	Sahne
20	ml	Madeira
		Sellerieblätter zum Garnieren
		Salz und Pfeffer

Unter den als große Proteinlieferanten geschätzten Fischen erfreuen sich Seezungen besonderer Beliebtheit bei den Gourmets, die immer wieder wunderbare Rezepte voller Virtuosität dafür erfinden. Die Filets dieses ovalen Plattfisches sind leicht zu verarbeiten, und ihr festes weißes Fleisch ist von seltener Zartheit. Da die Fangbereiche sehr unterschiedlich sind, ist Seezunge das ganze Jahr über am Markt erhältlich.

Wählen Sie für dieses Rezept Seezungen à 500 g. Die Haut der Fische muß glänzend und widerstandsfähig sein; sie wird sich übrigens nur mit einem kräftigen Ruck abziehen lassen. Die Filets müssen geklopft werden: Auf diese Art durchtrennt man die Nerven und verhindert damit, daß sie sich beim Garen zusammenziehen. Um die Filets schön aufrollen zu können, empfiehlt sich die Verwendung von Kunststoff- oder Aluminiumzylindern, die auch für andere Rezepte dienlich sind. Das hübsche Wort »Salpikon« soll vom spanischen Wort »picar« für »schneiden« stammen, dem ein Präfix vorangestellt wurde, dessen Ursprung unbekannt ist. Auf jeden Fall versteht man darunter als Ragout gegarte, verschiedenartige kleingewürfelte Beilagen, mit denen man Blätterteigpasteten u.ä. füllt.

Für den Salpikon wählen Sie einen blauen Hummer, am besten aus der Bretagne, der sehr jodhaltig im Geschmack ist. Die Zubereitung der Brühe dauert seine Zeit (3 bis 4 Stunden), also wesentlich länger als die wenigen Minuten, die zum Garen des Schalentiers erforderlich sind. Am besten stellen Sie die Brühe am Vortag in ausreichender Menge her, um sie auch für andere Zwecke vorrätig zu haben.

1. Die Seezungenfilets leicht flach drücken und mit der Hautseite um einen mit Butter bestrichenen Zylinder von 3 cm Durchmesser aufrollen. Die Filets in einen Topf mit Dämpfeinsatz geben und 3 Minuten über kochendem Wasser dämpfen.

2. Die Hummerbrühe aufkochen und die in kaltem Wasser angerührte Maizena unterrühren. Einige Augenblicke kochen lassen. Währenddessen das Öl auf 150 °C erhitzen. Einige schöne Sellerieblätter auswählen und fritieren. Auf Küchenkrepp abtropfen lassen.

Hummersalpikon

3. Den Hummer 7 bis 8 Minuten in kochendem Wasser garen. Die Trüffelpaste zusammen mit dem Madeira und der Sahne einkochen, bis eine gebundene Masse entsteht. Das zuvor in kleine Würfel geschnittene Hummerfleisch unterheben. Abschmecken und warm stellen.

4. Die Filets auf einen vorgewärmten Servierteller stellen und die Farce mit einem Mokkalöffel einfüllen. Die gebundene Brühe durch ein Spitzsieb passieren und auf die Teller gießen. Die Seezungenfilets im Dreieck anordnen und mit den ausgebrochenen Hummerzangen verzieren.

Bourride nach

Vorbereitungszeit: *45 Minuten*
Kochzeit: *25 Minuten*
Schwierigkeitsgrad: ★★★

Für 4 Personen

1 kg Babysteinbutt
1 kg Petersfisch
350 g Seezunge
600 g Seeteufelfilet
600 g Goldbrasse
Baguette (für die Croûtons)
Salz und Pfeffer

Für die Gemüsebeilage:

4 Karotten
4 neue weiße Rüben

4 Porreeweiß von jungem Porree
8 Perlzwiebeln
2 Tomaten
1 kleine grüne und 1 rote Paprikaschote
4 Blätter Basilikum
1 Bleichselleriestange
1/2 g Safranfäden
1 EL natives Olivenöl
100 ml Weißwein
250 ml Gemüsebrühe

Für die Sauce:

1 Pellkartoffel
3 EL Olivenöl
Saft von 1/2 Zitrone
4 Knoblauchzehen
1 EL Tomatensauce
1 Eigelb
Salz, Cayennepfeffer und frisch gemahlener Pfeffer

Die »Bourride« ist eine Suppenspezialität aus der südfranzösischen Hafenstadt Sète, die Michel Bruneau während eines Aufenthalts dort entdeckte. Sie hat ihn derart beeindruckt, daß er sein Lokal, bis dahin als »Au bon accueil« bekannt, danach benannte.

Der Grundgedanke dieses Rezepts, das hier »auf Bruneau-Art« gekocht wird, ist der Nord-Süd-Mix, d. h. die Würdigung der Traditionen aus Südfrankreich unter Einbeziehung von Rohstoffen aus der Normandie: Porree und Karotten, lokale Fische und Kartoffeln für die Knoblauchsauce. Der Fischkorb, auf der die Bourride aufbaut, beinhaltet einen Edelfisch (Steinbutt, Glattbutt oder Petersfisch), einen Plattfisch (Goldbrasse, Thunfisch oder Makrele) und je nach Marktlage die zuletzt angelieferten Fische, etwa Seeteufel oder Knurrhahn. Da keiner der Fische geschmacklich dominieren soll, kann es nötig sein, die Menge des einen oder anderen aufgrund seines stärkeren Geschmacks zu verringern.

Während der Safran genau zu dosieren ist, darf man mit Kerbel oder Estragon großzügiger sein. Das Schwierigste sind die Garzeiten für das Gemüse und die Fische, die im letzten Augenblick in der genannten Reihenfolge verarbeitet werden müssen.

Die Croûtons aus frischer Baguette werden mit Knoblauch eingerieben, dessen Keim wegen der besseren Verdaulichkeit vorher entfernt wird. In heißem Öl angebratene Croûtons saugen sich nicht so voll. Stellen Sie später eine Pfeffermühle mit schwarzen, weißen und rosa Pfefferkörnern auf den Tisch, damit Ihre Gäste nach Belieben nachwürzen können.

1. In einem großen Schmortopf alle in 1/2 cm große Stücke geschnittenen Gemüse leicht in Öl anschwitzen. Mit Weißwein und Gemüsebrühe übergießen. Abgedeckt 10 Minuten garen. Safran, ganze Basilikumblätter und Schnittlauch zufügen. Salzen, pfeffern und 5 Minuten dünsten.

2. Sauce zubereiten: Eigelb, Salz und Pfeffer in den Mörser geben, in dem der Knoblauch und die Pellkartoffel zerstampft wurden. Unter ständigem Rühren langsam das Olivenöl zugeben. Zum Schluß die Tomatensauce und den Saft von einer halben Zitrone hineingießen. Diese Saucengrundlage in einen Kupfertopf schütten.

meiner Art

3. Alle Fische in 4 gleich große Stücke schneiden, auf beiden Seiten salzen und pfeffern. Die Fische in der angegebenen Reihenfolge auf dem kochenden Gemüse garen: Seeteufel 5 Minuten, Seezunge, Steinbutt und Petersfisch 4 Minuten, Goldbrasse 3 Minuten. Abgedeckt garen, ohne dabei den Fisch zu wenden.

4. Bei milder Hitze 3 Eßlöffel Garflüssigkeit, die keinesfalls mehr kochen darf, hinzufügen. Auf sehr heißen Tellern servieren. Dazu mit entkeimtem Knoblauch eingeriebene und anschließend in Olivenöl gebratene Croûtons reichen. Die Sauce in einer Sauciere servieren.

Kleine Bouillabaisse

Vorbereitungszeit: *2 Stunden*
Kochzeit: *50 Minuten*
Schwierigkeitsgrad: ★★★

Für 4 Personen

1 1/2	kg	verschiedene Fische: Drachenkopf, Kapaun, Petersfisch, Rotbarbe, Knurrhahn, Seeaal, Lippfisch
1	kg	Felsenfische
2		Tomaten
1	Knolle	Fenchel
3		kleine Kartoffeln

2		Zwiebeln
6		Knoblauchzehen
1		Porree
1		Baguette
		Safranfäden
2		Eigelb
100	ml	Olivenöl
etwas		geriebener Parmesankäse
einige		Petersilienzweige
		Cayennepfeffer
		Salz und Pfeffer

Das Beruhigende an der Bouillabaisse ist, daß niemand wirklich weiß, woher ihr Name kommt. Wir wollen hier aber keinen Wind um die Herkunft machen, sondern sehen, daß unsere Gäste etwas zu essen bekommen. Jede Familie in Südfrankreich hat ihr eigenes Rezept, aber einen gemeinsamen Nenner haben sie alle: Drachenkopf, Knurrhahn, Kapaun, Seeaal und Rotbarbe. Darüber hinaus macht jeder, was er will.

Unser Küchenchef empfiehlt zusätzlich als Grundlage eine Handvoll kleiner Felsenfische, die der Suppe Konsistenz und Geschmack verleihen. Das Problem allerdings ist ihr Transport, es sei denn, man bleibt gleich vor Ort. Die Suppe muß bereits eingekocht sein, bevor man die großen Fische darin gart. Am besten stellt man sie also am Vortag her und verarbeitet die Fische zum Schluß in aller Ruhe: natürlich die dicksten Fische wie Seeaal, Drachenkopf etc. zuerst und die zarteren wie Rotbarbe zuletzt.

Damit die Bouillabaisse auch wirklich ihre Bezeichnung »Goldene Suppe« verdient, muß sie noch mit Safran angereichert werden, deren rote Narben und gelbe Griffel nicht nur eine Gaumenfreude, sondern auch ein Augenschmaus sind. Safran ist arabischen Ursprungs und kam im Gefolge der Kreuzzüge zu uns. Die Erntebedingungen haben sich seither nicht verändert: Für ein Kilogramm braucht man 150 000 Krokusblüten, was den extrem hohen Preis dieses Gewürzes erklärt. Und wenn es billiger verkauft wird, kann man davon ausgehen, daß es gestreckt ist. Dies geschieht meist mit Saflor (Färberdistel), der fast jedes Lebensmittel sehr wirkungsvoll einfärbt.

1. Sämtliche Fische schuppen, ausnehmen und waschen. Die großen in Stücke schneiden, die kleinen ganz lassen. Die Baguette schräg in Scheiben schneiden. Die Croûtons mit Knoblauch einreiben und beiseite stellen.

2. Die kleinen Fische nehmen und die Suppe mit heißem Öl und einer Würzmischung, Zwiebeln, kleingeschnittenem Porreeweiß, den beiden gepreßten, gehäuteten und zerkleinerten Tomaten, Knoblauch, Safran und Fenchel aufsetzen. 30 Minuten garen und durch eine Gemüsepresse passieren.

aus der Provence

3. In dieser Suppe 3 Kartoffeln garen. Die Kartoffeln anschließend mit den Eigelben und dem Olivenöl im Mörser aufschlagen. Diese sogenannte »Rouille« beiseite stellen.

4. Die Fische in der Reihenfolge ihrer Größe 10 Minuten in der Suppe garen, wobei mit dem größten, dem Seeaal, begonnen wird. Mit Salz und Cayennepfeffer abschmecken. Das Ganze, mit gehackter Petersilie garniert, in einer geschlossenen Suppenterrine servieren. Den geriebenen Parmesankäse, die »Rouille« und die Croûtons getrennt dazu reichen.

Kabeljaurücken in dunklem

Vorbereitungszeit:	*45 Minuten*
Kochzeit:	*15 Minuten*
Schwierigkeitsgrad:	★

Für 4 Personen

600 g	Kabeljau
500 g	Hopfenspargel
1	Zitrone
2	Eigelb
75 g	frische Brotkrumen
250 g	Butter
120 ml	Koninck (dunkles Bier)
250 ml	Fischfond
1 TL	frische Bierhefe
	Salz und Pfeffer

Die Fische aus der Familie der Dorsche sind zwar etwas bescheidener als Edelfische wie Glattbutt, Steinbutt oder Seezunge, machen mengenmäßig aber die Hälfte des täglichen Fangs aus. Den zu dieser Familie gehörenden Kabeljau, wie die erwachsene Nordseeform bei uns heißt, gibt es beim Fischhändler zu kaufen. Er eignet sich für alle Verarbeitungsmethoden.

Jan Buytaert bereitet ihn nach flämischer Art mit seinem geliebten Koninck-Bier zu, womit er auch die Bandbreite der Bierküche unter Beweis stellen will. Dieses berauschende Dunkel hätte gut in die Zeit der Brueghels und zur flämischen Kirmes gepaßt, auf der sich die angeheiterten und rotwangigen Dorfbewohner einfanden. Wenn man das nuancenreiche Koninck-Bier nicht bekommt, läßt sich das Rezept auch mit jedem anderen dunklen Bier nachkochen.

Der zweite bestimmende Faktor in der Sauce ist die Butter. Für unsere Zwecke empfiehlt sich »fette Butter«, die übrigens nicht mehr Fett enthält als »trockene Butter« und nicht zuletzt wegen ihres Vitamin-A-Gehaltes zu einer ausgewogenen Ernährung beiträgt.

Der Hopfenspargel ist nicht weniger typisch. Dabei handelt es sich um die Triebe (Reben), die im Hopfengarten nicht benötigt und im Frühjahr entfernt werden. Bereits im 19. Jahrhundert waren sie wegen des darin enthaltenen Zuckers beliebt und wurden wie Spargel genutzt. So mancher zieht sie sogar dem richtigen Spargel vor. Es lohnt sich auf jeden Fall, dieses originelle Gemüse kennenzulernen, das seinen Freunden eine fünfte Jahreszeit beschert.

1. Den Kabeljau in 4 Portionsstücke à 150 g schneiden und auf ein mit Butter bestrichenes und mit Salz und Pfeffer bestreutes Backblech legen. Im Backofen 8 bis 10 Minuten zur Hälfte durchgaren. Mit den Gräten und Parüren einen Fischfond herstellen.

2. Den Hopfenspargel sorgfältig putzen und im Fischfond garen, der mit dem Saft von einer halben Zitrone gewürzt wird.

Bier mit Hopfenspargel

3. Das Garwasser zusammen mit dem Bier auf die Hälfte einkochen, die Hefe zugeben und mit Butter aufschlagen. Durch ein Spitzsieb passieren. Abschmecken. Die Brotkrumen mit etwas Butter mischen und dünne Lagen daraus formen. Die 2 Eigelbe mit 2 Eßlöffeln Wasser zu einer Schaummasse aufschlagen und vom Herd nehmen. Die restliche geklärte Butter unterschlagen, dann würzen.

4. Ein Häufchen Hopfenspargel auf die mit Butter bestrichenen Teller geben. Ein Stück Kabeljau und dann eine Brotlage darüber legen. Kurz im Backofen überbacken. Auf jedem Teller etwas Sauce um den Fisch verteilen. Vor dem Auftragen einen kleinen Löffel Schaumsauce über den Fisch geben.

Gefüllte Schwimmkrabben

Vorbereitungszeit: *1 Stunde 15 Minuten*
Kochzeit: *35 Minuten*
Schwierigkeitsgrad: ★★

Für 4 Personen

20	große Schwimmkrabben

Für die Füllung:

250 g	Taschenkrebsfleisch
1/2	reife Mango
125 ml	Béchamelsauce
1 EL	Basilikum
1 TL	eingekochte amerikanische Sauce (siehe Grundrezepte S. 798)
50 g	Parmesankäse

Für die Sauce:

200 ml	kräftig gewürzte amerikanische Sauce (Karotten, Zwiebeln, Weißwein, Brühe)
15 g	Butter
1 EL	Schnittlauch, feingeschnitten
1 EL	Tomaten, kleingewürfelt

Die Abteilung der Kurzschwanzkrebse, auch »Echte Krabben« genannt, zählt etwa 5000 Arten, darunter die Schwimmkrabben. Sie zeichnen sich durch ein abgeflachtes fünftes Beinpaar aus, das kurz über dem Unterleib sitzt und ihnen als Schwimmflossen dient. Im Gegensatz zu den meisten seiner Artgenossen ist dieses Krustentier also relativ gewandt und schwimmt vor allem in beträchtlicher Wassertiefe, was ihm sehr nützlich ist, um vor Feinden zu fliehen. Von Natur aus mißtrauisch und »mit allen Wassern gewaschen«, schreckt die Schwimmkrabbe auch vor keiner List zurück und versteckt sich im Sand, um ihre Beute zu überraschen.

Mit einer Schwimmkrabbe in Angriffsstellung – auf den Hinterbeinen stehend, die offenen Scheren nach vorne gestreckt und mit Schaum vor den Mandibeln – ist nicht zu spaßen. Provozieren Sie sie also nicht, denn dieser nervöse Geselle kann ernsthafte Schäden anrichten. Kulinarisch gesehen, ist sie sehr ergiebig, sie hat recht zartes Fleisch und läßt sich zu ausgezeichneten Suppen, Schaumcremes oder auch zu Füllungen verarbeiten. Unser Küchenchef verwendet sie wieder anders: Den Panzer füllt er mit Taschenkrebsfarce, und das Fleisch dient ihm als Hauptbestandteil für die amerikanische Sauce.

Die Anhänger von Prosper Montagné geben es nicht auf, die kräftige »Sauce américaine« »Sauce armoricaine« zu nennen, obwohl nun wirklich keine einzige der Zutaten bretonisch ist. Jacques Cagna bietet uns hier ein neues Geschmackserlebnis, indem er zusätzlich eine kleingewürfelte Mango verwendet, deren Lieblichkeit den pikanten Geschmack der anderen Zutaten ausgleicht. Am besten wählt man Mango von den französischen Antillen. Sie sollte nicht faserig, also reif genug, aber noch recht fest, also nicht zu reif sein.

1. Die Taschenkrebsfarce zubereiten: eine Béchamelsauce aus Butter, Mehl und Milch herstellen. Die Mango schälen und in feinste Würfel schneiden. Das Basilikum hacken. Alle Zutaten für die Füllung vermischen.

2. Die Schwimmkrabben schnell im Courtbouillon garen. Die Panzer aufbewahren. Das Fleisch aus den Körpern für die amerikanische Sauce beiseite stellen. Die Panzer putzen, mit Farce füllen und mit geriebenem Parmesan bedecken.

mit getrockneten Tomaten

3. Amerikanische Sauce zubereiten: Das Fleisch aus den Krabbenkörpern in Olivenöl schwenken. Die angerösteten Karotten und Zwiebeln zugeben, mit Weißwein ablöschen, einkochen, mit Brühe übergießen und 10 Minuten garen.

4. Sauce fertigstellen: Die Sauce durch ein Spitzsieb passieren, auf die Hälfte der Menge einkochen, mit Butter aufschlagen und den kleingeschnittenen Schnittlauch zufügen. Tomate häuten, klein würfeln und in die Sauce geben. Würzen und warm stellen. Teller mit Sauce überziehen, 5 Schwimmkrabben darauf legen und kurz im Salamander (Gerät zum Überbacken oder Bräunen von Speisen) überbacken.

Gegrillter Wolfsbarsch

Vorbereitungszeit: *1 Stunde*
Kochzeit: *30 Minuten*
Schwierigkeitsgrad: ★★

Für 4 Personen

2		kleine Wolfsbarsche
24		Mini-Karotten
24		weiße Mini-Rüben
12		Mini-Zucchini
12		Kirschtomaten
8		Anissterne
1	EL	Butter

Für die Marinade:

150	ml	Olivenöl
1	EL	Weißweinessig
1	EL	Cidre-Essig
2	TL	Zitronensaft
15	g	Honig
2	g	Safran
5	g	Koriander
5	g	Petersilie
5	g	schwarze Pfefferkörner
1		Lorbeerblatt
		Salz und Pfeffer

Der Fisch, der je nach Gusto als »Wolfs-« oder »Seebarsch«, bei den Franzosen als »Bar« oder »Loup« bezeichnet wird, heißt in England »Seabass«. In den Territorialgewässern des Vereinigten Königreichs tritt er vor allem vor der schottischen Küste, und sogar ganz in der Nähe des Turnberry Hotel auf, wo Stewart Cameron seines Amtes waltet. Somit kann sich unser Küchenchef stets die frischesten Exemplare sichern, die nur wenige Meter von seinem Grill trennen.

In Schottland haben die *Perciformes*, wie die Familie der barschartigen Fische noch heißt, eine schöne graublaue Farbe und ein Gewicht zwischen 4 und 5 Kilogramm. Stewart Cameron bevorzugt allerdings mittlere Exemplare, die etwa 5 Pfund, also 2,5 Kilogramm auf die Waage bringen. Das Fleisch dieses Fisches ist recht zart, kann aber auch durch bescheidenere Artgenossen wie beispielsweise Makrele oder Kabeljau ersetzt werden. Das Wichtigste in diesem Rezept ist nicht die Zubereitung des Fischs, sondern die des Gemüses.

Um auch dem Auge etwas Schönes und Elegantes zu gönnen, empfiehlt es sich, kleines Gemüse zu verwenden, das übrigens auch schneller und besser die Nuancen der Marinade aufnimmt. Die Mengenangaben für die Marinade sind unbedingt einzuhalten, damit sie nicht zu kräftig gerät und den Eigengeschmack des Gemüses zunichte macht. Auch ein Zuviel an Essig würde jede Gaumenfreude verderben. Das wäre sehr schade, denn dieses Rezept bietet die Gelegenheit, die weißen Rüben zu Ehren kommen zu lassen, ein Gemüse, das lange Zeit sehr vernachlässigt wurde und erst seit einigen Jahren ein Comeback erlebt.

Fisch und Gemüse werden heiß serviert. Die Sauce aus der mit Butter aufgeschlagenen Marinade sollte eher lauwarm sein.

1. Alle Zutaten für die Marinade in einen Topf geben und bei schwacher Hitze 3 bis 4 Minuten aufwallen lassen.

2. Alle Gemüse waschen und schälen, getrennt »al dente« garen und in einen tiefen Teller geben.

mit mariniertem Gemüse

3. Den Wolfsbarsch in Filets à 120 g zerlegen, die Gräten entfernen und die Haut einschneiden. Mit etwas Butter bepinseln. In einer Pfanne 5 Minuten in Butter braten, wobei die Haut knusprig bleiben soll. Das Gemüse in der Marinade pochieren, damit es warm wird.

4. Die Butter gut mit der heißen Marinade verrühren. Durch ein Spitzsieb streichen. Das Filet auf die Tellermitte legen, das marinierte Gemüse rundum geben, mit Sauce überziehen und mit den Anissternen verzieren.

Seezungenfilets mit Rosmarin

Vorbereitungszeit: *30 Minuten*
Kochzeit: *10 Minuten*
Schwierigkeitsgrad: ★

Für 4 Personen

4	Seezungen
200 g	Spinat
100 g	Trüffeln
	Salz

Für das Rosmarinöl:

1	Rosmarinzweig
100 ml	extra natives Olivenöl
1 EL	Senf
	Saft von 1 Zitrone
	Salz und Pfeffer

Sicherlich teilen Sie meine Meinung, daß Rosmarin nicht weniger schmackhaft als sein Name klangvoll ist (italienisch: »Rosmarino«). Man begegnet ihm in vielen italienischen Rezepten, wo er eine wichtige Rolle spielt: bei Marinaden, Salaten, Terrinen, Bouquets garnis, Ratatouilles und sogar bei gedünstetem Gemüse. Es ist jedoch Vorsicht geboten, denn vor allem frischer Rosmarin ist sehr stark im Geschmack und könnte die anderen Zutaten übertönen.

Das wäre gerade hier besonders schade für die in feinste Stifte geschnittenen schwarzen Trüffeln aus Italien, die vor allem in Umbrien und in den Marken wachsen. Unser Küchenchef hat übrigens einmal und nie wieder versucht, sie durch die in Alba und in der gesamten Romagna verbreiteten weißen Trüffeln zu ersetzen. In der Verbindung mit Rosmarin kam es zum offenen Konflikt: Beide waren gleich stark, keiner wollte nachgeben.

Die Hauptrolle in diesem Rezept spielt natürlich die Seezunge mit ihren Filets von wahrhaft göttlicher Qualität. Damit sie schön frisch bleibt, sollten Sie so lange wie möglich mit ihrer Zubereitung warten, denn zerlegt hält sie sich nicht so gut. Die Filets werden auch gerne mit Granatapfelkernen verziert, deren durchscheinende Färbung und säuerlicher Geschmack Gaumenfreude und Augenschmaus zugleich bieten.

Nun fehlt diesem Rezept noch etwas Knackiges. Der in kochendem Öl fritierte Spinat mit seiner leichten Konsistenz bildet einen hervorragenden Kontrast zu dem zarten Fisch. Ein vergleichbarer Effekt ließe sich übrigens auch mit Mangoldrippen erzielen. Aber es sei der Fantasie eines jeden überlassen, diese einfache und schmackhafte Küche, die den Charme der traditionellen Romagna ausmacht, abzuwandeln.

1. Rosmarinöl zubereiten: Den Rosmarin klein hacken und in einer Schüssel mit Senf, Zitronensaft, Salz und Öl gut verrühren.

2. Die Seezunge sorgfältig beidseitig abziehen und anschließend filetieren. Dann die Filets dämpfen.

auf knackigem Spinat

3. Die Spinatblätter abspülen und trocknen. In viel kochendem Öl fritieren, auf Küchenkrepp abtropfen lassen und würzen.

4. Den knackigen Spinat auf gut vorgewärmten Tellern in der Mitte anrichten. Die Seezungenfilets darauf legen. Dann das Rosmarinöl und die Trüffel-Julienne darüber geben.

Languste

Vorbereitungszeit: *15 Minuten*
Kochzeit: *10 Minuten*
Schwierigkeitsgrad: ★

Für 4 Personen

4	Langusten à 500 g
je 8	schwarze und grüne Oliven
50 g	Butter
4 TL	Geflügelfond
4 EL	amerikanische Sauce (siehe Grundrezepte S. 798)
2 EL	Olivenöl

Beilagen:

200 g	Fenchel
1 EL	Olivenöl
einige	Dillspitzen
	Salz und Pfeffer

Für die Courtbouillon:

1	Karotte
1	Zwiebel
etwas	Essig
	Thymian, Lorbeerblatt, Petersilie
	Salz und Pfefferkörner

Als Jacques Chibois noch Chef de Partie bei Roger Vergé war, bescherte ihm eine im Backofen vergessene Languste außer den nicht enden wollenden Witzeleien auch den Einfall für ein originelles Rezept.

Seine Vorliebe gilt den rosafarbenen Mauretanischen Langusten aus dem Mittelmeer, die seltener sind als die auf allen Märkten feilgebotenen roten Europäischen Langusten. Wie alle großen Krustentiere bewegt sich die Languste nur mühsam auf felsigem Untergrund vorwärts, so daß sie sich leicht fangen läßt. Wählen Sie – eventuell auch aus einer Zucht – ein lebendes Exemplar mit einem Gewicht von 500 bis 600 Gramm, am besten ein Weibchen: Seine Eier können für die Sauce verwendet werden. Langustenfleisch ist feiner als Hummerfleisch und verträgt nur schonende Garmethoden, sonst wird es sehr zäh. Zuviel Gewürz könnte ebenfalls seinen Geschmack verfälschen.

Nach provenzalischer Manier kombiniert unser Küchenchef mit diesem Mittelmeertier ein Duo aus grünen und schwarzen Oliven (kleinen »Caillettes«) und entführt Sie damit direkt mitten nach Südfrankreich. Vergessen Sie nicht, die schwarzen Oliven fünfmal zu blanchieren, damit sie ihren bitteren Geschmack verlieren.

Der ursprünglich aus Italien stammende Fenchel ist ein angenehmer Begleiter für unsere Languste. Die weiße Knolle, die möglichst fest sein sollte, enthält viel Vitamin C und wirkt verdauungsfördernd. Mit dieser gut eßbaren Pflanze vertrieb man früher übrigens Hexen und böse Geister.

Wenn Sie keine Languste nach ihrem Geschmack finden, können Sie dieses Rezept auch mit Hummer, Scampi oder Granat (Garnele) nachkochen.

1. Den Fenchel in feinste Würfel, die Oliven in feine Streifen schneiden (fünfmal blanchieren). Den Fenchel in Salzwasser gut durchgaren, damit er nicht faserig wird. Abschrecken und abtropfen lassen. Mit etwas Olivenöl, Salz und Pfeffer erhitzen.

2. Die Langusten 5 Minuten in Courtbouillon garen und ausbrechen. Die Köpfe mit den beiden Antennen aufbewahren und in Zylinder schneiden, ebenso die vier Beine. Die Langustenschwänze in Scheiben schneiden.

mit Oliven

3. Das Langustenfleisch zusammen mit dem Geflügelfond und der amerikanischen Sauce erhitzen, salzen und pfeffern. Die Sauce mit der Butter, dem Olivenöl und den Olivenstiften fertigstellen.

4. Auf einem tiefen Teller anrichten: den Fenchel in der Mitte, darüber das Langustenfleisch, Beine und Kopf an den Rand. Mit Sauce überziehen und mit Dillspitzen verzieren.

Kabeljau mit

Vorbereitungszeit: *30 Minuten*
Kochzeit: *30 Minuten*
Schwierigkeitsgrad: ★

Für 4 Personen

1		Kabeljau à 1,2 kg
2		mittelgroße Tomaten
1		rote Paprikaschote
50	ml	Zitronensaft
150	ml	extra natives Olivenöl
25	g	Butter
		Schnittlauch
		Estragon
		Basilikum
70	g	grobes Salz
		Salz und Pfeffer

Für den in Portugal, Spanien, Norwegen und Frankreich sehr beliebten »Gadus morhua« gibt es viele Rezepte. Die Familie der Dorsche umfaßt 15 Arten. Im deutschen Sprachgebrauch werden die erwachsene Nordseeform als »Kabeljau«, die Ostseeform und jugendlichen Individuen der Nordsee als »Dorsch« bezeichnet. In Neufundland gehört der Dorschfang zu den großen Seeabenteuern, die auch literarisch verarbeitet wurden, etwa von Roger Vercel in seinem Roman »Jean Villemeur«.

Um diesen Fisch aus fernen kalten Gewässern zu konservieren, wurde er früher von den Seeleuten noch auf den Booten in Salz eingelegt, denn während ihrer Überfahrt war er ihr Hauptnahrungsmittel. Heute, da die Dorschfänger regelrechte schwimmende Kühlfabriken sind, ist das zwar nicht mehr nötig, aber die Tradition hat sich gehalten.

Sie sollten einen fleischigen Kabeljau mit gelber Haut wählen, dessen Bauch Sie für spätere Verwendungen wie »Brandade« oder »Aïoli« beiseite stellen. Damit die Filets auch schön kernig werden, empfiehlt unser Küchenchef, sie 24 Stunden in grobem Salz zu marinieren. Der Garvorgang selbst dauert nicht lange, vorher sollten die Filets jedoch mit Ölbutter bestrichen werden, damit sie nicht zerfallen und eine interessante Farbe bekommen.

Der Name »Jungfernsauce« kommt vom Olivenöl, das lange Zeit sehr umstritten war, aber inzwischen alle Kritiken überstanden hat. Es wird vor allem in den nördlichen Mittelmeerländern Griechenland, Italien, Spanien und Frankreich hergestellt. Sein Säuregehalt ist mit 1 % der niedrigste überhaupt.

1. Den Kabeljau filetieren und abziehen. Die Rückenfilets vorsichtig vom Bauchfleisch abtrennen und entgräten.

2. Die Filets waschen, trockentupfen und in Portionsstücke schneiden. Dann in eine Schüssel legen, mit grobem Salz bestreuen und 24 Stunden stehen lassen.

Jungfernsauce

3. Die Tomaten häuten, entkernen und in kleine Würfel schneiden. Die Paprikaschote in Aluminiumfolie wickeln und in den Backofen schieben. Anschließend häuten und in kleine Würfel schneiden. Tomaten, Paprika, gehackte Kräuter, Olivenöl und Zitronensaft in einen kleinen Topf geben, würzen und bei milder Hitze warm halten.

4. Die Kabeljaustücke trockentupfen. Eine Pfanne mit Antihaftbeschichtung heiß werden lassen. Die Fischfilets mit Butter bepinseln. Anbraten, bis sie eine schöne Farbe haben, umdrehen und im Salamander (elektrisches Gerät zum Überbacken oder Bräunen von Speisen) fertiggaren. Einen Löffel Sauce auf jeden Teller geben. Den Fisch darüber legen.

Gegrillter Wildlachs

Vorbereitungszeit: *30 Minuten*
Kochzeit: *10 Minuten*
Schwierigkeitsgrad: ★★

Für 4 Personen

1		Lachs à 1 kg
40	g	Butter
200	ml	Öl
		Salz und Pfeffer

Für die Sauce béarnaise:

4		Eigelb
2		Schalotten
50	ml	Essig
2	EL	Wasser
150	g	Butter
1	Bund	Estragon und glatte Petersilie
10	g	grob gemahlener Pfeffer

Für die Garnierung:

2		Zucchini
2		Karotten
8		kleine Kartoffeln

Nur wenige Fische erfreuen sich eines so guten Rufes wie der Lachs. Dieser Seefisch, der auf seinen Laichwanderungen flußaufwärts schwimmt und dabei mit Bravour kleinere Staustufen überspringt, ist immer wieder etwas Ergreifendes für Naturfreunde, aber noch mehr für Feinschmeckerzungen, die sich seit Jahrhunderten an seinem schmackhaften rosigen Fleisch erfreuen. Lachs ist reich an Vitamin A und zählt zu den meistbegehrten Fischen. Besonders beliebt ist Wildlachs, der im Gegensatz zu den in Zuchten aufwachsenden Lachsen nicht so fett ist und an der Stelle des aus Bewegungsmangel verkümmerten Schwanzes einen schönen Fächer aufweist.

Leider wird Wildlachs in unseren Gewässern immer seltener. Das gilt auch für den Fluß Adour, wo unser Küchenchef früher sehr schöne Exemplare fand. Schuld daran dürften Wilderei und Wasserverschmutzung sein, denn kein Naturgesetz wird den Lachs je daran hindern können, zum Laichen flußaufwärts zu schwimmen. Auch ist nicht überall bekannt, daß die ins Meer ziehenden Hakenlachse jede Lebhaftigkeit und sogar jeden Geschmack verloren haben und nur ein Aufenthalt im Meerwasser ihnen eine zweite Jugend beschert.

Stückweise gegarter Lachs bleibt weich und ermöglicht die Überwachung des Garvorgangs. Der optimale Garpunkt ist erreicht, wenn das Fleisch an der Gräte schön rosa gefärbt ist.

Zu gegrilltem Fisch wird gerne Sauce béarnaise mit Estragon gereicht. Sie bringt die Speisen gut zur Geltung, ohne dabei ihren Geschmack zu verfälschen. Wichtig ist, sie erst kurz vor dem Auftragen zuzubereiten, und zwar am besten im Wasserbad, damit man die Temperatur jederzeit unter Kontrolle hat.

Das Rezept läßt sich auch mit Steinbuttfilets nachkochen. Schön heiß servieren und nicht wieder aufwärmen.

1. Den Fisch ausnehmen. Die Flossen entfernen; dabei gegen den Strich arbeiten, also vom Schwanz zum Kopf hin schneiden. Den Lachs unter klarem Wasser sorgfältig waschen und auf Küchenkrepp abtropfen lassen. Anschließend in gleich dicke Scheiben schneiden.

2. In einem Schmortopf mit dickem Boden die zerhackten Schalotten, den zerhackten Estragon, den grob gemahlenen Pfeffer und den Essig für die Sauce einkochen, bis fast keine Flüssigkeit mehr vorhanden ist. Die Karotten und die Kartoffeln schälen und ebenso wie die Zucchini in Öl schwenken.

mit Sauce béarnaise

3. Die Eigelbe mit Wasser zufügen und im Wasserbad so lange schlagen, bis die Sauce in einem festen Band vom Löffel rinnt. Anschließend unter ständigem kräftigem Schlagen die geklärte Butter nach und nach zugießen. Die Sauce durch ein feines Passiertuch streichen. Salzen und den Estragon sowie die feingehackte Petersilie zufügen. Die Reduktion an einen warmen Ort stellen.

4. Die Lachsscheiben einige Minuten im Olivenöl und in 40 g geklärter Butter marinieren lassen; dabei 2 bis 3 mal wenden. Den Lachs anschließend bei mittlerer Hitze 1 Minute auf jeder Seite grillen. Zusammen mit dem gedämpften Gemüse auf einem Teller anrichten. Die Sauce béarnaise separat servieren.

Knuspriger Wolfsbarsch mit

Vorbereitungszeit: *30 Minuten*
Kochzeit: *10 Minuten*
Schwierigkeitsgrad: ★★

Für 4 Personen

1		Wolfsbarsch à 2 kg
2		kräftig rote Tomaten
100	g	Pfifferlinge
4		Knoblauchzehen
1/2		Schalotte
4		frische Thymianzweige

1		Lorbeerblatt
150	g	Basilikum
50	g	geklärte Butter
180	g	Butter
50	ml	Olivenöl
50	ml	Fischfond
4		frische Thymianzweige
1	Prise	Fleur de sel
		Salz und Pfeffer

Manche Quellen behaupten, Basilikum käme aus Indien, wo man den Blätteraufguß als Heilmittel und Gewürz verwendete. Im 19. Jahrhundert waren seine harn- und schweißtreibenden Eigenschaften im gesamten Orient und sogar in einigen Gegenden Schwarzafrikas bekannt. In Europa wird dieses Kraut vor allem in Italien und in der Provence verwendet, wo es die Grundlage für den berühmten »Pesto« bzw. »Pistou«, jener hochgeschätzten und mit Knoblauch verstärkten Sauce, bildet.

Frisches Basilikum ist inzwischen überall erhältlich. Kauft man es als Topfpflänzchen, hält es sich naturgemäß länger. Basilikum ist ein idealer Begleiter von Tomaten: eingemacht, als Salat oder Garnierung. Auch verträgt es sich bestens mit Knoblauch, Thymian und Lorbeer, die in diesem Rezept alle Wohlgerüche der Provence verbreiten.

Wolfsbarsch ist an den französischen Küsten heimisch. Im Mittelmeer nennt man ihn »Loup«, in der Nähe von La Rochelle »Loubine«. Es handelt sich aber immer um das gleiche Tier, das bis zu einem Meter lang werden kann. Trotz seiner beeindruckenden Größe hat dieser zu den *Serranidae* zählende Fisch mageres, vitaminreiches Fleisch. Er muß immer sehr frisch sein: steif, mit klaren, vorstehenden Augen und glänzenden Schuppen. Damit er sein Aroma behält, soll Wolfsbarsch angeblich vor dem Garen nicht geschuppt werden. Einige aufgelegte frische Thymianzweige verstärken noch seinen Geschmack.

Nach Ansicht von Richard Coutanceau sollte das Gewürzöl eine Woche im voraus zubereitet werden. Dazu lege man eine Knoblauchzehe in Olivenöl, füge 200 ml Erdnußöl, Thymian und ein Lorbeerblatt hinzu und lasse das Ganze ruhen.

1. Die Tomaten häuten, halbieren und durch leichtes Drücken von Kernen und Wasser befreien. In eine Form legen, mit Gewürzöl überziehen (Knoblauchzehe, Thymian, Lorbeerblatt) und 40 Minuten bei 90 °C im Backofen garen. Den Wolfsbarsch ausnehmen und schuppen, säubern und in 4 Filets zerlegen.

2. Dann 150 g Basilikum blanchieren. Schnell abschrecken und in einen Mixeraufsatz geben. Unter Zugabe von 50 ml Olivenöl zerkleinern, salzen und pfeffern. 50 ml Fischfond in einen Topf geben und mit 150 g Butter aufschlagen.

Haut in Basilikumsauce

3. Die Basilikumpaste mit dem Fischfond auf Konsistenz bringen. 100 g Pfifferlinge in etwas Öl anbraten. Am Ende der Garzeit eine halbe kleingeschnittene Schalotte zufügen.

4. Die Filets einschneiden. 30 g geklärte Butter und den restlichen Thymian in eine Pfanne mit Antihaftbeschichtung geben. Die Filets mit der Hautseite in die Pfanne legen. Ohne zu wenden 7 Minuten braten. Auf die vorgewärmten Teller je eine halbe Tomate und darüber ein knuspriges Wolfsbarschfilet legen. Mit Fleur de sel und Basilikum bestreuen. Die Basilikumsauce rundherum gießen.

Jakobsmuschel-

Vorbereitungszeit: *30 Minuten*
Kochzeit: *15 Minuten*
Schwierigkeitsgrad: ★★

Für 4 Personen

20		Erquy-Jakobsmuscheln, ausgelöst
6		Chicorée
4		Schalotten
		Saft von 1/2 Zitrone
1	Prise	Safranfäden
1	Prise	Zucker

100	g	Sesam
50	g	Butter
150	ml	Sahne
750	ml	trockener Weißwein
50	ml	Öl
		Salz, Pfeffer, trockener rosa Pfeffer

Mit etwas Phantasie läßt sich aus allem etwas zaubern, auch aus Jakobsmuscheln, die auf dem Heimweg vom Fischen versehentlich zerdrückt oder zerbrochen wurden. Auf diese Art hat Jean Crotet ein Rezept erfunden, in dem er Jakobsmuschelfleisch zu einem Küchlein verarbeitet.

Selbstverständlich kann man auch ganze Muscheln bester Qualität nehmen. Sie sollten vorzugsweise aus Erquy kommen und auf jeden Fall lebendfrisch sein. Zuerst entfernen Sie das Corail (rotes Rogensäckchen), da die darin enthaltene Flüssigkeit den Zusammenhalt des Küchleins beeinträchtigen könnte. Das Küchlein wird in der Pfanne gebraten und einmal gewendet. Den besten Garpunkt erkennen Sie an der Farbe des Sesam.

Die bäuerliche Zubereitung des in feine Streifen geschnittenen Chicorée gibt unserem Meeresgericht einen rustikalen Anstrich.

Das vornehmlich aus Frankreich stammende Wintergemüse wird aus ernährungsphysiologischer Sicht wegen seines hohen Faseranteils und seiner Leichtigkeit hoch geschätzt. Achten Sie darauf, die Chicoréeblätter nicht zu lange zu kochen, sonst wird das Ganze zu bitter.

Durch die Verwendung von Sesam erhält unser Gericht eine orientalische Note, dessen Aroma an Haselnuß erinnert. Es vermischt sich erfolgreich mit dem Geschmack der Jakobsmuschel, vor allem, wenn Sie ihn durch etwas Wermut unterstreichen, der den Weißwein in der Sauce körperreicher erscheinen läßt.

Sollten Sie unglücklicherweise keinen gekochten Chicorée mögen, können Sie ihn auch durch kleingeschnittenen, in Butter geschwenkten Kohl ersetzen.

1. Den Chicorée in Streifen schneiden, mit Butter, Zucker, Salz, Pfeffer und dem Saft von einer halben Zitrone in einen Topf geben. In 5 bis 6 Minuten rasch garen; dabei häufig umrühren, um die Butter zu binden.

2. Das Jakobsmuschelfleisch vom roten Corail-Säckchen befreien, zerkleinern, salzen und pfeffern. Mit dem zerkleinerten Muskelfleisch kleine Küchlein von 10 cm Durchmesser formen, glattstreichen und mit Sesam bestreuen.

Küchlein mit Sesam

3. Den Weißwein und die kleingeschnittenen Schalotten einkochen, die Sahne und den Safran zufügen. Würzen und beiseite stellen.

4. Das Öl in einer Pfanne mit Antihaftbeschichtung erhitzen. Die Küchlein mit der Sesamseite in die Pfanne legen und in 3 bis 4 Minuten langsam goldgelb werden lassen, anschließend wenden. Den Chicorée auf der Tellermitte anrichten, das Küchlein darüber legen und die Sauce rundum gießen. Mit einigen Fäden rosa Pfeffer bestreuen.

Gedünsteter Steinbutt mit

Vorbereitungszeit: *45 Minuten*
Kochzeit: *30 Minuten*
Schwierigkeitsgrad: ★

Für 4 Personen

1		Steinbutt à 2 kg
1	Bund	grüner Spargel
1		Weintraube mit großen weißen Früchten
2		Schalotten
2		Porree
4		Karotten
100	g	Butter
250	ml	Crème fraîche
500	ml	Muscadet
		Kerbel
		Salz und Pfeffer

Die spezielle Art des Dünstens bei aufgelegtem Deckel, auf französisch »Estouffade«, stammt aus Süd- und Südwestfrankreich. Diese Zubereitungsart erhält den Rohstoffen, sei es Gemüse, Fleisch oder Fisch, ihren ganzen Geschmack. In unserem Fall handelt es sich nun um frischen Steinbutt, der übrigens an den klaren Augen und einem glänzenden Körper zu erkennen ist. Sein außergewöhnliches Fleisch wird Ihnen schmecken.

Der Steinbutt lebt auf sandigem Meeresboden in kalten Gewässern. Man fängt ihn vorwiegend nachts mit der »Palangre«, einer mit Angelschnüren und Haken versehenen Leine. Auf der Beliebtheitsskala liegt dieser Fisch ganz oben, nicht zuletzt deshalb, weil es schöne Exemplare mit einem Gewicht von bis zu 5 oder 6 Kilogramm gibt. Da man ihn schon in der Antike schätzte, gibt es heute viele Rezepte für diesen prächtigen Fisch. Allerdings ist er sehr empfindlich, und ein unzureichend überwachter Garvorgang kann verheerend sein.

Auf dem Beilagenhügel aus Frühgemüse dominieren die Spargelspitzen, bei deren Auswahl man sich auf kleine, feste Exemplare konzentrieren sollte. Das restliche Gemüse wählt man je nach Saison und Aroma. Wichtig ist, daß es zusammen mit dem Steinbutt in Muscadet gegart wird. Das Bukett dieses Weins ist übrigens der ganze Stolz des Landstriches um die Stadt Nantes.

Die Originalität dieses Gerichts verdanken wir auch den dicken weißen Trauben, die leicht nach Muskateller schmecken sollten. Joseph Delphin empfiehlt die Sorte »Italia«, die einfacher zu häuten ist als die französische »Chasselas de Moissac«. Da sie eine schonende Behandlung erfordert, sollte sie langsam in Dampf oder einige Sekunden in der Mikrowelle gegart werden. Diese ungewöhnliche Garnierung verleiht dem gesamten Gericht einige Frische und wird es nicht verfehlen, Ihre Gäste in Erstaunen zu versetzen.

1. Den Steinbutt filetieren und enthäuten. Sorgfältig alle Gräten entfernen. Die Filets in große Würfel schneiden.

2. Die Spargelspitzen in kochendem Salzwasser garen. Sofort abschrecken. 1 Porree in 4 bis 6 cm lange Stücke und anschließend in feine Streifen schneiden. Mit einer kleinen »Cuillère parisienne« Karottenkügelchen ausschneiden. Die Weintrauben häuten, klein schneiden und einige Minuten dämpfen.

Muscadet und Frühlingsgemüse

3. Die Schalotten pellen, klein schneiden und anschwitzen. Den Porree und die Karotten blanchieren und zugeben. Anschließend die gesalzenen und gepfefferten Steinbuttstücke zufügen. Anschwitzen lassen und mit dem Muscadet bedecken. Beim ersten Kochen vom Herd nehmen. Abgedeckt 5 Minuten ruhen lassen.

4. Den Steinbutt herausnehmen. Einen Teil der Gemüse-Wein-Mischung einkochen, bis die Flüssigkeit verdampft ist, dann pürieren. Die Crème fraîche zugeben. Auf sämige Konsistenz einkochen und abschmecken. Die Sauce mit Butter aufschlagen. Das Frühlingsgemüse auf der Tellermitte anrichten. Die Steinbuttstücke mit Sauce rundherum geben.

Wolfsbarsch vom Grill mit Moz

Vorbereitungszeit: *1 Stunde*
Kochzeit: *50 Minuten*
Schwierigkeitsgrad: ★★★

Für 4 Personen

1	Wolfsbarsch à 600 g
160 g	Mozzarella
60 g	Basilikum
20 g	Kerbel, Estragon, Petersilie
40 ml	Olivenöl
einige	Sellerieblätter zum Garnieren

Für den Fischfond:

500 g	Fischgräten
1	Bleichselleriestange
50 g	Zwiebeln
100 g	weißer Porree
250 ml	Weißwein
1	Bouquet garni
50 ml	Olivenöl

Für die Gemüsemischung:

je 20 g	Karotten, Blumenkohl, weiße Rüben, Knollensellerie, neue Kartoffeln, Erbsen, Zucchini, Champignons
40 g	Knoblauch
1 l	Fischfond
75 g	Basilikum
150 g	Butter
100 ml	Olivenöl

Ein Wolf im Schafspelz? Nein, hier versteckt sich lediglich ein Wolfsbarsch unter einer Kräuter-Mozzarella-Kruste, was zugegebenermaßen selbst für den gewöhnlich roh gegessenen geschmeidigen Käse aus Italien etwas Besonderes ist.

Der an seinem graublauen Körper erkennbare Wolfsbarsch bietet uns weißes, festes Fleisch, dem hier diese Kruste eine feine Würznote verleiht. Der Fisch ist mit größter Sorgfalt zu behandeln und vor allem vollständig zu entgräten, denn die dicken Gräten könnten – vom Gaumen der Gäste einmal abgesehen – die Filets beschädigen. Anschließend sind einige Einschnitte an der Oberfläche vorzunehmen, um die Fasern zu durchtrennen und ein Zusammenziehen des Fleischs zu verhindern.

Mozzarella wird in kleinen, wassergefüllten Plastikbeuteln verkauft, damit er weich bleibt. Zunächst muß man ihn also daraus befreien und abtropfen lassen. Dann würzt man ihn mit etwas Olivenöl, Salz, Knoblauch und Basilikum und zerkleinert ihn im Mixer. Diese Mischung ergibt dann den zartgrünen Überzug, mit dem die gebratenen Wolfsbarschfilets bestrichen werden und der unmittelbar vor dem Servieren durch einen kurzen Aufenthalt im Salamander (elektrisches Gerät zum Überbacken oder Bräunen von Speisen) zur Kruste glaciert wird. Philippe Dorange gesteht, daß er nicht nur ein Faible für Basilikum hat, sondern daß er dieses Rezept privat auch mal nur mit diesem Kraut zubereitet, dessen großblättrige Variante ihm übrigens am liebsten ist. Ebendieses Basilikum soll auch im wesentlichen die Gemüsemischung würzen, die aus sorgfältig »al dente« gegartem Gemüse besteht. Der Gemüsesaft wird im letzten Moment zu »Pistou« aufgeschlagen. Erwähnt sei noch, daß die Gemüsemischung auch kleine Kartoffeln enthält, z. B. »Rattes« oder »Grenailles«, deren Schalen mitgekocht werden.

1. Die Gemüse für die Mischung in 3 mm große Würfelchen schneiden. Fischfond zubereiten: Die Fischgräten in kaltem Wasser wässern, mit den kleingeschnittenen Zutaten in Öl anschwitzen und mit dem Weißwein begießen. Soviel Wasser zufügen, daß die Gräten bedeckt sind. Das Bouquet garni zufügen, mit grobem Salz würzen und 20 Minuten garen lassen. Durch ein Spitzsieb passieren.

2. Sämtliche Gemüse in Butter schwenken, ohne daß sie Farbe bekommen. Mit dem Fischfond übergießen und abschmecken. Etwa 30 Minuten garen. Warm stellen und das mit Olivenöl vermischte Basilikum unterheben.

zarella und Basilikumgemüse

3. Den Mozzarella mit Basilikum, Kerbel, Estragon und Petersilie im Mixer zerkleinern. Die Masse auf ein Blech streichen und abkühlen lassen. Anschließend in 8 x 3 große Rechtecke schneiden.

4. Den Wolfsbarsch schuppen und ausnehmen. Mitsamt der Haut filetieren. In Stücke à 150 g zerteilen und in einer Pfanne mit der Hautseite in Olivenöl braten. Anschließend mit der Mozzarellamasse bestreichen und kurz vor dem Servieren in den Salamander (elektrisches Gerät zum Überbacken oder Bräunen von Speisen) stellen. Mit Sellerieblättern garnieren.

Merlanfilet mit Schuppen aus

Vorbereitungszeit: *30 Minuten*
Kochzeit: *5 Minuten*
Schwierigkeitsgrad: ★

Für 4 Personen

2	Merlane à 500 g
8	Jakobsmuscheln
2	Tomaten
2	Schalotten
1	Zitrone

1	Thymianzweig
100 g	Butter
250 ml	Rotwein (frz. Pomerol)
100 ml	Kalbsfond
100 ml	Fischfond
	Schnittlauch, gehackt
	Salz und Pfeffer

Im 18. Jahrhundert waren gepuderte Perücken in Mode. Und meist war auch der Perückenmacher über und über mit Puder bedeckt – wie ein Merlan, den man vor dem Braten in Mehl wendet. So zumindest erklärt der französische Dichter Chateaubriand die Tatsache, daß die Vertreter dieses Berufs mit dem Wort »Merlan« bezeichnet wurden, das sich im Gefolge des Romans »Hôtel du Nord« des französischen Schriftstellers Eugène Dabit später auch ganz allgemein auf Friseure ausdehnte.

Trotz dieser literarischen Karriere ist der Merlan ein bescheidener und ernstzunehmender Fisch aus derselben Familie wie Köhler und Dorsch. Der hartnäckige Raubfisch lebt in kalten Gewässern und hat schöne silbrigblaue Haut voller Schuppen. Beim Fischhändler bekommt man ihn das ganze Jahr über. Dieser ergiebige und vitaminreiche Fisch bietet sich freilich für sehr viel attraktivere Zubereitungen an, als es die langweilig fritierten Exemplare in den Altenheimen vermuten lassen.

Beispielsweise können seine Schuppen mit sorgfältig in feine Scheiben geschnittenem Jakobsmuschelfleisch nachgebildet werden. Das erfordert natürlich Geduld und präzises Vorgehen, aber das unvergleichliche Fleisch der hochgeschätzten Weichtiere ist quasi eine Erfolgsgarantie. Jakobsmuscheln müssen möglichst lebend frisch sein und werden wie Schuppen auf dem Merlanfilet aufgereiht. Das Ganze wird dann rasch gegart, damit die Muscheln nicht austrocknen und der Geschmack des Fischs nicht leidet.

Schließlich sei hier noch erwähnt, daß Claude Dupont ein großer Verfechter von Pomerol-Wein ist, einem beliebten Gewächs, dessen Anbaugebiet genau zwischen Libourne und Saint-Émilion liegt. Die Sauce mit ihrer Grundlage aus Kalbs- und Fischfond darf sowieso nur mit einem großen Wein mit tadellosem Bukett verfeinert werden.

1. Die Jakobsmuscheln putzen und mindestens 2 Minuten in viel Wasser wässern. Die Merlane putzen und filetieren; dabei die kleinen Gräten sorgfältig entfernen. Die Filets in eine backofenfeste, mit Butter ausgestrichene Form legen. Salzen und pfeffern. Die Jakobsmuscheln in dünne Scheiben schneiden.

2. Die Jakobsmuschelscheibchen wie Schuppen auf die Fischfilets legen. Das Ganze mit Fischfond übergießen. Aufwallen lassen und 3 Minuten im Backofen weiterpochieren.

Jakobsmuscheln in Pomerol

3. Die gehackten Schalotten und den Thymian in einen Schmortopf geben. Mit Rotwein übergießen und auf drei Viertel der Menge einkochen lassen. Den Kalbsfond und den Fischfond, in dem die Merlane pochiert wurden, zufügen. Auf die Hälfte einkochen lassen. Vom Herd nehmen und nach und nach die Butter unterschlagen.

4. Abschmecken, einige Tropfen Zitrone zugeben und durch ein feines Spitzsieb passieren. Die Merlanfilets auf Fischtellern anrichten, die heiße Sauce rundum gießen und zerkleinerte Tomaten darauf legen. Mit Schnittlauch garnieren.

Glattbutt-Rosette auf

Vorbereitungszeit:	*10 Minuten*
Kochzeit:	*20 Minuten*
Schwierigkeitsgrad:	★★

Für 4 Personen

400 g	Glattbuttfilets
180 g	Champignons
2	Chicorée
	Zitronenthymian
20 g	Butter
100 ml	Weißwein
	Zucker, Salz und Pfeffer

Für die Orangenbutter:

	Saft von 1 Orange und 1 Zitrone
	Zesten von 1/2 Orange
30 g	Zucker
1 EL	Wasser
80 g	Butter
50 ml	Fischfondglace
10 ml	Champagner
10 ml	Wodka

Für die Zwiebeln:

12	Perlzwiebeln
250 ml	trockener Rotwein
125 ml	trockener Portwein
1/3	Lorbeerblatt
1	Thymianzweig

Glattbutt ist einer der besten Plattfische überhaupt. Sein wunderbares weißes Fleisch ergibt die schönsten Filets und beflügelt mit seiner weichen Konsistenz die Phantasie. Unseren Küchenchef hat es zu einer Komposition in Rosenform inspiriert. Es eignet sich aber auch für jede andere Kreation.

Die Rosen zu bilden ist nicht schwierig. Da das Filet sowohl dünnere als auch etwas dickere Teile aufweist, empfiehlt es sich, die feineren Streifen beim Aufrollen nach innen und die dickeren nach außen zu nehmen. Die Profis werden das Gargut sicherlich im Vakuum zubereiten, aber am Prinzip ändert das nichts. Der Dampf führt dazu, daß die Einzelteile der Rose sich miteinander verbinden, was ihre Handhabung erleichtert.

In der Beilage sollte ein Gleichgewicht zwischen der sauren Orange, dem bitteren Chicorée und den süßlichen Perlzwiebeln herrschen. Orangen- und Zitronensaft werden durch Einkochen konzentriert, dann mit etwas Wodka angereichert und durch etwas Zucker und zuletzt durch die Zugabe von Butter abgemildert. Kosten Sie die Sauce während der Zubereitung, und korrigieren Sie sie eventuell so, daß sie den gewünschten säuerlichen Geschmack bekommt, bevor Sie sie mit Champagner aufschlagen.

Manchmal ist kein Glattbutt zu bekommen und man ersetzt ihn durch Steinbutt. Das ist aber nur eine Notlösung, denn der Steinbutt ist lange nicht so ergiebig, d. h. man hat sehr viel mehr Verluste, und sein Fleisch läßt sich nur schwer zu so etwas wie Rosen verarbeiten. Der Chicorée ist durch nichts zu ersetzen und kann höchstens durch einige zarte Porreestangen ergänzt werden.

1. Glattbuttrosetten herstellen: Die Filets der Länge nach in 4 dünne Streifen schneiden und mit Geschicklichkeit zu Rosetten formen. Auf ein mit Butter bestrichenes Papier setzen und in Weißweindampf glasig garen. Mit Zitronenthymian verzieren.

2. Den Chicorée zerteilen und die Champignons schneiden. Den Chicorée in Butter anschmoren und leicht mit Zucker bestreuen. Die Champignons zufügen und mit Weißwein ablöschen. 3 bis 4 Minuten dämpfen lassen und reduzieren.

braisiertem Chicorée

3. Orangenbutter zubereiten: Den Orangen- und Zitronensaft auf die Hälfte der Menge einkochen und mit Zucker und Wasser mischen. Alles zusammen mit Orangenzesten und Wodka aufkochen. Einige Minuten garen. Fischfondglace unterrühren und mit Butter aufschlagen. Mit Champagner verfeinern.

4. Die Zwiebeln mit dem Rotwein und dem Portwein aufkochen und abschäumen, würzen und bis auf Sirupkonsistenz einkochen. Chicoréeblätter sternförmig auf den vorgewärmten Tellern anrichten, die Glattbuttrosetten in die Mitte setzen, die Orangenbutter zwischen die Chicoréeblätter gießen und die glasierten Perlzwiebeln verteilen.

Taschenkrebs-Navarin

Vorbereitungszeit: *30 Minuten*
Kochzeit: *1 Stunde*
Schwierigkeitsgrad: ★★

Für 4 Personen

4	lebende Taschenkrebse à 600 bis 800 g
	Weißwein oder Essig

Für die Sauce:

100 g	Nordseegarnelenbouillon
1 TL	Tomatenmark
50 g	Butter
200 ml	Sahne
200 ml	Vin jaune
1	Estragonzweig
1	Basilikumblatt
1	Thymianzweig
1/2	Lorbeerblatt
	Meersalz
	Cayennepfeffer
	weiße Pfefferkörner

Gemüse zum Zuschneiden:

1	weiße Rübe
1	Zucchini
1	Karotte
100 g	Knollensellerie

Für die Würzmischung:

30 g	Porreegrün
45 g	Karottenrotpulver
10 g	Schalotten
2 g	Petersilie

Der Taschenkrebs, auch »Knieper« genannt, heißt bei den Franzosen »Tourteau« und bei den Engländern »Edible Crab«. In Frankreich erfreut er sich sehr großer Beliebtheit, und die steigende Nachfrage wird hier hauptsächlich von Großbritannien befriedigt. Dieser große Krebs ist derart ergiebig, daß man fast keine Abfälle hat. Das meiste Fleisch des Krebses befindet sich in den Scheren, und die cremige Substanz ist äußerst raffiniert im Geschmack.

Constant Fonk empfiehlt Ihnen Taschenkrebse zwischen 600 und 800 g. Sie werden lebend 15 Minuten in kochendes Wasser mit Grobsalz und Weißwein gegeben. Da der Panzer später mit der Zubereitung gefüllt wird, muß er sorgfältig gereinigt werden. Wenn Ihnen die Zubereitung zu lange dauert, können Sie das natürlich im voraus machen.

Es wird behauptet, die Bezeichnung »Navarin« ginge auf die Seeschlacht von Navarino zurück, bei der 1827 die türkisch-ägyptische Seemacht einer britisch-französisch-russischen Flotte gegenüberstand. Die Vielzahl der Uniformen würde demnach mit den verschiedenen kleinen Gemüsezutaten verglichen. Wie dem auch sei, jedes Gemüse ist separat zu garen, damit es seinen unverfälschten Geschmack und den richtigen Biß bewahrt.

Der Vin jaune, mit dem hier die Würzmischung abgelöscht wird, ist ein reines Produkt aus dem Jura und eignet sich wegen seiner Feinheit und langen Ausbauzeit gut für unseren Zweck. Er hat nicht so viel Alkohol wie der sonst verwendete Sherry und wird die Gäste durch seine Eleganz erfreuen. Eine letzte Empfehlung unseres Küchenchefs: Reichen Sie zu diesem Navarin Zitronenbrot, das himmlisch zu diesem Gericht paßt.

1. Das Gemüse (weiße Rübe, Zucchini, Karotte, Sellerie) mit einer »Cuillère parisienne« oder einer sehr kleinen »Olivette« zuschneiden und nach Sorten getrennt in Salzwasser garen. Die Taschenkrebse 15 Minuten in Wasser mit grobem Salz und Wein garen. Ausnehmen (ergibt 400 g Fleisch und 400 g cremige Substanz) und den Panzer, die Scheren und die Beine aufbewahren.

2. Die Würzmischung, den Thymian und das halbe Lorbeerblatt mit 50 g Butter anschwitzen. Das Tomatenmark zugeben und mit Vin jaune ablöschen. Mit der Nordseegarnelenbouillon (oder Fischfond) und der Sahne übergießen, den Estragon, das Basilikum und die weißen Pfefferkörner zugeben. 20 Minuten garen.

mit Vin jaune

3. Mit der cremigen Substanz der Taschenkrebse binden und durch ein feines Spitzsieb streichen. Abschmecken (mit Meersalz und Cayennepfeffer).

4. Das zugeschnittene Gemüse und das Krebsfleisch in die Sauce geben. Die Scheren und Beine hübsch auf den Tellern anrichten. Die Panzer mit dem Navarin füllen und darauf setzen.

Hummerfrikassee mit

Vorbereitungszeit: *30 Minuten*
Kochzeit: *20 Minuten*
Schwierigkeitsgrad: ★★

Für 4 Personen

4		Hummer à 500 g
1		Wirsingkohl
20	g	gemischter Pfeffer (weißer, schwarzer, grüner und Nelkenpfeffer)
60	g	Ingwer
200	g	Butter
100	ml	Olivenöl
500	ml	Hummerfond
		Kerbelblätter
		Salz

Ingwer ist eine Spezialität aus Indien, die in der asiatischen Küche hoch im Kurs steht und im Abendland seit dem Mittelalter bekannt ist. Nachdem man hier Gefallen an der scharfen Wurzel gefunden hatte, brachten die Portugiesen ganze Schiffsladungen davon nach Europa. Man unterscheidet den weißen vom grauen Ingwer, der größer und aromatischer ist. Für dieses Rezept kann man nach Geschmack den einen oder anderen wählen.

Ist es wirklich nötig, erneut das Loblied des blauen Hummers aus der Bretagne zu singen, der bekanntermaßen so viel leckerer ist als sein kanadischer Bruder? Man kauft ihn lebend aus einer Zucht oder beim Fischhändler, wobei man möglichst ein Weibchen mittlerer Größe mit zartem, schmackhaftem Fleisch wählt. Je nach Größe wird der Hummer 2 Minuten in kochendes Wasser gegeben, bevor man ihn in eiskaltem Wasser abkühlt. Nach dem Kochen ist der Hummer tiefrot, was ihm auch die Bezeichnung »Kardinal der Meere« eingetragen hat. Unser Küchenchef reicht dazu Wirsingkohl, ein sehr volkstümliches Gemüse, mit dem die Bauern schon etliche Hungersnöte überstanden haben. Landläufig wird er als »Arzt der Armen« bezeichnet. Aufgrund seines hohen Vitamin- und Zuckeranteils und dank seines niedrigen Preises hat er entscheidend zur ausgewogenen Ernährung der benachteiligten sozialen Schichten beigetragen. Man wähle ein eher schweres Exemplar und verarbeite es gleich nach dem Schneiden, denn geschnittener Kohl hält sich schlecht. Auch sei noch erwähnt, daß er beim Kochen erheblich zusammenfällt.

Durch Zugabe von verschiedenen Pfeffersorten, die mit ihrem kräftigen Geschmack den Ingwer unterstützen, wird dieses nahrhafte und dynamische Gericht aufs beste vervollkommnet.

1. Den Wirsingkohl putzen und waschen. Die Blätter einzeln abnehmen, blanchieren und abschrecken. In 1 cm breite Streifen schneiden und in Butter bißfest dämpfen. Die Hummer 1 Minute in kochendes Salzwasser geben und anschließend in eiskaltes Wasser tauchen. Den Ingwer schälen, in feinste Würfel schneiden und dreimal blanchieren.

2. Die Hummer ausnehmen, dabei das Corail aufbewahren. Die Schwänze der Länge nach in je 3 Teile schneiden. Die Panzer zerstoßen und die Köpfe zum Garnieren aufbewahren. Einen Fond herstellen. Die Hummerstückchen 2 bis 3 Minuten in Olivenöl sautieren, dann abtropfen lassen.

Pfeffer und Ingwer

3. Den Sautiertopf entfetten, mit Hummerfond ablöschen und auf ein Viertel der Menge einkochen lassen. Die Butter stückchenweise zufügen. Das Ganze zusammen mit dem Corail in den Mixer geben. Eine Minute laufen lassen und abschmecken.

4. Die Sauce in den Sautiertopf zurückgeben und den zerteilten Hummer, die Ingwerwürfel und den zerstoßenen Pfeffer zufügen und kurz aufkochen. Den Kohl auf die Teller geben, den Hummer darauf legen, den Kopf, nach oben zeigend, anrichten und mit der Sauce überziehen. Mit Kerbelblättern verzieren.

Merlan mit

Vorbereitungszeit: *30 Minuten*
Kochzeit: *16 Minuten*
Schwierigkeitsgrad: ★

Für 4 Personen

4	Merlane à 600 g, nicht ausgenommen
1 kg	Karotten
8	neue weiße Zwiebeln
150 g	geräucherter Schweinebauch

40 g	Honig
20 g	Kümmel
25 g	chinesische Fünf-Gewürz-Mischung
5	Basilikumblätter
2	Dillzweige
2	glatte Petersilienzweige
140 g	Butter
	Salz und Pfeffer

Ungerechterweise wird Merlan von vielen Küchenchefs gering geschätzt, wo doch sein Fleisch schön weiß, sehr fein und gut verdaulich ist. Dieser an den europäischen Küsten und vor allem im Atlantik reichlich vorkommende Fisch verdient wahrlich Besseres.

Merlan ist sehr empfindlich, und es kommt leider vor, daß er im Trawler auch schon mal zertreten wird. Sobald man ihn etwas härter anpackt, verliert er darüber hinaus auch seine Schuppen. Wählen Sie beim Fischhändler am besten ein glänzendes und schön festes Exemplar, und behandeln Sie es bei der Zubereitung dann mit großer Vorsicht. Auf der Bauchseite hat der Fisch eine schwarze und bitter schmeckende Haut (ziehen Sie sie vor dem Garen bitte sorgfältig ab), die ihn vom blauen Merlan unterscheidet.

Auch beim Garen ist Vorsicht geboten, denn ein Überschreiten der Garzeit hätte fatale Folgen. Deswegen sind auch die recht schwer zu kontrollierenden Verfahren des Pochierens oder Dämpfens ungeeignet. Unser Küchenchef empfiehlt, Merlane bei starker Hitze zu karamelisieren, wobei darauf zu achten ist, daß sie nicht zerbrechen. Das Rezept eignet sich ebensogut für Makrelen, auch junge Makrelen, kleine Wolfsbarsche oder Sardinen.

Die Fünf-Gewürz-Mischung eignet sich sehr gut, um den Geschmack des Merlans zu steigern. Das gleiche gilt für die verschiedenen fritierten Kräuter, die sehr angenehm mit dem zarten Fleisch kontrastieren. Die eingemachten Karotten sollten von schöner Färbung sein. Denn je intensiver ihre Farbe, desto süßlicher ist ihr Geschmack. Vermeiden Sie es aber, sie zu schälen, um ihren hohen Anteil an Vitamin C zu erhalten.

1. Den Rücken der Merlane einschneiden. Die Rückengräte lösen, an Kopf und Schwanz mit einer Schere abtrennen. Die Kiemen entfernen und die kleinen Gräten mit einer Pinzette entfernen.

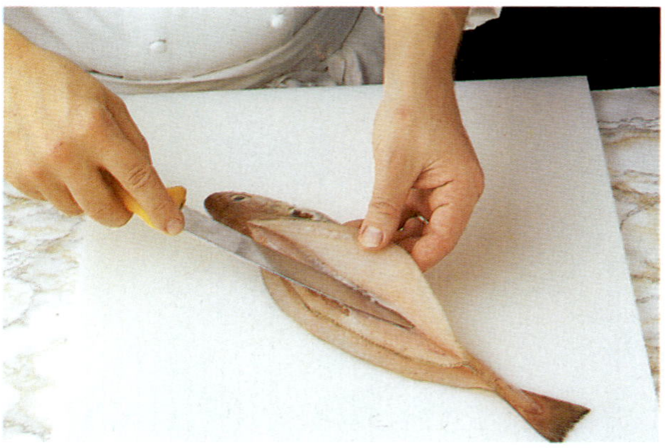

2. Die Haut der Merlane rasterförmig einschneiden und mit der chinesischen Fünf-Gewürz-Mischung bestreuen. Einige Butterflöckchen darauf legen und bei starker Hitze 7 Minuten braten.

karamelisierten Karotten

3. Die schräg geschnittenen Karottenscheiben mit der Butter, dem Honig, dem Kümmel, einer Prise Salz in einen Schmortopf geben und bis zur Hälfte begießen. Dann 16 Minuten garen und die Petersilienblätter und Dillspitzen zufügen.

4. Die kleingeschnittenen neuen Zwiebeln in etwas Butter angehen lassen und den in feine Streifen geschnittenen, geräucherten Schweinebauch zugeben. Die Zwiebeln und den Schweinebauch auf ovale Teller geben, die Karotten hübsch darüber anrichten, den Merlan daraufsetzen und mit fritierten Kräutern bestreuen.

Gebratener Seeteufel mit

Vorbereitungszeit: *30 Minuten*
Kochzeit: *30 Minuten*
Schwierigkeitsgrad: ★

Für 4 Personen

1		Seeteufel à $2^{1}/_{2}$ kg
16		Knoblauchzehen, ungeschält
200	g	geräucherter Speck, in Streifen
500	g	Spinat
2		Schalotten, gehackt
100	g	Butter

200	ml	Crème fraîche
200	ml	brauner Kalbsfond
1	EL	extra natives Olivenöl
4	EL	Balsamessig
etwas		Mehl
		Salz und Pfeffer

Warum sollten wir schon wieder über den Seeteufel herziehen? Er ist zwar ziemlich häßlich, trägt dieses Schicksal aber geduldig seit der Antike, damit man ihn endlich in Ruhe läßt. Sein üblicherweise auf den Markt gebrachtes Schwanzstück ist bis auf den Mittelknochen, der die Hälfte seines Gesamtgewichts ausmacht, grätenfrei und bietet kerniges, mageres Fleisch. Zunächst wird er etwa 10 Minuten in der Pfanne gebraten, bevor man ihn mit der Mittelgräte, die für einen intensiveren Geschmack sorgt, im heißen Backofen gart.

Für die Freunde von Besonderheiten sei erwähnt, daß dieser Fisch eine sehr schmackhafte Leber hat, die sogar mit Gänseleber verglichen wird und viele Vitamine hat.

Knoblauch ist die Beilage, die hier wirklich am besten paßt. Diese Gewürzpflanze war bereits in der Antike hochgeschätzt und diente sogar dazu, die Erbauer der Pyramiden in Naturalien zu entlohnen. Die stärkende Wirkung des Knoblauchs ist enorm. Die Zehen werden durch Abtasten ausgewählt: Sie sollten fest und schön voll sein. Verwenden Sie sie ungeschält. Dadurch werden sie samtiger und unaufdringlicher im Geschmack und angeblich auch besser verdaulich. Im Prinzip wird ungeschälter Knoblauch innen cremig und außen hart. Um ihn aus der Schale herauszulösen, braucht man diese nur zusammenzudrücken.

Auch der grobgewürfelte Speck zergeht leicht beim Garen, so daß die anderen Zutaten sein Aroma gut annehmen. Falls Sie keinen Seeteufel bekommen haben, wird Ihnen auch niemand einen Vorwurf machen, wenn Sie dieses Rezept mit anderen zarten Fischsorten, wie beispielsweise Babysteinbutt oder Lachs, zubereiten.

1. Den Seeteufel mit Salz und Pfeffer würzen und anschließend in Mehl wenden. 1 Eßlöffel Olivenöl in eine Pfanne geben und den Seeteufel darin anbraten.

2. Nach der Hälfte der Garzeit des Fischs die ungeschälten Knoblauchzehen und die Speckstreifen dazugeben. Das Ganze 10 bis 15 Minuten im heißen Backofen fertig garen.

Knoblauch und Speck

3. Den Seeteufel auf einer Servierplatte anrichten und mit dem Speck und den Knoblauchzehen garnieren. Sauce zubereiten: Die Pfanne mit den 2 gehackten Schalotten und dem Essig ablöschen und anschließend mit dem braunen Kalbsfond begießen.

4. Die Crème fraîche dazugeben, einkochen lassen und mit kalter Butter montieren. Zusammen mit dem zuvor blanchierten frischen Spinat servieren.

Lachsmignon mit Schnitt

Vorbereitungszeit: *30 Minuten*
Kochzeit: *10 Minuten*
Schwierigkeitsgrad: ★

Für 4 Personen

4		Lachsscheiben à 125 g
200	g	Spinat
1	Bund	Kresse
1	Bund	Schnittlauch
2		Petersilienzweige

50	g	geräucherter Speck
50	g	Butter
250	ml	Sahne
500	ml	Fischfond
		Salz und Pfeffer

Für viele Feinschmecker ist und bleibt der proteinreiche, kaum fetthaltige und köstliche Lachs der feinste Fisch. Wichtig ist, seine Herkunft zu kennen, denn norwegischer Lachs schmeckt anders als schottischer. Letzterer ist sehr viel kräftiger und inzwischen übrigens auch mit dem französischen Gütesiegel »Label rouge« ausgezeichnet worden. Außerdem ist zwischen wildem Lachs und Zuchtlachs zu unterscheiden. Bei dieser Gelegenheit sei auf die Produkte der ausgezeichneten wallonischen Lachszucht hingewiesen. Zubereitungsarten für Lachs gibt es Tausende!

Eins ist allerdings zwingend zu beachten: Der Lachs muß frisch sein, also fest, glänzend, mit klaren und leicht hervorstehenden Augen. Die Scheiben werden an der fleischigsten Stelle nahe am Kopf entnommen und haben alle die gleiche Färbung, die allerdings von Art zu Art variieren kann. Damit sie ihre Farbe behalten und schön weich bleiben, dürfen sie nicht zu lange gegart werden. Anschließend muß – und da versteht Michel Haquin gar keinen Spaß – die kleine Fettschicht zwischen Haut und Fleisch abgekratzt werden, damit sie den Geschmack der Tournedos nicht verdirbt.

In der Kräutersauce kommt die Kresse zu Ehren. Diese einst wilde, an Vitaminen und Mineralsalzen reiche Pflanze ist heute der ganze Stolz der Züchter. Früher wuchs sie an Flußläufen, weshalb die Römer ihr auch den Namen »Wasserknoblauch« gaben. Wie Spinat kann auch die Kresse einen kräftigen Geschmack für sich verbuchen; darum sollte sie in Maßen eingesetzt werden.

Zu diesem Frühlingsgericht, das übrigens schön heiß serviert wird, eignen sich als Beilage frische Nudeln oder zurechtgeschnittene Kartoffeln.

1. Die Mittelgräte aus jeder Lachsscheibe entfernen; die beiden Filets dabei aber nicht trennen. Wie Tournedos aufrollen und dann zusammenbinden.

2. Die Kresse, den Schnittlauch, den Spinat und die Petersilienzweige waschen. Die abgetropften Kräuter grob zerkleinern und beiseite stellen. Die Sahne mit dem Fischfond auf Konsistenz einkochen, über die Kräuter gießen, pürieren, durch ein Spitzsieb streichen und erneut auf sämige Konsistenz einkochen. Mit Butter montieren.

lauchsahne und Speck

3. Die mit Salz und Pfeffer gewürzten Lachstournedos in einer heißen Pfanne 2 Minuten auf jeder Seite in Butter anrösten. Danach auf Küchenkrepp abtropfen lassen. Den Speck in Streifen schneiden, blanchieren und in der Pfanne sautieren. Beiseite stellen.

4. Die Tournedos von Faden und Haut befreien. Die dünne Fettschicht zwischen Haut und Fleisch mit einem Messer abkratzen. Den Teller mit heißer Sauce überziehen. Den Lachs darauf setzen und die Speckstreifen verteilen. Schön heiß servieren.

Kabeljaufilet

Vorbereitungszeit: *1 Stunde*
Kochzeit: *15 Minuten*
Schwierigkeitsgrad: *★★*

Für 4 Personen

4		Kabeljaufilets à 150 g
30		Miesmuscheln, gegart
12	Blatt	Kopfsalat
25	g	Kapern
25	g	Essiggurken
25	g	Zwiebeln
25	g	Petersilie, gehackt
250	ml	Gemüsebouillon

1/2	TL	Sahne
30	g	Butter
		Saft von 1 Zitrone
		Salz und Pfeffer

Für die Kräuterpanade:

50	g	Semmelbrösel
25	g	Petersilie
1		Thymianzweig
1		Rosmarinzweig
1		Knoblauchzehe
50	ml	Olivenöl
1	Prise	Salz

Das Kabeljaufilet wird hier mit einer Kräuterpanade bedeckt, was ihm einen etwas geheimnisvolleren Anstrich verleiht und ihn deutlich von den erbärmlichen Fast-Food-Versionen abhebt, die unser Küchenchef vergessen machen möchte. Für die Engländer hat der Kabeljaufang einen großen Stellenwert. Sie rüsten dafür riesige Trawler aus, die bis zu 30 Tonnen Fisch pro Stunde einholen können.

Man nehme schön dicke Kabeljaufilets, die beim Garen nicht zerfallen. Das Fleisch ist dafür bekannt, daß es weiß und zart ist, sein Geschmack ist aber nicht immer genau identifizierbar. Daher wählt man außer der Kräuterpanade eine kräftige Beilage auf Kapern- und Essiggurkenbasis. Thymian und Rosmarin spielen übrigens eine ähnliche Rolle für die Panade, die sie außerdem noch festigen.

Die von unserem Küchenchef gewählten Muscheln sind die großen, an senkrecht gespannten Seilen heranwachsenden Zuchtmuscheln aus dem Etang de Thau, für die er zugegebenermaßen eine besondere Vorliebe hat. Es gibt aber durchaus auch gute Pfahlmuscheln. Sie sind etwas kleiner, sehr schmackhaft und lassen sich an ihrem orangefarbenem Fleisch erkennen. Ersatzweise sind mehrere Varianten denkbar: Jakobsmuschelnüßchen wären beispielsweise raffinierter, ebenso eine Mischung aus Miesmuscheln und Austern, wobei letztere außerdem noch Saft abgeben, den man weiterverarbeiten könnte.

Erwähnt sei hier noch, daß dieses Rezept deutlich den gewöhnlichen Rahmen der englischen Küche sprengt. Üblicherweise servieren unsere britischen Nachbarn das Kabeljaufilet ganz einfach mit traditioneller Mayonnaise.

1. Die Zutaten für die Kräuterpanade mit dem Mixer zerkleinern und das Olivenöl nach und nach zufügen.

2. Die Kabeljaufilets grillen und mit Salz, Pfeffer und Zitronensaft würzen. Die Kräuterpanade auf die Filets geben. Die in Würfel geschnittenen Zwiebeln 10 Minuten in etwas Wasser kochen und abtropfen lassen.

mit Muscheln

3. Die Gemüsebouillon kräftig aufkochen. Die Essiggurken würfeln und in die Gemüsebouillon geben. Die Kapern, die gehackte Petersilie und die Zwiebeln zufügen. Die Sahne zufügen, mit Butter aufschlagen und die mit Salz und Zitronensaft gewürzten (gegarten) Muscheln zufügen.

4. Gleichzeitig den Kopfsalat in Salzwasser blanchieren und anschließend auf die Teller geben. Kurz vor dem Servieren die Filets mit der Kräuterpanade im Salamander (elektrisches Gerät zum Überbacken oder Bräunen von Speisen) goldgelb überbacken. Das Ganze anrichten und die Sauce rundherum gießen.

Gegrillter

Vorbereitungszeit: *30 Minuten*
Kochzeit: *10 Minuten*
Schwierigkeitsgrad: ★

Für 4 Personen

4		mittelgroße Kartoffeln
2		Kartoffeln für die Chips
1		Löwenzahnblatt
1	Bund	Dill
1	Bund	Senfkohl
1		kleiner Winterendiviensalat
1	EL	Crème fraîche
50	g	Butter
		Salz und schwarzer Pfeffer

Für die Gravad-Lachs-Zubereitung:

600	g	frischer Lachs (für 4 Filets à 150 g)
200	g	Zucker
1	Bund	Dill, gehackt
100	ml	Cognac
100	g	Salz, zerstoßener Pfeffer

Für die Senfsauce:

2	EL	Meauxsenf
1	TL	salzige Sojasauce
1	TL	süße Sojasauce
1	TL	Senfkörner
1	EL	Demiglace
		Saft von 1 Zitrone
1		Schalotte, gehackt
1	EL	Sherryessig

Dill ist ein guter Begleiter für roh marinierten Lachs. Kein Aroma dieses wunderbar kräftigen Krauts ist zu viel, um den zarten, rosafarbenen Gesellen mit seinen herrlichen Geschmacksnuancen zu umschmeicheln. Beim Dill kann man mengenmäßig nichts falsch machen, auch nicht, wenn man ihn in Pulverform in die Marinade gibt. Niemals würden sich Lachs und Dill, die seit langer Zeit Verbündete sind, den Platz streitig machen.

Typisch für den hohen Norden ist die Marinade mit Zucker und Salz, die den Fisch bis zu 10 Tagen haltbar macht. In diesem Rezept wird er mindestens 48 Stunden mariniert, es sei denn, man verfügt über ein Vakuum, dann reicht eine Nacht aus.

Der Gravad-Lachs (auch »Grav-laks«) wird hier nur minimal gegart. Eigentlich betrifft dieser Vorgang nur die Haut, das Fleisch selbst bleibt halb roh. Will man es den Norwegern gleichtun, so kann man den Lachs natürlich auch kalt essen: in feine Streifen geschnitten mit Toastbrot und Senfsauce. In den nordischen Ländern kennt jeder dieses jahrhundertealte Rezept seit Kindheitstagen – und zwar unabhängig von seiner sozialen Herkunft – und liebt es in eben dem Maße, wie er Lachs schätzt. Zuletzt sei hier noch erwähnt, daß Norwegen eine wichtige Rolle in der Lachszucht spielt: Weltweit stammen 70 Prozent aller Lachse aus Norwegen.

1. Das entgrätete Lachsfilet auf eine Platte legen und alle Zutaten darüber streuen, mit Cognac begießen und 48 Stunden marinieren. 4 Kartoffeln im Backofen garen, in Längsrichtung halbieren und ausnehmen, ohne dabei ihre Form zu verändern. Die anderen beiden Kartoffeln mit dem Gemüsehobel in Chips raspeln und in geklärter Butter fritieren.

2. Mit der Butter, der Crème fraîche und dem Kartoffelmark ein Püree herstellen. Die Kartoffelschalen damit füllen und warm stellen. 4 Stück Gravad-Lachs à 150 g aus dem Filet schneiden.

Gravad-Lachs

3. Den Gravad-Lachs nur auf der Hautseite übergrillen und das Fleisch halb roh belassen. Den Salatstrauß (Endiviensalat, Löwenzahn, Dill und Senfkohl) putzen und die Senfsauce mit allen Zutaten herstellen.

4. Den Lachs auf die Teller legen, die Haut entfernen, mit einem Strauß Salat, der Kartoffel und den Chips garnieren. Die Sauce rundum gießen.

Drachenkopfragout und

Vorbereitungszeit: *40 Minuten*
Kochzeit: *1 Stunde*
Schwierigkeitsgrad: ★★

Für 4 Personen

1		Drachenkopf à 1 kg
1	kg	reife Tomaten
1		vollreife grüne Paprikaschote
2		Porree
150	ml	Weißwein
100	ml	extra natives Olivenöl
einige		Kerbelblätter
		Salz und Pfeffer

Für den Nudelteig:

400	g	Mehl
4		Eigelb
1	EL	Olivenöl
2	EL	Wasser
1	Prise	Salz

Paccheri sind italienische Nudeln, und zwar eine der unzähligen Sorten, mit denen Italien alle Verbrauchsrekorde bricht. Alfonso Iaccarino erinnert sich gerne an seine neapolitanische Kindheit, wo sich diese damals fürs Militär zubereiteten Nudeln besonderer Beliebtheit bei den Gästen erfreuten. Sie werden aus einem bestimmten Grund schlauchförmig gearbeitet: Die Ragoutsauce soll sie nicht nur bedecken, sondern auch ausfüllen und ihnen so eine ganz neue Geschmacksnuance verleihen.

Gragnano, eine kleine Stadt auf der Halbinsel von Sorrent am Golf von Neapel, hat neben anderen Sehenswürdigkeiten auch etwas Besonderes zu bieten: ein Nudelmuseum. Wie ließe sich die festverwurzelte Nudeltradition, die seit Beginn des 19. Jahrhunderts durch die industrielle Herstellung bestimmter Nudelarten kräftig unterstützt wird, besser beweisen?

Der andere Teil unseres Rezepts besteht aus keinem geringeren Fisch als dem Drachenkopf, der bekanntlich auch eine Hauptrolle in der Bouillabaisse spielt und der für sein festes Fleisch berühmt ist. Dieser braune oder rote Fisch, dessen Größe je nach Art unterschiedlich ist, lebt am felsigen Meeresgrund und ernährt sich von kleinen Krustentieren. Man wähle ein eher großes Exemplar von 700 bis 800 g, das schöne Filets ergibt, und vergesse nicht, daß auch sein Kopf, der jede Menge Fleisch enthält, wichtig für die Konsistenz des Ragouts ist. Am schmackhaftesten ist übrigens das »Königsstück« aus der Wange.

Um Geschmack und Farbe des frischen Fischs und der vollreifen Paprikaschote richtig zur Geltung zu bringen, empfiehlt Ihnen unser Küchenchef nachdrücklich, dieses Ragout erst in letzter Minute zuzubereiten.

1. Sauce zubereiten: Den Porree im Mixer zerkleinern und mit dem Fischkopf in Olivenöl anschwitzen lassen. Mit Weißwein ablöschen. Die geviertelten Tomaten zugeben. Etwa 1 Stunde garen. Durch ein Spitzsieb streichen, um eine homogene Sauce zu erhalten.

2. Die Paprikaschote im Grill garen, schälen und in sehr feine Streifen schneiden. Den Nudelteig zubereiten: Die Teigzutaten in die Mehlmulde geben und alles einarbeiten und verkneten. 1 Stunde ruhen lassen. Dünn ausrollen, in Rechtecke schneiden und Schläuche daraus formen.

Paccheri di Gragnano

3. Den Drachenkopf filetieren. Die Filets in Würfel schneiden. Die Paprikastreifen, den gehackten Kerbel, die Sauce und die Fischwürfel in eine Pfanne geben und ca. 10 Minuten garen.

4. Die Paccheri in reichlich Wasser »al dente« garen. Die Nudeln mit der Sauce und dem Fisch vermischen und auf Tellern anrichten.

Zandergeschnetzeltes auf

Vorbereitungszeit: *45 Minuten*
Kochzeit: *20 Minuten*
Schwierigkeitsgrad: ★

Für 4 Personen

1		Zander à 800 g
2		Kartoffeln
50	g	Sojasprossen
100	g	Gurke (50 g gestiftelt, 50 g gewürfelt)
1	EL	Kapern
1	EL	Schalotten
100	g	Butter
1	Prise	chinesische Fünf-Gewürz-Mischung
		Schnittlauch
		Salz und Pfeffer

Für die Sesamcremesauce:

100	g	Porreeweiß
1		Schalotte
100	g	Butter
200	ml	Crème fraîche
200	ml	Geflügelfond
100	ml	Weißwein
100	ml	Noilly-Prat (frz. Wermut)
50	ml	Sesamöl
		Salz und Pfeffer

Rösti ist ein typisch schweizerisches Gericht, mit dem sich ursprünglich Bauern und Arbeiter zum Frühstück stärkten. Es besteht aus Kartoffeln, die mit Schale gekocht, kalt gerieben und rasch zu einem kleinen Fladen gebraten werden. Verwendet werden klassische und keine neuen Kartoffeln; die enthalten nämlich nicht genügend Stärke. Früher gab man noch etwas Schmalz hinzu, um die Rösti kräftiger zu machen. Heute ist es jedoch ein leichteres Gericht, das die schweizerischen Küchenchefs zu Bratwurst oder zum unvergänglichen Zürcher Kalbsgeschnetzelten reichen.

Zander hat sehr wenig Gräten, was seine Zubereitung erleichtert. Er sollte absolut frisch sein, wie üblich geschuppt und ausgenommen und dann in gleichmäßige Stückchen geschnitten werden. Die Stückchen müssen so dick sein, daß sie den Bratvorgang überstehen.

Wenn Sie dem Gericht eine asiatische Note verleihen wollen, mit der André Jaeger dieses Rezept üblicherweise ausstaffiert, dann ersetzen Sie den Noilly-Prat durch Shaoxing, den gekochten chinesischen Wein, der leicht an Sherry erinnert. Er verleiht der originellen Sesamsahne mit ihrem nussigen Abgang noch mehr Persönlichkeit. Die Sojasprossen weisen übrigens in die gleiche Richtung. Dieses in Asien alltägliche Nahrungsmittel gewinnt auch in Europa an Boden. Um ganz genau zu sein, handelt es sich um die knackigen, weißen Sprossen und nicht um die von unserem Küchenchef auch oft verwendeten Samen, aus denen Sojasauce zubereitet wird.

1. Für die Sesamsahne: Den Porree und die Schalotte fein hacken. In der Butter anschwitzen und mit Weißwein und Noilly-Prat ablöschen. Auf die Hälfte einkochen. Die Crème fraîche und den Geflügelfond zufügen. Würzen und erneut auf die Hälfte der Menge einkochen. Im letzten Augenblick das Sesamöl hinzugeben und pürieren.

2. Die Kartoffeln in der Schale garen. Die Kartoffeln pellen und reiben. Kleine Rösti-Fladen formen. Den Zander filetieren, die Haut und die Gräten entfernen und in 1 cm dicke Streifen schneiden. Die Kapern und die Schalotten fein hacken. Den Fisch mit etwas Salz und der chinesischen Fünf-Gewürz-Mischung marinieren.

Rösti und Sesamcremesauce

3. Die 4 kleinen Rösti-Fladen in etwas Öl und Butter knusprig goldgelb braten. In einer Pfanne etwas Butter aufschäumen, die Kapern, die Schalotten, die gehackten Sojasprossen und die Gurkenstifte (50 g) zugeben.

4. Die Zanderstreifen dazugeben und einen Moment sautieren. Die Sesamcremesauce auf die Teller geben, die Rösti und dann das Zandergeschnetzelte darüber anrichten. Mit den kleingewürfelten Gurken (50 g) und dem gehackten Schnittlauch bestreuen.

Zander mit Karpfenmilch

Vorbereitungszeit: *40 Minuten*
Kochzeit: *10 Minuten*
Schwierigkeitsgrad: ★

Für 4 Personen

1		Zander à 600 g
160	g	Karpfenmilch (Sperma des männlichen Karpfens)
260	g	Porreeweiß
320	g	Lentins-de-chêne-Pilze
		Saft von 1/2 Zitrone
		Öl
1		Schalotte
70	g	Butter, geklärt
40	ml	kräftiger Kalbssaft
		Mehl
		Salz und Pfeffer

Der ursprünglich aus dem Donaubecken stammende Zander kam über die Saône zunächst ins Oberelsaß und ist seit Ende des Zweiten Weltkriegs in den Strömen und Flüssen Frankreichs heimisch. Dieser große Räuber ist eng mit Barsch und Hecht verwandt. Er ist sehr mißtrauisch und jagt nur nachts. Ihn zu fangen ist dementsprechend reiner Zufall. Im Erfolgsfall hat man jedoch wunderbar weiße und weiche Filets, die in der Küche äußerst geschätzt sind.

Karpfen ist ebenfalls in den elsässischen Flüssen und Seen anzutreffen. Im Mittelalter war dieser zahnlose Fisch sehr gefragt, nicht zuletzt in Form von Pasteten an königlichen Tafeln. Im 19. Jahrhundert war Brillat-Savarin ganz versessen auf Karpfenmilch, mit der er Omelettes garnieren ließ. Je fleischiger der Karpfen, desto ergiebiger natürlich die Karpfenmilch, außer in der Laichzeit von April bis Juni, wo sie ganz fehlt. Diese sämige Speise muß auch gegart noch schön weich sein. Deshalb läßt man sie in der Pfanne nur goldgelb werden, mehr nicht. Wenn Sie keine Karpfenmilch bekommen, die als elsässische Spezialität gilt, läßt sich das Rezept auch mit Leber von Seeteufel oder Kabeljau nachkochen, deren Qualitäten wenig bekannt sind.

Verwenden Sie nur die weißen Teile vom Porree. Sie sind schön mild und passen bestens zum Geschmack der Fische. Diese Zusammenstellung erreicht seine Vollkommenheit, wenn man Gemüse von guter Qualität nimmt. Niemand kann es Ihnen verwehren, kurz an Kaiser Nero zu denken, dessen Steckenpferd das Deklamieren von Versen war: um seine Stimme zu klären, verspeiste er Porree.

1. Das Porreeweiß klein schneiden und blanchieren. Die Zanderfilets samt Haut in 4 gleich große Portionsstücke von ca. 150 g schneiden. Salzen und pfeffern, in einer Pfanne in Olivenöl goldgelb braten und anschließend in den Backofen geben, bis sie gar sind.

2. Die Lentins-de-chêne-Pilze klein schneiden und mit der gehackten Schalotte in Butter sautieren. Eine Prise Salz zufügen.

und Porreeweiß

3. Die Karpfenmilch auf Küchenkrepp legen und in Mehl wenden. In einer Pfanne mit Antihaftbeschichtung in Öl goldgelb braten und sie dabei vorsichtig wenden.

4. Geklärte Butter, dazu den Saft einer halben Zitrone und den Kalbssaft auf die Teller geben. Die Lentins-de-chêne-Pilze mit dem Zander und dem Porreeweiß in der Mitte anrichten und die Karpfenmilch rundherum geben.

Vasa Museum's

Vorbereitungszeit: *40 Minuten*
Kochzeit: *40 Minuten*
Schwierigkeitsgrad: ★

Für 4 Personen

300	g	gesalzener Lachs
10		Kartoffeln
2		Zwiebeln
3		Eier
400	ml	Milch
50	g	Butter
100	g	Dill
		Salz und Pfeffer

Die Vasa, das herrliche Flaggschiff der schwedischen Flotte im 17. Jahrhundert, benannt nach dem damals herrschenden schwedischen Adelsgeschlecht, sank bei ihrer ersten Fahrt mit Mann und Maus. Durch das Salzwasser wunderbar konserviert, wurde es in den sechziger Jahren wieder flott gemacht und in ein Museum verwandelt, in dem sich das »K.B.«, das Restaurant unseres Küchenchefs Örjan Klein, niederließ. Es ist ein perfektes Labor für traditionelle und anspruchsvolle Küche. Unser Lachsgratin ist der beste Beweis dafür.

Die skandinavischen Lachse gehören zu den besten der Welt, und es überrascht nicht, wenn man in diesem Zusammenhang die eiskalten Gewässer anführt, von denen Schweden und Norwegen durchzogen sind. In dieser natürlichen Umgebung, die für Lachse wie geschaffen ist, gibt es diese Fische in Hülle und Fülle, so daß es keinerlei Schwierigkeiten bereiten dürfte, ein 4 bis 6 Kilogramm schweres Exemplar zu finden, das herrlich nach Meer duftet und mit schönen, festen Flossen ausgestattet ist. Bei dieser Gelegenheit sei erwähnt, daß das berühmte Lachsrosa vor allem den norwegischen Lachs ziert, während sein Vetter aus der Ostsee fast weißes Fleisch hat.

Sobald der Lachs in dünne Scheiben geschnitten ist, brauchen Sie nur noch einen weichen und nicht zu dicken Gratin herzustellen. Ist er zu dick, muß er zu lange garen, und das würde die Kartoffeln austrocknen, die allein die Aufgabe haben, den Fisch mit einer gleichmäßigen Temperatur zu umgeben.

Dieser »Pudding« kann wie empfohlen am Ende der Mahlzeit serviert werden. Am besten reicht man separat dazu etwas zerlassene Butter, die jeder Gast nach Belieben auf seine Portion gießen und so die oberste Kartoffelschicht mit der von ihm gewünschten Note versehen kann.

1. Die kleingeschnittenen Zwiebeln in etwas Butter leicht anrösten und einige Minuten einkochen. Die Kartoffeln garen und in Scheiben schneiden. Den Lachs in Scheiben schneiden.

2. Eine Gratinform mit Butter ausstreichen und den Boden mit einer Lage Kartoffeln bedecken. Anschließend die halbe Menge Zwiebeln, Dill und Lachs einschichten. Das Ganze wiederholen und mit einer Lage Kartoffeln abschließen.

Lachspudding

3. Die Eier und die Milch mischen und auf den »Pudding« gießen. Dann etwas Pfeffer darüber geben.

4. Einige Butterflocken darauf setzen. 20 Minuten bei 190–200 °C im Backofen garen. Anschließend mit etwas Butter und gehacktem Dill verzieren.

Rochenflügel, in Sesamöl

Vorbereitungszeit: *20 Minuten*
Kochzeit: *40 Minuten*
Schwierigkeitsgrad: ☆☆

Für 4 Personen

600	g	Rochenflügel
40		glatte Petersilienblätter
1/2		Weißkohl
1		Ingwerwurzel
60	ml	Sesamöl
		Erdnußöl zum Fritieren
1	Prise	Meersalz
		frisch gemahlener weißer Pfeffer

Für die Sauce:

80	ml	konzentrierter Fischfond
30	ml	Sojasauce
60	ml	Ahornsirup
30	ml	Rotweinessig
1	l	Traubenkernöl

Seit Jahren erobert die Sojabohne unaufhaltsam die europäische Küche. Diese asiatische Hülsenfrucht hat sich bereits bei den Vorspeisen eingenistet, breitet sich beim Apéritif aus, startet ihren Angriff auf unsere Hauptgerichte und schreckt selbst vor unseren Desserts nicht zurück. Wer wird sie aufhalten? – Ganz bestimmt nicht die Diätfans, denen ihre Vorzüge bestens bekannt sind, und auch nicht die Feinschmecker, die ihre feine Würzkraft schätzen.

Sojasauce, auch »Kikkoman« genannt, ist ein Gewürz aus gekochten Samenkörnern, Sardellen, Ingwer und Zucker. Meist wird sie in kleinen, uns wohlbekannten Flaschen verkauft, und ihre Haltbarkeit ist ganz und gar unproblematisch. Verwechseln Sie sie aber nicht mit der chinesischen Sauce (»Hoi Sin«). Die von Robert Kranenborg hier verwendete japanische Sojasauce ist nicht so salzig und kann am Vortag bereitet werden, so daß Sie sich am nächsten Tag ganz dem Dornrochen widmen können.

Rochen schmeckt im Winter am besten. Das ist die beste Jahreszeit für diesen großen, flachen Körper (manchmal mehrere Meter lang), der sich in weichen Wellenbewegungen fortbewegt und jeden Neuling fasziniert. Der Rochen ist ein äußerst gefräßiger Fleischfresser und besitzt furchtbare Zähne, die mit ihrer Schneidkraft großen Schaden anrichten können. Deshalb fangen ihn die Trawler auch ohne jedes Mitleid am sandigen Meeresboden, wo er seine Beute gierig verschlingt.

Vor der Zubereitung sollte man den Rochen tunlichst waschen, denn es kann vorkommen, daß er leicht nach Ammoniak riecht. Die Filets werden immer aus dem dicksten Stück abgehoben. Da sie äußerst empfindlich sind, müssen sie möglichst unter ständiger Beobachtung gegart werden. Man berühre sie dabei so wenig wie möglich, da sie mit verblüffender Leichtigkeit zerfallen.

1. Sauce zubereiten: Den Fischfond, die Sojasauce, den Ahornsirup und den Rotweinessig vermischen. Anschließend mit Traubenkernöl aufschlagen und warm stellen.

2. Die gewaschenen Kohlblätter in etwas Butter angehen lassen und mit einer Gabel, auf die zuvor geschälter und in Scheiben geschnittener Ingwer gespießt wurde, umrühren.

fritiert, mit Sojasauce

3. Den Rochenflügel putzen und enthäuten, parieren und filetieren, salzen und in sehr heißem Sesamöl braten.

4. Die Petersilienblätter in Erdnußöl fritieren. Kurz vor dem Servieren Rochenflügel, Kohl und fritierte Petersilie auf den Tellern anrichten. Zum Schluß die Sauce an die Seite geben.

Seeigel mit

Vorbereitungszeit:	*20 Minuten*
Kochzeit:	*15 Minuten*
Schwierigkeitsgrad:	★

Für 4 Personen

12		Seeigel
3	EL	Knollensellerie, Karotte, Lauch, in feinste Würfel geschnitten
1		Schalotte, gehackt
1	TL	Tomatenmark
		Saft von 1 Zitrone
100	ml	Fischfond
1	EL	Noilly-Prat (frz. Wermut)
300	ml	Sahne
		Salz und Pfeffer

Ein weniger ansprechendes Aussehen als das des Seeigels dürfte schwer zu finden sein. In Frankreich kommen die meisten Seeigel aus Erquy in der Bretagne. Es gibt aber auch welche aus Irland, die sich ihrer Qualität ebenfalls nicht schämen müssen. Am besten schmecken frische Seeigel zwischen November und März. Man wähle sie von einiger Größe, mit festen Stacheln und auch sonst recht robust.

Der einzige genießbare Teil des Seeigels ist sein Corail (Geschlechtsdrüsen), also die 5 purpurroten bzw. orangefarbenen Zünglein. Sie müssen unbedingt sorgfältig unter fließendem Wasser gereinigt werden. Das Gleiche gilt für die Schalen, die später mit Sahnesauce gefüllt werden. Da das Corail sehr jodhaltig ist, empfiehlt es sich, für die Zubereitung einen Fischfond zu verwenden, dessen feiner Geschmack dieses wilde Aroma auszugleichen vermag. Aus demselben Grund verwendet man auch leichtes Gemüse, das in kleinste Würfel geschnitten und mit Noilly-Prat gewürzt wird. Die hier genannte Gemüsemischung ist übrigens lediglich ein Vorschlag und kann ebensogut durch andere Varianten wie etwa Spargel ersetzt werden.

Damit die Sauce wirklich gelingt, müssen alle Geschmacksnuancen bestens harmonieren und sich gleichzeitig miteinander verbinden. Das läßt sich nur mit einer langen Garzeit von bis zu 3 Stunden erreichen. Aber wie sagt Étienne Krebs so schön (mit einem Lächeln): »Wenn Sie geduldig sind, ist das genial!«

Die subtile und stark nach Meer schmeckende Sahnesauce sollte Sie aber nicht über eins hinwegtäuschen: Auch wenn der Seeigel in manchen Gegenden der Welt, etwa in Sizilien, reichlich vorkommt, so gibt es doch verschiedene Varietäten dieses Stachelhäuters, die nicht genießbar sind. Von den größten, mit einem Durchmesser von bis zu 25 cm beispielsweise, sei Ihnen ernsthaft abgeraten.

1. Die Seeigel mit einer Schere an der leicht nach innen gewölbten Seite kreisrund aufschneiden, den Saft durch ein feines Sieb gießen und auffangen. Das purpurrote Corail mit einem Teelöffel herausnehmen und unter kaltem Wasser abspülen. Die Schalen sorgfältig auswaschen und umgedreht beiseite stellen.

2. Den Seeigelsaft mit dem gewürfelten Gemüse, der gehackten Schalotte, dem Tomatenmark, dem Fischfond und dem Noilly-Prat auf die Hälfte einkochen.

Gemüsesahne

3. Die Sahne zugeben und 10 bis 15 Minuten köcheln lassen, damit sich die einzelnen Geschmacksnuancen verbinden. Abschmecken und den Saft von einer halben Zitrone zufügen.

4. Das Corail in die Schalen legen und im Salamander (elektrisches Gerät zum Überbacken oder Bräunen von Speisen) erwärmen. Mit Gemüsesahne füllen und sofort servieren.

Gebratene Makrelenfilets

Vorbereitungszeit: *40 Minuten*
Kochzeit: *10 Minuten*
Schwierigkeitsgrad: ★

Für 4 Personen

2		Makrelen à 300 g
100	g	Erbsen
1/2		Gurke
2		Zwiebeln
		Saft von 1 Zitrone
2	EL	mit Gewürzen aromatisierter Branntwein (oder trockener Wermut)
50	ml	Olivenöl
1	Bund	Dill
		Pfeffer
1	EL	Salz

In Dänemark reicht es nicht, ein meisterhafter Küchenchef zu sein und die verschiedenen Bestandteile eines Rezepts nach allen Regeln der Kunst garen zu können. Die Dänen sind auch Profis in Sachen feiner Tischkultur. Außer um die Zubereitung der klassischen Makrelenfilets müssen Sie sich also auch darum kümmern, daß die Speisen in entsprechend passendem Geschirr serviert werden und dazu Fischbesteck, hübsche Kerzen, passende Tischdecken und sonstiges Zubehör bereithalten. All diese Details, die sich durch ein harmonisches Nebeneinander und guten Geschmack auszeichnen, sind für unseren Küchenchef Erwin Lauterbach das Allerwichtigste.

Weiterhin sollten Sie natürlich auch dafür sorgen, daß die Makrelen absolut frisch sind. Diese auf dänisch »Makrel« genannten Fische sind an ihrer spindelförmigen Gestalt und ihrer silbrig glänzenden Haut leicht zu erkennen. Auf ihren Wanderungen, bei denen die Makrelen in Riesenschwärmen durch die Meere ziehen und für regelrechte Petri-Fischzüge sorgen, nähern sie sich zweimal im Jahr den dänischen Küsten: im Frühling und im Herbst. Ihr Fleisch ist sehr fest, aber etwas fett. Das läßt sich durch das mit Bedacht gewählte Gemüse ausgleichen oder auch mit einem Schuß Branntwein, der hier mit Koriander oder Dill gewürzt ist.

Der in Dänemark und anderen skandinavischen Ländern traditionelle Kartoffel- und Kümmelschnaps – Aquavit – gibt der Sauce eine hübsche Farbe und beschert den Gästen eine gute Verdauung.

Es empfiehlt sich also auf jeden Fall, die Makrele mit magerem Gemüse wie Zwiebeln und Gurken in Marinade oder auch mit Sellerie und wenn Sie wollen mit festkochenden Kartoffeln zu servieren.

1. Die Makrelen filetieren und entgräten. Die Filets samt Haut in 5 cm große Stücke schneiden.

2. Die Gurke in 5 mm dicke Scheiben schneiden, in ein Sieb geben und mit Salz bestreuen. Dann mindestens 1 Stunde lang beschweren, um den Saft zu gewinnen.

mit Salzgurken

3. Die Zwiebeln schneiden, die Erbsen enthülsen, den Dill vom Stengel streifen und die Stengel beiseite legen. Die Zwiebeln anschwitzen, ohne sie zu bräunen. Etwas Wasser und den Dill zufügen. Abgedeckt dünsten, einkochen und zuletzt die Erbsen und die Gurke untergeben. Am Ende der Garzeit den Dill herausnehmen, den Branntwein, den Zitronensaft und das Öl zufügen, so daß eine Marinade entsteht.

4. Die Makrelenfilets in einer Pfanne mit Antihaftbeschichtung auf der Hautseite in etwas Öl braten. Die Zwiebel-Gurken-Marinade auf die Teller verteilen und die Makrelenstücke darauf setzen. Mit Dillspitzen und in der Mitte mit Erbsen verzieren.

Gegrillte Goldbrasse mit

Vorbereitungszeit: *1 Stunde 30 Minuten*
Kochzeit: *2 Stunden*
Schwierigkeitsgrad: *★*

Für 4 Personen

2	Goldbrassen à 400 g
4	»lilafarbene« Artischocken
250 g	Fenchel
250 g	Tomaten

2	Knoblauchzehen
2	Sardellenfilets
70 g	Brotkrumen
200ml	extra natives Olivenöl
250 ml	Weißwein
400 ml	Wasser
1/2 Bund	glatte Petersilie
10 g	Koriander
2	Lorbeerblätter
1	Thymianzweig
	Salz und weißer Pfeffer

Die Goldbrasse, von den Franzosen »Daurade royale« genannt, ist die Perle unter den Meerbrassen. Sie wird auf offener See mit pelagischen Schleppnetzen gefangen. Ihr Erkennungszeichen ist der goldene Halbmond zwischen den Augen. Ihr zartes, feines und weiches Fleisch macht aus diesem 30 bis 50 cm langen Fisch einen der besten Speisefische des Mittelmeers, der außerdem noch wenig Gräten hat und recht leicht zuzubereiten ist. Um so verhängnisvoller wäre es also, ihn mit dem Graubarsch (»Daurade rose«) oder mit der Streifenbrasse (»Daurade grise«) zu verwechseln, die nicht die gleichen Qualitäten aufweisen.

Unser Küchenchef empfiehlt Ihnen, die Goldbrasse trockenzutupfen, mit Olivenöl zu bestreichen und zu übergrillen, bevor Sie sie dann im Backofen fertig garen. Die richtige Garzeit darf dabei natürlich nicht überschritten werden, sonst wird der Fisch hart. Unsere Sauce ist hier eine leichte Gemüsesauce. Sie kann am Vortag zubereitet und dann erst kurz vor dem Servieren mit Öl aufgeschlagen werden. Sie wird dadurch sogar noch interessanter, da die einzelnen Geschmacksnuancen Zeit hatten, sich wechselseitig zu durchdringen.

Die in Südfrankreich sehr bekannte lilafarbene Artischocke wird roh oder gegart verzehrt. Ihre krönende Funktion in zahlreichen Rezepten ist eine schöne Revanche für diese Distel-Abart, die lange Zeit verschmäht wurde, weil sie kompliziert zu verzehren schien und zu schnell oxidierte. Abgedeckt gegart, bleiben lilafarbene Artischocken weich und fest, und ihre Böden lassen sich wunderbar mit der mit Thymian, Knoblauch und Lorbeer gewürzten Farce füllen. Vergessen Sie nicht das Olivenöl, dessen Feinheit sie annehmen und dessen vielfältige Nuancen zum Erfolg dieses köstlichen Sommergerichtes beitragen, das übrigens sehr heiß serviert wird.

1. Die Tomaten häuten, entkernen und pürieren. Zusammen mit dem kleingeschnittenen Fenchel, dem Pfeffer, dem Koriander, dem Weißwein und 400 ml Wasser 2 Stunden vorsichtig garen.

2. Anschließend das Ganze pürieren, einkochen und mit Olivenöl montieren. Dann die Artischocken zurechtschneiden.

griechischem Gemüsesaft

3. Die Artischocken mit Thymian, Lorbeer und Knoblauch abgedeckt in etwas Olivenöl garen. Die Brotkrumen mit der Petersilie, etwas Knoblauch und den Sardellen mischen.

4. Die Artischocken in Olivenöl erhitzen und mit der Brotfarce füllen. Die Goldbrassenfilets übergrillen und im Backofen fertig garen. Die Sauce und die gefüllten Artischockenböden auf Tellern anrichten. Die Goldbrasse auf die Sauce setzen und mit glatter Petersilie verzieren.

Kräuter-Lachsbraten mit

Vorbereitungszeit: *30 Minuten*
Kochzeit: *20 Minuten*
Schwierigkeitsgrad: ★★

Für 4 Personen

1		Lachsfilet à 1 kg
1/2		Knollensellerie
1		Kartoffel
30	g	Trüffelbruch
60	g	Butter

200	ml	Sahne
150	ml	Trüffelsaft
150	ml	brauner Kalbssaft
150	ml	Olivenöl
etwas		Mehl
20	g	Schnittlauch
1	Prise	Muskat
10	g	grobes Meersalz
		Salz und Pfeffer

Sellerie ist eine der Gemüsearten, von der man nahezu alles essen kann. Stengel, Blätter, Rippen, Samenkörner und Wurzel sind reich an Vitaminen und Mineralsalzen und außerdem für ihre nervenberuhigende Wirkung bekannt.

Knollensellerie ist eine dicke Kugel, die, verglichen mit ihrem Volumen, sehr schwer ist. Klingt sie hohl, sollten Sie sie links liegen lassen. Für dieses Rezept stellen wir daraus ein schön sämiges, nicht zu dickes Püree her, das wir mit der Kartoffel binden. Butter und Sahne sollten erst im letzten Moment zugefügt werden, vor allem, wenn Sie das Püree bereits am Vortag zubereitet haben, um seine Konsistenz zu verbessern.

Nun aber zum Lachs. Wählen Sie ein schönes Exemplar von 4 bis 5 Kilogramm aus Schottland; denn das ergibt dicke, fleischige Filets. Überwachen Sie den Garvorgang sehr sorgfältig. Wird der Lachs zu heiß gegart, trocknet er aus, und dagegen ist dann kein Kraut gewachsen. Für die Hautseite sind 3 bis 4 Minuten Garzeit ausreichend, für die andere Seite reichen einige Sekunden, damit sie Farbe bekommt. Zwischen Haut und Fleisch versteckt sich eine bittere Fettschicht. Heben Sie also die Haut ab, und entfernen Sie das Fett, bevor Sie die Haut wieder auflegen.

Mit in Butter angewärmtem Schnittlauch, der auf die Teller gestreut wird, lassen sich die Geschmacksnuancen dieses Gerichts noch verfeinern. Schnittlauch ist mit der Zwiebel aus der Familie der Liliengewächse verwandt. Wählen Sie am besten die schmackhaftere feinstengelige Sorte. Intensiver ist Schnittlauch übrigens, wenn Sie mit dem Schneiden bis zum letzten Moment warten.

1. Den Knollensellerie und die Kartoffel schälen, in grobe Würfel schneiden und 20 Minuten in Salzwasser garen. Abtropfen und durch ein Sieb streichen.

2. Den Sellerie und die Kartoffel erneut erwärmen, 40 g Butter, die Sahne, Muskat, Salz und Pfeffer zufügen. Das Ganze vermischen und warm stellen. Das Lachsfilet von den Gräten befreien und parieren. 4 schöne Vierecke aus dem Fleisch schneiden und auf der Hautseite mit Mehl bestäuben.

Saft nach Art des Périgord

3. Den Trüffelbruch zerkleinern und in Butter anschwitzen. Mit dem Trüffelsaft ablöschen. Den Kalbssaft untergeben und leicht einkochen. Anschließend mit Butter aufschlagen. Warm stellen. Die Lachsstücke auf der Hautseite 3 bis 4 Minuten in heißem Öl braten, wenden und einige Sekunden auf der anderen Seite braten. Warm stellen.

4. Die Haut der Lachsstücke anheben und die Fettschicht beseitigen. Einige Körner grobes Meersalz und zuvor angewärmte Schnittlauchstreusel darauf geben. Die Haut wieder absetzen. Einen Kreis aus Selleriepüree auf die Teller geben, den Lachs mit der Hautseite nach oben darauf setzen. Die Sauce um das Püree gießen.

Portugiesische

Vorbereitungszeit: *40 Minuten*
Kochzeit: *30 Minuten*
Schwierigkeitsgrad: ★★

Für 4 Personen

400	g	Seeteufel
400	g	Rochen
400	g	Seeaal
400	g	Aal
400	g	Kalmar (oder Tintenfisch)

400	g	Zwiebeln
800	g	vollreife Tomaten
800	g	Kartoffeln
3		Knoblauchzehen
2		grüne Paprikaschoten
1		kleine Chilischote
1	Bund	Petersilie
1		Lorbeerblatt
200	ml	Weißwein
200	ml	Olivenöl

»Caldeirada a portuguesa« heißt die Bouillabaisse in Portugal, wo sie in fast ebenso vielen Varianten vorkommt, wie es Städte gibt, die ihre Vaterschaft beanspruchen. Von der Costa Verde (im Norden des Landes) bis zur Spitze des Algarve (im Süden) wird sie mit den unterschiedlichsten, mehr oder weniger scharfen Saucen und verschiedenartigsten Zutaten wie Nudeln oder Kartoffeln zubereitet. Trotz dieses Variantenreichtums bleibt aber die Art des Gerichts immer gleich: nämlich eine Suppe mit verschiedenen Fischsorten.

Wollte man sich an die Tradition halten, müßte man die Fische, so wie sie sind, also samt Gräten, in Stücke schneiden. Unsere Küchenchefin erlaubt hier allerdings ein Abweichen und empfiehlt, die Gräten zu entfernen, um den Gästen diese Unannehmlichkeit zu ersparen. Je nachdem, was der Fischmarkt gerade bietet, können Sie das Gericht mit Goldbrassen, Rotbarben, Petersfisch oder jedem anderen Fisch zubereiten, der die anderen geschmacklich nicht im Stich läßt – aber auch mit Garnelen, Venusmuscheln und anderen Meeresfrüchten. Außerdem besteht noch die Möglichkeit, die Bouillabaisse mit nur einer Fischsorte, z. B. mit Zackenbarsch, zuzubereiten. Zu den Kuriositäten zählt schließlich noch die »Caldeirada« aus Avero, in der Meeres- und Süßwasserfische kombiniert werden.

Durch die abwechselnd übereinandergeschichteten Fisch- und Gemüselagen können beide Zutatenarten ihren Geschmack beim Garen an die jeweils andere abgeben. Außerdem fängt das Gemüse die Hitze ab, so daß der Fisch fester bleibt. Damit das Gericht wirklich ein Erfolg wird, sollte den Gästen unbedingt eine kräftig gewürzte Bouillon (»Caldo«) in ausreichender Menge angeboten werden.

1. Die Fische säubern und ausnehmen, in Stücke schneiden und würzen.

2. Die Zwiebeln, den in Scheiben geschnittenen Knoblauch, die gehäuteten, entkernten und in Scheiben geschnittenen Tomaten, die geschälten und in 1 cm dicke Scheiben geschnittenen Kartoffeln und die in Streifen geschnittenen Paprikaschoten in verschiedene Schälchen geben.

Bouillabaisse

3. In einen Topf zuerst eine Gemüselage und dann eine Fischlage legen und diesen Wechsel so lange wiederholen, bis alle Zutaten aufgebraucht sind. Die Petersilienstengel, das Lorbeerblatt und eine zerdrückte Chilischote zufügen.

4. Mit dem Weißwein und dem Olivenöl begießen, würzen und abgedeckt etwa 30 Minuten bei schwacher Hitze garen. Möglichst im selben Kochtopf servieren.

Limandenfilet mit Sellerie

Vorbereitungszeit: *45 Minuten*
Kochzeit: *15 Minuten*
Schwierigkeitsgrad: ☆

Für 4 Personen

1	Limande (eine Plattfisch-Art) à 300 g
2	Staudenselleriestangen
2	Tomaten
100 g	Butter
250 ml	Fischfond
etwas	Weißwein
10	Safranfäden
	etwas Zitronensaft
	Estragon, Thymian
	Salz und weißer Pfeffer

Für die Selleriemousse:

1/4	Sellerieknolle
50 g	Butter
30 ml	Sahne
	Salz und weißer Pfeffer

Dieter Müller ist immer auf der Suche nach etwas Neuem. Heute empfiehlt er Ihnen, Fischschuppen mit Gemüse nachzubilden. Dafür hat er einerseits Bleichsellerie gewählt, weil der sich aufgrund seiner leichten Wölbung gut eignet, und andererseits Limande, deren Filets dicker sind als die der Seezunge.

Die Limande oder Echte Rotzunge ist ein Fisch aus der Ordnung der Plattfische und der Familie der Schollen. Aufgrund der Schuppen erinnert ihre Haut an grobes Schleifpapier oder an eine Feile (franz. »lime«). An ihren braunen Flecken ist sie gut zu erkennen und von anderen, eher grau-rosafarbenen Arten zu unterscheiden. Meist findet man bereits filetierte Rotzungen, die sich gut zum Pochieren eignen und durchaus zufriedenstellend sind. Sollten die Filets zu dünn sein, können Sie sie umklappen. Finden Sie keine Limanden, erlaubt unser Küchenchef, auf Glattbutt, Steinbutt oder unter den Süßwasserfischen auf Zander zurückzugreifen.

Die beiden einfachen Selleriearten dienen zum Garnieren: Aus dem Knollensellerie wird ein leichtes Mus, auf dem die Schuppen haften, und aus dem zuvor in kochendem Wasser blanchierten Bleichsellerie werden die Schuppen. Sobald die Sellerieschuppen aufgelegt sind, sollte ihr Sitz – so empfiehlt Dieter Müller – mit einer zweiten Schicht Selleriemus gefestigt werden.

Für die Safransauce braucht man nur gute Fäden dieses kostbaren Gewürzes, dessen Farbkraft in den verschiedensten Bereichen eingesetzt wird: nicht nur in der Medizin, sondern auch in der Textilbranche, wo man Wolle, Seide und verschiedene Baumwollstoffe damit färbt.

1. Die Sellerieknolle in Salzwasser kochen, durch den Mixer drehen und in einem Topf wie Brandteig trocknen. Die Butter und die steif geschlagene Sahne zugeben. Beiseite stellen. Den Staudensellerie leicht schräg in feine Scheiben schneiden, einige Sekunden in Salzwasser blanchieren und sofort danach abschrecken.

2. Den Fisch filetieren und mit Salz und Zitonensaft würzen. Die Filets mit einer dünnen Lage Selleriemousse bedecken und die Selleriescheiben schuppenförmig darüber legen.

auf Safrantomatenfumet

3. Die Sauce zubereiten: Die Safranfäden in den Fischfond rühren. Auf die Hälfte einkochen, mit Butter aufschlagen und die in Würfel geschnittenen Tomaten und die gehackten Kräuter zufügen. Mit Salz und Pfeffer abrunden.

4. Den Weißwein und den Fischfond zu den Fischfilets geben. Etwa 8 Minuten bei 190 °C im Backofen garen. Die vorgewärmten Teller mit Sauce überziehen und die Filets darauf legen. Dieses Gericht kann mit frischen Nudeln, Spinat in Butter oder mit einer Salzkartoffel serviert werden.

Zwerg-Kalmar und Mini

Vorbereitungszeit: *50 Minuten*
Kochzeit: *40 Minuten*
Schwierigkeitsgrad: ★

Für 4 Personen

300	g	Zwerg-Kalmar
300	g	Minikraken (2–3 cm)
1		fette Scheibe »Serrano«-Schinken
200	g	weiße »Ganxet«-Bohnen

1	rote Paprikaschote
1	grüne Paprikaschote
1	gelbe Paprikaschote
1	Tomate
1	Zwiebel
3	Knoblauchzehen
	glatte Petersilie
	Thymian
etwas	Olivenöl
	Salz und Pfeffer

Die feinsten katalanischen Gerichte sind der »Ganxet«-Bohne zu großem Dank verpflichtet: Sie ist klein, flach, leicht zu kochen, von cremiger Konsistenz und läßt Saucen und Suppen in ganzer Pracht erstrahlen. In einem berühmten katalanischen Rezept, der »Butifarra con judias« werden die Bohnen in Schinkenfett sautiert und dann auf einer großen Wurst serviert. Dieses sättigende Wintergericht hat unseren Küchenchef dazu inspiriert, uns hier ein Rezept zu empfehlen, in dem Meer und Land eine interessante Verbindung eingehen.

Zwischen Zwerg-Kalmar und Minikrake, die in den einzelnen Gegenden verschieden genannt werden, gibt es fast keinen Unterschied. Man legt sie ungewaschen ins Fritierfett – so wird das übrigens auch für die berühmten »Tapas« gemacht, die man zu Tausenden in den Bars der »Ramblas« von Barcelona findet. Diese Weichtiere, ob nun mit dem Tintenfisch oder mit dem Oktopus verwandt, leben im selben Gewässer und ähneln sich derart, daß es manchmal schwierig ist, sie auf dem Teller zu unterscheiden.

Es sind lediglich die kleinen Exemplare einer Familie mit einer Unmenge an Varietäten, von denen manche eine Länge von 2 Metern und mehr erreichen können. Die Jules-Verne-Leser erinnern sich sicherlich an den Kampf zwischen Kapitän Nemo und dem Riesenkraken in dem Roman »Zwanzigtausend Meilen unter dem Meer«.

Aber weit weg von dieser Horrorgeschichte werden Sie vor allem den Minikraken schätzen. Er ist etwas seltener und daher auch etwas teurer als die anderen Arten, dafür ist er innen aber cremiger. Auch sollten Sie sich die Gelegenheit nicht entgehen lassen, den »Serrano«-Schinken, ein typisch spanisches Erzeugnis, zu probieren.

1. Die 3 enthäuteten und entkernten Paprikaschoten in Streifen schneiden. In einem Topf die kleingeschnittene Zwiebel, die Paprika-Julienne, den Thymian und eine zerstoßene Knoblauchzehe in Olivenöl leicht anrösten und 15 Minuten garen. Dann die weißen Bohnen 40 Minuten garen.

2. Die Zwerg-Kalmare und die Minikraken getrennt mit einer ungeschälten, zerdrückten Knoblauchzehe in einer heißen Pfanne sautieren.

krake mit »Ganxet«-Bohnen

3. Die weißen Bohnen aus dem Garwasser nehmen. Den »Serrano«-Schinken klein schneiden, die sorgfältig entkernte Tomate enthäuten und in kleine Würfel schneiden. Das Ganze in einem Topf in Olivenöl sautieren.

4. Einen Löffel Paprikagemüse und einen Löffel Bohnen auf jeden Teller geben und die Zwerg-Kalmare und Minikraken sowie etwas gehackte Petersilie darüber verteilen.

Gebratener Zander mit

Vorbereitungszeit:	*30 Minuten*
Kochzeit:	*1 Stunde*
Schwierigkeitsgrad:	★

Für 4 Personen

1		großer Zander à $1^1/2$ kg
16		Rindermarkknochen
4		graue Schalotten
1		Knoblauchzehe
1		Bouquet garni
50	g	geräucherter Speck
500	ml	roter Gigondas
250	ml	Kalbsfond
100	ml	Olivenöl
50	g	Butter
		Kerbelblätter
		Meersalz
		Pfeffer

Für die Zwiebel-Johannisbeer-Marmelade:

1		Zwiebel
1	EL	Johannisbeermarmelade
100	ml	Weinessig
200	ml	Rotwein
10	g	Zucker

Da der Osten Frankreichs nicht am Meer liegt, werden in dieser Gegend vorwiegend Flußfische verzehrt. So erklärt sich auch, warum hier die traditionelle, mit Weißwein und Zwiebeln gewürzte »Marinière de poisson« mit Karpfen, Katzenwels und Gründling zubereitet wird. Unser Rezept baut auf dem gleichen Prinzip auf, enthält aber nur eine Fischsorte. Wegen der Zartheit des Fischs hat sich unser Küchenchef für Zander entschieden.

Den besten Zander gibt es im Frühling, wenn der Wasserspiegel der Ströme und Flüsse sinkt. Der aus dem Donaubecken stammende Raubfisch kann bis zu 5 Kilogramm schwer werden. Für unseren Zweck reicht ein kleiner Zander von etwa $1^1/2$ Kilogramm aus. Nachdem Sie ihn filetiert haben, braten Sie ihn nicht zu heiß und nicht zu lange in der Pfanne. Für dickere Filets kann ein Aufenthalt im Backofen erforderlich sein.

Das Rindermark sollte bis zum Zeitpunkt der Verarbeitung im Knochen verbleiben, damit es nicht austrocknet. Es muß mindestens 24 Stunden in eiskaltem Wasser gewässert werden. Man stelle es also kalt und tausche das Wasser regelmäßig aus. Nach dem Abtropfen ergeben sich etwa 4 cm große Markstückchen, die dann einige Minuten pochiert werden.

Die Weinsauce ähnelt dem Matroseneintopf, den man üblicherweise für Aal zubereitet. Der hier verwendete Gigondas ist ein kräftiger Rotwein aus der Provence, dessen Alkoholgehalt etwas über dem Durchschnitt liegt und somit das starke Einkochen gut verträgt, das unerläßlich ist, bevor man den Kalbsfond zufügt. Die sowohl süßliche als auch leicht säuerliche Johannisbeermarmelade schließlich kontrastiert herrlich mit der etwas herberen Sauce.

1. Den Zander schuppen, in Filets à 150 g zerteilen und von Gräten befreien. Den geräucherten Speck in einem Topf leicht anrösten. Die gehackten Schalotten und den gehackten Knoblauch goldgelb braten. Das Fett abschöpfen und das Ganze mit dem Gigondas übergießen. Einkochen, bis ein Sirup entsteht.

2. Den Kalbsfond und das Bouquet garni zufügen. Einkochen, abschmecken und durch ein Spitzsieb streichen. Im Wasserbad beiseite stellen. Im letzten Augenblick 50 g Butter einarbeiten.

Mark und Gigondas-Sauce

3. Das Mark einige Minuten bei 90 °C in Salzwasser pochieren. Einige Tropfen Olivenöl in eine Pfanne mit Antihaftbeschichtung geben. Die Filets auf beiden Seiten goldgelb braten und herausnehmen, sobald sie auf den Punkt genau gegart sind.

4. Das Mark abtropfen und auf die Zanderfilets legen. Die sehr heiße Gigondas-Sauce rundum geben. Das Mark mit Meersalz bestreuen. Zwiebel-Johannisbeer-Marmelade zubereiten: Die gehackte Zwiebel anschwitzen lassen und alle Zutaten zugeben. Bei schwacher Hitze 40 Minuten abgedeckt dünsten.

Gedünsteter Seeteufel

Vorbereitungszeit: *55 Minuten*
Kochzeit: *35 Minuten*
Schwierigkeitsgrad: ★★★

Für 4 Personen

1	Schwanzstück vom Seeteufel à $1^1/_2$ kg
500 g	Zuckererbsen
12	Perlzwiebeln
2	Zitronen
50 g	Mehl
300 g	Weißbrotscheiben
50 ml	Weißwein
500 ml	Sahne
200 g	Butter
	Salz, Pfeffer und Zucker

So abstoßend sein Äußeres auch sein mag, der Seeteufel kann auf der Habenseite ein vorzügliches Schwanzstück verbuchen. Dieser Fisch ist ein merkwürdiger Geselle, dem man Faulheit und Trägheit nachsagt, da er die meiste Zeit mit seinem bräunlichen, schuppenlosen Körper auf Felsen sitzt und mit seinem riesigen Maul Grimassen zu schneiden scheint. Mit seinem Angelorgan, das ihm auch den Namen »Anglerfisch« eingetragen hat, lockt er seine Beute an. Gefangen wird er, oder zumindest diejenigen seiner Art, die noch nicht dahintergekommen sind, wie man sich versteckt, in mehr als 1000 Meter Tiefe mit Tiefseenetzen.

Aber wie so oft trügt der Schein: Hinter diesem eher entmutigenden Aussehen versteckt sich ein sehr zartes, festes und gänzlich grätenfreies Fleisch. Man muß lediglich die Nerven entfernen, damit sie sich beim Garvorgang nicht zusammenziehen. Das würde der Qualität des Fischs abträglich sein und ihm ungerechterweise ein starrsinniges Aussehen verleihen. Solange Sie diese Vorsichtsmaßnahme berücksichtigen, werden Sie einen äußerst zarten Seeteufel auf den Tisch bringen und die Gäste mit seinem schmackhaften, weißen Fleisch begeistern.

Als Beilage zum Seeteufel empfehlen sich Zuckererbsen, deren Ursprung unbekannt ist, die aber im 17. Jahrhundert Furore machten, als sie an den Französischen Hof gelangten. Im Gegensatz zu anderen Erbsen, die enthülst werden, sind Zuckererbsen kleine, flache Hülsen mit kaum entwickelten Samen, die man immer ganz ißt. Ihre Garzeit ist gut zu überwachen.

Die Julienne aus Zitronenschale muß lange genug blanchieren, um jede Bitterkeit zu verlieren. Das knusprige Weißbrot soll mit dem weichen Fisch kontrastieren. Bereiten Sie es deshalb erst im letzten Augenblick zu, und achten Sie darauf, daß es sich nicht zu stark mit zerlassener Butter vollsaugt.

1. Den Fisch filetieren und die Nerven vollständig entfernen. Die Schale von 2 Zitronen in feine Streifen schneiden, 5 Minuten blanchieren und abtropfen lassen. Die Zuckererbsen putzen und zubereiten.

2. Die Fischfilets so schneiden, daß sich pro Person 3 größere Stücke ergeben. Die Fischstücke in Mehl wenden und in einem Schmortopf in 60 g heißer Butter braten. Das Fett entfernen. Die Zuckererbsen in einer Pfanne rasch in 60 g Butter garen.

mit Zuckererbsen

3. Den Schmortopf mit dem Weißwein ablöschen und die Sahne zufügen. Etwa 5 Minuten köcheln lassen. Das Weißbrot ohne Rinde herzförmig zuschneiden und in Butter braten. Die Perlzwiebeln unter Zugabe von etwas Wasser und Zucker in Butter glacieren.

4. Die Zuckererbsen fächerförmig auf den Tellern anrichten. Den Seeteufel in die Mitte geben und mit der zuvor durch ein Spitzsieb gestrichenen und mit der restlichen Butter montierten Sauce überziehen. Mit den glacierten Perlzwiebeln verzieren. Das Brot und die Zitronen-Julienne darüber verteilen.

Steinbutt mit Aniskartoffeln

Vorbereitungszeit: *1 Stunde*
Kochzeit: *30 Minuten*
Schwierigkeitsgrad: ★★

Für 4 Personen

1	Steinbutt à 2 kg
10 g	Pfefferkörner
10 g	Senfkörner
10 g	Wacholder
einige	Tropfen Olivenöl
2	Zitronen
	Meersalz

Für die Aniskartoffeln:

300 g	Kartoffeln
	Kümmelkörner
etwas	Olivenöl
etwas	Anisessig
	Salz, frisch gemahlener Pfeffer

Für die weiße Sauce:

100 g	Mayonnaise
	Senf
	Crème double
	Salz und frisch gemahlener Pfeffer
	Essig

Für die grüne Sauce:

2	Schalotten, 2 Bund Basilikum
1 Bund	Kerbel
1 Bund	Petersilie
2 TL	Pinienkerne
100 ml	Olivenöl
einige	Tropfen Rotweinessig
	Salz und frisch gemahlener Pfeffer

Der Steinbutt gehört zu den Plattfischen und lebt in kalten Gewässern wie dem Ärmelkanal und dem Atlantik. Wegen seines feines Fleisches wird er sehr geschätzt. Der Legende nach soll sogar der unbeliebte Kaiser Domitian den römischen Senat einberufen haben, um das Rezept zu erfahren. In Wirklichkeit ist der Geschmack des Steinbutts so zart, daß er meist Beilagen braucht, die ihn zur Geltung bringen, ohne ihn allerdings zu dominieren.

Man wähle einen großen Steinbutt, der schöne Filets ergibt und bei dem man wenig Verlust hat. Für dieses Rezept sollte man die Filets räuchern, und zwar auf die Art, wie sie uns von den Ureinwohnern der Karibik und Ozeaniens überliefert sind. Inzwischen weiß man übrigens, daß es sich dabei um eines der allerersten Verfahren handelt, mit denen der Mensch seine Speisen haltbar machte, und das es auch für Fleisch anwendbar ist.

Für die Behandlung, die unser Küchenchef den Kartoffeln angedeihen läßt, eignet sich besonders gut die Sorte Charlotte, eine kleine Winterkartoffel mit feiner, sehr glatter Schale. Aus ihrem festen, gelben Fleisch läßt sich ein sehr leichtes und weiches Püree herstellen, vor allem, wenn man sich die Frühkartoffeln dieser Sorte besorgen konnte, die der längeren Lagerkartoffel vorzuziehen sind. Diese Kartoffelsorte existiert zwar noch nicht sehr lange, findet aber immer mehr Anhänger, sowohl unter den Herstellern als auch unter den Verbrauchern.

Seinen Glanz erhält dieses subtile Gericht durch die Kräuter und anderen Gewürze, die allerdings in der richtigen Dosierung einzusetzen und zu verarbeiten sind. Unser Steinbutt, den man übrigens nicht aufbewahren kann, wird heiß und mit einigen Blättern eines ausdrucksstarken Salates wie z. B. Radicchio, Senfkohl oder Löwenzahn serviert.

1. Den Steinbutt filetieren. Die Pfefferkörner zerdrücken. Dann die Wacholderbeeren und die Senfkörner im Mörser zerkleinern. Das Ganze mischen. Geriebene Zitronenschale, etwas Zitronensaft und das Olivenöl zufügen und zu einer Marinade verrühren.

2. Weiße Sauce zubereiten: Mit dem Eigelb, dem Senf, dem Salz und dem Essig eine Mayonnaise herstellen. Die gleiche Menge Crème double zufügen. Grüne Sauce herstellen: Mit dem Olivenöl und dem Essig eine Vinaigrette herstellen, das Basilikum, den Kerbel, die Petersilie, die kleingeschnittene Schalotte und die Pinienkerne zufügen.

auf zwei Saucen

3. Den Fisch mit Meersalz salzen und mit der vorbereiteten Marinade bepinseln. Die Kartoffeln waschen und unter Zugabe von Kümmel mit der Schale in Salzwasser garen. Die Kartoffeln ausstechen und mit Anisessig und Olivenöl würzen.

4. Den Fisch bei starker Hitze rasch in einer Räucherpfanne räuchern. In einer Pfanne mit Antihaftbeschichtung in Öl fertig braten. Die Kartoffeln im Halbkreis auf den Tellern anrichten. Mit weißer Sauce überziehen. Den tranchierten Fisch darauf setzen. Die grüne Sauce auf die weiße geben und die Salatblätter dazu legen.

Kleine Scampi-

Vorbereitungszeit: *1 Stunde*
Kochzeit: *30 Minuten*
Schwierigkeitsgrad: ★★

Für 4 Personen

1		Rotbarbe à 200 g
1		Wolfsbarsch
4		Scampischwänze (Format 18/24)
200	g	Miesmuscheln
200	g	Herzmuscheln
1		Porreeweiß

1		Tomate
1/2		Karotte
4		Knoblauchzehen
4		Schalotten
1	EL	Tomatenmark
1	EL	Kurkuma
300	ml	Weißwein
50	ml	Olivenöl
		glatte Petersilie
		Salz
		Croûtons
		Rouille
		frisch gemahlener Pfeffer

Die Verbindung von Muscheln und Schalentieren ist bekanntermaßen der reinste Kassenschlager. Unsere Suppe inspiriert sich an den traditionellen Fischsuppen und feiert Miesmuscheln, Herzmuscheln und Scampi gleichermaßen. Diese Auswahl hat nichts Ausschließliches, und man kann sie durchaus auch durch Venusmuscheln ergänzen oder auch die Scampi durch Hummer ersetzen.

Will man den Scampi ihr weiches Fleisch und ihr besonderes Aroma erhalten, ist nur eine einzige Bedingung zu erfüllen: eine kurze Garzeit. Aus diesem Grunde hat Roland Pierroz sich fürs Dämpfen entschieden. Dieses Verfahren zollt dem Tier den nötigen Respekt und erlaubt es dem Koch, dessen Entwicklung zu beobachten. Um sich alle Erfolgschancen zu sichern, empfiehlt es sich, die Scampi zuvor mit Eiswürfeln bedeckt kalt zu stellen, damit ihr Fleisch gefestigt wird.

Miesmuscheln, die für dieses Gericht verarbeitet werden, sollten glänzend, feucht und lebend sein. Seien Sie streng, und sortieren sie jede offene Muschel sofort aus. Die Vergiftungsgefahr ist einfach zu groß. Die beste Garantie für die Qualität Ihrer Suppe ist und bleibt die Frische der Miesmuscheln.

Die weiteren Verfahren sollen für eine schön homogene Substanz ohne zu viele schwebende Teilchen sorgen (darum auch das mit einem Passiertuch ausgelegte Spitzsieb), die durch Einkochen ausreichend konzentriert ist, aber nicht zu kräftig schmeckt. Der Geschmack wird mit Knoblauch, Schalotte und Kurkuma ganz leicht gehoben. Es sei hier noch erwähnt, daß Kurkuma zur Familie der Ingwergewächse gehört und teilweise sogar als »Indischer Safran« bezeichnet wird. Sie ist einer der Bestandteile des traditionellen Currys und kommt nur selten frisch vor.

1. Die Scampi aufbrechen. Die Scampischwänze zusammen mit den Fischstücken kühl stellen. 6 Scampischalen für die Verzierung beiseite stellen. Die Miesmuscheln und dann die Herzmuscheln separat in je 100 ml Weißwein und der Hälfte der gehackten Schalotten abgedeckt zum Öffnen bringen. Abtropfen lassen und das Garwasser durch ein Spitzsieb passieren.

2. Dann 2 Schalotten fein hacken. Den Knoblauch schälen und zerdrücken. Das Porreeweiß und die halbe Karotte sehr fein schneiden. Das Öl erhitzen, alle Zutaten und das Tomatenmark unter Rühren anschwitzen. Unter Zugabe von 100 ml Weißwein, dem Muschelgarwasser, Kurkuma und 1 Liter Wasser weitergaren.

Muschel-Suppe

3. Aufkochen und 20 Minuten ohne Deckel garen. Durch ein Spitzsieb streichen und die Flüssigkeit bis auf 600 bis 700 ml einkochen. Würzen und beiseite stellen. Das Fleisch zum Verzieren in kleine Würfel schneiden.

4. In einem Dämpfgeschirr Wasser zum Kochen bringen und die Scampi und die Fischstücke 2 Minuten dämpfen. Die Muscheln ebenso 30 Sekunden erwärmen. Dann die Suppe und den Fisch in tiefe Teller verteilen. Mit Tomaten und Petersilie, Croûtons und einer Rouille verzieren.

Gebratenes Steinbuttfilet mit

Vorbereitungszeit: *45 Minuten*
Kochzeit: *10 Minuten*
Schwierigkeitsgrad: ★

Für 4 Personen

1		Steinbutt à 2 kg
650	g	kleine Kalmare
2		rote Paprikaschoten
2		Tomaten
		Saft von 1 Zitrone
1/2	Knolle	Knoblauch
35	g	Butter
200	ml	Olivenöl
1/2	Bund	Petersilie
		Salz
		frisch gemahlener Pfeffer

Hier haben Sie nun eine für die Mittelmeerländer typische Zusammenstellung: Paprikaschoten, Knoblauch, Kalmare und natürlich Olivenöl, wobei letzteres von unseren Küchenchefs in der italienischen, d. h. der weniger strengen Version, gewählt wurde. Sein fruchtiger Geschmack eignet sich hervorragend für Fischfilets, solange man es nur richtig einsetzt.

Die kleinen Kalmare werden besonders in Spanien geschätzt und sind das ganze Jahr über am Markt erhältlich. Zunächst einmal werden die Kalmare in sehr heißem und »rauchendem« Öl in der Pfanne gebraten, bis sie eine ordentliche Farbe haben. Dabei gerinnt ihr Saft, karamelisiert und wird knusprig, wodurch sich ihr Geschmack noch verstärkt. Die Kalmare schrumpfen beim Braten. Sobald sie nur noch knoblauchzehengroß sind, fügt man die Paprikaschoten, den Knoblauch und die Petersilie hinzu. Der Knoblauch sollte ungeschält verwendet werden, damit er nicht auseinanderfällt und auf dem Teller eine bessere Figur macht.

Da sämtliche Zutaten empfindlich sind, dürfen sie nicht zu stark gegart werden. Es empfiehlt sich also eine Pfanne mit Antihaftbeschichtung.

Die Gebrüder Pourcel sind große Freunde von Edelfisch aus dem Mittelmeer. Hier haben sie sich für einen Steinbutt entschieden. Das Rezept kann aber auch mit Seezunge und Wolfsbarsch zubereitet werden. Ein großer Steinbutt von 5 bis 6 Kilogramm mit sehr dicken Filets dürfte ausreichen, um viele Gäste zu bewirten. Sind die Filets weiß, bedeutet das, daß der Fischer den Steinbutt gleich nach dem Fang ausgeblutet hat. Dieser Fisch ist übrigens sehr empfindlich, und wenn Sie keine böse Überraschung erleben wollen, sollten Sie ihn schonend garen.

Will man dem Gericht eine ausgeprägtere südliche Note verleihen, kann man auch noch andere Kräuter verwenden: Thymian, Basilikum, Kräuter der Provence…

1. Die Knoblauchknolle in Zehen zerteilen. Die ungeschälten Zehen in einem kleinen Topf mit 100 ml Wasser und 200 ml Öl so lange siedend garen, bis sie innen zart sind und sich leicht zerdrücken lassen.

2. Die roten Paprikaschoten schälen und in Ringe schneiden. Die Tomaten häuten, ausnehmen und das Tomatenfleisch in kleine Würfel schneiden. Beiseite stellen. Die Kalmare verlesen, sorgfältig waschen und ausnehmen. Die Petersilie grob hacken. Die Kalmare anschließend vom Tintenbeutel befreien und auf Küchenkrepp abtropfen lassen.

kleinen gebratenen Kalmaren

3. Die Kalmare bei starker Hitze in einer Pfanne mit Olivenöl sautieren. Nach der Hälfte der Garzeit die Paprikaringe und etwas Butter zufügen. Das Ganze braten, bis es eine schöne Farbe hat. Die Petersilienblätter und die gekochten Knoblauchzehen zufügen. Würzen und aus der Pfanne nehmen.

4. Den Steinbutt filetieren, von der Haut befreien und in Portionsstücke à 160 g zerteilen. Die Filets in der Pfanne braten und würzen. Die Tomate, den Zitronensaft und 200 ml von dem Öl, in dem der Knoblauch gegart wurde, zu den Kalmaren geben. Das Ganze auf den Tellern anrichten und den Steinbutt darüber legen. Mit dem Garsaft der Kalmare begießen.

Fritierter Seelachs mit

Vorbereitungszeit: *45 Minuten*
Kochzeit: *10 Minuten*
Schwierigkeitsgrad: ★

Für 4 Personen

800	g	Seelachsfilet
4	EL	Mehl
1	EL	Sahne
1	EL	Eiweiß

Für die Garnierung:

125	g	Champignons
1/4		Wirsingkohl
1/2	TL	Knoblauch, gehackt
1/2	TL	frischer Ingwer
1	EL	Pflanzenöl

Für die Vinaigrette:

15	g	frischer Ingwer
2	EL	Weinessig
1	EL	Sojasauce mit Pilzen oder dunkle Sojasauce
1	EL	Chilisauce
2	EL	Pflanzenöl
1	EL	Sesamöl
1/2	Bund	Koriander
		Salz und weißer Pfeffer

Seelachs ist wie Merlan und Hering ein im Nordatlantik und in der Irischen See häufiger Fisch. So erstaunt es nicht, daß er in der Gastronomie der Britischen Inseln eine Sonderstellung einnimmt.

Man nehme ein schön frisches Exemplar von 3 bis 4 Kilogramm, das schwer in der Hand liegt. Bei einem größeren, also dickeren Fisch, könnte es schwierig werden, ihn gleichmäßig zu garen. Kleinere Filets hingegen würden beim Garvorgang leiden und geschmacklich von der knusprigen Haut, die übrigens nicht entfernt werden darf, übertönt. So ist mal der Mittelweg genau richtig.

Die Garnierung besteht aus in Irland besonders beliebten Gemüsearten: Wirsingkohl und Champignons. Offensichtlich stehen Steinpilze auf dieser Insel nicht so hoch im Kurs, obwohl Paul Rankin mit Begeisterung an unglaubliche Pilzfunde zurückdenkt (bis zu 30 Kilogramm Steinpilze in nur zwei Stunden!). Aber auch anderes grünes Gemüse wie Mangold oder Spinat könnte hier gut passen.

Die Verwendung von Ingwer in der Beilage mag überraschen. Schälen Sie ihn zunächst, und dosieren Sie ihn dann genau, denn sein kräftiger Geschmack könnte alle Aufmerksamkeit auf sich ziehen. Geben Sie ihn mit dem nötigen Gefühl in die verschiedenen exotischen Saucen (Soja, Chili) und ins Sesamöl, durch das die Zubereitung übrigens an Leichtigkeit gewinnt.

Es kommen aber auch noch andere Gewürze in Betracht, um die Würzmischung abzurunden: Cayennepfeffer, schwarze und weiße Sesamkörner, Knoblauchpulver oder Curry. Verwenden Sie sie aber in Maßen, denn die Hauptrolle in diesem Gericht spielt ausschließlich der Fisch, dessen zartes Aroma erkennbar bleiben soll.

1. Vinaigrette zubereiten: Den feingehackten Ingwer, den grobgehackten Koriander und alle anderen Zutaten mit Ausnahme der Öle in ein Schüsselchen geben. So lange schlagen, bis sich das Salz aufgelöst hat. Die Öle langsam dazugeben und dabei mit dem Schneebesen weiterschlagen. Abschmecken.

2. Den in Streifen geschnittenen Wirsing 1 Minute in kochendem Salzwasser blanchieren und anschließend in kaltem Wasser abkühlen, bis er lauwarm ist. Den Knoblauch und den Ingwer bei starker Hitze in 1 EL Pflanzenöl fritieren und dabei umrühren. Den Kohl und die in Scheiben geschnittenen Champignons zufügen und 1 Minute garen. Salzen, pfeffern und warm stellen.

Sesam- und Ingwer-Vinaigrette

3. Die Seelachsfilets in Stücke à 150 g schneiden und zur Verzierung die Haut einschneiden. Das Eiweiß und die Sahne in einem Schüsselchen vermischen, die Fischfilets hineinlegen und durchtränken. Anschließend in Mehl wenden.

4. Bei 180 °C in heißem Öl 3 Minuten auf jeder Seite fritieren und dann auf Küchenkrepp abtropfen lassen. Das Beilagenbett auf den vorgewärmten Tellern anrichten, den Fisch darauf setzen und rundherum mit Vinaigrette begießen.

Sautierte Scampi mit Curry

Vorbereitungszeit:	*30 Minuten*
Kochzeit:	*3 Minuten*
Schwierigkeitsgrad:	★

Für 4 Personen

24		Scampi
2		Zucchini
8		Knoblauchzehen
1	Prise	Thymian
5	g	Schnittlauch
15	g	Butter
		Salz und Pfeffer

Für den Fond:

		Scampiköpfe
1		Zwiebel
1		Karotte
1		Bouquet garni
15	g	Butter

Für die Marinade:

2	Prisen	Madras-Curry
50	ml	Olivenöl

Curry ist kein Gewürz an sich, sondern eine Mischung verschiedener Gewürzpulver. Nach Europa brachten es die Engländer. Er besteht aus Kardamom, Kurkuma, Kümmel, Senf, Nelken und einer guten Portion Cayennepfeffer. Mit diesem sehr feinen, orangegelben Pulver werden Fleisch und Fisch gewürzt. Bei Sherlock Holmes beispielsweise wird einmal einem Wächter eines Pferderennstalls ein Schlafmittel in einem scharfen Lammcurry verabreicht.

Welchen Zweck Sie auch immer verfolgen, Jean-Claude Rigollet empfiehlt Ihnen den subtilen, aber kräftigen Madras-Curry. Die Zusammensetzung von Curry variiert nämlich je nach Herkunft. Man sollte sich also genau überlegen, welchen Curry man für welches Gericht verwendet. Ganz wichtig ist das bei der Zubereitung der »Demoiselles«, wie man in Cherbourg die Scampi nennt.

Diese kleinen Krustentiere sollten eigentlich nur lebend gegart werden. Und wenn Sie keine lebenden bekommen, achten Sie darauf, daß sie absolut frisch und durchscheinend sind und klare Augen haben. Pro Kilogramm sollte man auf 15 bis 20 Scampi kommen, damit die Schwänze von ordentlicher Größe sind.

Als Begleiter zu diesen verschiedenen Geschmacksnoten eignen sich Zucchini mit ihrem zarten Fleisch und ihrem zurückhaltenden Geschmack. Insgesamt verlangt dieses Gericht jedoch noch nach etwas Pikantem. Unser Küchenchef hat sich deshalb für Knoblauchjus entschieden, dessen kräftiges Aroma durch die im Mörser zerkleinerten Zehen entsteht. Folgen Sie getrost den Vorgaben, dann wird Ihnen die Zubereitung dieses leichten und aromatischen Gerichts auch keine große Mühe bereiten.

1. Die Köpfe von den Scampischwänzen trennen. Die Zwiebel und die Karotte klein schneiden und mit den Scampiköpfen leicht in Butter anrösten. Mit so viel Wasser aufgießen, daß alles bedeckt ist. Das Bouquet garni zufügen und bis auf drei Viertel der Menge einkochen. Durch ein Spitzsieb streichen und warm stellen.

2. Währenddessen die Scampischwänze roh ausnehmen. Die erste Zucchini waschen und in feine Streifen schneiden. Jeden Scampischwanz in einen Streifen Zucchini einrollen und mit einem Holzspieß befestigen.

und Knoblauchjus

3. Die Spießchen leicht salzen und pfeffern. Eine Viertelstunde in Madras-Curry und Olivenöl einlegen. Die zerstoßenen Knoblauchzehen in 15 g Butter leicht anrösten und mit dem Scampifond übergießen. Den Knoblauchjus 10 Minuten bei schwacher Hitze garen.

4. Die zweite Zucchini in Juliennes (feine Streifen) schneiden und zusammen mit dem Thymian in etwas Olivenöl sautieren. Die Scampi bei starker Hitze in Olivenöl anrösten. Die Zucchini-Julienne auf der Tellermitte anrichten, die Scampi rundum legen. Mit Knoblauchjus überziehen und mit Schnittlauch bestreuen.

Bourride mit Seezunge und

Vorbereitungszeit:	*1 Stunde*
Kochzeit:	*2 Stunden*
Schwierigkeitsgrad:	★★

Für 4 Personen

1		Seezungenfilet à $1\,{}^{1}/_{2}$ kg
12		Scampi

Für den Seezungen- und Scampi-Fond:

je 1		Zwiebel, Karotte, Porree
$^{1}/_{2}$		Fenchelknolle
1		Selleriestange
1	Knolle	Knoblauch
50	g	Butter
50	ml	Olivenöl

Für die Sauce:

2		Knoblauchzehen, 100 g Butter
50	ml	Sahne
50	ml	Olivenöl

Für das Gemüse:

200	g	Karotten, Bleichsellerie, Zucchini
400	g	Kartoffeln

Für den Honigkaramel:

20	g	Honig
40	g	Butter
20	ml	Sherryessig

Für die Verzierung:
Schnittlauch
Kerbelblätter

Warum sollte jemand wie Michel Rochedy, der aus der Ardèche stammt und früher dem Olivenöl skeptisch gegenüberstand, nicht auch Olivenöl verwenden? Nun, zusammen mit der Butter unterstreicht es zurückhaltend den süßlichen Geschmack der Scampi und hat sich in diesem Rezept, dem es sein mediterranes Aroma verleiht, einen sicheren Platz erkämpft.

Wie immer hängt der Erfolg von der Qualität der Zutaten ab. Unser Küchenchef bereitet diese Bourride immer mit Seezungen zu, die frisch von den Fischkuttern angelandet werden, und mit den von ihm hochgepriesenen Scampi aus dem Bassin d'Arcachon. Folgt man seiner Auffassung weiter, trenne man sofort die Köpfe von den Schwänzen und wickle letztere in Folie, bevor man sie 3 Tage ins Gefrierfach legt. Auf diese Art wird verhindert, daß das Scampifleisch oxidiert und regelrecht zu stinken anfängt, wenn man es nicht unverzüglich verzehrt.

Um die Scampischwänze zu karamelisieren, muß die Butter langsam in einer Pfanne mit Antihaftbeschichtung zerlassen werden. Anschließend werden die Krustentiere darin bei starker Hitze angebraten. Diesen Vorgang beendet man dann sehr rasch durch eine Zugabe von Honig und durch Ablöschen mit Sherryessig.

Die Seezungenfilets sind im Nu fertig. Sie werden nur »al dente« gegart, damit der Fisch schön weich bleibt und seinem Ruf gerecht wird, nach dem er bereits in der Antike als »Sandale des Jupiter« bezeichnet wurde. Ganz besondere Sorgfalt ist auf den Fond zu verwenden, der mit seiner Würzmischung die einzelnen Zutaten voll zur Geltung bringen soll, ohne sie zu dominieren. Vergessen Sie nicht den Knoblauch, der diesem Gericht seine provenzalische Note verleiht.

1. Die Seezunge filetieren und die Scampi ausbrechen. Die Panzer und die Fischgräte zusammen mit den kleingeschnittenen Fondzutaten leicht in Öl und Butter anrösten. Zur Hälfte mit Wasser bedecken und bei schwacher Hitze 2 Stunden garen und anschließend durch ein Spitzsieb streichen. Die Karotte, die Zucchini, den Sellerie und die Kartoffeln zuschneiden.

2. Die Seezungenfilets in eine mit Butter ausgestrichene Form legen und würzen. Mit der Hälfte des Fonds begießen und pochieren (der Fisch muß rosig bleiben).

karamelisierten Scampi

3. Sauce herstellen: Den restlichen Fond einkochen, 2 Knoblauchzehen und die Sahne zufügen. 1 Minute aufkochen, die Butter und das Olivenöl zugeben. Pürieren und durch ein Spitzsieb streichen. Abschmecken.

4. Die Scampi in Butter braten, bis sie Farbe angenommen haben. Dann den Honig zufügen und mit 1 Eßlöffel Sherryessig ablöschen. Die Seezungen und die Scampi in tiefen Tellern anrichten und das Gemüse zugeben. Mit der Sauce überziehen und zum Schluß mit etwas Schnittlauch und Kerbelblättern verzieren.

Knurrhahn mit Kümmel

Vorbereitungszeit: *15 Minuten*
Kochzeit: *8 Minuten*
Schwierigkeitsgrad: ★

Für 4 Personen

1	Roter Knurrhahn à 2 kg
4	Artischocken
1	große Zucchini
etwas	natives Olivenöl
	Salz und gemahlener Kümmel

Für die Petersiliensauce:

500 ml	natives Olivenöl
einige	Petersilienzweige

Hand aufs Herz! Seit Wochen haben Sie schon nicht mehr an den Knurrhahn gedacht, jenen Fisch, der ein Knurrgeräusch von sich gibt, wenn man ihn aus dem Wasser holt, und der für einen Koch so einfach zu verarbeiten ist. Die Familie der *Triglidae* (wie sie aufgrund ihres dreieckigen Kopfes heißt) umfaßt mindestens 8 bis 10 Varietäten. Die bekannteste davon dürfte der rotbauchige Rote Knurrhahn sein, den man beispielsweise auf katalanische Art zubereiten und zusammen mit einem »Sofrito« aus Knoblauch, Zwiebeln und Tomaten servieren könnte.

Unser Küchenchef stellt Ihnen hier ein ganz einfaches Rezept vor, so daß es überhaupt keinen Grund mehr gibt, den Knurrhahn links liegen zu lassen. Der Fisch wird im Backofen gegart und die Artischocke sautiert. Das Ausgefallenste an diesem Gericht dürfte das Kümmelpulver sein, mit dem die Fischfilets leicht bestreut werden. Glaubt man den spanischen Überlieferungen, so verdanken wir es den Mauren, die sich bis Ende des 14. Jahrhunderts auf der Iberischen Halbinsel niederließen, daß sich dieses Gewürz mit dem ganz eigenen Geschmack in Europa verbreitete. Man begegnet ihm häufig in der indischen Küche und in Nordafrika, wobei es in Fischgerichten eher selten anzutreffen ist. In den Niederlanden und in den deutschsprachigen Ländern ist Kümmel ebenfalls sehr beliebt; man denke nur an den Munster-Käse oder an den Kümmelschnaps.

Kümmel hat ein recht kräftiges Aroma. Deshalb darf er nur sehr sparsam verwendet werden, wenn man den Fisch nicht verfälschen möchte. Man streue ihn kurz vor Ende der Garzeit auf den Fisch, damit er nur leicht danach schmeckt. Soll die Sauce eine kräftigere Farbe bekommen, geben Sie etwas Petersilie hinzu, oder aber Estragon, wenn Ihnen das lieber ist.

1. Den Fisch schuppen, ausnehmen, filetieren und in Portionsstücke à 250 g zerteilen. Die Artischocken tournieren, in Zitronenwasser »al dente« garen und abtropfen lassen. Die Artischockenherzen in kleine Stücke schneiden und in Olivenöl sautieren.

2. Die Sauce herstellen: Die Petersilie von den Stengeln streifen, waschen, schleudern und mit einem halben Liter Olivenöl zu einer Emulsion verarbeiten.

und Artischocken

3. Die Fischfilets salzen, mit einem glühenden Eisen markieren und anschließend 8 Minuten im Backofen garen. Kurz vor Ende der Garzeit den gemahlenen Kümmel auf die Haut streuen.

4. Die Zucchini schräg in dünne Scheiben schneiden. Die Scheiben im letzten Moment durch Fritierteig ziehen und leicht in Öl fritieren. Je einige Artischockenstückchen und ein Fischfilet auf den Tellern anrichten und mit Petersiliensauce umgeben. Mit fritierten Zucchinischeiben garnieren.

Goldbrasse mit Limonen

Vorbereitungszeit: *15 Minuten*
Kochzeit: *4–6 Minuten, je nach Dicke*
Schwierigkeitsgrad: ★

Für 4 Personen

4		Goldbrassenfilets à 250 g
20		Kirschtomaten (oder kleine Tomaten)
2		Zucchini
		Kapern
50	ml	extra natives Olivenöl
2	TL	Butter
1		Rosmarinzweig, gehackt
1		Knoblauchzehe
1		Limone
1		Zitrone
		Oregano und Minze
		Salz
		Pfeffer

Die besten Cocktails sind nicht die mit den meisten Zutaten. Vielmehr kommt es auf die richtige und gezielte Auswahl der Rohstoffe an, die erst im Zusammenspiel eine einmalige Wirkung entfalten und ein unvergeßliches Gericht entstehen lassen. Aus ebendiesem Grund stellt Nadia Santini der Goldbrasse hier nur sehr wenige Beigaben zur Seite.

Schon der römische Feinschmecker Apicius schätzte die Goldbrasse sehr und widmete ihr zahlreiche Rezepte. Dieser im Mittelmeer häufig vorkommende Fisch wird von den einheimischen Fischern immer wieder wegen seines ausgeprägten Geschmacks und seines zarten, weißen Fleischs gefeiert. Allerdings sollte auch erwähnt werden, daß er sehr empfindlich ist. Beim Garen muß man also immer dafür sorgen, daß er nicht zerfällt und seinen Geschmack bewahrt.

Kapern, dieses südliche Erzeugnis par excellence, werden sich bestens mit der Goldbrasse – wie übrigens mit den meisten weißen Fischen – verstehen. Vorzugsweise nehme man in Salz und nicht in Essig eingelegte Kapern, damit es zu keinem Konflikt mit der Butter kommt. Die Verbindung zwischen dem zarten Geschmack des Fischs und dem säuerlichen Aroma der Kapern wird auf angenehme Weise durch einige frische Rosmarinblätter hergestellt, die man über den bereits garenden Fischfilets zerkleinert.

Die Limone sollte schön fest und klein ausgewählt werden. Sie ist reich an Vitamin C und sorgt für optimale Frische. Eine zusätzliche Rolle ist den Kirschtomaten zugedacht: Sie sollen das Gericht nicht nur farblich, sondern auch geschmacklich abrunden. Diese Tomate gibt es zwar nocht nicht lange (seit 1985), sie ist aber so beliebt, daß inzwischen sogar orangefarbene und gelbe Sorten angeboten werden.

Statt Goldbrasse läßt sich dieses Gericht auch mit anderem weißem Fisch, wie z. B. einem kleinen Wolfsbarsch zubereiten.

1. Die Kirschtomaten von ihren Stielen befreien, mit etwas Oregano und Salz bestreuen und ein wenig Olivenöl darüber geben. 5 Minuten in den Backofen schieben.

2. Die Zucchini der Länge nach in Scheiben schneiden und in einer Pfanne in Olivenöl braten, aufrollen und je ein Blatt Minze darauf setzen. Warm stellen.

schale und Kapern

3. Etwas Butter in einer Pfanne mit Antihaftbeschichtung zerlassen. Den gehackten Rosmarin, die geriebene Zitronenschale, den Knoblauch, die Kapern und die Goldbrassenfilets hineingeben. Salzen und pfeffern.

4. Die Fischfilets umdrehen und 3 Minuten garen. Auf die Teller legen und rundum je 5 Kirschtomaten und einige Zucchinirollen anrichten. Schließlich einige kleine Streifen Limonenschale und die Kapern darauf geben.

Stockfisch mit Koriander

Vorbereitungszeit: *15 Minuten*
Kochzeit: *45 Minuten*
Schwierigkeitsgrad: ★★

Für 4 Personen

4		Scheiben gesalzener Stockfisch à 300 g (48 Stunden entsalzen)
200	g	kleine Kartoffeln
30	g	Butter
600	ml	Olivenöl
250	ml	Milch
100	g	grobes Salz
		Salz und Pfeffer

Für die Panade:

2		Knoblauchzehen
2		kleine Zwiebeln
3		reife Tomaten
1	Bund	Koriander
1	Bund	Petersilie
		Salz und Pfeffer

Wer kam nur erstmals auf den Gedanken, Kabeljau in Salz einzulegen (man nennt das auf portugiesisch »Bacalhau«)? Seit Jahren ist das eine große Streitfrage. Auch wenn wir nicht in diese Diskussion einsteigen wollen, sollte doch erwähnt werden, daß die spanischen und portugiesischen Winzer dieses Verfahren zwar nicht erfunden, aber doch sehr früh angewandt haben, um diesen kostbaren Fisch durch Trocknen und Einsalzen haltbar zu machen.

Ihre Aufgabe wird es nun sein, sich den für dieses Rezept geeigneten Stockfisch zu beschaffen: Auch wenn es sonst allgemein üblich ist, Fische von bescheidener Größe zu servieren, sollte er hier so groß wie möglich sein, denn je dicker er ist, um so besser schmeckt er auch. In Portugal gibt es Tausende von Zubereitungsarten für Stockfisch. Das hier vorliegende Rezept gehört wie der im Backofen mit Maisbrot gegarte »Bacalhau con miga de broa« zu den eher sättigenden Varianten.

Wie erklärt man wohl am besten, wie die Portugiesen die »a murro«-Kartoffel herstellen? Zunächst einmal wird sie in grobem Salz im Backofen gegart – das geht ja noch. Dann allerdings lauert man ihr auf und versetzt ihr einen kräftigen Fausthieb, sobald sie aus dem Backofen kommt. Was würde Sigmund Freud dazu sagen? Im euphemistischen »Küchenlatein« nennt man diesen Vorgang »Tamponieren«, was sowohl abtupfen als auch abstempeln bedeuten kann. Als Opfer für diesen Ritus sind die kleinen Sorten wie Charlotte oder Roseval denkbar; die dürften diesen Kraftakt am besten überstehen.

Schließlich sei das Typische an der Gemüsepanierung erwähnt, mit der man die Fischfilets ummantelt. Sie sollte eindeutig nach Knoblauch und Koriander schmecken, damit der Fisch gut zur Geltung kommt. Ihre Zusammensetzung darf aber nicht dem Zufall überlassen werden, sondern muß genau dosiert sein.

1. Den Stockfisch 48 Stunden entsalzen, dabei das Wasser mehrmals austauschen. In eine Form geben, mit Milch bedecken und 1 Stunde ruhen lassen.

2. Die Stockfischscheiben aus der Milch nehmen und mit einem Handtuch trockentupfen. Das Olivenöl und den Fisch in eine ofenfeste Form geben. Die Kartoffeln 30 Minuten in grobem Salz im Backofen garen. Das grobe Salz abwischen, sobald sie aus dem Backofen kommen, und die Kartoffeln mit einem Fausthieb zerdrücken.

und »a murro«-Kartoffeln

3. Die Panade herstellen: Den Knoblauch, den Koriander, die Petersilie, die Zwiebel und die Tomaten hacken und würzen.

4. Die Fischscheiben mit der Panade bedecken und 2 bis 3 EL Butter zufügen. Bei 200 °C für 45 Minuten im Backofen garen. Den Fisch und die Kartoffeln auf den Tellern anrichten.

Seezungenfilet mit

Vorbereitungszeit:	*30 Minuten*
Kochzeit:	*35 Minuten*
Schwierigkeitsgrad:	★★

Für 4 Personen

3		Seezungen
300	g	Venusmuscheln
200	g	Steingarnelen
100	g	Reis
150	ml	Crème fraîche

Für die Sauce:

1		Zwiebel
1		Tomate
100	g	Nordseegarnelen
50	g	Butter
		Salz und Pfeffer

Selbst bei den Portugiesen, die bekanntlich sehr große Fischliebhaber sind, gilt Seezunge als erstklassiger Fisch. Dieser im Atlantik sehr häufig vorkommende Fisch bereichert die regionale Küche und wird in den einfachen traditionellen Rezepten meist fritiert oder über dem Holzkohlefeuer gegrillt. Maria Santos Gomes empfiehlt Ihnen hier jedoch eine ganz andere Zubereitungsart: Sie ist einfach und lecker und ergibt mit Sicherheit ein gelungenes Mahl, das Ihre Gäste erfreuen wird.

Seezungenfilet ist sehr geschmeidig und läßt sich allein von der Struktur her schon ganz anders verarbeiten als beispielsweise Steinbutt, um nur einen herauszugreifen. In dieselbe Kategorie gehört laut unserer Küchenchefin aber auch der Wolfsbarsch, der uns die gleichen Vorzüge bietet. Die Seezunge wird also zunächst filetiert. Die Filets werden dann mit kleineren Steingarnelen belegt, aufgerollt und mit Holzspießchen zusammengehalten. Auf diese Weise erhält man vorzügliche kleine Röllchen, die den Garvorgang ohne irgendwelche böse Überraschungen überstehen.

Die richtige Verbindung zwischen diesen Fischröllchen und der zugehörigen Sauce erfolgt durch die Nordseegarnelen, die man in den portugiesischen Häfen übrigens ganz verzehrt. Die Sauce muß lange köcheln, denn der ganze Erfolg hängt erheblich davon ab, ob die einzelnen Geschmacksnuancen richtig miteinander verschmelzen. Lassen Sie sich also Zeit, und fügen Sie die Crème fraîche, die die Sauce sowohl verbessern als auch leichter machen soll, erst im letzten Moment hinzu.

Die Puristen unter Ihnen werden vielleicht einwenden, daß die Seezunge feinere Krustentiere verdient. Nun, Langusten und Scampi sind in diesem Gericht ebenfalls willkommen. Man achte dann nur darauf, daß die Sauce nicht allzu kräftig gerät und womöglich deren Geschmack übertönt.

1. Zuerst die Sauce bereiten: Die Zwiebel klein schneiden und in einem Topf goldgelb anbraten. Die Tomate und die Nordseegarnelen zufügen. Abgedeckt 15 Minuten dünsten.

2. Die Venusmuscheln drei- bis viermal waschen. In einen Topf geben und bei starker Hitze zum Öffnen bringen. Das Garwasser in den Topf mit der Sauce gießen. Aufkochen, in den Mixer geben und durch ein Spitzsieb streichen.

Krustentiersauce

3. Die Steingarnelen ausnehmen. Die Seezungen filetieren und würzen. Die Filets mit Garnelen belegen und aufrollen. Mit einem Holzspieß zusammenhalten.

4. Die Röllchen in einen Schmortopf legen, die Sauce, die Crème fraîche sowie die Venusmuscheln zufügen und bei schwacher Hitze 10 Minuten dünsten. Auf den Tellern anrichten und mit Sauce überziehen. Als separate Beilage kreolischen Reis servieren.

Zackenbarsch mit Naoussa-

Vorbereitungszeit: *1 Stunde*
Kochzeit: *15 Minuten*
Schwierigkeitsgrad: ★★

Für 4 Personen

4	Auberginen
250 g	Zackenbarsch
150 g	Zucchini und Kartoffeln
80 g	Karotten
80 g	rote Paprikaschoten
4	Tomaten
2	Knoblauchzehen
etwas	Olivenöl
	Fritieröl
	Salz und Pfeffer
	Dillspitzen zum Garnieren

Für die Sauce:

200 ml	Naoussa Boutari (Rotwein)
200 ml	Fischfond
etwas	Butter

Wenn Sie den Naoussa-Rotwein noch nicht kennen, dann wird es Zeit, diesen besonders von Dionysos, dem Gott des Weins und der Fruchtbarkeit, geschätzten Nektar kennenzulernen. Aufgrund seines kräftigen Aromas macht er sich – vor allem, wenn er Zeit hatte zu altern – hervorragend in diesem Gericht, in dem der Fisch nach Matrosenart zubereitet wird. Man bemerke die französisch-griechische Zusammenstellung mit den typisch griechisch gefüllten Auberginen einerseits und einer sehr französisch anmutenden Rotweinsauce andererseits.

Der Zackenbarsch ist für seine Gefräßigkeit bekannt. Lebendig ist er ein mühsamer Zeitgenosse, auf den Auslagen der Fischhändler dafür aber um so liebenswerter. Er hat reichlich Fleisch und ist sehr ergiebig, woraus man schließen darf, daß Einsamkeit und Gier ihn keineswegs verhärmt haben. Er hat zwar eine leicht bittere Note, was sicherlich durch seine angeborene Misanthropie zu erklären ist, ergibt dafür aber gute Filets. Das Bukett des Rotweins tröstet jedoch über all diese Schwächen hinweg und bringt zusammen mit der Aubergine die einzelnen Geschmacksnuancen voll zur Geltung.

Damit die Schiffchen schön fest bleiben, müssen die ausgehöhlten Auberginenhälften eine Nacht in grobem Salz wässern und anschließend fritiert werden. Sorgen Sie dafür, daß in der schönen lilafarbenen Haut dieses delikaten Gemüses eine ausreichend dicke Schicht Fruchtfleisch verbleibt. Und als ordentlicher Reeder sorgen Sie weiterhin dafür, daß das Schiffchen mit kunstfertig in kleine Würfel geschnittenen neuen Kartoffeln beladen wird.

Wenn Sie den Zackenbarsch höflich darum bitten, wird er vielleicht – um Versöhnlichkeit bemüht – auch einem Wolfsbarsch oder gar einem vor allem von den griechischen Feinschmeckern geschätzten Milchlamm den Vortritt lassen.

1. Die Auberginen aushöhlen, dabei einen halben Zentimeter Fruchtfleisch für das Schiffchen in der Haut belassen. In viel Öl fritieren und auf einen Rost setzen.

2. Den Zackenbarsch waschen, schuppen, filetieren und von Gräten befreien. Die Filets in Würfel schneiden und in einer Pfanne in Olivenöl sautieren. Dann würzen.

Wein in Auberginenschiffchen

3. Mit etwas Rotwein ablöschen und etwa 10 Minuten garen. Sauce zubereiten: Den Wein und den Fischfond auf zwei Drittel der Menge einkochen, durch ein Spitzsieb streichen und mit Butter aufschlagen. Sämtliches Gemüse in grobe Würfel schneiden und nach Sorten getrennt blanchieren.

4. Das Gemüse in Butter sautieren, die Auberginen abwechselnd mit Fisch und Gemüse füllen, mit Sauce überziehen und mit Gemüsewürfeln und Dillspitzen verzieren.

Seeteufel in Muschelfleisch

Vorbereitungszeit: *2 Stunden*
Kochzeit: *30 Minuten*
Schwierigkeitsgrad: ★★★

Für 4 Personen

1		Seeteufel à 1 1/2 kg
50	g	Zanderfilet
400	g	Pfahlmuscheln
400	g	Venusmuscheln
1/2		Eiweiß
20	ml	Crème double
250	g	Butter
1		Weißbrot
60	ml	Olivenöl
2		Knoblauchzehen
1	Bund	Estragon
1	Bund	glatte Petersilie
1		Thymian- und Rosmarinzweig
		Salz, Pfeffer und Zitrone

Für das Röstgemüse:

2		Schalotten, Knoblauch, 1/4 Porree
1/2		Fenchel, 2 Selleriestangen
		Schale von 1 Orange, 1 Tomate
100	ml	Weißwein, 10 ml Pastis

Für die Karottensauce:

500	g	Karotten
etwas		Zucker
100	ml	Sahne
100	ml	weißer Geflügelfond
		frischer Koriander, Estragon
40	g	Butter
		Orangenschale

Für den Estragoncoulis:

30	g	Butter
50	ml	Muschelfond

Diese »Lotte«, wie der Seeteufel noch heißt, ist natürlich nicht die aus den »Leiden des jungen Werthers« von Goethe. Wenn Fritz Schilling sich für diese Zubereitungsart entschieden hat, so entstand das aus einem Bedürfnis nach Helligkeit heraus (»Mehr Licht«, wie Goethe selbst sagte) und auch weil er ein Faible für das Mittelmeer hat, wo sich Licht und Lebensfreude in den Aromen und Geschmacksnuancen der Gerichte aufs Beste widerspiegeln. Lassen Sie uns dieses Prinzip prüfen und das Süßliche der Karotte, das Knusprige der Kruste und die Zartheit des Seeteufelfleischs auf ein Bett schmackhafter Füllung legen, die so diskret ist, daß der Fisch voll zur Geltung kommt.

Die Kruste bereitet man mit etwa 2 Tage altem Weißbrot zu, das sich leichter in sehr dünne Scheiben schneiden läßt, ohne zu zerfallen. Von der Größe dieser Scheiben hängt dann natürlich auch der Zuschnitt des Fischfilets ab, das meist etwas zusammengedrückt werden muß, bevor es wie eine Cigarette aufgerollt wird. Dabei kommt einem dann die Geschmeidigkeit des Seeteufels zugute, die übrigens kaum ein anderer Fisch erreicht. Für die Farce sollten Sie statt Krustentieren, die Sie möglicherweise schon ins Auge gefaßt hatten, Muscheln bevorzugen: Ihr Fleisch ist abwechslungsreicher im Geschmack, knackiger und auch ergiebiger.

Die Karottensauce soll die Klarheit und Gleichförmigkeit des mediterranen Lichts haben. Werden die Karotten leicht karamelisiert, bekommen sie einen nuancenreichen Geschmack. Aus dem Püree gewinnt man eine klare Flüssigkeit von kräftiger Farbe mit dichtem, süßlichem Aroma. Würzt man die Sauce dann mit Koriander, Estragon und Orangenschale und passiert sie dann sorgfältig durch ein Sieb, wird aus diesem sonnigen Gericht ein regelrechter Freudenschrei.

1. Sauce zubereiten: Eine Karotte in feine Streifen schneiden und fritieren. Die restlichen Karotten bei schwacher Hitze mit Butter, Salz, Zucker und Geflügelfond abgedeckt garen. Koriander, Estragon und Orangenschale zugeben. 4 Karotten in etwas Garwasser beiseite stellen. Die Sahne zu den restlichen Karotten geben, pürieren und durch ein Spitzsieb streichen.

2. Estragoncoulis herstellen: Ein Drittel der Menge Petersilie, zwei Drittel der Menge Estragon mit etwas Wasser pürieren. Durch ein Spitzsieb streichen und aufkochen. Die Muscheln im Röstgemüse zum Öffnen bringen und abtropfen lassen. Das Garwasser mit Mehlbutter binden, zum Coulis geben, mit 20 g Butter montieren und würzen.

kruste mit Karottensauce

3. Mit dem Zanderfilet eine klassische Mousse herstellen. Einige schöne Muscheln für die Verzierung beiseite legen, den Rest grob hacken und mit der Zandermousse mischen. Das Weißbrot von der Rinde befreien, in 3 mm dicke Scheiben schneiden und auf Frischhaltefolie legen.

4. Die Brotscheiben mit Mousse bestreichen, die Seeteufelfilets darauf setzen, würzen und mit der Frischhaltefolie fest einrollen. Die Folie entfernen, und die Filets in Öl mit etwas Butter, Knoblauch und Thymian 8 bis 10 Minuten im Backofen garen. Die Sauce auf die Tellermitte gießen und mit dem Estragoncoulis verzieren. Die Muscheln und die Karotten anrichten. Die Seeteufelfilets in die Sauce setzen.

Seezungen-Kleeblatt mit

Vorbereitungszeit: *45 Minuten*
Kochzeit: *10 Minuten*
Schwierigkeitsgrad: ☆

Für 4 Personen

4	Dover-Seezungen
200 g	Spinat
1	Karotte
2	Porree
1	Knollensellerie
3	Selleriestangen
1 l	Fischfond
	Salz und Pfeffer

Für die Lachsmousse (250 g):

200 g	Lachs
1	Eiweiß
250 ml	Sahne
	Salz und Pfeffer

Für die weiße Fischmousse (100 g):

100 g	Kabeljau
½	Eiweiß
500 ml	Sahne
	Salz und Pfeffer

Für die Vinaigrette:

3 EL	Hummerglace (eingekochte Brühe)
100 ml	Estragonessig
200 ml	Olivenöl
1 EL	Schnittlauch, gehackt
1 EL	Kerbel, gehackt

Unserem Küchenchef zufolge ist die Seezunge aus Dover die Königin unter den Seezungen. Sie ist allerdings auch sehr selten. Der in der Grafschaft Kent gelegene Hafen ist nicht nur für seine Fährverbindungen Dover-Calais bekannt, sondern auch ein berühmter Fischereistandort. Die Briten sind zwar große Seezungenfans, für dieses Rezept wird man jedoch sehr wahrscheinlich auf Exemplare mit weniger feinem Stammbaum zurückgreifen müssen. Denn in der Nordsee und im Ärmelkanal werden Seezungen mit Tiefseeschleppnetzen gefangen, und das allzu häufige »Abharken« des Meeresbodens durch die unermüdlichen Fischer gefährdet inzwischen die Fortpflanzung dieser Art.

Sollten Sie sich an dieser Ausrottung nun nicht beteiligen wollen, nehmen Sie Steinbutt-, Wolfsbarsch-, Kabeljau- oder auch Heilbuttfilets, die zu Unrecht oft gemieden werden. Dieses Rezept hat eine stark symbolische Komponente. Es wurde nämlich bei einem Zwischenaufenthalt in Cork kreiert, als der irische Premierminister zum Mittagessen an Bord der »Queen Elizabeth II.« erwartet wurde. Zu Ehren der irischen Flagge wählte man grünen Spinat, weißes Seezungenfilet und orangefarbenen Lachs. Daraus entstand eine harmonische Komposition, die in Form eines dreiblättrigen Kleeblatts (»Shamrock«), dem irischen Nationalzeichen par excellence, angerichtet wurde.

Zur Vorgehensweise sei gesagt, daß natürlich alles getrennt zubereitet werden muß, wobei die verschiedenen Mousses gleiche Konsistenz haben sollten. Man kann sie im voraus zubereiten und das Ganze dann erst kurz vor dem Servieren garen. Dann läßt man die Zubereitung noch einige Minuten ruhen, was das Zerschneiden erheblich erleichtert. Wenn Sie dann noch das Glück herausfordern wollen, können Sie dem irischen Kleeblatt natürlich noch ein viertes Blatt hinzufügen…

1. Die Seezungen filetieren. Die Filets mit einer Messerschneide leicht flach drücken und auf eine mit entsprechend großer Frischhaltefolie bedeckte Fläche legen und würzen. Die Lachsmousse zubereiten und auf die Filets streichen, in der Mitte etwas dicker auftragen. Die Spinatmousse zubereiten: Den Spinat in Öl dünsten und mit etwas Butter durch ein Sieb streichen.

2. Die weiße Fischmousse zubereiten und mit der Spinatmousse auf die Filets streichen. Die Filets unter Zuhilfenahme der Folie der Länge nach einklappen. Das Ganze 10 bis 12 Minuten im Fischfond pochieren oder 8 Minuten dämpfen.

knackigem Gemüse

3. Das Gemüse in Juliennes (feine Streifen) schneiden und in Butter anschwitzen. Würzen. Für die Vinaigrette alle entsprechenden Zutaten mit dem Schneebesen verrühren.

4. Den Fisch schräg in 12 Scheiben unterschiedlicher Größe und Dicke schneiden. Mit der Garnierung auf den Tellern anrichten und die Vinaigrette rundherum geben.

Ananasküchlein mit

Vorbereitungszeit: *1 Stunde*
Kochzeit: *20 Minuten*
Schwierigkeitsgrad: ☆☆

Für 4 Personen

350 g	Ananas
250 g	Edelkrebse
20 g	Schafgarbe, gehackt
80 g	Butter

50 g	Blätterteig
500 ml	Sauternes (frz. Dessertwein)
100 g	Tannenlikör
etwas	Olivenöl
	Salz und Pfeffer

Der von unseren schweizerischen Nachbarn als Digestif nach einem erstklassigen Mahl geschätzte Tannenlikör ist bei uns kaum bekannt. Unserem Gericht verleiht er eine unerwartete, leicht bittere Note, die schön mit dem süßen Aroma der Ananas kontrastiert.

Dieses Rezept wird die Freunde des Süß-sauren in höchstem Maße erfreuen, insbesondere durch die Kombination von Ananas und Krebsen. Der Vollständigkeit halber sei jedoch erwähnt, daß Roger Souvereyns dieses Gericht ursprünglich nicht mit Krustentieren, sondern mit Gänsestopfleber zubereitete.

Es ist nicht immer einfach, Flußkrebse zu bekommen. Vorzuziehen sind auf jeden Fall Edelkrebse mit roten Beinchen, denn die sind schmackhafter. Die einzige Schwierigkeit bei ihrer Verarbeitung besteht darin, den Darm zu entfernen, was sorgfältig zu geschehen hat.

Die Ananas sollte eher klein, schön fest und schwer sein. Die meisten Früchte von der Insel Réunion bieten diese Merkmale. Kleingewürfelt wird dann nur das äußere Fruchtfleisch. Das Herz ist meist zu holzig und wird daher nicht verwendet. Augen und Haut sind sorgfältig zu entfernen, bevor man die Ananaswürfel mehrere Stunden in erstklassigem Wein und Tannenlikör einkocht. Sauternes ist sicher nicht der preisgünstigste Wein, eignet sich aber von der öligen Konsistenz und dem süßen Aroma her am besten in Verbindung mit der leicht säuerlichen Frucht.

Dieses Gericht ist für Sie möglicherweise die Gelegenheit, die Schafgarbe kennenzulernen, eine fast vergessene Pflanze, deren bitterer Beigeschmack sehr geschätzt wird. Die stark gesägten Blätter der weitverbreiteten Gemeinen Schafgarbe haben ihr den Namen »Achillea millefolium«, also »tausendblättrige Schafgarbe« eingetragen. Früher schrieb man ihr übrigens magische Kräfte und eine gewisse Heilwirkung zu.

1. Die Ananas schälen, die Augen entfernen und das Fruchtfleisch in gleichmäßige kleine Würfel schneiden.

2. Die Ananaswürfel etwa 2 Stunden in Sauternes und Tannenlikör einkochen. Den Blätterteig ausrollen (2 mm), auf einem Backblech etwa 5 Minuten bei 180 °C im Backofen backen.

Krebsen und Tannenlikör

3. Die Krebse abgedeckt 2 Minuten in heißem Olivenöl sautieren, aus der Pfanne nehmen, abkühlen lassen und ausnehmen.

4. Den Blätterteig rund ausstechen, auf den Teller setzen und mit der eingekochten Ananas füllen. Die Butter mit der gehackten Schafgarbe erwärmen, die Edelkrebse zufügen, würzen und sorgfältig in der Butter wälzen. Die Flußkrebse neben das Ananastörtchen setzen und mit Butter überziehen.

Zackenbarsch mit Spinat

Vorbereitungszeit: *25 Minuten*
Kochzeit: *20 Minuten*
Schwierigkeitsgrad: ★

Für 4 Personen

600 g	dickes Zackenbarschfilet
150 g	Steinpilze
50 g	Blattspinat
1	Zwiebel, gehackt
200 g	Karotten, gestiftelt
	Kerbel
10 ml	Cognac
50 ml	Weißwein
100 ml	Olivenöl
	Salz und Pfeffer

Da unser Küchenchef das Privileg besitzt, fast das ganze Jahr über Steinpilze zu bekommen, gibt er freimütig zu, ganz verrückt danach zu sein. Das will man ihm gerne glauben, wenn man nur an die feinen Geschmacksnuancen der verschiedenen Sorten dieses Waldpilzes denkt. In unserem Rezept werden die Steinpilze in Cognac flambiert, was die Puristen zunächst erstaunen mag. Aber die Erfahrung lehrt, daß der Cognac den Geschmack der Pilze keineswegs übertönt, sondern ihn sogar verstärkt. Die Franzosen lieben den Steinpilz mit seinem stämmigen Stiel und braunen Hut vor allem wegen seines kernigen, schmackhaften Fleischs.

In Sevilla wird Spinat seit dem 6. Jahrhundert angebaut. Es wird behauptet, die Mauren hätten ihn zu Heilzwecken nach Europa gebracht, da ihre Ärzte die Wirkungen dieser sehr faserreichen Pflanze bei Leber- und Magenstörungen kannten. Nehmen Sie kleine, zarte Blätter, und sautieren Sie sie rasch. Ihr frischer Geschmack wird das Gericht etwas leichter erscheinen lassen.

Der Zackenbarsch ist ein großer Klassiker in der spanischen Küche. Das gilt vor allem für die baskische Variante aus der Familie der *Cernidae*, die man sowohl im Atlantik als auch im Mittelmeer findet. Dabei handelt es sich um einen bis zu 1 Meter langen Fisch, der sich besonders bei den Freunden der Unterwasserjagd großer Beliebtheit erfreut. Wenn man erst einmal seinen nicht unerheblichen Widerstand überwunden hat, bietet er jede Menge festes Fleisch, das wie Thunfisch gegrillt werden kann. Pedro Subijana empfiehlt Ihnen hier, den Fisch nur einseitig zu garen. Dafür kaufe man ein sehr frisches Filet mit Haut. Und damit die Hitze besser eindringen kann, schneide man die Haut vor dem Braten rasterförmig ein.

1. Die Steinpilze putzen und die Stiele abtrennen. Einige schöne Hüte beiseite legen und später klein schneiden. Die Hälfte der gehackten Zwiebelmenge und die Steinpilze in einem Schmortopf in Olivenöl leicht anrösten, leicht Farbe annehmen lassen, mit Cognac flambieren, mit Weißwein ablöschen und mit Wasser bedecken. Bei schwacher Hitze 15 Minuten köcheln lassen.

2. Das Ganze im Mixer zerkleinern und dann durch ein Spitzsieb streichen. Etwas Olivenöl zufügen, um den Geschmack zu verbessern. Im Wasserbad warm stellen.

und Steinpilzen

3. Den Spinat in Olivenöl sautieren und herausnehmen. In demselben Öl die kleingeschnittenen Steinpilzhüte sautieren. In einer anderen Pfanne die feingehackten restlichen Zwiebeln andünsten, ohne daß sie Farbe bekommen, und auf die Pilzscheiben legen. Die Karotte fritieren.

4. Den Zackenbarsch putzen – die Haut aufbewahren –, schuppen, filetieren und entgräten. Mit Salz und Pfeffer würzen, bei starker Hitze ca. 4 Minuten in einer Pfanne braten (nur auf einer Seite), wobei die Hautseite nach oben zeigt. Kurz vor dem Servieren im Salamander fertig garen, ohne die Filets zu wenden. Mit Gemüse, Sauce und Kerbel servieren.

Glattbutt und Scampi

Vorbereitungszeit: *45 Minuten*
Kochzeit: *15 Minuten*
Schwierigkeitsgrad: ★

Für 4 Personen

4		Glattbuttfilets à 150 g
12		Scampi à 80 g
500	g	Spinat
12		Spargelspitzen
1		Knoblauchzehe
100	g	Butter

Für die Schnittlauchsahnesauce:

150	ml	Crème fraîche
1/2		Zitrone
1/2	Bund	Schnittlauch
		Salz und Pfeffer

Für die Vinaigrette:

50	ml	Olivenöl
		Saft von 1 Zitrone
60	g	Schalotten, gehackt
1	EL	Schnittlauch
100	g	Tomatenwürfel
50	g	Herbsttrompeten-Pilze
		Koriander, zerstoßen
		Salz und Pfeffer

Im Sommer gehört es zum guten Ton, leichte und innovative Gerichte ohne Sauce zu servieren. Hierfür eignet sich diese Glattbuttzubereitung besonders gut. Der Glattbutt ist ein in kalten Gewässern heimischer großer Fisch, der manchen als der ärmere Verwandte des Steinbutts gilt. Er hat köstliches, sehr festes, schneeweißes Fleisch und verträgt nur schonende und rasche Garverfahren wie beispielsweise Dämpfen oder Garen in der Bratfolie.

Für dieses Rezept brauchen Sie ein ordentliches Exemplar von 3 bis 4 Kilogramm. Nur wenn die Filets eine gewisse Größe haben, können sie zusammen mit den Beilagen aus Scampi und Spinat richtig zur Geltung kommen. Die Scampi sollten eher groß sein (80 bis 100 g pro Stück). Um sie auf ihr Zusammentreffen mit dem schön grünen Spinat vorzubereiten, werden sie in Olivenöl gebraten. Beide Geschmacksnoten ergänzen sich prächtig. Die Spinatblätter sollten mittelgroß sein und vor der Verarbeitung von ihren Stielen befreit werden.

Beim Spargel ist es für unseren Küchenchef unerheblich, ob Sie grünen oder weißen wählen, Hauptsache, er kommt aus der Provence. Denn nur in Südfrankreich erreicht dieses Gemüse seine Perfektion. Die Stangen müssen steif und brüchig sein, denn vor allem von ihrer Frische hängt der Geschmack ab. Die graubraunen Herbsttrompeten sind Würzpilze und geben dem Gericht einen rustikalen Geschmack.

Die sehr leichte und mäßig mit Zitrone gewürzte Schnittlauchsahnesauce darf erst in letzter Sekunde zubereitet und der Schnittlauch erst ganz zum Schluß zugefügt werden. Ihre Konsistenz muß so sein, daß sie die Glattbuttfilets schön abdeckt, ohne herunterzulaufen.

1. Die Spinatblätter vom Stiel befreien, mehrmals waschen und mit einer Knoblauchzehe sautieren. Die Scampi ausnehmen und in Butter garen. Den Spargel schälen, waschen und in kochendem Salzwasser garen. Abtropfen.

2. Wasser in einem Dämpftopf zum Kochen bringen, den Dämpfaufsatz darauf setzen und die Glattbuttfilets 2 bis 3 Minuten auf Aluminiumfolie dämpfen.

mit Schnittlauch

3. Die Crème fraîche in einem Topf einkochen, salzen, pfeffern, den Saft von einer halben Zitrone und ein halbes Bund kleingeschnittenen Schnittlauch zufügen und würzen. Die Vinaigrette mit den entsprechenden Zutaten zubereiten.

4. Den Spinat und die Spargelspitzen auf den Tellern anrichten, das gut abgetropfte Glattbuttfilet darauf setzen und mit Schnittlauchsahne überziehen. Die Scampi zwischen die Spargelspitzen setzen und mit Vinaigrette überziehen.

Kabeljau-Brandade

Vorbereitungszeit:	*1 Stunde*
Kochzeit:	*1 Stunde*
Schwierigkeitsgrad:	★★

Für 4 Personen

1		Kabeljau à $2^{1}/_{2}$ kg
1	kg	Kartoffeln
3		Knoblauchknollen
1	Bund	glatte Petersilie
4		Weißbrotscheiben
400	ml	Kalbsfond
200	ml	Olivenöl
200	ml	Sahne
100	g	Butter
		grobes Salz
		Salz und Pfeffer

Die »Brandade« ist ein provenzalisches Gericht oder zumindest ein provenzalisches Wort, das vom Verb »brandar« für »umrühren« kommt. Ursprünglich handelte es sich um ein sehr einfaches, eher armes Gericht, mit dem sich aber im Lauf der Zeit immer wieder die verschiedensten Köche beschäftigt haben, so daß es immer reichhaltiger geworden ist. Heutzutage wird das Kabeljaufleisch in Olivenöl und Milch emulgiert und kann mit Knoblauch angereichert werden, für den Fall, daß es noch mehr Geschmack bekommen soll.

In unserem Rezept spielt die »Brandade« die Rolle eines mit Bratensaft gebundenen Pürees, das zu einem nach allen Regeln der Kunst zubereiteten Kabeljaufilet gereicht wird. Ohne auf die feinen Unterschiede zwischen Kabeljau, Dorsch und Stockfisch einzugehen, die es – zwar immer wieder anders – auch in Frankreich, Spanien und Portugal gibt, wollen wir lieber gleich in medias res gehen. Wählen Sie also einen Kabeljau, der sich schön fest anfühlt und eine grau schimmernde perlmutterne Haut aufweist.

Marinieren Sie ihn eine Zeitlang in grobem Salz (wodurch er dem Stockfisch immer ähnlicher wird). Beim Einsalzen der Filets folgt man ihrer natürlichen Form, und die Marinierzeit richtet sich nach ihrer Dicke, d. h. nach der Größe des Fischs. Die Filets werden später im Stück serviert. Zuerst müssen sie aber gewaschen und dann in Öl gelegt werden, damit sie schön weich bleiben. Da diese Arbeiten recht langwierig sind, dürfen sie auch im voraus erledigt werden.

Als Beilage zu diesem ergiebigen und verträglichen Gericht eignen sich Oliven, Schnittlauch und gehackte Petersilie: Sie unterstreichen nicht nur die einzelnen Geschmacksnuancen, sondern setzen auch fröhliche südländische Farbakzente.

1. Den Kabeljau filetieren. Die Filets auf beiden Seiten reichlich mit grobem Salz einreiben. 20 Minuten marinieren lassen. Unter fließendem Wasser abwaschen. Den Kabeljau trocknen und in 4 Portionsstücke à 120 g zerteilen. In etwas Olivenöl legen und beiseite stellen.

2. Dann 3 geschälte Knoblauchzehen etwa 1 Stunde in Olivenöl einkochen. Die Kartoffeln waschen und mit Schale im Backofen garen. Die Brotscheiben von der Rinde befreien, in Würfel schneiden und fritieren. Den Kalbsfond leicht einkochen und mit Butter aufschlagen.

mit Knoblauchöl

3. Den restlichen Kabeljau in grobe Würfel schneiden und in Wasser bißfest pochieren. Abtropfen lassen und Haut und Gräten entfernen. Im Mörser oder Mixer zerkleinern. Die noch heißen gepellten Kartoffeln zufügen, dann allmählich und unter ständigem Rühren das lauwarme Olivenöl und die Sahne zufügen. Abschmecken.

4. Die Kabeljaustücke 4 Minuten auf jeder Seite in Olivenöl braten. Einen Löffel Brandade auf jeden Teller geben, ein Kabeljaustück und einige zuvor fritierte Brotwürfel und die eingemachten Knoblauchzehen anrichten. Einen Löffel Bratensaft rundum geben und mit einigen Blättern glatter Petersilie verzieren. Schön heiß servieren.

Sardellengespickte Tournedos

Vorbereitungszeit: *1 Stunde*
Kochzeit: *30 Minuten*
Schwierigkeitsgrad: ★★

Für 4 Personen

1	kg	Seeteufel
4		kleine Sardinen
4		salzige Sardellenfilets, in Öl eingelegt
2		Schalotten
3		dicke Porree
2		Knoblauchzehen
200	ml	Rotwein
200	ml	Weinessig
50	g	Tomatenmark
1		Bouquet garni
etwas		Weißwein
etwas		Fond
100	g	Butter
		Salz und Pfeffer

Niemand kann Sie zwingen, den Seeteufel anziehend zu finden, nur weil Sie sein Schwanzstück genießen wollen, das auf den Märkten in Frankreich übrigens unter der Bezeichnung »Lotte« angeboten wird. Vom Aussehen her paßt dieser häßliche Fisch eigentlich eher in einen Horrorfilm als in ein Feinschmeckerrezept. Vom Fleisch her, das er bestens versteckt, bietet er nur Superlative: Es ist mager, von unendlicher Feinheit, vollkommen grätenfrei und läßt sich auf tausenderlei Art zubereiten. Für unser Rezept schneide man an der Kopfseite 4 Tournedos aus der Filetoberseite.

Um die Tournedos zu spicken, tun Sie sich leichter, wenn Sie die Sardellen vorher schräg schneiden und tiefkühlen. Sollte Sie das nicht überzeugen, können Sie eine Spicknadel nehmen.

Sardinen sind schlanke blaue Fische mit halbfettem Fleisch. Sie sollten absolut frisch und nicht ausgenommen sein. Glaubt man Dominique Toulousy, so sind die kleinen, sehr schmackhaften Mittelmeersardinen die besten. Sie werden übrigens bei Nacht mit dem »Lamparo« (einer großen Lampe, die die Fischbänke anstrahlt) gefangen. Aufgrund des Wortklangs könnte man annehmen, daß Sardinen zuerst aus Sardinien kommen. Dem ist aber nicht so: Die größten Exporteure von Sardinen bleiben die Italiener und Portugiesen.

Der Essig ist auf jeden Fall sparsam zu bemessen und sorgfältig einzukochen, denn sein starker Geschmack soll das Gericht nicht übertönen, sondern vielmehr zur Geltung bringen. Die natürliche Säure des Essigs könnte allerdings verheerende Wirkungen zeitigen. Für den Fall, daß Ihnen die Beilage aus Porree nicht ausreicht, empfiehlt Ihnen unser Küchenchef ein mit Orange gewürztes Zwiebelkompott, das ganz vorzüglich zum Seeteufel paßt.

1. Zuerst 4 Tournedos vom Seeteufel schneiden. 3 schöne Porree aussuchen und sorgfältig waschen. Das Porreeweiß in 1 cm dicke Ringe schneiden. Die Sardellenfilets ins Tiefkühlfach legen, damit sie fest werden.

2. Die Tournedos mit einer Spicknadel mit den Sardellen spicken. Dabei genauso verfahren wie beim Spicken von Fleisch.

vom Seeteufel mit Verjus

3. Die 4 Sardinen samt Köpfen zermahlen. Mit den Schalotten, dem Bouquet garni und dem Knoblauch anschwitzen lassen. Das Tomatenmark und den Essig zufügen. Einkochen, bis keine Flüssigkeit mehr vorhanden ist. Den Rotwein dazugeben und auf die Hälfte einkochen. Durch ein Spitzsieb streichen und abschmecken.

4. Die Porreeringe in einem Schmortopf abgedeckt leicht in etwas Butter anrösten. Die Tournedos vom Seeteufel in der Pfanne braten. Auf die Teller legen, nach Belieben mit Sauce überziehen und das in Butter, Weißwein und einem Fond langsam weichgedünstete Porreeweiß rundum anrichten.

Goldbrasse in Kräuterjus

Vorbereitungszeit: *45 Minuten*
Kochzeit: *35 Minuten*
Schwierigkeitsgrad: ★

Für 4 Personen

2		Goldbrassen à 800 g
1		Fenchel
200	g	Pfifferlinge
1		rote Paprikaschote
4		eingemachte Tomaten
1	Bund	Dill
1	Bund	frischer Koriander
50	g	Butter
2		Orangenblütenblätter
1		Zitronenkrautzweig
50	ml	Olivenöl
500	ml	Scampisaft
etwas		Honig
1		Ingwerwurzel
50	g	Butter
		Salz und Pfeffer

Wenn man sich die große Geschäftigkeit des Hafens von Rouen anschaut, verwundert es nicht, daß man hier bereits seit Jahrhunderten mit Gewürzen handelt. Und diese Nachbarschaft bleibt natürlich nicht ohne Einfluß auf die einheimischen Küchenchefs. Gilles Tournadre ist nicht nur von Natur aus neugierig, sondern verdankt auch einem chinesischen Kollegen einige prägende kulinarische Erlebnisse. Damit dürfte die Entstehung unseres Kräuterjus hinreichend erklärt sein. Hier vermischen sich Süß und Sauer und würzen die erlauchte Goldbrasse, die man an dem goldenen Halbmond zwischen den Augen erkennt. Dieser fettarme Fisch ist übrigens im Frühling am allerbesten.

Unser Küchenchef ist aber nicht sehr streng und würde ebenso eine Streifenbrasse oder auch einen Graubarsch nehmen, solange sie nur absolut frisch sind. Und man könnte auch (obwohl das schon etwas weit geht) auf Rotbrasse und eventuell sogar auf Petersfisch zurückgreifen.

Auf jeden Fall empfiehlt Ihnen unser Küchenchef, den Fisch vorsichtig zu dünsten, damit er die Kräutersauce gut aufnehmen kann. Sie sollten dafür sorgen, daß die Kräuter in einem ausgewogenen Verhältnis verwendet werden, damit ihr kräftiger Geschmack nicht den des Fischs übertönt und sich beide auch nicht gegenseitig stören und einen schwierigen Nachgeschmack hinterlassen. Sicher ist eins: Handelte es sich um ein Medikament, würden die Apotheker die nötige Warnung anbringen (»verschriebene Menge nicht überschreiten«). Dieser Vergleich ist nicht nur so dahingesagt, denn Gilles Tournadre verfolgt mit Ingwer, Zitronenkraut und Orangenblüten, alles bekannte Heilkräuter, auch das Ziel, die Gesundheit seiner Gäste zu fördern.

1. Die Gemüse und Kräuter vorbereiten. Die Goldbrassen putzen, schuppen und filetieren. Die Gräten und Parüren aufbewahren.

2. Den Scampisaft zusammen mit allen Kräutern und dem Honig in einen Topf geben. Eine Viertelstunde ziehen lassen. Die Mischung aufkochen und auf zwei Drittel der Menge einkochen. Durch den Mixer drehen, durch ein Spitzsieb streichen und mit Butter montieren.

mit Pfifferlingen

3. Die Goldbrassenfilets in große Stücke zerteilen und rasch in Olivenöl garen.

4. Den Fenchel und die Paprikaschote klein schneiden und sämtliches Gemüse sowie die Pfifferlinge in Butter sautieren. Auf tiefen Tellern anrichten, dabei das Gemüse in die Mitte geben und mit gehacktem Dill bestreuen. Die Fischfilets rundherum legen. Mit Jus überziehen und mit frischem Koriander bestreuen.

Saiblingröllchen

Vorbereitungszeit:	*1 Stunde 30 Minuten*
Kochzeit:	*20 Minuten*
Schwierigkeitsgrad:	★★

Für 4 Personen

4		kleine Saiblinge
8		Spinatherzen
1		Handvoll Spinat
1		Zwiebel, 1 Karotte
1		Selleriestange
1	EL	Kapern, gehackt
100	g	Thunfisch in Öl
100	ml	Crème fraîche
		Olivenöl
		trockener Wermut
		Gemüsebrühe, nach Belieben
		Salz, Pfeffer und milder Cayennepfeffer

Für die Ölsauce (am Vortag zubereiten):

		Lachseier
		schwarze Olivenpaste
1		Lorbeerblatt
1	TL	Kerbel, gehackt
1	Blatt	Basilikum
		rosa Pfefferkörner
		Öl (nach Wunsch)
		Salz und Pfeffer

Zum Garnieren:

Kerbel
Basilikumblätter

»Salmerino di fontana« (Bachsaibling) und »Salmerino alpino« (Wandersaibling) sind beide seltene und sehr begehrte Fische, obwohl sie von der Größe her recht verschieden sind. Während der Bachsaibling fast 1 Meter lang ist und etwa 8 Kilogramm wiegt, ist der Wandersaibling nur halb so groß und begnügt sich meist mit einem Gewicht von 3 Kilogramm. Sie leben in kalten Gewässern und in Gebirgsseen, wo auch der von unserer Küchenchefin angebotene Ersatz zu finden ist: die Renke. Die mit dem Lachs verwandten Saiblinge haben sehr festes Fleisch und eignen sich deshalb auch gut für die Zubereitung als Röllchen.

Luisa Valazza empfiehlt Ihnen einen nicht zu fetten Wandersaibling bescheidener Größe, zwischen 35 und 40 cm Länge. Wandersaiblinge gehören nicht mehr zum alltäglichen Angebot unserer Märkte, so daß man manchmal auf Forelle, einen schönen Barsch oder andere Süßwasserfische ausweichen muß.

In dieser Zubereitung dominiert vor allem die Thunfischfüllung, und die Ölsauce dient nur dazu, sie besser zur Geltung zu bringen. Ursprünglich bestand diese piemontesische Füllung hauptsächlich aus Kalbsfleisch und wurde auf eine Mayonnaise aufgebaut. Die für unsere Zwecke von Luisa Valazza zubereitete Farce ist erheblich leichter und würde wohl auch von Vegetariern nicht verschmäht, da sie mit verschiedenem Gemüse hergestellt wird.

Die Ölsauce ist sehr fein gewürzt. Das verdankt sie vor allem den fälschlicherweise auch als rosa Pfeffer bezeichneten rosa Beeren mit ihrem erstaunlichen Aroma. Gefallen wird Ihnen sicher auch die schwarze Olivenpaste, die nichts anderes ist als das, was von den Oliven übrigbleibt, nachdem man das Öl herausgepreßt hat.

1. Die Ölsauce am Vortag zubereiten: Alle entsprechenden Zutaten in einer Schüssel vermischen und das Ganze marinieren lassen.

2. Den Fisch filetieren und von Gräten befreien. Aus dem Rest eine Mousse herstellen: In den Mixer geben und Salz, Pfeffer, die Crème fraîche, eine Handvoll leicht blanchierten Spinat und einen Schuß trockenen Wermut zufügen.

mit Thunfisch

3. Die Sauce aus Gemüse und Thunfisch zubereiten: Das Gemüse in Olivenöl leicht anrösten, den Thunfisch und die Kapern zufügen. Leicht schmoren und mit der Gemüsebrühe übergießen. Garen lassen, kräftig schlagen und warm stellen. Die Spinatherzen blanchieren.

4. Die Farce auf die Filets streichen. Die Filets aufrollen und mit einem Holzspieß zusammenhalten. 8 Minuten in Gemüsebrühe pochieren. 2 Spinatherzen auf jeden Teller setzen, daneben 2 Löffel Thunfischsauce. Die Saiblingröllchen darauf setzen und mit Ölsauce überziehen. Mit dem Kerbel und Basilikumblättern verzieren.

Jakobsmuschelnüßchen

Vorbereitungszeit: *20 Minuten*
Kochzeit: *10 Minuten*
Schwierigkeitsgrad: ★★

Für 4 Personen

16		Jakobsmuschelnüßchen
500	g	Chicorée
2		grüne Äpfel
1		Zwiebel
1		rote Bete

10	g	Curry
20	ml	Sahne
150	g	Butter
50	ml	Saft von grünen Äpfeln
500	ml	Erdnußöl
40	ml	Olivenöl
		Salz und Pfeffer

Unser Küchenchef aus Brügge ist natürlich ganz versessen auf »Witloof«, wie der Chicorée auf flämisch heißt, und was wörtlich übersetzt »weißes Blatt« bedeutet. Im französischen Sprachraum tappen wir möglicherweise in eine Falle, denn hier nennt man dieses Gemüse »Endive«. Chicorée ist nichts anderes als der durch Treiben im Dunkeln gebleichte Sproß der Zichorie. Er tauchte erstmals 1850 in Belgien auf und entstand eher versehentlich im Botanischen Garten von Brüssel. Seitdem gilt er in Feinschmeckerkreisen als Leckerbissen, und man freut sich, daß es ihn seit kurzem auch als Früh- und Spätgemüse gibt, wodurch sich seine Saison merklich verlängert.

Dieses Wintergemüse besteht zu ca. 95 % aus Wasser und hat fast keine Kalorien, so daß es meist zur ersten Wahl bei Diäten gehört. Nehmen Sie weiße und feste Exemplare. Befreien Sie sie von den welken Blättern, und spülen Sie sie mit reichlich Wasser ab, bevor Sie sie in Juliennes (feine Streifen) schneiden.

Die Wege des Heiligen Jakobus führen auch durch Belgien, und etliche Pilger aus dieser Gegend haben sich mit der berühmten Kamm-Muschel nach Santiago de Compostella aufgemacht. Die sogenannte Pilgermuschel diente zunächst zum Wasserschöpfen, bis sie schließlich zu einer Art Erkennungszeichen wurde. Paradoxerweise sollte man heute lieber solche Jakobsmuscheln wählen, die nicht gereist sind und lebend, schwer und gut verschlossen sind. Das Nüßchen dieses zweischaligen Weichtiers ist äußerst empfindlich und muß deshalb rasch gegart werden: etwa 10 Sekunden auf jeder Seite, länger nicht.

Gehen Sie sparsam mit dem Curry um, denn ein Zuviel würde Ihr Gericht zunichte machen. Curry hat bekanntermaßen einen ausgeprägten Geschmack und sollte Sie mit Vorsicht ans Werk gehen lassen. Servieren Sie dieses äußerst feine Gericht sehr heiß. Wahrscheinlich werden Ihre Gäste nichts davon übriglassen. Um so besser, denn es hält sich nicht.

1. Die Jakobsmuschelnüßchen unter fließendem Wasser waschen und in einer Schüssel kalt stellen. Die rote Bete schälen und in Juliennes (feine Streifen) schneiden. Einige Minuten in heißem Erdnußöl fritieren.

2. Die gehackte Zwiebel einkochen und 1 Teelöffel Curry zufügen. Mit 50 ml Saft von grünen Äpfeln ablöschen. Auf die Hälfte einkochen und die Sahne einarbeiten. Das Ganze 5 Minuten bei starker Hitze garen. Durch ein Spitzsieb streichen und anschließend mit Butter aufschlagen.

auf Chicorée- und Apfelbett

3. Den Chicorée putzen, in Juliennes schneiden und dann 2 bis 3 Minuten in einer Pfanne in Butter leicht anrösten. Salzen und pfeffern. Die grünen Äpfel in dünne Scheiben raspeln. Beiseite stellen.

4. Die Jakobsmuschelnüßchen salzen und pfeffern, dann rasch in heißem Olivenöl garen. Den Chicorée auf einem Bett aus grünen Apfelscheiben anrichten. Die Jakobsmuscheln kronenförmig darauf setzen. Die Sauce rundherum verteilen und die rote Bete auf die Nüßchen setzen.

Überbackener Glattbutt

Vorbereitungszeit: *20 Minuten*
Kochzeit: *25 Minuten*
Schwierigkeitsgrad: ★★★

Für 4 Personen

1		Glattbutt à $1^1/_2$ kg
2		kleine Zucchini
100	g	frischer Spinat
50	g	Kartoffeln
200	g	Sellerie
100	ml	Fischfond
50	ml	trockener Weißwein
80	g	Butter
2		schwarze Oliven
		Salz und Pfeffer

Für die Fischfüllung:

200	g	Merlan
1		Eiweiß
200	ml	Sahne
		Salz und Pfeffer

Zu diesem wunderbaren überbackenen Glattbutt wurde unser Küchenchef durch eine Japanreise inspiriert. Und tatsächlich spürt man hier den Einfluß Asiens mit seinem unerschöpflichen Fundus an Fischzubereitungen. Glattbutt ähnelt dem Steinbutt, ist aber ergiebiger und außerdem reich an Nährstoffen.

Die Zusammensetzung der Farce richtet sich nach der Fischsorte, die man damit füllen möchte. Zum Glattbutt paßt Merlan oder jeder andere magere Fisch. Die Filets sind allerdings mit Salz und Pfeffer zu würzen, bevor die Sahne eingearbeitet wird, denn Salz absorbiert Feuchtigkeit und läßt die Farce dicker werden. Der verwendete Pfeffer kann gewöhnlicher oder Cayennepfeffer sein.

Die Zucchinischuppen bedürfen einiger Erläuterung. Freddy Van Decasserie empfiehlt kleine Zucchini, die man in gleichmäßig dünne Scheiben schneidet und dann so auf das Filet legt, daß sie sich überlappen. Dabei beginnt man an der Spitze und arbeitet sich reihenweise immer von links nach rechts zum breiteren Teil des Fischs vor. Es wird immer einfacher, sich schöne Zucchini zu besorgen, denn sie werden in fast allen Ländern angebaut. Ihre Zubereitung birgt außerdem keinerlei Schwierigkeiten.

Für die restliche Beilage braucht man Knollensellerie, der schwer und fest sein sollte und großzügig abgeschält wird. Damit er nicht nachdunkelt, begießt man ihn am besten mit Zitrone. Die Kartoffel dient uns hier lediglich als Stärkemittel, um das Selleriepüree zu binden.

Zum Schluß wird das Filet in die Sauce gesetzt, die man zuvor emulgiert hat, damit sie sämiger wird. Die Teller werden mit Oliven, Kapern oder Strandschnecken verziert.

1. Fischfarce zubereiten: Den Merlan in kleine Würfel schneiden und zusammen mit dem Eiweiß in den Mixer geben. Die Maschine laufen lassen und Salz und Pfeffer zufügen. Sobald die Masse sämige Konsistenz hat, 200 ml Sahne dazu geben. Den Mixer insgesamt 1 Minute laufen lassen und die Farce anschließend durch ein feines Sieb streichen.

2. Den Glattbutt filetieren, leicht würzen und mit Fischfarce bestreichen. Die Zucchini schneiden, rasch in Öl leicht anrösten und schuppenförmig auf die Glattbuttfilets legen. Mit Weißwein und Fischfond begießen. 10 Minuten bei 180 °C in den Backofen geben. Salzen und pfeffern.

mit Zucchinischuppen

3. Dann 200 g Sellerie mit 50 g Kartoffeln 15 bis 20 Minuten bei starker Hitze pochieren. Das Ganze pürieren, salzen und pfeffern. Eine Spritztüte mit Selleriepüree füllen und damit eine Fischform auf die Teller spritzen.

4. Den Spinat entstielen, blanchieren, anschließend mit kaltem Wasser abfrischen und durch ein Sieb streichen. Das Garwasser der Filets auf Konsistenz einkochen. Abseits des Herds mit Butter montieren und mit einem Schneebesen bis zum Erkalten schlagen. 1 Eßlöffel Spinatpüree zufügen und das Ganze bei schwacher Hitze auflösen und mit dem Pürierstab emulgieren. Durch ein Spitzsieb streichen.

Rotbrasse und Becherpastete

Vorbereitungszeit: *15 Minuten*
Kochzeit: *1 Stunde 30 Minuten*
Schwierigkeitsgrad: ★★

Für 4 Personen

300 g	Rotbrassenfilets
100 g	frische Morcheln
200 g	Austernpilze oder Pfifferlinge, je nach Jahreszeit
1	Knoblauchzehe
50 g	Schalotten
1	Schweineschwarte
2	Eier
20 g	Ingwer
1 EL	Röstgemüse (Karotte, Zwiebel, Bleichsellerie)
1	Thymianzweig
200 g	Kerbel
1	Lorbeerblatt
100 ml	Crème fraîche
200 ml	Olivenöl
	Salz und weißer Pfeffer

Zum Garnieren:
Tomatenwürfel
Petersilie

In diesem Rezept gehen Land und Wasser oder zumindest ihre Erträge eine ausgewogene Verbindung ein, ohne daß der Kontrast und der jeweilige Geschmack verwischt wird. Zunächst sind da die Waldpilze. Und Gianfranco Vissani würde nicht zögern, Frankreich die höchste Auszeichnung für die besten Morcheln zu verleihen, insbesondere für die konische Sorte, auf deren Zartheit und Aroma er ein Loblied singt. Wenn er hier so frei ist und sie mit Schalotten kombiniert, so tut er das aus einem bestimmten Grund: Er will aufrütteln, d. h. den Gaumen der Gäste in Aufruhr versetzen. Und wo er schon einmal bei den französischen Pilzen ist, lobt er auch gleich noch die Champignons und erinnert daran, daß wir das Prinzip der Champignonkultur in Lagen den Bewohnern der Toscana verdanken.

Aus den Pilzen wird die Becherpastete hergestellt. Sie dient als Beilage für die Rotbrasse, einen typischen Mittelmeerfisch, der der Goldbrasse sehr ähnelt. Rotbrasse ist von schöner Statur, hat aber an sich keinen ausgeprägten Eigengeschmack und muß daher mit frischem Ingwer verstärkt werden. Sehen Sie sich aber bei der Dosierung dieses scharfen Gewürzes vor, denn es hat ein sehr kräftiges Aroma! Versichern Sie sich auch, daß der Ingwer beim Anschneiden auch schön feucht ist. Die geschmacklich stärksten Zutaten des Ganzen sind also Ingwer und Schalotten; sie erfordern eine gekonnte Dosierung.

Das Fleisch der Rotbrasse ist sehr empfindlich und zart. Daher darf es auch nicht allzulange gegart werden, andernfalls wird es nämlich fad und recht pappig. Da dieser Fisch von einer eher bescheidenen Größe ist, empfiehlt es sich, dieses Rezept bei einer größeren Zahl von Gästen statt dessen mit Goldbrasse nachzukochen.

1. Die enthäuteten Filets in Stücke à 75 g zerteilen. Die Austernpilze mit dem Thymian und der ganzen Knoblauchzehe in Olivenöl braten.

2. Die Austernpilze in den Mixer geben, die Eier, den gehackten Kerbel, 50 ml Crème fraîche, Salz und Pfeffer zufügen. Die Pastetenbecher mit Butter ausstreichen und mit der Masse füllen. Im Wasserbad 40 Minuten bei 160 °C in den Backofen geben.

mit Austernpilzen und Morcheln

3. Die gehackte Schalotte, die in Würfel geschnittene Schweineschwarte, einen Löffel Röstgemüse, Karotte, Zwiebel, Bleichsellerie, Lorbeer und Thymian in Olivenöl anschwitzen. Ein Viertel der Morcheln, den zerkleinerten Ingwer und den in Juliennes (feine Streifen) geschnittenen, blanchierten Kohl zugeben. Mit Fischfond begießen und die restliche Crème fraîche zufügen. Einkochen, pürieren und anschließend durch ein Spitzsieb streichen.

4. Die restlichen Morcheln und die restlichen grob zerkleinerten, blanchierten Kohlblätter in Butter wenden. Die Fischfilets in einer Pfanne braten. Die Sauce auf die Teller gießen und die Becherpastete darauf setzen. Die Rotbrasse, die Morcheln und die Kohlblätter immer abwechselnd rundum verteilen. Mit Tomatenwürfeln und Petersilie verzieren.

Lachs im Spinatmantel

Vorbereitungszeit: *20 Minuten*
Kochzeit: *20 Minuten*
Schwierigkeitsgrad: ★★

Für 4 Personen

1		Lachs (oder 400 g Filet)
100	g	Hechtfilet
20	g	Kaviar
32		große Spinatblätter
1		Schalotte
1		Ei
200	g	Butter

100	ml	Crème double
100	ml	Schlagsahne
500	ml	Weißwein
500	ml	Fischfond
50	ml	Noilly-Prat (frz. Wermut)
		Muskat
		Salz und Pfeffer

Man sollte endlich damit aufhören, den Lachs überall und bei jeder Gelegenheit zu servieren; denn die Verbraucher sind ihn leid. Und das ist gegenüber diesem ausgewählten Fisch, der nur ausgefeilte Zubereitungen verdient, ungerecht. In Schottland und Norwegen wird Lachs in angemessenen Zuchten gehalten und seine Qualität ordentlich überwacht. Natürlich gibt es auch noch Wildlachs, der ein ausgesprochen leckeres und feines Fleisch bietet, solange man ihn richtig zubereitet.

Schottischer Lachs ist übrigens mit dem französischen Gütesiegel »Label rouge« ausgezeichnet, und das ist wahrhaftig denkwürdig. Sie können ihm also in dieser Zubereitung beruhigt die Hauptrolle übertragen. Solange er absolut frisch ist, wird er sie brillant spielen. Weiterhin wäre es angebracht, sich über seine ernährungsphysiologischen Vorzüge, seinen hohen Gehalt an den Vitaminen A und B 12, seinen geringen Kaloriengehalt usw. auszulassen – aber diese Attribute dürften hinlänglich bekannt sein. Schneiden Sie ihn bitte sorgfältig in gleich große Stücke à 100 Gramm. Größere Stücke könnten laut unserem Küchenchef zu einer Unausgewogenheit im Vergleich zum Rest führen.

Man beachte, daß das gewählte Garverfahren die zarte Farbe des Lachses erhält, was vor allem im Kontrast zum großartigen Kleid von kräftigem Grün wünschenswert ist. Bei dieser Gelegenheit sei auch an den französischen Schriftsteller Stendhal erinnert, dessen bekanntester Roman zwar »Rot und Schwarz« ist, der aber auch »Rosa und Grün« geschrieben hat, ein Buch, das fast kaum jemand kennt.

Der Spinatmantel muß gefüttert werden, und dafür sind die Spinatblätter zuvor von den Stengeln zu befreien, zu blanchieren und auf einem Tuch zu trocknen. Stellen Sie kleine Päckchen her, und achten Sie darauf, daß sie schön fest geraten, damit die Hechtfarce nicht auf die Idee kommt, herauszulaufen.

1. Das Hechtfilet zerkleinern, salzen und in der Küchenmaschine zerhacken. Das Ei und nach und nach die Crème double zufügen. Mit Pfeffer und Muskat würzen, durch ein Sieb streichen und zum Schluß die Schlagsahne vorsichtig unterheben.

2. Den Lachs filetieren und in 4 etwa 1 cm dicke Schnitzel à 100 g schneiden. Die Spinatblätter blanchieren und in 8 kleine Rechtecke auf eine Serviette breiten und abtrocknen.

mit Kaviarsahne

3. Auf jedes Spinatrechteck eine 1 cm dicke Schicht aus Fischmousse streichen, die gut gewürzten Lachsschnitzel darauf setzen und mit Spinat umhüllen. Den Lachs im Spinatmantel mit etwas Fischfond in einer Gratinform 6 Minuten bei 200 °C im vorgeheizten Backofen garen. Herausnehmen und auf Küchenkrepp abtropfen lassen.

4. Die Sauce fertigstellen: Den Weißwein, den Noilly-Prat und die gehackten Schalotten aufkochen. Den Fischfond zufügen. Auf ein Drittel einkochen, mit Butter aufschlagen und 6 Minuten garen. Pürieren und abschmecken. Den Kaviar dazu geben und nicht mehr kochen. Den Lachs auf den vorgewärmten Tellern anrichten und mit Sauce garnieren.

Jakobsmuscheln Kartäuser

Vorbereitungszeit: *1 Stunde*
Kochzeit: *20 Minuten*
Schwierigkeitsgrad: ★★

Für 4 Personen

16		große Jakobsmuscheln
12		Pfahlmuscheln, 12 Venusmuscheln
40	g	Kaviar, 8 Kohlblätter
30	g	Butter

Für die Muscheln:

20	g	Schalotten, Porree und Sellerie
1		Knoblauchzehe, 3 Pfefferkörner
400	ml	Wasser, 125 ml Weißwein
20	ml	Olivenöl
2		Safranfäden
1	Prise	grobes Meersalz

Für die Brühe:

125	ml	Brühe von Muscheln und Jakobsmuschelbärten
60	g	Karotten
60	g	Zuckererbsen
60	g	Porree
1		Schalotte
1	Bund	frischer Koriander
125	ml	trockener Wein
20	ml	Noilly-Prat (frz. Wermut)
60	g	Butter
		Cayennepfeffer

Für die Füllung:

100	g	Scampi
1/2		Eiweiß
100	ml	Sahne
1	EL	Schlagsahne
		Salz und frisch gemahlener Pfeffer, Cayennepfeffer

Frischer Koriander sieht zwar aus wie Petersilie, schmeckt aber ganz anders. Deshalb verwendet man ihn nur in Maßen. Sein Aroma ist so kräftig, daß er den Speisen, die er zur Geltung bringen soll, auch schaden könnte. Seine Vorzüge sind seit je bekannt. Auch findet sich dieses vitaminreiche Kraut in vielen Kulturen: Es kommt nicht nur beim jüdischen Passahfest zu Ehren, sondern auch im indischen Curry. Man kann es im Gin herausschmecken, und in Südamerika werden »Guacamole« und »Chili con carne« damit gewürzt.

In der hier verwendeten Brühe absolvieren die Schalentiere ihre letzte Runde. Bevor aber eine Sauce daraus wird, müssen ihr auch noch feine Geschmacksnuancen verliehen werden. Hier kommen nicht nur der Koriander und die Jakobsmuschelbärte (von denen die Nüßchen gleich nach dem Öffnen der Muscheln befreit werden) zum Tragen, sondern auch der eindeutige Geschmack der Pfahlmuscheln, deren schön orangefarbenes Fleisch beredt von Qualität zeugt.

Pfahlmuscheln setzen sich an einem Flechtwerk fest und geben selbst eine klebrige Substanz ab, durch die sie mit der Unterlage verbunden bleiben. In Frankreich spricht man von »Moules de bouchot«, wobei »Bouchot« das Pfahl- und Flechtwerk bezeichnet und im Westen des Landes zu der Bezeichnung »Boucholeur« oder »Bouchoteur« für den in anderen Gegenden Frankreichs »Mytiliculteur« genannten Muschelzüchter geführt hat.

Unser Küchenchef empfiehlt Jakobsmuscheln aus Schottland oder Irland. Aber auch die bretonischen Erzeugnisse (vor allem aus der Baie de Saint-Brieuc) können da durchaus mithalten.

1. Das gewürfelte Gemüse leicht anrösten, salzen und pfeffern. Die Pfahlmuscheln und die Venusmuscheln zufügen. Leicht anrösten. Den Weißwein und das Wasser zufügen. Die Muscheln zum Öffnen bringen, ausnehmen und beiseite stellen. Die Jakobsmuscheln putzen, die Bärte aufbewahren und die Nüßchen auf Küchenkrepp trocknen lassen. Die Bärte in dem Muschelgarwasser 15 bis 20 Minuten garen und anschließend filtern.

2. Das gegarte und kalte Scampifleisch salzen und pfeffern, fein pürieren, das Eiweiß und nach und nach die Sahne zugeben. Durch ein Sieb streichen und mit der Schlagsahne vermischen. Abschmekken. Die Kohlblätter blanchieren, abschrecken und auf Küchenkrepp trocknen lassen. 4 Förmchen mit Butter ausstreichen, mit Kohlblättern auskleiden und kalt stellen.

Art mit Gemüsebrühe

3. Die Scampifarce mit einer Spritztülle in die Förmchen füllen. Die Jakobsmuscheln vierteln, salzen, pfeffern und auf die Farce legen, mit Kohlblättern verschließen und 6 Minuten bei 200 °C dämpfen. Dann das Gemüse in Juliennes schneiden, separat blanchieren und mit Eiswasser abkühlen.

4. Das Muschelwasser auf Konsistenz einkochen, Wein und Noilly-Prat zugeben und die kalte Butter in kleinen Würfeln zufügen. Das Gemüse und die Muscheln zugeben und aufwärmen. Die Kohl-Muschel-Päckchen auf der Mitte der Teller anrichten, das Gemüse und die Muscheln rundherum geben und mit der Brühe überziehen. Den Kaviar auf das Päckchen setzen und mit einigen Korianderblättern verzieren.

Bacalao à la

Vorbereitungszeit: *1 Stunde*
Kochzeit: *20 Minuten*
Schwierigkeitsgrad: ★★

Für 4 Personen

4	Stück Stockfisch à 250 g (48 Stunden entsalzen)
800 g	rote Zwiebeln
6	Knoblauchzehen
6	rote Paprikaschoten, getrocknet
1	Schinkenknochen
	Öl
	Salz und Pfeffer

Stockfisch wird nicht nur in Portugal geschätzt, sondern auch an der gesamten Küste des Atlantiks, des Ärmelkanals bis hin zur Nordsee, wo ihn vor allem die Norweger gerne essen. Es ist also nicht verwunderlich, daß dieses Stockfischrezept auf Biscaya-Art im spanischen Baskenland, wo es nur so von Fischen und Krustentieren wimmelt, äußerst geläufig ist. In Spanien sagt man, das Verfahren des Einsalzens und Konservierens wäre ursprünglich von dort nach Norwegen gelangt.

Die Fischereizonen für diesen Fisch und der Fischfang selbst sind mit der Nachfrage gewachsen. Erwähnenswert ist natürlich noch der aus Dorschleber hergestellte gesunde Lebertran, an den so mancher mehr oder weniger schöne Kindheitserinnerungen haben dürfte. Aber nun wird es Zeit, sich dem Stockfisch zu widmen und sich davon zu überzeugen, daß man durchaus lekkere Gerichte damit kochen kann.

Die Sauce nach Biscaya-Art ist natürlich ein baskisches Rezept und wird mit den in fast allen Mittelmeerländern bekannten roten oder rosa Zwiebeln zubereitet. Diese Zwiebeln enthalten wenig Zucker und sorgen für den kräftigen Geschmack dieser Sauce. Soll die Sauce sämiger und fester sein, kann man sie mit einer dicken, fetten Schweineschwarte oder mit einem in Knoblauch und Zwiebeln geköchelten Schinkenknochen anreichern.

Eine solche Sauce hat den Vorteil, daß man sie das ganze Jahr über herstellen und nach Belieben mit den verschiedensten Gemüsen, insbesondere mit Kartoffeln anreichern kann.

1. Den Stockfisch 48 Stunden im voraus entsalzen. Die sehr fein geschnittenen Zwiebeln, den Schinkenknochen und die Hälfte der Knoblauchmenge in einem Schmortopf leicht anrösten. Langsam garen lassen. Den Knochen entfernen.

2. Die Paprikaschoten dreimal blanchieren und häuten. Das Fruchtfleisch zu den Zwiebeln geben und 3 bis 4 Minuten leicht anrösten. Das Ganze pürieren und den restlichen Knoblauch zufügen. Abschmecken (ist der Stockfisch noch immer zu salzig, das Wasser zweimal hintereinander aufkochen und pochieren.)

Vizcaïna

3. Das Olivenöl in eine Pfanne mit Antihaftbeschichtung geben und die Stockfischstücke bei starker Hitze 7 Minuten auf der einen Seite braten, dann wenden und nochmals 5 Minuten braten.

4. Den Boden einer Steingutform mit Sauce bedecken und die Fischstücke hineinsetzen. Einige Minuten bei schwacher Hitze anbräunen. Sehr heiß servieren.

Fleisch, Wild & Geflügel

Wachteln auf

Vorbereitungszeit: *1 Stunde*
Kochzeit: *10 Minuten*
Schwierigkeitsgrad: ★

Für 4 Personen

20	Wachtelschenkel
10	Spargelstangen
32	milde Knoblauchzehen
24	kleine Kartoffeln
4	verschiedene Salate
	Schnittlauch

100 g	Mehl
1 EL	Ingwer
200 ml	Sonnenblumenöl
	Sherry-Essig
1 EL	Sojasauce
	Olivenöl
	Salz und Pfeffer

Für die Sojasauce:

3 EL	Sojasauce
3 EL	Bratenfond
25 g	Butter

Die Jagdsaison gibt den Katalanen zahlreiche Möglichkeiten, ihre Geschicklichkeit zu erproben, denn an Wild mangelt es im Hinterland nicht. Die Wachtel kommt in alten Rezepten hundertfach vor, und Fernando Adría kann hier zeigen, wie wichtig es ihm ist, die alten Rezepte dem heutigen Geschmack anzupassen. Übrigens gibt es auch Zuchtwachteln, die man das ganze Jahr über bekommen kann. Ihr Geschmack ist nicht so streng wie der der wilden Wachtel und paßt sehr gut zu den Beilagen.

Die Wachtel hat ein sehr feines, dezentes Aroma, und deshalb muß man aufpassen, daß es nicht von anderen Zutaten überdeckt wird. Zuerst muß man aber beim Entbeinen der Wachtelschenkel vorsichtig sein, denn der Knochen soll am Schenkel bleiben. Diese Arbeit dauert einige Zeit, da Sie fünf Schenkel pro Person planen sollten, wenn Ihre Gäste satt werden sollen.

Die Qualität der Garnitur sollte der des Geflügels entsprechen. Die Sojasauce, die ursprünglich aus China stammt, wird aus in Salz eingelegten Sojabohnen hergestellt, die man 24 Monate fermentieren läßt (die Japaner begnügen sich mit 6 Monaten). Das Rezept ist seit über 2000 Jahren unverändert, und unser Küchenchef empfiehlt, trotz der heiligen Vorschriften etwas Fleisch- oder Geflügelfond hinzuzufügen, damit die Sauce eine schöne Konsistenz bekommt. Knoblauch, Kartoffeln und der gemischte Salat sind hier sehr nützlich und machen dieses originelle Gericht leichter verdaulich.

1. Die Wachtelschenkel auslösen, dabei das Fleisch am Knochen des Schenkels lassen. Die Spargel schälen und nur die Spitzen verwenden. Die Kartoffeln schälen und in Scheiben schneiden. Die harte äußere Schale der Knoblauchzehen entfernen.

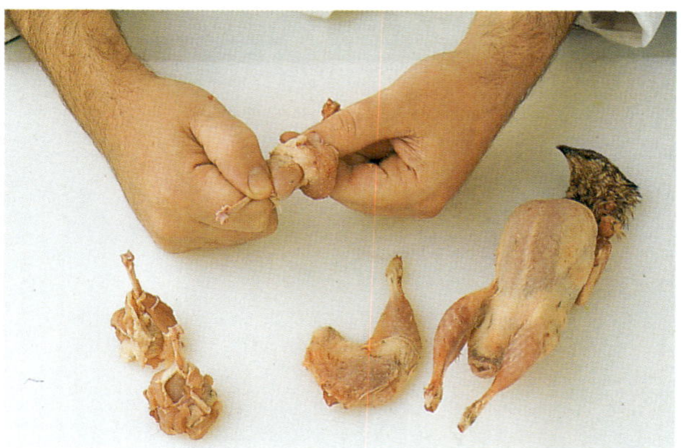

2. Die mit Mehl bestäubten Schenkel bei 160 °C in Sonnenblumenöl anbraten. So lange braten, bis sie knusprig sind und dann auf Küchenpapier abtropfen lassen. Spargel und den Knoblauch auf der obersten Schiene im Backofen grillen. Die Kartoffeln bei schwacher Hitze in Olivenöl schmoren, salzen und pfeffern. 30 Sekunden bevor Sie die Kartoffeln vom Herd nehmen, 1 Eßlöffel Sojasauce hinzufügen.

Sojasauce

3. Die Sojasauce zubereiten, indem Sie den Bratenfond hinzugeben. Bei schwacher Hitze bis auf 4 Eßlöffel einkochen lassen, die Butter hinzufügen. Die Wachtelschenkel in die Sauce tauchen. Den Salat mit Salz, Essig und Olivenöl anmachen.

4. Rund um den Teller 8 Knoblauchzehen, den längs durchgeschnittenen Spargel übereinander legen und auf jedes Gebinde einen Schenkel setzen. In der Mitte des Tellers die geschmorten Kartoffeln zu einer Pyramide aufschichten und darüber den Ingwer geben. Über alles etwas Sauce geben. Mit ganzen Schnittlauchstengeln dekorieren und den Salat extra servieren.

Gefüllte Poularde

Vorbereitungszeit: *1 Stunde*
Kochzeit: *2 Stunden 30 Minuten*
Schwierigkeitsgrad: ★★★

Für 4 Personen

1	Poularde vom Bauernhof à 1 1/2 kg
6	reife Tomaten
2	dicke Scheiben Bayonne-Schinken
200 g	milde Peperoni (oder grüner Paprika)
3	Knoblauchzehen
1 Glas	weißer Irouléguy (baskischer Wein)
etwas	Butter
1/2 Glas	Wasser
etwas	Olivenöl

Es handelt sich hier um eine ganz besonders raffinierte Variante des berühmten und sehr geschätzten Baskenhuhns, bei der das goldfarbene und schön angebratene Geflügel mit traditionellen Zutaten wie Tomaten, Peperoni, Knoblauch und Bayonne-Schinken serviert wird.

Für dieses Gericht eignet sich natürlich am besten eine Poularde vom Bauernhof aus dem Baskenland. Wenn Sie von dort keine bekommen können, empfehlen wir Ihnen Poularden aus Gers oder Landes. Sie sind im Freien aufgewachsen und werden nur mit Mais gefüttert, daher sind sie fest, fleischig und haben eine robuste Karkasse. Die Poularde muß sorgfältig entbeint werden, damit man sie nachher füllen kann. Damit wird der zarte Geschmack der Poularde bewahrt und von den Aromen der anderen Zutaten durchdrungen. Um ein ungleichmäßiges Anbraten der Poularde zu verhindern, sollten Sie sie sorgfältig zusammenbinden und darauf achten, daß das Fleisch überall von der Haut bedeckt ist, so daß es keinen Schaden nehmen kann.

Lassen Sie die »Poulardenrouladen« im Backofen goldgelb braten, so daß das Fett austritt und die Haut schön knusprig wird. Das Fleisch könnte bei zuviel Hitze austrocknen. Es reichen 12 Minuten, bis das Fleisch durch ist. Testen Sie dies, indem Sie mit dem Finger leicht auf das Fleisch drücken. Die Poularde ist gar, wenn Sie einen leichten Widerstand spüren.

Beim Ablöschen des Bratensatzes gibt der Küchenchef dem typischen baskischen Wein, dem Irouléguy, die Ehre, der in den letzten Jahren qualitativ immer besser geworden ist. Firmin Arrambide empfiehlt, die Poularde je nach Bedarf durch ein Perlhuhn oder eine Barbary-Ente und den Bayonne-Schinken durch feine Bauchspeckscheiben zu ersetzen.

1. Die Poularde entbeinen, abflämmen und ausnehmen. Herz und Leber beiseite stellen. Die Poularde vollständig auslösen, so daß man zwei Hälften erhält. Die Knochen aufbewahren. Die Tomaten schälen und den Samen entfernen. Salzen und pfeffern, mit Olivenöl begießen und im Backofen bei 60 °C ca. 2 Stunden garen.

2. Die Peperoni und den Schinken kurz anbraten. Beiseite stellen. Den Knoblauch schälen und in Scheiben schneiden, in einer Pfanne goldbraun anbraten, ebenso Herz und Leber. In die Mitte der beiden Geflügelhälften den Schinken, die Peperoni, den Knoblauch, das Herz und die Leber verteilen.

nach baskischer Art

3. Fleisch aufrollen und wie einen Braten zusammenbinden. Würzen und in einer Schmorpfanne mit den zerkleinerten Knochen schön anbraten.

4. Für 12 Minuten in den vorgeheizten Backofen geben. Herausnehmen und warm halten. Die Schmorpfanne entfetten, mit dem weißen Irouléguy ablöschen, mit einen halben Glas Wasser und einem nußgroßen Stück Butter reduzieren. Den Bratensaft durch ein Sieb geben und warm halten. Die Rouladen in dicke Scheiben schneiden. Mit den gegarten Tomaten auf dem Teller anrichten; Bratensaft darumgeben.

Tournedos mit

Vorbereitungszeit: *10 Minuten*
Kochzeit: *10 Minuten*
Schwierigkeitsgrad: ★

Für 4 Personen

1 Bund weißer Rettich
weißer Saucenfond
Kalbsjus
Meerrettich
1 Bund Schnittlauch

1 Rinderfilet à 800 g
300 g fetter Speck, in Scheiben
12 Radieschen
Butter, Erdnußöl
Salz und Pfeffer

Ganz gleich, welchem Fleisch im Lauf der Geschichte der Vorzug gegeben wurde – das Rind hatte schon immer eine Sonderstellung. Schon seit der Urgeschichte geschätzt, war Rindfleisch durch alle Jahrhunderte hindurch die Basis für die vornehmsten Gerichte.

Unter den zahlreichen Rindersorten auf unseren Märkten zeichnet sich die schottische Rasse durch eine herausragende Qualität aus. Aber auch dem französischen Limousin darf man trauen, das an seiner einheitlich rotbraunen Farbe zu erkennen ist und dessen zartes und durchwachsenes Fleisch wiederholt national und international prämiert wurde. Sie erkennen frisches Rindfleisch an seiner kräftigen roten Farbe und an seiner festen Konsistenz. Ein sehr helles Fleisch verrät ein zu junges Tier, und eine sehr dunkle Farbe zeigt, daß es sich um ein älteres Tier handelt.

Das Tournedos wird aus dem Filet geschnitten und sollte ungefähr 2 cm dick und besonders saftig sein. Fleischstücke »à la Tournedos« werden auf dieselbe Art geschnitten, stammen aber nicht vom Filet. Damit die Tournedos schön saftig bleiben, sollte man sie kräftig in Butter anbraten und, je nach Geschmack, medium oder englisch servieren.

Die Sauce sollte bis zum Servieren warm gehalten werden; Meerrettich und Schnittlauch fügen Sie erst zum Schluß hinzu. Rühren Sie die Sauce anschließend nicht mehr um. Der Schnittlauch könnte sonst schwarz werden und seinen Geschmack verlieren.

Diese unwiderstehlichen Tournedos, die so raffiniert mit Meerrettich gewürzt sind, kann man statt mit weißem Rettich auch mit weißen Rüben servieren.

1. Die weißen Rettiche schälen und in feine Scheiben schneiden. Dann in Butter anbraten. Sie sollen auf beiden Seiten etwas Farbe bekommen. Den weißen Fond zufügen und 4–5 Minuten bei schwacher Hitze dünsten.

2. Den Kalbsjus bis zur richtigen Konsistenz einkochen lassen, den Meerrettich zufügen. Abschmecken und dann den kleingeschnittenen Schnittlauch darübergeben.

Radieschen

3. Die übriggebliebenen Rettiche in feine Streifen schneiden und in heißem Öl fritieren. Auf Küchenpapier abtropfen lassen. Beiseite stellen.

4. Das Filet in Tournedos von etwa 200 g schneiden. Mit Speck umwickeln. Die Tournedos auf beiden Seiten 5 Minuten in einem Stück Butter anbraten. Salzen und pfeffern. Einen Ring aus den Rettichscheiben legen und in die Mitte die Tournedos plazieren. Mit fritiertem Rettich garnieren und mit einem Saucenrand dekorieren.

Lammfilet im

Vorbereitungszeit: *2 Stunden*
Kochzeit: *1 Stunde 30 Minuten*
Schwierigkeitsgrad: ★★★

Für 4 Personen

1		Lammrücken à 1,2 kg
300	g	Spinat
150	g	Bauchnetz

Für die Füllung:

2	EL	frische Kräuter (Estragon, Kerbel, Schnittlauch)
2		Eier
70	ml	Crème fraîche
		Salz und Pfeffer

Für die Garnitur:

2		Kartoffeln
4		Frühlingszwiebeln, groß
1		roter Paprika, 1 grüner Paprika
1		Zwiebel, 1 Knoblauchzehe
200	g	Champignons
100	g	Butter

Für die Sauce:

		Lammknochen
1		Bouquet garni
		grüne Blätter von 1 Lauchstange
		Estragon, Knoblauch

Man würde den Feinschmeckern allzuviel Geduld abverlangen, wenn sie nur zu Ostern Lamm essen könnten, und tatsächlich warten die meisten damit nicht bis zum Osterfest. Außerdem schmeckt Lamm von Dezember bis Juli, und an der Farbe und dem Glanz des Fleischs kann man ganz leicht feststellen, ob es frisch ist. Sie sollten einen Lammrücken nehmen, der auf Druck elastisch reagiert, mit wenig Fett, den Sie leicht bardieren sollten, wenn Sie ihn entbeint haben. Lammfilet wird immer im vorgeheizten Backofen gebraten, danach sollte es (kurz) ruhen, damit es wieder ganz zart und saftig wird. Dies ist unbedingt nötig, damit der Geschmack des Lamms zur vollen Entfaltung kommen kann.

Es gibt viele Möglichkeiten, Kräuter zu verwenden. Sie passen z. B. hervorragend zu Lammfilet, das dadurch einen ganz besonderen Geschmack erhält. Aus gehacktem Kerbel, Schnittlauch und Estragon machen Sie einen Kräutermantel, in den das Lammfilet schön eingehüllt wird.

Die Garnitur besteht aus einer Duxelles, d. h. aus feingeschnittenen Champignons, Zwiebeln und Schalotten, die in Butter ein wenig gedünstet werden, bis das darin enthaltene Wasser verdampft ist. Mit dieser Beilage erinnert man an den Feinschmecker Marquis d'Uxelles, der ein wenig in Vergessenheit geraten ist. Sein Küchenchef La Varenne hatte es ihm seinerzeit gewidmet.

Unser Küchenchef empfiehlt dazu kleine Ravioli, die aus ganz feinen Kartoffelscheiben hergestellt werden, wie man sie bekommt, wenn man sie mit der Mandoline reibt. Die Kartoffelscheiben müssen wirklich sehr fein sein, damit sie gut zusammenhalten.

1. Den Lammrücken entbeinen. Die beiden Filets beiseite stellen und aus den Knochen einen Bratensaft zubereiten. Die Füllung mit den frischen Kräutern zubereiten und würzen.

2. Spinat blanchieren und auf einem Tuch ausbreiten; die beiden Lammfilets auf beiden Seiten 1 Minute kräftig anbraten, dann abtupfen. Lammfilets mit der Füllung bestreichen und zuerst in Spinatblätter, dann in das Bauchnetz einwickeln. Kalt stellen.

Kräutermantel

3. Kartoffeln in ganz feine Scheiben hobeln und daraus kleine Ravioli mit Champignonfüllung formen. Ravioli in Butterschmalz anbraten. Lammbratensaft reduzieren, frischen Estragon darin ziehen lassen. Mischen und die Butter unterrühren.

4. Filets 10 Minuten im vorgeheizten Backofen braten. Von den Zwiebeln einen Deckel abschneiden, das größere Stück innen aushöhlen. Grünen und roten Paprika mit Zwiebel schmoren. Frühlingszwiebeln schmoren und mit der Zwiebel-Paprikamischung füllen. Lammfilet nach einer Ruhezeit von 10 Minuten im warmen Backofen in Scheiben schneiden und mit den Beilagen schön anrichten. Etwas Sauce auf den Teller geben.

Geschmorter Ochsenschwanz

Vorbereitungszeit: *1 Stunde 15 Minuten*
Kochzeit: *3 Stunden*
Schwierigkeitsgrad: ★★

Für 4 Personen

2	kg	Ochsenschwanz
100	g	Schweineschwarte
200	g	Karotten
250	g	Zwiebeln
150	g	Sellerie
1	Knolle	Knoblauch
75	g	Tomatenmark
100	g	Mehl
2	l	Kalbs- oder Rinderfond
1	l	Burgunder
		Salz und Pfeffer

Für das Bouquet garni:

1	Lorbeerblatt
2	Thymianzweige
8	Petersilienzweige

Für die Frühlingsgarnitur:
Karotten, weiße Rüben
kleine Zwiebeln
kleine Kartoffeln
Erbsen, Bohnen

Englisches Rindfleisch gehört nach wie vor zu den auf der Insel hochgeschätzten Gaumenfreuden. Die Rinderrassen werden in diesem Land besonders gepflegt, wie etwa das Herford-Rind oder aus Schottland das berühmte Aberdeen-Angus, dessen eiweißreiches Fleisch auf sehr viele verschiedene Arten zubereitet wird.

Für dieses englische Ochsenschwanzgericht sollten Sie die oberen Stücke, d. h. die fleischigeren Teile vom Ochsenschwanz verwenden. Der Ochsenschwanz muß frisch sein und über rotes, festes Fleisch verfügen, mit einer weißen Fettschicht, die Sie nur teilweise wegschneiden sollten, um das Fleisch vor dem Austrocknen zu schützen. Paradoxerweise kann man dieses Gericht auch mit jedem anderen Stück vom Rind zubereiten.

Die Garnitur sollte frühlingshaft sein, also aus den ersten neuen Gemüsen bestehen, aber sie kann auch nach Art der Auvergne angerichtet sein, d. h. mit Maronen, die man vorher mit dem Ochsenschwanz eingelegt hat, so daß ihre Konsistenz der des Ochsenschwanzes ähnlich ist.

Für einen guten Ochsenschwanz braucht man, einschließlich Verzehr, vier Tage. Nach zwei Tagen Marinieren in einem kräftigen Wein, wie z. B. in einem Côtes-du-Rhône, kochen Sie ihn am dritten Tag und wärmen ihn am nächsten Tag nur noch auf, denn er wird dadurch noch besser.

1. Das Gemüse (Karotten, Zwiebeln, Sellerie) in große Stücke schneiden. Den Ochsenschwanz entbeinen. Die Gemüsemischung mit dem in große Stücke geschnittenen Ochsenschwanz mischen. Den Wein für die Marinade, das Bouquet garni und den Knoblauch zugeben. Mindestens 48 Stunden in der Marinade belassen. Die Ochsenschwanzstücke abtropfen lassen. Würzen und von allen Seiten anbraten.

2. In einem Schmortopf die Garnitur der Marinade mit der Schweineschwarte andünsten. Die Ochsenschwanzstücke zufügen. Das Tomatenmark zufügen. Dann das Mehl im Backofen anrösten. Die Marinade zufügen. Zum Kochen bringen. Abdecken und im Backofen etwa 3 Stunden lang schmoren lassen.

mit Frühlingsbeilage

3. Das Gemüse für die Frühlingsgarnitur (Karotten, weiße Rüben, die kleinen Zwiebeln, die kleinen Kartoffeln, Erbsen und Bohnen) putzen. Jeweils getrennt in sprudelndem Salzwasser kochen.

4. Nach dem Schmoren die Stücke vom Ochsenschwanz aus dem Topf herausnehmen, ohne sie zu zerkleinern. Auf einen tiefen Teller geben. Von allen Gemüsesorten für die Garnitur dazugeben. Burgunder einkochen lassen und der Sauce beimischen. Durch ein Sieb passieren und über das Fleisch und das Gemüse geben. Heiß servieren.

Bresse-Huhn im

Vorbereitungszeit: *1 Stunde 15 Minuten*
Kochzeit: *45 Minuten*
Schwierigkeitsgrad: ★★

Für 4 Personen

4	Hühnerbrüste à 120 g
160 g	Gruyère-Käse
500 g	Blattspinat
4	Scheiben gekochter Schinken
200 g	Blätterteig
1	Ei zum Bestreichen
	Salz und Pfeffer

Für die Sahnesauce:

250 g	frische Morcheln
500 ml	Sahne
100 ml	Weißwein
80 g	Butter
3	Eigelb
	Saft von 1/2 Zitrone
50 g	Estragon, gehackt
	Salz und Pfeffer

Dieses Huhn im Blätterteig wurde von Paul Bocuse persönlich 1993 zubereitet, anläßlich einer Versammmlung der »Besten Handwerker Frankreichs« in Collonges-au-Mont-d'Or. In diesem Jahr wurde auch Christian Bouvarel in diesen recht elitären Club aufgenommen. Dies stellte den Höhepunkt seiner Karriere dar, aber nicht das Ende, denn eine solche Auszeichnung bringt auch viele Verpflichtungen mit sich. Unser Küchenchef schätzt dieses Rezept auch deshalb ganz besonders, weil hier ein typisches Erzeugnis der Region, das Bresse-Huhn, so gut zur Geltung kommt.

Schauen Sie genau hin, wenn man Ihnen ein Bresse-Huhn anbietet. Wenn es nicht das rote Gütesiegel »Bresse« trägt, dann sollten Sie vorsichtig sein, denn nicht alles Geflügel vom Bauernhof ist gleich gut. Bresse-Hühner werden im Freien gehalten und mit Körnern gefüttert; sie haben soviel Freilauf, wie sie brauchen. Ganz im Gegensatz zu den armen Legebatteriehühnern, mit denen die Züchter unsere Supermärkte überschwemmen!

Es wäre nicht nötig, ein solches Aufheben um das Geflügel zu machen, wenn die anderen Zutaten nicht auch von hervorragender Qualität wären. Schauen Sie sich also nach einem erstklassigen Schinken und nach einem aromatischen Käse um. Wenn Sie einen würzigeren Käse als den Gruyère bevorzugen, dann empfiehlt Ihnen Christian Bouvarel den Comté. Füllen Sie den Käse in die Hähnchenbrusttasche, bevor Sie die Teigtasche schließen – so können Sie verhindern, daß der Käse ausläuft. Der Spinat sollte ganz frisch sein und kann bei Bedarf durch Grünkohl ersetzt werden, der auch gut zu Geflügel paßt, da er dessen Geschmack nicht überdeckt.

1. Das Geflügel entbeinen, die Brüste herauslösen, längs durchschneiden und mit dem geriebenen Gruyère füllen, salzen und pfeffern. Dann zuklappen.

2. Die Stengel vom Spinat entfernen, in kaltem Wasser waschen und blanchieren. Jede Hühnerbrust mit Spinat umwickeln und 1 Scheibe gekochten Schinken darumwickeln.

Blätterteig mit Morcheln

3. Den ausgerollten Blätterteig in 4 Stücke schneiden. Jedes der Hühnerbrüste in den Blätterteig einrollen und eine Tasche formen. Eine halbe Stunde ruhen lassen, mit dem Ei bepinseln und im Backofen bei 190 °C 25 Minuten backen.

4. Die Morcheln in Butter andünsten, salzen und pfeffern. Mit dem Wein ablöschen. 250 ml Sahne zufügen. 4–5 Minuten kochen lassen, die Eigelbe mit der restlichen Sahne, dem Zitronensaft und dem Estragon mischen. Über die Morcheln gießen. Nur leicht umrühren, um die Sauce zu binden. Reduzieren, ohne die Sauce aufkochen zu lassen. Wenn sie schön cremig ist, vom Herd nehmen und in ein anderes Gefäß gießen.

Kalbskotelett

Vorbereitungszeit: *1 Stunde*
Kochzeit: *30 Minuten*
Schwierigkeitsgrad: ★

Für 4 Personen

600	g	Kalbskotelett (Karree und Filet)
200	ml	Hühnerbrühe
200	ml	trockener Weißwein
etwas		Erdnußöl
100	g	Butter
		Salz und frisch gemahlener Pfeffer

Für die süß-sauren Zwiebeln:

400	g	sehr kleine Zwiebeln
50	g	Rosinen
2	EL	Mehl und Zucker
100	ml	kaltgepreßtes Olivenöl
100	ml	Essig

Für die Hühnerbrühe:

2	Hühnerkarkassen
2	Karotten
2	weiße Rüben
1	Lauchstange
	Salz und frisch gemahlener Pfeffer

In der ganzen Lombardei und vor allem in Mailand kennt man seit der Renaissance den im eigenen Fett gebratenen Kalbsbraten. In jener Zeit bevorzugten die Köche der wohlhabenden Familien meist Gerichte mit hellem Fleisch, vor allem mit Kalbsfleisch, das man, in Viertel geteilt, am Spieß briet. Diese Vorrichtung ermöglicht natürlich nicht die Bratraffinessen, die wir heute schätzen, und unser Küchenchef empfiehlt hier auch das rosige Fleisch.

Nehmen Sie Fleisch von einem Milchkalb, denn dieses ist besonders zart. Sie sollten nicht zögern, das Rippenstück und das Filet vom Fett zu befreien, denn die Sauce wird dadurch in ihrem Geschmack besser. Der Bratvorgang ist in zwei Abschnitte unterteilt, die Sie gut überwachen sollten. Zuerst braten Sie das Fleisch kurz in der Pfanne an, damit es Farbe bekommt – aber nicht zu stark anbraten, denn es soll keine Kruste bekommen. Dann lassen Sie es im Backofen schmoren, wobei es innen rosig bleiben muß. Das Fleisch wird gleich, wenn es aus dem Backofen kommt, in Scheiben geschnitten und serviert, da es beim Erkalten an Volumen verliert.

Für die Zubereitung der Hühnerbrühe muß man einen Tag rechnen, denn nur wenn sie sehr langsam und bei schwacher Hitze gekocht wird, ist sie auch gut. Wenn man sie dann noch über Nacht stehen läßt, bekommt sie ein feineres und volleres Aroma, weil sich die Zutaten besser verbinden.

Die süß-sauren Zwiebeln wurden einst aus der Küche des österreichischen Kaiserreiches übernommen, einem ehemaligen Nachbarn der Lombardei. Die Mailänder haben das Rezept mit Rosinen angereichert und schlagen es ganz zu Recht als Beilage vor.

1. Am Vortag die Hühnerkarkassen blanchieren, das Wasser abgießen und mit kaltem Wasser abspülen. In 1/2 Liter Wasser mit Salz und Pfeffer einweichen. Zum Kochen bringen und den Schaum abschöpfen. Das Gemüse zufügen und 5 Stunden bei schwacher Hitze köcheln lassen. Durch ein Sieb geben und beiseite stellen. Das Fleisch in Scheiben schneiden.

2. Die Koteletts in 50 g Butter und etwas Öl anbraten, so daß sie eine schöne Farbe bekommen, ohne anzubrennen.

nach Mailänder Art

3. Die Hühnerbrühe und den Wein zugießen, aufkochen lassen und 15 Minuten im Backofen bei 180 °C schmoren lassen. Das Fleisch herausnehmen und warm halten. Die süß-sauren Zwiebeln zubereiten: aus Öl, Zucker und Mehl eine Mehlschwitze zubereiten. 3 Minuten kochen lassen, dann den Essig zugeben. Die Zwiebeln blanchieren, zusammen mit den Rosinen zur Mehlschwitze geben und 6 Minuten kochen lassen.

4. Die Bratensauce auf zwei Drittel reduzieren. Vom Herd nehmen und mit dem Schneebesen 50 g Butter stückchenweise unterrühren. Durch ein Sieb geben und warm halten. Ein wenig Sauce auf einen Teller geben, das in Scheiben geschnittene Fleisch hineinlegen. Mit den Zwiebeln und dem Rest der Sauce in einer Sauciere servieren.

Rinderfilet mit

Vorbereitungszeit: *40 Minuten*
Kochzeit: *15 Minuten*
Schwierigkeitsgrad: ★★

Für 4 Personen

4		Rinderfilets à 150 g
160	g	rohe Gänseleber
200	g	Bauchnetz vom Schwein
20	g	Trüffeln, in Scheiben geschnitten
40	g	Lauch, Sellerie, Karotten, in feine Streifen geschnitten
200	ml	Brühe
200	ml	Kalbsfond
240	g	schmale Tagliatelle-Nudeln
100	ml	Sahne
100	g	Butter
		Parmesan, gerieben
12		Kerbelstengel
		Salz und Pfeffer
		grobes Salz

Das Rind ist aus der Gastronomie nicht mehr wegzudenken, und sein bestes Stück, das Filet, ist seit dem Mittelalter immer wieder Bestandteil ausgesuchter Tafelfreuden. Die Qualität der europäischen Züchtungen erlaubt es uns, dieses köstlich saftige Fleisch zu genießen. Für dieses Rezept sollten Sie Fleisch der belgischen Rasse wählen. Falls nicht erhältlich können Sie auch alle anderen Qualitätsrassen nehmen, wie Charolais, Limousin, das schottische Angus oder die Friesische Rasse. Auf jeden Fall soll das Fleisch eine schöne Farbe haben, gleichzeitig fest sein und auf Druck elastisch nachgeben.

Die Zubereitung des quer zur Faser in drei Teile geschnittenen Rinderfilets nimmt ein wenig Zeit in Anspruch, denn das Ganze soll ja eine schöne Form bekommen. Das erreichen Sie mit einer Frischhaltefolie, in die Sie die Filetkomposition einwickeln und eine gute Stunde kühl stellen. Das Bauchnetz, das Sie danach verwenden, ist eine feine, fettgeäderte Membrane, die man vorher reinigt, indem man sie einige Stunden in Salzwasser einweicht. Diese Behandlung hat überdies den Vorteil, das Gewebe des Bauchnetzes weicher zu machen und so die Verarbeitung zu erleichtern.

Trotzdem kann das Aufschneiden der »Filettorte« noch Schwierigkeiten bereiten; Sie können sich die Arbeit einfacher machen, wenn Sie das Fleisch nach dem Braten kurz ruhen lassen.

Um eine schmackhafte Sauce zu erhalten, empfiehlt unser Küchenchef, den Fond aus einem würzigen Kalbsragout herzustellen. Das Rinderfilet sollte sehr heiß serviert werden.

1. Die Rinderfilets mit Salz und Pfeffer würzen und auf beiden Seiten in einem nußgroßen Stück Butter schön anbraten. Abkühlen lassen. Die Gänseleber in feine Scheiben schneiden. Salzen und pfeffern. Kurz in einer beschichteten Pfanne anbraten. Die Filets quer zur Faser in 3 Scheiben schneiden.

2. Jedes Filetstück mit Leberscheiben und Trüffeln belegen, in Frischhaltefolie einwickeln und für 1 Stunde kühl stellen. Die Tagliatelle 3–4 Minuten kochen, die Sahne mit der Gemüsemischung reduzieren, und wenn die Nudeln gar sind, abgießen und zur Sauce geben.

Entenleber und Trüffeln

3. Wenn die Fleischstücke schön fest sind, aus der Frischhaltefolie nehmen und mit dem Bauchnetz umwickeln, das Sie zuvor 3–4 Stunden in Salzwasser eingeweicht haben. Auf beiden Seiten 4 Minuten anbraten, dann die Pfanne entfetten. Den Kalbsfond und die Brühe zugeben, reduzieren, abschmecken und beiseite stellen.

4. Die Filets in 2 oder 3 Stücke teilen, auf einen Teller legen, mit grobem Salz bestreuen. Daneben die Tagliatelle geben, die mit Hilfe einer Gabel zu einem Nest aufgewickelt werden; mit Kerbelblättern dekorieren. Dann mit der heißen Sauce und geriebenem Parmesan servieren.

Bries und Zungenragout vom

Vorbereitungszeit: *45 Minuten*
Kochzeit: *1 Stunde*
Schwierigkeitsgrad: ★

Für 4 Personen

500	g	Lammbries
250	g	Lammzunge
1		Bouquet garni
		Salzkartoffeln
2		Tomaten

250	g	kleine Champignons
200	ml	weißer Kalbsfond
500	ml	Lammfond mit Tomate
200	ml	roter Portwein
1	TL	Schildkrötensuppengewürz
1	TL	Pfeilwurzmehl
1		Zitrone
1/2	TL	getrocknete Kräuter
1	Msp.	Cayennepfeffer
1	Bund	Estragon
		Salz und Pfeffer

Jan Buytaert hat von diesem traditionellen Ragout nichts als das Grundprinzip übrig gelassen. Sie benötigen für dieses Gericht Zunge und Bries vom Lamm, deren Frische Sie auf jeden Fall genau überprüfen sollten. Jeder weiß, wozu die Zunge dient; manche Metzger bezeichnen auch das Lammbries mit diesem Namen. Beim Bries handelt es sich jedoch um eine Drüse, die sich am Halsansatz der Jungtiere befindet und diese vor bestimmten Krankheiten schützt. Man muß die Innereien vor der eigentlichen Zubereitung mehrere Stunden in kaltes Wasser legen, sie blanchieren und die Adern und die umhüllende Haut entfernen.

Der Lammfond wird mit reifen Tomaten angereichert, so daß er eine rötliche Farbe bekommt. Die anderen Zutaten sind leicht zu bekommen, mit Ausnahme des Gewürzes, das man gewöhnlich für die Schildkrötensuppe oder für Kalbskopf verwendet. Das Pfeilwurzmehl hat gegenüber der Kartoffelstärke den Vorteil, daß es nicht so schwer ist. Dieses Rezept bietet Ihnen jedenfalls eine gute Gelegenheit, seine Qualitäten zu entdecken.

Haben Sie keine Bedenken, das wieder aufgewärmte Ragout auch noch einige Tage später zu essen – es kann dann nur noch besser schmecken.

1. Die Lammbriese blanchieren, abgießen und in weißem Fond mit dem Bouquet garni garen. Mit den Lammzungen genauso verfahren.

2. Die Zungen häuten und in 4 Stücke teilen. Die Briese ausparieren und in große Stücke schneiden. Die Tomaten häuten, die Kerne entfernen und in Würfel schneiden. Die Champignons anbraten.

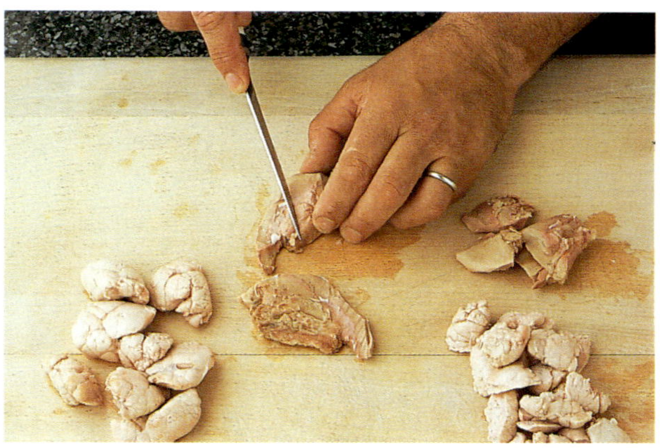

Lamm mit Estragonsauce

3. Den Kalbs- und den Lammfond um zwei Drittel reduzieren. Die Sauce mit einer Prise Salz, einer Messerspitze Cayennepfeffer, dem Schildkrötensuppengewürz, dem Portwein, den getrockneten Kräutern und dem Saft einer Zitrone abschmecken. Mit Pfeilwurz leicht binden. Durch ein Sieb geben.

4. Die zuvor in Butter angedünsteten Champignons zusammen mit etwas Zitronensaft, den Tomatenwürfeln und den Estragonblättern an die Sauce geben. Die Briese und die Zungenstücke zufügen. Bei geringer Hitze 10 Minuten köcheln lassen und dann mit Salzkartoffeln servieren.

Kalbsleber mit

Vorbereitungszeit: *20 Minuten*
Kochzeit: *20 Minuten*
Schwierigkeitsgrad: ★

Für 4 Personen

1	kg	Kalbsleber
50	g	Butter
		Mehl

Für die Ingwer-Soja-Sauce:

40	g	Schalotten
50	g	Ingwer
150	g	Butter
500	ml	Kalbsfond
20	ml	Sojasauce

Für die Garnitur:

1	kg	Kartoffeln (kleine Grenaille)
75	g	Gänseschmalz
1		Knoblauchzehe
1		Thymianzweig
1		Lorbeerblatt
		Schnittlauch

Für die Schalotten:

250	g	Schalotten
125	g	Butter

Der Gebrauch von Sojasauce und Ingwer in diesem Kalbsgericht zeugt vom Interesse, das Jacques Cagna dem Reich der aufgehenden Sonne und seiner Sprache entgegenbringt. Bei seinen häufigen Aufenthalten hat er Geschmack an diesen wichtigsten japanischen Würzmitteln gefunden und führt sie mit Vergnügen in die französische Küche ein.

Es handelt sich hierbei keineswegs um eine selbstverständliche Verbindung, denn die recht salzige Sojasauce muß vorsichtig dosiert werden, damit sie nicht den Geschmack des Fleisches überdeckt. Anfangs hat Cagna dieses Rezept ohne großen Erfolg mit Aal ausprobiert, doch erst die Versuche mit Kalbsleber, die ein zarteres Fleisch und einen weniger ausgeprägten Eigengeschmack hat, brachten den Durchbruch. Nehmen Sie nur ganz frische Leber mit zartem Fleisch. Entfernen Sie dann die äußere Haut und die Adern, bevor Sie sie in Mehl wenden und auf beiden Seiten schön anbraten, damit sie ein wenig knusprig wird. Zu Ihrer Information sei gesagt, daß Jacques Cagna seine Kalbsleber bei einem Züchter aus der Corrèze bezieht.

Die kleine Kartoffelsorte »Grenaille«, die im Westen Frankreichs, vor allem auf der Insel Noirmoutier, angebaut wird, bekommt durch das Braten im Gänseschmalz einen angenehm nußartigen Geschmack. Sie werden immer von Hand gesteckt und bei der Ernte streng kontrolliert, was deren gleichbleibende Qualität garantiert. Sie sind leicht zu verarbeiten und erfreuen die Gäste unseres Küchenchefs, der sie auch zu Kalbskotelett und zu Schnecken serviert.

Auf dieselbe Art kann man auch Kalbsbries zubereiten, und falls Sie Ingwer nicht mögen, können Sie ihn auch durch geschmorte Schalotten ersetzen.

1. Für die Ingwer-Soja-Sauce die gehackten Schalotten mit dem Ingwer in Butter andünsten. Mit Kalbsfond und Sojasauce ablöschen. Bei schwacher Hitze köcheln. Mit der Butter gut vermischen.

2. Die kleinen Kartoffeln waschen. Eine Schmorpfanne mit Alufolie auslegen, die ungeschälten Kartoffeln, das zerlassene Gänseschmalz, die Knoblauchzehe, den Thymianzweig und das Lorbeerblatt hineingeben, mit dem Deckel schließen und 1 Stunde im Backofen schmoren lassen.

Ingwer-Soja-Sauce

3. Die Haut von der Leber entfernen und in Scheiben schneiden, würzen und in Butter in einer Pfanne anbraten. In einer Schmorpfanne die feingeschnittenen Schalotten mit Butter dünsten, bis sie ganz weich sind.

4. Die Leberscheiben in 5 feine Scheiben schneiden, auf einem vorgewärmten Teller anrichten, mit den weichgekochten Schalotten überziehen. Die Kartoffeln rundherum anordnen und die Ingwer-Soja-Sauce darumgeben. Mit geschnittenem Schnittlauch bestreuen.

Medaillon vom Angus-Rind

Vorbereitungszeit: *45 Minuten*
Kochzeit: *15 Minuten*
Schwierigkeitsgrad: ★★

Für 4 Personen

1		Filet vom Angus-Rind
150	g	Steinpilze
150	g	Pfifferlinge
50	ml	Olivenöl
		Salz und Pfeffer

Für die Sauce:

150	ml	Drambuie (Kräuterlikör)
150	ml	Rinderfond
50	g	Butter
75	g	Brunoise (fein geschnittenes Röstgemüse) aus Karotten, Staudensellerie und Zwiebel
einige		Thymianzweige
1		Lorbeerblatt
1	g	schwarze Pfefferkörner

Nur ein schottischer Küchenchef kann das Aberdeen-Angus richtig würdigen. Diese Rinderrasse ist weit über die Grenze von Schottland verbreitet und gehört mit dem Whisky und Maria Stuart – bei allem Respekt – zu den schönsten Exportartikeln Schottlands. Wie schon der Name sagt, stammt diese Rinderrasse aus der Gegend von Aberdeen und hat sich heute auf der ganzen Welt verbreitet, bis nach Argentinien und in die Vereinigten Staaten, wo man sich besonders gut auf Rinderzucht versteht. Aber natürlich kommen die besten Aberdeen-Rinder von Züchtern aus Schottland, wo sie strengen Qualitätskontrollen unterliegen.

Um seinen feinen Geschmack zu bewahren, läßt man jedes geschlachtete Rind erst einmal über einen Monat abhängen, was den Eigengeschmack noch verstärkt und die Liebhaber dieses Fleisches der Aufgabe enthebt, eine allzu würzige Beilage zuzubereiten. Komplizierte Saucen, mit denen man für gewöhnlich das Rindfleisch traktiert, entfallen. Darüber hinaus reduziert diese Behandlung des Fleisches die Garzeit erheblich. Das französische Charolais-Rind kommt dem Angus in der Qualität am nächsten.

Wir begnügen uns damit, das Angus mit gedünsteten Steinpilzen und Pfifferlingen zu servieren, die dem gleichen Boden entstammen, der auch die Rinder ernährt. Sie sehen also, daß die Zusammenstellung nicht zufällig ist. Aber natürlich können Sie die Pilze auch durch Gemüse Ihrer Wahl ersetzen, obwohl Sie damit gegen die schottischen Traditionen verstoßen. Sie können das wieder gutmachen, indem Sie für die Sauce einen Drambuie verwenden, den Likör aus Whisky, Blütenhonig und Heidekrautblüten, der allein schon eine Reise nach Schottland wert ist.

1. Die Angus-Filets ausparieren und in Medaillons von etwa 2 cm Dicke schneiden. Dann kühl stellen.

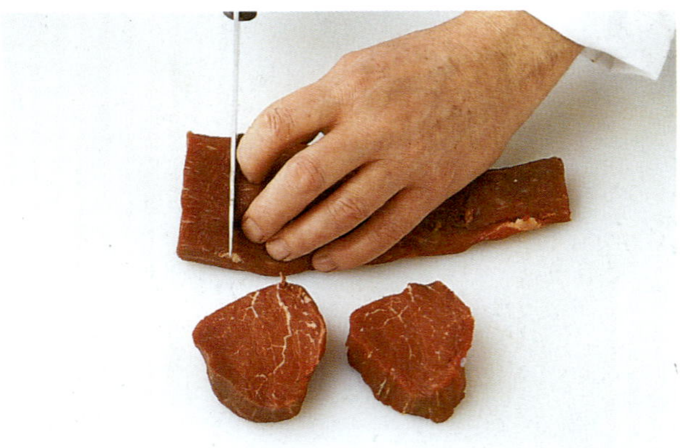

2. Die Steinpilze und Pfifferlinge waschen und in ganz dünne Scheiben schneiden.

mit Steinpilzen und Pfifferlingen

3. Die Gemüse-Brunoise mit dem Lorbeerblatt, dem Thymian und dem Pfeffer in 25 g Butter bei schwacher Hitze andünsten, den Drambuie zufügen und flambieren. Den Rinderfond zufügen und um zwei Drittel reduzieren, durch ein Sieb geben. Die übrigen 25 g Butter rasch unterrühren.

4. Öl in einer Pfanne erhitzen, die gewürzten Medaillons darin wie gewünscht anbraten. Die Pilze in derselben Pfanne andünsten. In die Mitte des Tellers ein Medaillon geben, darüber die gedünsteten Pilze und noch ein Medaillon darauflegen. Mit Buttersauce überziehen.

Kaninchenragout mit

Vorbereitungszeit: *45 Minuten*
Kochzeit: *35 Minuten*
Schwierigkeitsgrad: ★★

Für 4 Personen

2	Kaninchenrücken
1	wilder Fenchelzweig
1	Schalotte
5	schwarze Oliven
5	grüne Oliven

100 ml	trockener Weißwein
	Fleischbrühe
60 g	Butter
20 g	Parmesan, geraspelt
	Salz

Für die »Garganelli«-Nudeln:

400 g	Mehl
4	Eier

Die Provinz Romagna, heute Emilia Romagna, ist die Wiege der »Garganelli«, einer raffinierten Teigware. Sie sind ein traditioneller Bestandteil feudaler Menüs. Normalerweise werden sie zusammen mit einer Hühnerbrühe serviert, früher auch mit einem Fleischragout mit Tomaten, und im Sommer, besonders bei ärmeren Familien, auch mit Zucchini.

Die Herstellung dieser Teigwaren schließt ihre Bearbeitung mit dem »Kamm« ein, einem Holzrahmen mit parallel gespannten Fäden, auf dem man die Garganelli rollt, wodurch sie ihr spezifisches Aussehen erhalten. Machen Sie sich nichts daraus, wenn das nicht auf Anhieb gelingt: Unser Küchenchef gibt zu, daß dazu ein gewisser Kniff nötig ist, versichert aber, daß man dabei schnell die nötige Erfahrung gewinnt, und wenn man es einmal heraus hat, kann man es nicht mehr lassen.

Die Garganelli werden entweder kalt in einem Salat oder warm mit diesem Kaninchenragout mit Weißwein und Schalotten verzehrt. Marco Cavallucci empfiehlt in diesem Fall das hervorragende Kaninchen aus Ligurien, das sich die Anrainer des Golfs von Genua schmecken lassen. Außerdem sollte es sich um ein junges Kaninchen handeln (wenn auch nicht ganz jung), mit wenig Fett und möglichst nicht aus der Massentierhaltung. Es wird durch Zufügen von Fenchel sehr aromatisch.

Wenn uns die Legende nicht täuscht, dann sind die ersten wilden Fenchel im botanischen Garten der Medici in Florenz gezüchtet worden. Man könnte keinen besseren Beweis für den frühlingshaften Charakter dieses Gerichts finden, das Sie mit der ihm gebührenden Würde genießen sollten.

1. Die Kaninchenrücken entbeinen, einen davon dann in Stücke schneiden, den anderen vollständig ungefähr 20 Minuten bei mittlerer Hitze braten (das Innere sollte dabei rosa bleiben). Die Schalotte zerhacken und in einem Topf mit Butter andünsten, die Stücke des Kaninchenrückens zufügen, salzen.

2. Die schwarzen und grünen Oliven entkernen, zerkleinern und den Stücken vom Kaninchenrücken beigeben, den Weißwein zugeben, einkochen lassen, den wilden Fenchel zugeben und 10 Minuten kochen. Falls nötig, etwas Fleischbrühe zufügen.

»Garganelli al Pettine«

3. Das Mehl mit den Eiern durchkneten, eine Kugel formen und den Teig 1 Stunde ruhen lassen. Dünn ausrollen, kleine Quadrate von 5 cm Seitenlänge ausschneiden, um einen dünnen Stab rollen und über den Spezialkamm (Pettine) rollen, um die kleinen Makkaroni mit Namen »Garganelli« zu erhalten. In Salzwasser kochen; abgießen.

4. Den zweiten Kaninchenrücken in feine Scheiben schneiden. Die Garganelli mit Parmesan und Kaninchenragout anbraten. Heiß servieren, mit ein paar feinen Scheiben Kaninchenrücken und Fenchelzweigen dekorieren.

Kalbsmedaillons

Vorbereitungszeit: *45 Minuten*
Kochzeit: *10 Minuten*
Schwierigkeitsgrad: ★★

Für 4 Personen

4		Filet Mignon (Medaillons) à 150 g eines Milchkalbs
4		große Scheiben Rindermark
120	g	kleine Pfifferlinge
1		Orange
1		Zitrone
1		Majoranzweig
15	g	grober Zucker
50	g	Butter
etwas		kaltgepreßtes Olivenöl
		Salz aus Guérande (oder ein anderes Meersalz)
		zerstoßener schwarzer Pfeffer
		Salz und gemahlener Pfeffer

Für die Brunoise (fein gewürfeltes Gemüse):

100	g	Karotten
100	g	Grün einer Zucchini
50	g	Stangensellerie
50	g	weiße Zwiebel

Bereiten Sie vorweg ein »Osso Buco« mit Majoran zu, von dem Sie den Saft zurückbehalten. Dann können Sie sich dem Geheimnis des »Osso Buco« ohne Kalbshachse widmen, da man es hier dazu verwendet, das Mignon-Filet eines Milchkalbs zu würzen.

Dieser kleine Muskel, der die Wirbelsäule entlangläuft, gehört zu den edelsten Teilen des Tiers. Er ist leicht zuzubereiten und behält seinen kostbaren Geschmack während des gesamten Bratvorgangs, auf dessen Milde Sie jedoch achten sollten. Um die helle Farbe des Fleischs zu wahren, ist es nützlich, es vor dem Braten von allen Seiten mit Zitronensaft zu beträufeln. Es soll zart bleiben, was einen angenehmen Kontrast zu den knackigen eingelegten und getrockneten Schalen der Zitrusfrüchte bildet. In einer traditionellen Verbindung unterstreicht der feine Aprikosengeschmack der Pfifferlinge, die nur in klarem Wasser gespült werden, den des Kalbsfleischs, dessen Markscheiben bereits den Saft verstärkt haben. Kleine, sorgfältig auf dem Teller angeordnete Gemüsewürfel werden dem noch etwas Raffinesse zufügen.

Der Majoran ist im gesamten Mittelmeerraum verbreitet: Die Italiener aromatisieren damit insbesondere das »piccata«, ein kleines, in Butter gebratenes Schnitzel. Die Griechen grillen ihn zusammen mit Ziegenfleisch auf Spießen. In Ungarn gibt man ihn bei Gelegenheit dem berühmten Gulasch bei. In Frankreich gehört er zu den traditionellen Kräutern der Provence.

Anstelle des Filet Mignon können Sie auch ein oberes Schenkelstück nehmen, jedoch erweist sich dieses mitunter als zu fest.

1. Die Orangen- und Zitronenschale in feine Streifen schneiden, blanchieren und dann zum Einlegen für 45 Minuten bei schwacher Hitze mit etwas Wasser und Zucker in einen Topf geben. Anschließend abgießen und auf einem Teller trocknen.

2. Die Gemüse-Brunoise mit etwas Öl und Butter schmoren, dabei darauf achten, daß das Gemüse knackig bleibt.

mit Majoran

3. Die Kalbsmedaillons in einer Pfanne in Öl anbraten, leicht braten, um ihnen eine schöne Farbe zu geben. Die Pfifferlinge gut kochen und abgießen, dann anbraten. Die Rindermarkscheiben in Salzwasser pochieren.

4. Mit einem Ring von 10 cm Durchmesser die Gemüse-Brunoise in die Mitte des Tellers setzen. Die Kalbsmedaillons und die Markscheiben mit etwas Salz aus Guérande und zerstoßenem Pfeffer darauf legen. Die Pfifferlinge rundherum anordnen, mit »Osso-Buco«-Saft begießen und mit etwas Brunoise, Zitrusfruchtschalen und Majoranblättern verzieren.

Provenzalisches Rinderkotelett

Vorbereitungszeit: *45 Minuten*
Kochzeit: *30 Minuten*
Schwierigkeitsgrad: ★★

Für 4 Personen

2		Rinderkoteletts à 1 kg

Für die Sauce:

300	g	feste Tomaten
2		Estragonzweige
2	Msp.	gehackter Knoblauch
4	EL	Weißwein
4	EL	Olivenöl
300	ml	Rindersaft
300	g	Butter

Für die Garnitur:

400	g	neue Kartoffeln
8		Artischocken
8		kleine Frühlingszwiebeln
8		kleine Knoblauchzehen, geschält
200	g	kleine Zucchini
2		frische Thymianzweige
2		frische Rosmarinzweige
2		kleine, frische Lorbeerblätter
120	g	Oliven
80	g	Butter

Am Ende des Kochens zugeben:

180	ml	Wasser
2	EL	Olivenöl
10		Basilikumblätter, feingeschnitten
		Salz und Pfeffer

Das Rind ist das beliebteste Schlachttier; es gibt zahlreiche qualitativ hochwertige Rassen. Die Zuchtbetriebe werden streng kontrolliert, die Zuchtwahl und die Fütterung haben sich mit der Zeit verfeinert. Ob gebraten, gegrillt oder pochiert, das Rindfleisch stellt die Grundlage für preiswertes häusliches Kochen dar. Wenn sich unser Küchenchef auch zugunsten der Rasse des Limousin ausspricht, werden andere Sorten Sie ebenfalls zufriedenstellen: die Rasse der Normandie mit saftigem Fleisch, die friesische Rasse aus Deutschland oder die belgische »Blauweiße« zum Beispiel.

Braten Sie ein schönes Stück Rinderkotelett sehr langsam bei schwacher Hitze, nachdem Sie Sehnen und Fett entfernt haben. Allerdings sollte es noch etwas Fett behalten, weil es gerade das Durchwachsene ist, das den Geschmack gibt. Stellen Sie mit der abgeschnittenen Haut und den Knochen die für die Sauce notwendige Rinderbrühe her, indem Sie sie mit einer Zwiebel, Thymian, Lorbeer und ein wenig Wasser sehr hell braten. Anschließend durch ein Sieb geben.

Das Braten des Rinderkoteletts muß sehr gleichmäßig bei geringer Hitze geschehen. Die Hitze muß das Fleisch ganz durchdringen, ohne dabei die Oberfläche zu verbrennen. Lassen Sie den Knochen auch fürs Servieren am Kotelett, denn er intensiviert den wunderbaren Geschmack des Fleisches.

Frühlingsgemüse als Beilage geben dem Gericht eine frische Note. Dünsten Sie sie in der Pfanne, um ihren ganzen Geschmack und ihre Knackigkeit zu bewahren. Die Artischocken werden im Süden roh gegessen – Sie brauchen sie also nur anzuwärmen.

1. Bei 2 Rinderkoteletts à 1 kg die Sehnen und das Fett entfernen und die Koteletts klein schneiden.

2. Die Kartoffeln waschen, aber nicht schälen, die Artischocken tournieren, die kleinen Zwiebeln und die Knoblauchzehen schälen. Die Oliven zweimal blanchieren und die Zucchini in 2 cm dicke Scheiben schneiden. Alle Gemüse getrennt in Salzwasser kochen. Dann das Gemüse in Butter etwa 15 Minuten bei aufgelegtem Deckel in einer beschichteten Pfanne dünsten.

mit Frühlingsgemüse

3. Mit Thymian, Rosmarin und Lorbeerblättern würzen. Kurz vor dem Servieren Wasser, Olivenöl und gehacktes Basilikum zufügen. Kräftig rühren und sofort vom Herd nehmen, damit alles Gemüse von der Sauce bedeckt ist.

4. Die Rinderkoteletts salzen und pfeffern, 15 Minuten in Öl braten, dann herausnehmen und auf einem mit Alufolie bedeckten Teller warm halten. In den Rindersaft Weißwein geben und die anderen Zutaten zugeben. Aufkochen lassen und 2 Eßlöffel Öl zugeben, mischen. Die Rinderkoteletts und das Gemüse auf einen warmen Teller geben, mit Sauce übergießen.

Kartoffel-Lamm-Wickel

Vorbereitungszeit: *20 Minuten*
Kochzeit: *20 Minuten*
Schwierigkeitsgrad: ★★

Für 4 Personen

2	Lammrücken à 1 kg
300 g	Stopfleber
50 g	Trüffeln
4	Kartoffeln
16	grüne Spargelstangen
	Erdnußöl
	Salz und Pfeffer

Es handelt sich bei diesem Rezept um eine klassische französische Art, mit Stopfleber gefülltes Fleisch zu präsentieren. Für dieses Gericht wurde Lammrücken genommen, der große, schmackhafte Filets liefert.

Überall in Frankreich werden Lämmer gezüchtet, die allein mit Muttermilch aufgezogen werden. Unser Küchenchef empfiehlt ein Lamm aus Sisteron oder aus dem Limousin, einer Region, die sich durch die Qualität ihrer Weiden und durch den familiären Charakter ihrer Zuchtbetriebe auszeichnet. Dieses Fleisch ist besonders zart, reich im Geschmack und weist fast kein Fett auf. Diese Tiere werden meist als Osterlamm verzehrt, erreichen aber ihre beste Qualität im Lauf des Frühlings.

Sie sollten übrigens nur eine erstklassige Leber wählen. Sie muß beim Kochen ihre ganze Festigkeit bewahren; dessen versichern Sie sich, indem Sie ein kleines Probestück extra braten. Sollte es dabei zerfallen oder körnig werden, ist die Leber ungeeignet. Auch die frischen Trüffeln können Überraschungen bereithalten, vor denen Sie sich vielleicht besser schützen, indem Sie auf Konserven zurückgreifen, bei denen die Trüffeln einmal aufgekocht wurden. Ansonsten können Sie auch Morcheln guter Qualität nehmen.

Sie dürfen die Kartoffel-Julienne nicht waschen, sie würde sonst ihre Stärke verlieren, die den Kartoffelmantel beim Braten der Wickel zusammenhält. Bintje oder Sirtema (neue Kartoffeln), die sich fest anfühlen, werden das Einwickeln des Fleisches erleichtern.

Als Beilage empfiehlt unser Küchenchef Spargel der Saison, um den frühlingshaften Charakter dieses Gerichts zu betonen.

1. Den Rücken ganz entbeinen, Knochen und Haut für den Fond aufbewahren. Die Filets roh zurechtschneiden, aufschneiden und würzen. Spargel schälen und in Salzwasser kochen. Abschrecken, abgießen und auf 8 cm kürzen, dann zur Seite legen.

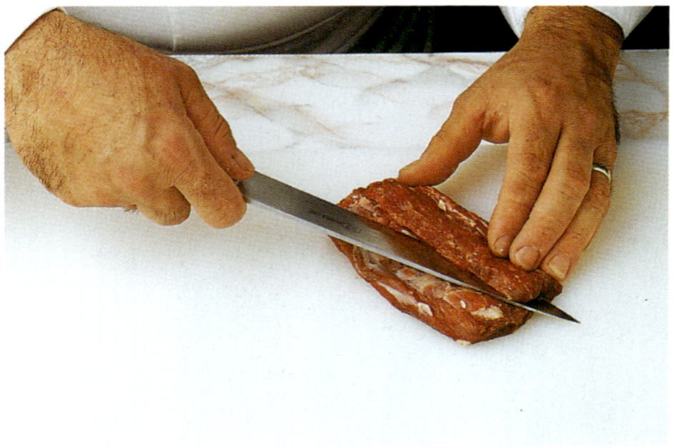

2. Die Hälfte der Trüffeln in Scheiben schneiden, die andere Hälfte für die Sauce aufbewahren. Die Filets mit Trüffelscheiben füllen, in die Mitte die in daumengroße Stücke geschnittene Leber stecken. Die Kartoffeln schälen, klein schneiden, nicht abspülen, salzen und gut ausdrücken.

mit Trüffeln

3. Die Filets mit der Kartoffel-Julienne einwickeln. Den Rest der Trüffeln klein hacken und dem vorher mit Haut und Knochen zubereiteten Saft beigeben, anschließend durch ein Sieb passieren.

4. Öl in eine Pfanne gießen und die Filets darin etwa 12 Minuten auf beiden Seiten bräunen, dann 4–5 Minuten im Backofen bei 160 °C fertigbraten. Die Wickel in der Mitte durchschneiden und jeweils 2 Hälften auf einen heißen Teller geben. Mit 4 zuvor erhitzten Spargeln und der Trüffelsauce garnieren.

Kalbskotelett

Vorbereitungszeit: *45 Minuten*
Kochzeit: *15 Minuten*
Schwierigkeitsgrad: ★★

Für 4 Personen

1½ kg	Kalbskarree
4	Tomaten
2	Karotten
3	Fenchelknollen
8	milde Zwiebeln
1	Selleriestange
	glatte Petersilie
	Butter
	Olivenöl
	Zucker
	Thymian
	Knoblauch
	Salz und Pfeffer

Für den Kalbssaft:

	Haut und Knochen vom Kalbskarree
1	Tomate
2	Zwiebeln
1	Bouquet garni
1 l	weißer Fond
1	Zitrone
1	Orange
	Butter

Michel Del Burgo, schätzt alle Teile des mit Muttermilch aufgezogenen Kalbs. Dieses sehr feine Fleisch wird ihm von örtlichen Züchtern (aus der Region von Carcassonne und Limoux) geliefert, deren Erfahrung er schätzt. Am Kalb von Aude ist alles gut: Karree, Filet, Hachse, Innereien…

Unser Küchenchef verwirklicht hier eine persönliche Variation des »Osso Buco«-Themas, eines italienischen Klassikers der Kalbshachse. Die Originalität besteht darin, in gleicher Weise ein Kalbskotelett zuzubereiten. Es wird aus dem Karree herausgeschnitten und sorgfältig entbeint – am besten von Ihrem Metzger. Behalten Sie etwas Fett um das Fleisch herum, da es nach dem Braten eine knusprige und schmackhafte Kruste bildet.

Zuerst wird das Kotelett in einer Pfanne gebraten, mit einer passenden Garnitur von kleinen Gemüsen, die dem Öl und der Butter das Aroma geben. Wenn es gut gebräunt ist, wird es im Backofen bei schwacher Hitze fertig gebraten, nachdem man die aromatischen Zutaten zubereitet hat. Während des Bratens muß das Fleisch regelmäßig begossen werden, damit es nicht austrocknet.

Sie sollten die Fenchelknollen vierteln und dabei darauf achten, daß sie nicht auseinanderfallen. Unser Küchenchef schlägt hier als mögliche Alternativen Artischocken anstelle der Fenchelknolle vor und für das Kotelett jedes andere schöne Kalbsstück.

1. Die Tomaten häuten und vierteln. Die Viertel entkernen und auf ein Blech legen, das mit leicht mit Öl bestrichenem Backpapier ausgelegt ist, dann mit Zucker bestreuen, salzen und pfeffern, mit Öl bestreichen und mit Thymian bestreuen. Auf jedes Viertel ein Knoblauchstück legen. Die Tomaten 2½ Stunden bei 100 °C im Backofen trocknen.

2. Das Kalbskotelett zubereiten: In einer Pfanne zusammen mit einer Garnitur von einigen Zwiebeln, Karotten und Knoblauch in etwas Butter und Olivenöl anbraten. Dann im Backofen bei 160–170 °C etwa 15 Minuten braten. Mit Zitronen- und Orangenschalen eine feine Brunoise zubereiten und zur Seite stellen.

»Osso Buco«

3. Für den Kalbssaft Haut und Knochen anbraten und die frische Tomate zufügen. Pfanne entfetten und etwas Wasser zugeben. Reduzieren, bis es fest wird, dann den weißen Fond zufügen. Kochen lassen, anschließend durch ein Sieb geben. Schließlich die Butter zugeben und im letzten Moment die Brunoise aus Zitrusfrüchten zufügen.

4. Die restlichen Zwiebeln zubereiten, die Fenchelstücke tournieren, das Ganze mit Selleriestücken in einer Pfanne andünsten, die getrockneten Tomaten und die feingeschnittene Petersilie zufügen. Das Kotelett in Scheiben schneiden und zusammen mit der Beilage harmonisch auf dem Teller arrangieren.

Lammrücken in

Vorbereitungszeit:	*1 Stunde*
Kochzeit:	*45 Minuten*
Schwierigkeitsgrad:	★★★

Für 4 Personen

800	g	Lammrücken (in 2 Stücken)
120	g	Filo-Teig
100	g	Pilze
140	g	Pfifferlinge
140	g	Butter
240	ml	Olivenöl
12	g	Basilikumblätter
40	g	Zimt
10	g	Muskat
		Schnittlauch
10	g	Gewürznelken-Pulver
40	g	Mohnkörner
		weißer Pfeffer
		Salz und Pfeffer

Für den Lammfond:

		Lammknochen
		Karotten
		Schalotten
		Knoblauch
		Zwiebeln
		Thymian, Lorbeer
40	ml	Sherry-Essig
100	ml	Portwein

Es gibt Küchenchefs, die Humor haben und ihre Gäste von Zeit zu Zeit mit einem kleinen Gag überraschen. Wenn Sie sich dieses Rezept, bei dem sich das mit Pilzen gefüllte Lammfleisch den Blicken der Gäste unter einem knusprigen Teig entzieht, näher angeschaut haben, werden Sie nicht mehr daran zweifeln, daß auch Philippe Dorange zu den humorigen Küchenchefs gehört.

Auch für dieses Rezept ist unser Küchenchef dem Milchlamm von Pauillac treu geblieben, dessen Zartheit er besonders lobt, und das aus einer Region stammt, die bereits mit einem berühmten Wein gesegnet ist: dem Château-Lafite und dem Mouton-Rothschild. Für die Zubereitung des Rückens ist man Philippe Dorange fast böse: Er löst die Filets heraus, um sie zu füllen und mit Gewürzen zu ummanteln; diese Zubereitung benötigt viel Zeit, da die Filets, nachdem sie in den Teig gerollt worden sind, vor dem Backen 24 Stunden lang in eine Folie eingepackt ruhen sollten.

Die Schwierigkeit besteht hier in Wahl und Dosierung der Gewürze: Man sollte sie schmecken können, ohne daß sie dabei den Geschmack des Lamms überdecken. Das Basilikum und die Gewürznelke sind für den Laien geeignet, da er sie ohne Risiko verwenden kann; die Erfahreneren werden noch ein paar Körner Koriander zufügen, die oft in dieser Weise für die Ente gebraucht werden. Und schließlich werden auch die Mohnkörner, in denen Sie den Teig rollen, am Teig haften und ihn mit einer dunklen Schicht knusprigen Geschmacks umschließen.

Unser Küchenchef gesteht, daß er auf die gleiche Weise schon Fisch (Seeteufel oder Lachs) zubereitet und anstelle der Pfifferlinge gut gewürzte Champignons verwendet hat.

1. Die Filets aus dem Lammrücken herauslösen, roh zubereiten, dabei die Knochen für die Zubereitung des Fonds beiseite legen. Pfifferlinge in Würfel schneiden.

2. 100 g Pilze in der Pfanne andünsten und würzen. In die Filets längs eine Öffnung schneiden und mit den Pilzen füllen. Die Filets in Olivenöl braten, mit Zimt, Pfeffer, Muskat und Gewürznelken würzen, zur Seite legen.

Gewürzteig

3. Für den Fond die Reste des Lammrückens in den aromatischen Zutaten anbraten. Entfetten, Sherryessig und Portwein zufügen und 1 Stunde kochen lassen, anschließend durch ein Sieb geben. Die Pfifferlinge in Butter anbraten.

4. Den Teig ausbreiten, dabei mit geschmolzener Butter in 3 aufeinanderfolgenden Schichten bestreichen. Die Filets mit Basilikumblättern in den Teig einwickeln und 2–3 Minuten bei 200 °C in den Backofen geben, um den Teig zu bräunen. Dann in den Mohnkörnern rollen (eventuell den Teig vorher mit Honig bestreichen) und in Scheiben schneiden. In die Mitte des Tellers ein Sträußchen Pfifferlinge setzen und mit Schnittlauch dekorieren.

Hähnchenkeule mit

Vorbereitungszeit: *45 Minuten*
Kochzeit: *25 Minuten*
Schwierigkeitsgrad: ★

Für 4 Personen

2	Geflügel à 1 kg (Hähnchen, Kapaun, Truthenne, Perlhuhn oder Ente)
400 g	Hopfensprossen

	Saft von 1 Zitrone
2	Schalotten
	Petersilie, Kerbel
100 g	Butter
100 ml	Whisky
200 ml	Weißwein
200 ml	Geflügelfond
500 ml	Sahne
	Salz und Pfeffer

Welches Geflügel am besten für die Geflügeltaschen geeignet ist, sollten Sie nach Ihrem Geschmack entscheiden: Hühnchen, Kapaun, Truthahn, Perlhuhn oder Ente eignen sich gleichermaßen für dieses Rezept. Die Belgier rühmen sich, Geflügel mit großem Aufwand zuzubereiten, wie in den renommierten Gerichten »Kuckuck de Malines« oder »Waterzooi«, die tatsächlich viel aufwendigere Rezepte als das vorliegende sind.

Man kann die ausgezeichneten französischen Landgeflügel von Bresse oder aus den Landes nicht oft genug für dieses Rezept empfehlen. Die Zubereitung der Geflügelkeulen ist nicht sehr schwierig, aber Sie sollten die Haut des Geflügels sorgfältig einschneiden, um dort den Knochenspan durchzuführen. Der Rest geht dann wie von selbst.

Die jungen Hopfentriebe, auch »Hopfensprossen« genannt, sind in Belgien sehr beliebt und finden sich auf den Speisekarten vieler Restaurants. Ihre Saison ist sehr kurz (von Mitte März bis Ende April), weil die Kletterpflanze, die zur Bierherstellung angebaut wird und eine Höhe von 5 m erreichen kann, große Anstrengungen unternimmt, um dem Himmel zuzustreben und sich gleichzeitig zu vermehren. Während dem Hopfen im 15. Jahrhundert medizinischer Nutzen beigemessen wurde, glaubte man im darauffolgenden Jahrhundert, daß er eine aphrodisierende Wirkung habe. Heutzutage interessiert sich ganz Europa für diese belgische Spezialität, die manche mit dem Spargel vergleichen. Bevor man sie in Butter brät, werden die Hopfensprossen übrigens in gleicher Weise wie Spargel zubereitet und pochiert.

Diese schöne Zubereitung hat außerdem den Vorteil, daß der Hopfen danach noch mehrere Tage aufbewahrt werden kann. Das ist allerdings ein sehr theoretischer Vorzug, denn es ist kaum wahrscheinlich, daß Ihre Gäste davon etwas auf dem Teller übriglassen…

1. Jedes Geflügel in 4 Teile schneiden, 2 Flügel und 2 Schenkel. Jedes Stück so entbeinen, daß nur das Fleisch, die Haut und 1 Knochenspan übrigbleibt.

2. Das Fleisch in die Haut einwickeln, ein kleines Loch in die Haut schneiden, um dort den Knochenspan durchzustecken, wodurch die Taschen geschlossen werden.

Hopfensprossen

3. Die Geflügeltaschen zusammen mit den Schalotten und der Petersilie anbraten. Das Ganze 5 Minuten schmoren lassen. Mit Whisky ablöschen und reduzieren. 200 ml Weißwein zugeben, nochmals reduzieren, dann den Geflügelfond hineingießen und kochen lassen. Die Geflügeltaschen herausnehmen und warm halten. Den Rest reduzieren und die Sahne zugeben.

4. Weiter reduzieren, bis eine cremige Konsistenz erreicht ist, würzen. Butter zufügen, durch ein feines Sieb geben. Die Hopfensprossen mit Zitronensaft blanchieren und anschließend in Butter andünsten. Auf den Teller die Hopfensprossen legen, eine Geflügeltasche daneben und Sauce ganz darumgeben. Mit Kerbel dekorieren.

Gelackte Milchferkelkeule mit

Vorbereitungszeit:	*20 Minuten*
Kochzeit:	*1 Stunde 30 Minuten*
Schwierigkeitsgrad:	★★

Für 4 Personen

1		Milchferkelkeule mit Schwarte à 1 kg
200	g	Zucker
je 10 g		Zitronenthymian, Majoran, Rosmarin
1	EL	Honig
300	ml	Orangensaft, gepreßt
80	g	Schalotten, gehackt
1	TL	schwarzer Pfeffer, zerstoßen
		weißer Pfeffer, zerstoßen
		Salz

Für das Weinkraut:

400	g	Weinsauerkraut (roh)
30	g	geräucherter Speck
1		Kartoffel
100	g	Zwiebeln
1/2		Apfel
200	ml	Verrenberger Riesling
50	ml	Apfelsaft
100	ml	Brühe
1	EL	Senfkörner
1		Gewürznelke
1		Lorbeerblatt
1		Wacholderbeere
5		weiße Pfefferkörner
		Salz, Zucker und frisch gemahlener weißer Pfeffer

Der Verrenberger Riesling kommt von den Ländereien des Prinzen von Hohenlohe, dem Besitzer des berühmten Anbaugebiets, in dem sich Lothar Eiermanns Restaurant befindet. Dieser Wein gilt bei Spezialisten als einer der besten von Baden-Württemberg. Wie bei allen Qualitätserzeugnissen werden Sie es wahrscheinlich vernünftiger finden, die Zubereitung des Ferkels mit einem Riesling bescheidenerer Herkunft zu beginnen, um dann mit dem »Nektar« von Verrenberg das Mahl abzuschließen.

Selbst bei einem sehr jungen Ferkel hat die Keule einen intensiven Geschmack, und unser Küchenchef hält es für angebracht, diesen mit einer Glasur zu nuancieren. Sie bringen die erste Glasurschicht 30 Minuten nach Beginn des Bratens auf, auf keinen Fall früher. Die weiteren Schichten werden dann regelmäßig aufgetragen. Begießen Sie das Fleisch auch immer wieder mit seinem eigenen Fett, damit es nicht austrocknet.

Die wesentliche Zutat für die Glasur ist der Honig, der zu den besten Produkten des Schwarzwalds zählt. Verwenden Sie ihn jedoch nur sparsam, da sein kräftiges Aroma sonst das Gleichgewicht dieses Gerichts stören könnte. Bereiten Sie das Sauerkraut den Regeln entsprechend zu: Fügen Sie dem Kohl zunächst Gänseschmalz zu. Der Name »Sauerkraut« hat nur dann einen Sinn, wenn Sie den Kohl 2–8 Wochen in Salz einlegen. Aromatisieren Sie ihn anschließend mit Wacholder, Bier oder Weißwein – und wenn Sie möchten mit Champagner.

1. Die Keule formschön zuschneiden, die Haut der Milchferkelkeule einschneiden und von allen Seiten in einer sehr heißen Pfanne anbraten. Auf die Knochenseite legen und bei 180 °C 30 Minuten im Backofen braten.

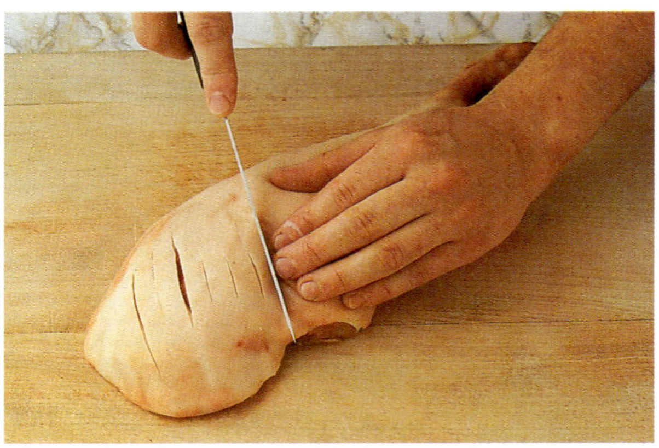

2. Für den Fond des Überzugs den Orangensaft, Zucker, Honig, Schalotten und Gewürze kochen. Reduzieren, bis ein Sirup entsteht. Die Ferkelkeule aus dem Backofen nehmen und abkühlen lassen. Mit dem Sirup glasieren und zurück in den Backofen bei schwacher Hitze geben. Während der Bratzeit von insgesamt 60 Minuten 2 oder 3 mal glasieren.

Verrenberger Weinkraut

3. Das Weinsauerkraut mit kaltem Wasser waschen und abtropfen. Die Zwiebeln und den geräucherten Speck andünsten, dabei aber nicht bräunen. Den in Scheiben geschnittenen Apfel, den Riesling, Apfelsaft und Brühe zufügen. Das Weinsauerkraut und die Gewürze im Beutel zugeben und 90 Minuten kochen lassen.

4. Die Kartoffel fein raspeln, den Speck mit dem Gewürzbeutel herausnehmen und mit den Kartoffeln binden. Fertig würzen. Die Milchferkelkeule in Scheiben schneiden und mit dem Weinsauerkraut servieren.

Jungentenfilets mit

Vorbereitungszeit: *25 Minuten*
Kochzeit: *45 Minuten*
Schwierigkeitsgrad: ★

Für 4 Personen

2		Jungenten à 1/2 kg
2		frische Feigen
2		Zitronen
2		Kartoffeln
		Olivenöl
200	g	Butter
2		Estragonzweige
		Salz und Pfeffer

Für den Entenfond:

		Karkassen der Enten
50	ml	trockener Weißwein
50	ml	Cognac
200	ml	Kalbsfond

Für das Karamel:

150	g	Zucker
50	ml	Rotweinessig
1	EL	Honig

Entenfleisch ist zart und schmackhaft und bietet eine ganze Reihe verschiedener Aromen. Für Jean Fleury ist die Ente von Challans die beste, da sie strengen Qualitätskontrollen unterliegt. Die Tiere werden so gehalten, daß jedem einzelnen 2,5 m^2 zur Verfügung stehen; das Futter besteht aus Getreide. Sie werden mit 11 Wochen geschlachtet, dann hat das Fleisch eine gewisse Reife. Die Enten von Sologne sind auch sehr gut, erreichen aber nicht die Qualität jener von Challans.

Entenfleisch eignet sich für eine Vielzahl von köstlichen Gerichten: Als Beilage passen ebensogut schwarze Oliven wie frische Pfefferminze, bittere Orangen, Cassis, Kirschen, mit Fonds aus Portwein oder dem köstlichen gelben Wein aus dem Jura. Für das vorliegende Rezept empfiehlt unser Küchenchef ganz der Tradition entsprechend frische Feigen, trockenen Weißwein und einen guten Cognac, denen dann noch Kalbsfond zugefügt wird.

Die Feigen sollten aus Frankreich stammen; mehrere Sorten haben ein gutes Aroma: die »Varoise de Solliès« oder die »Bellone«, die eine ins Violett spielende Schale hat. Die Feige – bereits in der Bibel erwähnt – hat ihre Beliebtheit bis heute bewahrt. Nach Fleury paßt auch Perlhuhn sehr gut zu den Feigen.

Die Zubereitung der Kartoffeln ist nicht weiter schwierig. Die hauchdünnen Kartoffelscheiben werden beim Anbraten fast durchsichtig, so daß unter ihnen die Estragonblätter zum Vorschein kommen. Sie sollten darauf achten, Essig und Honig nur in Maßen zu dosieren, denn diese können den ganzen Geschmack dominieren.

1. Die Enten abflämmen, ausnehmen und dressieren, dann etwa 25–30 Minuten kochen, wobei sie rosa bleiben sollten. Die Filets herausschneiden und zum vollständigen Garen die Schenkel braten. Für den Entenfond die Karkassen zerkleinern, andünsten, Weißwein, Cognac und dann Kalbsfond zufügen. Etwa 15 Minuten kochen, dann durch ein Sieb geben.

2. Nebenbei mit dem Zucker ein helles Karamel zubereiten. Etwa 50 ml Rotweinessig und etwas Honig zufügen und aufkochen lassen. Mit dem Entenfond mischen, kurz aufkochen und dann abkühlen lassen. Die Zitronenschalen und Butter zufügen, würzen.

Zitronen-Honig-Sauce

3. Die Kartoffeln waschen und schälen, in feine Scheiben schneiden und auf jede Scheibe 1 Estragonblatt legen. Mit einer weiteren Scheibe zudecken. Die Feigen mit etwas Butter im Backofen braten.

4. Die Kartoffeln in einer Teflonpfanne in Butter bräunen. Auf jeden Teller einen Entenschenkel legen, ein paar kleine Entenfilets drumherum, dazu 4 oder 5 von den durchsichtigen Kartoffelscheiben. Die Zitronen-Honig-Sauce darübergeben und mit Zitronenschalen dekorieren.

Gefüllte Schweineschwänze

Vorbereitungszeit:	*30 Minuten*
Kochzeit:	*2 Stunden*
Schwierigkeitsgrad:	★★★

Für 4 Personen

8		Schweineschwänze, leicht gesalzen
1	kg	weiße Bohnen und spanische Bohnen, geschnitten, gesalzen und in Tontöpfe eingelegt

200	g	mageres Schweinefleisch
100	g	helles Kalbsfleisch
70	g	Gänseleber
100	g	Butter
100	ml	Crème double
1	EL	weißer oder gelber Wein
1	EL	Schalotten
		Muskat
		Salz und Pfeffer

Die eingelegten Bohnen – eine Reminiszenz an die Zeit, als die Niederlande zu Spanien gehörten – werden für verschiedene Rezepte mit Schwein oder Lamm geschätzt. Man legt sie im Herbst ein und verzehrt sie dann den Winter über, was für die Qualität dieser traditionellen Konservierungsmethode spricht. Nachdem sie gewaschen und geschnitten worden sind, werden die Bohnen in einem Tontopf so aufgeschichtet, daß die festen unten liegen. Dann werden sie bis zum oberen Rand des Topfes mit Salz bedeckt, bevor man sie mit einer beschwerten Platte preßt. Man muß sie danach mehrmals spülen, um sie genießen zu können, und dann 15 Minuten in Wasser kochen.

Der gesalzene Schweineschwanz hat eine rosa Farbe und bedarf einiger Vorkehrungen. Bevor man mit der Zubereitung beginnt, ist eine 24 Stunden lange Entsalzung unerläßlich und auch eine gewissenhafte Säuberung. Die Schwänze werden dann in leicht köcheldem Wasser gekocht und anschließend in kaltem Wasser abgeschreckt, was ihre Entbeinung erleichtert. Wenn Sie nicht vorhaben, sie sofort zu verzehren, können Sie die entbeinten Schwänze einige Zeit im Kühlschrank aufbewahren.

In jedem Fall hängt der Erfolg des Gerichts von der Füllung ab. Man sollte daher keine Zutaten von mittelmäßiger Qualität wählen, und auch Frischhaltefolie verwenden, die dem Ganzen mehr Halt gibt. Um die Schwänze zu pochieren, empfehlen wir Ihnen, jedes Stück eng mit einem sehr feinen Stoff zu umwickeln.

1. Die Schwänze 24 Stunden entsalzen. In kaltem Wasser aufsetzen und 1 1/2–2 Stunden köcheln lassen, danach abgießen und abkühlen lassen, bis sie lauwarm sind. Die Füllung zubereiten: Das Fleisch von 4 Schwänzen kleinhacken, die Schalotten andünsten und Weißwein zufügen. Alle Zutaten dem Fleisch zugeben, sorgfältig vermischen und würzen.

2. Die restlichen Schwänze entbeinen, der Länge nach aufschneiden und den Knochen herausnehmen, mit der vorbereiteten Füllung stopfen.

mit eingelegten Bohnen

3. Die Schwänze paarweise umgekehrt zusammenlegen, in Frischhaltefolie einwickeln, wie eine Wurst rollen und zusammenbinden. Die geschnittenen Bohnen 2–3 mal unter fließendem Wasser abspülen und entsalzen. In kochendes Wasser geben und etwa 15 Minuten kochen, anschließend beide Bohnensorten wie gewohnt zubereiten.

4. Die Schwänze etwa 30 Minuten in einem weißen Fond pochieren. Man kann sie auch in der Pfanne bräunen, wenn sie fertig gekocht sind. Die beiden Bohnensorten mischen und Butter zufügen. Auf einen heißen Teller geben. Die gefüllten Schwänze in Scheiben schneiden. Den gebundenen Kalbssaft als Sauce verwenden.

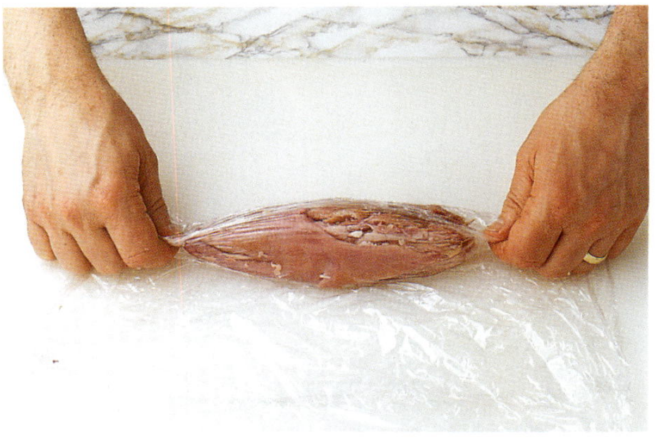

Kalbsfilet mit

Vorbereitungszeit: *1 Stunde*
Kochzeit: *20 Minuten*
Schwierigkeitsgrad: ★★★

Für 4 Personen

500	g	Kalbsfilet
1		junger Grünkohl
1	Bund	junge Karotten
1	Bund	Frühlingszwiebeln
1	Bund	weiße Rüben

100	g	grüne Bohnen
250	g	grüner Spargel
300	g	Butter
200	ml	weißer Geflügelfond
1	Bund	Schnittlauch
		Salz und Pfeffer

Für die braune Gemüsesauce:
braune Trüffelsauce
rote, grüne und gelbe Paprikaschoten

Das Kalb wurde schon in der Antike geschätzt: So errichteten die Hebräer, während Moses auf dem Berg Sinai die zehn Gebote empfing, ein goldenes Kalb und beteten es auf sündige Weise an. Gleichermaßen wurde ein fettes Kalb geschlachtet, um die Rückkehr des verlorenen Sohns zu feiern. Diese beiden biblischen Geschichten zeugen davon, daß die Bedeutung des Kalbs und seine geschmacklichen Qualitäten schon damals bekannt waren.

Alle Teile des Kalbs werden verzehrt: Drüsen, Innereien und natürlich das Fleisch liefern dem Gourmet zahllose Gerichte. Sie finden sich wieder in Kalbshachse, Ragouts und Frikassees. Besonders in Frankreich, das sich in Europa als größter Produzent von Kalbsfleisch behauptet, wird es gerne verzehrt. Nach schwierigen Jahren konnten die Zuchtbetriebe das Vertrauen zurückgewinnen und einen Pro-Kopf-Verbrauch von 4 kg pro Jahr verzeichnen.

Für dieses Kalbsfilet »à la ficelle« (mit Rouladengarn umwikkelt), das sich an ein altes Hausrezept anlehnt, empfiehlt unser Küchenchef das heute mit Markenzeichen geschützte Kalb »sous la mère« aus dem Limousin, das nur von Muttermilch genährt wird. Sein Fleisch ist glänzend hellrosa gefärbt, sehr fest und mit weißem Fett. Man kann das Kalbsfleisch am Vortag besorgen und über Nacht kühl stellen.

Der Ursprung des Namens »Chartreuse« ist nicht bekannt: Dieses Gericht mit dem nahrhaften Kohl als Hauptzutat wurde vielleicht von den Mönchen von Chartres erdacht, in der kargen Einsamkeit ihrer endlosen Meditationen.

1. Das Filet mit einem Messer von Sehnen und Fett befreien, würzen und zusammenbinden. Kühl stellen. Die Grünkohlblätter blanchieren, gut abtropfen lassen und auf Frischhaltefolie legen.

2. Auf jedem Kohlblatt die zuvor in Salzwasser gekochten kleinen Gemüsestücke (weiße Rüben, Karotten, Zwiebeln, Spargel, grüne Bohnen) aneinanderreihen. Mit geschmolzener Butter, der gehackter Schnittlauch beigegeben wurde, begießen. Mit Hilfe der Folie zusammenklappen und zu einer Roulade zusammenrollen.

Gemüse-Chartreuse

3. Die Kalbsfilets etwa 8 Minuten in weißem Geflügelfond pochieren, dann herausnehmen und warm halten.

4. Den Fond um die Hälfte reduzieren, dann Butter zugeben. Die braune Gemüsesauce (Paprikaschoten und Trüffelsauce) zufügen. Abschmecken, die Kalbsfilets in Scheiben schneiden, auf die Teller legen und mit Sauce übergießen. Dann die zuvor 5 Minuten mit Dampf erhitzte Chartreuse dazugeben.

Schweinefilet mit

Vorbereitungszeit: *50 Minuten*
Kochzeit: *30 Minuten*
Schwierigkeitsgrad: *★*

Für 4 Personen

2		Schweinefilets à 800 g
30	g	Butter
		Brühe
4		Kardamomkörner
2		Gewürznelken
2	Msp.	Curry
1	Msp.	Kümmel
2	Msp.	Paprika
1	Msp.	Zimt
200	g	Grieß
1	EL	Tomatenmark

10		kleine Pfefferminzblätter
100	ml	Sahne
50	ml	Olivenöl

Für die eingelegten Früchte:

	Saft von 2 Zitronen (1 grüne und 1 gelbe)
2	getrocknete Feigen
3	getrocknete Aprikosen
2	Backpflaumen
10	geröstete Erdnüsse
5	geröstete Mandeln

Kokos-Curry-Sauce
(siehe Grundrezepte S. 803)

Philippe Groult hat bei einer Geschäftsreise nach Tunesien dieses Gericht entworfen. Er hatte einen echten »Garten Eden« entdeckt, wo eine Vielzahl von Gewürzen mit unbekannten Düften ihn inspirierten.

Für die Auswahl des Grieß ist die Korngröße unerheblich, wichtig sind nur die Qualität des Hartweizens und die Zubereitung in Olivenöl.

Die Erdnußkerne, Mandeln und, wenn Sie wollen, Kichererbsen und Pinienkerne werden in der Pfanne geröstet. Im Sommer können Sie auch frische Mandeln verwenden. Das gilt ebenso für die getrockneten Früchte, denen man Datteln beigeben oder die man durch frische Früchte ersetzen kann.

Für das Einweichen der Früchte sind die gelben und grünen Zitronen besonders wichtig. Die gelbe Zitrone mildert den süßen Geschmack der Früchte und die grüne bereichert sie um eine subtile Note.

Das Medaillon wird aus der Spitze des Filets geschnitten und rosa gebraten. In diesem Rezept, für das sich alle Teile des Lamms eignen, besonders aber der Rücken, stehen Fleisch und Gemüse in einem ausgewogenen Verhältnis.

1. Für die eingelegten Früchte: Feigen, Aprikosen, Backpflaumen, Erdnüsse und Mandeln 10 Minuten im Saft einer grünen und einer gelben Zitrone einweichen.

2. Den Grieß langsam in eine Pfanne mit Olivenöl geben, Brühe mit Tomatenmark zufügen, die zerstoßenen Gewürze der Sahne zugeben, aufkochen lassen und diese Mischung sowie zwei Drittel der eingeweichten Früchte dem Grieß beigeben.

Feigen und Rotkohl

3. In einer Kaffeemühle Sezuanpfeffer, Koriander, Kümmel und Kardamom sehr fein mahlen. Die gemahlenen Gewürze mit Honig, Sojasauce, Sherry und Knoblauchzehen mischen. Die Enten innen und außen salzen.

4. Mit einem Pinsel beide Enten mit dem Gewürzhonig bestreichen. Die Enten bei 220 °C 20 Minuten im Backofen braten, dann etwa 15 Minuten ruhen lassen. Die Enten vor dem Servieren nochmals mit Gewürzhonig bestreichen und zum Aufwärmen wieder in den Backofen geben. Mit dem geschmorten Rotkraut servieren.

Taube und Gänsestopfleber

Vorbereitungszeit: *1 Stunde 30 Minuten*
Kochzeit: *35 Minuten*
Schwierigkeitsgrad: ★★★

Für 8 Personen

4	Tauben à 500 g
8	Scheiben Gänsestopfleber
8	Trüffelscheiben
16	Spinatblätter
8	kleine Chicorée
8	Karotten
1	Eigelb

1,2	kg	Blätterteig (siehe Grundrezepte S. 799)
		Butter, geklärt
		Salz und Pfeffer

Für 500 g Füllung:

200	g	Schweinefleisch
150	g	Halsstück vom Schwein
100	g	Schweineschmalz
50	g	weißer Schinken
5	g	gehackte Trüffel
100	ml	Trüffelsaft
500	ml	Portwein
		Salz und Pfeffer

Die Trüffel war in früheren Zeiten mit einem Aberglauben behaftet: Die Orte, wo Trüffeln wuchsen, sollten in der Nacht gemieden werden, da man ihnen unheilvolle Kräfte nachsagte, es sei denn, man bekreuzigte sich beim Durchqueren immer wieder. Später erkannte man das Aroma dieses Edelpilzes und nannte ihn »schwarzer Diamant«. Die Trüffel gelangt erst nach mehreren Jahren zur Reife. Die schwarze Trüffel ist eine ideale Beilage für Geflügel: In diesem Rezept verfeinert er eine Taube im Blätterteigmantel.

In der Regel bekommt man mühelos junge Zuchttauben, die im Freien gehalten und mit Getreide und manchmal auch mit Erbsen gefüttert werden. Eine Taube von 350 bis 400 g hat ein sehr zartes Fleisch, das Sie vorsichtig braten sollten, damit es nicht zäh wird.

Da die Zubereitung der Füllung recht lange dauert, sollten Sie sie schon am Vortag vorbereiten, wodurch sie auch einen feineren Geschmack bekommt. Weniger erfahrene Köche schrecken mitunter davor zurück, den Blätterteig selbst zuzubereiten; verwenden Sie feines Salz, das den Blätterteig lockerer macht, und kalte geschmolzene Butter für seine Farbe. Lassen Sie den Teig mindestens zwei Stunden ruhen, bevor Sie etwas Butter zufügen und die Touren geben, die erst den Blätterteig entstehen lassen. Lassen Sie ihn dann nochmals zwei Stunden ruhen, bevor Sie den Teig ausrollen und die Kreise ausstechen.

Das Glasieren der Karotten ist nicht schwierig: Geben Sie die tournierten Karotten 10 Minuten mit ein bißchen Wasser, etwas Butter und einer Prise Zucker in eine heiße Pfanne. Lassen Sie sie knackig, dann sehen sie auch optisch besser aus.

1. Die Taubenbrust herausschneiden, die Haut entfernen. Die Schenkel entbeinen, dabei jedoch den Fußknochen lassen. In einer heißen Pfanne geklärte Butter erhitzen, die vorher gewürzten Taubenbrüste und die Gänseleberscheiben anbraten.

2. Nun 1 Trüffelscheibe zwischen eine Taubenbrust und eine Scheibe Gänseleber legen. 30 Minuten ruhen lassen. Die Füllung aus den angegebenen Zutaten zubereiten. Die Spinatblätter blanchieren, abschrecken. Die Spinatblätter ebenso wie die Schenkel mit Füllung bestreichen und die Taubenbrust mit Entenleber in die Spinatblätter einwickeln. Die bestrichenen Schenkel 10 Minuten anbraten.

im Blätterteig mit Trüffeln

3. Mit einer Form einen kleineren und einen etwas größeren Kreis aus dem Blätterteig ausstechen. Den Rand mit Eigelb einstreichen. Das in Spinat gehüllte Fleisch auf das kleinere Teigstück legen, dann mit dem anderen Teigstück zudecken. 8 Chicorée waschen und schräg klein schneiden. Die Karotten schälen und dekorativ zuschneiden.

4. Die Teigränder mit einer Gabel andrücken, den ganzen Teig mit Eigelb einstreichen. 15 Minuten ruhen lassen und dann 10–15 Minuten im Backofen backen. Nochmal 1 Minute ruhen lassen, in 2 Hälften schneiden. Die Chicorée schmoren und die Karotten glasieren. Heiß servieren.

Gebratener Fasan mit

Vorbereitungszeit: *1 Stunde 40 Minuten*
Kochzeit: *1 Stunde 30 Minuten*
Schwierigkeitsgrad: ★★★

Für 4 Personen

2		Fasane
8		Wirsingblätter
		Linsen
4		Schwarzwurzeln
8		Schalotten
1		Zitrone
		Petersilie
200	ml	Entenschmalz
50	g	Butter
		Salz und Pfeffer

Für die Kartoffeln »Hochepot«:

500	g	Kartoffeln
1		Karotte, in Scheiben
1/2		Zwiebel, in Scheiben
1		Rosmarinzweig
150	g	Butter, geschmolzen

Für die Sauce aus altem Portwein:

		Karkassen von 2 Fasanen
2		Selleriestangen
1		Karotte
1		Zwiebel, 1 Knoblauchzehe
1		Lorbeerblatt, 1 Thymianzweig
6		Pfefferkörner
200	ml	Portwein
200	ml	Kalbsfond
500	ml	weißer Geflügelfond
50	g	Butter
		Salz und Pfeffer

Das ursprünglich flämische Rezept gehört zu den traditionellen Gerichten in der englischen Grafschaft Lancashire. Paul Heathcote stellt Ihnen hier eine Variante mit Federwild vor. Sie sollten dafür ein Fasanenhuhn wählen, das einen feineren Geschmack hat als der eigentliche Fasan. Achten Sie darauf, das Fasanenhuhn nicht zu lange abzuhängen, aber Sie sollten es dennoch ein paar Tage vor der Zubereitung ruhen lassen. Wenn Sie kein Fasanenhuhn bekommen, können Sie ebensogut ein anderes Federwild für dieses Rezept verwenden, zum Beispiel junge Rebhühner, Moorschneehühner oder Tauben.

Die Kartoffelbeilage wird hier auf eine traditionelle Art zubereitet. Man verwendet die berühmte Form »Pommes Anna«, die der Küchenmeister Adolphe Dugléré, seinerzeit Koch bei der Familie Rothschild, zu Ehren von Anna Deslions erfunden hat. Es handelt sich dabei um eine tiefe Form aus Gußeisen, die möglichst beschichtet sein sollte und in der das Gemüse dank der dicken Wände besonders saftig bleibt.

Die Experten können sich nicht über die Bedeutung des Wortes »Hochepot« einigen. Manche glauben, daß es von dem Verb »hocher« (= heben) stammt und die Notwendigkeit ausdrückt, den Topf zu schütteln, was aber in keinem der Rezepte der Fall ist, in denen dieses Wort gebraucht wird. Man schließt daraus, daß das ursprüngliche Gericht, dessen Rezept offensichtlich verlorengegangen ist, vielleicht ein Rinderragout war, das ohne Wasser gekocht wurde und nicht ohne energisches Einwirken des Kochs zubereitet werden konnte.

1. Die Fasane abflämmen und ausnehmen. Die Bruststücke abtrennen und 7–8 Minuten auf beiden Seiten braten, bis sie goldbraun werden. Die Schalotten schälen und in Entenschmalz schmoren, würzen und zur Seite legen. Wirsingblätter waschen und blanchieren.

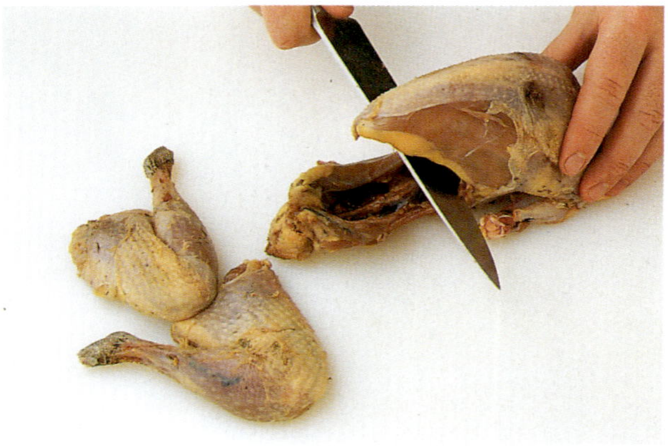

2. Die Schwarzwurzeln vierteln und in der Pfanne in Butter goldbraun braten, mit Salz, Pfeffer, Zitronensaft und gehackter Petersilie würzen. Die Linsen für 4 Personen kochen.

Kartoffeln »Hochepot«

3. Die rohen Zutaten für den »Hochepot« würzen, die »Pommes Anna«-Form mit einer dichten Lage aus Kartoffelscheiben auslegen, dann die Form mit den restlichen Kartoffeln, den Karotten und den Zwiebeln auffüllen. 1 Stunde im Backofen backen, bis es ganz gar ist und eine schöne Farbe hat.

4. Für die Sauce die Karkassen und das Gemüse mit den Gewürzen in Butter anbraten, mit Portwein ablöschen und um die Hälfte reduzieren. Den Geflügelfond zugeben, nochmals um die Hälfte reduzieren, schließlich den Kalbsfond zufügen, nach ein paar Minuten durch ein Sieb geben. Aufkochen lassen, den Schaum abschöpfen und reduzieren, bis es Saucenkonsistenz hat. Auf einem heißen Teller servieren.

Pochierte und gegrillte

Vorbereitungszeit:	*1 Stunde*
Kochzeit:	*1 Stunde 20 Minuten*
Schwierigkeitsgrad:	*★★*

Für 4 Personen

1		Gans à 4 kg
300	g	Gänsestopfleber
16		junge weiße Rüben
16		junge Karotten
1		Steckrübe

1		Zwiebel
2		Äpfel (Golden Delicious)
50	g	getrocknete Feigen
200	g	grüne Linsen
		Gewürznelke, Kardamom, Muskat, Anis, Koriander
2	l	Hühnerbrühe
100	g	Butter
		Trüffelsaft (nach Wunsch)
200	g	grobes Salz
		Salz und Pfeffer

Je näher man dem Polarkreis kommt, desto wichtiger ist es, wegen des rauhen Klimas und der langen Winter dafür zu sorgen, die Lebensmittel zu konservieren, weil man nur sehr schwer frische bekommen kann. Deshalb werden in Norwegen sowohl der Fisch als auch das Fleisch in grobem, jodreichem Meersalz eingelegt.

Auch die Gans eignet sich mit ihrer dicken Fettschicht sehr gut dafür. Sie sollten aber beachten, daß Salz das Fleisch fester macht, und es mehrmals gespült werden muß, nachdem man es aus der Salzlösung herausgeholt hat. Dann sollte es bei schwacher Hitze gekocht werden (möglichst in gut gewürzter Brühe). Bevor Sie die Gans über Nacht in Salz einlegen, sollten Sie die Leber herausnehmen, die noch für die Füllung gebraucht wird. Eyvind Hellstrøm empfiehlt Ihnen eine traditionelle norwegische Beilage auf der Grundlage von Steckrüben und jungen weißen Rüben, die in große Stücke geschnitten werden. Aromatisieren Sie die Beilage mit orientalischen Gewürzen, wie Kardamom und geriebener Muskatnuß. Wenn Sie diesem nordischen Gericht noch eine zusätzliche südländische Note verleihen wollen, verwenden Sie Thymian, Rosmarin oder Petersilie.

Im Frühling können Sie die Beilage durch kleingeschnittene, knackige Gemüse, wie zum Beispiel Karotten, neue Kartoffeln und grüne Bohnen, ersetzen.

1. Die Gans in grobes Salz einlegen, dabei die Leber aber herausnehmen, und die ganze Nacht ruhen lassen. Um das Fleisch zu entsalzen, mehrmals in Wasser spülen. Die Gans entbeinen, dabei die Haut auf der Brust lassen. Die Filets leicht ablösen und in der Mitte die Leber, die Äpfel, die getrockneten, in Würfel geschnittenen Feigen und die Gewürze anordnen.

2. Fertig würzen und die Roulade in ein Geschirrtuch einwickeln. Das kleingeschnittene Gemüse tournieren und die grünen Linsen mehrmals spülen.

Gänsebrust mit Linsen

3. Die Roulade etwa 1 Stunde in Hühnerbrühe pochieren, dann die Linsen etwa 20 Minuten.

4. Anschließend die Roulade auf der Haut anbraten, in Scheiben schneiden und auf das »Linsenbett« legen, das Gemüse rundum anordnen und mit etwas geschmolzener Butter, nach Wunsch auch mit Trüffelsaft, übergießen.

Rindsroulade mit Rosinen,

Vorbereitungszeit: *30 Minuten*
Kochzeit: *5 Minuten*
Schwierigkeitsgrad: ★★

Für 4 Personen

1,2	kg	Entrecôte vom Rind
30	g	Rosinen
30	g	Pinienkerne
		Petersilie
		Knoblauch

Für die Tomatensauce:

6		Tomaten
1		Knoblauchzehe
500	ml	Olivenöl

Für die Garnitur:

20	g	Rosinen
20	g	Pinienkerne
einige		Endivienblätter
300	ml	Öl
		Knoblauch

Das Restaurant unseres Küchenchefs heißt »Don Alfonso«, in Erinnerung an seinen Großvater, dem auch dieses Rezept gewidmet ist.

Bis zu Beginn des 20. Jahrhunderts aß man Fleisch nur am Sonntag, weil die Trockenheit in Süditalien jede Ausdehnung des Weidelands verhinderte und daher ungünstig für die Entwicklung der Rinderzucht war. Fleisch wurde einfach gebraten und mit Rosinen und Pinienkernen serviert. Abends wurde dann mit dem Bratensaft die Pasta garniert.

Heutzutage, wo man leichter Fleisch von hervorragender Qualität bekommen kann, ist diese Art der Zubereitung beträchtlich verfeinert worden. Verwenden Sie am besten ein Entrecôte aus der Lende; es ist gut durchwachsen, zart und saftig, und wird um so schmackhafter sein, wenn Sie es schön flachklopfen.

Unser Küchenchef schätzt besonders rote Tomaten, die der wichtigste Bestandteil der Beilage sind. Sie werden püriert und mit Knoblauch abgeschmeckt. Dünsten Sie die Rosinen mit Endivienblättern an, deren bitterer Geschmack in einem schönen Kontrast zu den süßen Rosinen steht.

Dieses Gericht sollten Sie unbedingt Sonntagen und Festen vorbehalten. Die Zutaten sind kaum austauschbar, es sei denn durch ein Frischlingsfilet während der Jagdsaison.

1. Das Entrecôte auf einer Folie flachklopfen. Die Pinienkerne kräftig anbraten.

2. Auf das Fleischstück 30 g Pinienkerne, 30 g Rosinen, gehackten Knoblauch und Petersilie legen. Eine Roulade formen und mit 1 Rouladenspieß fixieren. Für die Tomatensauce den Knoblauch mit Olivenöl andünsten. Den Knoblauch herausnehmen. Die gehäuteten, entkernten und gewürfelten Tomaten zufügen. 5 Minuten gut kochen.

Pinienkernen und Tomatensauce

3. Etwas Olivenöl in eine beschichtete Pfanne geben und die Roulade auf beiden Seiten anbraten. Wenn sie halb durch ist, das Fleisch herausnehmen und die Tomatensauce zufügen. 5 Minuten kochen lassen.

4. Endivienblätter blanchieren und mit den Pinienkernen, Rosinen und Knoblauch in einer Pfanne kräftig anbraten. Die Sauce auf den Teller gießen, darauf die Pinienkerne, die Endivienblätter und die Rosinen geben und abschließend das schräg in 2 Teile geschnittene Fleisch darauf legen.

Perlhuhn auf

Vorbereitungszeit: *1 Stunde*
Kochzeit: *20 Minuten*
Schwierigkeitsgrad: ★★★

Für 4 Personen

1	Perlhuhn

Für die Leberravioli:

100 g	Weizenmehl
50 ml	Wasser, 1 Prise Salz
	Leber vom Perlhuhn
1 TL	schwarze Bohnensauce
	gehackte Petersilie

Für die Perlhuhnbällchen:

	Fleisch der Schenkel
100 g	frische Nudeln, Salz und Pfeffer
1 TL	Chili ohne Kerne
1 TL	Sesamöl, Koriander
1 EL	Frühlingszwiebeln

Für das Perlhuhnfilet:

2	Perlhuhnfilets (mit Haut)
150 g	frische Nudeln
1/2	roter Paprika
4	Maiskolben
8	getrocknete Shiitake-Pilze
2	Chinakohlstengel
50 ml	Bratensaft

Für die Marinade der Filets:

	frischer Koriander
1	Knoblauchzehe
1 TL	geriebener Ingwer
2 EL	Austernsauce

Trotz seines schrecklichen Kreischens hat sich das Perlhuhn seit dem 17. Jahrhundert sowohl auf Hühnerhöfen als auch an den vornehmsten Tafeln Zugang verschafft. Manche Zuchtregionen sind sogar mit einem Gütesiegel ausgezeichnet; so sind Tiere mit dem französischen Siegel »pintade jaune du Sud-Ouest« (gelbes Perlhuhn aus dem Südwesten) erkennbar an den typischen schwarzen Füßen. Ihre gute Qualität beruht auf ausgewähltem Futter. Das Perlhuhn ist nicht sehr groß, aber ein Exemplar von 1 bis 1 1/2 kg reicht für gut 4 Personen.

André Jaeger schlägt uns seinen kulinarischen Gewohnheiten entsprechend eine exotische Variante des Perlhuhns vor, für die er weniger bekannte Zutaten verwendet. Man muß zunächst die Filets herausschneiden, bei den Schenkeln sorgfältig Haut und Sehnen entfernen und dann das Fett abschneiden. Die Filets werden einen ganzen Tag mit frischem Koriander mariniert, das heißt mit feingeschnittenen Korianderblättern und nicht mit Korianderkörnern, die man bei anderen Gelegenheiten oft verwendet. Dieses Gewürz nuanciert mit seinem raffinierten Aroma das Fleisch des Perlhuhns. Braten Sie die Filets nur kurz in heißem Öl an, damit sie eine schöne Farbe bekommen, aber ihre Zartheit bewahren.

Auf diese Art können Sie auch viele andere Geflügelsorten zubereiten, vorausgesetzt, daß ihr Geschmack gut zu den vielen asiatischen Gewürzen paßt. Servieren Sie das Gericht heiß.

1. Die Filets mit der Haut herausschneiden und 24 Stunden in die Marinade legen. Die Schenkel ablösen, entbeinen, Sehnen und Fett entfernen. Die Shiitake-Pilze in Wasser einweichen. Die Leber klein schneiden, mit der Sauce aus schwarzen Bohnen und der Petersilie mischen. Für den Teig 50 ml kochendes Wasser über das Mehl und 1 Prise Salz gießen, einen glatten Teig daraus machen, ruhen lassen.

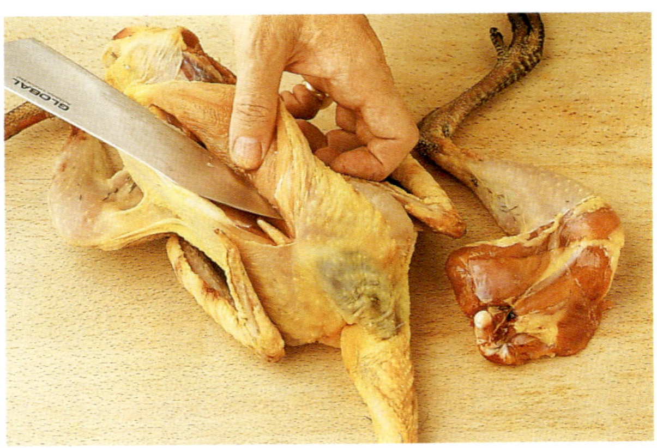

2. Den Teig ausbreiten und Scheiben von 8 cm Durchmesser ausschneiden. Auf jede 1 Teelöffel Leber-Bohnen-Füllung legen, dann durch Zusammendrücken der Ränder schließen. Diese Ravioli in kochendem Öl anbraten, dann 1 Eßlöffel Wasser zufügen. Abdecken und im Dampf fertigkochen.

asiatische Art

3. Das Fleisch der Schenkel in Stücke schneiden, dann Zwiebeln und Chili klein hacken und mit den übrigen Zutaten mischen. Eine kleine Menge ungekochter Nudeln mit 1 Eßlöffel dieser Mischung garnieren. Das Ganze zu einem Nest rollen und in heißem Öl anbraten. Warm stellen.

4. Den geschälten und in schmale Streifen geschnittenen Paprika zusammen mit dem in 1 cm breite Streifen geschnittenen Chinakohl, den in ihrem Einweichwasser gekochten Shiitake-Pilzen und den halbierten Maiskolben andünsten. Die Nudeln vorkochen und abschrecken, die Filets in heißem Öl anbraten und ruhen lassen. Die Filets in Scheiben schneiden und auf den mit Austernsauce und Bratensaft garnierten Nudeln servieren.

Geschmorte Kalbsbacke

Vorbereitungszeit: *20 Minuten*
Kochzeit: *2 Stunden*
Schwierigkeitsgrad: ★★

Für 4 Personen

8		Kalbsbacken
1		Grünkohl
100	g	Puy-Linsen
4		Karotten
2		Schalotten

1/2		Knoblauchknolle
2		Zwiebeln
1/2		Lorbeerblatt
1		Thymianzweig
30	g	Gänseschmalz
30	g	Butter
500	ml	trockener Weißwein
1	l	Kalbsfond
etwas		Weinessig
50	ml	Olivenöl
1	Bund	Petersilie
		Salz und Pfeffer

Obwohl die Kalbsbacke mit ihrem hellrosafarbenen Fleisch zu den Innereien gehört, eignet sie sich sehr gut zum Schmoren. Sie ist zart und sollte lange bei schwacher Hitze köcheln. Das ist das Geheimnis eines guten Schmorbratens. Es sollte darauf geachtet werden, daß man die Backen regelmäßig wendet, um ein gleichmäßiges Garen zu erreichen. Wenn sie einmal gekocht sind, können Sie sie drei Tage aufheben. Sie werden noch schmackhafter, wenn Sie sie im voraus zubereiten und kurz vor dem Servieren aufwärmen.

Waschen und blanchieren Sie eine ausreichende Menge Grünkohlblätter von entsprechender Größe, um jede Backe darin einzuwickeln. Achten Sie darauf, daß die Kohlblätter nicht reißen, denn sie sollen auch etwas Sauce enthalten und daher dicht genug sein.

Möglicherweise haben die Mauren die Linsen in die französische Stadt Velay eingeführt, als sie sie im 7. Jahrhundert eroberten. Auf jeden Fall ist die grüne Puy-Linse (lateinisch »Lens esculenta«), die durch ein Gütesiegel ausgezeichnet ist, eine wahre Delikatesse. Man setzt die Linsen in kaltem Wasser auf, wobei sie reichlich mit Wasser bedeckt sein sollten. Da sie während des Kochens viele Unreinheiten abgeben, muß man sie mehrmals abschäumen. Es braucht also etwas Zeit, dieses köstliche Herbstgericht zuzubereiten.

1. Die Backen in Gänseschmalz anbraten, dabei mit der fetten Seite beginnnen. Dann den Knoblauch sowie ein Mirepoix aus Zwiebeln und 2 Karotten zufügen. Kalbsfond und Weißwein zugeben, salzen, pfeffern, abdecken und etwa 2 Stunden in einem auf 150 °C vorgeheizten Backofen schmoren lassen.

2. Die Kohlblätter in klarem Wasser waschen, dann in Salzwasser blanchieren. Abschrecken und abgießen. Die Linsen in einen Topf geben, mit kaltem Wasser bedecken. Die anderen 2 kleingeschnittenen Karotten zugeben. Mit Thymian und Lorbeer würzen und 20–25 Minuten bei schwacher Hitze köcheln lassen.

mit Linsen-Vinaigrette

3. Nach dem Schmoren die Backen abgießen, dann den Bratensaft durch ein Sieb geben und bis zur gewünschten Konsistenz reduzieren. Jede Backe mit etwas Sauce in ein Kohlblatt einwickeln. Das Ganze dann in Folie einwickeln, um es vor dem Servieren im Dampf wieder warm zu machen.

4. Die Vinaigrette mit Weinessig, Olivenöl, Salz und Pfeffer zubereiten. Die Linsen abgießen, mit den Schalotten und der gehackten Petersilie mischen. Mit Vinaigrette würzen. Die Linsen auf den Teller geben, darauf die zuvor mit Butter bestrichenen Schmorbacken legen. Die Sauce darum geben.

»Baeckeoffe«

Vorbereitungszeit: *1 Stunde*
Kochzeit: *1 Stunde*
Schwierigkeitsgrad: ★

Für 4 Personen

600	g	Rinderfilet
400	g	Kartoffeln
200	g	weiße Rüben
100	g	weißer Lauch
200	g	Wirsing
100	g	Karotten
1		Zwiebel
50	g	geriebener Meerrettich
250	ml	Riesling
750	ml	weißer Fond
		Salz und Pfeffer

Für die Marinade:

250	ml	Elsässischer Riesling
2		Karotten
2		Zwiebeln
einige		Knoblauchzehen
1		Bouquet garni
		Pfefferkörner

Im letzten Jahrhundert wurde dieses traditionelle, ländliche Gericht aus dem Elsaß am Vortag von den Hausfrauen mit drei Fleischsorten (Lamm, Rind und Schwein) in jeweils gleicher Menge zubereitet. Es wurde über Nacht in Weißwein mariniert, dann wurde das Gemüse zugefügt und das Ganze zum Bäcker gebracht, der es bei schwacher Hitze von 10 bis 12 Uhr im Backofen garte. So war es dann zum Mittagessen fertig.

Émile Jung schlägt Ihnen hier vor, das Rinderfilet auf diese Weise zuzubereiten. Das Filet ist das zarteste Stück vom Rind; nehmen Sie das Mittelstück, das man als das beste ansieht. Das Fleisch muß eine ganze Nacht lang mariniert werden, auf keinen Fall kürzer. Am Morgen lassen Sie das Gemüse (dem man noch Sellerie zufügen kann) köcheln, bis es schön zart ist. Eine Handvoll junge weiße Rüben, die reich an Vitaminen und Mineralsalzen sind, eignen sich sehr gut dazu. Der »Baeckeoffe« soll bei schwacher Hitze geschmort werden, damit das Fleisch rosa bleibt und ganz zart wird.

Sie können die regionalen Besonderheiten dieses Gerichts verstärken, indem Sie geriebenen Meerrettich zufügen, der von den Elsässern sehr geschätzt wird. Sie haben ihn auch über die Grenzen des Elsaß hinaus bekannt gemacht. Dieser große Rettich aus der Familie der Kreuzblütler hat einen sehr eigentümlichen Geschmack und sollte erst im letzten Moment gerieben werden, damit das ätherische Öl, das dem des Senfes ähnlich ist, sich nicht verflüchtigt. Man nennt den Meerrettich in Frankreich auch »deutschen Senf«, was angesichts seines reichlichen Gebrauchs in Deutschland gerechtfertigt ist.

1. Das Fleisch mit den in Scheiben geschnittenen Zwiebeln, dem halbierten Knoblauch, den schräg geschnittenen Karotten, dem Bouquet garni und ein paar Körnern weißem Pfeffer eine Nacht in 250 ml Riesling marinieren.

2. Die Kartoffeln, den Lauch, die weißen Rüben, Karotten und Zwiebeln in Scheiben schneiden. Den Wirsing blanchieren und in feine Streifen schneiden. Das ganze Gemüse im Schmortopf mit weißem Fond und 250 ml Riesling 30 Minuten kochen.

mit Rinderfilet

3. Das Rinderfilet dem Gemüse zufügen und 30 Minuten abgedeckt kochen lassen. Das Filet wieder herausnehmen und 10 Minuten ruhen lassen, dann in 8 gleich große Teile schneiden. Das Gemüse dazulegen, dabei nach Sorten und Farben abwechseln.

4. Mit Hilfe einer Kelle den Wirsing zu halbrunden Klößchen formen und auf den Teller legen. Den Kochsaft reduzieren und damit das Gemüse übergießen. 2 Scheiben Rinderfilet auf das Gemüse legen. Mit grobem Salz bestreuen und mit Meerrettich garnieren.

Spanferkel in

Vorbereitungszeit: *2 Stunden*
Kochzeit: *15 Minuten*
Schwierigkeitsgrad: ★

Für 4 Personen

800	g	Spanferkelrücken
200	g	Schweinekarree
200	g	Bauchnetz vom Schwein
200	g	Kartoffelpüree
500	g	Kartoffeln

1		Spitzkohl
		Mirepoix aus Sellerie, Karotte, Zwiebel und Lauch
250	ml	Geflügelfond
250	g	Butter
20	ml	Altbier
500	ml	Sahne
1		Eiweiß
		Thymian
		Rosmarin
		Salz und Pfeffer

Die Verbindung von Spanferkel und Altbier ist, das überrascht wohl keinen, bei uns in Deutschland weit verbreitet und verleiht vielen Festen mehr Glanz.

Die Erfahrung zeigt, daß man am besten ein Spanferkel von 3 bis 4 kg verwendet, das man am Stück braten kann. Sein schmackhaftestes Stück ist der Rücken, der am besten schmeckt, wenn Sie ihn schon ein paar Tage im voraus zubereiten. Damit das Fleisch auch eine schöne Färbung bekommt, sollten Sie es langsam braten; rechnen Sie mit zwei bis zweieinhalb Stunden für ein ganzes Spanferkel, aber natürlich mit viel weniger Zeit, wenn Sie nur den Rücken braten. Falls Sie kein Spanferkel bekommen können, ist es möglich, es durch Schweinefilet oder Milchlamm zu ersetzen.

Dieter Kaufmann verwendet ein leichtes Altbier aus Düsseldorf, das einen geringen Alkoholgehalt hat und sehr gut zu den anderen Zutaten paßt. Sie sollten es allerdings nicht kochen, sonst verliert es sein ganzes Aroma.

Zusammen mit den Kartoffelpüree-Klößchen macht sich das Altbier besonders gut. Sie sollten bevorzugt die Bintje wählen, aber auch andere Sorten wie die BF 15 oder kleine neue Kartoffeln können für dieses Gericht verwendet werden, ohne den Fleischgeschmack zu überdecken.

Die Kombination von Spanferkel und Altbier wird Ihre Gäste sicher begeistern. Wählen Sie als Beilage Chicorée oder ein Kohlgemüse.

1. Das Mirepoix mit Karotte, Zwiebel, Sellerie und Lauch zubereiten. Vom Schweinekarree Haut und Fett entfernen und die Rippen freilegen. Eine klassische Farce aus Sahne und Eiweiß mit Schweinefleisch und 1 Eßlöffel in Butter angebratenen Gemüse-Mirepoix zubereiten. Die Spitzkohlblätter blanchieren, trocknen und die Blattadern entfernen.

2. Das Karree würzen und mit Farce bestreichen. Den Rest des Kohls in feine Streifen schneiden, blanchieren und in Butter schmoren. Das Kartoffelpüree zubereiten.

Altbiersauce

3. Das Karree in die Kohlblätter und dann in das Bauchnetz einwickeln. In einer Schmorpfanne kräftig anbraten. Bei 220 °C etwa 6–7 Minuten im Backofen braten.

4. Knochen und Haut des Karree mit dem Rest des Gemüse-Mirepoix anbraten. Mit Altbier ablöschen. 1 Kelle Geflügelfond zugeben, reduzieren, dann etwas Butter unterrühren. Auf den Teller etwas Sauce geben, dann einen Klecks Kartoffelpüree und den Kohl dazu anordnen.

Lammrücken mit Datteln

Vorbereitungszeit: *1 Stunde 15 Minuten*
Kochzeit: *1 Stunde 15 Minuten*
Schwierigkeitsgrad: ★★★

Für 4 Personen

2		Lammrücken
4		Datteln
8		Chicorée
8		Schalotten
1	EL	Senf
1	l	Lammfond
4	EL	Rotweinessig
500	ml	Portwein
einige		frische Pfefferminzblätter
4		Sternanis
1	EL	Zucker
1	EL	Butter
		Salz und Pfeffer

Die Verbindung von Lamm mit Trockenfrüchten wird in Marokko sehr geschätzt. In Europa wird Lamm oft mit grobem Senf »auf traditionelle Art« gewürzt, der aus grob zerstoßenen Senfkörnern verschiedener Sorten hergestellt wird. Hier werden beide Traditionen vereint.

Unser Küchenchef hat dieses Gericht mit einem schottischen Lamm zubereitet, aber auch jedes andere Qualitätslamm ist geeignet, wie zum Beispiel die Salzwiesenlämmer. Ihr Fleisch ist durch die Weiden am Meer, die sie in der kurzen Zeit ihres Lebens abgrasen, stark jodiert. Das entbeinte Rückenstück, das gefüllt und in Hautstücke eingewickelt wird, muß zunächst etwa 10 Minuten braten, damit das Fett schmilzt. Die eigentliche Zubereitung findet dann im Backofen auf einem kleinen Kartoffelkissen statt: Auf diese Weise berührt das Fleisch nicht den Boden, und es wird gleichmäßiger gegart. Denken Sie daran, daß das Lammfleisch nach der Zubereitung etwas ruhen sollte, um seine ganze Zartheit wiederzugewinnen.

Die Dattel stammt ursprünglich aus Nordafrika und aus dem Mittelmeerraum. Sie enthält Phosphor und Kalzium, und ihre Verwendung in der Gastronomie übersteigt seit einiger Zeit den Rahmen des Desserts, das ursprünglich ihr einziger Wirkungskreis war. Sie sollten das Lamm mit ihrem saftigen, bernsteinfarbenen Fruchtfleisch füllen. Der Legende nach verdankt der Dattelhain von Marrakesch seine Entstehung den Dattelkernen, die die Arbeiter während des Baus der Königsstadt fortwarfen.

1. Die Filets aus dem Rücken herausschneiden und das Fett abschneiden. Die Haut von den Seitenlappen abziehen und das Fett entfernen. Leicht klopfen, um feine Scheiben zu erhalten. Die Datteln pürieren und mit dem Senf mischen.

2. Die Seitenlappen mit der Senf-Dattel-Mischung bestreichen. In jedes Hautstück ein Lammfilet einwickeln, dann zubinden.

und Senfkörnern

3. Die kleingeschnittenen Schalotten andünsten, mit Rotweinessig ablöschen und reduzieren, bis die Flüssigkeit verschwunden ist. Nochmals mit Portwein ablöschen und wieder reduzieren. Lammfond, Sternanis und einige Pfefferminzblätter zufügen. Ziehen lassen, passieren und warm halten.

4. Die Chicorée entblättern und blanchieren. Die Blätter in Butter und Zucker bei mittlerer Hitze schmoren, wobei sie eine goldene Farbe bewahren sollten. Die Lammrouladen in Butter rosa braten. Das Fleisch ruhen lassen, dann in 2 cm dicke Scheiben schneiden. Die Sauce auf den Teller geben und die Chicorée und 4 Lammscheiben darauf anordnen.

Geflügel aus Bresse mit

Vorbereitungszeit: *45 Minuten*
Kochzeit: *25 Minuten*
Schwierigkeitsgrad: ★★

Für 4 Personen

1		Bresse-Huhn à 2 kg
50	g	Totentrompeten-Pilze
50	g	Maiskörner
12		kleine Lauchstangen

100	g	Butter
500	ml	Zwiebelsaft
100	ml	Geflügelsaft
		Schnittlauch
		Salz und Pfeffer

Für den Sirup:

25	g	Zucker
50	ml	Wasser

Geflügelfleisch wurde lange Zeit als mager angesehen, so daß man seinen Genuß zeitweise sogar während der Fastenzeit erlaubte, wenn rotes Fleisch verboten war. Seit der Renaissance hat Geflügel, dank einer grundlegenden Veränderung des Geschmacks, wirklichen Eingang in die Gastronomie gefunden.

Die Poularde ist ein junges Huhn von 7 bis 8 Monaten, das noch keine Eier legt und das extra gemästet wird, um ein sehr feines Fleisch zu erhalten. Man muß die Qualität des Geflügels aus Bresse besonders hervorheben. Es hat viel Auslauf (10 qm^2 für jedes Tier), wird mit Mais und Milch gefüttert und ist von erstklassiger Güte.

Die mit Fleisch und Pilzen gefüllten Rouladen können im voraus zubereitet werden, so daß das Fleisch das Aroma der »Totentrompeten« in sich aufnimmt. Trotz ihres düsteren Namens haben diese kleinen Pilze einen köstlichen Geschmack, der hervorragend zum Geflügel paßt. Aufgrund ihrer Dicke sollten die Geflügelschenkel 10 Minuten im Dampf vorgekocht werden, bevor man sie mit den Flügeln zusammenbringt.

Mais harmoniert ganz hervorragend mit Geflügelfleisch und ist daher die ideale Beilage. Bei der Zwiebel handelt es sich um ein Grundnahrungsmittel, dessen Beschaffenheit sehr gut für Saucenfonds geeignet ist. Mit Hilfe des Zwiebelsaftes und einem Stück Zitrone läßt sich ein heller Karamel herstellen.

Für einen etwas herberen Geschmack kann man in der Jagdzeit das Bresse-Geflügel durch Fasan ersetzen.

1. Das Geflügel vorbereiten, indem Sie Filets, Flügel und Schenkel abtrennen und entbeinen. Mit einem Fleischklopfer die Stücke flachklopfen. Die kleinen Lauchstangen in Salzwasser kochen. Die Maiskörner leicht in Butter andünsten und zur Seite stellen.

2. Die Filets und die Totentrompeten kleinhacken. Schenkel und Flügel garnieren, zu einer Roulade rollen und binden. In Folie einwickeln und kühl stellen.

karamelisiertem Zwiebelsaft

3. Den Zwiebelsaft mit einem Mixer herstellen. Um die Hälfte reduzieren. Mit Zucker und Wasser ein Karamel zubereiten. Mit dem Zwiebelsaft reduzieren und 15 Minuten kochen. Butter und Geflügelsaft zufügen, dann abschmecken.

4. Die Schenkel 10 Minuten in Dampf kochen, dabei oft begießen, dann mit den Flügeln in einer Pfanne anbraten. Die Schenkel zweiteilen, die Flügel in Rosetten schneiden. Mit Maiskörnern und kleinen Lauchstücken bestreuen, Sauce darübergeben. Mit etwas Schnittlauch garnieren.

Gebratene Kalbsbrust mit

Vorbereitungszeit: *1 Stunde*
Kochzeit: *1 Stunde 30 Minuten*
Schwierigkeitsgrad: ★★

Für 4 Personen

$1^1/_2$	kg	entbeinte Kalbsbrust
1		Bouquet garni
1		kleine Zwiebel mit einem Zweig Gewürznelke
1		Petersilienzweig
einige		Sellerieblätter
		Salz und Pfeffer

Für die gebratenen Äpfel:

3		Äpfel zum Kochen

1		gehackte Zwiebel
$^1/_4$		Sellerieknolle
200	ml	Kalbsbrühe
1	TL	gemahlene Senfkörner
1	EL	Essig
1	TL	Senf
1	TL	Curry
30	g	Butter, Schnittlauch

Für den Rote-Bete-Salat:

2		rohe, mittelgroße rote Bete
1		Knoblauchzehe
1		gehackte Schalotte
75	ml	Sesamöl oder Traubenkernöl
		Saft von $^1/_2$ Zitrone
		Salz und weißer Pfeffer

Obwohl die Dänen die größten Fleischkonsumenten Europas sind, haben sie nicht so viele junge Milchkälber, die sich durch ein sehr zartes Fleisch auszeichnen. Ihre Kälber sind gewöhnlich älter als beispielsweise die französischen und bedürfen einer längeren Zubereitung, was die Liebhaber französischen Kalbsfleischs irritieren könnte.

Der Tendron ist der Muskel, der am meisten gearbeitet hat, was zu einem festen und schmackhaften Fleisch führt. Bei der Zubereitung sollte man die feine Fettschicht, die ihn einschließt, nicht entfernen, da diese garantiert, daß das Fleisch bei der Zubereitung zart bleibt. Das Gelingen des Gerichts hängt natürlich von Art und Länge der Zubereitung ab, doch man darf auch nicht das Salzen und Pressen außer acht lassen, das folgt, sobald das Fleisch aus der Brühe genommen wurde. Wenn Sie keinen Tendron bekommen können, nehmen Sie ersatzweise irgendein anderes Stück der Kalbsbrust.

Die Wahl der Zutaten entspricht der dänischen Tradition, die gern Kartoffeln mit Äpfeln zusammen serviert. Sie sollten Bintje oder Frühkartoffeln beziehungsweise den Boskop wählen, dessen festes Fruchtfleisch und säuerlicher Geschmack hervorragend zu dem mit Senfkörnern gewürzten Bratengericht paßt.

Dänemark hatte schon sehr früh einen bedeutenden Gewürzhandel mit den westeuropäischen Ländern, wodurch der Curry, der in Dänemark traditionell für Weihnachtsgerichte verwendet wird, Einzug in die Landesküche hielt.

1. Den Tendron mit Wasser bedecken und mit Gemüse und Salz im geschlossenem Topf kochen und von Zeit zu Zeit abschäumen.

2. Nach $1^1/_2$ Stunden Kochen das Fleisch herausnehmen und leicht salzen, mit einem Blatt Backpapier bedecken und pressen. Die Brühe durchs Sieb geben, reduzieren, bis die gewünschte Konsistenz erreicht ist. Die rote Bete in feine Scheiben schneiden und mit etwas Öl, Zitronensaft, Knoblauch, gehackter Schalotte und Pfeffer marinieren.

Äpfeln und roter Bete

3. Für das Gebratene die ungeschälten Äpfel in 5 mm große Würfel schneiden, ebenso die Sellerie. Die Zwiebel mit Curry und Senfkörnern in Butter andünsten. Mit Essig und Senf ablöschen. Die Kalbsbrühe zufügen, reduzieren und durch ein Sieb geben. Butter zufügen und zur Seite stellen.

4. Das Fleisch in etwas Brühe wieder warm machen, dann in Scheiben schneiden. Die Sellerie- und Apfelwürfelchen bei großer Hitze anbraten, mit der Sauce vermischen und würzen. Den Rote-Bete-Salat extra servieren.

Hühnchen mit Artischocken,

Vorbereitungszeit: *30 Minuten*
Kochzeit: *15 Minuten*
Schwierigkeitsgrad: ★

Für 4 Personen

4	Hühnerbrüste
4	Artischocken
2	Fenchel
4	getrocknete Tomaten
200 ml	Olivenöl
20 ml	Balsamessig
4	Rosmarinzweige
	Petersilienblätter
	Salz und Pfeffer

Die Kunst, Tomaten zu trocknen, wird in Italien von Generation zu Generation weitergegeben. Zuerst werden die halbierten Tomaten an langen Schnüren in der Sonne getrocknet, dann werden sie mit Gewürzen in Olivenöl eingelegt, was ihnen das typische intensive Aroma verleiht. Für dieses Rezept verwenden Sie möglichst ganz frische Gemüse: Tomaten, Fenchel, Artischokken. Bei den letzteren greifen Sie am besten zu den kleinen violetten aus dem Süden, deren Enden Sie abschneiden sollten, um die faserigen Teile zu entfernen. Man kann sie roh oder gekocht essen, mit mehr oder weniger komplizierter Zubereitung.

Die Hühnerbrüste sollten von einem Geflügel guter Qualität stammen, möglichst mit Gütesiegel: Dies garantiert Ihnen, daß die Tiere gut gefüttert und gut gehalten werden, wodurch das Fleisch schmackhafter und weniger fett wird.

Sie sollten zuerst den Fenchel zubereiten, da er länger gekocht werden muß. Dann kommen der Reihenfolge nach die Artischocken, die Tomaten und die Hühnerbrüste. Das Gemüse sollten Sie nicht anbraten. Nach einer kurzen Kochzeit auf dem Herd wird die weitere Garzeit im vorgeheizten Backofen fortgesetzt.

Der Balsamessig aus Modena ist ein exzellentes Produkt, das in Fässern mit unterschiedlichen Essenzen heranreift und dessen unnachahmlicher Geschmack Ihr Gericht veredeln wird. Aufgrund des hohen Preises wird er aber nur vorsichtig dosiert. Der Rosmarin verfügt über einen typisch südländischen und kraftvollen Charakter, weshalb auch er sparsam verwendet werden sollte.

1. Fenchel, Artischocken und getrocknete Tomaten zerkleinern. In einem Tontopf mit Olivenöl und Rosmarin andünsten, dabei jedoch nicht bräunen.

2. Die Hühnerbrüste würzen und den Gewürzen zufügen. Etwas Wasser zugeben. Den Tontopf schließen und 6–7 Minuten bei 220 °C in den Backofen geben.

Fenchel und Tomaten

3. *Anschließend die Hühnerbrust herausnehmen und in feine Scheiben schneiden.*

4. *Die Petersilie dem Gemüse zugeben und mit Balsamessig ablöschen. Die Gemüsebeilage in der Mitte des Tellers anordnen, darauf die Hühnerbrust legen. Mit etwas Öl begießen und mit einem Rosmarinzweig garnieren.*

Spanferkel im Honigmantel

Vorbereitungszeit: *1 Stunde*
Kochzeit: *45 Minuten*
Schwierigkeitsgrad: ★★

Für 4 Personen

1/2		Schweinerücken à 3 kg, mit Niere
1		Banane
1/2		Zitrone
2		Äpfel (Golden Delicious)
20	g	frische Preiselbeeren
2	Blätter	Brikteig
150	ml	Schweinesaft (mit den Knochen zubereitet)
100	ml	Kalbssaft
200	ml	Traubenkernöl
150	ml	Olivenöl
20	g	Honig
20	g	Zucker
		Butter
		Salz und Pfeffer

Für die Füllung:

1		Schweineniere
50	g	Semmelbrösel
10	g	grüner Pfeffer
10	g	Petersilie

Für die Gewürzsauce:

40	g	Gewürze (Curry, Zimt, Kümmel, Koriander und Ingwer)
200	ml	Brühe

Das Spanferkel hat weißes und bemerkenswert zartes Fleisch. Ein 4 bis 8 Wochen altes Spanferkel ist genau richtig für dieses Rezept, dessen scheinbar komplizierte Zubereitung Sie nicht erschrecken sollte. Das Spanferkel wird schon seit dem Mittelalter geschätzt und ergibt die köstlichsten Gerichte. Fast alle Teile von ihm sind genießbar. Sein Fleisch, das mitunter von etwas weicher Konsistenz ist, ist sehr kalorienarm. Sogar seine Haut ergibt – in feine Streifen geschnitten und braun gebraten – ein köstliches Gericht.

Es ist nicht immer einfach, den Schweinerücken zu entbeinen; man muß darauf achten, das Fleisch nicht etwa mit einem Knochensplitter zu verletzen, und sollte daher sehr sorgfältig vorgehen. Streichen Sie die Haut mit Olivenöl ein, bevor Sie das Spanferkel in den Backofen legen, damit sich die Hitze besser verteilen kann und das Fleisch gleichmäßig gebraten wird. Außerdem sollten Sie das Fleisch regelmäßig mit seinem Saft begießen, weil seine Haut so knuspriger wird. Lassen Sie das Fleisch vor dem Servieren ein paar Minuten ruhen, damit es saftiger ist und seinen Geschmack voll entfalten kann.

Die Füllung kann in dreierlei Weise gewürzt werden: mit frischem grünem Pfeffer, der ziemlich selten und sehr stark ist, mit getrocknetem grünem Pfeffer, den man vor der Verwendung wieder in Wasser quellen lassen sollte, oder mit grünem Pfeffer aus einer Salzlösung, den man zuvor in kaltem Wasser spült.

Für die Obstbeilage kommen vor allem sehr reife, aromatische Äpfel und Bananen in Betracht, aber Sie können auch ein paar in Streifen geschnittene Ananasscheiben nehmen.

1. Den Rücken mit der Außenseite nach oben legen und die Rippen herausschneiden. Jede Rippe einzeln entbeinen und die Wirbelsäule herauslösen. Die Filets ausschneiden und die Nieren sorgfältig von Gefäßen befreien.

2. Die Banane in 4 cm lange Streifen schneiden. Mindestens 30 Minuten in Traubenkernöl mit etwas Zitronensaft marinieren. Jedes Brikteigblatt vierteln und die Bananenstreifen darin einwickeln. Die Äpfel in Würfel schneiden, zuckern und Zitrone zugeben. Leicht in Butter karamelisieren.

mit Gewürzsauce

3. Den Rücken mit einer Mischung aus Pfeffer, Semmelbröseln, gehackter Petersilie und Niere füllen, dann zusammenbinden. 45 Minuten im Backofen mit Butter und etwas Olivenöl braten. Anschließend den Faden entfernen. Mit Honig bestreichen und auf der obersten Schiene im Backofen leicht karamelisieren lassen.

4. Die Bratpfanne entfetten. Die mit Brühe abgelöschten Gewürze, dann den Schweine- und Kalbssaft zufügen und reduzieren. Durch ein Sieb geben und die Butter unterrühren. Die Bananen in Butter anbraten. Das Spanferkel in 1/2 cm dicke Scheiben schneiden, auf jeden Teller 2–3 Scheiben geben, 2 Bananenstreifen, 2 Eßlöffel Äpfel und Preiselbeeren zufügen. Die Sauce darübergeben.

Kutteln nach

Vorbereitungszeit: *1 Stunde*
Kochzeit: *2 Stunden*
Schwierigkeitsgrad: ★★

Für 4 Personen

1½	kg	Kutteln
		Suppengrün
2		Eier
100	g	Mehl
200	g	Semmelbrösel

Für die Sauce:

		Reste der Kutteln
1		Schwarte
2		Tomaten
1		Zwiebel
1		Karotte
½		Knollensellerie
200	g	Kartoffeln
50	g	Butter
4		Cornichons
1	TL	Tomatenmark
500	ml	Geflügelfond
100	ml	Madeira
250	ml	trockener Weißwein
		Thymian, Lorbeerblatt
		Petersilie
		Salz und Pfeffer

Für dieses Rezept empfiehlt Léa Linster den oberen Teil des Pansens, den Sie bereits blanchiert kaufen sollten. Er wird weitere zwei Stunden gekocht und anschließend in kleine Stücke geschnitten und paniert mit Butter in einer Pfanne gebraten. Der Luxemburger Rindermagen wird auf Letzeburgisch »Kuddelfleck« genannt und hier auf traditionelle Art zubereitet.

Man sollte Kutteln guter Qualität wählen, damit sie bei der Zubereitung zart bleiben. Die Scheiben müssen ganz gerade geschnitten werden. Wenn Ihr Stück vorher nicht blanchiert wurde, sollten Sie die Zubereitungszeit ganz einfach verdoppeln.

Anschließend bereiten Sie die Sauce ganz nach Ihrem Geschmack zu. Unsere Küchenchefin verwendet dazu Weißwein und Madeira, da sie so eine braune Sauce mit köstlichem Aroma erhält, die dann die Kartoffeln einer möglichst mehligen Sorte durchdringt.

Dieses sehr nahrhafte Gericht wird für den Winter empfohlen, und das ist auch die Jahreszeit, in der man es früher, vor der Erfindung des Kühlschranks, zubereitete; die Temperatur war dann besser für die Konservierung geeignet. Man schlachtete das Rind und verzehrte zunächst seine schnell verderblichen Teile.

1. Für die Sauce die Haut der Kutteln, die in Stücke geschnittene Schwarte, ein Mirepoix aus Karotten, Zwiebeln und Sellerie, Thymian und Lorbeer anbraten. Mit Wein und Madeira ablöschen, reduzieren. Den Geflügelfond und das Tomatenmark zufügen und reduzieren, bis die gewünschte Konsistenz erreicht ist. Durch ein Sieb geben und Butter unterrühren.

2. Die Kutteln mit Suppengrün 2 Stunden in Wasser kochen. Abgießen, abkühlen lassen und in Rauten schneiden. In Mehl, Eigelb und schließlich in Semmelbröseln wenden. Die kleinen Cornichons ebenso wie die gehäuteten und entkernten Tomaten in Würfel schneiden.

Luxemburger Art

3. Die Kutteln bei mittlerer Hitze in Butter goldbraun braten.

4. Die Kartoffeln in Salzwasser kochen, dann in eine Püree-Presse geben. Zum Schluß die Cornichon- und Tomatenwürfel der Sauce zugeben, würzen und kühl stellen. Auf jeden Teller 2 Stücke der Kutteln, etwas Kartoffeln und einen großen Löffel Sauce zufügen. Mit ein paar in Butter angedünsteten Petersilienblättern garnieren.

Gebratene Lammschulter

Vorbereitungszeit: *30 Minuten*
Kochzeit: *16 Minuten*
Schwierigkeitsgrad: ★★

Für 4 Personen

1		Lammschulter à $1^1/_2$ kg
40		Karotten mit Kraut
1		große Kartoffel
300	g	glatte Petersilie
30	g	Koriander
30	g	Basilikum
30	g	Kerbel
70	g	Butter
300	ml	Lammsaft
2	EL	Honig aus Savoyen
		Olivenöl
		Salz und Pfeffer

Die in Rosenform geschnittenen Kartoffeln sind in Savoyen echte Familientradition, wo sie oft zum Kaffee gereicht werden und um die sich dann die Kinder streiten. Im 19. Jahrhundert, etwa 100 Jahre nach ihrer Einführung in Mitteleuropa, waren die in Schweineschmalz gebratenen Kartoffeln eine Luxusbeilage bei Festessen, wo man sogar ihre Schale sehr schätzte. Diese »Kartoffelrosen« verleihen Ihrem Gericht nicht nur eine savoyardische Note, sondern dekorieren es auch auf eine sehr originelle Art.

Das Lamm gilt als Symbol der Reinheit und ist seit Jahrhunderten mit einer Reihe mystischer Traditionen verbunden; bei den drei großen monotheistischen Religionen (Judentum, Christentum und Islam) gehört es auf unterschiedliche Weise zu den höchsten Festen.

Das junge Lamm von Pauillac paßt unbestritten am besten zu diesem Gericht; es wird im Herzen der Weinberge des Médoc gezüchtet und übertrifft im Geschmack die meisten seiner Artgenossen. Sein Fleisch muß glänzend und fest sein, eine schöne Farbe haben und sich doch zart anfühlen. Die Schulter ist ein sehr zartes Stück mit wenig Fett. Es läßt sich leicht zubereiten und ist preiswerter als die Keule oder das Karree. Sie sollten darauf achten, es nach dem Braten etwas ruhen zu lassen, bevor Sie es aufschneiden.

Für das Gleichgewicht der verschiedenen Geschmacksnoten spielt die Dosierung der aromatischen Kräuter eine große Rolle. Sie verwenden am besten frische Kräuter, die einen reicheren Geschmack haben, und fügen Sie Cayennepfeffer hinzu, wenn Sie Ihrem Gericht eine südländische Note verleihen wollen.

1. Die Lammschulter auf die Arbeitsplatte legen und das überflüssige Fett abschneiden. Die Stiele der Kräuter entfernen, Kräuter waschen, dann 5 Minuten in kochendes Salzwasser geben. Gut abgießen, pürieren und durch ein feines Sieb geben. Die Karotten schälen, 2 cm Kraut stehen lassen, 5–6 Minuten in Salzwasser kochen, unter eiskaltem Wasser abschrecken.

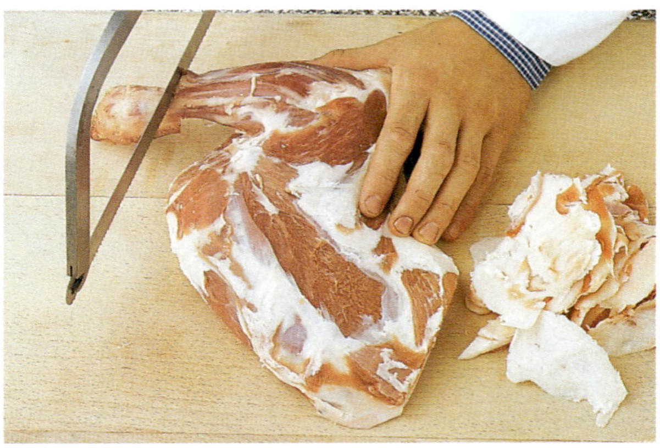

2. Den Lammsaft reduzieren, Butter unterrühren und das Kräuterpüree zufügen, dann würzen und warm stellen. Ein Blech mit etwas Olivenöl heiß machen. Die Schultern salzen und pfeffern, anbraten, dann 16 Minuten bei 200 °C im Backofen braten, dabei jede Seite 8 Minuten. Auf einem mit Alufolie bedeckten Rost ruhen lassen.

mit Kartoffelrosen

3. Dann 2 Eßlöffel Honig in einen Topf geben, goldbraun werden lassen, die Karotten und etwas Butter zufügen, würzen. Auf einer Servierplatte die Karotten auf die Seite und die Lammschulter in die Mitte legen. Etwas Kräutersaft darübergeben, den Rest in einer Saucenschüssel servieren.

4. Eine große Kartoffel schälen, mit Hilfe eines Küchengerätes zu einem langen, dünnen Band schneiden. Das Band so zusammmenrollen, daß es die Form einer Rose annimmt. In 170 °C heißes Öl geben. Wenn sie gebräunt ist, herausnehmen und das überschüssige Öl mit einem Küchenpapier aufnehmen; salzen.

Ziegenbraten nach

Vorbereitungszeit: *1 Stunde*
Kochzeit: *50 Minuten*
Schwierigkeitsgrad: ★★

Für 4 Personen

1		Zicklein à 3 kg
1	Bund	kleine Zwiebeln
24		kleine Kartoffeln
2		Knoblauchzehen
		Olivenöl
		Salz und Pfeffer

Zum Begießen:

50	ml	Vinho verde
200	ml	Wasser

Für die Paprikapaste:

2		Knoblauchzehen
1	TL	edelsüßer Paprika, gemahlen
100	ml	Brandy (oder Cognac)
100	ml	Olivenöl
1		Lorbeerblatt
		Petersilie

Für den gehackten Spinat:

500	g	Spinat
3		Knoblauchzehen
1	TL	Mehl
50	ml	Olivenöl
		Essig

In Portugal findet man in den Metzgereien im Flachland eher Lämmer und im gebirgigen Norden eher Zicklein. In den Dörfern in der Gegend von São Jao Porto wird zum Ziegenbraten der portugiesische Weißwein Vinho verde gereicht. Die vornehmste Art der Zubereitung kennt man jedoch in der Universitätsstadt Coimbra, wo man für das berühmte »chanfana de cabro« vor allem die Schenkel verwendet. Falls Ihnen der Eigengeschmack des Zickleins zu stark ist, können Sie es auch durch ein Milchlamm ersetzen.

Sie sollten das Fleisch nur sehr langsam und bei mäßiger Hitze braten. Bleiben Sie die ganze Zeit in der Nähe des Backofens, und vergessen Sie vor allem nicht, etwa jede Viertelstunde »das Gericht zu erkälten«: Mit dieser Redensart wird in Nordportugal auf den Luftzug angespielt, der entsteht, wenn man die Backofentür öffnet, um den Braten zu begießen.

Dann können Sie Ihren Gästen das Fleisch nach portugiesischer Sitte gut gebraten servieren, mit einer knusprigen, goldbraunen Haut und einem ganz besonderen Geschmack, der von der Paprika-Brandy-Mischung herrührt, mit der Sie die Haut während des Bratens bestrichen haben. Dieses kräftige und traditionelle Gericht wird Ihnen an langen Sommerabenden sicher willkommen sein.

Man kann das Gericht variieren, indem man es ähnlich wie bei Hammelragout mit einem Gemüseallerlei statt mit Knoblauchspinat serviert, wie es hier unsere Küchenchefin vorschlägt.

1. Das Zicklein von Sehnen und Fett befreien, in Viertel teilen und Keule, Karree, Rücken und Schulter herausschneiden.

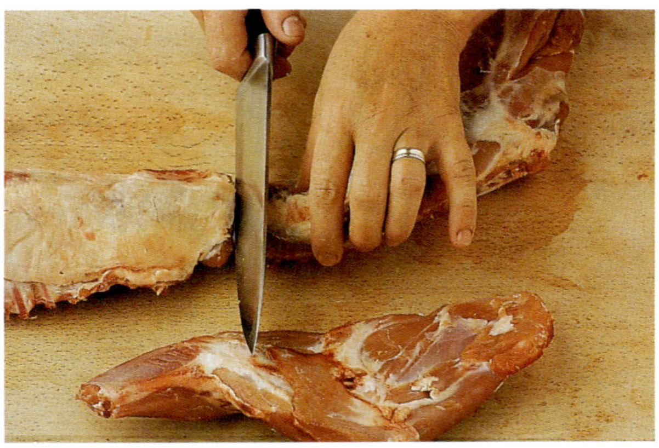

2. Den Knoblauch fein hacken, mit edelsüßem Paprika, Brandy und Olivenöl mischen, Petersilie und Lorbeer zufügen und cremig rühren. Die Kartoffeln und Zwiebeln für die Beilage zubereiten. Schälen, in eine Form setzen. Gehackten Knoblauch, Olivenöl, Salz und Pfeffer zugeben. 20 Minuten im Backofen backen.

portugiesischer Art

3. Die Zickleinstücke mit der Paprikamischung bestreichen. Dann etwa 1 Stunde kühl stellen. Dann das Zicklein bei 160 °C im Backofen braten. Jede Viertelstunde mit einer Mischung aus Weißwein und Wasser übergießen. Aus dem Backofen herausnehmen und den Bratensatz mit etwas Wasser ablöschen und durch ein Sieb geben.

4. Den Spinat in sprudelndem Salzwasser kochen, abschrecken, abgießen und zerkleinern. Kurz vor dem Servieren den Knoblauch in Olivenöl andünsten und den gehackten Spinat zugeben. Mit dem Mehl bestäuben, umrühren, etwas Essig dazugeben und heiß servieren. Auf einem Teller 1 Scheibe von jedem Fleischstück und die Beilagen anrichten und die Sauce darübergeben.

Crêpinette vom Rehrücken

Vorbereitungszeit:	*2 Stunden*
Kochzeit:	*30 Minuten*
Schwierigkeitsgrad:	★★

Für 4 Personen

Für die Farce:

100 g	Rehfleisch, 30 g Gänseleber
je 20 g	Speck, Morcheln, Shiitake-Pilze und Pfifferlinge
40 ml	Sahne, 10 ml Portwein
	Thymian, Rosmarin
	Salz und Pfeffer

Für den Rotkohl:

1	Rotkohl
2	Äpfel (Delicious)
2	Schalotten, 1 Peperoni
20 g	Butter, 2 Gewürznelken
500 ml	Rotwein, 4 Wacholderbeeren
etwas	Zucker, Salz
	weiße Pfefferkörner

Für die Lebkuchensauce:

50 g	Lebkuchen, 500 ml Rehfond
250 ml	Rotwein, 40 ml Portwein
6	Wacholderbeeren, Thymian

Für die Crêpinettes:

4	Rehmedaillons à 100 g
1	Bauchnetz vom Schwein
	Erdnußöl, Salz und Pfeffer

Für die Spinatspätzle:

100 g	junger Spinat
160 g	Mehl (Type 405), 3 Eier
1 EL	Wasser, Salz

Wer erinnert sich nicht an den Lebkuchenmann? Dieter Müller bleibt dieser Tradition treu und bereichert sie sogar noch mit einer Sauce aus Lebkuchen und Portwein.

Damit Ihnen die Sauce gelingt, nehmen Sie einen nicht oder kaum gesüßten Lebkuchen. Wenn Sie Portwein-Liebhaber sind, können Sie die Qualitäten der verschiedenen Sorten ausprobieren: Der »Ruby« (der jüngste Portwein, den man an seiner Farbe erkennt), der Jahrgangs-Portwein (der älteste von den Jahrgängen, die in Flaschen abgefüllt sind) und der »Tawny« (»der Rötliche«), mit einem feinen Bukett.

Die Hauptrolle in diesem Rezept spielt das Reh, das in der Jagdsaison fast überall auf den Speisekarten zu finden ist. Das Fleisch eines jungen Rehs wird ganz frisch, nicht abgehangen oder gar mariniert, zubereitet. Nehmen Sie einen Rehrücken, aus dem Sie die Filetnüßchen herausschneiden. Mit Haut, Fett, Sahne und den würzigen Pilzen bereiten Sie eine feste, schmackhafte Füllung zu, die in das Bauchnetz eingerollt wird. Rehfleisch können Sie auch durch einen Hasen oder junge Tauben ersetzen.

Spätzle gibt es in verschiedenen Farben. Für dieses Rezept werden die Spätzle mit Spinat grün gefärbt.

1. Die kleingeschnittenen Pilze mit den Leberwürfeln braten. Das Rehfleisch und den Speck in Würfel schneiden, würzen und durch die feine Scheibe des Fleischwolfs drehen, dann in den Mixer geben. Gänseleber, Portwein, Wacholder, Rosmarin, Thymian und geschlagene Sahne zufügen. Die Rehfilets auf beiden Seiten kräftig anbraten und sofort kalt stellen. Auf jedes Bauchnetzstück ein Medaillon legen, 1/2 cm dick mit Füllung bestreichen und zusammenrollen.

2. Für die Lebkuchensauce Rehfond, Portwein, Rotwein, Thymian, Wacholderbeeren und den zerkleinerten Lebkuchen mischen. Um die Hälfte reduzieren. Durch ein Sieb geben. Wieder auf den Herd stellen und bis zu einer sirupartigen Konsistenz reduzieren. Die großen Rotkohlblätter blanchieren. Für die Roulade zur Seite legen.

mit Lebkuchensauce

3. Das Herz des Kohls in feine Streifen schneiden. Die Äpfel schälen, in feine Scheiben schneiden und mit den Nelken, der Peperoni, den Wacholderbeeren, dem Wein und dem Kohl mischen. 48 Stunden marinieren. Die Schalotte in Butter andünsten, den marinierten Rotkohl und 1 Eßlöffel Zucker zufügen, salzen, abdecken und 25–30 Minuten im Backofen schmoren. In die Kohlblätter einrollen.

4. Den Spinat in Salzwasser kochen, abschrecken und ausdrücken. Pürieren, das Mehl, die Eier und 1 Eßlöffel Wasser zufügen. Den Teig in einer Schüssel gut durchkneten. Die Spätzle schaben und in reichlich kochendem Salzwasser ziehen lassen. Abschrecken und mit etwas Butter wieder in der Pfanne erhitzen. Auf dem Teller anrichten.

Hähnchen nach katalanischer

Vorbereitungszeit: *1 Stunde 15 Minuten*
Kochzeit: *1 Stunde 10 Minuten*
Schwierigkeitsgrad: ★★

Für 4 Personen

1		Hähnchen aus Prat à 2 1/2 kg
8		Seegurken
4		Krabbenköpfe
8		Garnelen
2		Seeigel
1		Hahnenkamm
1/2	EL	gegrillte, gewürfelte Paprika
100	ml	Weißwein aus Panedes
250	ml	Hühnerbrühe (ohne Salz)
50	ml	Crème double
		Olivenöl
1		Tomate

Für die geschmorten Gemüse und Kräuter:

1		Tomate
1		Zwiebel
1		Lauch
1		Staudensellerie
1		Knoblauchzehe
		Lorbeer, Thymian
8		Safranstempel

Vorgeschlagene Beilage:

120	g	frische Nudeln

Dieses neue Beispiel für eine Dreiecksbeziehung verbindet ein Geflügel, ein Schaltier und eine sehr ungewöhnliche Meeresfrucht. Bei letzterem handelt es sich um eine Seegurke, die man fast für ein Gemüse halten könnte. Tatsächlich ist die Holothurie ein Echinoderme aus großen Tiefen, mit einer fast zylindrischen Form. Sie ist zwar in allen Meeren heimisch, doch wird sie vor allem in Asien und im Pazifikraum gegessen. In China werden die geräucherten Holothurien unter dem Namen »trepang« verkauft. Sie sollten die Seegurken sehr schnell mit Knoblauch anbraten, um zu verhindern, daß sie ihr Wasser verlieren.

Man kann das Geflügel aus Katalonien nicht genug loben. In Prat, unweit von Barcelona, werden kräftige Landhähnchen gezüchtet, die bei einer Geschmacksprobe mit einem Preis ausgezeichnet wurden. Der Hahnenkamm verleiht dem Gericht durch seine Farbe und Konsistenz eine individuelle Note.

Die Garnelen werden auf katalanische Art serviert, das heißt mit geschältem Schwanz aber mit vollständigem Kopf. Das wird Ihren Gästen mögliche Schwierigkeiten beim Öffnen der feinen und zerbrechlichen Schale ersparen.

Die Zubereitungszeiten der Zutaten sind sehr unterschiedlich und sollten sorgfältig beachtet werden: 1 Stunde für das Hähnchen, die Garnelen jedoch nur 3 Minuten dämpfen. Schließlich wird der starke Jodgeschmack des Seeigelfleisches dieses köstliche Hähnchen um eine Nuance Meeresgeschmack bereichern.

1. Das Hähnchen in 8–10 Teile schneiden. Den Kamm in Stücke schneiden. Das Gemüse und die Kräuter in einer Schmorpfanne anbraten, die auch groß genug für das Hähnchen ist. Das Gemüse herausnehmen und zur Seite stellen.

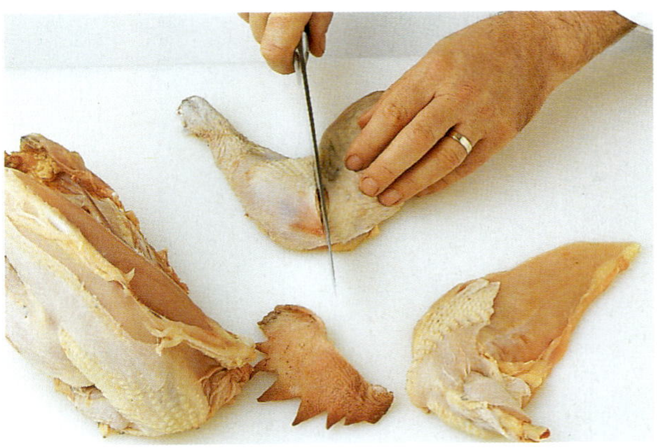

2. Die Hähnchenstücke in Olivenöl anbraten, dann das ganze Gemüse und den Hahnenkamm wieder zugeben.

Art mit Seegurke und Garnelen

3. Mit dem Weißwein ablöschen und um die Hälfte reduzieren. Die Brühe, die Tomate und die Krabbenköpfe zufügen. Etwa 1 Stunde abgedeckt köcheln lassen.

4. Die Seegurken 5 Minuten vor dem Servieren anbraten, den Kochsaft zur Seite stellen, um sie darin ebenso wie die Garnelen (mit ganzem Kopf, aber mit geschältem Schwanz), das Seeigelfleisch und die gehackte Paprika zu braten. Für die Sauce den reduzierten Saft durch ein Sieb geben, Salz, weißen Pfeffer und Crème double zufügen. Dazu frische Nudeln servieren.

Perlhuhn mit

Vorbereitungszeit: *2 Stunden*
Kochzeit: *15 Minuten*
Schwierigkeitsgrad: ★★

Für 4 Personen

1	Perlhuhn vom Bauernhof
4	kleine weiße Rüben (mit dem Kraut)
1	Schalotte
1	Bauchnetz
2	Scheiben Weißbrot, in Milch eingeweicht
2	Eier

150 g	Butter
1 EL	Öl
	Salz und Pfeffer

Für die Brunoise:

3	Karotten
1	Fenchel
3	Selleriestauden

Für den braunen Fond:

Karkasse vom Perlhuhn
Mirepoix aus Karotten, Zwiebel und Sellerie
Salz und Pfeffer

Das Perlhuhn heißt im Spanischen »pintada«, »die Bemalte«, da es ein schön gefärbtes Gefieder besitzt. Sein feines, dunkelrotes Fleisch eignet sich für viele Zubereitungsarten. Aus großer Entfernung kann man das Perlhuhn bereits erkennen, denn es macht sich durch ein äußerst lautes Kreischen bemerkbar.

Das Perlhuhn wiegt meist nicht mehr als 1 kg und reicht damit gerade für 4 Personen. Auf französischen Bauernhöfen wird Geflügel bester Qualität gezüchtet. Die Tiere werden im Freien entsprechend den Vorschriften gehalten, so daß Sie bedenkenlos zugreifen können. Zuerst entbeinen Sie das Perlhuhn und schneiden dann das Fleisch von den Schenkeln ganz fein, denn daraus soll die Füllung entstehen.

Unser Küchenchef weist besonders auf die Qualität der Frühlingsgemüse seiner französischen Heimat, der Gegend um Nantes, hin. Er empfiehlt vor allem die weißen Rüben, die man in diesem Rezept zusammen mit dem Kraut verwenden sollte. Wie viele andere Frühlingsgemüse auch braucht man die weißen Rüben nur abzubürsten. Sie sind sehr gut bekömmlich und haben einen feinen Geschmack.

Vergessen Sie nicht, das Bauchnetz lange genug zu wässern, bevor Sie es verwenden, damit alle Verunreinigungen entfernt werden. Darin können Sie ohne Probleme die gefüllten Perlhuhnschnitzelchen einwickeln und sie so in der Pfanne anbraten, dabei sollten sie öfters gewendet werden.

1. Perlhuhn entbeinen. Für die Füllung Schenkel und das zuvor in Milch eingeweichte Weißbrot fein hacken. Eine Brunoise aus Karotten, Fenchel und einer Selleriestange schneiden. Gemüse-Brunoise in Butter mit der gehackten Schalotte andünsten, salzen und pfeffern. Das Ganze mit den Eiern vermischen.

2. Einen braunen Fond aus der Perlhuhnkarkasse, 1 Karotte, 1 Selleriestange und 1 kleingewürfelten Zwiebel herstellen. Wenn er fertiggekocht ist, durch ein Sieb passieren und reduzieren. Mit Salz und Pfeffer würzen. Aus den 2 Perlhuhnfilets 32 kleine Schnitzel schneiden, vorsichtig flach klopfen.

Nanteser Gemüse

3. Mit einer Tülle auf jedes Perlhuhnschnitzel 1 Teelöffel Füllung geben und dann in das zuvor gewässerte Bauchnetz einwickeln, so daß kleine Päckchen entstehen.

4. Aus den restlichen Selleriestangen 32 Stäbchen schneiden. In Salzwasser kochen und beiseite stellen. Die weißen Rüben über Dampf kochen. Die gefüllten Perlhuhnschnitzel in wenig Öl und etwas Butter unter häufigem Wenden anbraten. Die Sauce auf den Teller geben, in die Mitte eine weiße Rübe setzen, darüber etwas geschmolzene Butter geben, daß sie schön glänzt. Rundum abwechselnd Selleriestäbchen und Perlhuhnschnitzel anordnen.

Rehsalat auf Trüffel

Vorbereitungszeit: *45 Minuten*
Kochzeit: *50 MInuten*
Schwierigkeitsgrad: ☆☆

Für 4 Personen

800	g	Rehrücken (Filet)
2		Kohlrabi
50	g	Butter
20	ml	Balsamessig
20	ml	Haselnußöl
75	g	Salatmischung (oder Feldsalat, je nach Jahreszeit)
1	Bund	Thymian
		Petersilie,
		Salz und frisch gemahlener Peffer

Zum Pochieren der Trüffel:

1		Trüffel (50 g)
50	ml	Rotwein
50	ml	Hühnerbrühe

Für den Wildfond:

100	g	Karotten und Staudensellerie
2		Schalotten
20	g	Champignons
6		Wacholderbeeren, gehackt
6		schwarze Pfefferkörner
1/2		Lorbeerblatt
100	ml	kräftiger Rotwein
200	ml	Madeira
200	ml	Cognac
100	ml	Wildglace

Manchmal wird in der Küche nicht genau zwischen Reh und Hirsch unterschieden, auch wenn sie in der freien Natur gut auseinanderzuhalten sind. Das Reh gilt allgemein als der anmutigste Waldbewohner. Die 10 bis 12 Monate alten Jungtiere sind am schmackhaftesten und werden in der Jagdsaison von September bis Dezember verzehrt.

Unser Küchenchef, der in der Nähe des Schwarzwalds wohnt, hat das Privileg der Schweizer, auch im Sommer Rehe zu jagen. Seiner Erfahrung nach ist das Filet am besten für dieses Gericht mit Trüffel geeignet, das mit Kohlrabi kombiniert wird. Sie können das Fleisch vom jungen Reh, das eine schöne dunkelrote Farbe hat, ein bis zwei Tage in zerdrückten Wacholderbeeren und etwas Olivenöl marinieren. Es wird dadurch noch zarter und bekommt eine pfefferartige Geschmacksnote. Das magere Fleisch sollte dann mit einem sehr scharfen Messer in feine Scheiben geschnitten werden.

Die Beilage aus Trüffel und Kohlrabi hat ein kräftiges Aroma, das sich hervorragend mit dem Wildgeschmack ergänzt. Nehmen Sie eine frische und feste Trüffel, die Sie, wenn nötig, schälen können, aber ohne sie zuvor zu waschen. Kohlrabi ist auch in Osteuropa sehr beliebt und kann eine grüne oder violette Schale haben. Sie können ihn bei Bedarf auch durch weiße Rüben ersetzen.

Wenn Sie dieses Rezept außerhalb der Jagdsaison zubereiten wollen, empfiehlt unser Küchenchef, Geflügel zu verwenden, zum Beispiel Taube oder Perlhuhn, die hierfür gut geeignet sind.

1. Den Rehrücken entbeinen und von Fett und Sehnen befreien. Kühl stellen, die Knochen zerkleinern.

2. Für den Wildfond die zerkleinerten Knochen in einer Schmorpfanne anbraten, das kleingeschnittene Gemüse und die Champignons zufügen. Mit Cognac flambieren, mit Madeira und Wein ablöschen; die Gewürze und die Glace zufügen, so daß alles mit Flüssigkeit bedeckt ist. Bei schwacher Hitze 45 Minuten köcheln lassen; durch ein Sieb passieren und gründlich entfetten.

und Kohlrabi

3. Die Filets in einer Schmorpfanne 5 Minuten in Butter anbraten; sie sollen blutig sein. Warm stellen. Die Trüffel in Brühe und Rotwein pochieren; in feine Streifen schneiden. Kohlrabi schälen und in Salzwasser kochen, dabei knackig lassen, anschließend in feine Streifen schneiden.

4. Für die Vinaigrette den Trüffelsaft in die Schmorpfanne geben, in der die Rehfilets angebraten wurden. Um die Hälfte reduzieren; das Haselnußöl und den Essig zufügen. Die Trüffel- und Kohlrabistreifen in eine Salatschüssel geben. Die Haselnüsse hacken. In Butter anbraten und mit der Vinaigrette darübergeben. Mit Thymian und Petersilie dekorieren und mit Salat servieren.

Kaninchenfilet mit

Vorbereitungszeit: *1 Stunde*
Kochzeit: *1 Stunde*
Schwierigkeitsgrad: ★★

Für 4 Personen

2		Kaninchenrücken
250	g	Puy-Linsen
3		große Karotten
1		Lauchstange, nur der weiße Teil
2		Schalotten
1		Bouquet garni
90	g	Butter
2	EL	Sahne
		glatte Petersilie
		Salz und frisch gemahlener Pfeffer

Für die Sauce:

350	g	Karkassen
1		Zwiebel
1/2		Karotte
1		Knoblauchzehe
1	EL	Tomatenmark
300	ml	Weißwein
300	ml	Wasser
		Öl

Wenn man erst einmal das köstliche Gericht aus Kaninchen mit Puy-Linsen kennengelernt hat, wird man sicher sein vorschnelles Urteil über Kaninchen revidieren. Man sagt ihm zwar nach, daß es trocken sei, aber ein »lapin de France« ist im Gegenteil sehr saftig, vorausgesetzt, daß es nicht zu stark in reichlich Butter angebraten und gelegentlich gewendet wird.

Neben der Zubereitung des Kaninchens sollten Sie auch auf die Sauce größte Sorgfalt verwenden. Damit sie gelingt, muß sie gut reduziert werden. Die Sauce sollte kräftig schmecken – wenn sie zu fad ist, helfen Sie mit Gewürzen nach.

Die grüne Linse aus Le Puy ist eine der besten Linsensorten und widerlegt die weitverbreiteten Vorurteile gegen Linsen. Sie wird in der Vulkangegend des französischen Velay angebaut, sorgfältig ausgesucht, was ihr Qualitätssiegel rechtfertigt, und ist reich an Eisen und Vitaminen. Ihre hervorragende Qualität läßt Sie auch unangenehme Kantinenerlebnisse vergessen, an die Sie sich womöglich bei dem Wort »Linse« erinnern mögen. Aber dort handelt es sich um Linsensorten mit dicker Schale und fadem, mehligem Innenleben, die mit Puy-Linsen nur den Namen gemeinsam haben. In unserem Gericht sollten Sie die Linsen auch nicht bißfest kochen, sondern sie vielmehr fast verkochen lassen, so daß die Schale sich öffnet und sie ganz weich werden. Die Linsen bilden so zu den anderen Gemüsen, den Karotten und dem Lauch, die knackig bleiben sollten, einen schönen Kontrast.

1. Den weißen Abschnitt vom Lauch in 1 cm breite Streifen schneiden. In Salzwasser kochen, abschrecken und abgießen. Die Karotten schälen, eine in Würfel schneiden, aus den anderen Kugeln ausschneiden, in Salzwasser kochen. Dann die Schalotten fein hacken.

2. Die Kaninchenrücken von Fett und Sehnen befreien und in Würfel schneiden. Für die Sauce die Karkassen und die Vorderläufe in kleine Stücke schneiden. In Öl anbraten, Zwiebel und Karotte klein schneiden, den Knoblauch zufügen. Unter ständigem Rühren anbraten, entfetten und wieder auf den Herd stellen. Das Tomatenmark zufügen und Wasser und Weißwein angießen.

Linsen und Karotten

3. Bei schwacher Hitze 30 Minuten köcheln lassen. Die gehackten Schalotten andünsten, dann die Karotten, die gekochten Linsen, 2 Eßlöffel Sahne, 2 Eßlöffel Kaninchensauce und 30 g Butter zufügen. Ganz leicht köcheln lassen, bis es dickflüssig wird, zum Schluß würzen.

4. Die Kaninchenstücke würzen, in Butter unter ständigem Rühren anbraten, so daß sie nicht braun werden und 6 Minuten bei schwacher Hitze schmoren lassen. Die Karottenkugeln und die Lauchstreifen in Butter anbraten. Den Rest des Kaninchenjus 1 Minute bei starker Hitze kochen lassen, 40 g Butter mit dem Schneebesen unterrühren. Abschmecken und mit Petersilie dekorieren.

Schweinefilet mit Bäckerin-

Vorbereitungszeit:	*1 Stunde 30 Minuten*
Kochzeit:	*1 Stunde*
Schwierigkeitsgrad:	★★

Für 4 Personen

1		Schweinefilet à 600 g
40	g	geräucherter Speck
100	g	brauner Schweinsbratensaft
		Tomaten
40	g	Zitronenschale, gehackt
		Knoblauch, Salbei
		glatte Petersilie
		Olivenöl
		feines Salz und Pfeffer

Für die Garnitur:

6		Artischocken
500	g	Kartoffeln
1		Zitrone
2	EL	Tomatenmark
150	g	kleine Zwiebeln
50	g	Butter
250	ml	weißer Geflügelfond
		Olivenöl
		Knoblauch
		Bouquet garni
		Safran
		Petersilie
		Salz und Peffer

Bei diesem Rezept handelt es sich quasi um ein Familientreffen, denn Schweinefleisch, Kartoffeln, Artischocken und Salbei kommen in vielen Rezepten zusammen.

Schweinefleisch hat wieder an Ansehen gewonnen. Für dieses Rezept sollten Sie ein Filet mignon nehmen. Dieses wird aus der Spitze des Filets geschnitten und ist zart und mager. Das Fleisch sollte hellrosa sein und das Fett schneeweiß. Sie können auch ein Filet mignon vom Kalb nehmen.

Der Braten bekommt seinen vollen Geschmack, wenn er mit Geflügelfond begossen wird, der zuvor mit Gewürzen noch aromatischer gemacht wurde. Die hier vorgeschlagenen Gewürze (Knoblauch, Bouquet garni und Safran) können durch andere ergänzt werden.

Die Kombination aus Fleisch, Kartoffeln, Tomaten und Artischocken ist besonders reizvoll. Die Qualität des Filet mignon, aus dem die feinen Scheiben geschnitten werden, gibt dem Ganzen einen guten Zusammenhalt. Man sollte noch den kräftigen Geschmack des Salbei aus der Provence erwähnen, der hervorragend zu weißem Fleisch paßt.

In diesem Rezept können Sie Bekanntschaft mit den Poivrade-Artischocken machen, die man im Gegensatz zu ihren bretonischen Verwandten einfach roh und mit ein wenig Salz bestreut verzehrt oder mit einer Pfeffersauce, die diesen Artischocken auch ihren Namen verliehen hat. In der Provence benutzt man Artischocken auch als eine Art Barometer. Man hängt sie an eine Tür und kann am Öffnen und Schließen der Blätter sehen, ob die Sonne scheinen wird oder ob es Regen gibt.

1. Zwiebeln fein schneiden. In Butter schmoren. Mit den feingeschnittenen Kartoffeln mischen. In eine mit Knoblauch ausgeriebene Auflaufform geben. Die Kartoffel-Zwiebelschicht soll 1 1/2 cm dick sein. Mit dem Geflügelfond, in dem zuvor Knoblauch, Bouquet garni und Safran gezogen haben, bedecken. Im Backofen bei 200 °C im Wasserbad backen. Am Ende der Backzeit mit gehackter Petersilie bestreuen.

2. Die Artischocken tournieren und in Salzwasser mit etwas Zitronensaft kochen. In Scheiben schneiden, in Olivenöl und Butter anbraten, dann mit dem Tomatenmark binden.

Kartoffeln und Artischocken

3. Das Schweinefilet von Fett und Sehnen befreien und zusammenbinden. Würzen und mit Bauchspeck, Knoblauch, den Kräutern und den geschälten, entkernten und kleingewürfelten Tomaten anbraten. Wenn es gar ist, noch 10 Minuten warm halten. Mit dem Schweinsbratensaft ablöschen, durch ein Sieb passieren und die gehackten Zitronenschalen, den gehackten Salbei und das Olivenöl zugeben.

4. In die Mitte des Tellers eine Ringform legen, zuerst die Artischocken aufschichten, dann das Schweinefilet in Rosettenform darüber legen und zuletzt die Kartoffeln nach Bäckerin-Art, aus denen Sie ein gleich großes Stück mit einer Form ausgestochen haben. Die Sauce rundum geben.

Irish Stew

Vorbereitungszeit: *20 Minuten*
Kochzeit: *1 Stunde 30 Minuten*
Schwierigkeitsgrad: *★*

Für 4 Personen

$1^1/_2$	kg	Schulter oder Halsstück vom Lamm
225	g	Kartoffeln
225	g	Karotten
225	g	Lauch
225	g	kleine Zwiebeln
2		Thymianzweige
1	Bund	frische Petersilie
250	ml	Crème double
1	TL	Butter
		Salz und Pfeffer

Für dieses traditionelle irische Hammelragout nimmt man heute Lamm. Früher war es ein Essen für arme Leute; es wurde in einem einzigen großen Topf zubereitet und je nach Geschmack und finanziellen Möglichkeiten der Hausfrau mit verschiedenen Gemüsesorten kombiniert.

Das beste Fleisch stammt von Lämmern, die älter als 5 Monate sind und schon einen ausgeprägten Geschmack haben. Schulter oder Halsstück, die direkt am Knochen anliegen, sind besonders kräftig im Geschmack und vertragen ein langsames Kochen, bis das Wasser, in dem das Fleisch liegt, zum Sieden kommt.

Auf irischem Boden gedeihen die Kartoffeln reichlich und gut. Bereits im 16. Jahrhundert wurden dort zum ersten Mal Kartoffeln angebaut, deren Setzlinge man bei der Plünderung spanischer Schiffe erbeutet hatte. In Irland ist die Kartoffel ein Grundnahrungsmittel, das reichlich verzehrt wird und auch im Irish Stew eine wichtige Rolle spielt. Paul Rankin empfiehlt für dieses Rezept die Roseval, die auch noch nach einer längeren Kochzeit ihre Form hält.

Der Lauch wurde einst von dem französischen Schriftsteller Anatole France als »Spargel der Armen« bezeichnet. Seither hat er allerdings in den Küchen bedeutender Köche Einzug gehalten und gibt diesem Eintopf seinen feinen säuerlichen Geschmack. Der Lauch ist übrigens auch das Wahrzeichen des benachbarten Wales, was der Leibgarde des Prinzen von Wales den Spitznamen »Lauchmänner« eingetragen hat.

Dieser kräftige irische Eintopf ist genau das richtige für kalte Winterabende. Bei Bedarf können Sie das Lammfleisch auch durch Kalbsfleisch oder Kaninchen ersetzen.

1. Das Lammfleisch parieren und in Würfel schneiden. Die feine Fettschicht um das Fleisch herum entfernen und das Fleisch in einem großen Kochtopf mit Wasser und etwas Salz aufsetzen. Zum Kochen bringen, den Schaum und das Fett von der Oberfläche abschöpfen. 30 Minuten köcheln lassen.

2. Die Kartoffeln schälen und in große Stücke schneiden. Die Hälfte in den Topf geben und wieder 30 Minuten köcheln lassen, dann kräftig umrühren, so daß die Kartoffeln zerkleinert werden.

3. Den Rest der in dicke Stücke geschnittenen Kartoffeln und das Gemüse zugeben und weitere 30 Minuten köcheln lassen, bis das Fleisch und das Gemüse ganz gar sind.

4. Die Crème double und die Butter erwärmen und zusammen mit der gehackten Petersilie und dem Thymian zugeben. Kurz erhitzen und servieren.

Rinderfilet mit Nelkenpfeffer

Vorbereitungszeit: *30 Minuten*
Kochzeit: *10 Minuten*
Schwierigkeitsgrad: ★★

Für 4 Personen

4	Rinderfilets à 170 g (viereckig zugeschnittene Medaillons)
4	Markscheiben (3 cm lang, 6 cm Durchmesser)
4	Markröhren ohne Knochen
50 g	Butter
50 ml	Öl, Piment

Für die Sauce:

750 ml	Rotwein
1	Karotte, 1 Zwiebel, 4 Schalotten
50 g	Mehl
80 g	Butter
1	Lorbeerblatt
1	Thymianzweig
	Pfeffer

Für die Kartoffelrosette:

200 g	Kartoffeln
100 g	Butterschmalz
	Salz

Für das Kartoffelpüree mit Trüffeln und Rindermark:

200 g	Kartoffeln
70 ml	Sahne, 50 g Butter
30 ml	Milch, 10 g Trüffel
50 g	Butter für die Sauce
	Salz und Pfeffer

Es gibt wohl niemanden, der einem Stück Fleisch vom Charolais-Rind widerstehen könnte, das als eines der besten überhaupt gilt. Unser Küchenchef, der aus der Ardèche stammt, macht keine Ausnahme von dieser Regel und hat auch gleich ein passendes Rezept erfunden, in dem außerdem Rindermark verwendet wird.

Das Charolais-Rind ist für seine enorme Größe bekannt. Sein Filet kann bis zu 4 kg wiegen, so daß Sie schöne, dicke, viereckige Medaillons herausschneiden können. Statt Filet können Sie auch Rumpsteak oder ein Zwischenrippenstück nehmen. Die Stücke sollten in jedem Fall dick genug sein, um sie, von Fett und Sehnen befreit, gut zusammenbinden zu können. Trocknen Sie sie zuerst mit einem Tuch ab, dann würzen und braten Sie sie in der Pfanne – erst bei starker, dann bei schwacher Hitze. Das Fleisch muß gleichmäßig von allen Seiten gebraten und währenddessen immer wieder mit dem eigenen Fett begossen werden.

Bei Piment, auch Nelkenpfeffer genannt, handelt es sich um getrocknete, rotbraune Beeren, die vorwiegend aus Jamaika kommen. Sein Aroma verleiht der Sauce eine ganz besondere Note. Sie sollten für die Sauce einen tanninreichen Wein, zum Beispiel einen Mendeuse aus Savoyen, verwenden. Bei diesem Fest der Aromen könnte man befürchten, daß der zarte Geschmack des Rindermarks übertönt wird. Tatsächlich besteht seine Aufgabe in diesem Rezept vor allem darin, noch für eine kleine Abwechslung zu sorgen.

1. Feingehackte Zwiebel, Karotte und Schalotten in Butter andünsten. Thymian, Lorbeer, Pfeffer zufügen, mit Mehl bestäuben, 2 Minuten kochen lassen und den Rotwein zugeben. Kochen lassen und langsam bis auf 200 ml reduzieren.

2. Kartoffeln (insgesamt 400 g) waschen und schälen. Mit 200 g das Kartoffelpüree zubereiten, zum Schluß die kleingeschnittene Trüffel dazugeben. Die übrigen 200 g in feine Scheiben schneiden.

pfeffer und Markscheiben

3. Für die Kartoffelrosetten die Kartoffelscheiben in einer beschichteten Pfanne in Rosettenform anordnen und in Butterschmalz anbraten. Die Rinderfilets mit Salz und Nelkenpfeffer würzen und in Butter und Öl anbraten.

4. In einem flachen Topf die Markknochen pochieren und die gewürzten Markröhren in etwas Butter anbraten. Die Filets auf die Markscheiben legen und die anderen Beilagen schön anordnen. Am Schluß die Sauce darübergeben. Mit Thymianblüten und Lorbeerblättern dekorieren.

Kaninchenrücken

Vorbereitungszeit: *15 Minuten*
Kochzeit: *20 Minuten*
Schwierigkeitsgrad: ★

Für 4 Personen

4		ganze Kaninchenrücken, mit Nieren
500	g	Rhabarber
20		Frühlingszwiebeln
150	g	Butter
100	ml	Kaninchensaft
		Sherryessig
		Öl
		Puderzucker
		Salz und Pfeffer

Heutige Zuchtkaninchen liefern für dieses Rezept ein zartes und schmackhaftes Fleisch, vor allem wenn Sie den Rücken von einem Jungkaninchen verwenden. Das Kaninchen sollte $1^1/_2$ kg schwer sein, denn ein zu junges Kaninchen könnte zu wenig Aroma haben, auch wenn es festes und weißes Fleisch hat.

Joël Roy hat es sich zur Regel gemacht, nur ganz frische Zutaten für seine Rezepte zu verwenden. Das erklärt zum Beispiel die Frühlingszwiebeln in diesem Rezept, die im Süden Frankreichs roh verzehrt werden.

Das Rhabarberkompott wird die Liebhaber von Kuchen und Konfitüre vielleicht etwas verwirren. Es ist richtig, daß diese Pflanze mit den dekorativen Blättern vor allem für süße Speisen verwendet wird, aber sie wurde auch schon in der Heilkunst erfolgreich wegen ihrer adstringierenden, anregenden und auch abführenden Wirkung eingesetzt. Joël Roy ist darüber hinaus der Ansicht, daß Rhabarber hervorragend zu weißem Fisch (Hecht, Steinbutt) und zu feinem, zartem Fleisch paßt. Die Stengel sollten fest und knackig und nicht zu faserig sein – so bekommen Sie ein schön glattes Kompott mit einem ganz raffinierten Geschmack.

Es ist empfehlenswert, dieses Gericht im Frühling zuzubereiten, wenn der Rhabarber noch jung ist. Sie können ihn auch, in große Stücke geschnitten, ohne weiteres im Gefrierfach aufbewahren.

1. Kaninchenrücken entbeinen und die 4 Filets, 2 große und 2 kleine, beiseite stellen. Die Nieren aufheben. Mit den Knochen einen Bratensaft herstellen.

2. Den Rhabarber schälen und in Stücke schneiden. Die Frühlingszwiebeln schälen und 5 Minuten in einer Mischung aus Butter, Salz und etwas Wasser kochen.

mit Rhabarber

3. Den Rhabarber mit einem nicht zu kleinen Stück Butter, etwas Puderzucker und Salz in einem Topf dünsten, bis er weich ist. Mit einer Gabel zerdrücken.

4. Die Kaninchenfilets salzen und pfeffern und 5 Minuten in Butter und Öl anbraten. Zum Schluß die Nieren dazugeben. Den Kaninchenbratensaft reduzieren und Butter unterrühren. Ein paar Spritzer Sherryessig dazugeben.

Rebhuhn

Vorbereitungszeit: *30 Minuten*
Kochzeit: *50 Minuten*
Schwierigkeitsgrad: ★★★

Für 4 Personen

4		junge Rebhühner
300	g	Rüben aus der Cerdagne
8		Schalotten
1		Schweinsnetz
25	g	Butter
100	ml	Olivenöl
		Petersilie

Für die Innereien-Butter:

	Innereien vom Rebhuhn (Herz und Leber)
1	Schalotte, gehackt
	Butter, Curry
	Salz und Pfeffer

Für die »Escabèche«-Marinade:

250	ml	Weißwein
1	l	Olivenöl
500	ml	Sherry-Essig
250	ml	Wasser
10	g	Salz, 5 g Pfefferkörner

Für die Sauce:

		Karkassen vom Rebhuhn, zerhackt
75	g	Lauch
25	g	Petersilie
1		Zwiebel
100	g	Rüben aus der Cerdagne
1	l	Wasser oder Geflügelfond
250	ml	Weißwein
		Salz und Pfeffer

Sobald die Jagdsaison begonnen hat, ist das Rebhuhn – und besonders das Rothuhn – bei den Spaniern eine begehrte Speise. Junge Rebhühner gibt es in der Zeit von der Eröffnung der Jagdsaison bis zum 11. November; danach gilt es als älteres Rebhuhn. Man unterscheidet das graue Rebhuhn im Norden und das Rothuhn im Süden Spaniens.

Trotz seiner katalanischen Herkunft bevorzugt unser Küchenchef das schottische Rebhuhn, das einen ausgeprägten Wildgeschmack hat. Dieses Rezept ist von einer sehr alten Zubereitungsweise, der spanischen »Escabèche«-Marinade, inspiriert. Einen speziellen Geschmack erhält das Rebhuhnfleisch durch ein neues Element, die Rüben aus der Cerdagne. Dieses Wintergemüse zeichnet sich durch ein festes Fleisch aus und sollte in sehr hartem Zustand, ganz frisch und ohne Flecken gekauft werden. Umgeben von Bergen, ist die Cerdagne eine sehr ländliche, nur wenig bekannte Region an der französisch-spanischen Grenze. Sie produziert eine reichhaltige Palette an Gemüse und Fleisch.

Santi Santamaria ist eigentlich kein Freund des Schweinsnetzes und verwendet es nur, wenn es nicht zu vermeiden ist. Es enthält sehr viel Fett, was auch die anderen Zutaten in Mitleidenschaft nimmt. Trotz seines intensiven Geschmacks und der Zustimmung, die man ihm hier und da entgegenbringt, reicht sicher allein die Innereien-Butter schon aus, um für dieses Rezept ein gutes Maß an Kalorien zu erreichen.

1. Die Rebhühner rupfen, die Schenkel abtrennen, entbeinen und die zwei Bruststücke beiseite legen. Für die Innereien-Butter Leber und Herz am Vortag in Wasser legen. Abtropfen lassen, gut säubern und sie mit der gehackten Schalotte in der Pfanne anbraten. Durch ein Sieb geben und mit der Butter vermengen. Abschließend Curry darüber geben, salzen und pfeffern.

2. Die Zutaten für die »Escabèche«-Marinade, die nicht gehäuteten Schalotten, die Rüben und die Rebhuhnschenkel 40 Minuten unter schwacher Hitze köcheln lassen. Gut abtropfen. Die Rüben weiter schmoren lassen, dann warm halten. Für die Sauce die Karkassen zerkleinern und sie in Öl mit der Zwiebel, etwas Petersilie, 75 g Lauch und 100 g Rüben anbraten. Mit Wein und Wasser oder Geflügelfond ablöschen, salzen, pfeffern und auf schwacher Flamme köcheln lassen.

»Escabèche«

3. Die Innenseite des Brustfleisches würzen, mit Innereien-Butter einstreichen, dabei von der Butter etwas für die Sauce zurückbehalten. Die Sauce durch ein Sieb geben. Auf die Hälfte reduzieren und mit der restlichen Innereien-Butter binden. Dann wieder durch ein Sieb geben.

4. Die Bruststücke zusammenklappen und in das Schweinsnetz einwickeln. Mit etwas Butter bestreichen und 7 Minuten im Backofen bei 190 °C garen. Die marinierten Schenkel salzen, pfeffern und in der Pfanne goldbraun braten. Das Schweinsnetz entfernen und die Rebhuhnfleischstücke auf der Mitte des Tellers plazieren. Dazu die marinierten Schalotten und die gebratenen Rüben geben. Das Ganze mit Sauce übergießen und mit Petersilie servieren.

Huhn und Krebs mit

Vorbereitungszeit: *15 Minuten*
Kochzeit: *30 Minuten*
Schwierigkeitsgrad: ★★

Für 4 Personen

2		Hühnerbrüste
16		Krebse
150	g	Pistazien aus Ägina
100	g	Reis

1		Ei
200	ml	Crème fraîche
1		Zwiebel
100	g	Butter
100	ml	Ouzo
100	ml	Weißwein
1		Bouquet garni
		Salz und Pfeffer

Die Insel Ägina, die dem Hafen von Athen gegenüberliegt, war vom 8. bis zum 5. Jahrhundert v. Chr. ein wichtiges Handelszentrum und ist noch heute berühmt für ihre Pistazien. Viele griechische Süßspeisen, Kuchen, Füllungen und Suppen werden mit Pistazien garniert. Pistazien sind sehr nahrhaft, aber beim Kochen empfindlich und sollten vorsichtig behandelt werden. So wird dieses Gericht durch sie knuspriger, farbiger und bekommt ein feines Aroma.

In unserem Rezept können Sie gehackte Pistazien in den Krebsfond geben. Achten Sie aber unbedingt darauf, daß der Fond nicht mehr kocht. Fügen Sie sie daher erst am Schluß zu und lassen sie dann noch ein wenig ziehen, bevor Sie den Fond anschließend durch ein Sieb passieren. Übrigens bestreut man die Gerichte üblicherweise mit grobgehackten Pistazien, ob es sich nun um Fisch, wie zum Beispiel Zackenbarsch, oder um Fleisch handelt.

Für dieses Rezept sollten Sie ein Huhn mit zartem Fleisch wählen und es nicht zu lange braten – die Brüste könnten zäh werden. Damit Sie die einzelnen Arbeitsgänge in Ruhe ausführen können, sollten Sie die Füllung am Vortag zubereiten und die gefüllten Hühnerbrüste kühl gestellt ruhen lassen und erst kurz vor dem Servieren anbraten.

Die typisch griechische Ouzo-Sauce wird wegen ihrer erfrischenden Wirkung sehr geschätzt. Sie können statt Ouzo aber auch sehr gut Aniskörner verwenden, um die Sauce zu aromatisieren. Bei Bedarf können Sie statt Huhn auch Kaninchen und notfalls auch Mandeln statt der Pistazien verwenden.

1. Die Hühnerbrüste aufschneiden, vorsichtig flach drücken, die kleinen Parüren für die Füllung aufheben. Salzen, pfeffern, 10 Minuten in Ouzo marinieren. Die Pistazien hacken. Einen Teil davon beiseite stellen.

2. Die Parüren mit Ei, 100 ml Crème fraîche und Salz und Pfeffer mischen. Die Paste auf den Hühnerbrüsten verteilen. Die Krebse waschen. Aus 8 Köpfen, den Karkassen und der kleingeschnittenen Zwiebel ein Fumet zubereiten.,

Pistaziensauce

3. Auf jede Hühnerbrust 2 Krebsschwänze legen und mit gehackten Pistazien bestreuen. In Frischhaltefolie einwickeln und 15–20 Minuten pochieren. Währenddessen den Reis kochen und warm halten.

4. Die restlichen Pistazien an das Fumet geben. Reduzieren, Crème fraîche zugeben, nochmals reduzieren, Ouzo zugießen und durch ein Sieb geben. Die 8 restlichen Krebse in Butter anbraten und mit Wein ablöschen. Auf dem Teller die Scheiben gefüllter Hühnerbrust anrichten, Fumet darübergeben. Dazu einen Reis-Kräuter-Kegel servieren.

Schweinefilet mit Graviera

Vorbereitungszeit:	*45 Minuten*
Kochzeit:	*40 Minuten*
Schwierigkeitsgrad:	★★

Für 4 Personen

800	g	Schweinefilet
200	g	Graviera-Käse
100	g	Walnüsse
80	g	Rosinen
30		kleine Schalotten
8		Kartoffeln
100	ml	weißer Samos
50	ml	Olivenöl
		Zimt

Für die Sauce:

1	kg	Schweineknochen
100	g	Karotten
100	g	Lauch
100	g	Staudensellerie
100	g	Zwiebeln
1	TL	Tomatenmark
150	ml	Rotwein
200	ml	Samos (Muskat-Wein)
100	ml	Olivenöl
		Bouquet garni
		Kerbelblätter
		Salz und Pfeffer

Die Insel Samos gehört zu den Sporaden, einer Inselgruppe vor Kleinasien. Der Muskatwein Samos wird seit Jahrhunderten in ganz Europa gerne getrunken. Er kommt auch in dieser Kostprobe der griechischen Kochkunst vor. Unser Chefkoch kombiniert ihn mit einem Schweinefilet.

Da man den Muskatwein erst kurz vor dem Servieren an die Sauce gibt, kann die Süße des Weins die Säure der anderen Zutaten der Sauce ausgleichen, vor allem die der festen Tomaten, deren Aroma auch erhalten bleibt, wenn Sie die Sauce durch ein Sieb passiert haben. Lassen Sie noch ein wenig Fett am Schweinefilet. Wenn Sie es dann anbraten, bildet sich eine kleine Kruste, die im Backofen noch fester wird und vorzüglich schmeckt.

Das Duo aus Samos und Schweinefilet wird durch den Graviera erweitert, einen Hartkäse mit einem fruchtigen Geschmack, den man gewöhnlich mit Oliven, Rosinen aus Smyrna oder Korinthen genießt. Er wird aus einer Mischung aus Schafs- und Kuhmilch hergestellt. Seine Struktur ähnelt der des Parmesan, und er ist leicht an seiner Rinde zu erkennen. Für dieses Rezept wird er in Wein geschmolzen und mit Trockenfrüchten gemischt; so verwandelt er sich zu einer exquisiten Garnitur mit einem überraschend neuen Geschmack. Achten Sie jedoch beim Braten des gefüllten Filets darauf, daß der Käse nicht herausläuft. Um ein solches Mißgeschick zu vermeiden, binden Sie das Fleisch zusammen.

1. Käse im Wein mit Rosinen und Walnüssen schmelzen. Zu einer Rolle formen, eine Nacht kalt stellen und in Scheiben schneiden. Das Filet der Länge nach aufschneiden, würzen, Samos darüber geben, gehackte Walnüsse, Rosinen darüberstreuen und 1 Scheibe Graviera darauf legen.

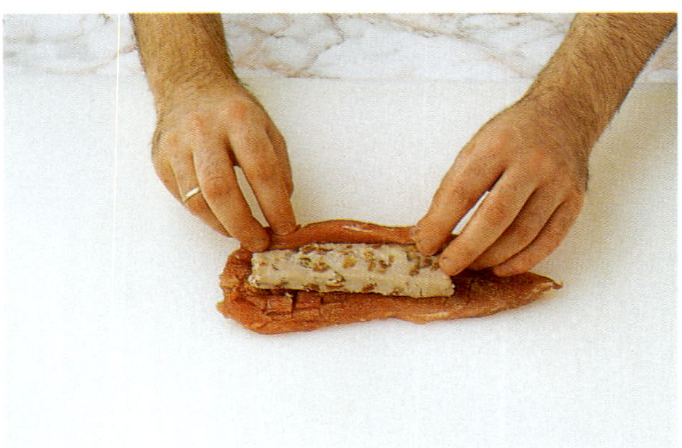

2. Filet zusammenbinden, in einer Pfanne mit etwas Olivenöl kräftig anbraten. Mit Samos ablöschen und 15 Minuten bei 200 °C braten. Für die Sauce Knochen mit kleingeschnittenem Gemüse andünsten, mit Wein ablöschen, Wasser zugießen, Bouquet garni zugeben und reduzieren. Durch ein Sieb geben, Samos zufügen und 5–6 Minuten kochen lassen.

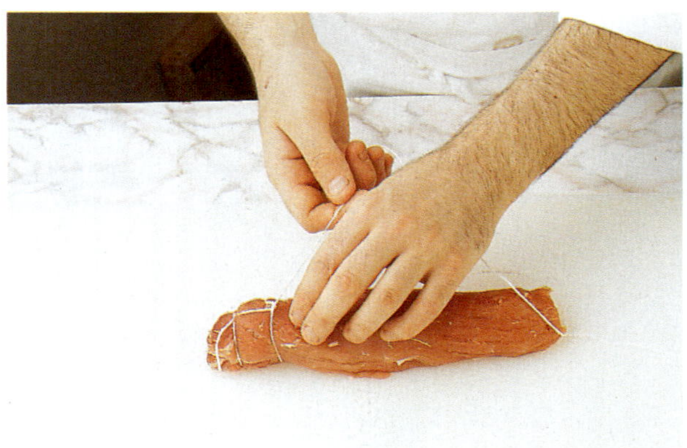

und Samos-Sauce

3. Die Schalotten in Öl andünsten, etwas Sauce angießen, Zimt zugeben und 20 Minuten bei schwacher Hitze reduzieren. Kartoffeln in Salzwasser kochen. Zum Schluß in Öl anbraten und dann etwas Sauce zugeben.

4. Die Filets in Scheiben schneiden. Auf einem Teller mit der Sauce anrichten, zusammen mit den geschmorten Schalotten, die mit Kerbelblättern dekoriert werden, und mit den Kartoffeln.

Rehrücken mit

Vorbereitungszeit: *3 Stunden*
Kochzeit: *1 Stunde 30 Minuten*
Schwierigkeitsgrad: ★★★

Für 4 Personen

1	kg	Rehrücken, 50 g Butter
1/2		Apfel (Renette), 10 Preiselbeeren

Für die schwarze Pfeffersauce:

		Knochen vom Reh
250	g	Gemüsemirepoix
50	ml	Geflügelfond
500	ml	Crozes Hermitage (Rotwein)
20	g	Butter, 50 ml Olivenöl
		Rosmarin, Thymian
		schwarzer Pfeffer, Salz

Für die weiße Pfeffersauce:

10	g	weißer Pfeffer, zerstoßen
50	ml	weißer Geflügelfond
etwas		Weißwein, 20 ml Noilly Prat
80	ml	Crème fraîche
40	ml	Crème double
1		Lorbeerblatt, 1 Knoblauchzehe
2		Zwiebeln, 20 g Butter
1		kleiner Thymianzweig, Salz

Für das Selleriepüree:

1		Sellerieknolle, 4 Selleriestangen
100	ml	Sahne, Schnittlauch
50	g	Butter, Salz

Für die Schupfnudeln:

400	g	Kartoffeln
2		Eigelb, Salz, Muskatnuß
40	g	Stärke, Semmelbrösel, Schnittlauch
50	g	Butter, 2 g Maizena

Viele Deutsche treiben um das Reh einen wahren Kult, ob sie nun selbst auf die Jagd gehen oder nicht. So gibt es für dieses exquisite Fleisch auch viele Zubereitungsarten. Fritz Schilling selbst ist zwar kein Freund der Jagd, aber er liebt Reh, das im Schwarzwald im Überfluß vorhanden ist. Bei der Auswahl des Wildfleischs sollte man sich erkundigen, woher es stammt. Denn es gibt Exporte, bei denen das Fleisch unter zweifelhaften hygienischen Bedingungen transportiert wird. Erkundigen Sie sich deshalb genau, von wo und von wem das angebotene Reh stammt.

Braten Sie den Rehrücken schonend, denn dieses schöne rote Fleisch darf nur kurz bei schwacher Hitze angebraten werden – zu große Hitze und zu lange Bratzeit würden dem Fleisch nur schaden. Da Pfeffer gut zu Reh paßt, hat Fritz Schilling gleich zwei Saucen kreiert – eine mit schwarzem und eine mit weißem Pfeffer. Die beiden Saucenfonds (Rehblut für die Sauce mit schwarzem Pfeffer und ein säuerlicher Wein für die Sauce mit weißem Pfeffer) werden sicherlich ein Erfolg bei Ihren Gästen.

Bei der Wahl der Fleischstücke gibt es verschiedene Möglichkeiten. Sie können statt des Rückens auch Karree, Schulter oder Keule nehmen. Auch Hirsch, Wildschwein oder gegebenenfalls Hase können Sie auf diese Weise zubereiten.

1. Den Rücken entbeinen. Sauce mit schwarzem Pfeffer: Knochen zerkleinern, mit Gemüsemirepoix anbraten, mit Wein ablöschen, reduzieren, Geflügelfond zugießen, kochen, durch ein Sieb passieren, Butter unterrühren und abschmecken. Sauce mit weißem Pfeffer: Zwiebeln mit weißem Pfeffer schmoren, Weißwein, Geflügelfond, Noilly Prat und Gewürze zugeben. Crème fraîche und Crème double zugeben, mixen, durch ein Sieb passieren und abschmecken.

2. Selleriepüree: Selleriestangen schälen, in 3 cm lange Stücke schneiden. In Salzwasser blanchieren. Aus der Sellerieknolle ein Püree herstellen. Die Staudenselleriestücke damit füllen, zwei Stücke mit einem Schnittlauchhalm zusammenbinden. In Butter kurz vor dem Servieren erwärmen. Die Rehfilets in einer Pfanne 3 Minuten in Butter anbraten.

zwei Pfeffersaucen

3. Schupfnudeln: Die Kartoffeln in der Schale kochen, schälen, durch ein Sieb passieren, Eigelb und Stärke unterrühren, mit Muskatnuß, Maizena und Salz würzen, Schupfnudeln formen und in Salzwasser kochen. Abgießen. Semmelbrösel in Butter leicht anbraten, Schupfnudeln dazugeben und darin wenden.

4. Renetteäpfel pochieren, mit Preiselbeeren garnieren. Die Sauce mit weißem Pfeffer auf den Teller geben, darum einen Rand aus der Sauce mit schwarzem Pfeffer geben, in die Mitte 2 Rehfilets geben, 1 Apfelstück, 1 gefüllte Staudensellerie und 3 Schupfnudeln.

Gemischter Schweine

Vorbereitungszeit: *30 Minuten*
Kochzeit: *1 Stunde 45 Minuten*
Schwierigkeitsgrad: ★★★

Für 4 Personen

500	g	hohe Rippe
1		kleine Haxe
250	g	Schweinenacken
500	g	Schweinebauch (ohne Knochen)
1/2		Schweinebacke
75	g	Akazienhonig
100	g	Zwiebeln

250	g	Kartoffeln
100	g	Karotten
100	g	Perlzwiebeln
350	ml	Rotwein
200	ml	Sherryessig
500	ml	Erdnußöl
300	ml	Kalbsfond
je 5	g	Oregano, gemahlener Thymian, Bohnenkraut, Salbei gemahlener Koriander gemahlene Muskatnuß
1/2	Bund	Schnittlauch
		Salz und Pfeffer

Früher stand die Schweineschlachtung in ganz Frankreich mit Festen und Festessen in Verbindung. Vor allem Weihnachten und Ostern boten Gelegenheit, reichlich von denjenigen Stücken des Schweins zu essen, die man nicht gut konservieren konnte und die man dann in Form von Pasteten, Blutwurst und anderen Würsten genoß. Diese Gepflogenheit ist noch nicht ganz in Vergessenheit geraten, und die Metzgereien, in denen man es versteht, fast alles vom Schwein zu verarbeiten, werden immer noch geschätzt.

Hier wird Ihnen ein sehr nahrhaftes Gericht vorgestellt, das man an langen Winterabenden genießen kann und in dem einige der schnell verderblichen Stücke vom Schwein verwendet werden.

Ob das Fleisch frisch und von guter Qualität ist, erkennt man an seiner Festigkeit, und seine schöne rosa Farbe zeigt an, daß es sich um ein junges Tier handelt. Zudem sollten Sie lieber ein Tier mittlerer Größe auswählen, denn größere Tiere haben auch mehr Fett. Halten Sie die verschiedenen Bratzeiten für die einzelnen Stücke unbedingt ein und geben Sie sie nacheinander in den Kochtopf – zuerst den Schweinenacken, dann 10 Minuten später die anderen Stücke. Ob die Stücke gar sind, prüft man mit einer Nadelprobe – man darf beim Einstechen nur noch einen schwachen Widerstand spüren. Vergessen Sie nicht, das Fleisch vor dem Aufschneiden ein wenig ruhen zu lassen. Zu diesem rustikalen Fleisch sollten Sie eine passende Beilage servieren, zum Beispiel Bratkartoffeln.

1. Alle Schweinefleischstücke ein wenig vom Fett befreien und gut in Erdnußöl anbraten. Die Fleischstücke herausnehmen, Pfanne entfetten und das feingeschnittene Gemüse mit allen Gewürzen andünsten.

2. Den Akazienhonig zugeben und 2 Minuten kochen lassen, dann mit Sherryessig ablöschen. Das Fleisch in die Pfanne zurückgeben und Kalbsfond, Rotwein und etwas Wasser angießen. Nach dem Aufkochen ohne Deckel bei 300 °C für 1 Stunde 45 Minuten in den Backofen geben.

fleischtopf

3. Alle Fleischstücke herausnehmen und den Fond bis zur gewünschten Konsistenz reduzieren. Abschmecken. Nach dem Abkühlen die Fleischstücke in gleich große dicke Scheiben schneiden.

4. Perlzwiebeln leicht bräunen, Kartoffeln tournieren und in einer Pfanne anbraten. In einem tiefen Teller anrichten und Sauce darübergeben. Beilage dazu geben und mit feingeschnittenem Schnittlauch bestreuen.

Rehkeule mit Trüffeln

Vorbereitungszeit: *45 Minuten*
Kochzeit: *30 Minuten*
Schwierigkeitsgrad: ☆

Für 4 Personen

1,2	kg	Rehkeule
25	g	Trüffel, in Streifen geschnitten
5	g	Trüffel, gehackt
50	g	schwarze Oliven, halbiert und entkernt

40	g	Walnußhälften
150	g	dünne Makkaroni
120	g	Butter
30	g	Butter, geklärt
200	ml	Sahne
10	ml	Portwein
50	ml	Brühe
3	EL	Olivenöl
1	Prise	Muskat
		Salz und Peffer

Reh ist in der belgischen Provinz Limburg, die früher als das Aschenputtel des Königreichs galt, besonders beliebt. Dieses sehr feine Wild hat unser Chefkoch mit schwarzen Oliven gewürzt, die zu diesem Gericht ausgezeichnet passen.

Das zarteste Rehfleisch kommt vom männlichen Jungtier. Sie sollten es nicht marinieren, sondern nur einige Tage ruhen lassen. Braten Sie das Fleisch kurz, so daß es rosa, fast blutig bleibt, aber außen schön angebraten ist. Das erreichen Sie, wenn Sie das Fleisch zuerst in der Pfanne anbraten und es dann in den Backofen geben – so bleibt es saftig.

Auch wenn Sie die Dekoration noch verfeinern wollen, sollten Sie die Menge und das Verhältnis von Oliven und Trüffeln genau einhalten, sonst würde das dem Rehgeschmack schaden. Die leicht bitteren italienischen Oliven passen sehr gut zu diesem Festtagsessen. Darüber hinaus sollten Sie schwarze Trüffeln (»Tuber melanosporum«) aus dem Périgord verwenden, die Ende Februar gesammelt werden.

Mit den Makkaroni möchte Roger Souvereyns mit den klassischen Beilagen brechen. Achten Sie darauf, daß Sie sie »al dente« (bißfest) kochen, damit sie einen schönen Kontrast zum zarten Fleisch bilden.

Eine Alternative für Rehkeule wäre zum Beispiel Rehkitz oder Hirschkuh. Nur die Hirschkeule, die sich ebenfalls dazu eignet, weicht im Geschmack von den anderen deutlich ab.

1. Die Rehkeule vorbereiten, entbeinen, die Sehnen entfernen und mit Trüffeln und schwarzen Oliven spicken. Mit Faden umwickeln und würzen.

2. In geklärter und frischer Butter anbraten, im Backofen bei 180 °C 20 Minuten garen, dabei häufig mit Flüssigkeit übergießen. Währenddessen die Makkaroni 6 Minuten in sprudelndem Salzwasser und mit etwas Olivenöl kochen; dann abschrecken. Die Nußmischung schnell in geklärter Butter anbraten und auf Küchenpapier abtropfen lassen.

und schwarzen Oliven

3. Die Sahne mit dem Trüffelbruch auf eine dicke Konsistenz reduzieren. Abschmecken und mit einer Prise Muskat würzen. Die Rehkeule aus dem Backofen nehmen und auf einem Teller unter Aluminiumfolie ruhen lassen.

4. Den Bratensaft entfetten, mit Portwein flambieren, die Brühe zufügen und auf die Hälfte reduzieren. Olivenöl mit einem Rührgerät untergeben, warm halten. Die Makkaroni auf dem Teller anrichten, mit Trüffelsahne übergießen und im Salamander (elektrisches Gerät zum Überbacken und Bräunen) überbacken.

Wachtel mit Auberginen

Vorbereitungszeit: *35 Minuten*
Kochzeit: *20 Minuten*
Schwierigkeitsgrad: ★★★

Für 4 Personen

8		Wachteln
2		große Auberginen
2		kleine Auberginen
1		Zucchino
2		rote Paprika
12		Cocktailtomaten
2		Knoblauchknollen
1		Zwiebel
1		Ei
50	g	Mehl
50	g	gemahlene Mandeln

100	g	Semmelbrösel
100	ml	Olivenöl
		Salz und Pfeffer

Für die Basilikumsauce:

2		Basilikumzweige
150	g	Schalotten
125	g	Butter
150	ml	Sahne
30	ml	Weißwein

Für den weißen Fond:

	Karkassen der Wachteln
je 1	Zwiebel, Karotte, Lauch
1	Staudenselleriestange
1	Bouquet garni

Émile Tabourdiau liebt die Farben, Düfte und unzähligen Aromen der Provence und lädt Sie hier ein, all dies in einem Gericht zu vereinen. Er hat dieses Rezept für eine provenzalische Woche im Hotel Bristol in Paris kreiert.

Die Aubergine wird als Gemüse angesehen, obwohl es sich um eine Frucht handelt, und ihr violetter Mantel bereichert die Marktstände der Gemüsehändler um eine schöne Farbe. Wählen Sie feste, frische Auberginen mit einer glatten und glänzenden Haut. Sie brauchen große Früchte für die Farce und kleinere, die weniger Wasser enthalten und zum Auslegen der Form in gleich große Stücke von etwa 3 1/2 cm Länge geschnitten werden.

Die Wachteln sollten von einem Züchter stammen und mit einem Gütesiegel ausgezeichnet sein. Wählen Sie größere Wachteln, da das Entbeinen um so mehr Sorgfalt verlangt, je kleiner das Geflügel ist. Fritieren Sie die Wachtelbrüstchen nicht zu lange, damit sie nicht austrocknen. Panieren Sie sie mit Mehl, Ei und gemahlenen Mandeln, um den Geschmack des Fritierens subtil zu überdecken. Die Wachtel kann durch ein Lammfilet ersetzt werden.

Die Basilikumsauce ist typisch provenzalisch und wird aus kräftig blanchierten Blättern zubereitet. Geben Sie sie am besten in einen Mixer, damit die Creme eine schön grüne Farbe erhält.

1. Die kleinen Auberginen schneiden, anbraten, die Ringformen auf ein Blech legen. Den Zucchino in Scheiben schneiden und andünsten. Aus den Paprika Kreise ausstechen und in Olivenöl schmoren. Die großen Auberginen halbieren, 15–20 Minuten im Backofen mit etwas Olivenöl garen. Das Fruchtfleisch mit der gehackten und gebratenen Zwiebel und etwas Knoblauch mischen.

2. Die Wachteln ausnehmen, entbeinen, dabei die Oberschenkel belassen, würzen und mit Mehl, Ei und gemahlenen Mandeln in heißem Öl fritieren. Dann mit den Wachtelkarkassen und dem Gemüse einen weißen Fond zubereiten.

und Basilikumsauce

3. Die gehackten Schalotten in Butter andünsten. Den Weißwein und den weißen Fond zufügen, reduzieren. Die Sahne und das blanchierte Basilikum zugeben, ein paar Minuten mischen und durch ein Sieb passieren. 12 ungeschälte Knoblauchzehen in Butter schmoren. 12 Cocktailtomaten andünsten. Die Wachtelbrüstchen rosa anbraten.

4. Die Basilikumcreme auf den Teller geben, in die Mitte die Auberginen-Charlotte setzen, die Wachtelschenkel an den Rand des Tellers und rundum abwechselnd Cocktailtomaten und Knoblauchzehen legen.

Hasenrücken mit

Vorbereitungszeit: *1 Stunde*
Kochzeit: *3 Stunden*
Schwierigkeitsgrad: ★★

Für 4 Personen

1		Hasenrücken à 600–800 g
2	l	kräftiger Rotwein
4		Karotten
4		Sellerie
3		Zwiebeln
4		Tomaten
5		Gewürznelken
		Zimtstangen
6		Wacholderbeeren
		Lorbeer
		Basilikum
1	TL	Kakaopulver
		Öl
		Butter
		Salz und Pfeffer

Für das Tomatenkompott:

1	kg	grüne Tomaten
3		Zitronen
400	g	Zucker

Zu diesem Rezept gehört eine doppelte Marinade, die man daher lang genug im voraus planen muß: 32 Stunden für das Tomatenkompott und 24 Stunden für die Hasenmarinade.

Die Mischung von Tomaten, Zucker und Zitronenschale muß während der ganzen Zeit der Zubereitung alle 2 bis 3 Stunden umgerührt werden. Die grünen Tomaten werden etwas Wasser aufnehmen, aber trotzdem knackig bleiben. Wir verdanken die Einführung der Tomate in Europa Christoph Kolumbus, der sie bei seiner Rückkehr mitgebracht hat (der Name »Tomate« ist mexikanischen Ursprungs). Sie erreichte damals zunächst die italienischen Hafenstädte Genua und Neapel. Wenn Sie keine grünen Tomaten erhalten, können Sie als Beilage auch eine typisch norditalienische, die pikante »mostarda die frutta« (in Senf eingelegte Früchte) verwenden, wie sie vor allem in Cremona hergestellt werden.

Der Hase sollte mit einem guten Rotwein mariniert werden, dessen herben Geschmack Sie durch die Zugabe eines Teelöffels Kakaopulver am Ende der Zubereitung mildern sollten. Der Bratvorgang des Hasen muß aufmerksam überwacht werden, weil das Fleisch zäh werden kann, wenn es zu lange kocht. Rehkitz und Hirsch können auf die gleiche Weise zubereitet werden.

Die Originalität des Gerichts beruht auf den orientalischen Gewürzen. Sie erinnern an die venezianischen Kaufleute, die zur Zeit Marco Polos einen intensiven Gewürzhandel betrieben. Diese Gewürze, die früher mit Gold aufgewogen wurden, standen im Mittelpunkt einer lebhaften Konkurrenz zwischen den Köchen der großen Adelshäuser und haben in der italienischen Küche nach wie vor eine große Bedeutung.

1. Den Hasenrücken mit dem Sellerie, 2 Karotten, 2 Zwiebeln, 2 Tomaten, Gewürznelken, Zimt, Wacholderbeeren, Lorbeer und dem Basilikum in eine große Schüssel geben, salzen und pfeffern, 2 Liter Rotwein zugießen und 24 Stunden marinieren.

2. Den Hasen herausnehmen und die Marinade passieren. Nur die Flüssigkeit aufbewahren, mit dem Rest der rohen Gemüse ein Mirepoix zubereiten. Öl und Butter in einen großen Topf geben, das Mirepoix zufügen und 5 Minuten andünsten.

Tomatenkompott

3. Den Hasenrücken hineinlegen, von beiden Seiten anbraten. Mit dem Wein der Marinade begießen und 3 Stunden köcheln lassen. Abschmecken und 1 Teelöffel Kakaopulver zufügen.

4. Für das Kompott die grünen Tomaten mit dem Zucker und der geriebenen und karamelisierten Zitronenschale in einen großen Topf geben, aufkochen. 32 Stunden ziehen lassen, bis ein Kompott entstanden ist. Den Hasenrücken in kleine Scheiben schneiden und mit dem Gemüse und 1 Eßlöffel Kompott servieren.

Lammbraten

Vorbereitungszeit: *1 Stunde 30 Minuten*
Kochzeit: *30 Minuten*
Schwierigkeitsgrad: ★★★

Für 4 Personen

1		Lammrücken à $1^{1}/_{2}$ kg
2		Lammnieren
2		Butterzucchini aus Nizza
2		Tomaten
1		Knoblauchknolle
1	Bund	Petersilie
1	Bund	Thymian
1	Bund	Basilikum
50	g	Tapenade (siehe Grundrezepte S. 805)
1	EL	Tomatenmark
100	g	Butter
1	l	Weißwein
250	ml	Olivenöl
		Salz und Pfeffer

Die Tapenade verdankt ihren Namen den Kapern (»tapeno« auf provenzalisch) und enthält neben Kapern auch schwarze Oliven, Knoblauch und Sardellen in Olivenöl. Der Tradition entsprechend benutzt man einen Mörser und einen Stößel aus Olivenholz, um die festen Bestandteile zu zerstoßen, bevor man das Öl unterrührt. Man serviert die Tapenade zu Salatplatten, Fisch- und Fleischgerichten. Da sich die meisten ihrer Zutaten sehr gut aufbewahren lassen, kann man sie im voraus zubereiten. In einem luftdichten Gefäß an einem kühlen Ort hält sie sich bis zu 3 Monaten.

Der Lammrücken ist ein zartes und sehr schmackhaftes Stück vom hinteren Rückenteil, das genau über den Hinterbeinen ansetzt. Gewöhnlich bekommt man den Rücken entbeint. Er weist ein kräftig rosafarbenes Fleisch auf, wenn das Lamm ganz frisch ist. Wir empfehlen hier ein französisches Lamm aus Sisteron, dessen Qualität bekannt ist. Nachdem der Rücken hergerichtet und mit Nieren gefüllt ist, muß er sorgfältig zusammengebunden werden, damit der Braten eine gleichmäßige Form bekommt. Man geht dabei stückweise vor, von den Rändern zur Mitte.

Sie können das Fleisch ohne weiteres auch im voraus herrichten; in diesem Fall müssen Sie nur noch die Kochzeit vor dem Servieren einplanen.

Mit den Butterzucchini aus Nizza wählt und ehrt Laurent Tarridec die feinsten Produkte seiner Wahlheimat: Die Butterzucchini haben weniger Kerne und ein zarteres Grün als die normalen Zucchini und werden Sie sicher begeistern. Lassen Sie sie jedoch bißfest.

1. Die ganzen Nieren würzen und 5 Minuten bei großer Hitze anbraten. Anschließend anstechen, damit die restliche Flüssigkeit austritt, dann halbieren. Den Lammrücken entbeinen, die Kette dabei nicht wegschneiden. Den Rücken halbieren, die Filets daran lassen.

2. Die 2 Rückenhälften mit den Nieren füllen. Mit den Knochen vom Rücken einen Lammbratensaft zubereiten, dabei den Weißwein einkochen lassen. Die Rückenhälften sorgfältig zusammenbinden. Die Tomaten häuten, entkernen und in kleine Würfel schneiden, dann mit etwas Olivenöl und Tomatenmark der Tapenade zugeben.

mit Tapenade

3. Die Butterzucchini in lange Scheiben schneiden, dann ein paar Minuten blanchieren. Abschrecken und abgießen. Den Lammbratensaft abschmecken und den feingeschnittenen Basilikum, Thymian und Petersilie zufügen.

4. Die Rückenhälfte 20 Minuten mit Knoblauch braten. Ruhen lassen. Den Lammsaft auf den Teller gießen. Die Rückenhälften in 8 Scheiben schneiden. Auf jeden Teller 2 Stücke Lammrücken geben. Die kleingeschnittenen Tomaten und in Butter angedünstete Zucchini rundum geben. Mit Tapenade dekorieren.

Cassoulet

Vorbereitungszeit: *2 Stunden*
Kochzeit: *2 Stunden 15 Minuten*
Schwierigkeitsgrad: ★

Für 4 Personen

600	g	weiße Bohnen
4		Scheiben Confit de Canard
4		Speck- oder Mettwürstchen
4		Toulouser Würstchen à 100 g

100	g	Entenschmalz
100	g	frische Schwarte
200	g	gesalzener Bauchspeck
200	ml	Entenbrühe
1		Karotte
1		Zwiebel
10		Knoblauchzehen
2	Bund	Thymian und Lorbeer
		Salz und Pfeffer

Dieses Gericht ist das berühmteste der Küche Südwestfrankreichs, und man nimmt an, daß es von den Arabern im 7. Jahrhundert eingeführt wurde. Es handelte sich ursprünglich um einen Hammeleintopf, für dessen Zubereitung zwei volle Tage benötigt wurden. Sein Name kommt von »cassole«, dem Tontopf, in dem die Zubereitung beendet wird. Man kennt drei Varianten des Cassoulets. Die erste, eine einfache Mischung aus Bohnen und Fleisch, ist das Cassoulet der Armen; die zweite ist mit »Confit de Canard« und Rebhuhn verfeinert; die dritte und feinste Variante schließlich enthält zusätzlich Schwarte und Würstchen, die das Gericht besonders saftig machen. Dieser letzten Variante hat unser Küchenchef hier den Vorzug gegeben.

Sie sollten weiße Bohnen nehmen und sie 12 Stunden in kaltem Wasser einweichen. Die Köchinnen der großen Toulouser Tradition, Tanten und Großmütter von Dominique Toulousy, sahen in der Zubereitungsdauer das Geheimnis des echten Cassoulets. Es wird empfohlen, es am Vortag zum ersten Mal zu kochen, bevor Sie mit der Zubereitung der anderen Zutaten beginnen.

Fleisch und Garnitur sind gleich wichtig für dieses Gericht, und Sie sollten die Anweisungen unseres Küchenchefs genau befolgen. Das Mirepoix zum Beispiel muß ganz fein geschnitten werden. Ansonsten brauchen Sie nur etwas Geduld und sollten sich an die traditionelle Art der Zubereitung halten – verwenden Sie unbedingt einen Tontopf.

Das Cassoulet ist eine vollständige Mahlzeit, so daß Sie keine Vorspeise und auch kein allzu üppiges Dessert mehr brauchen. Servieren Sie im Anschluß einen leichten grünen Salat, und die Feinschmecker werden begeistert sein. Sie können das Cassoulet das ganze Jahr über genießen.

1. Am Vortag der Zubereitung die weißen Bohnen maximal 12 Stunden in kaltem Wasser einweichen. Anschließend die weißen Bohnen blanchieren, ebenso den in Würfel von 50 g geschnittenen Bauchspeck. Abschrecken. Das Mirepoix aus Karotte und Zwiebel vorbereiten.

2. In einer Schmorpfanne das Entenschmalz und das Mirepoix andünsten. Schwarte, Bauchspeck, weiße Bohnen und Entenbrühe zufügen. Thymian, Lorbeer und den gehackten Knoblauch zugeben und 90 Minuten kochen lassen.

»Toulousy«

3. Währenddessen den »Confit de Canard« in einer Pfanne goldbraun anbraten. Die Toulouser Würstchen und die Speck- oder Mettwürstchen zufügen. Zur Seite stellen.

4. Nach 90 Minuten Kochzeit die Bohnen und alle goldbraun gebratenen Fleischstücke in einen Tontopf geben. Abschmecken und 45 Minuten im vorgeheizten Backofen bei 210–240 °C schmoren. Heiß servieren.

Entenschenkel mit

Vorbereitungszeit: *1 Stunde 30 Minuten*
Kochzeit: *40 Minuten*
Schwierigkeitsgrad: ★★

Für 4 Personen

4	entbeinte Entenschenkel
4	Scheiben gekochter Schinken
	Fleisch vom Schenkelansatz
einige	frische Pistazien
1	Eigelb
	trockenes Weißbrot
	Butter

2	Salbeiblätter
	Petersilie
	Salz, Pfeffer nach Geschmack

Für die Sauce:

4 Kellen	brauner Entenfond
2 TL	Balsamessig
1 Glas	trockener Weißwein
1	Karotte
1	Zwiebel
1	Sellerie
etwas	Butter

Die Ente ist im Piemont sehr beliebt und liefert die Grundlage für zahllose Rezepte, bei denen das Bruststück die Hauptrolle spielt. Um aber die ausgetretenen Pfade zu verlassen, schlägt Ihnen unsere Küchenchefin hier vor, die Schenkel der Ente zu verwenden und sie mit dem Fleisch der anderen Stücke zu füllen. Gewisse Fertigkeiten im Nähen können Ihnen beim Schließen der Schenkel durchaus nützlich sein, aber keine Angst, es ist nicht so schwierig.

Eine Ente von 2 1/2 kg liefert Ihnen große Schenkel, deren Frische Sie kontrollieren können, wenn sie recht fest sind und keine verdächtigen Stellen aufweisen. Die übrigen Teile der Ente werden für die Füllung verwendet, die Sie wahlweise um eine edle Spezialität aus dem Piemont bereichern können: die weiße Trüffel aus Alba.

Wenn Sie die Zeit dazu haben, zerkleinern Sie das Fleisch lieber mit dem Messer als im Mixer, der zwar eine ganz homogene Substanz herstellt, aber den Charme einer traditionellen Mischung vermissen läßt.

Um die Schenkel zu schließen, müssen Sie sie mit Küchenzwirn zunähen; das ist notwendig, um zu verhindern, daß die Füllung herausquillt. All das können Sie schon im voraus zubereiten, nur braten sollten Sie sie erst kurz vor dem Servieren. Das Fleisch wird während des Bratens im Backofen mit einer Nadelprobe kontrolliert: Wenn der Saft keine Spuren von Blut mehr aufweist, ist das Fleisch gerade durch. Lassen Sie es danach etwa 10 Minuten im Warmen ruhen, damit es wieder ganz zart wird.

1. Für die Zubereitung der Farce das Entenfleisch mit Salbei in etwas Butter kräftig anbraten. Ebenso mit den in Streifen geschnittenen Schinkenscheiben verfahren. Alles zusammen in den Mixer geben oder mit dem Messer zerkleinern.

2. Eigelb, Schinken, in Milch eingeweichte und gepreßte Semmelbrösel, Petersilie, Pistazien und die Farce aus Entenfleisch und Schinken in einer Schüssel mischen. Abschmecken.

Balsamessig

3. Die entbeinten Entenschenkel füllen und die Haut über die Öffnung ziehen, dann mit Küchenzwirn zunähen. In eine Pfanne geben, von allen Seiten anbraten, entfetten, für die Sauce mit Weißwein und Balsamessig ablöschen.

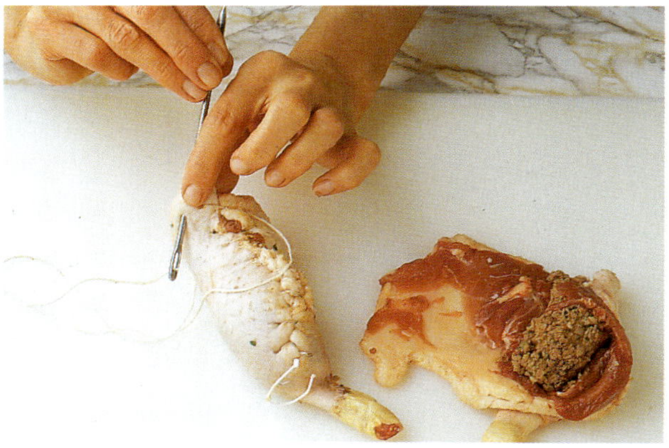

4. Die kleingeschnittenen Gemüse zugeben, goldbraun anbraten und den Entenfond zufügen. 30 Minuten in den Backofen geben. Die Schenkel herausnehmen und warm stellen, den Bratenfond reduzieren, bis er fest wird, Butter und Salz zufügen. Durch ein Sieb passieren. Den Faden herausziehen. In Scheiben schneiden und fächerförmig auf dem Teller anordnen, Sauce darüber geben und mit Gemüse dekorieren.

Waterzooi

Vorbereitungszeit: *30 Minuten*
Kochzeit: *30 Minuten*
Schwierigkeitsgrad: ★

Für 4 Personen

1	Huhn aus Malines oder ein anderes Huhn à 2 kg
300 ml	Crème double
150 g	Butter
	Muskatnuß
	grobes und feines Salz
	frisch gemahlener schwarzer Pfeffer

Für die Zubereitung des Huhns:

1	Lauchstange
1	Zwiebel, mit Gewürznelken gespickt
2	Karotten
	weißer Sellerie
etwas	Petersilie
	Knoblauch
	Thymian, Lorbeer

Für die Garnitur:

	weiße Blätter vom Lauch
1	Karotte
200 g	Staudensellerie

Belgien ist von der Kochkunst so begeistert, daß man dort im Mittelalter die Straßen nach den verschiedenen Gerichten benannte. Auch heutzutage haben viele Städte und Dörfer diese Tradition bewahrt, so daß Touristen leicht die Stadtpläne mit den Speisekarten verwechseln könnten. Der hier vorgestellte »Waterzooi« ist für Belgien das, was für die Provence die Bouillabaisse bedeutet, und unser Küchenchef liebt ihn ganz besonders.

Dieses Gericht ist flämischen Ursprungs (der Name »waterzooi« oder »waterzooie« ist mit der Stadt Gent verbunden) und wurde ursprünglich mit Fisch zubereitet. Schließlich hat man aber dem Fisch das Geflügel vorgezogen, genauer den »Kuckuck von Malines«, der aus der Kreuzung verschiedener asiatischer Rassen stammt. Es handelt sich dabei um eine regionale Hühnerrasse, deren Exemplare ungefähr 2 kg wiegen. Es ist natürlich schwierig, eines zu bekommen, wenn man Hunderte von Kilometern von Malines entfernt ist, um so mehr, als die Frische des Geflügels für das Gericht von entscheidender Bedeutung ist. Sie können sich daher auch mit einem anderen Hühnchen guter Qualität behelfen, möglichst mit einem Gütezeichen versehen, wie es sie zum Beispiel in großer Zahl aus verschiedenen Regionen Frankreichs gibt: Bresse, Vendée oder Sarthe. Sie haben so die Gewißheit, daß das Hühnchen nur ausgewähltes Futter bekommen hat.

Vergessen Sie nicht, daß das Gericht leicht sein soll. Geben Sie deshalb nicht zuviel Crème double an die Suppe, da eine zu fette Suppe dem Ganzen schaden würde. Servieren Sie den Waterzooi heiß und bewahren Sie ihn nicht länger als 48 Stunden auf, wenn etwas davon übrigbleiben sollte.

1. Zunächst die Schenkel vom Huhn ablösen und in 2 Teile schneiden, dann die Brust heraustrennen. Schenkel und Brust mit Salzwasser bedecken und blanchieren. Nach dem ersten Aufkochen kleinschneiden.

2. Die Petersilie kleinschneiden und beiseite legen. Mit den restlichen Zutaten das Huhn etwa 30 Minuten bei schwacher Hitze kochen. Das Huhn herausnehmen, Knochen und Haut entfernen, in große Stücke schneiden.

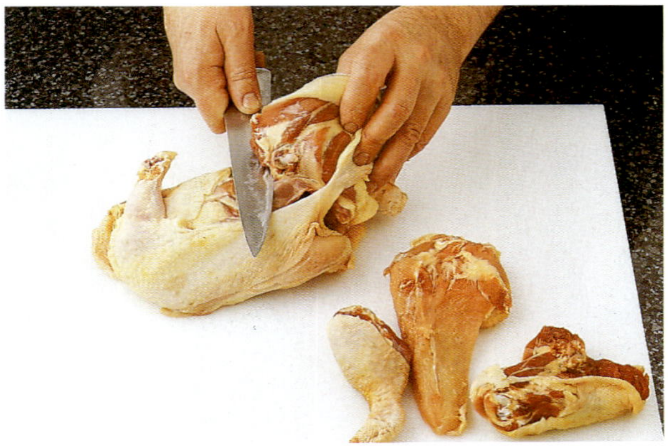

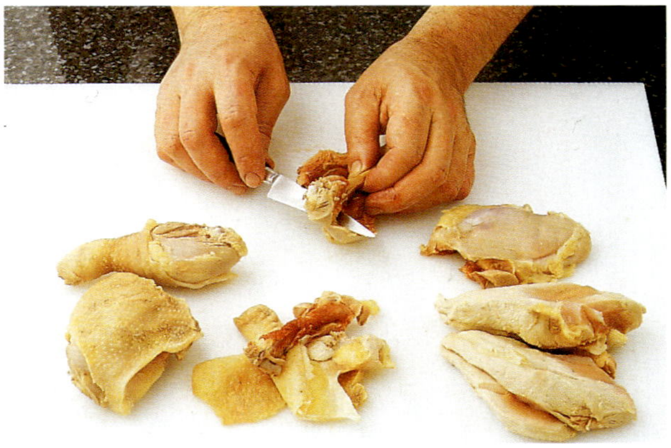

3. Karotten, Lauch und Sellerie in feine Streifen schneiden, getrennt in Salzwasser kochen. Abschrecken. Die Kochbrühe vom Huhn durch ein Sieb passieren und entfetten.

4. Crème double zugeben, Hühnerstücke und die Gemüsestreifen zufügen. Langsam erhitzen, Butter unterrühren und mit Muskat, Salz und Pfeffer abschmecken. Auf heißen Suppentellern servieren und mit den Petersilienblättern dekorieren.

Fondant vom Rind mit

Vorbereitungszeit: *1 Stunde 30 Minuten*
Kochzeit: *7 Stunden*
Schwierigkeitsgrad: ★★

Für 4 Personen

1½	kg	Medaillons aus der Rinderbacke
1		Entenstopfleber
2		Bauchnetze vom Schwein
5		Karotten
2		Schalotten
1		Zwiebel, mit einer Gewürznelke gespickt
		Mirepoix aus Karotten und Zwiebeln
2		Knoblauchzehen
1		Bouquet garni
2	l	Burgunder
2½	l	Kalbsfond
		Öl
		grobes Salz
		Salz und Pfeffer

Für das Püree:

1½	kg	Kartoffeln (Bintje)
200	g	Butter
1	l	Milch
200	g	geräucherte Speckstücke
		Salz und Pfeffer

Gérard Vié knüpft an das klassische Gericht der großen Küche, den »Hasen nach Art des Königs«, an, wenn er Ihnen hier eine Variante mit Rindfleisch vorschlägt. Da das Wild aus gutem Grund nicht das ganze Jahr über verfügbar ist, muß man einen Ersatz dafür finden, in diesem Fall die Rinderbacke, die zart und rot gefärbt ist. Was die Stopfleber betrifft, die den Fondant veredelt, so ist die der Ente deutlich der Gänseleber vorzuziehen, und sei es nur aus dem Grund, daß diese sich bei der Zubereitung besser hält.

Die Zubereitung ist langwierig, und deshalb sollten Sie ein paar Tage im voraus beginnen. Bereiten Sie die Brühe zwei Tage vorher zu, und dosieren Sie die Gewürze vorsichtig, da ein zu kräftiger Geschmack der Brühe den des Fleisches überdecken könnte. Nehmen Sie die Gelegenheit wahr, außer den Backen auch andere Teile des Rindes mit zuzubereiten, die Sie später für Salate oder Pasteten brauchen können.

Die Fondants werden mit einem Bauchnetz eingewickelt, das Sie vorher in kaltem Wasser einweichen sollten. Wenn Sie die Fondants mit Hilfe der Schöpfkelle formen, drücken Sie das Fleisch ein wenig an, denn die Rinderbacke ist gelatinehaltig, und die Fondants werden besser, wenn ihre Struktur homogener ist. Anstelle des Burgunders mit seinem reichen Bukett können Sie auch verschiedene gute Weine aus dem Roussillon verwenden, die leichter und unauffälliger sind. Lassen Sie das Fleisch langsam im Backofen schmoren – das war eines der Geheimnisse früherer Küchenchefs.

Das Püree als Beilage läßt sich durch vieles ersetzen: frische Teigwaren, Maronen-Püree oder auch eine ganze Reihe junger Gemüse, die knackig zubereitet werden, wie gebratene weiße Rüben, geschmorter Kohl, gebratene Karotten oder sogar Bratkartoffeln.

1. Die Haut von den Rinderbacken entfernen. Die Häute mit 2 Karotten, der mit Gewürznelke gespickten Zwiebel und dem Bouquet garni 2 Stunden in 3 Liter Salzwasser kochen. Die Kartoffeln kochen, abgießen, pürieren, Butter und Milch unterrühren. Den Speck in kleine Würfel schneiden, ohne Fett anbraten und dem Püree zufügen.

2. Die Rinderbacken würzen und in Öl anbraten, den Rest des Gemüses grob schneiden, dem Fleisch zugeben und mit ihm zusammen braten. Wein und Kalbsfond bis auf je 150 ml zugießen. Im geschlossenen Topf 4 Stunden bei schwacher Hitze kochen. Anschließend das Fleisch in Würfel schneiden. Die Kochbrühe reduzieren, bis eine saucenartige Konsistenz erreicht ist. Durch ein Sieb passieren.

Burgunder und Kartoffelpüree

3. Die Leber in Scheiben schneiden und anbraten. Eine mittelgroße Kelle mit Bauchnetz auslegen, halb mit Fleischwürfeln füllen, eine Leberscheibe zugeben und mit Fleischwürfeln auffüllen. Gut zusammendrücken, dann das Bauchnetz schließen.

4. Ein Mirepoix aus Karotten und Zwiebeln in eine Backofenform geben, darauf die Fondants legen, 150 ml Brühe und 150 ml Burgunder zugießen. 40 Minuten bei 160 °C braten, dabei ständig übergießen. Ein Fondant in die Mitte des Tellers legen, dazu auf jede Seite ein Klößchen Püree. Sauce zugeben.

Lammkarree

Vorbereitungszeit: *1 Stunde*
Kochzeit: *4 Stunden*
Schwierigkeitsgrad: ★★

Für 4 Personen

2		Lammkarrees von Pauillac à 800 g (schön rosig)
300	g	Lammschulter
2		Auberginen
1		große Tomate, gewürfelt
2		Perlzwiebeln
2		Knoblauchzehen
1		Staudensellerie
1		Thymianzweig
1		Lorbeerblatt
1		Rosmarinzweig
1	Bund	Schnittlauch
1	Bund	glatte Petersilie
1		Ei
250	ml	weißer Fond
100	ml	Olivenöl
200	ml	Weißwein
1		Zimtstange
5		Gewürznelken
10		Wacholderbeeren
40		weiße und schwarze Pfefferkörner
		Salz

Vom Lamm findet man auf den Speisekarten der großen Restaurants zahllose Zubereitungsarten. Unter den verschiedenen Qualitätssorten des Lamms bevorzugt unser Küchenchef das Lamm aus Pauillac, das nach 65 Tagen geschlachtet wird und dessen weißes Fleisch für seine Zartheit berühmt ist.

Man nimmt das Karree von den magersten Rippen dieses Jungtiers. Was die Schulter betrifft, die man übrigens auch wie eine Keule einzeln zubereiten kann, so ist es wichtig, die Zubereitungszeit genau einzuhalten (etwa 3 Stunden leicht schmoren lassen), denn nur dann gibt sie ausreichend Saft ab. Der köstliche Geschmack des Lammfleischs kann mit Gewürzen unterstrichen, sollte aber nicht von ihnen verdeckt werden. Dosieren Sie also vorsichtig. Für das Moussaka benötigen Sie ganz frische Auberginen mit festem Fleisch und glatter, glänzender Haut. Dieses Nachtschattengewächs stammt aus Indien und gedeiht mittlerweile im gesamten Mittelmeerraum. Die Aubergine gehört zu unzähligen Gerichten mit Olivenöl, wie zum Beispiel der beliebten Ratatouille, und wird oft mit Tomaten und Zucchini kombiniert. Für das vorliegende Rezept sollten Sie die Sorte Bonica wählen, die weniger Kerne hat.

Servieren Sie dieses Gericht heiß und machen Sie sich keine Sorgen um die Aufbewahrung – wenn die Aromen der einzelnen Zutaten ausgewogen sind, werden sich Ihre Gäste kaum zurückhalten können und alles aufessen.

1. Das Schulterstück mit der ganzen Garnitur (Zwiebeln, Knoblauch, Sellerie, Kräuter und Gewürze) schmoren, Wasser und Weißwein zugeben. 3–4 Stunden bei schwacher Hitze kochen lassen. Das Fleisch herausnehmen und mit einer Gabel zerfasern. Topf entfetten, dann den Saft reduzieren, so daß er an Farbe und Geschmack gewinnt.

2. Die beiden Auberginen der Länge nach aufschneiden, in eine Backofenform geben, mit grobem Salz würzen und 40 Minuten auf mittlerer Schiene bei 150 °C backen. Die Tomatenwürfel kräftig in Olivenöl anbraten. Das Fruchtfleisch der Aubergine mit dem Lammfleisch mischen. Ei, Schnittlauch und gehackte Petersilie zufügen.

mit Gewürzsauce

3. Kleine Formen mit der Auberginenhaut auslegen und mit der Auberginen-Fleisch-Mischung auffüllen. Dann 20 Minuten auf mittlerer Schiene bei 170 °C backen.

4. Die Lammkarrees 5–6 Minuten von allen Seiten in einer Pfanne mit heißem Öl anbraten, 5 Minuten ruhen lassen, dann in zwei Teile schneiden. Die gefüllte Auberginenhaut in die Mitte des Tellers setzen, darauf die Lammstücke legen, den Saft rundum gießen.

Kalbsschwanz »alla

Vorbereitungszeit:	*30 Minuten*
Kochzeit:	*3 Stunden 30 Minuten*
Schwierigkeitsgrad:	★★

Für 4 Personen

2	Kalbsschwänze
1	Aubergine
2	kleine Zucchini
1	rote Paprikaschote
5	Staudenselleriestangen
3	Karotten

	Brunoise aus Sellerie, Karotte, Zwiebel
500 g	Schältomaten
1 TL	Pinienkerne
4	Knoblauchzehen
20	Blätter von rotem Basilikum
3	Lorbeerblätter
1 TL	Kakaopulver
3 l	Fleischbrühe ohne Salz
100 ml	Weißwein
etwas	Olivenöl, kaltgepreßt
	Salz und Pfeffer

Dieses Rezept wäre vollkommen römisch, wenn nicht noch die typisch sizilianische »caponata« dazugehören würde. Früher war das Rind- und Kalbsfleisch den Wohlhabenden vorbehalten, so daß es in Latium sehr selten war. Die Arbeiter (»vaccinari«) in den Schlachthöfen von Rom wurden in Naturalien bezahlt, das heißt mit den weniger edlen Teilen wie zum Beispiel den Kutteln, Ohren oder dem Schwanz. Dieses geschichtliche Faktum erklärt den Namen der »coda alla vaccinara«. Es gibt auf dem Land noch ein Rezept »coda di manzo«, bei dem der Ochsenschwanz verwendet wird.

Sie sollten den Kalbsschwanz vor der Zubereitung nicht entbeinen, da Sie ihn auf diese Weise um einen Teil des Geschmacks bringen würden. Es ist wichtig, daß er lange bei sehr schwacher Hitze kocht, was dem Koch große Geduld abverlangt. Sie haben aber dadurch um so mehr Zeit, die berühmte Caponata mit all der Sorgfalt zuzubereiten, die sie verdient. Die Caponata ist eine raffinierte Mischung von Aromen und Farben, bei der Zucchini und Paprikaschoten mit Pinienkernen kombiniert werden. Es ist sehr wichtig, daß die verschiedenen Gemüse in ganz feine Würfel geschnitten werden, damit sie sich gut miteinander vermischen.

Schließlich sei noch der Stangensellerie erwähnt, der das Rezept mit seiner zarten und gleichzeitig knackigen Frische bereichert. Sie sollten darauf achten, daß sein glänzender Stengel fest ist und die Blätter schön aussehen. Als aromatische Zutat reicht das kräftige Basilikum aus.

1. Die Kalbsschwänze in Stücke von $3^1/_2$ cm schneiden. In eine Schmorpfanne Öl, die Gemüse-Brunoise, die 2 ungeschälten Knoblauchzehen und den Lorbeer geben. Bei schwacher Hitze andünsten. Die Schwanzstücke zufügen und ebenfalls bei schwacher Hitze etwa 20 Minuten braten. Weißwein zufügen und vollständig reduzieren.

2. Mit Kakao bestreuen, salzen, pfeffern und die Brühe zugießen. Abdecken und 3 Stunden kochen lassen. Am Ende das Fleisch der geschälten, feingeschnittenen Tomaten und je 3 Karotten und Sellerie in feinen Streifen zufügen; 20 Minuten kochen. Vom Herd nehmen und das Fleisch aus der Sauce holen.

vaccinara«

3. Die Sellerie- und Karottenstäbchen in eine Schüssel geben, warm halten. Die Sauce durch ein Sieb passieren. Die restlichen 2 Sellerie kleinschneiden und in einer Pfanne in Olivenöl andünsten, am Ende die Blätter des roten Basilikums zufügen. Die Pinienkerne in einer Pfanne rösten.

4. Für die Caponata Aubergine, Zucchini und roten Paprika in Würfel schneiden, 3 Minuten in Olivenöl andünsten, ohne sie zu bräunen. Die Kalbsschwanzstücke in die Mitte des Tellers legen, mit Sauce begießen, mit Sellerie- und Karottenstäbchen garnieren. Die Sellerie-Julienne auf das Fleisch legen und den Teller mit Caponata und etwas Öl dekorieren.

Rinderfilet in

Vorbereitungszeit: *15 Minuten*
Kochzeit: *15 Minuten*
Schwierigkeitsgrad: ★

Für 4 Personen

1	Rinderfilet à 600 g
	Rotwein
1	Selleriestange
1	Schalotte
1	Lorbeerblatt
	Thymian
	Rosmarin
5	Pfefferkörner
	Salz und Pfeffer

Für das Gemüse:

6	Karotten
1	Zucchino
15	Lauchzwiebeln

Für die Sauce:

1 l	Rotwein
100 ml	Portwein
250 ml	Kalbsfond
4	Schalotten
300 g	Butter
	Salz und Pfeffer

Dieses Gericht ist etwas für Liebhaber, die auf den ersten Blick ein Charolais- von einem Angus-Rind unterscheiden können und die gerne rotes und kurz angebratenes Fleisch essen. Es handelt sich um ein leichtes Gericht, bei dem eine sehr sanfte Zubereitung den Geschmack und die Eigenart der verwendeten Fleischsorte, in diesem Fall ein prächtiges und rosa serviertes Rinderfilet, hervorhebt.

Heinz Winkler lehnt es ab, ein Gericht zu servieren, wenn er vorher nicht die Möglichkeit hatte, sich von der Frische und der einwandfreien Herkunft des Fleisches zu überzeugen. Seine Leidenschaft für das Charolais, diese weiße Rinderrasse aus den Regionen von Saône-et-Loire und Allier, bestätigt ihn immer wieder darin, daß man nicht von solchen Ansprüchen abgehen sollte. Es ist eine Referenz an die französische Rinderzucht, die zahlreiche gute Rassen hervorgebracht hat. Am Fleisch des Charolais schätzt man besonders, daß es wenig Fett hat und sehr saftig ist. Seine Qualitäten haben ihm seit Jahrzehnten Auszeichnungen und Goldmedaillen vieler landwirtschaftlicher Wettbewerbe eingebracht.

Man darf hier trotzdem nicht verschweigen, daß das Charolais in dem schottischen Angus-Rind einen ernsthaften Konkurrenten hat, auf das man in Schottland mit Recht stolz ist. Seine Farbe ist ebenso schwarz wie die des Charolais weiß ist, was aber keinen Einfluß auf die Qualität des Fleisches hat. Das Angus-Rind zeichnet sich durch cremefarbenes Fett aus und ist insgesamt etwas fetter als das Charolais, was aber dem außergewöhnlichen Aroma seines Fleischs keinen Abbruch tut.

1. Für den Kräutersud die Schalotte putzen, in grobe Würfel schneiden, mit Rotwein und Salz kochen. Kräuter, Selleriestange und Pfeffer zufügen. Das Rinderfilet in dicke Scheiben von etwa 150 g schneiden.

2. Karotten, Zucchino und Lauchzwiebeln putzen. Karotten und Zucchino in Form von großen Oliven tournieren, getrennt in Salzwasser mit einer Messerspitze Zucker kochen, bis sie gerade gar sind.

Rotwein

3. Für die Sauce Rotwein, Porto und gehackte Schalotten aufkochen lassen, um zwei Drittel reduzieren, leicht abkühlen lassen und unter ständigem Rühren die Butter in kleinen Stücken zufügen. Durch ein Sieb geben, den Kalbsfond zugießen. Erhitzen und abschmecken.

4. Brühe, Rotwein und Kräuter aufkochen lassen. Für 8 Minuten die Rindfleischscheiben zufügen, dabei nur leicht köcheln lassen. Die Sauce auf vorgewärmte Teller geben, 1 Scheibe Rindfleisch darauflegen und die Gemüse-Garnitur rundum geben.

Perlhuhn in

Vorbereitungszeit: *30 Minuten*
Kochzeit: *45 Minuten*
Schwierigkeitsgrad: ★★★

Für 4 Personen

1		Perlhuhn
		Karkasse vom Huhn
4		Scheiben grüner Speck
2	kg	Ton
1		Zwiebel
1		Selleriestange
2		große Kartoffeln
250	g	Lauch

1		Eigelb
150	ml	Sahne
100	g	Butter
100	g	Blätterteig
100	ml	Trüffelsaft
50	ml	Geflügeljus
250	ml	Geflügelfond
500	ml	Weißwein
		Öl
		Rosmarin
		Estragon
		Basilikum
		Salz und Pfeffer

Für Heinz Winkler ist das Perlhuhn typisch französisch, und der Rosmarin hat für ihn den kraftvollen Geschmack des mediterranen Südens. Dies schmeichelt natürlich dem französischen Nationalstolz, aber dennoch ist es nicht ganz richtig: das Perlhuhn (französisch »pintade«, spanisch »pintada« = bemalt) wird im gesamten Mittelmeerraum geschätzt, und seine Zubereitung im Tonmantel stammt aus Nordafrika. Wie auch immer – dieses Gericht ist in jedem Fall sehr köstlich.

Ursprünglich bereitete unser Küchenchef auf diese Weise Fasan und später Poularde zu, jedoch wurde er dabei von den wechselhaften Ergebnissen enttäuscht (es ist schwierig, diese großen Geflügel gleichmäßig zu garen) und hat sich schließlich für das Perlhuhn entschieden, das im Tonmantel immer saftig, zart und schmackhaft wird. Der Rosmarin seinerseits (nach der Etymologie »Tau des Meeres«) verleiht dem Geflügel noch ein zusätzliches köstliches Aroma.

Geben Sie einige Zweige Rosmarin in das Innere des Perlhuhns, dazu auch einige Zweige Estragon und ein paar Basilikumblätter. Achten Sie dabei auf die richtige Dosierung, denn die verschiedenen Aromen, die vom Rosmarin dominiert werden, ergänzen sich zwar sehr gut, doch ihre gemeinsame Wirkung könnte leicht den Geschmack des Perlhuhns überdecken.

Schließlich müssen Sie sich als Töpfer betätigen, um den Ton so verwenden zu können wie einen Blätterteig. Das ist nicht besonders schwierig, wenn man ihm ausreichend Wasser zufügt, damit er geschmeidig wird und man ihn gut ausbreiten kann. Diese Zubereitungsmethode bewirkt ein gleichmäßiges Garen und eine Intensivierung der verschiedenen Aromen und gibt Ihnen die Gelegenheit zu einer spektakulären Vorführung für Ihre Gäste: Das Zerbrechen des Tonmantels mit einem Hammer – der Erfolg ist Ihnen sicher.

1. Den Ton auf ein feuchtes Geschirrtuch legen, mit einem anderen Geschirrtuch bedecken und auswellen. Die Sauce zubereiten: Die Karkasse zerkleinern, mit dem Rosmarin und dem Mirepoix aus Zwiebeln und Sellerie anbraten. Mit etwas Weißwein ablöschen, reduzieren, Geflügelfond und Geflügeljus zugeben, reduzieren, durch ein Sieb geben, mixen und abschrecken.

2. Das Perlhuhn ausnehmen, waschen, trockentupfen und innen und außen würzen. Mit Kräutern (Basilikum, Estragon und Rosmarin) füllen, mit Speckstreifen bedecken, in Ton einwickeln und 45 Minuten bei 180 °C im Backofen backen. Herausnehmen und 15 Minuten ruhen lassen.

Rosmarin

3. Für die Rösti-Taler die Kartoffeln schälen, in 3 mm dicke Scheiben schneiden, trockentupfen, würzen und in einer dicken Schicht von beiden Seiten goldgelb in Öl anbraten. Die weißen Blätter vom Lauch schräg schneiden und in Sahne kochen. Weißwein und Trüffelsaft zufügen. Würzen.

4. Die Lauchschicht von 1/2 cm Dicke auf den Rösti-Taler legen. Den Blätterteig auswellen und Scheiben von der Größe des Rösti-Talers ausstechen. Den Lauch damit bedecken, mit Eigelb bestreichen und 5–8 Minuten bei 220 °C im Backofen backen. Den Tonmantel zerbrechen, das Perlhuhn herausnehmen und die Brust in Schnitzel teilen. Auf heißem Teller mit Sauce und den aufgeschnittenen Rösti servieren.

Medaillons vom Wildhasen

Vorbereitungszeit: *2 Stunden*
Kochzeit: *40 Minuten*
Schwierigkeitsgrad: ★★

Für 4 Personen

12		Medaillons vom Wildhasenrücken à 40 g
300	ml	Pflanzenöl
		Salz und gemahlener Pfeffer

Für die Pilzkruste:

12		kleine Steinpilzköpfe
150	g	Pfifferlinge
150	g	Steinpilze
1		Schalotte
50	g	Butter
		Salz und gemahlener Pfeffer

Für das Quittenkompott:

2		große Quitten, 200 ml Rotwein
200	ml	Portwein, 100 ml Cassis
1	EL	Zucker

Für die Sauce:

		Sehnen, Knochen vom Hasen
150	g	Karotte, Schalotte und Sellerie
100	ml	Wildfond, 50 ml Madeira
50	ml	Portwein, 20 ml Cognac
250	ml	Sahne, 10 ml Gin
		Thymian, Rosmarin
1/2		Lorbeerblatt
4		zerdrückte Wacholderbeeren
		Salz und gemahlener Pfeffer

Für die Chartreuse:

2		kleine Karotten, 1 Sellerieknolle
100	g	Keniabohnen
2		Wirsingblätter, 10 ml Trüffelsaft
10	ml	Portwein, 150 g Gänsestopfleber
		Salz und Pfeffer

Die Verbindung von Wild mit süßen und fruchtigen Aromen gehört zu den großen deutschen Küchentraditionen. Und so folgt Harald Wohlfahrt als würdiger Erbe dieser Tradition, wenn er uns hier einen Hasen mit Quitten präsentiert.

Der Hase bewegt sich zuweilen mit einer Geschwindigkeit vorwärts, die bis zu 70 Stundenkilometern reicht! Dies gilt besonders für den Feldhasen, dessen Muskeln kräftiger entwickelt sind als die seines Artgenossen, der im Wald lebt und dessen Fleisch wesentlich heller ist. Nehmen Sie also lieber den etwas schwereren Feldhasen, wählen Sie ein ganzes Tier und bereiten Sie es selber zu.

Pfifferlinge und Steinpilze finden sich im Schwarzwald reichlich. Versuchen Sie, mit den feingeschnittenen Pilzen einen Steinpilzfuß herzustellen, auf den dann der Steinpilzkopf gelegt wird, um so den Eindruck eines ganzen Steinpilzes zu erwecken. Bei den Quitten handelt es sich um eine gelbe Frucht mit hartem Fleisch, die sich ganz leicht zubereiten läßt. Diese Frucht wurde lange Zeit in der Medizin eingesetzt und als Gegengift verwendet.

Den Hasen können Sie auch durch Reh ersetzen und die Quitte durch Apfel oder Birne. Auch ein paar Sträußchen Blumenkohl passen hervorragend zu diesem Gericht.

1. Für das Quittenkompott die Früchte schälen, entkernen und vierteln. Die Stücke gut in Rotwein, Porto, Zucker und Cassis kochen. Das Ganze 24 Stunden marinieren. Die Stücke anschließend in einen Mixer geben. Den Fond so lange kochen, bis ein Sirup entsteht, dann das Quittenpüree wieder zugeben, bis es die gewünschte Konsistenz hat.

2. Für die Chartreuse Karotten, Sellerie und Bohnen in 3 x 1/2 cm große Streifen schneiden. Blanchieren, abschrecken. Die Leber in 1/2 cm dicke Scheiben mit 5 cm Durchmesser schneiden, dann 1 Stunde in Salz, Portwein, Pfeffer und Trüffelsaft marinieren. Den Wirsing blanchieren. Dann den Rand einer kleinen Ringform abwechselnd mit den Gemüsestreifen auslegen, Wirsing auf den Boden legen, die Leber darübergeben, mit Wirsing abschließen. Im Backofen 12 Minuten erwärmen.

rücken mit Quittenkompott

3. Den Hasen in Medaillons von 40 g schneiden, salzen und pfeffern, auf beiden Seiten jeweils 2 Minuten anbraten und warm stellen. Die Pilze gut reinigen und in kleine Würfel schneiden. Die Butter in einer Pfanne aufschäumen, die Schalotte zufügen, salzen, pfeffern und zur Seite stellen. Die Köpfe der Steinpilze auf dieselbe Art zubereiten.

4. Kleingehackte Sehnen und Knochen des Hasens zu den Medaillons geben, schön bräunen. Mit Portwein und Madeira ablöschen, reduzieren. Den Wildfond und die Sahne zufügen, nochmals reduzieren, durch ein Sieb passieren, Cognac und Gin zugeben. Auf jedes Medaillon kleingeschnittene Pilze und darauf die Steinpilzköpfe legen. In den Backofen geben, mit dem Kompott und der Sauce auf dem Teller anrichten.

Variation von Wildschwein

Vorbereitungszeit: *2 Stunden 30 Minuten*
Kochzeit: *3 Stunden 15 Minuten*
Schwierigkeitsgrad: ★★★

Für 4 Personen

2		Wildschweinfilets
1		Wildschweinkarree
1		Bauchnetz vom Schwein
4		Wirsingblätter
150	g	Pfifferlinge, 150 g Steinpilze
1	EL	feingeschnittener Kerbel
50	g	Butter,
1		Schalotte,
120	g	Wildfarce
		Öl
		Salz, gemahlener Pfeffer

Für die Sauce:

		Haut u. Knochen vom Wildschwein
150	g	Karotte, Sellerie und Schalotte
100	g	Pilze, Öl, 2 EL Tomatenmark
500	ml	Rotwein, 100 ml Portwein
50	ml	Madeira
10		Wacholderbeeren

Für die Garnitur:

2		Äpfel (Granny Smith)
150	g	Steinpilze, 150 g Pfifferlinge
1	EL	feingeschnittener Kerbel
1		gehackte Schalotte
2		Gewürznelken, 80 g Butter
1	EL	Puderzucker
4		Brikteigscheiben
2		Thymianblätter
1		Lorbeerblatt
100	ml	Sahne, 200 ml Weißwein
		Salz und gemahlener Pfeffer

In der »Schwarzwaldstube« am Rande des Schwarzwalds hat man Gelegenheit, den Wildreichtum der Region kennen- und schätzen zu lernen. Dabei rangiert das Wildschwein an erster Stelle. Alle Jäger verehren es in gleichem Maße, und so gibt es von ihm köstliche Rezepte.

Der Frischling folgt gewöhnlich gemeinsam mit seinen Geschwistern der Bache und verständigt sich mit seiner Familie durch verschiedene Grunzlaute. Das Wildschwein sollte nicht älter als 6 Monate sein. Sein Fleisch weist fast kein Fett auf und sollte sorgsam aufgeschnitten werden. Es eignet sich problemlos für ganz einfache Gerichte wie auch für sehr komplizierte Zubereitungsarten.

Unser Küchenchef empfiehlt hier die Verwendung des Rückenstücks, das generell auch als das feinste Stück des Tieres gilt, dessen leicht süßer Geschmack sich schön von den kräftigen Aromen übriger Wildsorten abhebt.

Je nach Jahreszeit begleitet von Rot- oder Grünkohl und Wildpilzen (Heinz Wohlfahrt bevorzugt »Todestrompeten«), ist der Frischling ein großer Erfolg. Die schönen karamelisierten Äpfel runden das Gericht ab, ganz dem deutschen Prinzip folgend, Wild mit Früchten zu verbinden. Sollten Sie keinen Frischling bekommen, dann können Sie auf die gleiche Weise auch ein Reh zubereiten.

1. Für die Sauce die zerkleinerten Knochen mit dem Mirepoix in Öl anbraten. Mit Wein, Portwein und Madeira ablöschen, Tomatenmark und Gewürze zufügen. Reduzieren, Wasser zugeben und etwa 3 Stunden kochen. Durch ein Sieb passieren. Für die Garnitur die Äpfel schälen und vierteln. Butter und Zucker karamelisieren, den Weißwein und die Äpfel zufügen.

2. Aus dem Karree 4 Koteletts schneiden, würzen, mit Steinpilzscheiben bedecken und in ein Bauchnetz einwickeln. Den Rest der Steinpilze und die Pfifferlinge würfeln, mit Schalotte und Kerbel kräftig anbraten. Mit der Wildfarce mischen. Die Brikteig-Scheiben von 15 cm Durchmesser bei 160 °C fritieren, mit Hilfe eines Sektkorkens daraus Körbchen formen.

und Pfeffersauce

3. Die Pilze für die Garnitur putzen und in feine Scheiben schneiden. Die gehackte Schalotte und die Pilze andünsten, mit Sahne und Kerbel abschmecken. Den Wirsing blanchieren, abschrecken, abtrocknen, flachklopfen und eine feine Schicht von der Farce daraufgeben. Die Filets salzen und pfeffern, in ein Wirsingblatt und dann in das Bauchnetz einwickeln.

4. Beide Fleischsorten je nach Größe 3–8 Minuten bei 220 °C im Backofen braten, anschließend ruhen lassen. Das Bratenfett zum Fond geben und bis zur gewünschten Konsistenz reduzieren. Schließlich Pfeffer zugeben und Butter unterrühren; abschmecken. Die Körbchen mit Pilzen füllen und mit den karamelisierten Äpfeln, dem Fleisch und der Sauce servieren.

Hirschrücken nach

Vorbereitungszeit: *15 Minuten*
Kochzeit: *2 Stunden*
Schwierigkeitsgrad: ★★

Für 4 Personen

800	g	Hirschrücken, entbeint
25	g	Pinienkerne
1	l	Rotwein
1	Glas	Marsala
1/2	Glas	Cognac
1	l	Brühe
500	ml	Erdnußöl
10	g	Mehl
10	g	Zucker

Für die Polenta:

500	g	Maismehl
1	EL	Olivenöl
1	l	Wasser, Salz

Für die Marinade:

1	l	Rotwein
1		Zwiebel
2		Karotten
2		Staudenselleriestangen
3		Lorbeerblätter
		Rosmarin
20		Wacholderbeeren
10		Gewürznelken
1/2		Zimtstange

Armando Zanetti selbst jagt zwar gerne Kleinwild, aber hier stellt er uns seine Art der Hirschzubereitung vor. Als Koch in großbürgerlichen Häusern hatte er oft Gelegenheit dazu, da die Familien meist Jagdgebiete besaßen. Hirsch gehört zu den edelsten Fleischarten; seine Qualitäten entfaltet es am besten, wenn man es nur kurz brät. Unser Küchenchef empfiehlt, einen jungen Hirsch zu nehmen. Die Bezeichnung »Monviso« erinnert an die Wälder von Monviso, die Region, wo Hirsch traditionell auf diese Weise zubereitet wird.

Die Marinade enthält viele Gewürze, die einst Marco Polo aus Indien mitbrachte. Dieser unermüdliche Reisende hat die europäische Küche nachhaltig beeinflußt. Seien Sie jedoch vorsichtig mit den Mengen, damit die Marinade nicht kräftiger wird, als Sie es wünschen. Im übrigen würde es Armando Zanetti Ihnen nicht verzeihen, wenn Sie keinen gerbstoffhaltigen Wein verwenden, zum Beispiel einen guten Bordeaux.

Nun kommen wir zur Polenta, die man in Norditalien auf viele Arten zubereitet und die einst in Notzeiten der beste Ersatz für Brot war. Diese Polenta aus Maismehl ist typisch venezianisch. Im Piemont verwendet man ein etwas gröberes Mehl, um daraus Kuchen zu machen, und in Triest bereitet man sie mit Zucker und Honig zu. Nehmen Sie möglichst feines Maismehl und widerstehen Sie der Versuchung, Instant-Polenta zu verwenden. Kurz vor dem Servieren überbacken Sie dann die kleinen Polentadreiecke.

1. Am Vortag den Hirschrücken in 1 Liter Rotwein marinieren. Dazu das kleingeschnittene Gemüse und die Gewürze der Marinade geben. Am nächsten Tag das Fleisch herausnehmen und die Marinade durch ein Sieb passieren.

2. Für die Polenta Wasser mit Salz und Öl zum Kochen bringen. Maismehl langsam einrieseln lassen, dabei ständig mit dem Schneebesen umrühren. Bei schwacher Hitze etwa 45 Minuten kochen lassen.

Art von Monviso

3. In einer Pfanne das Marinade-Gemüse in Öl anbraten. In einer anderen Pfanne den Hirschrücken in wenig Öl einige Minuten kräftig anbraten und dann herausnehmen. Den Hirschrücken in die Pfanne mit dem Gemüse geben, mit etwas Mehl überstäuben, Zucker zugeben, mit Cognac und Marsala ablöschen. Flambieren.

4. Dann 1 Liter Rotwein zugießen und reduzieren, langsam die Brühe zugießen und 1 Stunde leise köcheln lassen. Den Rücken herausnehmen und die Sauce durch ein Sieb passieren. Den Rücken aufgeschnitten servieren, zusammen mit der Polenta. Mit ein paar Pinienkernen dekorieren.

Schweinsfüße mit

Vorbereitungszeit: *1 Stunde 30 Minuten*
Kühlzeit: *24 Stunden*
Kochzeit: *2 Stunden*
Schwierigkeitsgrad: ★★

Für 4 Personen

6	Schweinsfüße
12	rote Peperoni, getrocknet
3	Zwiebeln
1	Lauchstange
1	Knoblauchknolle
	Petersilie
	Lorbeer
200 g	getrocknetes Toastbrot, entrindet
	Mehl
2	Eier
250 ml	Olivenöl
	Salz und weißer Pfeffer

Im Spanischen werden die vorderen Gliedmaßen des Schweins als »Hände« bezeichnet, während man sie im Deutschen unterschiedslos »Füße« nennt. Für dieses Rezept sollten Sie, wie es im Spanischen heißt, »manitas«, also »kleine Hände«, nehmen.

»Am Schwein ist alles fein.« Dies beschreibt das Besondere am Schwein, von dem alle Teile verwendet werden. Die Schweinsfüße verlangen jedoch eine ganz besondere Aufmerksamkeit. Zuerst müssen sie sorgfältig gereinigt und dann lange genug gekocht werden. Dann sollte beim Entbeinen die ganze Gelatine mit abgeschabt werden. Zum Schluß wird die in Scheiben geschnittene Sülze zweimal in Mehl und Ei gewendet, damit die Panade beim Fritieren auch hält. Übrigens wird die Gelatine besser, wenn die Schweinsfüße am Vortag zubereitet werden. Die roten Peperoni, die in der spanischen und baskischen Küche sehr häufig vorkommen, werden schon seit dem 16. Jahrhundert angebaut, seit sie Christoph Kolumbus nach Europa gebracht hat. Spanien hat heute die weltgrößte Peperoniproduktion. Sie werden von April bis Oktober geerntet, getrocknet und können dann im folgenden Jahr verwendet werden.

Als Beilage kann man gleichermaßen Linsen, Bohnen oder Kichererbsen servieren. Wer helles Fleisch bevorzugt, kann auch Kalbsfüße verwenden, sollte jedoch die Backen dazunehmen, da sie gelatinehaltiger als die Füße sind.

1. Schweinsfüße in ungesalzenem Wasser kochen, zusammen mit Knoblauch, Lauch, Zwiebeln, Lorbeerblatt und weißem Pfeffer. Die gekochten Schweinsfüße entbeinen und fein schneiden. Würzen, in Terrinenform geben und 24 Stunden im Kühlschrank ruhen lassen.

2. Für die Sauce die Peperonischoten dreimal blanchieren. Das Fruchtfleisch herausstreichen. In einem anderen Topf das Kochwasser von den Schweinsfüßen mit dem Fruchtfleisch der Peperonischoten auf drei Viertel reduzieren. Abschmecken, mixen und die Sauce durch ein Sieb passieren.

Peperonisauce

3. Am nächsten Tag die Terrine aus dem Kühlschrank nehmen und vorsichtig in 1 cm dicke Scheiben schneiden.

4. Die Scheiben in Mehl, Ei und dann in Toastbrotbröseln mit gehackter Petersilie wenden. In einer Pfanne in heißem Öl fritieren. Auf einem Teller mit der Peperonisauce anrichten.

Desserts

Kokos-Schoko-

Für die Vorbereitungszeit: *2 Stunden*
Kochzeit: *30 Minuten*
Schwierigkeitsgrad: ★★★

Für 4 Personen

Für die Schokoladensauce:

200	ml	Kokoswasser, Zucker
100	g	Schokolade, Kakaobutter

Für das Curry-Gelee:

250	ml	Wasser
30	g	Zucker
1	Prise	Curry
1 $^1/_2$	Blatt	Gelatine

Für die Zylinder:
Schokolade
Kokosnuß-Fruchtfleisch, geraspelt

Für die Curry-Mousse:

4		Eigelb
40	g	Zucker
250	ml	Sahne
1	Prise	Curry

Für die karamelisierten Bananen:

1		Banane
100	g	Zucker

Kokosnuß und Curry, diese Verbindung so unterschiedlicher Geschmacksnoten, erfreut sich heute breiter Zustimmung unter den Köchen.

Die Inder beherrschen das Miteinander von Kokos und Curry in allen denkbaren Variationen schon seit Jahrhunderten, wovon die Speisekarten der besten indischen Restaurants Zeugnis ablegen.

Dort findet man Curry, oder »cary«, wie die Gewürzmischung in Indien heißt, ebenso oft in süßen wie in herzhaften Rezepten. Man erhält ihn in Pulverform oder als Paste. Beim Kauf ist darauf zu achten, daß die Currymischung auf jeden Fall Kurkuma, Ingwer, Kreuzkümmel, Koriander und Piment enthält. Die Gewürze sollten fein aufeinander abgestimmt sein, so daß man keines herausschmeckt. Für das Gelingen unseres Rezeptes ist diese feine Balance doppelt wichtig, da sowohl das Aroma der Mousse als auch das des Gelees davon abhängt.

Ursprünglich sollte das Gericht herzhaft zubereitet werden und nur Curry und Kokoswasser enthalten. Die Idee, es durch die Kombination mit Schokolade zu einem Dessert umzugestalten, hat etwas Kühnes, und man darf vermuten, daß unserem Küchenchef der Angstschweiß ausbrach, als er es einer illustren Gesellschaft internationaler Spitzenköche zum Kosten vorsetzte. Nachdem er jedoch diesen Test mit Bravour bestanden hat, verrät er uns heute bereitwillig, daß zur Zubereitung unbedingt sehr kakaohaltige Schokolade (mindestens 70 %) verwendet werden muß.

Das Rezept ist eine schönes Beispiel dafür, daß heutzutage auch bei der Zubereitung von Süßem den Gewürzen mehr und mehr Bedeutung zukommt: Zimt, Mohn, Muskat oder Sternanis sind inzwischen gängige Zutaten für feines Gebäck und Süßspeisen, und die Feinschmecker finden daran im wahrsten Sinn des Wortes Geschmack.

1. Die Banane schälen, in große Stücke schneiden und 5 Minuten mit dem Zucker karamelisieren. Für das Curry-Gelee: Die Gelatine in kaltem Wasser auflösen. Wasser, Curry und Zucker zum Kochen bringen. Vom Herd nehmen, die Gelatine unterrühren und kalt stellen.

2. Für die Zylinder: Die Schokolade erwärmen. Mit Hilfe eines Plastikstreifens und Klebebandes 8 x 4 cm große Schokoladen-Zylinder formen. Diese auf die Teller geben, mit Kokosraspel füllen und gut mit einem Deckel aus Schokolade verschließen. Für die Schokoladensauce Zucker, Kokoswasser und Kakaobutter aufkochen lassen, dann die Schokolade zugeben.

Curry-Dessert

3. Curry-Mousse: Die Sahne in einem Topf zum Kochen bringen. In einer Schüssel die Eigelbe mit dem Zucker schaumig schlagen und die heiße Sahne zugeben. Alles wieder in den Topf füllen und wie eine Englische Creme (siehe Grundrezepte) fertigkochen. In eine Schüssel füllen und das Currypulver zugeben. Einen Tag im Kühlschrank stehen lassen, dann noch einmal mit dem Rührgerät aufschlagen.

4. Einige Bananenstückchen am Tellerrand anrichten, das Curry-Gelee und die Curry-Mousse zugeben und diese mit etwas Schokoladensauce verzieren. Mit Minzeblättern garnieren.

Blätterteig mit

Vorbereitungszeit: *1 Stunde*
Kochzeit: *1 Stunde*
Schwierigkeitsgrad: ★★

Für 6 Personen

Für den Milchreis:

85	g	Reis
190	ml	Milch
190	ml	Crème fraîche
1		unbehandelte Zitrone
$^1/_2$		Zimtstange
2	TL	Zucker

Für das Apfelsorbet:

660	g	Äpfel (z. B. Renetten)
250	ml	Sirup (170 ml Wasser, 80 g Zucker)
		Saft von 3 Zitronen
250	g	Blätterteig (siehe Grundrezepte S. 799)

Für die Milchreis-Mousse:

335	g	Milchreis
2		Eigelb
$3^1/_2$	Blatt	Gelatine
135	g	Baiser (siehe Grundrezepte S. 798)
200	ml	Sahne

Für die eingelegten Kirschen:

85	g	Kirschen, entsteint

Für den Kirschsirup:

85	ml	Wasser
70	g	Zucker
		Saft von 3 Zitronen
		Thymian

Das nach dem Weizen bekannteste Getreide ist der Reis, der auf der ganzen Welt unzählige Zubereitungen kennt: Er ist gleichzeitig Pflegeprodukt (Reispulver), Grundstoff für Steingut und für die Herstellung von Skulpturen und vor allem ein unentbehrliches Grundnahrungsmittel. In Spanien kennt man ihn seit dem 7. Jahrhundert, als die das Land erobernden Mauren ihn mitbrachten. Durch die lange Anwesenheit der Araber bis ins 15. Jahrhundert hinein, wurde der Reis zum festen Bestandteil der traditionellen Gerichte der Halbinsel. Von dort scheint der Reis nach Norditalien in die Poebene gelangt zu sein, und wir haben Gerichte wie das heutzutage allseits beliebte Risotto indirekt den Mauren zu verdanken.

Hilario Arbelaitz verlockt uns hier mit klassisch zubereitetem Milchreis. Echter Milchreis wird nicht aus Langkornreis, sondern aus Rundkornreis gekocht, der in der Milch schnell gar wird und aufgeht, so daß man eine gleichmäßige Masse erhält, die fest genug ist, daß man sie zwischen Blätterteigschichten streichen kann, ohne daß das Ganze davonfließt.

Um andere auf den Geschmack zu bringen, sollte man als Kontrast zur Süße des Milchreis etwas Erfrischendes dazu servieren. Unser Küchenchef empfiehlt hierfür ein Apfelsorbet aus den süßsauren Renettes, das genau den erwünschten Effekt erzielt.

1. Für den Milchreis: Den Reis, die Milch, die Crème fraîche, die Schale der Zitrone, den Zucker und die Zimtstange zusammen in einen Topf geben. Bei niedrigerer Temperatur sämig einkochen lassen.

2. Für die Milchreis-Mousse den Milchreis, die Eigelbe und die in Wasser eingeweichte Gelatine mischen. Das Baiser zugeben und ganz zum Schluß die steif geschlagene Schlagsahne.

Milchreis

3. Aus dem Blätterteig möglichst feine Blätter von 10 cm Durchmesser zubereiten. In den auf 150 °C vorgeheizten Ofen schieben und goldbraun backen. Auf die Teller ein feines Teigblatt geben und darauf einen Teelöffel Milchreis-Mousse geben. Dreimal wiederholen, mit einem Teigblatt abschließen.

4. Für den Kirschsirup, den Zitronensaft, das Wasser, den Thymian und den Zucker 2 Minuten kochen lassen. Die Kirschen zugeben und 30 Minuten im Wasserbad bei 85 °C kochen. Für das Apfelsorbet die Äpfel im Entsafter zerkleinern, den Zuckersirup und den Zitronensaft zu dem Apfelpüree gießen. Alles in der Sorbetière gründlich vermischen. Zu den Teigblättern auf die Teller geben und mit den Kirschen garnieren.

Zartes

Vorbereitungszeit: *1 Stunde*
Kochzeit: *2 Stunden*
Schwierigkeitsgrad: ★★

Für 4 Personen

Für das Parfait:

75	g	Zucker
4		Eigelb
		Kaffee-Essenz

Für das italienische Baiser:

75	g	Zucker
2		Eiweiß, steif geschlagen
500	ml	Sahne

Für die Sauce:

500	ml	Sahne
75	g	Zucker
4		Eigelb
		Rum

Für das gebackene Baiser:

2		Eiweiß (75 g)
60	g	Zucker
1	TL	Kaffee, gefriergetrocknet

Puderzucker zum Bestreuen

Dieses delikate Dessert könnte man zu jeder Tageszeit aus reinem Genuß zu sich nehmen. Die Zubereitung erfordert allerdings etwas Mühe und einige Sorgfalt.

Baiser ist eine teuflische Erfindung, die Stanislas Leczinsky, Schwiegervater König Ludwigs XV. gewissen Quellen zufolge im 18. Jahrhundert aus Polen importiert hat. Man unterscheidet drei Sorten: das gespritzte Baiser, das gebackene und das italienische, das geschmeidiger ist und das man aus halb aufgeschlagenem Eiweiß herstellt. Wichtig: Den gekochten Zucker als letztes und mit vorgeschriebener Temperatur zufügen.

Dasselbe gilt für das Parfait: Der Zucker muß einen Grad von 118 °C erreicht haben, bevor man ihn auf die Eigelbe gibt. Ohne Unterbrechung muß dann die Mischung nahe am Schüsselrand geschlagen werden.

Das Dessert setzt sich im allgemeinen aus drei Schichten zusammen und wird auf einem Teller mit Sauce serviert. Im vorliegenden Fall handelt es sich um eine Sauce, die unser Küchenchef mit Sahne verlängert. Im Unterschied zu den anderen Zutaten, die einen Tag aufbewahrt werden können, muß die Sauce am selben Tag zubereitet werden.

Der letzte Schritt besteht darin, die Eiweiße zu Eischnee zu schlagen, der fest genug ist, um ein Zusammenfallen des Desserts zu verhindern, aber auch nicht zu fest, so daß das Ganze nicht körnig wird.

Nach dem Backen wird das Dessert sofort serviert. Man kann, wenn man möchte, dieses Dessert mit qualitativ hochwertiger Schokolade noch zusätzlich aromatisieren, ohne das Rezept dadurch zu ändern.

1. Für das italienische Baiser 75 g Zucker mit Wasser bei 118 °C verkochen. Zu 2 halb aufgeschlagenen Eiweißen geben. Bis zum Abkühlen durchrühren. Anschließend das Parfait zubereiten. Dazu erneut 75 g Zucker mit Wasser auf 118 °C erhitzen und diesmal zu den 4 Eigelben geben. Bis zum Abkühlen im Mixer rühren.

2. 500 ml Sahne steif schlagen. Das Parfait mit dem italienischen Baiser vermengen und dabei die Kaffee-Essenz zufügen. Als letztes die Sahne unterheben. Auf ein Blech mit hohem Rand geben und in den Gefrierschrank stellen.

Kaffee-Parfait

3. Für das gebackene Baiser 75 g Eiweiß und 60 g Zucker steif schlagen und mit 1 Teelöffel gefriergetrocknetem Kaffee mischen. Den Eischnee auf ein Blatt Butterbrotpapier 1 cm dick aufstreichen und 2 Minuten bei 80 °C dämpfen. Für die Sauce 75 g Zucker auf 118 °C erhitzen und die 4 Eigelb dazugeben. Bis zum Abkühlen schlagen, dann Rum und Sahne dazugeben.

4. Für jede Portion 2 Baiserscheiben und 1 Parfaitscheibe von 6,5 cm Durchmesser ausstechen. Die Sauce auf einen Teller geben und glasieren. Nacheinander Baiser, Kaffee-Parfait und wieder ein Baiser übereinanderschichten. Auf die Sauce geben. Mit dem Puderzucker bestreuen. Nochmals glasieren.

Zabaglione mit Likörwein

Vorbereitungszeit: *1 Stunde 15 Minuten*
Kochzeit: *30 Minuten*
Schwierigkeitsgrad: ★★

Für 4 Personen

Für die Zabaglione:

8		Eigelb
4	EL	feiner Zucker
200	ml	Likörwein aus Ligurien (oder ein anderer Likörwein)

Für die Kuchenstreifen:

500	g	Mehl
50	g	weiche Butter
3		Eier
100	g	feiner Zucker
100	g	Puderzucker
3	EL	Cognac
1	Prise	Salz
$1^1/_2$	l	Öl zum Fritieren

abgeriebene Schale von
1 unbehandelten Zitrone

Die ligurische Küche ist geprägt von Schlichtheit, aber der Gedanke, sie wäre zu ärmlich, um Aufmerksamkeit zu erregen, ist falsch. Auch wenn diese Gegend im Nordwesten Italiens immer sehr trocken ist, verhindert ihre schwierige Lage zwischen den Alpen und dem Mittelmeer nicht, daß hier bestimmte Gemüse- und Obstsorten angebaut werden, die vor den Winden aus Norden und Osten geschützt sind. Und es werden dort Weine gekeltert, die eine geschmacklich raffinierte Gastronomie perfekt ergänzen.

Nach der Ernte gegen Ende September werden die Trauben, die den ganzen Sommer die südliche Sonne in sich aufgenommen haben, für einige Wochen im Freien aufgehängt. Es wird daraus ein einzigartiger Likörwein hergestellt, der bei den verschiedensten Rezepten Gebrauch findet und hier der Weinschaumcreme ihren speziellen Charakter verleiht.

Die ligurische Zabaglione soll während des Karnevals erfunden worden sein. Das hieße, daß die Köche bei diesen Feierlichkeiten einen kühlen Kopf bewahrt haben müssen, sonst wäre ihnen die Zubereitung im Wasserbad nicht gelungen. Die Verwendung eines Kupfergefäßes verleiht dem Eigelb durch die chemische Reaktion eine bessere Konsistenz für das Dessert.

Den Teig kann man nur mit weicher Butter zubereiten, damit er gleichmäßig wird. Man sollte ihn frühestens nach einer Stunde Ruhezeit weiterverarbeiten, oder ihn, wenn man möchte, schon am Vortag zubereiten. Die Streifen dürfen nicht zu breit sein, da man sie knotet, bevor man sie in das Fritierfett gibt.

Dieses Dessert kann man heiß oder kalt verzehren. Sollte wider Erwarten etwas davon übrigbleiben, kann man die Kuchenstreifen in einer gutschließenden Dose aufbewahren.

1. In eine Kupferschüssel die Eigelbe und den Zucker geben. 5 Minuten mit dem Schneebesen aufschlagen. Den Wein zufügen. Die Schüssel ins Wasserbad stellen und alles bei niedriger Temperatur zu einer dichten, cremigen Konsistenz rühren. Lauwarm aufbewahren.

2. Das Mehl aufhäufen, in die Mitte alle Zutaten geben und alles mit dem Mehl vermischen, bis ein geschmeidiger Teig entsteht. In Klarsichtfolie einwickeln und 6 Stunden ruhen lassen.

und fritierten Kuchenstreifen

3. Den Teig auf 1 cm Dicke ausrollen, mit Hilfe eines gezahnten Teigrollers den Teig in Streifen von 10 x 2 cm schneiden. Diese jeweils zu einem Knoten binden.

4. Die geknoteten Streifen in kochendem Öl fritieren. Sorgfältig abtropfen lassen und mit Puderzucker bestäuben. Heiß mit der Zabaglione servieren.

Variationen

Vorbereitungszeit: *1 Stunde 50 Minuten*
Kochzeit: *30 Minuten*
Schwierigkeitsgrad: ☆☆☆

Für 4 Personen

Zum Garnieren:

100 g	Himbeersauce
70 g	kandierte Orangenschale
70 g	Schokoladenraspel
2 TL	Kaffee-Extrakt
etwas	Pistazien-Extrakt (oder Bittermandelaroma)
250 g	Englische Creme (siehe Grundrezepte S.801)

Für die Mousse aus Zartbitterschokolade:

200 g	Zartbitterschokolade, gerieben
300 ml	Milch, 300 ml Sahne
60 g	Zucker, 3 Eier

Für den Schokoladenkuchen:

85 g	Zartbitterschokolade
50 g	Butter, 20 g Kakaopulver
3	Eier, 100 g Zucker

Für die Mousse aus weißer Schokolade:

100 g	weiße Schokolade, gerieben
240 ml	Sahne

Für die Mousse aus Milchschokolade:

100 g	Milchschokolade, gerieben
240 ml	Sahne

Für das Schokoladensorbet:

100 g	Kuvertüre
35 g	Kakaopulver, 15 g Honig
150 g	Zucker, 400 ml Wasser

Lassen Sie sich von den vielfältigen Zutaten dieses Rezepts nicht abschrecken, denn die Zubereitung ist keineswegs schwierig: Setzen Sie die Anleitung unseres Küchenchefs Schritt für Schritt um, und Ihnen gelingt, mit etwas System und Umsicht, ein Dessert für höchste Ansprüche.

Es ist sehr wichtig, daß bei der Zubereitung der Mousse darauf geachtet wird, daß die Schokolade richtig temperiert ist: Sie muß warm genug sein, damit sich die Zutaten verbinden, darf aber auch nicht zu heiß sein, da sonst die Schlagsahne schmilzt. Das Sorbet bereitet man am besten unmittelbar vor dem Servieren zu. Verrühren Sie es im kalten Zustand, dadurch wird es schön glänzend.

Bei der Zubereitung des Biskuits für den Kuchen sollte man darauf achten, daß die Schokoladen-Butter-Masse nicht zu lange erhitzt wird, da die Schokolade sonst an Geschmack verliert. Nach dem Backen den Biskuit so wenig wie möglich und nur ganz vorsichtig bewegen.

Sobald die Englische Creme beim Aufkochen die richtige Konsistenz erreicht hat, empfiehlt es sich, den Boden der Schüssel in kaltes Wasser zu tauchen, um ein Weiterköcheln der Creme zu verhindern. Trotzdem muß sie nach dem Kochvorgang noch fertiggeschlagen werden. Erst dann die Creme aufteilen und ein Drittel mit Kaffee, ein weiteres Drittel mit Pistazienextrakt aromatisieren. So erhalten Sie dreierlei Saucen gleicher Konsistenz, die sich jedoch in Farbe und Aroma unterscheiden und ergänzen.

Beim Entwurf dieses Feinschmeckerrezepts hatte Michel Blanchet die Schokoladenbegeisterten im Visier: Allgemein bekannt ist ja, daß Schokolade gegen Streß und Depressionen wirkt.

1. Für jede Mousse erst die Schlagsahne steif schlagen. Die Milchschokolade im Wasserbad schmelzen, dann die Schlagsahne unterrühren und kalt stellen. Die Mousse aus weißer Schokolade genauso zubereiten. Für das Sorbet Wasser, Zucker und Honig zum Kochen bringen. Darin die Kuvertüre und das Kakaopulver auflösen. Abkühlen lassen und in der Sorbetière zerkleinern.

2. Für den Biskuit die Schokolade in Stücke brechen und mit der Butter im Wasserbad schmelzen. Die Eigelbe mit der Hälfte des Zuckers hellgelb schlagen. Den Kakao zufügen. Die Eiweiße mit dem restlichen Zucker steif schlagen. Die Eigelb-Zucker-Mischung und die Schokoladen-Butter-Mischung zugeben. In eine runde Springform geben und bei 180 °C 6 bis 8 Minuten backen.

aus Schokolade

3. Für die Englische Creme Milch mit dem Mark einer Vanilleschote aufkochen. Zucker und Eier schaumig schlagen. Die kochende Milch darüber gießen. Unter vorsichtigem Rühren auf schwacher Hitze köcheln lassen. Die Creme ist fertig, sobald sie am Kochlöffel kleben bleibt. In drei Portionen teilen, eine davon mit Kaffee-, eine zweite mit Pistazien-Extrakt oder Bittermandelaroma aromatisieren.

4. Für die Mousse aus Zartbitterschokolade Milch und Sahne mischen und zum Kochen bringen. Die Eigelbe mit dem Zucker schaumig schlagen und die Milch-Sahne-Mischung darüber gießen. Unter Rühren köcheln lassen, dann 200 g geriebene Zartbitterschokolade unterziehen. Fest werden lassen. Den Kuchen mit Ausstechförmchen in kleine Stücke teilen. Alles nach Geschmack dekorieren.

Cherry Trifle

Vorbereitungszeit: *30 Minuten*
Kochzeit: *15 Minuten*
Schwierigkeitsgrad: ★★

Für 4 Personen

Für die Puddingcreme:

375	ml	Milch
30	g	Zucker
10	g	Puddingpulver
2		Eigelb
1		Ei

Zum Garnieren:
Mandeln, abgezogen und geröstet
Pistazien, gehackt
Himbeergelee
frische Erdbeeren

Für den Biskuitteig:

5		Eier
150	g	Zucker
150	g	Mehl
1	Glas	Sauerkirschmarmelade

Zum Tränken des Biskuits:

15	ml	Rum
35	ml	trockener Kirschlikör (Cherry Brandy)
70	ml	Zuckersirup mit 30 °Beaumé

Für die Schlagsahne:

500	ml	Sahne
50	g	feiner Zucker

Perfektion in der Kochkunst erreicht man nur mit Liebe zum Detail: Wer könnte dies wohl besser verdeutlichen, als die Konditormeister des Connaught Hotels?

Dieses Dessert aus getränktem Biskuit ist ein typisch englisches Gericht. Darin verbinden sich die Aromen von Rum und Cherry Brandy, einem Kirschlikör, der vor allem bei der englischen Oberschicht sehr geschätzt wird und den nur die ganz Uneingeweihten mit dem Sherry verwechseln können. Die beiden hochprozentigen Flüssigkeiten müssen, wie man sich unschwer vorstellen kann, sehr maßvoll dosiert werden. Die Erfindung des Rums geht übrigens auf den französischen Missionar Jean-Baptiste Labat zurück: Dieser war im 18. Jahrhundert auf den Antillen tätig und ihm gelang es, Rum aus Zuckerrohr zu gewinnen, das damals ein Zankapfel zwischen Franzosen, Briten und Holländern war. Der Pater hat sich zudem im Kampf gegen die Briten hervorgetan, was im nachhinein einer gewissen Ironie nicht entbehrt ...

Bei der Verarbeitung des Biskuits ist in der entscheidenden Phase genaues Arbeiten gefordert: Seine lockere Konsistenz muß beim Vermengen mit den anderen Zutaten erhalten bleiben. Der Biskuit sollte vor der weiteren Verarbeitung vollständig abgekühlt sein. Man kann ihn eventuell sogar schon am Vortag zubereiten, damit er etwas fester wird. Beim Tränken der Biskuitwürfel ist darauf zu achten, daß die Flüssigkeit gleichmäßig über alle Würfel verteilt wird.

Die Schlagsahne zum Verzieren muß schaumig und locker sein. Noch leichter wird die Sahne, so meint unser Küchenchef, wenn man zuletzt noch ein Eiweiß unterhebt. Zum Füllen des Biskuits kann man auch Himbeermarmelade verwenden.

1. Für den Biskuit den Zucker auf ein mit Pergamentpapier ausgelegtes Backblech streuen und im Ofen erhitzen. Die Eier mit dem Rührgerät schaumig schlagen. Den erhitzten Zucker zugeben, weiter rühren, bis die Masse abgekühlt ist. Das gesiebte Mehl unterrühren. Den Teig in eine gebutterte Form füllen und bei 200 °C im Ofen zunächst goldbraun backen, dann auf 160 °C reduzieren und fertigbacken.

2. Den Biskuit abkühlen lassen, horizontal halbieren und mit Kirschmarmelade füllen. Zum Tränken der Biskuits Rum, Kirschlikör und Sirup vermischen. Biskuit in Würfel schneiden und eine Schüssel zur Hälfte damit füllen. Mit dem Alkohol-Sirup-Gemisch übergießen und einziehen lassen.

»Wally Ladd«

3. Für die Puddingcreme die Milch aufkochen lassen. Zucker und Eier mit dem Schneebesen verquirlen. Das Puddingpulver einrühren. Unter Rühren etwas kochende Milch zugießen, dann die Masse in die heiße Milch gießen und wie eine Konditorcreme (siehe Grundrezepte) fertigkochen. Durch ein Spitzsieb gießen und nochmals gründlich schlagen.

4. Wenn der Sirup vom Biskuit gut aufgesaugt ist, die Puddingcreme darüber gießen. Abkühlen lassen. Mit geschlagener Sahne, abgezogenen Mandeln, Pistazien, Himbeergelee und Erdbeeren verzieren.

Crème

Vorbereitungszeit: *10 Minuten*
Kochzeit: *5 Minuten*
Kühlzeit: *2 Stunden*
Schwierigkeitsgrad: ★★

Für 4 Personen

425	ml	Crème double (48 % Fett)
150	ml	Sahne (40 % Fett)
60	g	Zucker
8		Eigelb
1		Vanilleschote
1		Schale Walderdbeeren
100	g	brauner Zucker

Die heute geläufigen Desserts sind seit etwa 1850 Teil unserer Eßkultur. Die Bezeichnung »Dessert« geht auf das französische Wort »desservir« zurück, das »(den Tisch) abräumen« bedeutet. Ein Dessert war also offensichtlich das, was serviert wurde, nachdem die vorangehenden Speisen abgetragen worden waren. Man richtete damals das Dessert zu Beginn des Mahls am Tischende an, und die aufwendigen Kompositionen verführten geradezu zum unmäßigen Genuß. Die Spitzenköche unserer Tage haben die Süßspeisen auf maßvollere Portionen zurechtgestutzt: So laden sie zum Genießen ein, ohne der Gesundheit abträglich zu sein.

Die Konditoren des Connaught Hotels, die Zwillinge Power, sind Meister ihres Fachs und zeigen Tag für Tag auf überzeugende Weise, daß ein gelungenes Mahl nur von einem ebenso gelungenen Nachtisch gekrönt werden darf. Diese Maxime liegt auch unserer Crème Brûlée zugrunde.

Das Frischhalten und Aufbewahren von Sahne stellt heutzutage aufgrund der deutlich verbesserten Qualität der Produkte kein Problem mehr dar, und auch ihre Verarbeitung bereitet daher heute weit weniger Schwierigkeiten als früher. Allerdings müssen die Mengenverhältnisse zwischen den beiden Sahne-Varianten in unserem Rezept genau eingehalten werden.

Walderdbeeren eignen sich wegen ihres kleinen Größe hervorragend für dieses Rezept; aber auch andere kleine Erdbeeren können verwendet werden. Die Crème muß vor dem Glasieren unbedingt ganz abgekühlt sein, damit der darauf gestreute Zucker karamelisiert, ohne die Crème erneut zu erwärmen. Durch den Kontrast zwischen der Hitze des in der Profiküche verwendeten Bunsenbrenners von oben und der Kühle der Crème von unten entsteht eine glatte, glänzende Zuckerglasur. Danach muß die Crème nochmals kalt gestellt werden, damit sie sich etwas setzen und eine homogene Masse bilden kann.

1. Crème double und Sahne mit der geöffneten Vanilleschote in einen Topf geben und zum Kochen bringen. Mit dem Schneebesen Eigelbe und Zucker hellgelb schlagen, dann etwas von der heißen Sahne unterrühren. Die Masse in den Topf zurückgießen und alles unter ständigem Rühren aufkochen lassen. Durch ein Spitzsieb gießen.

2. Dessertschalen mit Walderdbeeren auslegen und diese mit etwas Crème fixieren. Die Schalen kalt stellen. Die restliche Crème ebenfalls kalt stellen, dann die Schalen ganz auffüllen. 2 bis 3 Stunden kalt stellen.

Brûlée

3. Die Dessertschalen aus dem Kühlschrank nehmen, mit einer großzügigen Schicht braunem Zucker bestreuen und unter dem heißen Grill glasieren, ohne die Crème dabei zu erhitzen.

4. Zuletzt die Glasur mit einem Bunsenbrenner erhitzen, so daß sie glatt und schön glänzend wird. Man kann das Dessert aber auch nochmals kurz unter dem heißen Grill glasieren. Erneut in den Kühlschrank stellen, bis die Glasur die gewünschte Festigkeit hat. Sehr kalt servieren.

Cassata

Vorbereitungszeit: *2 Stunden*
Kühlzeit: *12 Stunden*
Schwierigkeitsgrad: ★★

Für 4 Personen

Für die Eiscreme:
180 g Zucker
6 Eigelb
1 Vanilleschote
500 ml Milch
abgeriebene Schale von 1 unbehandelten Zitrone

Für die Sauce:
Erdbeeren oder andere Früchte

Für die Creme:
2 Eiweiß
75 g Zucker
50 ml Crème fraîche
4 EL kandierte Früchte, in Rum eingelegt

Für den Biskuitteig »Pan di Spagna«:
(siehe Grundrezepte S. 799)
4 Eier
125 g Zucker
125 g Mehl

Zum Garnieren:
rote Früchte nach Jahreszeit

Auf Sizilien, einem wahren Garten Eden für Feinschmecker, sind fast alle Früchte heimisch, die man sich vorstellen kann. Sie werden dort durch Kandieren haltbar gemacht und stehen so das ganze Jahr über für raffinierte Gerichte zur Verfügung. Es ist ebenfalls bekannt, daß die Sizilianer außerdem ein ausgesprochenes Talent für Gebäck und Desserts haben, und um Spezialitäten wie die exquisiten, mit Käse gefüllten Cannoli und natürlich die oft imitierte Cassata weltweit beneidet werden. Bei Carlo Brovelli hat die Cassata einen festen Platz auf der Speisekarte, und der Chefkoch darf sich damit schmeicheln, daß ihn Sizilianer, die ihn auf dem Festland besuchen, für sein Traditionsbewußtsein loben.

Die Menge und Vielfalt der knackigen, bunten Früchte, die den Erfolg dieses Dessert ausmachen, gelten als Ehrenbezeugung für die Gäste. Eine Cassata ist ein Muß bei allen feierlichen Anlässen oder Festessen.

Die Zubereitung einer echten Cassata erfordert viel Zeit und Erfahrung. Gehen Sie daher gemäß der Anleitung Schritt für Schritt vor. Beginnen Sie bereits am Vortag mit der Zubereitung, denn die Eiscreme muß richtig fest sein, bevor Sie den Eischnee schlagen, die Früchte unterheben und alles mit der Crème fraîche vermengen.

Das fertige Dessert wird über Nacht kalt gestellt, damit es die nötige feste Konsistenz erhält.

Der Name »Pan die Spagna« für den Biskuit mag überraschen. In Wirklichkeit aber gehen zahlreiche italienische Desserts ursprünglich auf ein Brot (»pane«) zurück, und diese Bezeichnungen blieben aus Respekt vor den Kochtraditionen des Landes oft bis in die heutige Zeit erhalten, wie etwa auch beim »Pan di Natale«, das traditionell zu Weihnachten bereitet und serviert wird.

1. Den Biskuit »Pan di Spagna« zubereiten. Kleine Förmchen in Form einer Halbkugel rundum mit Alufolie auslegen. Dann 2 cm dick mit dem Biskuit auskleiden.

2. Alle Zutaten für die Eiscreme mischen und in der Eismaschine zubereiten. Die mit Biskuit ausgelegten Förmchen mit der Vanille-Eiscreme ausstreichen. Kalt stellen.

alla Siciliana

3. Das Eiweiß in einer Rührschüssel mit einem Schneebesen steif schlagen. Die in Rum eingelegten, kandierten Früchte zugeben. Die Crème fraîche cremig rühren. Beide Massen in eine Schüssel geben und etwa 10 Minuten mit einem Spatel vermengen, bis eine homogene Creme entsteht.

4. Die Creme randvoll in die Förmchen füllen und glattstreichen. Über Nacht im Kühlschrank fest werden lassen. Auf einen Teller stürzen, mit einigen roten Früchten und der Erdbeersauce (aus passierten Erdbeeren) garniert servieren.

Gaumenschmaus

Vorbereitungszeit:	*20 Minuten*
Kochzeit:	*18 Minuten*
Schwierigkeitsgrad:	★

Für 4 Personen

4		Äpfel (Renetten und Granny Smith)
20	g	Mandeln, geröstet
50	ml	Kirschwasser
		Saft von 1 Zitrone
4	EL	Sahne, gesüßt und geschlagen
50	g	Butter
50	g	Zucker

Zum Garnieren:
Erdbeeren (je nach Geschmack)

Für den Blätterteig:
4 Vierecke à 6 x 6 cm
(siehe Grundrezepte S. 799)

Für das Apfelsorbet (250 ml):
(siehe Grundrezepte S. 798)

Für die Konditorcreme:
(siehe Grundrezepte S. 804)

Für die Apfelsauce:

		Äpfel
100	g	Zucker

Dieses heiß-kalte Dessert ist für unseren Küchenchef die Quintessenz seines Engagement zum Erhalt der traditionellen Gerichte und Produkte aus der Normandie. Die Äpfel aus Pays d'Auge, der Gegend des besten Calvados, sind eine Legende, sowohl die Sorten, die es nicht mehr gibt, als auch die heute noch gezüchteten. Michel Bruneau nennt den Napoleon-Apfel, nur kirschgroß, den er für den besten überhaupt hält.

In diesem abwechslungsreichen Dessert werden aber andere Apfelsorten verwendet. Am besten mischt man verschiedene Sorten, wie zum Beispiel die säuerlichen Granny Smith, die dem Sorbet Geschmack und Farbe verleihen, und dazu die süßeren Renetten für die Sauce. Gerade die unterschiedlichen Geschmacksrichtungen machen diesen Nachtisch zu einem unvergeßlichen Genuß.

Ganz nach normannischer Art wird die Creme mit Sahne zubereitet. Verbunden mit dem Aroma der Kirschen bereichert das die ganze Komposition. Für das Sorbet die Äpfel in dünne Scheiben schneiden, sie am Vortag in den Gefrierschrank stellen, um dem Fleisch mehr Festigkeit zu geben, und sie dann mit sehr heißem Sirup übergießen, bevor man sie in den Mixer gibt.

Die Garzeit der länglich geschnittenen Äpfel erfordert besondere Sorgfalt: Das Innere soll knackig und heiß bleiben, aber das Äußere wird in der Pfanne glänzend und karamelisiert.

Man kann das Ganze noch mit Karamel auf brauner Zuckerbasis gitterartig überziehen oder das Dessert je nach Geschmack mit Cidre oder Pommeau – einer Mischung aus Calvados und neuem Cidre – übergießen.

1. Den Blätterteig im Ofen 12 Minuten backen. Währenddessen die Äpfel schälen und in längliche Stücke schneiden (6 bis 8 pro Person). Für die Apfelsauce Äpfel in den Entsafter geben und danach den Saft mit 100 g Zucker zum Kochen bringen und abkühlen lassen. Mit Zitronensaft mischen.

2. In einer Rührschüssel die Konditorcreme mit Kirschwasser aromatisieren und mit gesüßter Schlagsahne mischen. Die Apfelstückchen 4 bis 5 Minuten in einer Pfanne mit der Butter und dem Zucker goldbraun werden lassen. Das Apfelsorbet herstellen.

aus der Normandie

3. Die Blätterteigteilchen aus dem Ofen nehmen und noch im heißen Zustand mit der Creme füllen und die Äpfel darauf geben.

4. Die Blätterteigteilchen mit dem Apfelsorbet auf Tellern anrichten. Mit den gerösteten Mandeln bestreuen und nach Wunsch mit einer schönen Erdbeere verzieren.

Kleiner »Tatin« mit

Vorbereitungszeit: *45 Minuten*
Kochzeit: *15 Minuten*
Schwierigkeitsgrad: *★*

Für 4 Personen

3	kg	frische Feigen
3	EL	Akazienhonig
1	EL	Pektin
400	g	Blätterteig
		Saft von 1 Limette
100	g	Butter

Für den Sirup mit 30 °Beaumé:

1	kg	Zucker
1	l	Wasser

Zum Garnieren:
Mandeln, abgezogen
Johannisbeeren

Es ist nicht unbedingt gesagt, daß die Damen Tatin, die in der kleinen Stadt Neung-sur-Beuvron geboren sind, diesen kleinen, gestürzten, sehr süßen Kuchen selbst erfunden und ihn nicht von einer Reise in die Provence mitgebracht haben. Man serviert den »Tatin« möglichst lauwarm. Es ist sicher kein Frevel, den »heiligen Apfel« durch die Feige zu ersetzen, da auch diese Frucht weltweit sehr geschätzt wird. Sagt man nicht, daß in den Gärten Babylons, eines der sieben Weltwunder, hauptsächlich Feigenbäume standen?

Natürlich wäre es am besten, die Feigen frisch vom Baum zu pflücken. Aber auch auf den hiesigen Märkten kann man in der Regel schöne dunkle Feigen mit sehr rotem schmackhaften Fruchtfleisch finden. Reife Feigen lassen sich einfach schälen und mit Honig karamelisieren. Wenn die Feigen wirklich sehr frisch sind, sollte man sie laut Aussage unseres Küchenchefs am Vorabend karamelisieren, in Formen füllen und sie dann kalt stellen, um den Kuchen mit dem Blätterteig im letzten Moment fertigstellen zu können.

Der Akazienhonig paßt mit seinem Aroma und seiner Farbe hervorragend zur Feige. Alain Burnel bevorzugt Honig aus der Provence, den er für im Geschmack reicher hält und der von einer erstaunlichen Transparenz ist. Honig floß bei den Gelagen der olympischen Götter in Strömen, mit Nektar und Ambrosia. Und diejenigen, denen man dieses lauwarme Dessert mit Vanille-Eiscreme serviert, werden sich sicherlich dorthin versetzt fühlen.

1. Die Feigen vorsichtig schälen. Den Honig karamelisieren und die Feigen und das Pektin zufügen.

2. Die gekühlten Feigen in Formen geben. Darauf achten, daß der Boden der Form ganz bedeckt ist. Mit aufgeschnittenen Feigen belegen.

Feigen und Akazienhonig

3. Nachdem man alle Formen gefüllt hat, jede mit einer dünnen Scheibe Blätterteig bedecken und einige Minuten in den Ofen schieben.

4. Den Honig in einen Topf geben, aufkochen lassen und mit dem Limettensaft ablöschen. Den Sirup zufügen und mit der Butter aufschlagen. Die kleinen Kuchen aus der Form nehmen, auf die Mitte der Teller geben und mit der Honigbutter glasieren. Mit einer fein aufgeschnittenen Feige dekorieren oder mit lauwarmen, gerösteten Mandeln oder Johannisbeeren garnieren.

Schokoladentränen

Vorbereitungszeit: *2 Stunden*
Kochzeit: *15 Minuten*
Kühlzeit: *3 Stunden*
Schwierigkeitsgrad: ★★★

Für 4 Personen

Für die Birnen-Mousse mit Karamel:

4	Blatt	Gelatine
100	g	Zucker
250	ml	Sahne
250	g	Birnenpüree
50	ml	Birnenschnaps (Williamsbirne)

Für die Schokoladentränen:

250	g	Zartbitterkuvertüre

Für die Karamelsauce mit Walnüssen:

125	g	Zucker
30	g	Butter
250	ml	Sahne
250	ml	Milch
1	TL	Vanillinzucker
5		Eigelb
50	ml	Karamel
25	g	Walnüsse, gehackt

Für den Birnenguß:

100	ml	Birnensaft
50	g	Zucker
$1^1/_2$	Blatt	Gelatine

Zum Garnieren:
Pistazien, gehackt

Diese Tränen sind fast schon Krokodilstränen, denn angesichts eines solchen Desserts gibt es wirklich nichts zu weinen! Schokolade, Karamelsauce und Birnen-Mousse, das erfreut das Auge mindestens ebensosehr wie den Gaumen.

Die Birne erscheint hier in drei verschiedenen Formen: als Püree, als Obstbrand für die Mousse und als Saft für den Guß. Eine schöne Verwendung für diese Frucht, deren Vorzüge schon Homer und Virgil rühmten und von der es heute mehrere tausend Arten gibt. Man sollte sich von dieser Vielzahl nicht verwirren lassen, die am meisten verbreiteten Birnen passen wunderbar zu diesem Rezept, wie zum Beispiel die an Faserstoffen und Vitaminen reiche Williamsbirne. Den Obstbrand erzeugt man durch Fermentierung frischer Früchte in einem geschlossenen Behälter.

Nicht jeder ist sofort in der Lage, Schokoladentränen zuzubereiten: Dies erfordert schon ein wenig Geschick, und sei es nur, um die optimale Konsistenz der geschmolzenen Schokolade für die Weiterverarbeitung zu erkennen. Mit etwas Übung und Geduld schafft man es aber.

Am besten verwendet man Plastikstreifen, um die Tränen so, wie auf dem ersten Bild zu erkennen ist, zu fertigen, und läßt sie dann einige Stunden im Kühlschrank hart werden. Anschließend kann man die Tränen ablösen und sie, sollte es nötig sein, etwas glätten und begradigen. Es versteht sich wohl von selbst, daß man Schokolade verwendet, die der Qualität der Birnen entspricht, das heißt von erster Güte: Die Feinheit erleichtert es, die Tränen zu formen und der Geschmack trägt zur Wirkung des Desserts bei.

1. Für die Schokoladentränen die Kuvertüre im Wasserbad schmelzen, in feinen Schichten auf drei verschieden große Plastikstreifen auftragen und Tränen formen. Im Kühlschrank erkalten lassen.

2. Für die Birnen-Mousse die Gelatine in kaltem Wasser einweichen. Den Zucker und das Birnenpüree mischen. Zum Kochen bringen, bis der Zucker schmilzt. Die Gelatine zufügen und köcheln lassen, bis das Ganze karamelfarben wird. Abkühlen lassen, Sahne und Birnenschnaps unterrühren. In die Tränen gießen und 3 Stunden kalt stellen.

mit Birnen-Mousse

3. Für die Sauce den Zucker schmelzen, die Hälfte der Sahne und Butter zufügen. Zum Kochen bringen und köcheln lassen, bis sie karamelfarben wird. In einem anderen Topf die restliche Sahne, Milch und Vanillinzucker zum Kochen bringen. Die Eigelbe mit etwas Zucker aufschlagen und unter die Mischung rühren. Wie eine Englische Creme (siehe Grundrezepte) zubereiten und durch ein Spitzsieb streichen. Karamel und gehackte Walnüsse zufügen.

4. Den Birnenguß zubereiten. Dazu den Zucker und den Birnensaft zum Kochen bringen, die vorher eingeweichte Gelatine zufügen und alles durch ein Spitzsieb streichen. Die Birnen-Mousse in die Tränen gießen und den Guß mit einem Pinsel auftragen. Die Tränen auf einem Teller anrichten, daneben Karamelsauce geben und das ganze mit gehackten Pistazien garnieren.

Panna Cotta mit

Vorbereitungszeit: *1 Stunde*
Kochzeit: *1 Stunde*
Schwierigkeitsgrad: ★★

Für 4 Personen

Für die Panna Cotta:

3		ganze Eier, 2 Eigelb
125	g	Zucker
500	ml	Crème fraîche
50	g	Amaretti (Mandelmakronen)
etwas		Vanillinzucker

Für den Kuchenteig:

75	g	Mandeln, gemahlen
75	g	Mehl
75	g	Zucker
75	g	Butter
1	Prise	Salz

Für den Karamel:

150	g	Zucker
250	ml	Wasser

Für die Zabaglione:

2	EL	Zucker
2		Eigelb
200	ml	Marsala, trocken

Zum Garnieren:

einige	rote Früchte
einige	Minzblätter

Don Pellegrino Artusi, dem zu Ehren dieses Dessert erfunden wurde, war ein italienischer Gastronom des 19. Jahrhunderts, der viele traditionelle Rezepte gesammelt hat. Inspiriert durch die Köche der Renaissance und die Zeit der großen Herzogtümer wurde sein Hauptwerk, »Die Kunst zu leben und gut zu essen«, 120mal aufgelegt und gilt heute noch als vollständigste Darstellung der italienischen Küche. Obwohl Artusi die Romagna und die Toskana besonders liebte, hat er Rezepte aus ganz Italien gesammelt und so dazu beigetragen, sie bekannt zu machen.

Er war auch der erste, der Zabaglione (Weinschaumcreme) mit Marsala zubereitete, und riet, eine reine und trockene Sorte dieses erstaunlich leichten sizilianischen Likörweins auszuwählen. Heute gibt es Marsala aus kontrollierter Herkunft. Man wird also keine bösen Überraschungen erleben.

Die Panna Cotta ist einfach herzustellen. Man muß nur auf die Garzeit achten. Die Verwendung der kleinen Amaretti (Mandelmakronen), die in die Creme gemischt werden, ergibt den Mandelgeschmack und die makronenartige Konsistenz. Man sollte sie Gelatine vorziehen. Man muß nur der Versuchung widerstehen, dieses leckere Gebäck nicht sofort aufzuessen.

Unser Küchenchef empfiehlt zudem, den Mandelkuchen wie einen trockenen Biskuit zuzubereiten. Er kann dann für die Zabaglione als eine Art eßbarer Löffel benutzt werden.

1. Für die Panna Cotta die Eier mit den Eigelben und dem Zucker aufschlagen, dann die Crème fraîche zufügen. Gut mischen, durch ein Sieb streichen und die zerbröckelten Amaretti zugeben.

2. Für den Karamel den Zucker im Wasser schmelzen, bis er braun wird. Etwas Karamel in eine ofenfeste Form geben, die Creme zufügen und im Wasserbad bei 130 °C 45 Minuten im Ofen backen. Abkühlen lassen.

Zabaglione à la Artusi

3. Den Mandelkuchen zubereiten, indem man alle Zutaten mischt und zu einem runden Teig von 1 cm Dicke formt. Im Ofen bei ungefähr 170 °C 10 Minuten backen.

4. Für die Zabaglione den Zucker unter die Eigelbe rühren, im Wasserbad mit dem Schneebesen aufschlagen und den Marsala zufügen. Die in Tropfenform geschnittene Panna Cotta auf Teller geben und mit dem Karamel überziehen. Die mit Vanillinzucker bestäubten Kuchenstücke anrichten und etwas Zabaglione zugießen. Mit Früchten und einem Minzeblatt dekorieren.

Zitrusfruchtterrine

Vorbereitungszeit:	*45 Minuten*
Kochzeit:	*15 Minuten*
Kühlzeit:	*2 Stunden*
Schwierigkeitsgrad:	★★

Für 4 Personen

150	ml	Orangensaft
50	ml	Pampelmusensaft
90	g	Zucker
8	Blatt	Gelatine
1/2		Vanilleschote
etwas		Pfeffer aus der Mühle
		frische Minze
150	ml	Muskateller
6		Orangen
2		Pampelmusen

Für die Teesauce:

4		Teebeutel, 500 ml Wasser
125	g	Zucker
4	Blatt	Gelatine

Für die glasierten Orangenschalen:

2	EL	Granatapfelsirup (Grenadine)
1	EL	Wasser
50	g	Zucker

Schale von 1 unbehandelten Orange

Mit dem Geschmack und dem Aussehen von Früchten zu spielen, ist etwas, das man schon seit der Antike kennt. Durch die Entwicklung bestimmter Produkte kann man heute raffinierte Fruchtterrinen zubereiten, deren Zusammensetzung dem Gaumen des Feinschmeckers schmeicheln.

Es sind die Zitrusfrüchte, die unseren Küchenchef zu diesem Dessert inspiriert haben, genauer gesagt die Orange und die Pampelmuse – einander ähnlich in Aussehen und Geschmack. Die Orange ist eine Winterfrucht, deren Einführung dem Seefahrer Vasco da Gama (1469–1524) zu verdanken ist. Die Pampelmuse ist ein wenig jünger, da sie von der Pomelo abstammt, die erst im 19. Jahrhundert aus Florida nach Europa kam. Heutzutage hat man bereits so viele Sorten gezüchtet, daß man sie genausogut nach dem Herkunftsland wie nach ihrer Farbe einteilen kann. Man muß also die verschiedenen Orangen- und Pampelmusensorten gegenüberstellen und sehen, welche sich am besten ergänzen, wobei man die Qual der Wahl haben wird. Blutorangen jedoch sollte man vermeiden, da ihre Färbung zu intensiv ist. Bitte immer darauf achten, alle Kerne sorgfältig zu entfernen. Es gibt nichts Unangenehmeres als auf Kerne zu beißen, wenn man eine köstliche Scheibe Zitrusfruchtterrine kostet.

Das Gelee als Grundlage dieser Zubereitung enthält Muskateller, genauer gesagt Muskateller aus Rivesaltes, wenn es nach unserem Küchenchef geht. Es handelt sich dabei um einen edlen, aromareifen Wein der seit Jahrhunderten aus dem Roussillon kommt. Sein berauschendes Aroma ergibt den allerbesten Kontrast zu der englischen Teesauce.

1. Die 150 ml Orangensaft und die 50 ml Pampelmusensaft leicht erhitzen. Den Zucker, die eingeweichte Gelatine und den Inhalt der Vanilleschote zu dem Saft geben. Leicht pfeffern und die zerpflückte Minze zufügen. Alles bei niedriger Temperatur erhitzen und abkühlen lassen. Den Muskateller zugießen.

2. Die Orangen und Pampelmusen schälen, Spalten ohne Kerne und Haut herausschneiden. Die Schale von einer Orange in feine Streifen schneiden.

mit Muskateller und Teesauce

3. In eine Kastenform mit einer Kelle eine Schicht Orangen-Pampelmusen-Gelee gießen und im Kühlschrank ungefähr eine Viertelstunde fest werden lassen. Für die Teesauce 500 ml Wasser zum Kochen bringen, den Zucker, die Teebeutel und die vorher eingeweichte Gelatine zufügen. Bis zum völligen Erkalten ziehen lassen, durch ein Spitzsieb streichen und dabei die Teebeutel entfernen.

4. Ist das Gelee fest, die Früchte flach darauf legen. Mit einer Schicht Gelee bedecken und im Kühlschrank fest werden lassen. Auf diese Weise fortfahren, bis die Zutaten verbraucht sind. Wasser mit Zucker und Grenadinesirup zum Kochen bringen und darin die Orangenschalen glasieren. 10 Minuten sieden. Die Terrine in Scheiben geschnitten servieren. Mit Teesauce und Orangenschalen garnieren.

Feiner Apfelkuchen

Vorbereitungszeit: *1 Stunde*
Kochzeit: *20 Minuten*
Schwierigkeitsgrad: *★★*

Für 4 Personen

2	Äpfel (z. B. Renetten)
	Butterflocken
etwas	feiner Zucker

Für den Blätterteig:
(siehe Grundrezepte S. 799)

500	g	Mehl
15	g	Salz
250	ml	Wasser
500	g	Butter

Für das Estragonsorbet:

100	g	Estragon
750	ml	Milch
100	g	Zucker
60	g	Traubenzucker

Ohne daß zufälligerweise ein wenig Estragon in kochende Äpfel gefallen wäre, hätte unser Küchenchef sicherlich nie die Idee gehabt, beides zu verbinden. Nach weiterer Zugabe von Estragon (dieses Mal mit Absicht) und etwas genauerer Dosierung muß man wirklich zugeben, daß er damit ein raffiniertes Dessert von köstlicher Leichtigkeit geschaffen hat.

Die am besten dafür geeigneten Äpfel sind nach Jean Crotet die Renetten, diese kleinen gelben Äpfel mit roten Flecken, deren festes, knackiges Fruchtfleisch süß und aromatisch ist. Oder aber die säuerlichen Granny Smith, mit hellgrüner Schale und weißem Fleisch. Je nach Geschmack sucht man eine Sorte aus und schneidet sie in feine Streifen, ebenso fein wie der Kuchenboden. So erhält man einen interessanten Kontrast zwischen den weichen Fruchtstücken und dem knusprigen Teig. Wenn man andere Äpfel verwenden möchte, sollte man sich vorher nach ihrer Kochfestigkeit erkundigen.

Es ist schon sehr ungewöhnlich, in einem Sorbet Estragon zu verwenden. Es wird empfohlen zu diesem Zweck ausschließlich frische Blätter mit ausgeprägtem Anisaroma zu nehmen, deren leicht süßlicher Geschmack nach dem Ziehen in der gezuckerten Milch gut zur Geltung kommt. Es ist empfehlenswert, das Sorbet einige Stunden zuvor zuzubereiten und es zusammen mit dem heißen Kuchen zu verzehren, sobald dieser aus dem Ofen kommt.

Diese süße, belebende Speise erinnert unweigerlich an das alte englische Sprichwort, nach dem »der tägliche Apfel den Doktor erspart«.

1. Die Mischung aus Wasser und Mehl 1 Stunde ziehen lassen. Den Blätterteig sechsmal tourieren. Einen Boden von 2 mm Dicke ausrollen. Einstechen und einen Kreis von 20 cm Durchmesser ausschneiden. Auf ein Backblech geben.

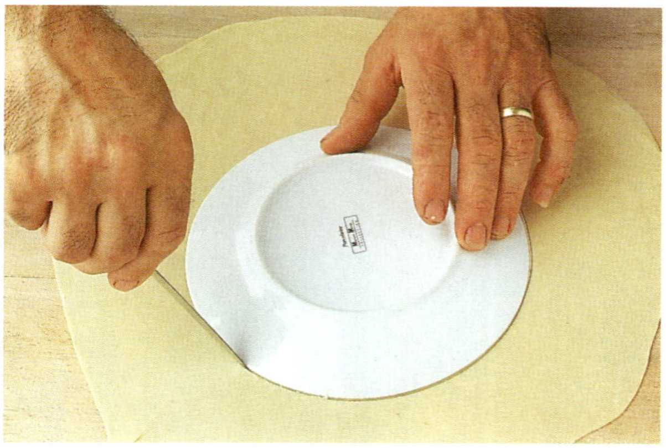

2. Zwei Äpfel schälen und in feine Scheiben schneiden.

mit Estragonsorbet

3. Die Äpfel auf dem Boden anrichten. Einige Butterflocken und feinen Zucker, der das Ganze karamelisiert, darauf geben. Ungefähr 15 Minuten bei 180 °C backen.

4. Für das Sorbet alle Zutaten zum Kochen bringen und 100 g bereits gewaschenen und gehackten Estragon zufügen. 1 Stunde ziehen lassen. Durch ein Spitzsieb streichen und in die Sorbetière füllen.

Pfirsichsuppe

Vorbereitungszeit: *30 Minuten*
Kochzeit: *3–4 Stunden*
Schwierigkeitsgrad: ★

Für 4 Personen

4 Pfirsiche

Für die Marinade:

1	l	Rotwein
300	ml	Himbeersauce
60	g	Zucker
etwas		Zitronensaft

Für die Eisenkraut-Eiscreme:

50	g	frisches Eisenkraut (Verbene)
250	ml	Sahne
250	ml	Milch
6		Eigelb (120 g)
200	g	Zucker

Schalen von 2 unbehandelten Limetten

Zum Garnieren:

100	g	Himbeeren oder Walderdbeeren
einige		frische Mandeln

Ludwig XIV. hegte eine königliche Leidenschaft für Pfirsiche, und seine Obstgärten waren voll davon. Man zählte schließlich über 30 verschiedene Sorten. Pfirsiche sind auch heute noch sehr beliebt und man genießt das Fleisch dieser zarten und saftigen Sommerfrüchte. In der Region Languedoc-Roussillon sind Pfirsiche ein Hauptanbauprodukt, und Puristen schätzen die Qualität der Pfirsiche aus dieser Gegend sehr.

Unser Küchenchef hat den gelben Pfirsich ausgesucht, dessen Fruchtfleisch fester und saftiger als das des weißen Pfirsichs ist. Vor allem empfiehlt er den Pfirsich aus der Gegend um Carcassone, der allerdings nicht leicht zu bekommen ist. Die vielen Weingüter rund um die mittelalterliche Stadt ersparen es Michel Del Burgo, sich Sorgen um Qualitätswein machen zu müssen: Er fließt sozusagen direkt vor seiner Tür.

Bei der Zubereitung der Marinade muß man mit größter Sorgfalt ans Werk gehen, denn auch für eine Sauce sollte man keine zerdrückten Himbeeren verwenden. Wenn man keine frischen Exemplare mit entsprechender Qualität bekommen kann, kann man im Handel erhältliches Fruchtmark verwenden, das oft erstaunlich gut ist.

Mit dem Eisenkraut verhält es sich ähnlich. Vorzugsweise verwendet man es frisch. Aber auch in getrockneter Form (wie man es in Apotheken für Kräutertee erhält) läßt sich daraus eine Eiscreme ganz erstaunlicher Finesse herstellen, mit dem höchstens Thymian- oder Rosmarin-Eiscreme konkurrieren kann. Und wenn wir nun schon einmal bei dem Kapitel Variationen angelangt sind: Warum sollte man nicht mal anstatt der Pfirsiche aromatische, zarte Birnen oder rote Pflaumen verwenden?

1. Den Rotwein, die Himbeersauce, den Zucker und den Zitronensaft in einem Gefäß kalt mischen, um die Pfirsiche darin einzulegen. Für die Eisenkraut-Eiscreme aus den Zutaten eine Englische Creme (siehe Grundrezepte) zubereiten und 50 g Eisenkraut darin ziehen lassen. 2 Limettenschalen glasieren und in kleine Würfel schneiden. Zu der Creme geben und diese in der Eismaschine kräftig rühren.

2. Die Pfirsiche säubern, schälen und achteln. Die Stücke flach auf ein Metallblech legen.

mit Rotwein

3. Die Marinade auf die Pfirsiche gießen und 2 Stunden ziehen lassen. Die frischen Mandeln schälen und in längliche Stücke schneiden.

4. Die Pfirsichstücke abtropfen lassen, fächerförmig auf einem Teller anrichten und eine Kugel Eiscreme in die Mitte geben. Rundherum ein wenig Marinade gießen, mit einigen Walderdbeeren oder Himbeeren und den Mandeln verzieren. Kalt servieren.

Pfannkuchenravioli

Vorbereitungszeit:	*45 Minuten*
Kochzeit:	*25 Minuten*
Schwierigkeitsgrad:	★

Für 4 Personen

Für den Pfannkuchenteig:
(siehe Grundrezepte S. 804)

125	g	Mehl
55	g	Zucker
280	ml	Milch
4		Eier
15	g	Butter
1	Prise	Salz
30	ml	Wasser

Für die Orangensauce:

30	ml	Orangensaft
500	ml	Wasser
200	g	Zucker
20	ml	Grand Marnier

Für die Crème Chiboust:

3		unbehandelte Orangen
		Zuckersirup mit 30 °Beaumé
etwas		Butter
60	ml	Zitronensaft
40	ml	Crème double
3		Eier
20	g	feiner Zucker
15	g	Puddingpulver
1	Blatt	Gelatine

Man weiß nicht, wer Suzette war, aber man kennt einige ihrer »Väter«, darunter die großen Küchenmeister Escoffier und Charpentier. Letzterer gab vor, sie in Monte Carlo erfunden zu haben, zu Ehren der Begleiterin des zukünftigen englischen Königs Eduard VII., die diesen Vornamen getragen haben soll. Die steile Karriere Charpentiers, der Königin Victoria und den Rockefellers diente, scheint diese Version zu bestätigen – vorausgesetzt, der ehemalige englische Thronfolger ging wirklich mit einer jungen Frau namens Suzette aus.

Mit Augenzwinkern schlägt uns Philippe Dorange eine seiner Kindheitserinnerungen vor. Er bereitet das Dessert so zu, wie es ihn seine gastronomieerfahrenen Eltern gelehrt haben. Dabei bleiben alle Grundelemente der »klassischen Suzette« erhalten. Für das Mandarinenaroma verwendet man hier den Grand Marnier, einen Orangenlikör auf Cognacbasis, den man sparsam benutzen sollte, da er den Geschmack des Pfannkuchens überdecken kann, selbst wenn man nur ein klein wenig zuviel davon zugibt.

Um den Geschmack des Pfannkuchenteigs noch zu verbessern sowie fester und glatter zu machen, kann man zusätzlich etwas Kondensmilch zufügen. Zwischen dem Zubereiten des Teigs und der Pfannkuchen sollte eine kleine Weile vergehen, so daß sich die Aromen der Zutaten besser mischen können.

Die Crème Chiboust erinnert unseren Pariser »Handwerker« an das 19. Jahrhundert, in dem die besagte Süßspeise mit dem Namen des Schutzpatrons der Konditoren erfunden wurde. Die Zubereitung erfordert schon einige Sorgfalt, vor allem wenn man die Butter mit dem Holzspatel einarbeitet, ohne daß die Eier zusammenfallen. Eine halbe Stunde im Kühlschrank sollte dieser besonderen Crème dann ohne Probleme die gewünschte Konsistenz verleihen.

1. Den Pfannkuchenteig herstellen. Kleine Pfannkuchen zubereiten. Mit einem Ausstechförmchen Kreise von 8 cm Durchmesser ausstechen.

2. Für die Orangensauce einen Karamel herstellen und mit Orangensaft aufgießen. Den Grand Marnier zugeben und köcheln lassen. Die Schalen von 3 Orangen in feine Streifen schneiden und sie in dem Zuckersirup (30 °Beaumé) glasieren. Die Butter hinzufügen. Für die Crème Chiboust den Zitronensaft mit dem Saft der 3 Orangen mischen, die Crème double zufügen und zum Kochen bringen.

mit Orangenbutter »Suzette«

3. Die Eier trennen. Die Eigelbe mit dem Zucker verarbeiten, das Puddingpulver zufügen, mit der unter Schritt 2 hergestellten Crème vermengen und wie eine Konditorcreme (siehe Grundrezepte) fertigstellen. Vom Herd nehmen, die in kaltem Wasser eingeweichte Gelatine zufügen und abkühlen lassen. Die Eiweiße steif schlagen und unter die Crème heben.

4. Die Pfannkuchen zur Hälfte mit der Crème Chiboust bestreichen, und sie dann zusammenklappen. Auf einem tiefen Teller anrichten und 5 Minuten bei 180 °C im Ofen backen. Nach dem Herausnehmen die Orangensauce rund um die Pfannkuchen gießen. Mit den glasierten Orangenschalen dekorieren.

Mangofächer

Vorbereitungszeit: *30 Minuten*
Kochzeit: *10 Minuten*
Schwierigkeitsgrad: ★

Für 4 Personen

2		reife Mangos
10		Passionsfrüchte
200	ml	Passionsfruchtsauce
		Zucker
4		Minzezweige
		Puderzucker

Für die Vanille-Eiscreme (200 ml):

1		Vanilleschote
200	ml	Milch
50	g	Zucker
2		Eigelb
400	ml	Crème fraîche
		Blätterteigscheiben, gebacken

Mit diesem Rezept will uns Claude Dupont in den imaginären »Garten der Lüste« entführen. Die Frucht des Mangobaums stammt aus Indien, ist aber auch in Afrika und Amerika anzutreffen. Die Passionsfrucht gedeiht vor allem in Lateinamerika (Brasilien und Venezuela) und im Süden der USA (Hawaii und Florida).

Die Verbindung von Mango und Passionsfrucht ist keineswegs zufällig gewählt: Sie bietet eine gelungene Balance zwischen zwei Früchten, deren Geschmack sich ergänzt, ohne sich gegenseitig zu überlagern. Allerdings sollten sich dabei beide Früchte von ihrer besten Seite zeigen. Die Mango muß gerade eben reif und auf Druck nicht zu weich sein; die Färbung der Schale spielt dabei keine Rolle. Wählen Sie schwere Früchte mit glatter Schale. Letztere darf keine schwarzen Flecken aufweisen, sie deuten nämlich auf überreife Früchte mit faserigem Fruchtfleisch hin. Die Mango besitzt einen großen, abgeflachten Kern, der etwas schwierig auszulösen ist. Letztlich bleiben nur etwa zwei Drittel der Frucht übrig, die für den Fächer verwendet werden können.

Die Passionsfrucht macht durch die Beschaffenheit ihrer bräunlichen, ins Violett gehenden Schale einen etwas »ramponierten« Eindruck. Ihr säuerliches Fruchtfleisch eignet sich hervorragend für eine Fruchtsauce, die sämtliche kleinen schwarzen Körnchen der Frucht enthält.

Dieses schmackhafte Dessert ist äußerst vitaminreich und braucht daher Figurbewußte und Diätfans nicht abzuschrecken. Vielleicht bekommen Sie – angeregt von unserem Rezepttitel – zudem noch Lust, ein wenig im Lexikon zu schmökern, um die verschiedenen Namen der Mango (auch Tropenfrucht) und der Passionsfrucht (Maracuja, Grenadillen) einmal in Erfahrung zu bringen.

1. Die Mangos schälen und entkernen. Für die Vanille-Eiscreme die Milch mit der Vanilleschote in einen Topf geben, aufkochen lassen und vom Herd nehmen. In einer Rührschüssel Zucker und Eigelbe mit dem Schneebesen verschlagen, die Milch darüber gießen. Abkühlen lassen. Die Crème fraîche untermengen und in der Eismaschine kalt rühren. Kalt stellen.

2. Die vier Mangohälften in feine Lamellen schneiden, so daß sie sich fächerartig anrichten lassen. Die Mangofächer mit Puderzucker bestäuben und unter dem heißen Grill leicht erwärmen.

mit Vanille-Eiscreme

3. Die Passionsfrüchte halbieren und das Fruchtfleisch vollständig auskratzen. Im Mixer pürieren und die entstandene Fruchtsauce durch ein Sieb gießen, abschließend zuckern.

4. Auf jeden Teller einen Mangofächer geben. Mit der Fruchtsauce übergießen. Zwei Kugeln Vanille-Eiscreme auf knusprigen Blätterteigscheiben anrichten. Mit einem mit Puderzucker bestreuten Minzezweig garnieren.

Schwäbischer Gugelhupf

Vorbereitungszeit: *15 Minuten*
Kühlzeit: *12 Stunden*
Schwierigkeitsgrad: ★★

Für 4 Personen

20 g Rosinen
50 ml Rum
3 Eigelb
70 g Zucker
abgeriebene Schale von 1 unbehandelten Orange

40 ml Grand Marnier
25 ml Sahne
20 g Schokolade
300 ml Sahne, geschlagen

Zum Garnieren:
verschiedene Früchte
Minzeblätter

Es gibt fast so viele verschiedene Sorten Gugelhupf wie es regional verschiedene Schreibweisen gibt: Kugelhopf, Kougelhof, Guggelhopf etc. Die Elsässer, alte Meister auf diesem Gebiet, bereiten ihn aus Hefeteig mit Rosinen und Mandeln und immer in der traditionellen Gugelhupfform mit der großen zylinderförmigen Öffnung in der Mitte zu. Lothar Eiermann, schwäbischer Herkunft, schwört auf seine regionale schwarzweiße Variante als Dessert. Aber auch andere Gugelhupfvarianten hat er im Laufe der Zeit in sein Repertoire aufgenommen, darunter einige salzige mit Gänseleber oder Lachs.

Bei dieser Eiscreme-Variante, die sich selbstverständlich im Gefrierschrank aufbewahren läßt, ist vor allem die richtige Menge Zucker wichtig. Da auch die Rosinen Zucker enthalten, muß man ihn eventuell etwas reduzieren. Vorsicht auch mit dem Eigelb, das viele Kohlenhydrate enthält. Bei dem ersten Arbeitsgang, bei dem man die Eigelbe und den Zucker aufschlägt, muß eine gleichmäßige, schaumige Mischung entstehen, die am Ende einen lockeren Eiskuchen ergibt. Selbstverständlich muß alles vorher zubereitet werden, da die Zeit zum Festwerden im Gefrierschrank mindestens zwölf Stunden beträgt.

Es ist nicht ausgeschlossen, daß auch nach diesem Zeitraum die Mischung weich bleibt und das Eis nicht fest genug ist, um es aus der Form zu nehmen. Dies ist besonders dann der Fall, wenn unglücklicherweise – und trotz der Empfehlungen unseres Küchenchefs – zuviel Zucker verwendet wurde. Wem das passiert – nun, er war gewarnt ...

Dieses ausgezeichnete und sehr frische Dessert serviert man mit Schlagsahne, Rosinen, Mandelplätzchen oder anderen trockenen Keksen, je nach Geschmack.

1. Die Rosinen einen halben Tag vorher in Rum einweichen. Die Eigelbe mit dem Zucker aufschlagen und die abgetropften Rosinen, die Orangenschale und den Grand Marnier zugeben.

2. Die 25 ml flüssige Sahne mit der Schokolade aufkochen und abkühlen lassen. Dann ein Drittel der Eimasse mit der Schokoladensauce mischen.

mit Früchten

3. In eine Gugelhupfform abwechselnd die weiße und die schwarze Mischung füllen.

4. Mit einer Gabel marmorisieren und 12 Stunden in den Gefrierschrank stellen. Mit frischen Früchten der Saison und einigen Minzeblättern dekorieren.

Fruchtgratin

Vorbereitungszeit: *20 Minuten*
Kochzeit: *3 Minuten*
Schwierigkeitsgrad: ★★

Für 4 Personen

2		Mangos
2		Kiwis
12		Erdbeeren

Für die Mandelcreme:

250	g	Mandeln, feingemahlen
250	g	Zucker
250	g	Butter
100	ml	Rum
3		Eier

Für die Konditorcreme:
(siehe Grundrezepte S. 804)

500	ml	Milch
6		Eigelb
125	g	Zucker
50	g	Mehl
1		Vanilleschote

Für die Eiscreme:

500	ml	Mandelmilch
500	ml	Milch
250	ml	Sahne
12		Eigelb
300	g	Zucker

Passen denn Früchte wie etwa Kiwi, Mango und Erdbeere überhaupt zu einer Mandelcreme? Es wird Feinschmeckern schwerfallen, diesem Viererlei an Genuß und Geschmack auf ihren Tellern zu widerstehen.

Früher nur als exotische Frucht bekannt, wird die Kiwi heute auch in unseren Breitengraden angebaut. Italien ist hier der führende Produzent und Exporteur Europas. Kiwis passen zu vielen Gerichten, und neben ihrem hohen Gehalt an Vitamin C sind sie auch noch sehr arm an Kalorien. Sie lassen sich zudem gut aufbewahren, was diese frische und belebende Frucht noch schätzenswerter macht.

Die fleischige, saftige Mango wurde von den Portugiesen in Brasilien entdeckt und nach Europa eingeführt.

Gleichzeitig süß und reich an Vitaminen wird die Mango traditionell auch zur Zubereitung von Chutneys oder traditionellen pikanten Gerichten, wie indische Currys, verwendet. Ebenso wie die Kiwi enthält die Mango, die man auch als tropischen Pfirsich bezeichnet, sehr wenig Kalorien und wird gerne bei Schlankheitsdiäten verwendet.

Durch die Zugabe von Mandelpulver und -milch erhält die Mandelcreme ihr feines Aroma.

1. Für die Mandelcreme in einer Rührschüssel 250 g gemahlene Mandeln mit dem Zucker und der weichen Butter mischen. 3 Eier und den Rum zugeben und mit einem Schneebesen kräftig schlagen.

2. Für die Eiscreme die Milch zum Kochen bringen. Inzwischen Eigelb und Zucker schaumig schlagen und vorsichtig mit der Milch mischen. Die Mandelmilch und die Sahne zugeben. Alles in die Eismaschine füllen. Die Kiwis und die Mangos schälen und in feine Scheiben schneiden. Auch die Erdbeeren in Scheiben schneiden.

mit Mandeln

3. Die Konditorcreme durch Mischen aller Zutaten zubereiten und unter die vorbereitete Mandelcreme mischen.

4. In die Mitte des Tellers die Creme geben und darauf die Früchte harmonisch anrichten. Einige Minuten unter den heißen Grill schieben und mit einem Löffel Eiscreme servieren.

Blancmanger mit

Vorbereitungszeit:	*30 Minuten*
Kochzeit:	*20 Minuten*
Kühlzeit:	*30 Minuten*
Schwierigkeitsgrad:	★★

Für 4 Personen

150	g	weiße Schokolade

Für die Mandel-Mousse:

80	g	Puderzucker
250	ml	Milch
50	g	Zucker
3		Eigelb
3	Blatt	Gelatine
250	ml	Sahne

50	g	Mandeln, gemahlen
2		Bittermandeln, gemahlen
etwas		Bittermandelaroma

Für den Mandelbiskuit:

1		Eigelb
1		Ei
60	g	Puderzucker
60	g	Mandeln, gemahlen
50	g	Mehl
40	g	Zucker
2		Eiweiß (100 g)

Für den Kirschsirup:

40	ml	Kirschwasser
100	ml	Zuckersirup mit 60 °Beaumé
40	ml	Quellwasser

Früher mußte der Blancmanger von vollkommen weißer Farbe sein. Er wurde aus Mandelmilch hergestellt und mit einem – mitunter aromatisierten – Gelee eingedickt. Constant Fonk hat die moderne Version des Blancmanger mit einer Dekoration aus Blattgold bereichert, ganz im Stile der Venezianer, deren Handelsschiffe im 15. Jahrhundert Gewürze und Seidenstoffe aus dem Orient nach Europa brachten. Die Niederländer, so lehrt es die Geschichte, eiferten ihnen nach und gründeten im folgenden Jahrhundert das niederländische Kolonialreich. So kam es dazu, daß Kräuter und vielerlei Gewürze schon recht früh in die holländische Gastronomie Eingang fanden.

Die Mandeln müssen für dieses Rezept äußerst fein gemahlen sein, damit sich die Zutaten vollkommen verbinden und eine leichte, luftige Mousse entsteht. Die Bittermandeln und das Bittermandelaroma müssen maßvoll dosiert werden, da sie sonst leicht den Geschmack des Ganzen verderben könnten. Aber gerade die Kombination dieser zwei wichtigsten Mandelarten ist klassisch in der feinen Küche.

Wahrscheinlich gelingt es Ihnen nicht gleich beim ersten Versuch, eine vollkommene Krause aus weißer Schokolade herzustellen. Aber auch die meisten Profiköche geben zu, daß ihre eigenen Bemühungen lange Zeit nur von Mißerfolgen gekrönt waren. Sie müssen also etwas Geduld beweisen! Zu der Krause aus weißer Schokolade noch ein Tip: Wenn Sie den Teig vorher kurz in den Kühlschrank legen, damit er eine feste Konsistenz erhält, wird es schon leichter.

Verzichten Sie lieber bei der Zubereitung des Kirschsirups auf Experimente und billige Zutaten: Verwenden Sie ausschließlich echtes Kirschwasser.

1. Mandel-Mousse: Gemahlene Mandeln und Puderzucker mischen. Die Milch mit 25 g Zucker aufkochen lassen. Die Eigelbe und den restlichen Zucker schaumig schlagen. Kochende Milch zugießen. Wie eine Englische Creme (siehe Grundrezepte) kochen, dann die eingeweichte Gelatine zugeben. Über die Mandelmischung gießen und abkühlen lassen. Die steif geschlagene Sahne zugeben und vorsichtig mischen.

2. Eine dünne Lage geschmolzene weiße Schokolade auf ein angewärmtes Blech gießen. Sobald sie fest geworden ist, mit einem Metallspatel eine Schokoladenkrause formen.

weißer Schokoladenkrause

3. Für das Biskuit das Eigelb und das ganze Ei mit dem Puderzucker verrühren. Die gemahlenen Mandeln und das Mehl zugeben und zuletzt das mit 40 g Zucker steif geschlagene Eiweiß unterheben. Die Masse auf ein mit Backpapier ausgelegtes Blech geben und etwa 10 Minuten bei 180 °C im Ofen backen.

4. Eine Form mit 18 cm Durchmesser und 3,5 cm Höhe oder 4 Förmchen mit 6 cm Durchmesser und 4,5 cm Höhe bereitstellen. Mandelbiskuit auf den Boden geben und mit Kirschsirup tränken. Randvoll mit Mandel-Mousse bedecken und im Kühlschrank fest werden lassen. Auf einen Dessertteller stürzen und mit der Schokoladenkrause verzieren. Nach Belieben mit Blattgold garnieren.

»Chocolat-Café«

Vorbereitungszeit: *2 Stunden*
Kochzeit: *20 Minuten*
Schwierigkeitsgrad: ★★★

Für 4 Personen

100	g	Walnußkerne
50	g	Kakaopulver
200	ml	Sahne, geschlagen
		Schokoladenglasur

Für den Schokoladenbiskuit:

6		Eier
150	g	feiner Zucker
30	g	Kakao
100	g	Mehl

Konditorcreme mit Kaffee:
(siehe Grundrezepte S. 804)
etwas löslicher Kaffee

Für die Pralinenmasse:

175	g	Zartbitterkuvertüre
200	ml	Sahne
35	g	Butter

Englische Creme mit Kaffee:

500	ml	Milch
6		Eigelb
40	g	Kaffeebohnen
100	g	Zucker

Die Meinungen darüber, wann der Kakao aus Amerika nach Frankreich eingeführt wurde, gehen auseinander. Für die einen war es Königin Anna von Österreich, die Tochter des spanischen Königs, die ihn 1615 bei Hofe eingeführt hat. Für andere war es Alphonse de Richelieu, der Erzbischof von Lyon und Bruder des Ministers, der die Kakaobohne nach 1661 dazu benutzte, »die Dämpfe seiner Milz zu besänftigen«, und zwar auf Rat eines spanischen Mönches. Einst von den Theologen verteufelt, manches Mal für alles Übel verantwortlich gemacht, ist die Schokolade heute eine Nascherei allererster Güte und Gegenstand eines regelrechten Kultes.

Diese Süßspeise, in der Schokolade und Kaffee gemischt werden, kann man nur aus Produkten ausgezeichneter Qualität herstellen. Es sollte eine dunkle Zartbitterschokolade mit mindestens 60 bis 70 % reinem Kakaogehalt verwendet werden.

Der beste Kaffee ist sicherlich der kolumbianische, der zugleich sanfter und säurehaltiger ist, was besonders für die Sorte Supremo gilt. Er wird oft als löslicher Kaffee genommen, da sein Trockenextrakt die Konsistenz der Cremes nicht verändert. Wird eine leichtere Konditorcreme gewünscht, so kann den Zutaten etwas Schlagsahne beigefügt werden.

Die Walnüsse verleihen der Süßspeise eine reizvolle knackige Note. Nach dem Schälen werden sie zerkleinert und kalt gestellt. Besonders geeignet sind Sorten, deren Kerne sich leicht aus der Schale lösen lassen.

Dieses außergewöhnliche Dessert versüßt die Tage in Drouant, wo seit 1914 die Mitglieder der Akademie Goncourt empfangen werden, von denen einige geradezu nach Schokolade gieren ...

1. Für den Schokoladenbiskuit die Eier und den Zucker mit einem Mixer 7 bis 8 Minuten im Wasserbad durchrühren, um einen gleichmäßigen Teig zu erhalten. Den Kakao und das Mehl mit einem Schaumlöffel untermengen. Auf ein mit Backpapier belegtes Backblech geben und im Ofen bei 180 °C 8 bis 10 Minuten backen.

2. Für die Pralinenmasse die Kuvertüre zerkleinern, die kochende Sahne zugießen, mit einem Spatel umrühren, die Butter zufügen und unter gelegentlichem Umrühren dick einkochen.

mit Walnüssen

3. Fortfahren mit der Zubereitung der Konditorcreme und am Ende der Kochzeit den löslichen Kaffee zugeben. Abkühlen lassen und 200 ml sehr steif geschlagene Sahne zufügen. Für die Englische Creme mit Kaffee die zerstoßenen Kaffeebohnen mit der Milch aufkochen, 10 Minuten ziehen lassen, dann weiter wie im Grundrezept beschrieben zubereiten.

4. Durch ein Sieb passieren und kalt stellen. Den Biskuit mit runden Formen von 7 cm Durchmesser und 4 cm Höhe ausstechen. Die Seiten mit der Pralinenmasse bestreichen und dann abwechselnd Konditorcreme und Nußkerne schichten. Mit Biskuit abschließen. Mit Schokoladenglasur überziehen und auf einem Teller mit Englischer Creme anrichten.

Pfirsich

Vorbereitungszeit: *1 Stunde*
Kochzeit: *20 Minuten*
Kühlzeit: *2 Stunden*
Schwierigkeitsgrad: ★★★

Für 4 Personen

1	l	Wasser
500	g	Zucker
4		Pfirsiche
2		Vanilleschoten

Für die Pistazien-Eiscreme:

500	ml	Milch
500	ml	Sahne
1		Vanilleschote
250	g	Zucker
10		Eigelb
etwas		Bittermandel-Extrakt
150	g	Pistazien, geschält und zerstoßen

Für das Champagnersabayon:

8		Eigelb
150	g	Zucker
400	ml	Champagner
100	ml	Sahne

Zum Garnieren:
Schlagsahne

Der Pfirsich ist von Juni bis September die Sommerfrucht schlechthin. Sein zartes, saftiges Fruchtfleisch kann man auf vielerlei Art genießen: So wie es ist, mit oder ohne die flaumige Schale, die einen nicht geringen Teil des Charmes der Pfirsiche ausmacht. Aus China stammend, wo er ein Zeichen der Unsterblichkeit ist, gelangte der Pfirsich über Persien ins Abendland. Daher auch der lateinische Name »persicum« oder »persica«. Ob gelb oder weiß (letzterer wird für sein Aroma gerühmt), Pfirsiche sollten im letzten Moment geschält werden, da sie sonst oxidieren, und man sollte vorsichtig mit ihnen umgehen, da sie leicht angestoßene Stellen bekommen.

Die Zubereitung des Sabayons erfordert große Aufmerksamkeit. Die Masse muß während des Kochens und Abkühlens ohne Unterbrechung mit dem Schneebesen geschlagen werden. So bekommt es eine dickflüssige Konsistenz, auch wenn diese mit Champagner aufgeschlagene Creme im Endeffekt sehr leicht ist.

Unser Küchenchef empfiehlt, zu diesem Dessert eine aromatische Eiscreme mit Vanille, Bittermandel und Pistazie zu servieren. Der Bittermandel-Extrakt ist normalerweise so konzentriert, daß einige Tropfen ausreichen. Die Pistazie sorgt mit ihrem hohen Fett- und Zuckergehalt für intensiven Geschmack. Wie Marc Haeberlin sollte man, um den optimalen Geschmack zu erzielen, Pistazien aus dem Mittelmeerraum verwenden. Das Dessert sollte sehr kühl mit einem Glas Champagner oder Gewürztraminer serviert werden.

1. Für die Eiscreme die Milch und die Sahne mit der Vanille und der Hälfte des Zuckers aufkochen. Die Eigelbe mit dem restlichen Zucker aufschlagen und die kochende Milch zugießen. Bei niedriger Temperatur wieder auf den Herd stellen und köcheln lassen. Vom Herd nehmen und einige Tropfen Bittermandel-Extrakt zufügen. In der Eismaschine rühren und im letzten Moment die geschälten, zerstoßenen Pistazien zugeben.

2. Wasser und Zucker mit den Vanilleschoten zum Kochen bringen. Die Pfirsiche waschen und ungeschält in den Sirup geben. 15 bis 20 Minuten bei niedriger Temperatur pochieren. Mit einer Messerspitze einstechen, um festzustellen, ob sie gar sind. Im Sirup abkühlen lassen.

»Haeberlin«

3. Für das Sabayon die Eigelbe mit dem Zucker schaumig rühren. 400 ml Champagner und die Sahne zugeben. Bei niedriger Temperatur im Wasserbad aufschlagen, bis die Masse eindickt. Die Weinschaumcreme vom Herd nehmen.

4. Das heiße Gefäß in eine Schüssel mit Eiswürfel stellen und bis zum Abkühlen mit dem Schneebesen schlagen. Die abgekühlten Pfirsiche schälen. In einem großen tiefen Teller den Pfirsich und eine Kugel Pistazien-Eiscreme anrichten. Mit dem Sabayon überziehen und mit etwas Schlagsahne verzieren.

Cannelloni aus

Vorbereitungszeit: *20 Minuten*
Kochzeit: *30 Minuten*
Kühlzeit: *14 Stunden*
Schwierigkeitsgrad: *☆*

Für 4 Personen

Für die Schokoladen-Crêpes:

40	g	Kakaopulver
250	ml	Milch
2		Eier
100	g	Mehl
1	Prise	Salz und Zucker

Für die Schokoladen-Nuß-Mousse:

20	g	Walnüsse, gehackt
20	g	Haselnüsse, gehackt
100	g	Zartbitterschokolade
50	g	Butter
5		Eigelb
2		Eiweiß
125	g	Zucker
350	ml	Crème double
1	Blatt	Gelatine

Für die Sauce aus grünem Kaffee:

50	g	grüner Kaffee
500	ml	Milch
4		Eigelb
100	g	Zucker

Zum Garnieren:
Schokoladenraspel

Es ist schon ungewöhnlich, Crêpes aus einem Kakaoteig zu bereiten. Doch das Ungewöhnlichste ist: In diesem ebenso exquisiten wie einfachen Rezept werden die Crêpes in Form gefüllter Cannelloni mit einer sahnigen Schokoladen-Mousse und einer außergewöhnlichen Sauce aus grünem Kaffee serviert. Nicht zuletzt die Raffinesse dieser Sauce macht dieses Dessert garantiert zu einem Erfolg. Alles, was Sie dazu brauchen, ist ein wenig Umsicht und Organisationsgeist.

Bereiten sie die Mousse nur aus qualitativ hochwertiger Schokolade mit hohem Kakaoanteil zu. Da sich über Geschmack bekanntlich nicht streiten läßt, können Sie statt Zartbitterschokolade natürlich auch Milchschokolade oder weiße Schokolade verwenden, immer vorausgesetzt, die Schokolade ist frisch und glänzend und besitzt einen guten Bruch. Die Schokolade muß auf der Zunge zergehen und unter Wärmeeinwirkung eine dicke, cremige Masse bilden.

Sollten Sie plötzlich Ihre Leidenschaft für Schokolade entdecken, so können Sie sich ja einem der anspruchsvollen und elitären Clubs der Schokoladenkoster anschließen, deren feierliche Versammlungen offensichtlich ein hervorragendes Heilmittel gegen jegliche Art von Streß darstellen. Und dabei ist es noch gar nicht so lange her, daß man dem Kakao ganz zu Unrecht gleich eine ganze Reihe übler Begleiterscheinungen unterstellte ...

Grüner Kaffee besteht aus geschälten und verlesenen, jedoch nicht gerösteten Bohnen, die ein ungewöhnlich intensives Aroma verströmen. Sie sind im Handel nicht so leicht zu bekommen, machen aber die Kaffeesauce selbst für Kenner zu einer unvergeßlichen Speise, die auch Ihre Gäste sicherlich genießen werden. Wenn Sie die grünen Kaffeebohnen nach dem Aufguß waschen und einfrieren, können Sie sie bei Gelegenheit ein weiteres Mal verwenden.

1. Aus 3 Eigelb und dem Zucker im Wasserbad eine glänzende Schaummasse bereiten. Schokolade und Butter im Wasserbad schmelzen. 2 Eigelb und die Gelatine zugeben. Schaummasse und Schokoladenmasse mischen. Die Crème double und die steifgeschlagenen Eiweiße unterheben. Über Nacht kalt stellen. 30 g gehackte Hasel- und Walnüsse unterrühren.

2. Milch mit grünen Kaffeebohnen 20 Minuten ziehen lassen. Eigelb und Zucker schaumig rühren und die kochendheiße Milch unterrühren. Über kleiner Flamme schlagen, bis die Sauce einzudicken beginnt. Durch ein Spitzsieb gießen und 1 Stunde kalt stellen.

Schokoladen-Mousse

3. Den Crêpeteig aus den genannten Zutaten herstellen und etwas ruhen lassen. Die Crêpes nacheinander in einer sehr heißen Pfanne zubereiten, dabei jede Seite 2 Minuten backen. Auf einen Teller legen. 1 Stunde kalt stellen.

4. Die Crêpes mit Schokoladen-Nuß-Mousse und mit den verbliebenen Nüssen füllen und aufrollen. Vor dem Servieren 3 bis 4 Stunden kühl stellen. Auf jedem Teller 2 »Cannelloni« V-förmig anrichten. Die Kaffeesauce dazwischen gießen. Mit dunklen und weißen Schokoladenraspeln bestreuen.

Mandelwaffeln

Vorbereitungszeit: *1 Stunde*
Kochzeit: *20 Minuten*
Schwierigkeitsgrad: ★★

Für 4 Personen

30 kleine Erdbeeren

Für den Waffelteig:
250 g Zucker
100 ml Wasser
50 g Mandelblättchen

Für die Mandelcreme:
190 ml Sahne, geschlagen
etwas Mandelöl
Zucker je nach Bedarf

Für die Erdbeersauce:
250 g Erdbeeren
100 g Zucker

Für die karamelisierten Mandeln:
15 ganze Mandeln, abgezogen
50 g Puderzucker
Olivenöl
Puderzucker zum Bestreuen

Dieser knackige Gaumenschmaus, der hübsch aussieht und in der Zubereitung einfach ist, verlangt nur ein wenig Geduld und vor allem schöne, kleine und reife Erdbeeren. Es ist wichtig, daß sie klein und rund im Geschmack sind. Man sagt, daß Erdbeeren im 18. Jahrhundert so in Mode waren, daß sogar Bäder damit verziert wurden, was nicht verwundert, wenn man bedenkt, daß das französische Wort für Erdbeere, »fraise« vom lateinischen Wort »fragrare« abstammt, das »gut riechen« bedeutet.

Die frische Erdbeere muß rot und glänzend sein, auf Druck nicht nachgeben und einen festsitzenden Stiel haben. Diesen erst nach dem Waschen der Früchte entfernen, da sie sich sonst voll Wasser saugen.

Die Waffeln sind fertig, wenn sie im Ofen leicht zu vibrieren beginnen. Man kann die Mandelmasse für die Waffeln am Vortag zubereiten und über Nacht in den Gefrierschrank stellen. So kann man sich den letzten Vorbereitungen ohne Ablenkung widmen und sich vielleicht sogar ein wenig mit dem Leben und den Leistungen des Marschalls Plessis-Praslin (1598–1675), eifriger Verteidiger der königlichen Macht während der Fronherrschaft und siegreich bei Turenne Rethel (1650), beschäftigen. In seinen Küchen soll die gebrannte Mandel erfunden worden sein, die man im Französischen in Anlehnung an seinen Namen »praline« nennt. Sie gilt als Urform der uns bekannten Pralinen.

Natürlich kann man diese Waffeln auch mit anderen Geschmacksrichtungen zubereiten: statt mit Erdbeeren und Mandeln zum Beispiel mit Himbeeren und Haselnüssen, Orangen und Pistazien ...

1. Für den Waffelteig den Zucker und das Wasser kochen, bis eine goldene Farbe entsteht, hart werden lassen. Wenn der Karamel fest geworden ist, im Mixer mit den abgezogenen Mandeln zu feinem Pulver verarbeiten. Bis zur Verwendung in einem geschlossenen Behälter im Gefrierschrank aufbewahren.

2. Das Olivenöl in eine heiße Pfanne gießen und mit 50 g Puderzucker einstreuen. Wenn die Mischung gut gebräunt ist, die ganzen Mandeln sautieren, bis sie von Karamel überzogen sind. Dann nochmals in Puderzucker wälzen. Die Sahne mit dem Mandelöl mischen und schlagen. Nach Bedarf Zucker zufügen. Beiseite stellen.

mit Erdbeeren

3. Formen von 10 cm Durchmesser auf eine nichthaftende Unterlage legen und mit dem Karamelpulver ausstreuen. Die Formen entfernen und die Waffeln 2 Minuten im Ofen backen. Abkühlen lassen, bis sie nur noch lauwarm sind, vom Blech nehmen und auf einem Teller ruhen lassen. Man braucht 3 Waffeln pro Person.

4. Für die Erdbeersauce die Erdbeeren und den Zucker mit ein wenig Wasser 8 Minuten lang kochen und danach durch ein Spitzsieb streichen. Etwas Sauce auf den Teller gießen, dann die Mandelcreme mit einem Spritzbeutel auf die Waffeln auftragen und sie mit den Erdbeeren belegen. Auf diese Weise zwei Lagen zubereiten. Mit den karamelisierten Mandeln garnieren.

Rhabarbersuppe

Vorbereitungszeit: *20 Minuten*
Kochzeit: *20 Minuten*
Schwierigkeitsgrad: ★

Für 4 Personen

1	kg	frischer Rhabarber
150	g	Zucker
300	ml	Wasser
250	g	Erdbeeren
100	g	Walderdbeeren
2		Vanilleschoten
1	EL	Speisestärke

Für die Vanille-Eiscreme:
(siehe Grundrezepte S. 806)

500	ml	Milch
6		Eigelb
100	g	Zucker
2		Vanilleschoten

Dieses Dessert auf Rhabarberbasis verbindet Tradition, Frische und Leichtigkeit mit einer etwas ungewöhnlichen Zutat. Der Rhabarber besteht hauptsächlich aus dekorativen Blättern und aus faserigen, rotgrünen Stengeln, die in zahlreichen Desserts, Kuchen und Kompotten verwendet werden. Bekannt ist Rhabarber auch als eine Pflanze mit medizinischer und adstringierender Wirkung.

Das Hauptproblem bei der Verwendung von Rhabarber besteht in seiner Säure, die man mildert, indem man ihn mehrere Stunden in Zucker einlegt oder kurz mit kochendem Wasser blanchiert. In jedem Fall sollte man farbintensive, feste, dicke Stengel verwenden, die einen intensiven Geruch verströmen, wenn sie kleingeschnitten werden. Der Rhabarber wird hier zusammen mit den Walberdbeeren etwa eine halbe Stunde gekocht.

Die Walderdbeere verdirbt leider sehr schnell und dagegen läßt sich auch nichts machen. Unser Küchenchef behauptet, er verfüge über eine Sorte, die sich noch einen Tag nach dem Pflücken hält. Doch ob man diese überall findet ...

Für Eyvind Hellstrøm ist die Suppe ohne weitere Zusätze perfekt und muß nicht noch mit Gewürzen wie Zimt oder Ingwer versetzt werden, wie es zum Beispiel die Engländer gerne tun. Man kann sie das ganze Jahr über zubereiten, kalt im Sommer und warm im Winter.

1. 800 g Rhabarber grob schneiden und mit dem Zucker, dem Wasser und den Erdbeeren ungefähr 20 bis 30 Minuten kochen. Durch ein Spitzsieb streichen.

2. Erneut zum Kochen bringen, abschäumen und die Vanilleschoten zufügen. Ein wenig einkochen und 1 Eßlöffel Speisestärke zugeben.

»Bagatelle«

3. Die restlichen 200 g Rhabarber kleinschneiden. Die Vanille-Eiscreme wie üblich zubereiten.

4. Den Rhabarber mit etwas zusätzlichem Zucker in einer Pfanne kurz bräunen und dann der Rhabarbersuppe zufügen. Ein wenig Rhabarbersuppe in einen Teller geben, in die Mitte einen Löffel Vanille-Eiscreme setzen und die Walderdbeeren rundum anrichten. Je nach Saison kalt oder warm servieren.

Orangen-Gelee mit

Vorbereitungszeit:	*15 Minuten*
Kochzeit:	*30 Minuten*
Kühlzeit:	*1 Stunde*
Schwierigkeitsgrad:	★

Für 4 Personen

3		unbehandelte Zitronen
		Saft von 2 Orangen
550	g	Zucker
2	Blatt	Gelatine

Dieses sehr einfache und sehr leichte Dessert, aus dem die Mittelmeersonne strahlt, schließt eine besondere Mahlzeit würdevoll ab. Es läßt sich ohne Mühe das ganze Jahr über zubereiten, ist gut haltbar und verführt mit seiner Frische und seiner Finesse, die mit einem außergewöhnlich hohen Vitamingehalt einhergehen. Erinnert sei auch daran, daß die Orange reich an Kalzium und Magnesium ist und auf vielerlei Art zum körperlichen Wohlbefinden beiträgt. Es war übrigens in Italien, genauer gesagt in Ligurien, wo diese aus dem Fernen Osten stammende Frucht zuerst in Europa heimisch wurde.

Zunächst gilt es, den Orangensaft aus saftigen Früchten sehr guter Qualität herzustellen. Die Navel-Orange, die die Briten so getauft haben, weil sie einen »Nabel« hat, die Valencia-Orange oder die Blutorange mit ihrem roten Fruchtfleisch bringen alle Voraussetzungen mit, um dieses Dessert zu einem vollen Erfolg zu machen. Man sollte die Orangen erst im letzten Moment pressen, um den vollen Fruchtgeschmack zu bewahren und eine Oxidation der Aromen zu vermeiden.

Seit dem Mittelalter wird in Italien auch die Zitrone angepflanzt. Da in diesem Rezept nur deren Schale gebraucht wird, sollte man ausreichend große, harte und unbehandelte Früchte wählen. Darüber hinaus empfiehlt es sich, sie vorher warm abzuspülen und kräftig abzubürsten.

Dieses köstlich erfrischende Gelee aus Zitrusfrüchten, bei dem man die Früchte der eigenen Phantasie entsprechend schneidet und so dem Ganzen eine persönliche dekorative Note gibt, ist gut verdaulich. Reichen Sie ein Glas Grand Marnier dazu. Seine amberfarbene Tönung und sein vorzüglicher Geschmack runden das Dessert meisterhaft ab.

1. Die Zitronenschalen in 500 ml kaltem Wasser abspülen. Fünf- oder sechsmal wiederholen. Mit 500 g Zucker und 500 ml Wasser zum Kochen bringen und eine Stunde bei niedriger Temperatur kochen lassen.

2. Währenddessen den Orangensaft mit 50 g Zucker und 150 ml Wasser eine halbe Stunde lang vorsichtig einkochen.

eingelegten Zitronenschalen

3. Die Gelatineblätter in kaltem Wasser auflösen und sie zu dem eingekochten und leicht abgekühlten Fruchtsaft geben. In eine Schale füllen und kalt stellen.

4. Aus dem erkalteten Gelee verschiedene Formen ausstechen. Auf Teller geben und mit den eingekochten Zitronenscheiben verzieren.

Mokka-Charlotte mit

Vorbereitungszeit: *2 Stunden*
Kochzeit: *20 Minuten*
Kühlzeit: *30 Minuten*
Schwierigkeitsgrad: ★★★

Für 4 Personen

Für den Biskuitteig:

3		Eier, 25 ml Wasser, 15 g Kakao
130	g	Zucker, 130 g Mehl
3	g	Backpulver, Kaffeelikör

Für die Mokkacreme:

30	ml	starker Kaffee (Espresso)
70	ml	Konditorcreme (s. Grundr. S. 804)
200	ml	Crème fraîche, 2 g Gelatine
		Zartbitterschokolade

Für die helle Schokoladensauce:

250	g	Vollmilchkuvertüre, zerkleinert
125	ml	Crème double
20	ml	Wasser

Für die dunkle Schokoladensauce:

250	g	Zartbitterkuvertüre, zerkleinert
125	ml	Crème double, 20 ml Wasser

Für die Vanille-Eiscreme:
(siehe Grundrezepte S. 806)

500	ml	Milch, 1 Vanilleschote
250	ml	Crème fraîche
8		Eigelb, 220 g Zucker

Für die Pfefferminz-Eiscreme:

	Vanille-Eiscreme
etwas	flüssige Schokolade
200 ml	Pfefferminzlikör

Für die karamelisierten Nüsse:
Mandeln, Nüsse, Pistazien, Zucker, Öl

Königin Charlotte, die Gemahlin König Georgs III. von England, gab diesem hervorragenden Dessert einst seinen Namen. Seither erfuhr die Charlotte je nach Land und Epoche immer wieder neue Variationen, wobei die Charlotte russe auch heute noch zu den beliebtesten Versionen gehört. Am besten bereiten Sie die Charlotte frühzeitig zu und stellen sie bis zum Servieren kalt: Dabei wird ihre Konsistenz noch stabiler und der Rand aus Biskuit nimmt allmählich den Geschmack der Füllung auf. Da der Biskuit enorm viel Feuchtigkeit absorbieren kann, sollten Sie die Charlotte während des Kühlstellens abdecken, damit Sie keine anderen Geschmacksnoten annimmt.

Bei Mokka handelt es sich um eine Kaffeesorte mit sehr mildem Aroma und äußerst ölhaltigem Aufguß. Er eignet sich daher auch am besten für den Espresso, aus dem die Creme bereitet wird. Unser Küchenchef verfeinert diese zusätzlich noch mit etwas Kaffeelikör (Kahlua). Mokkabohnen tauchten erstmals im 6. Jahrhundert im Jemen auf und erhielten ihren Namen nach der jemenitischen Hafenstadt Mokka.

Da Kaffee hervorragend zu Schokolade paßt, hat unser Küchenchef in diesem Rezept eine phantasievolle Kombination der beiden Lebensmittel entworfen. Schokolade kommt darin in unterschiedlichen, sich ergänzenden Geschmacksnuancen im Biskuit und in den Saucen vor. Die beiden Saucen müssen die gleiche Konsistenz besitzen und dürfen beim Erhitzen nicht köcheln, damit sie ihren Glanz nicht verlieren. Die Saucen erst unmittelbar vor dem Servieren des Desserts auf die Teller gießen, da sie sonst möglicherweise fest werden und so die Qualität des Nachtischs beeinträchtigen können. Ein absoluter Erfolg und garantiert unwiderstehlich wird dieses Dessert, wenn Sie Ihren Gästen dazu auch noch ein Gläschen Dessertwein reichen.

1. Für den Biskuit Eier, Wasser, Zucker, Mehl und Backpulver schaumig schlagen. Den Teig halbieren und unter die eine Hälfte den Kakao mischen. Ein Backblech mit Backpapier auslegen. Mit Hilfe von 2 Spritzbeuteln die Teige in sich abwechselnden Streifen aufspritzen. Bei 220 °C backen.

2. Portionsförmchen seitlich und am Boden mit Biskuit auslegen. Den Biskuit mit Kaffeelikör tränken. Die Konditorcreme schlagen. Gelatine in kaltem Wasser auflösen, zum Espresso gießen und alles mit der Konditorcreme mischen. Crème fraîche cremig rühren und vorsichtig unter die Kaffeecreme heben.

Eiscreme und Nüssen

3. Die Nüsse in Zucker karamelisieren und auf einen geölten Teller legen. Die helle Schokoladensauce bereiten. Dazu die Crème double mit dem Wasser erhitzen, die Kuvertüre zugeben und alles verrühren, bis eine glatte Sauce entsteht. Die dunkle Schokoladensauce genauso herstellen. Die Mokkacreme randvoll in die Förmchen füllen und glattstreichen. Kalt stellen.

4. Die Vanille-Eiscreme zubereiten und in der Eismaschine fertigstellen. Für die Pfefferminz-Eiscreme 200 ml Pfefferminzlikör mit Vanille-Eiscreme vermengen; in der Eismaschine kalt rühren und dabei kurz vor Schluß einen dünnen Strahl flüssige Schokolade zugeben. Die zwei Saucen auf die Teller gießen, je eine Charlotte in die Mitte geben und mit Eiscreme und karamelisierten Nüssen anrichten.

Printen-

Vorbereitungszeit:	*45 Minuten*
Kühlzeit:	*2 Stunden*
Schwierigkeitsgrad:	☆☆

Für 4 Personen

3		Eigelb
50	g	Zucker
		Traubenzucker
250	ml	Sahne
50	g	Printen, gehackt
50	ml	Rum

Für die Gewürzorangen:

3		große Orangen
10	ml	Orangensaft
50	g	Zucker
1		Gewürznelke
etwas		Zimt, Vanille, Sternanis, Kardamom

»Gute Weihnachtsprinten werden zu Ostern gebacken«, erklärt unser Küchenchef, der mit Freude diese alte Feinschmeckertradition aufleben läßt, wie aus der Pistole geschossen. Es handelt sich um eine Variante der belgischen Spekulatius mit Zimt und Gewürznelken.

Dieses Parfait, ebenso wie die Orangenscheiben etwas fester in der Konsistenz, ist eine wahre Sinfonie an Gewürzen und erstaunlichen Geschmacksrichtungen. Die Zutaten sollten sorgfältig ausgewählt werden.

Der Sternanis hat nichts mit dem körnigen Anis gemein, der in vielen anderen Desserts und trockenen Kuchen verwendet wird. Die Frucht dieses aus Vietnam stammenden Strauches enthält eine intensive aromatische Essenz, die sich zudem positiv auf die Verdauung auswirkt. Als Kardamom werden mehrere von indischen Pflanzen stammende Früchte und braune Körner bezeichnet, die einen speziellen, pfefferartigen Geschmack ergeben. Die Inder machen daraus ein Gewürz, das für viele Reisgerichte verwendet wird. In Europa wird es nur für einige Süßspeisen, vor allem für Gewürzbrot, genommen. Aufgrund seines intensiven Geschmacks sollte es sparsam dosiert werden.

Zimt ist die getrocknete Innenrinde des Zimtbaumes. Man erhält dieses Gewürz als Rindenstück (Stangenzimt) oder in Pulverform. Auch hier ist Vorsicht bei der Dosierung angebracht, da übermäßiger Gebrauch das Dessert ungenießbar macht.

Wenn man auch nicht den sportlichen Ehrgeiz unseres Küchenchefs teilt, so bietet sich hier zumindest die Möglichkeit, ein nicht nur besonderes, sondern auch schmackhaftes Dessert zu servieren.

1. Die Eigelbe im Wasserbad mit Zucker aufschlagen. Unter Rühren abkühlen lassen und die flüssige Sahne zugeben. Die gehackten Printen und den Rum zufügen und in einer Schüssel in das Tiefkühlfach stellen.

2. Für die Gewürzorangen die Orangen schälen, in Schnitze teilen. Mit dem Zucker trockenen Karamel zubereiten und mit dem Orangensaft aufgießen. Die Gewürze und die Orangenschnitze zufügen. Aufkochen und in einem offenen Topf abkühlen lassen.

Parfait

3. In eine kleine Pfanne den Zucker, den Traubenzucker und das Wasser geben und braunen Karamel herstellen. Die Außenseite einer Kelle mit Öl einreiben und den Karamel netzartig darüber gießen. Abkühlen lassen und von der Kelle ablösen.

4. Das Parfait aus der Form nehmen und in Portionen aufteilen. In die Mitte des Tellers eine Scheibe Parfait geben, mit der Karamelkuppel bedecken und rundum die Gewürzorangen anrichten.

Birnen mit Preisel

Vorbereitungszeit: *1 Stunde*
Kochzeit: *40 Minuten*
Schwierigkeitsgrad: ☆☆

Für 4 Personen

500	g	Preiselbeeren
100	ml	Wasser
200	g	Puderzucker
1		Zimtstange
5		Birnen (mit Stiel)

Für die Vanillesauce:

200	ml	Milch
100	ml	Sahne
1		Vanilleschote
1		Eigelb
2	EL	Puderzucker

Örjan Klein, der uns hier ein Dessert aus der schwedischen Küche vorstellt, ist begeistert bei der Sache, wenn es um traditionelle Gerichte aus Produkten seines Heimatlandes geht. Hier ein weiterer Beweis seiner Kochkunst, den Örjan Klein mit zwei Erinnerungen verbindet: die Obstgärten voller Birnen rund um sein Landhaus in Nølgarder und die Preiselbeeren aus Småland, wo er geboren ist. Diesen Gaumenschmaus servierte man früher sonntags, und während seiner Kindheit hatte er viel Gelegenheit, davon zu kosten.

Die Birnen sollten sehr schmackhaft und kochfest sein. Von den zahlreichen auf dem Markt angebotenen Sorten sind einige für dieses Rezept geeignet. Es genügt, sie zu schälen, kurz bevor man sie in das Preiselbeerkompott gibt, dessen saurer Geschmack die Birnen durchdringen soll.

Die kleinen, roten Preiselbeeren werden oft als Beilage zu Wild serviert, in Schweden zu Rentier und Elch, und kommen in vielen Rezepten vor. Sie lassen sich ohne weitere Zusätze erstaunlich lange aufbewahren. Im vorliegenden Rezept verbindet sich ihr säuerlicher Geschmack mit dem zarten Aroma der Vanille, das die Säure der Beeren etwas mildert. Man darf nicht vergessen, daß in Schweden überall Preiselbeeren wachsen, was vielleicht ihre Beliebtheit in diesem Land erklärt. Es wäre schwierig, sie in diesem Rezept zu ersetzen, außer vielleicht durch einen Rotweinsirup mit Zimtaroma.

1. Einige Preiselbeeren für die Dekoration aufheben. Die übrigen im Mixer zerkleinern. Das Püree 15 Minuten mit dem Wasser, dem Zucker und dem Zimt kochen.

2. Die Birnen schälen, ohne die Stiele zu entfernen, und 20 Minuten in dem Preiselbeerpüree kochen.

beeren und Vanillesauce

3. Die Birnen nach der Kochzeit herausnehmen und in ein tiefes Gefäß geben. Das Püree passieren und über die Birnen gießen. Einige Tage kühl stellen.

4. Für die Vanillesauce die Milch und die Sahne mischen, mit der aufgeschnittenen Vanilleschote aufkochen. Das Eigelb mit dem Zucker aufschlagen und die Vanillemilch unter ständigem Rühren zugießen. Durch ein Spitzsieb streichen und abkühlen lassen. Die Sauce auf einen Teller gießen, die Birne darauf setzen und mit Preiselbeeren garnieren.

Pampelmusengratin mit

Vorbereitungszeit: *30 Minuten*
Kochzeit: *5 Minuten*
Schwierigkeitsgrad: ★

Für 4 Personen

2	Pampelmusen
einige	Mandeln, rosa gefärbt und gebrannt
40 ml	Sahne

Für das Sabayon:

125 g	Eigelb
125 ml	Zuckersirup mit 30 °Beaumé
50 ml	Pampelmusensaft
125 ml	Sahne

Der brilliante Kriegsherr Marschall César de Plessis-Praslin ahnte nicht, daß drei Jahrhunderte nach seinem Tode sein Name im Sprachgebrauch die exquisitesten Süßwaren bezeichnen würde. Genau genommen war es auch nicht er selbst, sondern einer seiner Köche, der im 17. Jahrhundert die Idee zu gebrannten Mandeln (französisch »praline«) hatte.

Mandeln erhält man aromatisiert oder gefärbt, wie die rosafarbenen, die in der Auvergne oder im Bourbonnais zur Verzierung von Brioches beliebt sind, denen sie Farbe und Geschmack geben. Immer sind sie auf Jahrmärkten zu finden, und manchmal werden sie sogar durch Erdnüsse ersetzt, was preiswerter ist, aber weitaus weniger geschmackvoll.

Die Pampelmuse mit ihrem gelben, rosa oder roten Fruchtfleisch ist mit ihrem leicht bitteren Geschmack sehr kontrastreich; hier könnte man wegen der Farbzusammenstellung gut eine rosafarbene verwenden. Die Pampelmuse stammt von der süßen Orange, die auf niederländisch »pompelmoes« heißt, ab und ist sehr reich an Vitamin A und C. Man sollte sie im letzten Moment zubereiten, um ihre Frische und ihren Vitamingehalt zu erhalten. Das gilt nicht nur für die Stücke, die auf dem Teller angerichtet werden, sondern auch für den Saft, der im Sabayon verwendet wird.

Das Sabayon, das einzige, was bei diesem Rezept etwas schwieriger in der Herstellung ist, wird bei nicht mehr als 70 °C zubereitet. Man beginnt bei niedriger Temperatur, die man etwas erhöht, wenn die Creme dickflüssiger geworden ist. Die Schlagsahne wird erst dann zugegeben, wenn das Ganze abgekühlt ist, da sie sonst wegen der Hitze zusammenfallen würde. Zu diesem Dessert paßt hervorragend ein Sorbet aus Passionsfrüchten oder auch aus Pampelmusen, wenn man für das Gratin eine andere Frucht benutzt.

1. Für das Sabayon die Eigelbe mit dem Sirup mischen. Den Pampelmusensaft unterrühren, erwärmen, etwas eindicken und dann abkühlen lassen.

2. Die Pampelmusen schälen und enthäuten. Die Kerne entfernen. Kleine Hautreste, die einen bitteren Geschmack verursachen könnten, entfernen.

gebrannten Mandeln

3. Die Sahne steif schlagen und mit dem abgekühlten Sabayon durch vorsichtiges Umrühren vermengen.

4. Das Sabayon auf den Teller geben und darauf die Pampelmusenviertel zu einer Rosette legen. Mit den zerstoßenen rosa Mandeln bestreuen, dann einige Minuten unter den heißen Grill schieben. Mit einem Sorbet aus Passionsfrüchten servieren.

Sauerkirschen mit

Vorbereitungszeit: *20 Minuten*
Kochzeit: *10 Minuten*
Kühlzeit: *30 Minuten*
Schwierigkeitsgrad: ★

Für 4 Personen

40		Sauerkirschen
10		Filo-Teigscheiben
etwas		Puderzucker

Für die Füllung:

100	g	Kuvertüre
20	g	Butter
100	ml	Sahne
20	g	Traubenzucker
1		Ei

Für den Sirup mit 15 °Beaumé:

500	ml	Wasser
700	g	Zucker

Für die Orangenmarmelade:

50	g	Orangen
etwas		Grand Marnier

Es ist nicht unbedingt ein Widerspruch, daß ein leichtes Dessert nicht nur diejenigen, die auf ihre Linie achten, befriedigt, sondern auch die Feinschmecker. Dieses Dessert mit charaktervollen Früchten wie die Kirsche und die Orange, eine mit einem leichten Teig, die andere in Marmelade, dürften dies bestätigen.

Die Sauerkirsche mit ihrem festen, süßlichen Fleisch wird im Juli und August geerntet. Sie wird im Handel häufig in Form von Konserven, Sirup oder Obstwasser angeboten. Man kann sie natürlich auch roh essen, sollte aber wissen, daß sie sich nur wenige Tage hält. Um Ihnen Gelegenheit zu geben, Ihren natürlichen Appetit auf Leckereien im Zaum zu halten – wer kann schon einer Schale voller Kirschen widerstehen –, hat Jacques Lameloise diese kleinen Gebäckstücke zubereitet, wobei die Sauerkirschen streng abgezählt, mit der Schokoladensauce überzogen und von einem knusprigen Teig umhüllt werden. Grundsätzlich sollte ein Gleichgewicht zwischen dem Geschmack der Frucht und der Schokolade herrschen, weil das dem jeweiligen Eigengeschmack nichts nimmt.

Die Schokoladenfüllung muß von dicker Konsistenz sein. Es ist besser, sie am Vortag zuzubereiten, da sie dann gleichmäßiger und leichter zu verarbeiten ist. Es gibt offensichtlich keine Erklärung dafür, warum diese schmackhafte Mischung aus Schokolade und Sahne im Französischen »ganache« (Dummkopf) genannt wird – eine Bezeichnung, die normalerweise alten Narren in Schmierenkomödien zugedacht ist. Das in der Patisserie benutzte Vokabular birgt seine Geheimnisse.

Die zu Marmelade verarbeitete Orange findet, mit Schokolade angericht, immer großen Anklang. Man sollte Orangen mit feiner Schale verwenden, deren Geschmack durch den Grand Marnier, hergestellt aus in Cognac eingelegten Orangenschalen, noch verfeinert wird. Bei Raumtemperatur servieren.

1. Für die Füllung die Sahne aufkochen, sogleich die Kuvertüre hinzufügen und schmelzen lassen. Danach die Butter, den Traubenzucker und das Ei dazugeben und alles unter Hitzezufuhr gründlich verrühren.

2. Die Orangen in Scheiben schneiden und ungefähr 10 Minuten lang in dem Zuckersirup mit 15 °Beaumé kochen. Abtropfen lassen. Mit einem Pürierstab oder in einem Mixer zerkleinern und mit Orangensaft, der mit etwas Grand Marnier angereichert wurde, vermischen.

Schokolade und Orangen

3. Die Teigscheiben in 4 cm breite Streifen schneiden. Mit einem Pinsel etwas geklärte Butter aufstreichen, so daß sich der Teig mit dem Fett vollsaugen kann.

4. Auf die Mitte der Teigstreifen eine kleine Menge der Füllung geben und darauf jeweils 2 Sauerkirschen setzen. Die Teigstreifen – wie Bonbonpapier – um die Füllung wickeln und dann 5 Minuten im Ofen bei 200 °C backen. Mit etwas Puderzucker bestreuen und mit der Orangenmarmelade, wahlweise auch mit etwas Schokoladen-Eiscreme, servieren.

Rote Grütze

Vorbereitungszeit: *30 Minuten*
Kochzeit: *25 Minuten*
Schwierigkeitsgrad: ★

Für 4 Personen

750	ml	Wasser
750	g	Beeren (600 g rote Johannisbeeren, 75 g Himbeeren, 75 g schwarze Johannisbeeren)
1		Vanilleschote
180	g	Zucker
50	g	Speisestärke
50	g	Mandelblättchen

Zum Garnieren:

50	g	Mandeln, gehackt
		Sahne, geschlagen

Erwin Lauterbach, unser Küchenchef, gesteht, daß er dieses Dessert zur Vervollständigung seines Beitrags zu »Eurodélices« zubereitet hat und daß dieser leckere Nachtisch eher eine Familientradition als eine gastronomische Besonderheit ist. Tatsächlich handelt es sich hierbei um eine seiner Kindheitserinnerungen, da es die Lieblingssüßspeise unseres Küchenchefs war, die seine Großmutter ihm oft vor dem Schlafengehen am Bett servierte. Auf solchen persönlichen Beziehungen basieren viele der alten Kochbücher, deren Ratschläge auch heute noch wertvoll sind.

Die zur Zubereitung des Desserts verwendeten roten Früchte sollten sehr reif und frisch sein und genauestens untersucht und verlesen werden, um eventuell schlechte oder gequetschte Beeren auszusortieren. Die roten Johannisbeeren können in dieser typisch sommerlichen Mischung auch durch jede andere rote und reife Frucht ersetzt werden.

Anstatt dieses ohnehin schon sehr geschmacksintensive Dessert mit noch weiteren Aromen zu versehen, hat sich unser Küchenchef dazu entschieden, nur Vanille und gehackte Mandeln zuzufügen, aber er gibt gerne zu, daß selbst dies mit ausreichend reifen und schmackhaften Früchten nicht unbedingt notwendig ist. Im Gegenzug ist es jedoch bei allen traditionellen dänischen Süßspeisen üblich, sie mit Schlagsahne zu verzieren.

Fügt man diesem Dessert noch einige schwarze Kirschen hinzu, wäre das eine Gelegenheit, den dänischen Cherry Heering zu entdecken, einen exzellenten Likör, der oft mit Pfannkuchen serviert wird, der aber auch sehr gut zur Grütze paßt.

1. Das Wasser und die Beeren in einen Topf geben und zum Kochen bringen. Durch ein Spitzsieb in einen anderen Topf streichen, erneut zum Kochen bringen und dann vorsichtig köcheln lassen.

2. Das Mark der Vanilleschote herausschaben und mit der aufgeschnittenen Schote zugeben. Je nach Geschmack Zucker zufügen.

mit Mandeln

3. 200 ml des abgekühlten Fruchtpürees in einen Topf geben und die Speisestärke zufügen. Gut mit dem restlichen Püree mischen, nochmals zum Kochen bringen und die Mandelblättchen zufügen.

4. Die Grütze schnell abkühlen, indem man den Topf in kaltes Wasser stellt und mit einem Deckel zudeckt. Die kalte Grütze in eine Schüssel füllen und nach Wunsch mit den gehackten Mandeln bestreuen. Mit Schlagsahne servieren.

Eischnee nach Art

Vorbereitungszeit: *30 Minuten*
Kochzeit: *10 Minuten*
Schwierigkeitsgrad: ★★

Für 4 Personen

1	l	Vollmilch
240	g	feiner Zucker
2		Vanilleschoten
8		Eier
2	TL	Speisestärke

Was wäre in einer Familie die gemeinsame Küche ohne eine Großmutter? Voller Ratschläge, eine unerschöpfliche Quelle kulinarischen Wissens und Expertin auf allen Gebieten, hinterläßt jede Großmutter eine Erinnerung an intensive Gaumenfreuden, an Vertrauen und Zärtlichkeit. Auch Léa Linster hat so schöne Erinnerungen und ehrt ihre Großmutter mit einem Dessert, bei dem sich Gefühl und Können meisterhaft verbinden.

Bevor sie begann, entwendete ihre Großmutter immer ihrem Mann, einem Bäcker, die Dinge, die sie zur Herstellung brauchte. Sie benutzte eine Kupferschüssel, in der sie die Eier mit Hilfe eines primitiven Mixers mit Holzgriff und einer konischen Feder aufschlug. Am besten wird das Eiweiß auch hier mit der Hand geschlagen. Selbstverständlich sollte man für die Herstellung des Desserts nur ganz frische Eier nehmen. Diese müssen zu einem wirklich festen Eischnee geschlagen werden, so daß sie sich während der Kochzeit nicht mehr verformen können.

Sicherlich haben die meisten schon Bekanntschaft gemacht mit Eischneedesserts minderwertiger Qualität. Das liegt auf der einen Seite am Gebrauch elektrischer Mixer, auf der anderen Seite ist es ein Zeichen, daß der Eischnee nicht schnell genug verarbeitet wurde. Man sollte ihn darum erst im letzten Moment aufschlagen und die Eiweißklößchen pochieren, sobald sie die richtige Konsistenz haben.

Für die Sämigkeit der Englischen Creme ist es wichtig, ihr einen kleinen Löffel Speisestärke zuzufügen. Wenn das Ganze am Ende der Kochzeit zu dick erscheint, kann man noch etwas kalte Sahne zufügen und alles nochmals mixen. Der Tradition gemäß nur echte Vanille verwenden, kein künstliches Aroma.

1. Die Milch mit 100 g Zucker und den halbierten Vanilleschoten in eine Kupferschüssel geben und zum Kochen bringen. Die Eier trennen, und das Eiweiß mit 50 g Zucker zu steifem Eischnee schlagen.

2. Eischnee mit zwei Eßlöffeln zu Klößchen formen und in der Milch von jeder Seite 3 Minuten pochieren. Darauf achten, daß die Milch nun nicht mehr zu kochen beginnt. Abtropfen lassen.

meiner Großmutter

3. Die Eigelbe mit dem restlichen Zucker verquirlen und einen Teelöffel Speisestärke zufügen. Die Milch durch ein Spitzsieb streichen, auf die Eigelbe gießen und wie eine Englische Creme (siehe Grundrezepte) zubereiten. Abkühlen lassen.

4. Einen Schöpflöffel der Sauce in eine kleine Dessertschale geben und zwei Eischneeklößchen darauf setzen. Frisch zubereitet servieren.

Quarkdessert

Vorbereitungszeit: *20 Minuten*
Kochzeit: *10 Minuten*
Schwierigkeitsgrad: ★

Für 8 Personen

Für den Quark:

300	g	Quark
95	g	Zucker
2	Blatt	Gelatine
130	ml	Sahne, geschlagen

Für den Sandgebäckteig:

60	g	Mehl
50	g	leicht gesalzene Butter
20	g	Eigelb
40	g	Zucker
1	Prise	Salz
5	g	Trockenhefe
15		Mandeln, feingemahlen

Himbeersauce:

500	g	Himbeeren
500	ml	Himbeermus
125	ml	Zuckersirup mit 30 °Beaumé
etwas		Puderzucker

In diesem einfachen, leichten und verführerischen Dessert, das man zu jeder Jahreszeit zubereiten kann, verbinden sich Quark und rote Früchte, die zudem reich an Vitamin C sind, auf harmonische Weise. Die roten Früchte sollten sehr kalt gelagert werden.

Quark ist durch seinen natürlichen Fettgehalt ein idealer Begleiter für Früchte, da er deren Säure mildert. Zusammen mit einem trockenen Gebäck, wie bei diesem Plätzchen aus Sandkuchenteig mit leicht gesalzener Butter, ergibt sich ein köstlicher Kontrast zwischen dem weichen Quark und dem knusprig gebackenen Teig. All dies trägt zur perfekten Ausgeglichenheit dieses Desserts bei.

Die Sauce aus roten Früchten, für die man neben Himbeeren auch Johannisbeeren, Brombeeren usw. oder eine Mischung derselben nehmen kann, wird durch ein Sieb gestrichen, um kleine Kerne, Härchen und Stiele zu entfernen, die man anders nicht sauber von den Früchten trennen kann. Gegebenenfalls kann man dieses Dessert auch mit Feigen oder Quitten zubereiten, wozu hervorragend eine Sauce aus Äpfeln paßt.

Dieses anregende Dessert weckt bei jedem von uns Kindheitserinnerungen, die mit beeindruckenden Gaumenfreuden zusammenhängen. Guy Martin ist da keine Ausnahme und erinnert sich an den köstlichen Moment, in dem der Quark auf seinem Hemd landete ...

1. Den Quark mit dem Zucker mischen und schaumig schlagen. Die aufgelöste Gelatine zufügen, dann die Schlagsahne unterheben.

2. Die Formen mit der Quarkmasse auskleiden. 3 Himbeeren in jede Form geben und mit Quarkmasse bedecken. Kalt stellen.

mit Himbeeren

3. Das Mehl und die Butter vermengen und zu der Mischung aus Eigelb, Zucker, Salz, Trockenhefe und gemahlenen Mandeln geben. Den Teig ausrollen und daraus Plätzchen mit Aussparungen in Brillenform ausstechen. 10 Minuten bei 180 °C im Ofen backen. Mit Puderzucker bestreuen. Aus dem Himbeermus und dem Sirup die Himbeersauce zubereiten.

4. Die Himbeeren in Tropfenform auf dem Teller arrangieren, den Tellerboden mit der Sauce übergießen. Mit etwas verlängertem Quark verzieren und den Quark aus der Form auf den Teller geben. Etwas rote Sauce in die Aussparungen der Plätzchen geben.

Nußbaum

Vorbereitungszeit: *45 Minuten*
Kochzeit: *45 Minuten*
Schwierigkeitsgrad: ★

Für 6 Personen

250	g	Walnüsse, zerstoßen
250	g	Zucker
6		Eier
1	TL	Paniermehl

Für die Eiercreme:

10		Eigelb
100	g	Zucker
100	ml	Wasser
1		Zimtstange

Für die gebrannten Walnüsse:

100	g	Zucker
etwas		Zitronensaft
40	g	Walnußkerne

Für die gesüßte Schlagsahne:

500	ml	Sahne
80	g	feiner Zucker

Um die Sünde der Schlemmerei abzuwenden, beschwören die portugiesischen Süßspeisen die Religion, die Heiligen oder die allmächtige Göttlichkeit: »Nonnenbäuche«, »Himmelsspeck« oder wie hier Nußbaum »Mutter Gottes«. In ganz Portugal gibt es 200 verschiedene Begriffe dieser Art. Diese Tradition ist für ein Land, das dicht mit Abteien und Klöstern besiedelt ist, die bis zum 17. Jahrhundert eine wesentliche Rolle in der Entwicklung der Landwirtschaft und Viehzucht spielten, nicht erstaunlich.

In diesem ganz ungewöhnlichen Rezept stehen sich zwei sehr klösterliche Erzeugnisse gegenüber: das Ei (das auf tausendfache Weise zubereitet werden kann, ob nun süß oder salzig) und die Walnuß aus Cascais, nahe bei Lissabon gelegen. Wie üblich geben frische Walnüsse die Beschaffenheit ihrer Frucht nicht preis. Man muß sie erst knacken, um sicherzugehen, daß sie nicht ranzig oder zu trocken sind. Bei der Auswahl der Nüsse ist Sorgfalt sehr wichtig, da bereits eine einzige schlechte Nuß das ganze Dessert verderben kann.

Für die Eiercreme in diesem Kuchen wird Zimt verwendet, jedoch in Maßen. Diese Ehre ist man dem portugiesischen Seefahrer Vasco da Gama schuldig, beherzter Entdecker entfernter Gegenden, der Substanzen mit nach Europa brachte, die bis dahin niemand kannte.

Es gibt eine große Bandbreite portugiesischer Köstlichkeiten, denen im Prinzip allen ein Gebet vorausgehen muß ...

1. Für die Eiercreme die Eigelbe durch ein feines Sieb streichen. In einem Topf aus dem Zucker, der Zimtstange und dem Wasser den Sirup zubereiten. Abkühlen lassen. Die Zimtstange herausnehmen. Die Eigelbe zufügen. Bei niedriger Temperatur mit einem hölzernen Spatel oder Löffel zügig aufschlagen, damit die Eier cremig werden. Nicht kochen!

2. Eine Form von 22 cm Durchmesser und 6 cm Höhe einfetten und mit ebenfalls eingefettetem Backpapier auslegen. In einer Rührschüssel die Eigelbe und den Zucker cremig rühren, die zerstoßenen Nüsse und das Paniermehl zufügen. Die Eiweiße aufschlagen und zugeben. Die Form füllen und 30 Minuten bei 160 °C im Ofen backen.

»Mutter Gottes«

3. Für die gebrannten Nüsse in einem Topf den Zucker und einige Tropfen Zitrone kochen und die Walnußkerne zufügen. Wenn der Karamel braun wird, ihn in eine eingeölte Form gießen. Abkühlen lassen, in zwei Portionen teilen. Mit einem Nudelholz die eine Hälfte zerdrücken. Die andere Hälfte im Mixer zermahlen.

4. Den Kuchen aus dem Ofen und dann aus der Form nehmen. Auf einem Gitter abkühlen lassen und dann horizontal einmal durchschneiden. Die mit den zerdrückten, gebrannten Nüssen gemischte Eiercreme aufstreichen und mit der mit Zucker steif geschlagenen Sahne bedecken. Mit den gemahlenen Nüssen bestreuen.

Exotische Charlotte

Vorbereitungszeit: *2 Stunden*
Kühlzeit: *2 Stunden*
Schwierigkeitsgrad: ★★★

Für 4 Personen

Für die Mousse aus weißer Schokolade:

100	g	weiße Kuvertüre
1		Ei, 2 Eigelb
3	Blatt	Gelatine
250	ml	Sahne, geschlagen
20	ml	weißer Rum

Für die Passionsfrucht-Mousse:

300	g	Fruchtfleisch von Passionsfrüchten
330	ml	Sahne, geschlagen
150	g	Zucker
2		Eiweiß
40	ml	Cointreau
4	Blatt	Gelatine

Für das Moscato-Gelee:

350	ml	Moscato-Wein
50	g	Zucker
3	Blatt	Gelatine

Für die Cointreau-Eiscreme:

30		Eigelb, 400 g Zucker
1	l	Milch, 1 l Sahne
1		Vanilleschote, 300 ml Cointreau

Zum Garnieren:

1		Baby-Ananas
		Minze, Zartbitterschokolade

Dank Dieter Müller wurde weiße Schokolade bei uns bekannter und dieses Rezept verspricht weitere Anhänger: Es verbindet in einem exotisch-bunten Dessert den süßen Schmelz der Schokolade mit dem säuerlichen Geschmack der Passionsfrucht. Von einer Passion kann man bei unserem innovationsfreudigen Küchenchef in der Tat sprechen, wenn es darum geht, aus erstklassigen Produkten anderer Länder immer wieder neue Farb- und Geschmackskompositionen zu zaubern.

Da die Verbindung von weißer Schokolade und Passionsfrucht-Mousse (der Name der Frucht rührt daher, daß einzelne Blütenteile ihrer Form nach an die Leidensinstrumente Christi, Dornenkrone und Nägel, erinnern) keinen ausgesprochenen Farbkontrast erzeugt, wird unsere delikate Charlotte mit einem feinen Gitter aus dunkler Schokolade wie mit einer Spitze verziert. Unverzeihlich wäre es, auf die Baby-Ananas – einem Erzeugnis der Insel Réunion – zu verzichten: Einige Scheiben davon, hauchdünn geschnitten und fächerartig auf den Tellern verteilt, runden die Dekoration des Desserts ab. Kenner schätzen an dieser kleinen Ananas vor allem ihr konzentriertes Aroma, von dem auch dieses Rezept einen großen Teil seiner Wirkung bezieht. Notfalls kann aber auch als Ersatz eine große Ananas verwendet werden.

Ganz wichtig für das Gelingen ist, so unser Küchenchef, die richtige Konsistenz der völlig ohne Zucker zubereiteten Schokoladen-Mousse: Vor dem Gefrieren muß sie nahezu flüssig sein. So erhält sie am Ende eine weiche Konsistenz, die hervorragend mit der dazu servierten cremigen Cointreau-Eiscreme harmoniert. Der Orangenlikör, in den die Bitterorangen der Antillen zusammen mit den milden Orangen der Mittelmeergegend Eingang fanden, kommt hier neu zur Geltung. Sein Alkoholgehalt von 40 Vol.% verleiht der Charlotte einen willkommenen Geschmacksakzent.

1. Die Zartbitterschokolade im Wasserbad schmelzen. Mit einer Papiertülle ein Gitternetz aus diagonalen Linien auf Pergamentpapierstreifen spritzen. Fest werden lassen, dann das Papier vom Schokoladengitter abziehen. Die Gelatine in kaltem Wasser auflösen. Die weiße Kuvertüre im Wasserbad zerlassen; die Eigelbe und das ganze Ei, die Gelatine, den Rum und die Sahne zugeben.

2. Die Schokoladen-Mousse 2 cm tief in Portionsförmchen von 8 cm Durchmesser gießen und kalt stellen. Einen Teil des Passionsfrucht-Fruchtfleisches erhitzen, den Cointreau und die in Cointreau aufgelöste Gelatine zugeben. Alles mit dem restlichen Passionsfrucht-Fuchtfleisch mischen. Das Baiser herstellen: Die Eiweiße steif schlagen, den gekochten Zucker zugeben und abkühlen lassen. Mit der Früchtemasse und der Schlagsahne vermengen.

von weißer Schokolade

3. Die Passionsfrucht-Mousse 2 cm tief auf die Schokoladen-Mousse in den Förmchen füllen. Kalt stellen. Den Moscato erhitzen, vom Herd nehmen und Zucker und aufgelöste Gelatine zugeben. Abkühlen lassen. Die Oberfläche der Charlotten damit überziehen. Für die Cointreau-Eiscreme: Milch, Sahne und Vanillemark aufkochen lassen. Über die Eigelb-Zucker-Mischung gießen und unter Rühren einkochen lassen.

4. Die Eiscreme abkühlen lassen und in der Eismaschine fertig zubereiten. Vier Teller mit dünnen Ananasscheiben auslegen. In die Mitte je eine Charlotte setzen und mit einem Schokoladengitter umgeben. Mit Minzestreifen garnieren. Zusammen mit einer Kugel Cointreau-Eiscreme und einem aus Zartbitterschokolade gerollten Stäbchen servieren.

Sorbet aus Quitten mit

Vorbereitungszeit:	*40 Minuten*
Kochzeit:	*25 Minuten*
Schwierigkeitsgrad:	★★

Für 4 Personen

Für das Quittensorbet:
(siehe Grundrezepte S. 804)

500	g	Quitten
1	TL	Rosmarin
		Zucker
1		unbehandelte Zitrone

300	g	Rhabarber
200	g	schwarze Johannis- oder Heidelbeeren
1	TL	Johannisbeerlikör (Cassis)
1	Glas	Quittenlikör
1		Rosmarinzweig

Für die Gewürzplätzchen:
(siehe Grundrezepte S. 802)

		Gewürze (nach Geschmack)
20	g	Mehl
2		Eier
100	g	Zucker
100	g	Mandelblättchen

Dieses Rezept würde es ohne den fruchtbaren Quittenbaum im Garten von Jean-Louis Neichel gar nicht geben. Die Quitte, diese seltsame kleine gelbe Frucht (»Cydonia vulgaris« für den Lateiner), bietet einige angenehme Überraschungen, auch wenn dies ihr Fruchtfleisch und ihre schlechte Lagerfähigkeit auf den ersten Blick nicht vermuten lassen. Die Quitte läßt sich nicht roh verzehren: Man muß sie zu Konfitüre, Pasteten oder Sirup verarbeiten. Einige Zubereitungsarten haben zu Recht einen gewissen Berühmtheitsgrad erreicht, wie zum Beispiel die eingemachte Quitte aus Orléans, eine Konfitüre aus Quitten und bitteren Orangen, die schon Ludwig XIV. zu schätzen wußte und die überall auf der Welt beliebt ist.

Die Quitten unterscheidet man ihrer Form nach in Apfelquitten mit einem herben Geschmack und in milde Birnenquitten. Wenn der Ausdruck »quittengelb« hauptsächlich abwertend gebraucht wird, dann ist das der Quitte gegenüber ungerecht, denn diese hätte wirklich ein besseres Urteil verdient. Es gibt zum Beispiel die Tradition, nach der einige jüdische Gemeinden am Neujahrstag Quitten mit Gewürznelken spicken, die während der Gebete herumgereicht werden und deren Geruch sich angenehm im Raum verbreitet.

Quitten muß man vorsichtig und viel länger als Äpfel kochen, am besten bei geschlossenem Deckel, um das Verdunsten des Kochsaftes zu vermeiden. So bereitet man ein amberfarbenes, schmackhaftes Kompott zu, aus dem sich leicht ein Sorbet machen läßt.

Den Rhabarber liebt unser Küchenchef hauptsächlich aufgrund seiner Verbundenheit mit dem Elsaß: In Mitteleuropa (in Deutschland und in der Schweiz) wird dieses Gemüse am meisten geschätzt. Es wird zweimal im Jahr geerntet und eignet sich aufgrund seiner guten Verträglichkeit für viele Rezepte.

1. Die Quitten schälen, in Stücke schneiden und mit Wasser bedecken. 15 Minuten bei niedriger Temperatur mit einem Teelöffel Rosmarin, dem Zucker, der Zitronenschale und dem Saft einer Zitrone kochen. Alles in dem Saft zerkleinern.

2. Den Rhabarber schälen und in kleine Stücke schneiden. Zucker nach Geschmack zugeben und zu einem Kompott einkochen.

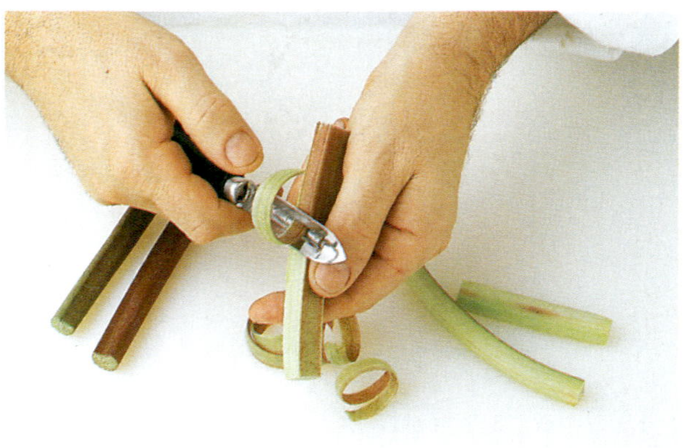

Rhabarberkompott

3. Die Johannis- oder Heidelbeeren einige Minuten mit wenig Zucker kochen. Mixen und durch ein Spitzsieb streichen. Einige Tropfen Johannisbeerlikör und etwas Zitronensaft zufügen. Das Quittenmus mit dem kleinen Glas Quittenlikör in die Eismaschine geben. Zuckersirup zufügen und alles kräftig mischen. Danach in das Gefrierfach stellen.

4. Auf einem Backblech den Teig für die Plätzchen kreisförmig auftragen und mit Gewürzen bestreuen. Einige Minuten in den Ofen geben. In einem tiefen Teller das Rhabarberkompott auf der einen und das Quittensorbet auf der anderen Seite servieren. In die Mitte etwas Fruchtsauce geben und das Dessert mit einem Rosmarinzweig garnieren.

Eiscreme

Vorbereitungszeit: *20 Minuten*
Kochzeit: *10 Minuten*
Schwierigkeitsgrad: ★

Für 4 Personen

4		Äpfel (Golden Delicious)
4	EL	Butter
4	EL	feiner Zucker
2	EL	brauner Rum

Für die Vanille-Eiscreme:

500	ml	Milch
125	g	Zucker
6		Eigelb
1		Bourbon-Vanilleschote

Der Apfel ist wohl das älteste und verbreiteste Kernobst. Wurde und wird er auch von den einen verehrt und von den anderen abgelehnt, so hat er doch den Menschen, die ihn seit der frühen Antike verzehren und schätzen, nie geschadet. Auch wenn Sie vielleicht nur rund dreißig Sorten kennen, die hauptsächlich im Handel erhältlich sind, so gibt es in Wirklichkeit über hundert, von denen jedoch leider einige verschwunden sind. Ihre Namen, die die Phantasie anregen oder nach Landleben klingen, wird man nicht müde zu hören: Ontario, Clochard, Renette, Morgenduft ...

Der Golden Delicious ist noch gar nicht so lange bekannt: Er wurde erst 1912 in den USA entdeckt. Je nach Reife variiert die Farbe dieses ganzjährig erhältlichen Apfels von gleichmäßigem Grün bis Gelb. Er besitzt ein feines, saftig-süßes Fruchtfleisch, das beim Kochen schmelzende Konsistenz annimmt. Für unser Rezept benötigen Sie große, gut reife und geschmacksintensive Früchte. Übrigens enthält die Schale der Äpfel einen Großteil des gesamten Vitamin C der Frucht, so daß man sie nicht grundsätzlich entfernen sollte.

Der Karamel wird aus gleichen Teilen Butter und Zucker hergestellt und sollte hell sein; ein dunkler Karamel würde bitter schmecken. Das Beste an diesem Dessert ist jedoch die harmonische Verbindung von weichgekochtem Apfel und Vanille. Die Herkunft der Vanille verweist uns bis in die präkolumbianische Zeit der Azteken zurück. Die Schoten dieser tropischen Orchideenpflanze sollten weich, fleischig und sehr geruchsintensiv sein. Der Ruhm der Vanille führte dazu, daß sie lange Zeit sehr begehrt war und verschiedene Ersatzstoffe erfunden wurden. Für unser Dessert ist allerdings nur die Bourbon-Vanille gut genug. Übrigens hat unser Koch, Pierre Orsi, das Dessert, als kleine Hommage an seine Ehefrau, auf deren Vornamen getauft.

1. Die Äpfel schälen und die Kerngehäuse entfernen. In 0,5 cm dicke Schnitze schneiden. Für die Eiscreme die Milch zum Kochen bringen. 6 Eigelb mit dem Zucker zu einer Schaummasse schlagen. Das Vanillemark auskratzen und zur Milch geben. Die Vanillemilch in die Schaummasse gießen und verrühren. 3 Minuten bei 90 °C köcheln, dann abkühlen und in der Eismaschine fest werden lassen.

2. In einer beschichteten Pfanne 4 EL Butter und 4 EL Zucker erhitzen und einen hellen Karamel kochen.

»Geneviève«

3. Die Apfelschnitze in die Pfanne geben und bei starker Hitze rundum gleichmäßig braten.

4. Wenn die Äpfel weich sind, den Rum zugeben, flambieren und vom Herd nehmen. Je eine große Kugel Vanille-Eiscreme in eine Dessertschale geben. Die Äpfel am Rand anrichten und sofort servieren.

Maronensüßspeise

Vorbereitungszeit:	*45 Minuten*
Kochzeit:	*15 Minuten*
Schwierigkeitsgrad:	★

Für 4 Personen

250	g	Maronenpüree, natur
120	g	Puderzucker
250	g	Zartbitterkuvertüre
70	g	Butter

Für die Haselnußsauce (Englische Creme):
(siehe Grundrezepte S. 801)

4		Eier
40	g	Puderzucker
250	ml	Milch
100	g	Haselnüsse
50	g	Mandelmus (aus dem Reformhaus)

Die Marone, das heißt die Eßkastanie (nicht die ungenießbare Roßkastanie), war lange die einzige Nahrung der Armen in den Mittelmeerländern. Als Suppe oder Mus sind die Maronen ein ausgesprochener Energiespender. Die Früchte, die im Oktober und November gesammelt werden können, sollten über eine glatte, glänzende und runde Schale verfügen.

Nach dem Entfernen der Schale kommt faserige Haut zum Vorschein, die sich nach kurzem Eintauchen in kochendes Wasser leicht entfernen läßt. Gekocht werden die Maronen in Milch, ohne Zugabe von Zucker, ungefähr 40 Minuten auf kleiner Flamme. Will man das Püree einige Tage aufbewahren, sollte man, um eine Oxidation zu verhindern, vor dem Mischen eine Scheibe Zitrone zufügen – und das Ganze kühl und luftgeschützt aufbewahren. Man kann auch im Handel erhältliches, ungezuckertes Maronenpüree verwenden.

Der Haselnußbaum, auch Haselnußstrauch, bringt ovale Früchte mit sehr harter Schale hervor. Unsere Vorfahren schrieben ihm magische und medizinische Kräfte zu. Heutzutage schätzt man vor allem die an Ballaststoffen, aber auch an Fetten reichen, knackigen Haselnüsse, deren feiner Geschmack der Englischen Creme ein angenehmes Aroma verleiht.

Am besten wird das aufwendige Dessert, das sich besonders für die kalte Jahreszeit eignet, schon am Vorabend vorbereitet.

1. Das Maronenpüree mit dem Puderzucker mischen. Die Kuvertüre im Wasserbad schmelzen und die Butter einrühren. Die Schalen der Haselnüsse entfernen und die Nüsse fein hacken.

2. Das Maronenpüree und die geschmolzene Schokolade mischen. Um eine weiche, luftige Masse zu erhalten, kräftig mit dem Schneebesen aufschlagen.

mit Haselnußsauce

3. Die Masse in eine rechteckige Form füllen und für 48 Stunden in den Gefrierschrank stellen. Aus den 4 Eiern und dem Zucker die Englische Creme zubereiten. Dann die Milch zugeben, in die man vorher die Haselnüsse gegeben hat und bei geringer Temperatur dick einkochen.

4. Nach Zubereitung der Englischen Creme das Mandelmus darin auflösen. Vor dem Servieren das Dessert stürzen und wie einen Kuchen aufschneiden. Mit der Haselnußsauce servieren.

Melonensorbet

Vorbereitungszeit: *1 Stunde*
Schwierigkeitsgrad: ★

Für 4 Personen

2		Melonen à 1 kg
150	g	Puderzucker
		Saft von $^1/_2$ Zitrone
500	g	Erdbeeren

Für die Sauce:

250	g	Erdbeeren
30	g	Puderzucker
		Saft von 1 Zitrone
1	Glas	Wodka

Zum Garnieren:
einige Minzeblätter

Eines schönen Tages entdeckten die Chinesen, daß man Milch, Wasser und Früchte mischen konnte und dieses, wenn man es gefror, eine ganz besondere Konsistenz bekam. Seitdem hat sich der Erfolg der Eisspeisen und Sorbets erhalten. Es ist empfehlenswert, ein Sorbet im letzten Moment zuzubereiten und es sofort nach dem Gefrieren mit einem zur Frucht passenden alkoholischen Aroma zu überziehen. Im vorliegenden Fall wäre ein Muskateller die geeignete Ergänzung zur Melone. Ein Muß ist das Zufügen von Alkohol aber nicht. Hier wird nur die Erdbeersauce mit etwas Wodka angereichert.

Melonen brauchen übrigens nicht unbedingt in Scheiben geschnitten serviert werden. Sie sollten aber immer schön reif und aromatisch sein, da sie dann viel schmackhafter sind. Es gibt mehrere Sorten, wobei die Netzmelone der Sorte Cantaloupe zum Beispiel ein sehr zartes Fruchtfleisch bietet.

Aber man kann fast nicht von Melonen sprechen, ohne an die kleine provenzalische Stadt Cavaillon in Frankreich zu denken, die deren Kultur sehr pflegt. Im Sommer liegt dort der Melonenduft förmlich in der Luft.

Die Erdbeersauce erfordert sehr reife Früchte, deren Stiel sich leicht lösen läßt, damit Farbe und Geschmack intensiver werden. Die Erdbeeren für die Dekoration hingegen müssen fester sein, also etwas weniger reif, da man sie so besser schneiden kann. Erdbeeren lassen sich nicht lange aufbewahren. Man sollte daher nicht mehr kaufen, als man wirklich benötigt.

Für den letzten Schliff empfiehlt Paul Pauvert, die beiden Fruchtsorten mit Pfefferminzblättern zu dekorieren, deren raffinierter Geschmack einen leicht pikanten Kontrast zu der Süße des Melonensorbets ergibt.

1. Eine Melone vierteln, die Kerne entfernen und das Fleisch in Würfel schneiden. Im Mixer pürieren. Dann das Melonenpüree mit 150 g Puderzucker mischen. Das Sorbet in der Eismaschine mit dem Saft einer halben Zitrone zubereiten.

2. Die zweite Melone halbieren. Die Kerne entfernen und große Kugeln aus dem Fruchtfleisch ausstechen.

mit Erdbeeren

3. 500 g Erdbeeren mit Stiel vorsichtig waschen. Halbieren und mit der Schnittfläche nach oben mit den Melonenkugeln abwechselnd auf die Teller geben.

4. Die übrigen 250 g Erdbeeren waschen und durch ein Sieb streichen. Für die Sauce den gesiebten Puderzucker, den Zitronensaft und das kleine Glas Wodka zufügen. Die Sauce auf den Teller geben und eine Kugel Sorbet darauf anrichten.

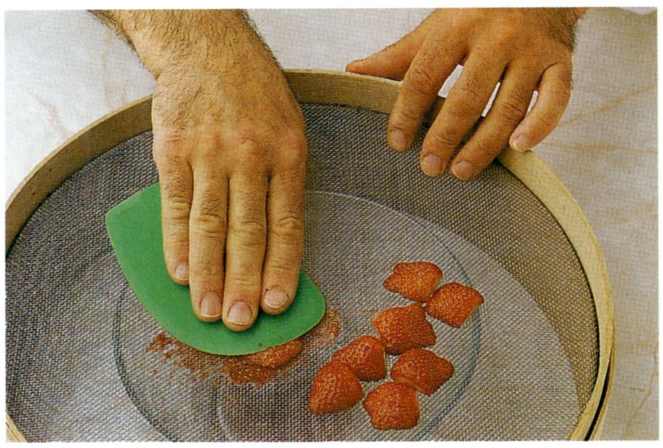

Halbgefrorener Nougat

Vorbereitungszeit: *2 Stunden*
Kochzeit: *6 Minuten*
Kühlzeit: *5 Stunden*
Schwierigkeitsgrad: ★★★

Für 8 Personen

Für den Nougat:

		Baiser (s. Grundrezepte S. 798)
500	ml	Sahne

Für die Fruchtmischung:

75	g	Rosinen, Aprikosen, getrocknet
25	g	Herzkirschen, kandiert
25	g	Orangenschalen, kandiert
40	g	Pistazien

Für den Krokant:

50	g	Zucker, 10 ml Wasser
100	g	Mandeln, 100 g Haselnüsse

Für die Gewürzmischung:

2	g	Lakritz- (Süßholzwurzel-)pulver
2	g	Vanillepulver, 2 g Pfeffer
4	g	Zimtpulver
1		Gewürznelke
10	g	löslicher Kaffee

Für den Cigarettenteig mit Mandeln:
(siehe Grundrezepte S. 801)
Sesam, Safran

Für die Sauce:

100	g	Honig
30	g	Schale von unbehandelten Orangen, 100 ml Zitronensaft
1		Vanilleschote, Pistazien

Es sind die Reisen unseres in der Vendée geborenen Küchenchefs, die ihn zu diesem Dessert inspiriert haben. Sie haben ihn nach Asien geführt, genauer gesagt nach Japan, wo er lange gelebt hat. Er bereiste die ganze gefährliche »Straße der Gewürze«, wie schon einst Marco Polo. Dort hat er Aromen gesammelt und die verschiedenen Geschmacksrichtungen, die diesem Nougat seine Besonderheit verleihen, dem europäischen Geschmack angepaßt. Obwohl die Gewürze nicht leicht zu finden sind, sollten sie mit größter Sorgfalt ausgesucht werden. Ihr Geschmack auf der Zunge ist wichtiger als ihr Duft.

Die Gewürzmischung muß ausgewogen sein, da das ganze Dessert durch ungenaue Dosierung und mangelhafte Zutaten verdorben werden kann. Man kann nur die Ansicht des berühmten Antoine Carême unterstreichen, für den übermäßiger Gebrauch von Gewürzen der Feind jeder guten Küche war.

Zwei ganz wesentliche Dinge sollten bei diesem Rezept unbedingt beachtet werden:

– alle Grundzutaten wie Krokant, Frucht- und Gewürzmischung vorher fertigstellen,

– die leichten, empfindlichen Zutaten – Baiser und Schlagsahne – sehr vorsichtig verarbeiten, damit sie nicht zusammenfallen.

Seiner heutigen Heimat treu, ergreift Stéphane Raimbault die Gelegenheit, uns die Süßmandel des Midi schmackhaft zu machen, die reich an Magnesium und Kalzium ist. Unter verschiedenen Leckereien und Trockenfrüchten zählt der Nougat zu den berühmten »13 Desserts«, die am Weihnachtsabend in der Provence serviert werden.

1. Für den Krokant aus Zucker und Wasser bei 116 °C einen Sirup kochen. Die geschälten Mandeln und Haselnüsse zugeben und karamelisieren. Abkühlen lassen und zerstoßen. Für das Baiser den Honig, den Traubenzucker, das Wasser und den Zucker auf 121 °C erhitzen und auf den Eisschnee geben. Die aufgelöste Gelatine zugeben. Unter Rühren abkühlen lassen.

2. Die Sahne schlagen, mit den Früchten mischen und die Baisermasse darunter heben, ebenso den Krokant dazugeben. Die Masse in eine Schüssel füllen und 5 Stunden ins Gefrierfach stellen. Für den Teig die weiche Butter in ein Gefäß geben, den Puderzucker zugeben, die Eiweiße und dann das Mehl, die flüssige Vanille und die Gewürzmischung zufügen.

à la »Gewürzstraße«

3. Auf ein nichthaftendes, eingefettetes Backblech mit Hilfe einer dreieckigen Schablone den Teig auftragen. Ausgiebig mit Sesam und Safran bestreuen. Einige Minuten bei 180 °C backen.

4. Für die Sauce den Honig mit der aufgelösten und ausgeschabten Vanilleschote zum Kochen bringen. Von der Herdplatte nehmen und den Zitronensaft mit den entsprechenden Zutaten zugeben und abkühlen lassen. Eine dicke Scheibe Nougat auf den Teller geben, mit der Sauce umgießen, in der Mitte etwas Schlagsahne anrichten und drei Gewürzdreiecke daran lehnen. Mit Minze dekorieren.

Warme Charlotte

Vorbereitungszeit: *40 Minuten*
Kochzeit: *40 Minuten*
Schwierigkeitsgrad: ☆

Für 4 Personen

500	g	Kochäpfel
6–8	EL	Zucker
200	g	weiche Butter
1/2		Toastbrot

abgeriebene Schale und Saft von 1/2 unbehandelten Zitrone

Für die Förmchen:

etwas		Butter
3	EL	Zucker

Küchengeräte:

4 runde Metall- oder Aluminiumförmchen von 10 cm Durchmesser

Der urbritische Bramley-Apfel könnte eine Kreuzung zwischen Renette und Golden Delicious sein. Wegen seines säuerlichen Geschmacks eignet er sich nicht so sehr zum rohen Verzehr, dafür aber um so besser zum Einkochen, da er einerseits nicht zerfällt und andererseits beim Kochen einen äußerst feinen Geschmack entfaltet. In unserem Rezept liefert er den Grundstoff für ein traditionelles, sparsames und leicht zuzubereitendes Dessert. Falls Sie keine Bramley-Äpfel zur Verfügung haben, verwenden sie andere Kochäpfel.

Die Äpfel müssen auf jeden Fall bei offenem Deckel gekocht werden, damit die Flüssigkeit verdunsten kann und ein homogenes, dickes Kompott entsteht, in dem aber noch vereinzelt feste Fruchtstückchen zu finden sind.

Die Stabilität der Charlotte wird durch die Weißbrotscheiben gewährleistet, mit denen die Förmchen, die vorzugsweise aus Metall sind, ausgelegt werden. Die Förmchen müssen innen sorgfältig gezuckert werden, damit am Ende eine schöne, bräunliche Kruste zurückbleibt. Als Brot eignet sich am besten ein festes Toastbrot oder ein mit Ei und Milch zubereiteter Hefezopf. Die Brotscheiben an den Seitenrändern der Förmchen müssen sich unbedingt überlappen, da sonst die Fruchtfüllung austreten kann. Dieser Brotmantel ergibt nach dem Backen eine feste, goldbraune Kruste, so daß die Charlotten beim Lösen aus den Förmchen nicht in sich zusammenfallen.

Servieren Sie das Dessert nicht ganz heiß, sondern warm und reichen Sie nach Belieben eine Englische Creme, Karamelcreme oder einfach Schlagsahne dazu. Ihre Gäste werden von der warmen Nachspeise begeistert sein. Und wenn es ganz britisch sein soll, genehmigen Sie sich und Ihren Gästen dazu noch eine Tasse erstklassigen Tee!

1. Die Äpfel schälen und das Kerngehäuse entfernen. Das Fruchtfleisch in grobe Würfel schneiden und mit Zucker, Butter, Zitronensaft und -schale bei mäßiger Hitze zu einem dicken Kompott einkochen. Bei Bedarf etwas Zucker zugeben. Den Ofen auf 200 °C vorheizen.

2. Vom Toastbrot die Rinde entfernen. Das Brot in 0,5 cm dicke Scheiben schneiden und diese mit Hilfe eines Pinsels mit Butter bestreichen. Als Deckel für die Förmchen runde Brotscheiben, für die Seitenränder mehrere ca. 3,5 cm breite Streifen ausschneiden.

mit Bramley-Äpfeln

3. Die Förmchen mit Butter auspinseln, zuckern und mit den Brotstreifen auslegen: Sie sollten sich dabei überlappen, damit das Kompott beim Backen nicht auslaufen kann. Das Brot am oberen Rand ca. 0,5 cm überstehen lassen.

4. Jede Form zu sieben Achteln mit warmem Apfelkompott füllen und fest mit dem Brotdeckel verschließen. Die Charlotten zunächst 10 Minuten bei 200 °C backen, dann bei 160 °C 20 bis 30 Minuten fertigbacken. Sobald das Brot fest und goldbraun ist, herausnehmen und warm servieren.

Crêpe-Beutel mit

Vorbereitungszeit: *1 Stunde*
Kochzeit: *15 Minuten*
Schwierigkeitsgrad: *★*

Für 4 Personen

4		Williams Christbirnen
etwas		Zitronensaft
200	g	Himbeeren
1	EL	Blütenhonig
1		Vanilleschote
		Minzeblätter

Für den Crêpeteig:

125	g	Mehl
3		Eier
250	ml	Milch
50	g	Butter

Die Williams Christbirne erfreut sich seit ihrer Züchtung durch einen Engländer dieses Namens vor 180 Jahren immer noch großer Beliebtheit. Dank ihres feinen Geschmacks und der schmelzenden Konsistenz ist sie die Sommerbirne »par excellence« und wird häufig anderen, ebenso guten Birnen wie etwa der Guten Luise, Hardys Butterbirne oder Boscs Flaschenbirne vorgezogen. Übertroffen wird sie wohl nur noch durch die Vereins-Dechantsbirne, die »Königin der Birnen«, deren harmonische, üppige Form die Kenner begeistert. Bekannt ist die Birne bereits seit der Antike, und im Lauf der Jahrhunderte wurden zahllose Sorten gezüchtet.

Das Karamelisieren der Birnen bereitet keinerlei Schwierigkeiten. Man erwärmt sie einfach nur in Honig, dem »süßen Tau«, dessen Aroma schon die Hebräer in Verzückung versetzte. Jean-Claude Rigollet empfiehlt die Verwendung von Blütenhonig oder ersatzweise Akazienhonig, dessen feiner Geschmack ebenfalls sehr gut mit den Birnen harmoniert.

Der Crêpeteig muß sorgfältig von Hand gerührt werden, damit keine Klümpchen entstehen. Falls nötig können Sie den Teig auch (wenn gerade niemand zusieht) durch ein feines Sieb gießen. Er sollte jedenfalls ganz glatt und homogen sein. Wenn Sie die Milch nach und nach zum Mehl-Ei-Gemisch gießen und sofort verrühren, müßte der Teig eigentlich gelingen. Üblicherweise läßt man den Teig vor der Zubereitung der Crêpes noch einige Stunden ruhen. Dabei verbessert sich dank des im Mehl enthaltenen Klebers seine Konsistenz.

1. Den Crêpeteig herstellen. Mehl und Eier mischen. Nach und nach die Milch sowie die zerlassene, leicht gebräunte Butter zugießen und einarbeiten. Den Teig ruhen lassen.

2. Währenddessen die Birnen schälen und mit Zitrone beträufeln, vierteln, das Kernhaus entfernen und die Birnen kleinschneiden. Die Crêpes backen.

karamelisierten Birnen

3. Die Birnenstückchen mit dem Honig in einer Pfanne erwärmen. Die vier dünn ausgebackenen Crêpes mit den Birnen belegen.

4. Die Crêpes zu einem Säckchen zusammenfassen und mit einem Streifen einer längs in vier Teile geschnittenen Vanilleschote verschnüren. 16 schöne Himbeeren zum Verzieren aufheben, aus den restlichen eine Sauce bereiten. Die Teller mit Himbeersauce bedecken, die Crêpe-Beutel darauf setzen und mit ganzen Himbeeren und Minzeblättern garnieren.

Heiße Ananas auf einem

Vorbereitungszeit:	*15 Minuten*
Kochzeit:	*5 Minuten*
Schwierigkeitsgrad:	★★

Für 4 Personen

1		Ananas
50	g	Butter
50	ml	brauner Rum

Für das Sorbet:

500	ml	Ananassaft
100	ml	weißer Rum
70	g	Eiswürfel

Für den Zuckersirup:

2	kg	Zucker
1	l	Wasser

Für die Ananassauce:

1		mittelgroße Ananas
1	TL	Zucker
250	ml	weißer Rum
		Eiswürfel

Zum Garnieren:

20	g	Mandeln, abgezogen

Die Idee für dieses »heiß-kalte« Ananasdessert, das eine Hommage an jene saftige Frucht ist, die man auf den Antillen praktisch überall antrifft, kam unseren Küchenchef während eines Familienurlaubs auf Puerto Rico. Obwohl seine Vorliebe, wie er selbst gesteht, in erster Linie der Zubereitung herzhafter Speisen gilt, arbeitete er, kaum daß er wieder nach Spanien zurückgekehrt war, unablässig an diesem Rezept. Das Ergebnis, das nach einigem Probieren zustande kam, stellt nicht nur ihn rundum zufrieden, sondern wird zweifellos auch Sie überzeugen und begeistern.

Die Europäer entdeckten die Ananas im 16. Jahrhundert in Brasilien. Der protestantische Pastor Jean de Léry führte sie zuerst in England ein, und unter Ludwig XV. begann man, sie in Frankreich anzubauen. Allerdings ist unser europäisches Klima diesem in den Tropen so üppig gedeihenden Bromeliengewächs nicht zuträglich.

Die Ananas sollte vor der Ernte in ihrem Ursprungsland zu ansehnlicher Größe gewachsen und ausgereift sein. Die kleinen Ananas der Insel Réunion hält Santi Santamaria für weniger geeignet: Sie sind zwar sehr geschmacksintensiv, aber schwieriger zu verarbeiten. Das Fruchtfleisch sollte aromareich und nicht zu faserig sein. Die einzelnen Blätter der Rosette sollten sich leicht lösen lassen: Daran zeigt sich, daß die Frucht reif ist.

Bei sorgfältiger Umsetzung der Rezeptanweisungen erhalten Sie eine dichte Komposition aus Geschmacksnoten, die Ihnen vielleicht aus Kindheitstagen vertraut sind und manche, inzwischen vergessene Erinnerung wachrufen, so etwa wenn man die fruchtig riechenden Fingerkuppen beschnuppert. Damit ist schon angedeutet, daß die wichtigste Ingredienz dieses köstlich leichten Desserts sein Duft ist (worauf auch der Name Ananas schließen läßt, denn »ana« bedeutet in Guaraní »Duft«) – ein virtuoser Schlußpunkt für ein Essen mit Freunden oder im Familienkreis.

1. Die beiden Ananas schälen und vierteln. Das Fruchtfleisch von einer Viertel Ananas in kleine Würfel schneiden. Die restlichen Ananas längs in Schnitze teilen. Schalen wegwerfen.

2. Für die Ananassauce das Fruchtfleisch der mittelgroßen Ananas im Mixer zerkleinern. Durch ein feines Sieb streichen und den Zucker sowie 250 ml weißen Rum und die Eiswürfel zugeben. Alles gut mischen und die kleinen Ananaswürfel unterrühren. Kalt stellen. Für das Sorbet alle Zutaten mischen und in der Sorbetière zubereiten.

Sorbet à la Piña Colada

3. In einer Pfanne die Butter erhitzen und die Ananasschnitze darin leicht anbräunen.

4. Zucker, Wasser und braunen Rum zugeben und den Sirup einkochen lassen, bis er zu karamelisieren beginnt. Je einen Ananasschnitz in einer Schale auf Ananassauce anrichten, mit den Mandeln verzieren, mit Sirup übergießen und zusammen mit einem Sorbetbällchen servieren.

Heißer Schokoladenpudding

Vorbereitungszeit: *30 Minuten*
Kochzeit: *15 Minuten*
Schwierigkeitsgrad: ★★

Für 6 Personen

50	g	Butter
45	g	Zartbitterschokolade
1		Ei
2		Eigelb
25	g	Mehl
75	g	Puderzucker
250	ml	Milch
250	ml	Crème fraîche
350	g	weiße Schokolade, grob gehackt

Die ganze Familie Santin hat zur Perfektion dieses köstlichen Desserts, einem Symbol der unerreichten Konditorkunst der Italiener, beigetragen. Es fällt auf, daß die Wahl der Zutaten eine wunderbare Harmonie von Schwarz und Weiß ergibt. Diese klassische Farbkombination fällt angenehm ins Auge.

Sollten Sie einen etwas bitteren Pudding bevorzugen, ist dunkle Schokolade mit höherem Kakaogehalt zu empfehlen. Die Criollo-Bohnen aus Venezuela gelten unter Spezialisten als die geschmacklich besten, sind aber selten. Es gibt aber im Handel exzellente Schokoladensorten mit hohem Kakaogehalt (70 % und mehr), die eine beachtliche Feinheit im Geschmack garantieren. Vorausgesetzt, die Zutaten werden bei Zimmertemperatur verarbeitet, gibt es kaum einen Grund, warum dieses Dessert nicht gelingen sollte.

Besondere Sorgfalt muß auf die Auswahl der weißen Schokolade für die Sauce verwendet werden. Diese Zutat ist sehr empfindlich, und leider gibt es einige Sorten von minderer Qualität. Sie muß vorzugsweise vor Wärme und Feuchtigkeit geschützt aufbewahrt werden. Manchmal kann man beobachten, daß eine Schokolade »schwitzt«, das heißt, daß die Kakaobutter auf der Oberfläche Perlen bildet und kristallisiert. Dies ist ein Anzeichen dafür, daß der Aufbewahrungsort ungeeignet ist und man sie kühler lagern sollte.

Dieses Schokoladenduo enthält nicht nur viele Nährstoffe, sondern sorgt auch für ein Gleichgewicht der raffinierten Aromen. Ist dies nicht der geeignete Moment, Chateaubriand zu zitieren, für den »der Geschmack der gesunde Menschenverstand des Genies« war?

1. In einer Rührschüssel im Wasserbad (30 °C) die Butter und die Zartbitterschokolade schmelzen. Die Eier schlagen, bis eine gleichmäßige hellgelbe Flüssigkeit entsteht, das Mehl und den Zucker zufügen und gut mischen, bis der Teig eine dickere Konsistenz bekommt.

2. Vorsichtig die geschmolzene Schokoladenbutter unter ständigem Rühren zugießen.

mit weißer Schokoladensauce

3. Die Milch und die Crème fraîche aufkochen und die grobgehackte weiße Schokolade zugeben. Zudecken und die Schokolade einige Minuten schmelzen lassen.

4. 4 Formen (7 cm, Durchmesser, 6 cm Höhe) mit Butter einfetten und mit Puderzucker bestäuben. Mit der unter Schritt 2 hergestellten Masse füllen und 10 Minuten bei 180 °C im Ofen backen. Nach dem Herausnehmen auf Teller gleiten lassen. Um den Pudding die Sauce aus weißer Schokolade gießen.

Kreolische Mousse mit

Vorbereitungszeit: *2 Stunden 30 Minuten*
Kochzeit: *1 Stunde*
Kühlzeit: *4 Stunden*
Schwierigkeitsgrad: ★★

Für 4 Personen

Für das Kakaobaiser:

1		Eiweiß (40 g)
40	g	Zucker
10	g	Kakao
25	g	Puderzucker

Für die Schokoladen-Mousse:

150	g	Zartbitterschokolade
150	ml	Crème fraîche

Für die Bananen-Mousse:

100	g	Banane
1	TL	Zitronensaft
3	g	Gelatine, gemahlen
15	g	Zucker
100	ml	Crème fraîche

Nach seiner Hochzeitsreise auf die Antillen war Maurizio Santin, der Sohn unseres Küchenchefs, verzaubert von einer Kombination aus Rum, Schokoladen-Mousse und Bananensorbet. Er setzte sich in den Kopf, diese drei Elemente zu verbinden, deren Zusammenspiel einen ganz besonderen, an exotischen Aromen reichen Geschmack ergibt.

Die Banane wird grün von den Bananenstauden geerntet und dann zum Reifen zwischengelagert, bevor sie zu uns kommt. So ist sie das ganze Jahr erhältlich und reif, wenn ihre Schale schön gelb ist. Man sollte sie nicht zu kühl aufbewahren.

Die Zartbitterschokolade ist hier idealer Begleiter, vor allem mit hohem Kakaogehalt (um die 70 %). Ihre Verarbeitung muß jedoch unter ganz bestimmten Bedingungen erfolgen: Die Schokolade sollte, wenn man sie mit der Crème fraîche mischt lauwarm sein. Die Mousse sollte zügig zubereitet und sofort in Formen gefüllt werden.

Das Baiser sollte locker zubereitet werden. Es ist besser, es dünn aufzutragen, um die Garzeit zu verkürzen. Nach der halben Backzeit den Ofen einen Spalt öffnen, um Luft zuzuführen, so daß das Baiser etwas knuspriger wird.

Ein Tip (nach unserem Küchenchef der Schlüssel zum Erfolg): Zuerst das Baiser zubereiten, dann die Schokoladen-Mousse und zuletzt die Bananen-Mousse, zum Abschluß Schokoladensauce oder Englische Creme mit Vanille und Rumaroma.

1. Das Kakaobaiser zubereiten, indem man das Eiweiß aufschlägt und dann vorsichtig den Zucker und den Kakao unterhebt. Die Masse auf ein Backblech 2 cm hoch auftragen und bei 100 °C 45 Minuten backen.

2. Für die Schokoladen-Mousse die Schokolade im Wasserbad schmelzen, abkühlen lassen und vorsichtig die cremig gerührte Crème fraîche unterheben. Das gebackene Baiser in Scheiben mit etwas kleinerem Durchmesser als die in Schritt 4 verwendeten Formen schneiden.

Bananen und Schokolade

3. Für die Bananen-Mousse die Banane zerdrücken und mit dem Zucker und dem Zitronensaft verarbeiten. Die in einem Teelöffel Wasser aufgelöste Gelatine zufügen. Die Crème fraîche cremig rühren und mit der Banane mischen.

4. Ein Backblech mit Klarsichtfolie bedecken und darauf die Ausstechformen von 8 cm Durchmesser und einer Höhe von 4,5 cm geben. In die Formen jeweils eine Baiserscheibe geben. Darauf etwas Schokoladen-Mousse verteilen und wieder eine Scheibe Baiser daraufsetzen. Mit einer Schicht Bananen-Mousse abschließen. Ungefähr 4 Stunden kalt stellen. Auf einen Teller geben und diesen mit einem Rand aus Schokoladensauce verzieren.

Krokantkuchen

Vorbereitungszeit:	*20 Minuten*
Kochzeit:	*10 Minuten*
Kühlzeit:	*6 Stunden*
Schwierigkeitsgrad:	★★

Für 4 Personen

10		Löffelbiskuits
50	g	Makronen
1	Tasse	Kaffee
100	ml	Milch

100	g	Sandgebäck
300	ml	Sahne
50	g	Zucker

Für den Mandelkrokant:

50	g	Zucker
100	g	Mandeln

Für die Zabaglione:

2		Eigelb
2	TL	Zucker
2	TL	Likörwein, weiß

Auf italienisch heißt dieses Dessert »torta di cantucci«, was soviel heißt wie »Torte aus Mandelkrokant«. Aber Worte und Namen können diese Köstlichkeit, deren Zubereitung mit äußerster Ruhe erfolgen sollte, nicht beschreiben.

Für den Krokant benötigt man sehr frische Mandeln mit einem ausgeprägten Geschmack. Mandeln sind ein traditioneller Bestandteil des sogenannten Studentenfutters mit getrockneten Feigen, Haselnüssen und Rosinen. Die Bezeichnung »Studentenfutter« soll von der Kleiderfarbe der ersten Studenten, die Mönche waren (Dominikaner, Franziskaner, Karmeliter und Augustiner), herrühren.

Die Konsistenz des Mandelkrokants, der reich an Fetten ist, ergibt einen köstlichen Kontrast zu den weichen Löffelbiskuits. Um ausreichende Festigkeit zu erhalten, muß der Kuchen mindestens sechs Stunden kalt gestellt werden.

Der zweite Kontrast wird erst im Moment des Servierens ersichtlich, wenn man den kalten Kuchen mit der warmen Zabaglione aufträgt. Zu diesem Dessert muß man – das ist das Wichtigste – einen wirklich erstklassigen Süßwein auf den Tisch bringen, um das Ganze zu vervollkommnen.

Wie auch der für die Zabaglione verwendete Likörwein muß der zum Einweichen der Biskuits verwendete Kaffee von erster Qualität sein, wenn möglich ein Arabica bester Herkunft. Den Sinn all dieser wohlgemeinten Ratschläge erfaßt man spätestens in dem Moment, in dem man diese bewundernswerte Nachspeise kostet.

1. In einer kleinen Pfanne 50 g Zucker trocken anrösten und die 100 g Mandeln für den Krokant zufügen. Danach auf ein eingeöltes Blech legen. Abkühlen lassen und zerstoßen.

2. Auf ein Blech die mit der Milch-Kaffee-Mischung getränkten Biskuits legen. Gut mit den Fingern festdrücken, damit der Sirup besser einziehen kann. Die Sahne mit dem Zucker steif schlagen.

mit Kaffee

3. Die Biskuits mit der Sahne überziehen. Mit zwei Eigelben, dem Zucker und dem Likörwein die Zabaglione im Wasserbad herstellen.

4. Den Kuchen mit der Hälfte der Zabaglione überziehen und zweimal nacheinander mit den Makronen, dem Sandgebäck und dem zerstoßenen Krokant bestreuen. 6 Stunden in den Kühlschrank stellen. Nach dem Herausnehmen in 4 Stücke schneiden und mit der restlichen erwärmten Zabaglione servieren.

»Encharcada«

Vorbereitungszeit: *20 Minuten*
Kochzeit: *3 Minuten*
Schwierigkeitsgrad: ★

Für 4 Personen

15		Eigelb
500	g	Zucker
1		kleine Zimtstange
500	ml	Wasser

Zum Abschmecken:
etwas Zimtpulver

Das »Kloster«, oder genauer gesagt das »Conventual« (in einem ehemaligen Kloster eingerichtetes Restaurant von Maria Santos Gomes), hat sich nichts Geringeres vorgenommen, als einst schon der Dichter Rabelais mit seiner fiktiven Abtei von Thélème: das Wunder, »den biblischen Fluch, wonach wir aufgefordert sind, unser Brot im Schweiße unseres Angesichts zu essen, in ein exquisites Vergnügen zu verwandeln«. In den Nonnen, die früher diese Örtlichkeiten bewohnten, hat Maria Santos Gomes in der Tat würdige Vorgängerinnen. Der Großteil der Desserts, die in Portugal heute gebräuchlich sind, wurde nämlich von den religiösen Ordensgemeinschaften im 17. und 18. Jahrhundert erfunden.

In der hier vorgestellten portugiesischen Spezialität mit dem Namen »Encharcada« spielen Eier eine zentrale Rolle. Diese müssen unbedingt ganz frisch sein. Überprüfen Sie dies beim Kauf anhand des aufgedruckten Legedatums und der Frischegarantie. Verwendet wird hier nur das Eigelb, das allein schon 75 kcal der insgesamt 90 kcal des ganzen Eis enthält (berechnet für ein mittelgroßes Ei von 60 g). Es muß beim Trennen seine Form behalten; wenn es zerläuft oder dunklere Flecken oder Wölbungen aufweist, ist es mit großer Wahrscheinlichkeit nicht mehr ganz frisch. Die Eigelbe werden in Sirup gekocht und dicken dabei, wenn man korrekt vorgeht, langsam bis zum gewünschten Punkt ein.

Den Zimt haben wir den portugiesischen Eroberern zu verdanken. Sie brachten das Gewürz, bei dem es sich genauer gesagt um die abgeschälte Rinde des Zimtbaums handelt, aus Indien mit. Aus der portugiesischen Küche ist er gar nicht mehr wegzudenken. Wenn Sie also abschließend das Dessert – natürlich maßvoll – mit Zimt abschmecken, so ist dies auch eine verdiente Hommage an jene kühnen Entdecker fremder Territorien.

1. Zucker und Wasser in einem Topf auf der Herdplatte verrühren und köcheln lassen, bis sich kleine Blasen bilden. Die Eigelbe schlagen. Sobald der Sirup fertig ist, die Eigelbe durch ein Sieb zugießen.

2. Bei gleichbleibend schwacher Hitze köcheln lassen und dabei mit einem Holzspatel oder -löffel vorsichtig umrühren.

3. Die »Encharcada« weiter köcheln lassen, und dabei mit dem Holzspatel oder -löffel immer wieder den äußeren Rand in die Topfmitte schaufeln, damit sich keine Kruste bilden kann. Die Masse vom Herd nehmen, sobald die Eier gar gekocht sind, aber noch ein wenig Sirup übrig ist.

4. Die »Encharcada« auf Teller geben, mit Zimt bestreuen und kurz im heißen Ofen goldgelb überbacken.

Mastix-

Vorbereitungszeit: *30 Minuten*
Kochzeit: *10 Minuten*
Schwierigkeitsgrad: ★

Für 4 Personen

750	ml	Sahne
6		Eier
250	g	Zucker
100	ml	Mastixlikör
20	g	Mastixpulver (aus der Apotheke)
100	g	Butter
500	g	Kadaifiteig (aus griechischen und türkischen Feinkostläden)

Für die Sauce:

200	ml	Milch
50	g	Zucker
4		Eigelb
1		Zimtstange
80	g	Rosinen, helle und dunkle

»Die Türken sind hier durchgezogen! Nur noch Ruinen und Leid. Chios, Insel des Weins, nur noch eine dunkle Klippe.«

Nach den Verwüstungen auf dieser ägäischen Insel im 19. Jahrhundert im Kampf um die Unabhängigkeit Griechenlands, die sogar Victor Hugo ein bildhaftes Gedicht wert waren, ist Chios für seinen Mastix berühmt geworden, ein dem Mastixbaum entzogenes Harz, das in Kristallform verkauft wird. Zu Puder verarbeitet, verleiht es Süßspeisen wie Cremes und Eis und sogar einem Mastika genannten Likör sein Aroma. Wenn auch der Geschmack raffiniert ist, sollte man doch bedacht damit umgehen, da übermäßiger Gebrauch sich nachteilig auf jedes Dessert auswirkt.

Eine andere griechische Spezialität – die Kadaifiteigblätter – werden vor allem für die Zubereitung von kleinen Törtchen mit Trockenobstfüllungen verwendet.

Die Zusammenstellung der Zutaten für diese Törtchen kann nach Regionen und den dort örtlich üblichen Produkten variieren.

Achten Sie darauf, daß der Kadaifiteig keine Feuchtigkeit zieht – er weicht sonst auf, schmeckt teigig und ist ungenießbar klebrig. Diesen Rat sollten Sie besonders beachten, wenn Sie die Blätter einige Tage aufbewahren wollen. Servieren Sie das Dessert am besten ganz frisch.

1. Die Sahne schlagen. Die Eigelbe mit 100 g Zucker schaumig rühren. Mit dem Eiweiß und dem restlichen Zucker eine Baisermasse zubereiten (siehe Grundrezepte). Die Schlagsahne, die Eigelbe und das Baiser mischen und Mastixlikör und -pulver zugeben. Einige Stunden in den Kühlschrank stellen.

2. Aus dem Kadaifiteig Zöpfe flechten. Ein Backblech einfetten, die Zöpfe in den Ofen schieben und goldgelb backen.

Mousse

3. Für die Sauce die Milch mit der Hälfte des Zuckers erhitzen. Die Eigelbe mit dem Rest des Zuckers mischen, die Milch einrühren und auf ca. 80 °C erhitzen. Den Zimt zufügen.

4. Mit den Teigzöpfen »Nester« bilden und in deren Mitte einige Rosinen füllen. Etwas von der Mastix-Mousse daraufgeben und das Dessert rundum mit Sauce begießen. Mit den übrigen Rosinen garnieren.

Englisches Dessert

Vorbereitungszeit:	*15 Minuten*
Kochzeit:	*6 Minuten*
Kühlzeit:	*24 Stunden*
Schwierigkeitsgrad:	✯

Für 4 Personen

12		Toastbrot- oder Hefezopfscheiben
100	g	Erdbeeren, Himbeeren, Brombeeren und Heidelbeeren
60	g	süße Äpfel
6	Blatt	Gelatine
80	g	Butter
		Zucker

Zum Garnieren:

einige		rote Beerenfrüchte
4		Minzezweige
4	EL	Sahne, geschlagen
		Puderzucker
		rote Fruchtsauce

Die Art und Weise, wie unsere Köche hier sommerliche Beerenfrüchte zubereiten, ähnelt schon fast einer Charlotte (so benannt nach der Gattin des britischen Königs Georg III.) oder gar dem typisch britischen Pudding. Die Zubereitung eignet sich besonders für Früchte, die für einen Obstsalat schon zu reif sind. Hier werden sie nun mit einem Mantel aus Toastbrotscheiben umhüllt, der, sofern Sie ein festes, in feine Scheiben geschnittenes Brot verwenden, zu einem äußerst leckeren »Behältnis« für das Obst wird. Toastbrot ist in Großbritannien ein traditionelles und überaus gängiges Lebensmittel: Man verzehrt es vom Breakfast bis zum Dinner, und natürlich zum unvermeidlichen Tee am Nachmittag, zu dem verschieden belegte Sandwiches gereicht werden.

Achten Sie bitte auf den Zustand der Früchte: Sie sollten zwar sehr reif, aber natürlich nicht zu stark beschädigt oder gar schlecht sein. Wichtig ist auch, daß der Brotmantel so in die Förmchen gedrückt wird, daß kein Fruchtkompott auslaufen kann, sonst ist der Teigmantel am Ende nicht stabil genug. Auch die Auswahl der Förmchen spielt eine Rolle: Sind sie zu hoch, so paßt zuviel Kompott hinein und das Gebäck würde beim Lösen aus der Form zerbrechen. Sind die Förmchen dagegen zu klein, so überwiegt der Brotanteil gegenüber den Früchten. Um das Lösen aus den Förmchen zu erleichtern, können Sie auch Klarsichtfolie zwischen das Brot und den seitlichen Rand der Förmchen legen.

Die Zugabe eines Apfels zum Beerenkompott ist sehr zu empfehlen: Seine Süße gleicht die leichte Säure der Beeren aus und seine Konsistenz macht das Kompott etwas stabiler. Bramley, Cox Orange oder Renette passen hervorragend dazu und sind außerdem leicht zu verarbeiten.

1. Die Butter in einer Stielpfanne bei schwacher Hitze zerlassen. Die Apfelstücke zugeben und 1 Minute dünsten. Die Beerenfrüchte, Zucker nach Geschmack und ein halbes Glas Wasser zugeben. Alles zum Kochen bringen, dann vom Herd nehmen und die Gelatineblätter hineingeben.

2. 4 Souffléförmchen von 6 cm Höhe und 6 cm Durchmesser mit Öl auspinseln oder mit Plastikfolie auslegen. Von den Toastbrotscheiben die Rinde entfernen und das Brot in Streifen schneiden. Damit die Förmchen auskleiden.

mit Sommerfrüchten

3. Die Zwischenräume zwischen den Brotscheiben sorgfältig verschließen. Das Früchtekompott in die Brot-Förmchen gießen und dabei das Brot gut tränken.

4. Das Kompott oben mit einer runden Brotscheibe abdecken. 24 Stunden im Kühlschrank durchziehen lassen. Auf Tellern anrichten und mit roter Fruchtsauce übergießen. Mit frischen Beerenfrüchten, Schlagsahne und Minzezweigen garnieren.

Blätterteigtaschen mit

Vorbereitungszeit: *30 Minuten*
Kochzeit: *15 Minuten*
Schwierigkeitsgrad: ☆☆

Für 4 Personen

500	ml	Schafsauermilch
1	Blatt	Gelatine
25	g	Zucker
		Puderzucker
		Blätterteig (siehe Grundrezepte S. 799)

Für die karamelisierten Äpfel:

4		kleine Äpfel (z. B. Renetten), geschält und geviertelt
etwas		Butter
50	g	Zucker
50	ml	Wasser
30	ml	Sagardoz (Apfelschnaps)

Für die Apfelsauce:

200	g	Apfel-Fruchtfleisch
125	ml	Wasser
40	g	Zucker
30	ml	Sagardoz
		Saft von 1 Zitrone
1		Zimtstange

Zum Garnieren: rote Früchte

Die Schafsauermilch (spanisch »mamía«) ist ein traditionelles spanisches Dessert, das mit Sagardoz, einem Branntwein aus Äpfeln, zubereitet wird.

Die Verarbeitung der Schafsauermilch ist nicht sehr kompliziert, vorausgesetzt, man achtet darauf, die Molke zu entfernen, die durch Erschütterungen entsteht. Es wird empfohlen, sie mit Zucker aufzuschlagen, ein Blatt Gelatine hinzuzufügen und sie wieder gerinnen zu lassen. Durch zuviel Gelatine jedoch bekommt die Schafsauermilch eine zu feste, zähe Konsistenz. Falls die geeigneten Utensilien zur Verfügung stehen, kann man auch wie früher die Oberfläche der Schafsauermilch mit einem Brandeisen abbrennen.

Diesem Hauptbestandteil werden nun Äpfel der Sorte Errecilla zugefügt, die früher in Spanien auf dem Land sehr verbreitet waren und die die Bauern in Sand und Stroh eingebettet lagerten, um einen Vorrat für das ganze Jahr anzulegen. Diese Apfelart ist heute fast in Vergessenheit geraten, obwohl Pedro Subijana noch einige Exemplare dieser besonderen Äpfel in seinem Obstgarten besitzt und sich alle Mühe gibt, ihnen wieder zu früheren Ehren zu verhelfen. Sie können problemlos eine andere Apfelsorte verwenden wie beispielsweise Renette.

Der Sagardoz, ein Apfelschnaps, der bei der Destillation des Cidre entsteht, ist ein äußerst geschmackvoller Branntwein. Er fließt nicht nur bei den Wettkämpfen der Txox – dem Wettbewerb der Cidrehersteller – in Strömen. Während des gesamten Wettbewerbs kostet man die aufregendsten Speisen: Rinderrippchen, Kabeljau-Omelette und schließlich Schafsauermilch mit Nüssen. Der Sagardoz verfeinert dieses Dessert ganz besonders. Unser Küchenchef hatte sogar die Ehre, es König Juan Carlos und seiner Gattin, Königin Sophie, persönlich zu servieren.

1. Aus dem Blätterteig 8 Dreiecke von 15 x 15 x 6 cm und 0,5 cm Dicke ausschneiden und im Ofen backen. Am Ende der Backzeit mit Puderzucker bestäuben und zum Karamelisieren wieder in den Ofen schieben. Abkühlen lassen.

2. Die Schafsauermilch aufschlagen und mit dem Zucker und der zuvor in Wasser eingeweichten Gelatine mischen. Nicht mehr umrühren. Zwischen zwei Blätterteigdreiecke eine Lage der Schafsauermilchmischung geben.

Mamía und Sagardoz

3. 4 Äpfel schälen, vierteln und das Kerngehäuse entfernen. In einem Tiegel mit zerlassener Butter goldbraun werden lassen. Mit dem Zucker karamelisieren und das Wasser zufügen, kochen lassen, bis sich der Karamel auflöst, den Apfelschnaps zugießen und im Topf abkühlen lassen.

4. Für die Sauce das Apfel-Fruchtfleisch in 125 ml Wasser, mit dem Zucker, dem Zitronensaft und dem Zimt zum Kochen bringen. Zerdrücken und durch ein Spitzsieb streichen. Den Apfelschnaps zugießen. In die Mitte des Tellers eine Kelle Apfelsauce geben, darauf die Blätterteigtasche setzen und am Tellerrand die Apfelstückchen mit der Sauce anrichten.

Ananas mit Safran

Vorbereitungszeit: *35 Minuten*
Kochzeit: *25 Minuten*
Schwierigkeitsgrad: ★★

Für 4 Personen

1		große Ananas
125	ml	Milch
125	ml	Kokosmilch
1		Vanilleschote
3		Eier
50	g	Zucker
25	g	Mehl
50	ml	Sahne
50	g	frische Ingwerwurzel
20	ml	Grand Marnier
50	ml	frischer Ananassaft

Für die Kokosplätzchen:

80	g	Zucker
70	g	Kokosraspel
20	g	Mehl
80	g	Eiweiß
20	g	Butter, zerlassen

Für den Sirup:

150	g	Traubenzucker
150	g	Fondant (konzentrierte Zuckerlösung)
50	g	Mandeln, rosa gefärbt und gebrannt
100	g	Butter
1	Prise	Safranpulver

Das unübersehbare Raffinement und die exotische Geschmacksvielfalt dieses Rezeptes verwandeln den Abschluß Ihres Menüs in eine kulinarische Reise durch sonnige Gefilde.

Der Name Ananas soll angeblich auf das Wort »ana-ana« aus dem Guaraní zurückgehen, das soviel wie »Duft der Düfte« bedeutet. Die Frucht enthält das Enzym Bromelin, das Fett absorbiert und verdauungsfördernd wirkt, dabei jedoch nicht die schlankmachende Wirkung besitzt, die man ihm unterstellt hat. In unseren Obstgärten fehlt die Ananas zwar, sie wird aber das ganze Jahr über frisch importiert. Im letzten Jahrhundert wurde sie als eingemachtes Obst aus Indien eingeführt. Heutzutage wählt man am besten Ananas aus Martinique oder von der Elfenbeinküste, vorzugsweise solche, die auf dem Luftweg importiert wurden. Sie sollten recht schwer sein und sich durch eine schöne Bernsteinfarbe, eine feste Schale mit flachen »Augen« und fest sitzende Blätter auszeichnen.

Die größte Schwierigkeit bei diesem Dessert liegt aber in der Herstellung des Sirups. Traubenzucker und Fondant müssen, mit etwas Geschick, zu einem »großen Bruch« eingekocht werden, also einer zähen Masse, die jedoch noch geschmeidig und flüssig genug sein muß, um nicht zu verklumpen. Die ideale Temperatur des Sirups für den gesponnenen Zucker liegt bei 160 bis 170 °C.

Die Verbindung von gedünsteter Ananas und Safran, der, sogar schon bei sehr sparsamer Verwendung, das Fruchtfleisch mit dekorativen roten Farbtupfern versieht, schafft einen wahren Augen- und Gaumengenuß.

Die Kokosplätzchen werden traditionell als Beilage gereicht. Sobald sie ihre charakteristische, halbrunde Form angenommen haben, müssen sie an einem kühlen und trockenen Ort aufbewahrt werden, damit sie sich nicht wieder gerade biegen.

1. Eine schöne, große Ananas schälen, dabei am Stück lassen. Quer in 12 gleichmäßig dicke Scheiben schneiden und jeweils den holzigen Strunk in der Mitte ausstechen.

2. Die Ananasscheiben etwa 5 Minuten in einem leichten Zuckersirup dünsten, dann abkühlen und abtropfen lassen. Den Sirup aufheben; die Ananasscheiben in einer Pfanne in Safranbutter dünsten.

und Grand Marnier

3. Milch und Kokosmilch mit einer Vanilleschote aufkochen lassen, beiseite stellen und ziehen lassen. Die 3 Eier mit 50 g Zucker verrühren, 20 ml Grand Marnier und Mehl zugeben, das Milchgemisch zugießen und alles zum Kochen bringen. Abkühlen lassen und zuletzt die Sahne vorsichtig mit einem Schneebesen unterrühren. Ananasscheiben mit der Kokoscreme bestreichen und aufeinander schichten.

4. Ingwer schälen, schneiden und in dem Ananassirup köcheln lassen; sobald sich Karamel bildet, vom Herd nehmen und mit Ananassaft ablöschen. Die Sauce mit etwas Grand Marnier verfeinern. Für die Kokosplätzchen Zutaten vermischen, jeweils etwas Teig auf Backpapier geben und bei 240 °C backen. Aus dem Sirup feine Zuckerfäden »spinnen« und das Dessert damit garnieren. Mit Mandelstücken bestreuen.

Teigtaschen mit

Vorbereitungszeit: *1 Stunde*
Kochzeit: *25 Minuten*
Schwierigkeitsgrad: ★★

Für 4 Personen

Für den Teig:

3		Eier
3	TL	leichtes ÖL
3	TL	Grappa
500	g	Mehl
3	TL	Zucker
1	kg	Schweinefett (zum Fritieren)
		Puderzucker

Für die Creme:

500	ml	Milch
4		Vanilleschoten
6		Eigelb
250	g	Zucker
80	g	Mehl

Für die Kaffeesauce:

6		Tassen Espresso
200	g	Zucker
100	ml	Wasser

Es ist nicht jedem bekannt, daß die frische Pasta, die man in italienischen Restaurants oft als Vorspeise bekommt, auch als Dessert serviert werden kann. Dieses Rezept wird Nicht-Eingeweihte mit Sicherheit in Erstaunen versetzen. Die Zubereitung der Teigtaschen (»tortellos«) unterscheidet sich in nichts von der Zubereitung der üblichen italienischen Teigwaren. Wie viele Pastagerichte verbindet auch dieses Dessert Sparsamkeit und Tradition.

Drei typische Elemente der italienischen Küche sind bei dieser Leckerei auffällig: das Schweinefett, das oft für Biskuits und Konditorware verwendet wird und einen gleichmäßigen Teig ergibt; der Grappa, ein Trester, der ursprünglich aus der Nebbiolo-Traube des Barolo (Piemont) hergestellt wird, der dem Teig Geschmeidigkeit verleiht und dessen Geschmack den des Fritierfetts mildert (er wird oft in der Patisserie verwendet, man kann ihn aber auch als Digestif unter Freunden trinken); und schließlich der Kaffee, dem die Italiener verfallen sind, wenn auch die Finnen und andere nordische Völker die größeren Konsumenten sind. Die Qualitäten der italienischen Röstereien sind jedoch nicht zu unterschätzen, ebensowenig wie die auf der gesamten Halbinsel zubereiteten Kaffeespezialitäten, wie beispielsweise Espresso und Cappucino.

Zumindest toleriert Romano Tamani, daß man dieses Dessert auch mit einer Sauce aus Zartbitterschokolade auf Karamelbasis servieren kann. Für die Kaffeesauce sollte man eine Arabicamischung guter Herkunft wählen, aus Äthiopien oder Kenia zum Beispiel. Ihr feiner Geschmack unterstreicht die Köstlichkeit dieses Desserts um so mehr.

1. Zunächst das Mehl mit allen übrigen Zutaten für den Teig mischen und einen gleichmäßigen Teig herstellen. Ausrollen und Quadrate mit 5 cm Seitenlänge ausschneiden.

2. Für die Creme die Milch mit den Vanilleschoten zum Kochen bringen. In einem anderen Topf die Eigelb und den Zucker 10 Minuten schlagen. Vorsichtig das Mehl zufügen, mit der Milch mischen und nach dem Aufkochen noch 3 Minuten leicht köcheln lassen. Auf der Herdplatte abkühlen lassen. Die Rechtecke mit der Creme füllen, die Ränder zusammendrücken und zu einem Ring formen.

Creme und Kaffeesauce

3. Das Schweinefett in eine große und hohe Pfanne geben und erhitzen. Wenn das Fett heiß genug ist, die Teigtaschen fritieren und goldbraun backen. Abtropfen lassen und mit dem Puderzucker bestäuben.

4. In einem Topf den Zucker im Wasser auflösen. Den Kaffee zufügen und karamelisieren. Einige Minuten kalt stellen. Einen tiefen Teller mit der Kaffeesauce überziehen und darauf die Teigtaschen anrichten.

Sahnereis mit

Vorbereitungszeit: *1 Stunde 30 Minuten*
Kochzeit: *1 Stunde*
Schwierigkeitsgrad: ★★

Für 4 Personen

80	g	Reis
400	ml	Milch
1		Vanilleschote
1		Ananas
8		Datteln

50	g	feiner Zucker
2		Eigelb
100	ml	Crème double

Für den Sirup:

250	g	Zucker
250	ml	Wasser
1		Vanilleschote
etwas		brauner Rum
		Mehl
		Butter

Dem Reis wurden seit jeher medizinische und reinigende Eigenschaften nachgesagt. Die verschiedenen Sorten und Arten werden immer gekocht verzehrt.

Es gibt Tausende von Reisvarianten, es reicht aber vollkommen aus, wenn man die drei wichtigsten Unterscheidungen kennt: Rundkornreis, Reis mit mittellangen Körnern und Langkornreis. Man sollte sich auch einmal bewußt machen, wie außerordentlich verbreitet der Reis in allen Ländern der Erde ist, und daß er überall Feinschmecker vereint und verbindet.

Unser in St. Tropez heimisch gewordener Küchenchef hält für dieses Dessert Langkornreis am besten geeignet, angeregt vom traditionellen Milchreis, den wir von unseren Großmüttern her kennen. Zuerst muß man den Reis aufkochen, so daß das Wasser die Oberfläche etwas erweichen kann. Nach dem Abtropfen den Reis in der Vanillemilch auf die übliche Art zu Ende kochen. Am schwierigsten ist es dann wohl, eine cremige Konsistenz zu erzielen, wobei der spezifische Geschmack des Reises unbedingt erhalten bleiben soll.

Man sollte sich hier der Methode unseres Küchenchefs bedienen: Das Ganze wird bei geschlossenem Deckel gar gekocht, wobei man den Deckel mit Hilfe eines Teigs aus Wasser und Mehl sozusagen auf den Topf »klebt«. Das garantiert einen hermetischen Kochvorgang, so daß der ganze Geschmack und sämtliche Aromen des Reises vollständig erhalten bleiben.

Dieses ausgefallene Dessert, dessen Konsistenz und dessen Köstlichkeit jeden, der es probiert, begeistern werden, ist obendrein auch noch sehr gesund. Die in diesem Rezept verwendeten Früchte, Ananas und Datteln, lassen an die eher orientalischen Ufer des Mittelmeers und an exotische Geschmacksrichtungen denken.

1. Den Reis mit Wasser waschen. Abtropfen lassen und in Wasser sprudelnd kochen. Nochmals abtropfen lassen. Die Milch zum Kochen bringen. Den Reis und die aufgeschnittene Vanilleschote zufügen. Alles 25 Minuten bei niedriger Temperatur kochen, ohne umzurühren.

2. Die frische Ananas schälen und in 8 Scheiben schneiden. Mit einem Ausstecher das harte Kernfleisch in der Mitte herauslösen. Die Schalen aufheben. Aus 250 ml Wasser, 250 g Zucker und einer Vanilleschote einen Sirup zubereiten. Die Ananas und die Datteln im Sirup pochieren. Abtropfen lassen.

Ananas und Datteln

3. Die Ananasschalen in demselben Sirup pochieren. Den Rum zugießen. Mixen und durch ein Spitzsieb streichen. Am Ende der Garzeit des Reises den Zucker, die Eigelbe sowie die Crème double zufügen.

4. Den Reis in einen Schmortopf geben. Auf obenerwähnte Art verschließen und bei 140 °C 15 Minuten garen. Die Ananas und die Datteln in Butter anbraten. Beides auf einem Teller anrichten und mit der Rummischung überziehen. Den Reis separat reichen.

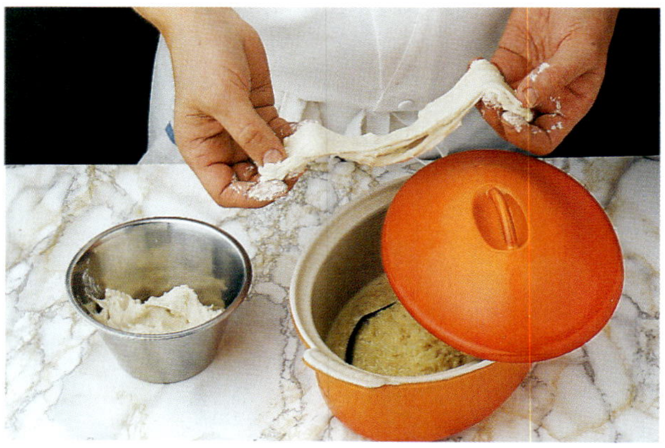

Mandelcrêpes mit

Vorbereitungszeit: *30 Minuten*
Kochzeit: *10 Minuten*
Schwierigkeitsgrad: ★★★

Für 4 Personen

10	g	Butter

Für den Crêpeteig:

45	g	Mehl
20	g	Zucker
5		Eigelb
200	ml	Milch
1	Prise	Salz
50	g	Mandelpaste oder zerstoßene Mandeln

Für das Sabayon:

6		Eigelb
3	EL	Zucker
200	ml	Champagner

Zum Garnieren:

300	g	Himbeeren
30	g	Puderzucker

In diesem Sabayon (Weinschaumcreme) werden die Qualitäten des Eigelbs voll genutzt: Es enthält wichtige Nährstoffe – Proteine, Fette und Vitamine – und ermöglicht dank seiner Konsistenz, so unvereinbar scheinende Zutaten wie zum Beispiel Butter und Wasser zu kombinieren. Eigelb wird darüber hinaus zum Bestreichen von Kuchen und Plätzchen verwendet, wodurch diese eine schöne, goldbraune Farbe erhalten. Und schließlich ist dem Eigelb auch noch die dicke, cremige Konsistenz der Englischen Creme zu verdanken.

Bei dieser Schaumcreme werden die Eier mit dem Schneebesen aufgeschlagen sowie zusätzlich leicht erwärmt und erhalten so ihr Volumen. Die Eigelbe müssen nach und nach zugegeben und schaumig geschlagen werden. Der Schneebesen sollte dabei in Form einer Acht geführt und die Bewegungen absolut gleichmäßig ausgeführt werden.

Auch andere Techniken sind gebräuchlich: So kann man zum Beispiel die Creme zunächst kalt schlagen und dann mit Weißwein oder Marsala über kleiner Flamme fertigrühren. José Tourneur verwendet in diesem Rezept Champagner, was aber nur als Vorschlag zu verstehen ist.

Auf jeden Fall ist darauf zu achten, daß die Küchengeräte, mit denen die Creme bereitet wird, absolut schmutz- und fettfrei sind: Die Rührschüssel beispielsweise sollte vorher sorgfältig, am besten mit Essigwasser, ausgespült und mit einem ganz sauberen Küchentuch getrocknet werden.

Trotz alledem brauchen Sie für diese empfindliche Creme ein klein bißchen Glück. Also lassen Sie sich keinesfalls entmutigen, wenn es beim ersten Anlauf nicht gleich klappt! Selbst Spitzenköchen passierte schon so manches Malheur.

1. Mehl, Zucker und Eigelb mit dem Schneebesen zu einer glänzenden Schaummasse schlagen; eine Prise Salz zugeben. Die Milch nach und nach unterrühren, um einen homogenen Teig zu bekommen. Die Mandelpaste unterrühren und 30 Minuten ruhen lassen.

2. Goldbraune Crêpes ausbacken und warm stellen. Einige schöne Himbeeren zum Garnieren zurückbehalten und aus den restlichen die Himbeersauce bereiten. Dabei die Himbeeren mit Puderzucker pürieren und durch ein Sieb geben.

Sabayon und Himbeeren

3. Das Sabayon in einer Schmorpfanne ohne den Zucker kalt vorbereiten. Den Zucker erst beim Erhitzen des Eierschaums auf der Herdplatte zugeben. Zuletzt mit dem Champagner zu einer festen Schaumcreme aufschlagen.

4. Die Crêpes auf Teller legen, in die Mitte eine Portion Creme geben und jede Crêpe einmal zusammenfalten, so daß die Creme seitlich ein wenig herausfließt. Die Himbeeren am Tellerrand anordnen und die Crêpes mit Puderzucker bestäuben.

Tiramisù

Vorbereitungszeit: *30 Minuten*
Kühlzeit: *4 Stunden*
Schwierigkeitsgrad: *★*

Für 4 Personen

5		Eigelb
50	g	Puderzucker
500	g	Mascarpone
5	TL	Cognac
24		Löffelbiskuits
3	TL	Kakao
4	Tassen	Kaffee (sehr stark)

Man könnte glauben, daß das Tiramisù heutzutage auch außerhalb Italiens so bekannt ist, daß es unnötig ist, das Rezept zu veröffentlichen. Man könnte auch – wie Luisa Valazza – meinen, daß es genau aus diesem Grund wichtig ist, einmal wieder etwas mehr zur Tradition zurückzukehren und mit den Rezepten aufzuräumen, die den Namen Tiramisù jeder x-beliebigen Süßspeise verleihen.

Man benötigt aromareiche, italienische Zutaten wie Löffelbiskuits aus Savoyen (das erst seit 1860 zu Frankreich gehört), den Mascarpone und bestimmte Kaffeesorten. Ursprünglich wurde das Tiramisù aus Resten zubereitet, das erklärt die Verwendung von Kaffee zum Einweichen eines wahrscheinlich altbackenen Biskuits. Tiramisù scheint aus der Lombardei zu stammen und ist heute auf den Karten der teuersten Restaurants zu finden. Die Besonderheit dieses Desserts liegt im süß-bitteren Kontrast der Zutaten, sprich des Biskuits, des Kakaos und des Kaffees. Dazwischen steht der Mascarpone, ein cremiger Weichkäse mit hohem Fettgehalt und mit einem milden, sahneähnlichen Geschmack.

Die Löffelbiskuits sollten so beschaffen sein, daß sie die Flüssigkeit gut aufsaugen, ohne dadurch vollkommen auseinanderzufallen. Abschließend empfiehlt unsere Küchenchefin, für den ersten Versuch das Dessert mit Maraschino, einem Kirschlikör aus Dalmatien oder Venetien, zu servieren.

1. Für die Mascarponecreme in einer Schüssel die Eigelbe und den Puderzucker cremig schlagen. Den Mascarpone und den Cognac zugeben und einige Minuten einarbeiten.

2. Die Biskuits mit dem Kaffee tränken und bis zur Weiterverarbeitung beiseite stellen.

3. Abwechselnd Mascarponecreme, die eingeweichten Löffelbiskuits und das Kakaopulver in die gewählte Form geben.

4. Mit einer Schicht Mascarpone beenden. 4 Stunden kalt stellen. Vor dem Servieren mit Puderzucker und dem gesiebten Kakao bestreuen.

Backpflaumen mit

Vorbereitungszeit: *20 Minuten*
Kochzeit: *10 Minuten*
Schwierigkeitsgrad: ★★

Für 4 Personen

200	g	Marzipan
20		Backpflaumen
500	ml	Vollmilch
8		Eigelb
225	g	Puderzucker

100	g	Lebkuchen
100	g	Spekulatius
100	ml	Sahne
100	ml	Dunkelbier (bevorzugt belgisches Bier aus Leffe)
100	ml	Sahne, geschlagen

Marzipan, das in bestimmten Regionen Frankreichs, in Italien aber auch in Mitteleuropa bekannt ist, besteht aus zerstoßenen Mandeln, Zucker und Eiweiß. Aus ihm stellt man kleines Feingebäck her, das manchmal glasiert oder zu Pralinen verarbeitet wird, wie sie in Belgien zu Neujahr angeboten werden. Mit Marzipan werden in Österreich zu Ostern elf Kugeln geformt, die einen Kuchen aus Trockenfrüchten zieren, und welche die elf Apostel nach dem Judaskuß darstellen. Die Süditaliener wiederum modellieren aus Marzipan kleine Figürchen, die Früchte und Gemüse darstellen.

Backpflaumen sind gegarte Pflaumen, die ihre Konsistenz, ihren Saft und ihre Weichheit behalten haben. Man bewahrt sie günstigerweise in nicht zu trockener Umgebung auf, da sie schnell an Feuchtigkeit verlieren und austrocknen und dann klebrig werden können. Bei Spekulatius, dessen Name für den Laien etwas verwirrend ist, handelt es sich um mit Zimt und Nelken gewürztes trockenes Gebäck, das in Belgien sehr gern gegessen wird. Es erfreut sich aber auch in anderen Ländern großer Beliebtheit.

Trotz des Niedergangs so vieler belgischer Brauereien – von 3200 am Anfang des Jahrhunderts haben bis heute ungefähr hundert überlebt – führt die unvergleichliche Abtei Leffe die mehrere Jahrhunderte alte Tradition mit Generationen von bierbrauenden Mönchen fort. Besonders beliebt ist das feine und köstliche »Radieuse« und sicherlich auch ihr dunkles Bier, dessen etwas bitterer Geschmack von Kennern geschätzt wird. Ein Hinweis zum Schluß: Das Bier vorsichtig dosieren, sonst überdeckt es den Geschmack des Desserts.

1. Das Marzipan ausrollen. Stücke von 3 cm Länge abschneiden, die Backpflaumen entsteinen und damit füllen. Die Milch erhitzen.

2. 6 Eigelb und 125 g Puderzucker mischen. Die kochende Milch dazugießen und so lange bei 80 °C rühren, bis sich eine cremige Konsistenz ergibt. Durch ein Spitzsieb streichen.

Marzipan und Bier

3. Den zerbröckelten Lebkuchen und die zerstoßenen Spekulatius zur vorher zubereiteten Mischung geben. 100 ml Sahne zufügen und in der Eismaschine kräftig rühren.

4. Die beiden übrigen Eigelbe und 100 g Puderzucker mischen. Das Bier zufügen und schaumig schlagen. Die Schlagsahne zugeben. Die Backpflaumen auf tiefen Tellern anrichten. Mit der Biermischung überziehen und unter dem heißen Grill glasieren. Mit der Eiscreme und wahlweise mit Petits Fours servieren.

Schokoladensoufflé

Vorbereitungszeit: *20 Minuten*
Kochzeit: *15 Minuten*
Schwierigkeitsgrad: ☆☆

Für 4 Personen

130	g	Zartbitterschokolade
10	g	Kakaopulver
60	ml	Likör aus grünen Walnüssen
2		Eier
50	g	Puderzucker
20	g	feiner Zucker

Für die Konditorcreme:

250	ml	Milch
2		Eigelb
40	g	Zucker
20	g	Mehl
15	g	Speisestärke
$^1/_2$		Vanilleschote

Die Schokolade wurde von Christoph Kolumbus aus – wie er glaubte – Indien mitgebracht, wo die Kakaobohne offensichtlich das Zahlungsmittel der Eingeborenen war. Seit sie durch Königin Anne, die Gattin von Ludwig XIII., am französischen Hof eingeführt wurde, ist die Schokolade beliebt, und es entwickelten sich zahllose Rezepte mit purer, bitterer und harter Schokolade, die auf der Zunge zergeht. Ebendiese Schokolade hat unser Küchenchef mit dem in Belgien üblichen Sachverstand für sein Soufflé ausgesucht. Zur Erinnerung: Die außergewöhnliche Qualität belgischer Schokolade macht sie zu einem der am meisten exportierten Produkte.

Bis auf den Eischnee, der im letzen Moment untergehoben wird, kann man alle Zutaten für das Soufflé schon vorher verarbeiten. Die Backzeit im Ofen muß genau überwacht werden, und das Soufflé muß sofort, wenn es fertig ist, serviert werden, um nicht Gefahr zu laufen, daß es zusammenfällt. Aus demselben Grund kann dieses Dessert nicht aufbewahrt oder aufgewärmt werden.

Der Likör aus grünen Walnüssen ist eine Spezialität, deren Aroma den Laien überraschen wird. Gegebenenfalls kann man ihn durch Banyuls ersetzen. Dies ist ein katalanischer Süßwein, der schon im 13. Jahrhundert produziert wurde und der aus der schwarzen Grenachetraube hergestellt wird, die 325 Sonnentagen im Jahr ausgesetzt ist.

Auch wenn die Zubereitung ein wenig Risiko birgt – die Besonderheit des Soufflés erfreut uns immer wieder und macht den Moment des Servierens zu einem erhebenden Augenblick.

1. Für die Konditorcreme die Milch mit der halbierten Vanilleschote aufkochen. 2 Eigelb mit dem Zucker aufschlagen. Das Mehl, die Speisestärke und die kochende Milch zugeben. Unter Rühren zum Kochen bringen. Die Schokolade im Wasserbad schmelzen, die lauwarme Konditorcreme, das Kakaopulver und 20 ml Walnußlikör zufügen.

2. Vom Herd nehmen und 2 Eigelb zugeben. Das Eiweiß sehr steif schlagen. Den Puderzucker unter ständigem Rühren zufügen.

mit Walnußlikör

3. Den Eischnee unter die Schokoladenmasse heben und vorsichtig mit einem Holzspatel oder -löffel umrühren. 4 Auflaufformen einfetten und mit dem feinen Zucker ausstreuen.

4. Die Schokoladenmasse in die Formen füllen und etwas Zucker darauf streuen. In die Mitte halbe Walnuß- oder Eierschalen mit der Öffnung nach oben setzen und dann 12 Minuten bei 220 °C im Ofen backen. Aus dem Ofen nehmen, den restlichen Likör in die Schalen gießen, flambieren und sofort servieren.

Apfel-Gelee

Vorbereitungszeit:	*30 Minuten*
Kochzeit:	*15 Minuten*
Kühlzeit:	*2 Stunden*
Schwierigkeitsgrad:	☆☆

Für 4 Personen

4		Äpfel (Granny Smith)
2		Zitronen
400	ml	Saft von grünen Äpfeln
1	Prise	Zimt
3	Blatt	Gelatine

Für das Sorbet:

1	l	Apfelsaft
100	g	Zucker
50	g	Traubenzucker

Für das Sabayon:

3		Eigelb
100	g	Zucker
20	ml	Sahne, geschlagen
100	ml	Saft von grünen Äpfeln
150	ml	Calvados
150	ml	Cidre

Seit der Mensch die Verzweiflung kennt – sicher schon zu Beginn aller Zeiten – hat er im Zucker den richtigen Verbündeten zur Wiederherstellung seiner Moral und Lebenskraft gefunden. Aber erst im 18. Jahrhundert fand das Dessert einen festen Platz innerhalb der Mahlzeit, und heute steht uns eine große Auswahl an süßen Verlockungen zur Verfügung.

Als die Frucht schlechthin taucht der Apfel in diesem Rezept in drei verschiedenen Formen auf: als Gelee, als Sorbet und als Calvados im Sabayon. Das Sabayon (Weinschaumcreme) wird mit Sicherheit am meisten Mühe bereiten, da ihre Zubereitung geübt sein will. Die Eier dürfen nicht zu hart werden, will man nicht auf die Cremigkeit verzichten, müssen aber doch genug garen, damit das Ganze nicht zusammenfällt. Wie man diese schwierige Aufgabe meistert, bestimmt ganz wesentlich das Gelingen dieses Rezeptes. Die typisch normannische Verbindung von Cidre und Calvados verleiht dem Sabayon eine ausgeprägte Apfelnote.

Für die Weinschaumcreme und für das Gelee werden Äpfel der Sorte Granny Smith mit grüner Schale verwendet, deren säuerliches Fruchtfleisch die Garzeit unbeschadet übersteht.

Unser Küchenchef, der immer darauf bedacht ist, keine allzu künstlerischen Gerichte vorzuschlagen, empfiehlt, das Apfel-Gelee und das Sorbet bereits am Tag vorher zuzubereiten. Abgesehen davon, daß man so dem Sabayon seine ganze Aufmerksamkeit widmen kann, verleiht dies den anderen beiden Bestandteilen eine gute Konsistenz, die, wenn man sie am selben Tag zubereitet, nicht unbedingt gegeben ist. Die Zimtmenge vorsichtshalber abwiegen, da eine Überdosierung den Geschmack des Desserts verderben könnte.

1. Die Zutaten für das Sorbet mischen und in das Gefierfach stellen. Die Äpfel schälen und würfeln. 400 ml Apfelsaft mit dem Zimt aufkochen. Die Gelatine 5 Minuten in kaltem Wasser einweichen.

2. Die Apfelwürfel in den heißen Apfelsaft geben. Die Gelatine zugeben. Vorsichtig umrühren, dann vom Herd nehmen und abkühlen lassen, bis die Mischung lauwarm ist.

mit Calvados

3. Das Gelee zu gleichen Teilen auf 3 tiefe Teller geben. Im Kühlschrank ungefähr 2 Stunden fest werden lassen.

4. 3 Eigelb mit 100 g Zucker verrühren und dabei erhitzen. 100 ml Apfelsaft zugießen. Den Cidre zufügen, abkühlen lassen und dabei weiter mit dem Schneebesen schlagen. Den Calvados und die geschlagene Sahne zugeben. Auf jedem Teller etwas von der Mischung anrichten. Mit feinem Zucker bestreuen und ganz kurz gratinieren. Mit dem Sorbet servieren.

Großes Dessert

Vorbereitungszeit: *3 Stunden*
Kochzeit: *1 Stunde*
Kühlzeit: *12 Stunden*
Schwierigkeitsgrad: ★★★

Für 8–10 Personen

Für die Karamel-Eiscreme:
Karamelmilch, Englische Creme

Für die Karamelmilch:
100 g Zucker, 100 ml Sahne

Für die Karamelsauce:
100 g Zucker, 30 ml Wasser

Englische Creme:
100 ml Milch, 20 g Zucker
2 Eigelb, $^1/_2$ Vanilleschote

Für den Biskuitteig (s. Grundrezepte S. 799)

Für den Eischnee:
100 g Zucker, 100 ml Sahne

Für das Nougat-Halbgefrorene:
50 g Eiweiß, 90 g Zucker
170 ml Sahne, geschlagen
150 g Nüsse und Mandeln, gehackt

Für die Karamelcreme:
250 ml Milch, 1 Ei und 1 Eigelb
50 ml Sahne, 50 g Zucker
1 Vanilleschote

Für den Apfelkuchen:
300 g Apfelmus, 80 g Butter
1 Ei, 40 g Zucker

Für die Karamelsüßspeise:
1 Eigelb, 60 ml Sahne
1 Blatt Gelatine, 80 ml Karamelmilch
2 Eiweiß, 30 g Zucker
60 ml Sahne, geschlagen

Wie bei der Umzingelung durch eine Armee gibt es kaum eine Chance, diesem Aufgebot an Süßigkeiten zu widerstehen: Kuchen, Nougat-Halbgefrorenes, Karamelsüßspeise und Eiscreme. Ein solcher Aufwand erfordert erstklassige Zutaten. Und um genau die kümmert sich Jean-Pierre Vigato zuerst.

Trockenfrüchte mit intensivem Aroma für den Nougat, Äpfel für das Mus, nichts entgeht seiner genauen Prüfung. Man sollte kochfeste Äpfel wählen, Sorten wie zum Beispiel den Golden Delicious oder den Boskop. Letzterer ist säurehaltiger. Wählen Sie eine Sorte nach Ihrem Geschmack. Der Englischen Creme und der Karamelcreme wird jeweils eine Vanilleschote zugefügt, die zart und fleischig sein sollte und im ganzen verarbeitet wird. Vanille verfeinert den Geschmack.

Wenn auch alle Welt eigene Ansichten über die Herstellung von Karamel hat, ist man sich der Herkunft seines Namens weniger sicher. Erstmals im 16. Jahrhundert in Spanien erschienen, ist es ein Begriff, der vom lateinischen Wort für Rohrzucker, »cannamella«, abstammt. Ansonsten bedeutet »karamelisiert«, daß etwas die Farbe oder den Geschmack von Karamel hat.

Aber wie soll man das Gleichgewicht der Geschmacksrichtungen und verschiedenen Konsistenzen, schmelzend und knusprig, lauwarm und kalt, lieblich und bitter angemessen zelebrieren? Solche Gegensätze, perfekt beherrscht von einem erfahrenen und talentierten Küchenchef, ergeben ein Dessert, das man nur als historisches Ereignis bezeichnen kann und das sicherlich ein unvergeßlicher Gaumenschmaus für jeden bleiben wird, der es probiert.

1. Die Karamelmilch zubereiten, indem man den Zucker in der Pfanne trocken karamelisiert und mit der Sahne aufgießt. Ebenso für die Karamelsauce mit 30 ml Wasser verfahren. Eine Englische Creme (siehe Grundrezepte) mit Vanille zubereiten. Für die Karamel-Eiscreme die Englische Creme und die Karamelmilch mixen. In der Eismaschine fest werden lassen.

2. Am Vortag zubereiten: Für das Nougat-Halbgefrorene, ein Baiser aus 50 g Eiweiß und 90 g Zucker fertigen (siehe Grundrezepte). Abkühlen lassen und 170 ml geschlagene Sahne zufügen. Eine Mischung gehackter, karamelisierter Nüsse und Mandeln zufügen. In das Eisfach stellen.

mit Karamelmilch

3. Für den Apfelkuchen ein stark eingekochtes Apfelmus zubereiten. Zu 300 g Mus 1 Ei und 80 g Butter zufügen. Die Mischung in eine mit Zucker ausgekleidete Form geben. 1 Stunde bei 170 °C im Wasserbad garen. Die Karamelcreme aus den Zutaten zubereiten und 30 Minuten im Wasserbad backen. Torte und Creme abkühlen lassen. Creme mit Karamelsauce begießen.

4. Für die Karamelsüßspeise das Eigelb mit der Sahne mischen. Durch ein Spitzsieb passieren, 1 Blatt Gelatine, 80 ml Karamelmilch und ein Baiser (siehe Grundrezepte) aus 2 Eiweiß und 30 g Zucker und 60 ml geschlagener Sahne zufügen. In eine dünn mit Biskuitteig ausgelegte Form füllen und abkühlen lassen. Alles mit etwas Eischnee anrichten.

Halbgefrorenes mit Madeira

Vorbereitungszeit: *20 Minuten*
Kochzeit: *10 Minuten*
Kühlzeit: *3 Stunden*
Schwierigkeitsgrad: ☆☆

Für 4 Personen

Für das Halbgefrorene:

200	g	Zucker
6		Eigelb
100	ml	Madeira
500	ml	Sahne

Für die Heidelbeersauce:

100	g	Heidelbeeren
100	g	Zucker
100	ml	Wasser
		Saft von 1 Zitrone

Schalen von unbehandelten Zitronen und Orangen

Ob als Höhepunkt eines Familienfestes, um Vertragsverhandlungen abzuschließen oder um die Süße eines Stelldicheins zu unterstreichen, das Dessert ist immer ein erhebender Moment, der entsprechend angegangen werden sollte.

Die Zutaten für das Halbgefrorene und die Mengenangaben, vor allem aber gute drei Stunden Kühlzeit müssen exakt eingehalten werden. Nur so kann man später das Dessert problemlos aus der Form nehmen und nur so erhält es seine leichte Konsistenz. Dieses gefährliche Unterfangen wird erleichtert, indem man den Boden der Formen vorher in heißes Wasser taucht, allerdings erst im letzten Moment.

Die Sauce kann auch mit anderen oder mehreren verschiedenen Früchten zubereitet werden, wenn man Farben und Geschmacksrichtungen des Desserts variieren und so das Bild abrunden möchte. Man kann die Heidelbeersauce beispielsweise mit einer Sauerkirschsauce begleiten oder mit einer Sauce auf Basis jeder anderen roten Frucht (Erdbeeren, Himbeeren, Johannisbeeren). Wichtig ist, jede Fruchtsauce durch ein feines Spitzsieb zu streichen, bevor man sie serviert, um die kleinen Kerne und Unreinheiten zu entfernen, die mit diesen Früchten verbunden sind. Man könnte sogar eine Schokoladensauce verwenden, deren dunkle Farbe den gleichen optischen Kontrast mit der hellen Farbe des Halbgefrorenen ergeben würde.

Das Halbgefrorene selbst kann je nach Geschmack auch von anderen Aromen als dem des Madeira begleitet werden, zum Beispiel mit einem klaren Obstbrand, der ihm mehr Ausdruck und mehr Festigkeit verleiht, oder auch mit einem exzellenten Cognac oder einem alten Armagnac.

1. Für das Halbgefrorene den Zucker und die Eigelbe in einen Topf geben und im Wasserbad schlagen, bis man eine gleichmäßige Mischung erhält.

2. Bei mittlerer Hitze den Madeira zugeben und weiterschlagen, bis eine cremige Masse entsteht. Vom Herd nehmen, abkühlen lassen und weiter mit dem Schneebesen schlagen.

und Heidelbeersauce

3. Die Sahne steif schlagen. Die kalte Madeiramischung zufügen. In einzelne Formen füllen und 3 Stunden in den Gefrierschrank stellen.

4. Aus 100 g Zucker, 100 ml Wasser, einer Orangen- und einer Zitronenschale einen Sirup zubereiten. Zum Kochen bringen und bis zum völligen Erkalten ziehen lassen. Durch ein Spitzsieb streichen. Die Heidelbeeren in den Sirup geben, 4 bis 5 Minuten kochen. Vollkommen abkühlen lassen, den Zitronensaft zufügen, die Sauce in den Mixer geben und danach durch ein Spitzsieb streichen.

Quarkomelette mit Birnen

Vorbereitungszeit: *1 Stunde*
Kochzeit: *30 Minuten*
Schwierigkeitsgrad: ☆☆

Für 4 Personen

150 g Quark
3 Eier, 3 EL Mehl
1 Prise Salz
1 Vanilleschote
1 unbehandelte Zitrone

Für die Birnen:
2 große Birnen
30 g Zucker
250 ml Rotwein, 125 ml Portwein
1 Gewürznelke
1 kleine Zimtstange
1 Stück Ingwer

Für die Eiscreme:
75 g Zucker, 6 Eigelb
250 ml Sahne, 250 ml Milch
125 g weiße Kuvertüre

Für die Sauce:
4 Eigelb
50 g Zucker
125 ml Milch
125 ml Sahne
1 Vanilleschote

Zum Garnieren:
1 EL Himbeersauce
1 EL Mangosauce
4 Minzezweige

Die rühmenswerte Geschicklichkeit des Küchenchefs der Schwarzwaldstube erstreckt sich von köstlichen Vorspeisen bis zu leckeren Desserts. Seine ausgezeichneten Rezepte und der nette Empfang haben diesem kleinen Gasthof, der 1984 eröffnet wurde, zu einem guten Renommée verholfen, dem auch dieses Quarkomelette eindeutig Rechnung trägt – eine würdige Anerkennung der Milchprodukte Deutschlands, die in großem Umfang hergestellt werden.

Mit der Birne hält Harald Wohlfahrt sich an alte Traditionen: Quark, Eiscreme, Sauce und die mit Bedacht ausgewählten Gewürze, die sich seit dem Mittelalter zunehmender Beliebtheit erfreuen, versprechen hier einen der erhebenden Momente im Leben eines Feinschmeckers.

Der aus Ceylon stammende Zimt verleiht der Flüssigkeit, in der man die Birnen zubereitet, einen Hauch von bitterer Süße. Man sollte Zimtstangen verwenden, da diese das Aroma besser entfalten als Pulver. Übrigens wird in Nordafrika oder im Mittleren Orient wird der Zimt auch in vielen Fleischgerichten verwendet, während man ihn im Okzident nur in Süßspeisen findet. Die Gewürznelke kann auch benutzt werden, ohne daß sie von der Zwiebel begleitet wird, wie es in europäischen Brühen oft der Fall ist: Die Japaner verwenden sie zum Beispiel, um ihr berühmtes Sushi zu würzen.

Als beste Birne für dieses Rezept empfiehlt unser Küchenchef die Williamsbirne. Aber eine andere Birnensorte, durch die Garzeit zart geworden, tut es ebenso.

1. Für die Birnen den Zucker in einem Topf karamelisieren und mit dem Portwein und dem Rotwein übergießen. Die Gewürznelke, die Zimtstange und den Ingwer zufügen und alles auf die Hälfte einkochen. Die Birnen schälen, zufügen, aufkochen lassen und von der Herdplatte nehmen. 4 bis 5 Stunden abkühlen lassen.

2. In einer Rührschüssel den Quark, die Eigelbe, das Mehl, Salz, die Vanilleschote und die geriebene Zitronenschale vermischen. Für die Eiscreme Eigelbe und Zucker aufschlagen, die kochende Milch und Sahne zugeben und im Wasserbad mit dem Schneebesen cremig rühren. Durch ein Spitzsieb streichen. Die Kuvertüre zufügen und kräftig aufschlagen. In der Eismaschine fest werden lassen.

und Schokoladen-Eiscreme

3. Eiweiße steif schlagen und nach und nach zu der Quarkmasse geben. Die Vanillesauce zubereiten, indem man die Eigelbe mit dem Zucker mischt, die kochende Milch-Sahne-Mischung und die Vanillestange zugibt und im Wasserbad verrührt, bis die Sauce Konsistenz bekommt. Abkühlen lassen.

4. 4 eingefettete, mit Mehl bestäubte Formen mit der Quarkmasse füllen. Birnen in dünne Scheiben schneiden und rosettenförmig auf der Quarkmasse arrangieren. 15 bis 20 Minuten bei 180 °C im Ofen backen. Nach der Backzeit mit Zucker bestreuen und im Grill karamelisieren. Sauce auf die Mitte des Tellers gießen, Omelette aus der Form darauf geben, mit den Birnen garnieren und einen Löffel Eiscreme zugeben.

Panna Cotta

Vorbereitungszeit: *20 Minuten*
Kühlzeit: *12 Stunden*
Schwierigkeitsgrad: ★

Für 4 Personen

12	g	Gelatine, gemahlen
300	ml	Milch
1	EL	Mandelmilch
125	g	Zucker
300	ml	Sahne
500	g	Himbeeren, Heidelbeeren, Walderdbeeren oder Johannisbeeren

Die Panna Cotta (italienisch »gekochte Sahne«) ist im Piemont ein traditionelles Gericht und scheint aus der Zeit Karl Alberts, König von Sardinien und von Piemont (1798–1849), zu stammen, der nach einer Niederlage gegen Österreich abdanken mußte. Diese Süßspeise wird mit Milch, Mandelessenz und Gelatine zubereitet. Soll dieses Dessert gelingen, benötigt man Sahne mit einem Fettgehalt zwischen 30 % und 35 %, oder man muß mehr Gelatine zufügen. Dann muß die Sahne langsam bei mittlerer Temperatur erhitzt werden, damit sie nicht gelb wird.

Armando Zanetti will hier niemandem den Gebrauch von Mandelmilch aufdrängen, die den Laien mit ihrem speziellen, eigenwilligen Aroma abschrecken könnte. Man kann sie auch einfach weglassen, da ihre Zugabe bei diesem Dessert nicht entscheidend ist. Andere Aromen, wie zum Beispiel geschmolzene Schokolade oder Vanille, ergeben ebenfalls einen angenehmen Geschmack. Die Zubereitung dieser Panna Cotta ist nicht weiter schwer, so daß man eigentlich gar nicht viele Worte darüber verlieren muß.

In der unauffälligen Finesse dieses Desserts spiegelt sich der seit Generationen geltende Anspruch Norditaliens wider, dem Können des Südens auf dem Gebiet der Patisserie und der Eiszubereitung etwas entgegenzusetzen. Natürlich kann man es nicht mit einer sizilianischen Cassata oder anderen bekannten süditalienischen Desserts vergleichen. Aber die Waldfrüchte, die dem Genießer ins Auge fallen, begleiten mit ihrem säuerlichen Aroma diese Süßspeise und verführen mit ihrer schlichten Eleganz.

1. Die Gelatine in kaltem Wasser einweichen. Milch und Mandelmilch mit dem Zucker aufkochen und dann die aufgeweichte Gelatine unterrühren. Die Sahne zufügen und langsam mit dem Schneebesen schlagen.

2. Die Mischung für die Panna Cotta in Auflaufformen von 6 bis 8 cm Höhe füllen. Mindestens 12 Stunden kalt stellen.

mit Waldfrüchten

3. Vorsichtig aus der Form nehmen. Die Früchte waschen (nicht einweichen). Die Erdbeeren nicht entstielen.

4. Die Panna Cotta in die Mitte des Tellers geben, rundherum die verschiedenfarbigen Früchte kreisförmig anordnen. Mit einer Sauce aus roten Früchten servieren und mit Minzeblättern garnieren.

Gefüllte Teigröllchen

Vorbereitungszeit: *30 Minuten*
Kochzeit: *45 Minuten*
Schwierigkeitsgrad: ★★

Für 4 Personen

Für den Mürbeteig (für 10 Personen):

750	g	Mehl
3		Eier
50	g	Zucker
50	ml	Cognac
500	g	Butter

abgeriebene Schale von 1 unbehandelten Zitrone

Für die Walnußcreme (für 4 Personen):

2	l	Milch
1		Zimtstange
250	g	Walnüsse, geschält
250	g	Zucker
10	g	Mehl
		Puderzucker zum Bestreuen

Die ungewöhnliche Vokabel in unserem Rezepttitel ist die baskische Bezeichnung für die nachfolgend beschriebene Walnußcreme. Zugleich bringt sie die Verbundenheit unseres Küchenchefs zu seiner Heimatregion zum Ausdruck. Die Walnuß ist eine klassische Herbstfrucht und wird vor allem im Südwesten und Norden Spaniens sehr geschätzt. Am besten sind die Nüsse der November- oder Dezemberernte, vor allem die kleineren, da sie einen konzentrierteren Geschmack besitzen. Frische Walnüsse halten sich nach dem Ausreifen etwa zwei Wochen, werden dann aber schnell ranzig. Bei getrockneten Nüssen empfiehlt es sich, die bittere Haut, die die Kerne umgibt, zu entfernen, indem man die Nüsse drei Tage in Salzwasser einweicht.

Die Nüsse dürfen auf keinen Fall mit dem elektrischen Mixer zerkleinert werden, da sie sich dabei völlig zersetzen und eine ölige Konsistenz annehmen würden. Nehmen Sie stattdessen ein Wiegemesser oder noch besser, zerstoßen Sie die Nüsse in einem Mörser. Auf diese Weise bleibt die Konsistenz der Nüsse erhalten. Behalten Sie einige Nüsse zum Garnieren zurück und karamelisieren Sie diese: So behandelt, bilden die Nüsse einen knusprigen Gegenpol zu der zarten Creme.

Traditionell fügt man der Nußcreme, so ungewöhnlich dies auch klingen mag, etwas Wasser bei, das zum Wässern eines Kabeljaus verwendet wurde. So verbinden sich Erzeugnisse von Land und Meer zu einer äußerst überraschenden Geschmackskombination. Leider ist diese althergebrachte Gepflogenheit inzwischen in Vergessenheit geraten. Man glaubte wohl, der intensive Geschmack des Kabeljaus vertrage sich nicht mit der Süße eines solchen Desserts.

Falls Ihnen die Walnußcreme nicht zusagt, können Sie die Röllchen natürlich auch mit einer nach Ihrem Geschmack aromatisierten Konditorcreme oder auch mit Milchreis füllen.

1. Für den Mürbeteig das Mehl auf die Arbeitsfläche geben, in die Mitte eine Mulde drücken und Eier, Zucker, Cognac, abgeriebene Zitronenschale und die weiche Butter hineingeben. Mit den Händen zu einem Teig kneten. Eine Kugel daraus formen und kalt stellen.

2. Den Teig ausrollen und mit einem Teigrädchen 7 cm breite und 20 cm lange Teigbahnen ausschneiden. Diese auf Metallröhrchen von 3 cm Durchmesser wickeln und im Ofen bei 190 °C backen. Statt backen kann man die Röllchen auch fritieren.

»Intxaursaltza«

3. Die Creme zubereiten: 1 Liter Milch mit der Zimtstange aufkochen; die im Mörser zerstoßenen Nüsse und den Zucker zugeben und köcheln lassen; dabei den zweiten Liter Milch in zwei oder drei Portionen zugießen, bis die Flüssigkeit zu einer Masse von der Konsistenz einer Karamelcreme eindickt. Kalt stellen. Die fertigen Röllchen von den Metallröhrchen ziehen und mittels eines Spritzbeutels mit Creme füllen.

4. Vor dem Servieren mit Puderzucker bestreuen und kurz unter dem heißen Grill glasieren. Auf einem Teller anrichten, mit karamelisierten Nüssen verzieren und kalt oder warm reichen.

Gebäckspezialitäten

Riesling

Vorbereitungszeit: *45 Minuten*
Backzeit: *30 Minuten*
Schwierigkeitsgrad: ★★★

Für 8 Personen

Wiener Biskuitboden (s. Grundrezepte S. 806),
Buttermürbeteig (s. Grundrezepte S. 800),
Makronenmasse (s. Grundrezepte S. 804)

Für die Rieslingcreme:

3		Eigelb
50	g	Feinkristallzucker
175	ml	Sahne
3	Blatt	Gelatine
50	ml	Riesling
20	ml	Birnengeist

Für das Gelee:

30	g	Feinkristallzucker
200	ml	Birnensud
1	EL	Agar-Agar-Flocken

Für den Belag:

3		Williamsbirnen

Für den Sirup:

30	g	Feinkristallzucker
150	ml	Riesling, Saft von 1/2 Zitrone

Zum Bestreichen:

25	g	Vollmilchschokolade

Zum Aprikotieren:

25	g	Aprikosenkonfitüre

Adolf Andersen mußte wohl eines Tages eine Rechnung mit seinem Namensvetter Hans Christian Andersen, dem Dichter der »Kleinen Meerjungfrau«, begleichen ... Immerhin verfügen beide über einen großen Erfindungsreichtum und haben eine ausgesprochen leichte Hand bei der Umsetzung ihrer Ideen. Adolf Andersen legt zudem Wert darauf, das natürliche Aroma und die Qualität der von ihm verwendeten Zutaten zu erhalten.

Es war einmal eine zarte Frucht englischer Herkunft, die in ganz Europa verbreitet und sehr begehrt war, weil sie beim Kochen fest blieb und sehr gut zu Alkohol paßte. Sie hieß Williamsbirne ... In diesem Rezept gesellt sich eine Makronenmasse zu ihr, die sehr frisch und zart sein muß, obwohl sie fast nur aus Marzipan besteht und weder Zucker noch Eier enthält.

Die Makronenmasse läßt sich leicht formen. Sie müssen ebenso wie in die Rieslingcreme Luft hineinarbeiten; bearbeiten Sie beide Massen aber nicht zu lange, sonst fallen sie beim Backen bzw. Kochen zusammen.

Anstelle von Gelatine verwendet Adolf Andersen bei diesem Rezept Agar-Agar-Flocken, die aus einer besonderen Meeralgenart gewonnen werden und beim Kochen eine leicht gelierende Masse absondern. In Fernost, und dort vor allem in Japan, ist Agar-Agar weit verbreitet. Sie werden damit zufrieden sein, und sozusagen bildet es das »I-Tüpfelchen« des Rieslingmärchens – als Pendant zu der bekannten Schlußformel »Und sie lebten glücklich und zufrieden ...«

1. Für die Rieslingcreme Wein und Zucker zum Kochen bringen, mit Eigelb zu einer schaumigen Masse rühren; vom Herd nehmen und weiterrühren. Bevor die Schaummasse völlig abgekühlt ist, die in Wasser eingeweichte und gut abgetropfte Gelatine zugeben. Abkühlen lassen, Birnengeist zufügen und vorsichtig die steifgeschlagene Sahne unterheben. Wiener Biskuit und Mürbeteig bereiten.

2. Makronenmasse herstellen, in einen Spritzbeutel mit großer Lochtülle füllen und Ringe von 26 cm Durchmesser auf Backpapier spritzen. Die Masse darf nicht zu flüssig sein, sonst läuft sie beim Backen auseinander. Bei 160 °C 12–15 Minuten goldbraun backen. Birnen schälen, vierteln und in den kochenden Sirup geben. Vom Herd nehmen. Birnen im Sirup abkühlen lassen, bis sie weich, aber noch fest sind. Abtropfen lassen und mit kaltem Wasser abschrecken.

märchen

3. Mürbeteigboden von 26 cm Durchmesser ausstechen, mehrmals mit einer Gabel einstechen und bei 160 °C 20 Minuten backen. Mit geschmolzener Vollmilchschokolade bestreichen, drei Makronenringe daraufsetzen. Wiener Biskuit halbieren, einen Boden nochmals durchschneiden. Abwechselnd einen Biskuitboden hineinlegen (den dicksten zuerst) und mit Rieslingcreme bestreichen (1 cm Rand frei lassen). Mit dem letzten Boden abdecken, mit Rieslingcreme garnieren.

4. Für das Gelee Zucker und Agar-Agar-Flocken in den Birnensud geben, unter ständigem Rühren 3 Minuten kochen. Birnenviertel in dünne Scheiben schneiden und fächerförmig auf der Torte anordnen. Mit Gelee überziehen und 2 Stunden kühl stellen. Vor dem Servieren den Makronenrand mit der heißen Aprikosenkonfitüre bestreichen.

Himbeer

Vorbereitungszeit: *1 Stunde*
Backzeit: *30 Minuten*
Schwierigkeitsgrad: ★

Für 8 Personen

Wiener Biskuitboden:

4		Eier (250 g)
180	g	Zucker
100	g	Mehl, Type 550
110	g	Weizenstärke
50	g	Butter
1	Prise	Salz

Buttermürbeteig (siehe Grundrezepte S. 800)

Himbeercreme:

400	ml	Sahne
140	g	Zucker
1	TL	Zitronensaft, frisch gepreßt
6	Blatt	Gelatine
300	g	Himbeeren

Zum Bestreichen:

50	g	Vollmilchschokolade

Zum Verzieren:

einige		kleine Himbeeren
200	ml	Sahne
2	TL	Zucker
1	Blatt	Gelatine

Die Himbeere war schon in der Antike bekannt und wurde wegen ihres kretischen Ursprungs als »Strauch des Ida« (nach dem gleichnamigen Berg auf der Insel Kreta) gerühmt. Bei uns wird sie relativ selten für Torten verwendet. Aber dieses Rezept, das das samtige Aroma der Himbeeren voll zur Geltung bringt, wird sicher überall Anklang finden.

Wenn Sie die Himbeercreme zubereiten, sollten Sie darauf achten, daß sowohl die lebhafte Farbe dieser Früchte als auch ihr hoher Vitamingehalt erhalten bleiben. Sie dürfen die Himbeeren keinesfalls waschen; verwenden Sie nur unbeschädigte Früchte, und tupfen Sie sie mit Küchenkrepp ab. Man kann die Creme auch während der Himbeersaison zubereiten und für den Winter einfrieren.

Himbeeren darf man nicht zu lange oder zu kräftig rühren, wenn ihr Aroma vollständig erhalten bleiben soll. Adolf Andersen hält sich an die Prinzipien seines Großvaters, der ebenfalls Konditor war. Demnach ist es besser, mehr Himbeeren als Sahne und vor allem so wenig Zucker wie möglich zu verwenden. Wenn Sie sich danach richten, werden Sie sicherlich gute Ergebnisse erzielen.

Diese Torte ähnelt einer Fruchtmousse und paßt zu vielen anderen Aromen. In der Konditorei Andersen wurde sie übrigens lange Zeit mit Erdbeeren zubereitet. Wenn Sie Walderdbeeren in ausreichender Menge verwenden, ist sie geschmacklich sicher kaum zu überbieten.

1. Für den Wiener Biskuit Butter zerlassen und abkühlen lassen. Eier mit Zucker und Salz im Wasserbad schaumig rühren, bis Körpertemperatur erreicht ist. Aus dem Wasserbad nehmen und unter Rühren völlig abkühlen lassen. Mehl und Weizenstärke unterziehen, die zerlassene Butter zugeben. Boden einer mit Butter gefetteten Springform von 24 cm Durchmesser mit Backpapier auslegen, Masse einfüllen und bei 170 °C 30 Minuten backen. In der Form auskühlen lassen.

2. Mürbeteig zubereiten, einen 3 mm dicken Boden von 28 cm Durchmesser ausstechen, mehrmals mit einer Gabel einstechen und bei 160 °C 20 Minuten backen. Für die Himbeercreme Sahne steif schlagen, Himbeeren mit Zucker und Zitronensaft grob pürieren. Die eingeweichte und gut abgetropfte Gelatine im Wasserbad auflösen, zu dem Himbeerpüree geben; ein Viertel der Schlagsahne unterziehen, dann die restliche Sahne unterheben.

cremetorte

3. Creme zum Verzieren: Sahne steif schlagen, Zucker zugeben und mit der aufgelösten Gelatine steifen. Mürbeteigboden mit der geschmolzenen Vollmilchschokolade bestreichen, einen 1 cm dicken Wiener Biskuitboden darauflegen. Mit der Hälfte der Himbeercreme bestreichen, einen zweiten, etwas kleineren Biskuitboden daraufsetzen. Mit Himbeercreme bestreichen, einen ½ cm breiten Rand frei lassen. 3 Stunden kalt stellen. Tortenring mit Sahnecreme auffüllen.

4. Torte aus dem Tortenring nehmen. Den Rand der Oberfläche mit Sahnetupfen garnieren, auf jeden Tupfen eine Himbeere setzen.

Hanse-

Vorbereitungszeit: *1 Stunde 30 Minuten*
Backzeit: *1 Stunde 30 Minuten*
Schwierigkeitsgrad: ★★★

Für 8 Personen

Schokoladenglasur:

100	g	Vollmilchkuvertüre
20	ml	Zuckersirup
4	EL	Kondensmilch
20	g	Honig

Caracas-Biskuitboden (s. Grundrezepte S. 800),
Sacher-Biskuitboden (s. Grundrezepte S. 805),
Baumkuchen (s. Grundrezepte S. 798)

Creme zum Verzieren:

100	g	Butter
50	g	Puderzucker
1		Ei
15	g	Zartbitterschokolade

Ganache-Creme:

200	g	Zartbitterschokolade
300	ml	Sahne
100	g	Butter
200	g	Zucker
2		Eigelb
70	ml	Zitronensaft, frisch gepreßt

Zum Bestreichen:

75	g	Zartbitterschokolade

Marzipanbelag:

150	g	Rohmarzipan
3	EL	Puderzucker (30 g)

Hamburg war früher eine bedeutende Handels- und Hansestadt und hat deshalb bis in unsere heutige Zeit einen administrativen Sonderstatus behalten. Dem mächtigen Bund der Hanse, den es insbesondere zusammen mit Bremen und Lübeck bildete, gehörten im Mittelalter über neunzig Städte an. Da Hamburg heute ein eigenes Bundesland ist, das von einem Senat – einer hamburgischen Besonderheit – regiert wird, heißt die Torte auch »Senatorentorte«.

Sie wird mit Ganache-Creme gefüllt, die erst zusammen mit bestimmten Biskuitarten richtig zur Geltung kommt: dem sogenannten Caracas-Biskuit, einem Biskuit aus Rohmarzipan und Praliné-Paste, und dem Baumkuchen, der aus mehreren Schichten zusammengesetzt ist. Eine Art Baumkuchen findet man übrigens erstaunlicherweise auch in den Pyrenäen – vielleicht eine Hinterlassenschaft der Westgoten auf einem ihrer zahlreichen Beutezüge.

Baumkuchen, den es normalerweise zu Weihnachten gibt, wird mit einer Backwalze gebacken und dann in Scheiben geschnitten, wie man es manchmal mit Baumstämmen macht. Seine Herstellung erfordert allerdings eine gewisse Geschicklichkeit. Außerhalb der Weihnachtszeit kann man statt dessen auch Biskuitplätzchen mit Schokoladenglasur verwenden.

Nicht herummogeln kann man sich jedoch um die Ganache-Creme, die nicht zu fest sein darf. Man sollte unbedingt Marzipanrohmasse aus italienischen Mandeln verwenden, da ihr angenehm hoher Feuchtigkeitsgehalt das Marzipan geschmeidiger macht.

1. Für die Schokoladenglasur Vollmilchkuvertüre mit 1 EL Zuckersirup (30 °Bé), 20 g Honig und 4 EL Kondensmilch im Wasserbad schmelzen, auf 38–40 °C erhitzen. Die Caracas- und Sacher-Biskuitböden backen. Für die Creme zum Verzieren Schokolade im Wasserbad schmelzen, das Ei mit Puderzucker schaumig rühren. Butter schaumig rühren, die abgekühlte Eischaummasse und die geschmolzene Schokolade unterziehen.

2. Für die Ganache-Creme am Vortag Sahne mit Butter und Zucker aufkochen. Am nächsten Tag Eigelb mit einem Teil der Creme mischen, dann alles miteinander verrühren und erhitzen, bis die Creme eindickt. Vom Herd nehmen, die kleingeschnittene Zartbitterschokolade unterheben und den frisch gepreßten Zitronensaft zufügen. Anschließend kühl stellen.

Torte

3. Tortenring auf eine Kuchenform stellen, Caracas-Biskuitboden hineinlegen, mit einem Viertel der Ganache-Creme bestreichen. Darauf Sacher-Biskuitboden (in die Mitte) und halbierte Baumkuchenringe legen und restliche Ganache-Creme verteilen. Festdrücken, damit sich keine Hohlräume bilden, Oberfläche glattstreichen. 2 Stunden kühl stellen. Auf einen Tortendeckel stürzen, Boden mit geschmolzener Schokolade bestreichen. Fest werden lassen, auf ein Kuchengitter stürzen.

4. Marzipan ausrollen und die Torte damit umhüllen. Die Schokoladenglasur wieder erhitzen, auf die Mitte der Tortenoberfläche gießen, mit einem Spatel glattstreichen. Auskühlen lassen. Auf Butterbrotpapier Schokoladenblümchen spritzen. Aus der Creme zum Verzieren Kügelchen von der Größe eines Wachteleis formen und diese um den Rand der Oberfläche herum setzen. Anschließend auf jedes Kügelchen eine Schokoladenblume legen.

Sachertorte

Vorbereitungszeit: *30 Minuten*
Backzeit: *1 Stunde 30 Minuten*
Schwierigkeitsgrad: ★★

Für 8 Personen

Sacher-Biskuitboden:

4		Eigelb (70 g)
3		Eiweiß (90 g)
80	g	Feinkristallzucker
70	g	Mehl
40	g	Feinkristallzucker
140	g	Butter
1	Prise	Salz
175	g	Zartbitterschokolade
1		Vanilleschote

Schokoladenglasur:

50	g	Vollmilchschokolade
1/2	EL	flüssiger Honig
2	EL	Kondensmilch

Was wäre die Wiener Backkunst, wenn es nicht seit 1832 die Sachertorte gäbe, eine Erfindung des sechzehnjährigen Franz Sacher, der im Dienst des Fürsten Metternich stand? Der Streit, der ihretwegen zwischen den beiden berühmtesten Wiener Konditoreien, Demel und dem »rührigen Hotel Sacher«, entbrannte, vermittelt einen Eindruck vom Symbolcharakter und von der Bedeutung dieser Köstlichkeit, die weit über Österreichs Grenzen hinaus von einer erlesenen Kundschaft geschätzt wird.

Auch Adolf Andersen hat seine Version der Sachertorte und erinnert daran, daß einst sogar die Dresdner Konditoren die Sachertorte für sich in Anspruch nehmen wollten. Andersens Torte ist an das, was von dem anscheinend streng gehüteten Originalrezept durchgesickert ist, angelehnt und gibt vielfach Anlaß für den Austausch von Tips und Kniffen.

Die Sachermasse gelingt nur unter bestimmten Voraussetzungen: Sie muß viel Butter und Schokolade enthalten, und die Zutaten müssen die gleiche Temperatur haben. Sie darf nicht zu kräftig gerührt werden und muß bei gleichmäßiger Temperatur gebacken werden. Da sie nur sehr wenig Mehl enthält, sieht sie nicht wie ein Biskuit aus, sondern eher wie eine weiche Schokoladenmasse. Vor dem Servieren sollten Sie die Sachertorte mit einem zarten Sahnehäubchen garnieren.

Die Honigglasur, die ausschließlich die deutsche Variante kennzeichnet, verschönert das allgemeine Erscheinungsbild der Torte. Man sollte sie unbedingt im voraus zubereiten, denn sie muß bis zum Servieren fest werden, damit die Torte beim Anschneiden nicht zerläuft.

1. Butter mit 40 g Zucker, Salz und Vanille cremig rühren; Schokolade im Wasserbad schmelzen. Eigelb und die erkaltete Schokolade unter die Buttermasse ziehen. Eiweiß mit 80 g Zucker steif schlagen, ein Drittel davon unter die Buttermasse heben, zuletzt mit einem Holzspatel vorsichtig den restlichen Eischnee und das Mehl unterziehen.

2. In einer mit Butter gefetteten Backform von 26 cm Durchmesser bei 140 °C 90 Minuten backen. In der Form auskühlen lassen. Auf ein Kuchengitter stürzen und zugedeckt über Nacht ruhen lassen. Vollmilchschokolade im Wasserbad schmelzen, etwas abkühlen lassen, mit Honig und der leicht erwärmten Kondensmilch glattrühren.

3. Unebenheiten des Biskuits mit einem Messer ausgleichen, Biskuitreste aufheben und sieben. Den Biskuit rundherum mit der Schokoladenglasur bestreichen.

4. Zum Schluß die gesiebten Biskuitbrösel an den Tortenrand drücken. Vor dem Servieren 45 Minuten kühl stellen.

Rum-Baba

Vorbereitungszeit: *30 Minuten*
Backzeit: *40 Minuten*
Schwierigkeitsgrad: ★★★

Für 12 Personen

Für den Baba-Teig:

3		Eigelb
25	g	Zucker
200	g	Mehl
15	g	Bäckerhefe
100	g	Butter
125	ml	Milch
1	Prise	Salz
80	g	Korinthen

abgeriebene Schale von 1/2 Zitrone
etwas Vanillepulver

Für den Sirup:

250	g	Feinkristallzucker
500	ml	Orangensaft
250	ml	brauner Rum

abgeriebene Schale von 1/2 Orange

Zum Glasieren:
250 g Fondant

Zum Verzieren:
Schattenmorellen
Engelwurz

An der polnischen Herkunft der Baba scheint kein Zweifel zu bestehen: Im Polnischen bezeichnet das Wort »Baba« – eine kindersprachliche Abwandlung von »Babka« – eine dicke, alte Frau, an deren äußere Erscheinung dieses traditionelle Hefegebäck wohl erinnert. Daß der Baba nach Frankreich gelangte, ist angeblich dem polnischen König und späteren Herzog von Lothringen, Stanislaus Leszczynski, zu verdanken, der sie nach Ali Baba, seinem Lieblingshelden aus den »Märchen aus Tausendundeiner Nacht«, benannt hatte. In Österreich ist man übrigens davon überzeugt, daß die Baba aus Böhmen stammt. Wie dem auch sei, es ist nicht ganz einfach, Babas herzustellen, denn sie verlangen viel Aufmerksamkeit. Das gilt auch für die Zutaten: feingesiebtes Mehl, frische Hefe und zum Tränken ausschließlich brauner Rum.

Alle Zutaten mit Ausnahme der Milch, die etwas wärmer sein sollte (35 °C), müssen Raumtemperatur haben. Der Teig sollte nicht zu fest, aber auch nicht zu flüssig sein; mit zunehmender Erfahrung erreicht man die richtige Konsistenz. Er wird mit dem Spritzbeutel in mit Butter gefettete und mit Zucker ausgestreute Förmchen gefüllt; die Förmchen dürfen nur zu zwei Dritteln gefüllt werden, da die Babas beim Backen aufgehen und dann zu einem Drittel aus der Form herausragen.

Nach dem Backen werden die Babas auf den Kopf gestellt; durch den Druck, den die Form ausübt, erhalten sie ihr bauchiges Aussehen. Nach dem Auskühlen werden sie mit Rumsirup getränkt. Auch die Korinthen werden in Rum eingelegt.

1. Für den Hefevorteig ein Drittel der Milch leicht erwärmen; in einer Schüssel Hefe in der Milch auflösen. Ein Viertel des Mehls zugeben, verrühren und den Teig an einem warmen Ort gehen lassen. Das restliche Mehl, Eier, Salz, Vanillepulver, die abgeriebene Zitronenschale, Zucker und die restliche Milch mit dem Knethaken des Mixers gut durcharbeiten. Den Hefevorteig und zuletzt die zerlassene, lauwarme Butter und die Korinthen zugeben.

2. Den Teig in eine große Schüssel umfüllen, mit einem Tuch zudekken und bei Raumtemperatur gehen lassen, bis sich sein Volumen verdoppelt hat. Die Baba-Förmchen mit Butter einfetten und zu zwei Dritteln mit dem Teig füllen. Erneut gehen lassen und bei 200 °C 20 Minuten backen.

3. Babas aus der Form stürzen. Für den Sirup Orangensaft, Rum, Zucker und die abgeriebene Orangenschale in eine Kasserolle geben und zum Kochen bringen. Etwas abkühlen lassen. Die Babas an der Seite mit einer Gabel einstechen, damit sie sich besser vollsaugen können. Baba-Förmchen zur Hälfte mit Sirup füllen und darin die Babas tränken.

4. Die Babas auf einem Kuchengitter abtropfen lassen. Fondant in einer Kasserolle erhitzen und die Babas damit glasieren. Auf einem Teller anrichten und mit Schattenmorellen und Engelwurz garnieren.

Vanille

Vorbereitungszeit: *30 Minuten*
Backzeit: *20 Minuten*
Schwierigkeitsgrad: ★★

Für 6 Personen

Kipferlteig:

180	g	Mehl
60	g	Feinkristallzucker
200	g	Butter
100	g	Haselnüsse, sehr fein gemahlen
50	ml	Rum

Vanillezucker:

2		Vanilleschoten
20	g	Puderzucker

Vanillesauce:
(siehe Grundrezepte S. 806)

Zum Bestäuben:
etwas Puderzucker

Mit den Türkenkriegen kam auch das Symbol des türkischen Halbmonds nach Österreich. Die Hörnchen oder Croissants, wie wir sie heute kennen, wurden angeblich von einem österreichischen Konditor nach dem Frieden von Passarowitz (1718) erfunden, der den endgültigen Rückzug der türkischen Invasoren einleitete. Im Österreich des 18. Jahrhunderts ist der türkische Einfluß deutlich spürbar, z.B. in dem berühmten »türkischen Marsch«, dem »Rondo alla turca«, in der 11. Sonate Mozarts (KV 331).

Genaugenommen unterscheidet man in Österreich zwei Arten von Kipferln: eine festere und eine etwas weichere Sorte. Die hier vorgestellte Variante wird in der Konditorei Demel bevorzugt zu Tee serviert.

Für dieses Rezept sollten Sie die Haselnüsse frisch mahlen und rösten. Den Teig sollten Sie nach dem Kneten im Kühlschrank ruhen lassen und anschließend traditionell verarbeiten, d.h. mit den Händen rollen, wie es die Hausfrauen früher machten. Formen Sie ziemlich dicke Hörnchen, damit sie beim Backen nicht so leicht anbrennen. Sie müssen zwischen den Kipferln auf dem Backblech genügend Abstand lassen, so daß Sie sie nach dem Backen problemlos trennen können.

Zucker wird bei diesem Rezept zweimal verwendet: zuerst, jedoch in Maßen, für den Teig, der dadurch schmackhafter wird, dann zum Verzieren und um den Geschmack abzurunden. Nur so entsteht das typische Kipferl-Aroma.

1. Für den Vanillezucker die Vanilleschoten längs aufschneiden. Mit einem Messer das Vanillemark herausschaben und mit Puderzucker mischen.

2. Für den Kipferlteig mit dem Mixer Butter mit Vanillezucker und Feinkristallzucker schaumig rühren. Mehl, die feingemahlenen Haselnüsse und Rum zugeben, alles gut verkneten.

kipferl

3. Aus dem Teig mehrere Rollen formen, über Nacht im Kühlschrank ruhen lassen.

4. Jede Teigrolle in 20 cm lange Stücke schneiden und daraus Hörnchen formen. Auf ein Backblech legen und bei 210 °C ca. 10 Minuten backen. Auskühlen lassen und mit Puderzucker bestäuben. Mit Vanillesauce servieren.

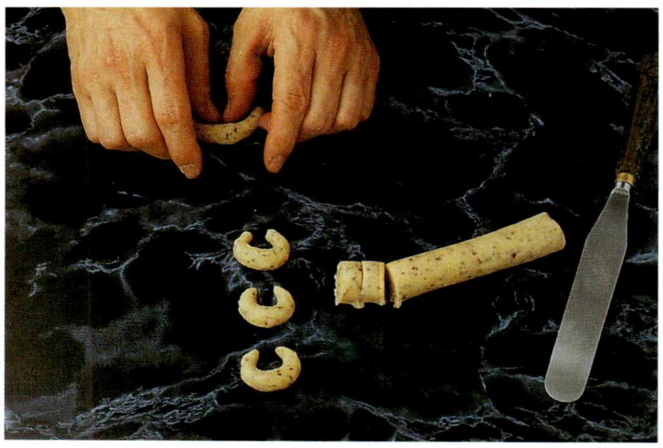

Amadeus-

Vorbereitungszeit: *30 Minuten*
Backzeit: *15 Minuten*
Schwierigkeitsgrad: ★★

25 Stück

Plätzchenteig:

3	Eier
300 g	Puderzucker
650 g	Mehl
400 g	Butter

Pistazienmasse:

200 g	Rohmarzipan
20 g	Pistazienpaste
40 g	Pistazien, gehackt
etwas	Rum

Zum Bestreichen:

250 g	Kuvertüre

»Cosi fan tutte« – »So machen es alle«: Das wäre ein gutes Motto für ein Backbuch, in dem die Leser vor allem dazu angehalten werden, auf Originalität zu verzichten und ganz genau die Ratschläge zu befolgen, die man ihnen aufdrängt. Aber natürlich heißt so auch eine frivole Oper von Wolfgang Amadeus Mozart, und man könnte meinen, daß der Name dieses Rezeptes eine Anspielung auf ihn sei. Schließlich gibt es ja auch überall in Österreich die nach ihm benannten Konfektkugeln!

Wer das vermutet hat, erlebt eine herbe Enttäuschung, denn Franz Augustin behauptet, er wolle mit diesen Plätzchen nicht unbedingt an Mozart erinnern. Ihn fasziniert lediglich der farbliche Kontrast zwischen dem grünen Marzipan, der dunkelbraunen Schokolade und dem hellen Plätzchenteig.

Damit der Teig die richtige Konsistenz erhält, müssen alle Zutaten, vor allem Butter und Eigelb, in kaltem Zustand verarbeitet werden. Verwenden Sie ausschließlich Lübecker Marzipan, und zwar Marzipanrohmasse, denn sie nimmt mehr Zucker auf. Anstelle von Kuvertüre, die bei höherer Temperatur geschmolzen werden muß, können Sie natürlich auch flüssige Schokolade verwenden.

Der Trick beim Ausrollen des Teigs besteht darin, ein kanneliertes Rollholz zu verwenden. Dadurch erhält der Teig ein dekoratives Muster, das erhalten bleibt, wenn man ihn zuvor im Kühlschrank ruhen läßt. Das geriffelte Aussehen der Plätzchen wird Ihren Gästen bestimmt gefallen.

1. Für den Teig Butter mit Puderzucker schaumig rühren, Eier zugeben und alles gut mischen. Mit dem gesiebten Mehl verkneten. Den Teig ungefähr 1 Stunde an einem kühlen Ort ruhen lassen und dann 3 mm dick ausrollen.

2. Mit glatten, runden Ausstechförmchen Kreise von 4 cm Durchmesser ausstechen, auf ein Backblech legen und bei 200 °C 15 Minuten backen.

Plätzchen

3. Die Plätzchen nach dem Backen auf einem Kuchengitter auskühlen lassen. Für die Pistazienmasse Marzipan und Rum mit dem Schneebesen glattrühren, dann die gehackten Pistazien und die Pistazienpaste zugeben. Die Hälfte der Plätzchen mit der Pistazienmasse garnieren, mit den übrigen Plätzchen zusammensetzen.

4. Kuvertüre in einer Kasserolle im Wasserbad schmelzen. Jedes Plätzchen zur Hälfte mit Kuvertüre bestreichen; dazu einen Holzspatel oder einen Löffel verwenden, damit keine Glasur auf die Unterseite läuft. Pro Person 4–5 Stück servieren.

Mandel

Vorbereitungszeit: *20 Minuten*
Backzeit: *40 Minuten*
Schwierigkeitsgrad: ☆

16 Stück

400	g	süße Mandeln, geschält
400	g	Zucker
10	g	Bittermandeln
3		Eiweiß (120 g)

1	TL	abgeriebene Zitronenschale
5		Eigelb (100 g)
6		Eier (320 g)
120	g	Zucker
140	g	Maizena
140	g	zerlassene Butter

Zum Ausstreuen der Förmchen:
Biskuitbrösel

Wenn man De La Reynière glauben kann, war Madeleine Paumier Köchin bei Madame Perrotin de Barmond, als sie das nach ihrem Vornamen benannte Gebäck erfand. Das bringt uns aber nicht viel weiter, da über diese beiden Damen sonst nichts weiter bekannt ist. Die Madeleines gab es schon im Mittelalter, und gleich mehrere französische Städte machen sich die Urheberschaft streitig: Unter anderem Commercy in Lothringen (wofür sich im 18. Jahrhundert Stanislaus Leszczynsky erfolgreich einsetzte), Illiers-Combray bei Chartres (wegen Proust), Saint-Yrieix im Limousin.

Die Herstellung dieses trockenen, muschelförmigen Gebäcks erfordert zahlreiche Vorkehrungen, besonders bei der Wahl der Mandeln, die zweimal gemahlen werden müssen, bis ein feines Mandelmehl entsteht.

Gut geeignet sind geschälte Mandeln aus Spanien (Marcona), Italien (Avola) oder der Provence (Aï). Durch das zweimalige Zerkleinern soll das Mandelöl herausgelöst werden und eine trockene Masse enstehen. Aber ein zu starkes Zerkleinern kann beim Backen fatale Folgen haben. Man muß also einen Mittelweg finden und die Mandeln nach dem Mahlen einige Minuten ruhen lassen, damit sie wieder etwas geschmeidiger werden.

Auch beim Backen muß man einen Mittelweg finden, denn die Madeleines dürfen nicht zu dunkel werden. Die Backtemperatur muß so niedrig sein, daß sie eine schöne goldgelbe Farbe bekommen, aber hoch genug, daß die Kruste nicht zu dick wird. Nach dem Backen sollte man sie einige Tage unter einer Folie aufbewahren.

1. Süße Mandeln, Zucker und Bittermandeln im Mixer zweimal zerstoßen oder mit einer Handmühle fein mahlen.

2. Das Mandelmehl in eine Schüssel geben, mit Eiweiß und der abgeriebenen Zitronenschale mischen, anschließend alles noch mal gut zerkleinern.

madeleines

3. Nacheinander Eigelb und die ganzen Eier zugeben, die Masse zu einem glatten Teig verrühren. Zucker, Maizena und zuletzt die zerlassene Butter unterziehen.

4. Backförmchen mit Butter einfetten und mit gesiebten Biskuitbröseln bestreuen. Teigmasse in die Förmchen füllen (100 g pro Form). Bei 170 °C 40 Minuten backen. Vor dem Servieren auskühlen lassen.

Zitronentorte

Vorbereitungszeit: *2 Stunden*
Backzeit: *10 Minuten*
Schwierigkeitsgrad: ★★

Für 8 Personen

Biscuit roulade nature (s. Grundrezepte S. 798),
Cigarettenteig (s. Grundrezepte S. 800)

Biscuit roulade spécial:

4	Eier, 225 g Puderzucker
60 g	Mehl, 45 g Butter
225 g	Mandeln, sehr fein gemahlen
6	Eiweiß (200 g)
30 g	Zucker
	gelbe Lebensmittelfarbe

Zitronencreme:

2	Eigelb (35 g)
45 g	Zucker
130 ml	Zitronensaft
15 ml	Zitronensaftkonzentrat
7 Blatt	Gelatine
	abgeriebene Schale von 1 Zitrone

Italienisches Baiser:

4	Eiweiß (145 g), 70 g Zucker
130 g	Zucker, 45 ml Wasser
450 ml	Schlagsahne

Sirup zum Tränken:

50 ml	Zitronensaft
25 ml	Läuterzucker

Zum Verzieren:
Johannisbeeren, Tortenguß: grüngelb, klar

Kaum eine Zitrusfrucht ist anpassungsfähiger als die Zitrone: Sie hat ein außerordentlich kräftiges Aroma, Vitamine in Hülle und Fülle und verfügt über die erstaunliche Fähigkeit, künstlich zu reifen. Das alles macht aus der Zitrone eine der vielseitigsten Früchte, die wir kennen. Und in dieser leichten Süßspeise bringt sie ihre Qualitäten so richtig zur Geltung.

Diese fruchtige Torte à la Baumann ist für Schweizer Verhältnisse ziemlich ungewöhnlich. Eine wichtige Rolle spielen dabei die grünen mexikanischen Zitronen (Limetten), die ungefähr so groß wie eine größere Walnuß, also deutlich kleiner als die gelben Zitronensorten sind. Sie enthalten sehr wenig Fett und Eiweiß, sind aber sehr aromatisch.

Grüne Zitronen sind nicht immer leicht zu handhaben (z.B. wenn man die Schale abreiben muß), doch hier sind sie wegen ihres kräftigen Aromas der wichtigste Bestandteil der Creme. Diese sollten Sie möglichst am Vortag zubereiten; man muß sie gut auskühlen lassen, damit sich die Baisers problemlos unterheben lassen. Planen Sie dafür auf jeden Fall genügend Zeit ein, damit Sie nicht in Hektik geraten.

Das gleiche gilt für den Biscuit roulade: Bereiten Sie ihn teilweise im voraus zu, und bewahren Sie ihn unter einer Folie auf. Anfänger sollten mit einem kleineren Biskuit beginnen und sich erst, wenn sie sicherer sind, an größere wagen.

1. Biscuit roulade spécial: Gemahlene Mandeln, Puderzucker und Mehl mit der Hälfte der Eier verrühren. Nach und nach die restlichen Eier, dann die zerlassene Butter unterziehen. Eiweiß mit Zucker steif schlagen und unterheben; die Masse leicht gelb einfärben. Eine dünne Schicht auf eine Plastikfolie spritzen, mit einem Spezialkamm Streifen ziehen. In den Gefrierschrank stellen. Nach dem Festwerden eine Schicht Cigarettenteig auftragen, bei 220 °C 6–7 Minuten backen.

2. Zitronencreme: Zitronensaft, Zitronensaftkonzentrat, Zucker und abgeriebene Zitronenschale zum Kochen bringen. Eigelb mit dem Schneebesen schaumig rühren, beide Massen mischen und wie eine Englische Creme abziehen. Vom Herd nehmen, die in kaltem Wasser eingeweichte Gelatine zugeben. Für den Zitronensirup zum Tränken Läuterzucker mit Zitronensaft mischen.

3. Zucker und Wasser auf 121 °C erhitzen, langsam über das mit Zucker steifgeschlagene Eiweiß gießen; weiterschlagen, bis die Masse völlig ausgekühlt ist. Baisermasse mit der Zitronencreme mischen, zuletzt Schlagsahne unterheben. Einen Tortenring mit einem Streifen Folie auskleiden, darüber den in Streifen geschnittenen Biscuit roulade spécial legen (dabei soll ein 1 cm breiter Rand frei bleiben).

4. Einen Biscuit-roulade-nature-Boden in den Tortenring legen, den Ring zu zwei Dritteln mit Zitronencreme füllen. Einen Biskuitboden daraufsetzen, mit Zitronensirup tränken und den Ring mit der restlichen Zitronencreme auffüllen. 4 Stunden in den Gefrierschrank stellen. Die Tortenoberfläche mit dem grüngelben Tortenguß überziehen, dann eine dünne Schicht klaren Tortenguß darüber geben. Gut gekühlt servieren.

Karameltorte à

Vorbereitungszeit: *1 Stunde 30 Minuten*
Backzeit: *40 Minuten*
Schwierigkeitsgrad: ☆☆

Für 8 Personen

Genueser Biskuit (s. Grundrezepte S. 802),
Biscuit roulade spécial (s. Grundrezepte S. 799),
Klarer Tortenguß (s. Grundrezepte S. 803)

Mousse au chocolat:

3		Eigelb (60 g)
100	ml	Läuterzucker
190	g	Vollmilchkuvertüre
375	ml	Schlagsahne

Karamelmousse:

3		Eigelb (70 g)
55	ml	Läuterzucker
300	ml	Schlagsahne
3 1/2	Blatt	Gelatine

Karamel:

115	g	Zucker
50	ml	Glukosesirup
15	g	Butter
165	ml	Crème fraîche (35 % Fettgehalt)

Karamelsirup:

etwas	flüssiger Karamel
etwas	Wasser

Zum Verzieren:
Karamelglasur
klarer Tortenguß
Schokoladenornamente

Bereits drei Generationen der Familie Baumann haben in Lausanne, Biel und Zürich am Renommee der Schweizer Patisserie mitgewirkt und dabei immer strenge Kriterien an die Qualität ihrer Produkte angelegt. So entstand eine festverankerte Familientradition, die auf ein umfangreiches Know-how gegründet ist, aber zugleich offen für Neuerungen blieb.

In diesem Sinne hat Eric Baumann, der die Familientradition fortführt, nach einer Möglichkeit gesucht, einen Karamel mit intensivem Aroma herzustellen, in dem süße und bittere Töne in einem ausgewogenen Verhältnis vorhanden sind. Mittlerweile steht für ihn fest, daß man dazu reinsten englischen Zucker kochen muß, bis er eine kräftige Farbe annimmt (er darf aber nicht zu dunkel werden, denn dann wird der Karamel zu bitter).

Die für das Rezept verwendete Vollmilchschokolade darf nicht zu süß sein, damit der Karamelgeschmack nicht überlagert wird. Wenn man Schokolade verarbeitet, muß man ihre typischen Merkmale wie Aroma, Schmelzeigenschaft und leichte Handhabung beachten.

Immerhin besteht ein gewisses Risiko, wenn die Kuvertüre mit der Eischaummasse vermischt wird. Um dieses Risiko zu vermindern, muß sie deshalb temperiert und mit Crème fraîche zu einer glatten Masse verrührt werden, dann läßt sie sich ohne weiteres unter die Eischaummasse ziehen. Anstelle von Karamel kann man die Torte auch mit Haselnüssen, Mandeln oder Kaffee herstellen.

1. Für die Mousse au chocolat Eigelb mit Läuterzucker im Wasserbad zu einem festen Schaum schlagen. Aus dem Wasserbad nehmen und weiterschlagen, bis die Masse völlig ausgekühlt ist. Die heiße Kuvertüre mit etwas Wasser zu cremiger Konsistenz eindicken und unter die kalte Eischaummasse ziehen, dann die Schlagsahne unterheben. Die Mousse mit einem Spritzbeutel in 2 cm hohe Tortenringe füllen und in den Gefrierschrank stellen.

2. Für die Karamelmousse Eischaummasse wie zuvor zubereiten. Den Zucker karamelisieren (bis er ziemlich braun ist) und darin Glukosesirup auflösen. Dann Butter und die kochende Crème fraîche zugeben. Alles auf 103 °C erhitzen. Abkühlen lassen.

la Baumann

3. Karamel mit der kalten Eischaummasse mischen. Gelatine (zuvor in kaltem Wasser einweichen) mit etwas Läuterzucker erhitzen und zu dem Karamel geben. Zuletzt die Schlagsahne unterheben. Einen Tortenring bis zu drei Vierteln seiner Höhe mit einem Streifen Folie auskleiden und darüber einen Streifen Biscuit roulade spécial legen.

4. Einen 1 cm dicken Genueser Biskuitboden in den Tortenring legen, mit Karamelsirup tränken; den Ring zu zwei Dritteln mit Karamelmousse füllen. Darauf die erstarrte Mousse au chocolat geben und den Ring mit Karamelmousse auffüllen. 4 Stunden kühl stellen. Die Tortenoberfläche mit Karamelglasur und klarem Tortenguß marmorieren und mit Schokoladenornamenten verzieren. Gut gekühlt servieren.

Zuger Kirsch

Vorbereitungszeit: *1 Stunde 30 Minuten*
Backzeit: *40 Minuten*
Schwierigkeitsgrad: ★★

Für 8 Personen

Genueser Biskuit (s. Grundrezepte S. 802),
Japanischer Biskuit (s. Grundrezepte S. 803)

Buttercreme:

120	ml	Milch
60	g	Zucker
1 1/2		Vanilleschoten
5		Eigelb (100 g)
60	g	Zucker
etwas		Milch

Italienisches Baiser:

1		Eiweiß (40 g), 10 g Zucker
80	g	Zucker, 30 ml Wasser

400	g	Butter

Kirschwasser-Buttercreme:

450	g	Buttercreme
90	ml	Kirschwasser, 50 % vol.
1–2		Tropfen rote Lebensmittelfarbe

Kirschwassersirup zum Tränken:

150	ml	Kirschwasser, 50 % vol.
100	ml	Läuterzucker

Zum Verzieren:
Mandelblättchen, geröstet
etwas Puderzucker
Pistazien
Kirschen, in Kirschwasser eingelegt

Der in der Nähe von Zürich gelegene Kanton Zug stand früher unter habsburgischer Herrschaft und trat 1352 der Schweizer Eidgenossenschaft bei. Infolge des komplizierten Verfahrens im Mittelalter war die Eingliederung jedoch erst 1415 abgeschlossen, als der Kanton Zug die gleichen Rechte wie die übrigen Kantone erhielt. In kulinarischer Hinsicht sind die Zuger Pfefferkuchen erwähnenswert; Eric Baumann erweist der Eßkultur dieses Kantons mit einer Kirschwassertorte seine Reverenz.

Der Obstbrand paßt ausgezeichnet zu Schokolade und verschiedenen Früchten, sogar zu Ananas. Hier wird die Buttercreme damit parfümiert, die noch leicht rötlich eingefärbt wird, um an Kirschen zu erinnern (die Kirschen, aus denen Kirschwasser hergestellt wird, ergeben allerdings einen sehr dunklen Saft).

Eric Baumann vertritt gewöhnlich die Auffassung, daß man zum Verzieren einer Torte die Frucht verwenden sollte, aus der der Obstbrand zum Tränken destilliert wird. In diesem Fall läßt er jedoch eine Abweichung zu und akzeptiert auch Ananas. Trotzdem verziert er diese Torte mit Schattenmorellen, um keinen sichtbaren Etikettenschwindel zu betreiben. Die Schattenmorellen werden zwei Monate lang in Kirschwasser eingelegt.

Anfänger sollten das Backblech sorgfältig einfetten, bevor sie den Japanischen Biskuit daraufstreichen; der Biskuit muß bei gleichmäßiger Temperatur sehr langsam gebacken werden, damit er überall gleich durchgebacken wird, und dann in einem luftdicht abgeschlossenen Behälter aufbewahrt werden.

1. Für die Buttercreme Milch mit 60 g Zucker und Vanille aufkochen. Mit dem Schneebesen Eigelb mit 60 g Zucker schaumig rühren, etwas Milch unterrühren; alles wieder in die Kasserolle geben und wie eine Englische Creme auf 82 °C abziehen. Abkühlen lassen. Eiweiß mit 10 g Zucker steif schlagen. 80 g Zucker und Wasser auf 121 °C erhitzen, über den Eischnee gießen. Butter schaumig rühren, mit der Creme mischen, zuletzt das Italienische Baiser unterheben.

2. Für die Kirschwasser-Buttercreme 450 g leicht rötlich gefärbte Buttercreme mit Kirschwasser parfümieren. Den Japanischen Biskuit herstellen und mit Hilfe einer 0,5 cm breiten, runden Schablone auf Backpapier streichen. Bei 150 °C 10–12 Minuten backen. Den gut ausgekühlten Boden in 2 Böden teilen. Dann Genueser Biskuit herstellen, auf ein mit Backpapier ausgelegtes Blech streichen und bei 170 °C 20 Minuten backen.

torte

3. Für den Sirup zum Tränken Kirschwasser mit Läuterzucker mischen. Einen Japanischen Biskuitboden mit etwas Kirschwasser-Buttercreme bestreichen, den mit Kirschwassersirup getränkten Genueser Biskuitboden darauflegen, mit Buttercreme bestreichen und mit dem zweiten Japanischen Biskuitboden abdecken.

4. Die Torte oben und an den Seiten mit der restlichen Buttercreme bestreichen, den Tortenrand mit gerösteten Mandelblättchen verzieren. Die Oberfläche mit Puderzucker bestäuben und mit gehackten Pistazien und in Kirschwasser eingelegten Kirschen verzieren. Vor dem Servieren etwa 4 Stunden kühl stellen.

Kiwi-Torte mit

Vorbereitungszeit: *40 Minuten*
Backzeit: *40 Minuten*
Schwierigkeitsgrad: ★

Für 8 Personen

Genueser Biskuit (s. Grundrezepte S. 802),
Charlotte-Creme (s. Grundrezepte S. 800)

Passionsfruchtcreme:

200	g	Charlotte-Creme
500	ml	Schlagsahne
100	g	Passionsfruchtpüree
100	g	Puderzucker

Sirup zum Tränken:

20	g	Passionsfruchtpüree
80	ml	Läuterzucker

Zum Verzieren:

3		Kiwis
200	g	Mandelblättchen, geröstet
300	ml	Schlagsahne

Klarer Tortenguß
(s. Grundrezepte S. 803)

Eric Baumann ist ein großer Freund unterschiedlicher exotischer Früchte, die heutzutage bei uns im Handel vielfach erhältlich sind. In dem folgenden, sehr originellen und köstlichen Rezept verwendet er Kiwis und Passionsfrüchte, nachdem er sich in mehreren Versuchen davon überzeugt hat, daß beide geschmacklich ausgezeichnet zueinander passen.

Die besten Kiwis, sie werden auch »chinesische Stachelbeeren« genannt, kommen ohne Zweifel aus Neuseeland, wo die Sorte Hayward kultiviert wird. Seit einigen Jahren wird diese Frucht in den höchsten Tönen gepriesen, denn sie ist außerordentlich vitaminreich und deckt offenbar allein schon unseren täglichen Bedarf an Vitamin C, ist dabei aber sehr kalorienarm. Sie sollten natürlich reife, aber noch feste Kiwis, die auf Fingerdruck nicht nachgeben, verwenden.

Die Passionsfrucht (oder Grenadille) ist nicht einfach zu handhaben. Hier wird sie als Extrakt verwendet, damit ihr Aroma so gut wie möglich erhalten bleibt und die Creme nicht zu flüssig wird. Ausgehend von reifen, schrumpeligen Früchten muß zuerst das Fruchtfleisch entkernt werden, dann wird es unter Zugabe von Wasser reduziert und durch ein Sieb gestrichen. Der erhaltene Saft muß wieder reduziert werden. Das Fruchtpüree läßt sich gut im Gefrierschrank aufbewahren.

Für die Schlagsahne wird Sahne mit 35% Fettgehalt, die sehr kalt sein muß, mit einem Zwanzigstel ihres Gewichts an Zucker steif geschlagen. Sie sollten zunächst nur 80% der Sahne steif schlagen, die restlichen 20% brauchen Sie erst zum Schluß. Die Charlotte-Creme darf nicht zu stark erhitzt werden (höchstens auf 82 °C), bevor man die Gelatine unterzieht.

1. Den Genueser Biskuit und die Charlotte-Creme zubereiten. Für die Passionsfruchtcreme die Charlotte-Creme wieder erhitzen, Puderzucker und Passionsfruchtpüree zugeben. Alles gut mischen, zuletzt die Schlagsahne unterheben.

2. Einen Tortenring mit einem Streifen Folie auskleiden. Einen 1 cm dicken Biskuitboden hineinlegen, mit Passionsfruchtsirup tränken und den Ring zu zwei Dritteln mit Passionsfruchtcreme füllen. Einen zweiten Biskuitboden darauflegen, tränken und mit der restlichen Creme bestreichen. 4 Stunden kühl stellen.

Passionsfruchtcreme

3. Den Tortenring abnehmen und die Folie entfernen. Oberfläche und Rand der Torte mit Schlagsahne bestreichen. Die Oberfläche mit Kiwischeiben belegen, dabei einen 2 cm breiten Rand frei lassen; die Kiwischeiben mit Tortenguß überziehen.

4. Mandelblättchen mit dem Salamander (elektrisches Gerät zum Überbacken oder Bräunen von Speisen) rösten und den Tortenrand damit verzieren. Auf den Rand der Oberfläche eine Schlagsahnegirlande spritzen. Gut gekühlt servieren.

L’Ambassadeur

Vorbereitungszeit:	*30 Minuten*
Backzeit:	*20 Minuten*
Schwierigkeitsgrad:	★

Für 8 Personen

Einfacher Genueser Biskuit
(siehe Grundrezepte S. 801)

3		Eier
90	g	Feinkristallzucker
90	g	Mehl
30	g	Butter

Konditorcreme (siehe Grundrezepte S. 804):

600	ml	Milch
4		Eigelb
150	g	Feinkristallzucker
50	g	Mehl
1		Vanilleschote
1	Prise	Salz

Zum Verzieren:
Marzipanmasse

Eiweiß-Spritzglasur:

1	Eiweiß
etwas	Puderzucker, Saft von 1 Zitrone

Buttercreme (siehe Grundrezepte S. 800)

In Kirschwasser eingelegte Früchte:

150	g	kandierte Früchte, gewürfelt
50	ml	Kirschwasser

Kirschwasserpunsch
(siehe Grundrezepte S. 803):

100	ml	Wasser
100	g	Feinkristallzucker
100	ml	Kirschwasser

Diese Torte ist ein Klassiker der Backkunst und galt lange Zeit als Probe aufs Exempel für Konditoren, die unter Beweis stellen wollten, daß sie etwas von ihrem Handwerk verstehen. Vielleicht heißt sie deshalb auch »Ambassadeur«. Maurice und Jean-Jacques Bernachon haben jedenfalls die Grundsätze, nach denen sie hergestellt wird, sorgsam bewahrt und finden damit nach wie vor großen Anklang bei ihrer Kundschaft in Lyon.

Um ein derart hohes Niveau der Backkunst zu erreichen, muß man die Herstellung des Genueser Biskuits – aus Butter und Eiern allerbester Qualität – perfekt beherrschen. Aber auch die klassische Konditorcreme, die aus Vollmilch, sehr frischem Eigelb und besonders aromatischer Vanille in traditionellem Kupfergeschirr hergestellt wird, muß perfekt zubereitet werden.

Kirschwasser wird aus tiefschwarzen Kirschen destilliert, die einen klaren Schnaps ergeben; sehr bekannt ist das Kirschwasser aus der Gemeinde Fougerolles im Franche Comté. Das exquisite Aroma des Kirschdestillats verfeinert die Konditorcreme und verleiht dem »Botschafter« eine besondere Note, die bei zahlreichen echten Diplomaten in aller Welt sicherlich Anerkennung finden würde.

Das Marzipan muß, um sich harmonisch in diese Komposition einzufügen, sehr homogen sein. Man sollte es daher sorgfältig mit dem Handballen kneten, bis es die gewünschte Konsistenz erhält. Vor dem Ausrollen müssen die Arbeitsfläche und das Rollholz leicht mit Puderzucker bestäubt werden, damit das Marzipan nicht festklebt.

1. Den am Vortag gebackenen Genueser Biskuit waagerecht in drei gleich dicke Böden teilen. Die gewürfelten kandierten Früchte in Kirschwasser einlegen. Einen Biskuitboden auf einen Tortendeckel legen und mit einem Drittel des Kirschwasserpunsches tränken.

2. Eine 1 cm dicke Schicht Konditorcreme auf den Biskuitboden spritzen, in Kirschwasser eingelegte kandierte Früchte darauf verteilen. Den zweiten Biskuitboden darauflegen, mit einem Drittel des Kirschwasserpunsches tränken, wieder Konditorcreme aufspritzen und kandierte Früchte darauf verteilen. Den dritten Biskuitboden daraufsetzen und mit dem restlichen Kirschwasserpunsch tränken.

3. Die Torte mit etwas Buttercreme bestreichen und 1 Stunde in den Kühlschrank stellen. Für die Eiweiß-Spritzglasur Eiweiß in eine Schale geben, mit einem Holzspatel nach und nach den gesiebten Puderzucker unterrühren, bis das Ganze eine cremige Konsistenz erhält. Zuletzt Zitronensaft zugeben. Mit einem feuchten Tuch zudecken.

4. Marzipanmasse mit dem Rollholz ca. 2 mm dick ausrollen und die Torte damit beziehen. Den überstehenden Rand abschneiden und zum Abschluß die Torte mit Eiweiß-Spritzglasur verzieren, in die Mitte eine Marzipanrose setzen.

Schokoladen-

Vorbereitungszeit:	*1 Stunde 15 Minuten*
Backzeit:	*15 Minuten*
Schwierigkeitsgrad:	★

Für 8 Personen

Einfacher Genueser Biskuit:
(siehe Grundrezepte S. 801)

3		Eier
90	g	Feinkristallzucker
90	g	Mehl
30	g	Butter

Einfache Ganache-Creme:
(siehe Grundrezepte S. 801)

300	g	Koch- oder Zartbitterschokolade
250	ml	Crème fraîche

Konditorcreme:
(siehe Grundrezepte S. 804)

600	ml	Milch
4		Eigelb
150	g	Feinkristallzucker
50	g	Mehl
1		Vanilleschote
1	Prise	Salz

Rumpunsch:

100	ml	Rum
100	ml	Wasser
100	g	Feinkristallzucker

Zum Verzieren:
Schokoladenröllchen, -späne, -fäden

In Frankreich kann man sich das traditionelle Weihnachtsessen nicht ohne dieses köstliche Dessert vorstellen. Ob mit Maronen, Baiser, Schokolade, Glasur, Grand Marnier oder wie auch immer, der Schokoladen-Baumstamm ist einfach die Quintessenz von Weihnachten. Die Bernachons haben es sich zur Aufgabe gemacht, diese unerschütterliche Tradition fortzuführen.

Die Herstellung eines Schokoladen-Baumstamms ist ein komplizierter Vorgang, den man am besten auf die drei oder vier Tage vor Weihnachten erstreckt. Den Genueser Biskuit muß man sehr dünn auf ein Backblech streichen und dann sehr rasch backen, damit er geschmeidig wird.

Das Aufrollen geht noch leichter, wenn man den Biskuit mit Konditor- und Ganache-Creme bestrichen hat; daraus ergibt sich ein leichter Kondensationseffekt, und er wird weicher. In der Konditorei Bernachon verwendet man für die Ganache-Creme eine exklusive Mischung aus zwölf Kakaosorten; eine davon ist der höchst begehrte Chuao, der nach einer Stadt in den Bergen Venezuelas benannt ist. Der Alleinimporteur in Europa für diese außergewöhnliche Kakaosorte ist die französische Firma Touton.

Die Wirkung, die man mit einem – gut gekühlten – Schokoladen-Baumstamm erzielen kann, ist mit Sicherheit auf die Mischung feiner Aromen zurückzuführen: Genueser Biskuit, Ganache-Creme und alter Rum lassen dieses festliche Dessert zu einem unvergeßlichen Erlebnis werden. Dazu kann man Vanilleeis oder eine delikate Englische Creme reichen.

1. Genueser Biskuit und Ganache-Creme am Vortag herstellen. Eine klassische Konditorcreme bereiten. Für den Punsch Wasser mit Zukker aufkochen, abkühlen lassen, den Rum zugeben. Den Biskuit mit Rumpunsch tränken. Ein Drittel der Ganache-Creme im Wasserbad unter ständigem Rühren erhitzen, bis sie weich wird, mit der Konditorcreme mischen. Diese Mischung auf dem zuvor rechteckig zugeschnittenen Biskuit verstreichen.

2. Den mit Creme bestrichenen Biskuit aufrollen, fest mit Alufolie umwickeln und 1 Stunde in den Kühlschrank stellen.

Baumstamm

3. Die Enden der Biskuitrolle mit einem Messer, das zuvor in heißes Wasser getaucht wurde, schräg abschneiden und diese Stücke auf den Baumstamm legen. Sie sollen die Astlöcher darstellen.

4. Mit einem Spritzbeutel mit Sterntülle den Baumstamm rundherum mit der restlichen Ganache-Creme garnieren und nach Belieben mit Schokoladenspänen, -röllchen, -fäden oder -figuren verzieren.

Elysée-Torte

Vorbereitungszeit: *45 Minuten*
Backzeit: *25 Minuten*
Schwierigkeitsgrad: ★★★

Für 8 Personen

Genueser Biskuit:

6	Eier
170 g	Feinkristallzucker
200 g	Mehl, gesiebt
120 g	Markenbutter
etwas	Honig

Ganache-Creme:

375 g	Avellino-Schokolade, in Tafelform
100 g	Kochschokolade
250 ml	Crème fraîche mit hohem Fettgehalt

Zum Verzieren:

200 g	Zartbitterschokolade
120 ml	Cherry Brandy
10	Schattenmorellen, in Cherry Brandy eingelegt
einige	Veilchen
	Kakao

Diese Biskuittorte ist eine mit raffinierten Aromen verfeinerte Abwandlung der klassischen Kirschtorte »Montmorency«. Sie wurde anläßlich der feierlichen Verleihung des Kreuzes der Ehrenlegion an Paul Bocuse, einen alten Freund und Weggefährten von Maurice Bernachon, zu Ehren des damaligen französischen Staatspräsidenten Valéry Giscard d'Estaing kreiert und erhielt nacheinander die Namen »Valéry-Torte«, »Anne-Aymone-Torte« und schließlich speziell für dieses Buch den Namen »Elysée-Torte«. Die Ganache »Elysée« besteht aus Sahne, Schokolade und Nußnougat, der Biskuit wird wie bei der Kirschtorte Montmorency mit Cherry Brandy getränkt und mit rot-gelben Kirschen garniert.

Die Symbolik und das Besondere dieser Torte macht jedoch ihre Verzierung aus, ein zartes Gebilde aus Schokoladenspänen, die man auf einer Marmorplatte und mit Hilfe einer Handmühle herstellen muß.

Wegen der kunstvoll auf der Tortenoberfläche arrangierten Schokoladenspäne ist es natürlich besonders schwierig, die Torte in sehr viele oder sehr dünne Stücke zu schneiden. Den Rekord hält dabei übrigens die Firma Hermès mit einem Empfang in Lyon mit etwa 500 Personen, für den sie sogar eine spezielle Transportmaschine beschaffen ließ.

Maurice Bernachon versäumt es nie, wenn die Rede auf diese Torte kommt, die Äußerung eines seiner Kunden zu zitieren, die ihn damals sehr bewegte und die er als sein schönstes Kompliment betrachtet: »Diese Torte ißt man zweimal: Zum ersten Mal mit den Augen ...«

1. Für die Ganache-Creme die Crème fraîche in einer Kasserolle aufkochen, Schokolade in kleine Stücke brechen und unterheben. Vom Herd nehmen und mit dem Schneebesen glattrühren. Zudecken und mindestens 12 Stunden im Kühlschrank abkühlen lassen. Dann im Wasserbad unter ständigem Rühren erhitzen, bis sie weich wird; ein Viertel davon zum Bestreichen der Torte zurückbehalten. Die restliche Creme mit den gehackten Schattenmorellen mischen.

2. Für den Biskuit Eier mit Zucker und Honig im Wasserbad leicht erwärmen und verrühren. Vom Herd nehmen und mit dem Mixer weiterrühren, bis die Masse in langen Strähnen herunterläuft. Mehl und die zerlassene Butter unterziehen. In eine runde Form mit hohem Rand füllen und bei 200 °C 20 Minuten backen. Den Biskuit zweimal durchschneiden. Einen Boden auf einen Tortendeckel legen, mit Cherry Brandy tränken und mit Ganache-Creme bestreichen.

3. Den zweiten Biskuitboden darauflegen, tränken und mit Ganache-Creme bestreichen. Mit dem dritten Boden abdecken und dem restlichen Kirschlikör tränken, 1 Stunde in den Kühlschrank stellen. Oben und an den Seiten die zurückbehaltene Ganache-Creme verstreichen, mit einem Spatel glätten.

4. Bitterschokolade im Wasserbad bei 31 °C schmelzen, auf eine Marmorplatte streichen und auskühlen lassen. Röllchen formen, auf der Torte arrangieren und mit Kakao bestäuben. Die Elysée-Torte nach Belieben mit englischer Creme oder Pistazieneis servieren.

Erdbeertorte

Vorbereitungszeit: *45 Minuten*
Backzeit: *20 Minuten*
Schwierigkeitsgrad: ★

Für 8 Personen

Einfacher Genueser Biskuit:
(siehe Grundrezepte S. 801)

3		Eier
90	g	Feinkristallzucker
90	g	Mehl
30	g	Butter

Buttercreme (siehe Grundrezepte S. 800):

75	g	Butter
150	g	Feinkristallzucker
4		Eigelb

50	g	Mehl
1		Vanilleschote
600	ml	Vollmilch
2	Prisen	Salz

Kirschwasserpunsch:
(siehe Grundrezepte S. 803)

100	ml	Kirschwasser
100	ml	Wasser
100	g	Zucker

Zum Füllen:

1	kg	Erdbeeren

Zum Verzieren:

1	Block	Marzipanmasse
		Puderzucker

Erdbeertorte gibt es natürlich nur im Frühling und Frühsommer, wenn die Erdbeeren schön reif sind und ihr Aroma sich unter der Einwirkung der Sonnenstrahlen voll entfalten kann. Feinschmecker müssen den Zyklus der Jahreszeiten respektieren und die leiblichen Genüsse dem Rhythmus der Natur anpassen.

Für dieses Rezept sollte man kleine tiefrote Erdbeeren verwenden, weil sie aromatischer sind. Man kann sie aber auch durch Himbeeren oder Walderdbeeren ersetzen, wenn sie in ausreichender Menge zur Verfügung stehen. Große Beeren sind im allgemeinen hierfür nicht gut geeignet, denn man braucht vollreife, aber nicht überreife, und aromatische Früchte.

Erdbeeren sollte man nicht mit viel Wasser waschen, denn darunter leidet ihr Aroma. Lieber tupft man sie vorsichtig mit Küchenkrepp ab, vor allem wenn sie mit Erde beschmiert sind.

Der Genueser Biskuit wird geschmeidiger, wenn man ihn mit etwas Honig zubereitet; die Torte läßt sich dann länger aufbewahren, und man braucht weniger Zucker.

Wenn man sich für eine Himbeertorte entscheidet, muß man natürlich das Kirschwasser durch einen delikaten Himbeergeist ersetzen, dessen zartes Bouquet dem Biskuit eine ganz besondere Note verleiht.

1. Den Genueser Biskuit am Vortag backen, in der Mitte quer durchschneiden, so daß man zwei Böden erhält. Buttercreme zubereiten. Erdbeeren entstielen und abtupfen. Einen Biskuitboden auf einen Tortendeckel legen, mit der Mischung aus Kirschwasser und Sirup tränken, 1 cm dick mit Buttercreme bestreichen. Erdbeeren darauf verteilen, an den Rand gleich große Erdbeeren legen.

2. Die Erdbeeren mit Buttercreme bedecken und die Oberfläche anschließend glattstreichen.

3. Den zweiten Biskuitboden daraufsetzen, mit dem restlichen Kirschwasserpunsch tränken. 1 Stunde in den Kühlschrank stellen.

4. Marzipanmasse mit dem Rollholz 2 mm dick ausrollen, den Rand zickzackförmig einschneiden, über die Torte legen. Die Torte leicht mit Puderzucker bestäuben und mit einem Flämmeisen oder Salamander (ein Gerät zum Überbacken oder Bräunen) ein Muster einbrennen. Nach Belieben mit einer Marzipanrose oder Erdbeeren verzieren.

Grand-Marnier-

Vorbereitungszeit: *30 Minuten*
Backzeit: *20 Minuten*
Schwierigkeitsgrad: ★

Für 8 Personen

Einfacher Genueser Biskuit:
(siehe Grundrezepte S. 801)

3		Eier
90	g	Feinkristallzucker
90	g	Mehl
30	g	Butter

Konditorcreme:

600	ml	Milch
4		Eigelb
150	g	Feinkristallzucker
50	g	Mehl
1		Vanilleschote
1	Prise	Salz

250	g	**Buttercreme:** (siehe Grundrezepte S. 800)
250	g	**orangefarbene Marzipanmasse**

Zum Belegen der Konditorcreme:

100	g	kandierte Orangenschale, in Grand Marnier eingelegt

Grand-Marnier-Punsch (s. Grundrezepte S. 802):

100	ml	Grand Marnier
100	g	Feinkristallzucker, 100 ml Wasser

Eiweiß-Spritzglasur:

1	Eiweiß
etwas	Puderzucker
	Saft von 1 Zitrone

Seit nunmehr bald fünfzig Jahren stellt Maurice Bernachon den Grand Marnier Cordon rouge mit Schokolade oder Ganache-Creme her und würdigt auf diese Weise in seinen zahlreichen Kreationen das feine Aroma und die gleichbleibende Qualität dieses bekannten Likörs. Grand Marnier wird aus der Schale von Bitterorangen der Antillen hergestellt, die in erstklassigen, in alten Eichenfässern gereiften Kognak eingelegt wurden.

Die Grand-Marnier-Torte enthält kandierte Orangenschalen, die aus spanischen Navelorangen erster Güte hergestellt werden. Die (natürlich unbehandelten) Orangen werden geschält, die Schalen zuerst blanchiert, dann in großen Kupferkesseln eingemacht und mit Vanille aromatisiert. Aber diese Prozedur reicht bei weitem noch nicht aus: Sobald sich die Orangenschalen mit Zuckersirup vollgesogen haben, werden sie in Steinguttöpfen eingemacht und anschließend sechs Wochen, bevor sie verwendet werden, wieder in Grand Marnier eingelegt.

Die Marzipanmasse (die vorzugsweise aus der spanischen Mandelsorte Avola hergestellt wird) muß hier schon etwas aushalten; das setzt voraus, daß sie zuvor lange bearbeitet wurde. Die Mandeln werden am besten mit einer Handmühle gemahlen.

Die Eiweiß-Spritzglasur kann auch durch andere Verzierungen ersetzt werden, z.B. durch einen Belag aus Ganache-Creme und elegant angeordnete Pfirsichspalten. Deren Farbe und Glanz werden die Wirkung der Grand-Marnier-Torte noch um einiges verstärken.

1. Den Biskuit am Vortag zubereiten. Für die Konditorcreme 500 ml Milch mit der aufgeschlitzten Vanilleschote und Salz aufkochen. Eigelb mit Zucker in einer Schüssel schaumig rühren und Mehl unterziehen. 100 ml kalte Milch zugeben, damit sich keine Klümpchen bilden, dann die gekochte Milch einrühren. Das Ganze in eine Kasserolle geben, zum Kochen bringen und unter Rühren mit dem Schneebesen 3 Minuten kochen lassen. Abkühlen lassen und kühl stellen.

2. Den Biskuit waagerecht in drei gleich dicke Böden teilen. Einen Boden auf einen Tortendeckel legen, mit einem Drittel der Mischung aus Sirup und Grand Marnier tränken, eine 1–2 cm dicke Schicht Konditorcreme aufspritzen und eingelegte Orangenschalen darauf verteilen. Den zweiten Biskuitboden daraufsetzen, tränken, mit Konditorcreme und in Grand Marnier eingelegten kandierten Orangenschalen bedecken.

Torte

3. Den dritten Biskuitboden darauflegen, tränken und die Torte rundherum mit Buttercreme bestreichen. 1 Stunde in den Kühlschrank stellen. Marzipanmasse mit dem Rollholz 2 mm dünn ausrollen, die Torte damit beziehen, den überstehenden Rand abschneiden.

4. Für die Eiweiß-Spritzglasur Eiweiß in eine Schale geben und nach und nach mit einem Holzspatel den gesiebten Puderzucker unterrühren, bis das Ganze eine cremige Konsistenz aufweist. Zuletzt einen Spritzer Zitronensaft zufügen. Mit einem feuchten Tuch zudecken. Die Torte mit Eiweiß-Spritzglasur verzieren und mit einer kandierten Orange und Marzipanblättern garnieren.

Le Canotier

Vorbereitungszeit: *2 Stunden*
Backzeit: *25 Minuten*
Schwierigkeitsgrad: ★★★

Für 8 Personen

Buttercreme:

250	g	Butter
100	g	Feinkristallzucker
3		Eier
25	ml	Wasser
		abgeriebene Schale von 1 Zitrone

Genueser Biskuit (s. Grundrezepte S. 802)

Marzipanbelag:

250	g	Marzipanmasse
4		Eigelb
1		Ei

Sandteig (s. Grundrezepte S. 805)

Cigarettenteig:

3		Eiweiß (100 g)
100	g	Puderzucker
100	g	Mehl, gesiebt
100	g	Butter
etwas		Kakaopulver

Der »Canotier«, ein flacher, runder Strohhut, wurde im Frankreich der Belle Epoque zum Symbol schlechthin für sorglos entspannte Tage im Freien und war bei den Impressionisten sehr beliebt. Christian Cottard stellt die gleichnamige Torte hier in einer neuen Variante vor.

Für den Sandteig braucht man reichlich Butter; man darf ihn nicht zu kräftig kneten und sollte deshalb nicht klebendes Mehl verwenden. Außerdem darf die Backtemperatur nicht zu hoch sein; die Butter muß eine exzellente Qualität haben. Man kann dem Teig auch noch Mandeln zugeben; sie absorbieren überschüssiges Fett und geben dem Teig ein feineres Aroma; durch Zufügen von etwas Backpulver wird er lockerer.

Den Cigarettenteig kann man gut zum Auslegen verwenden. Da er beim Backen austrocknet, muß er weiterverarbeitet werden, solange er noch heiß ist. Aufgrund seiner Beschaffenheit eignet er sich übrigens auch sehr gut zum Verzieren und wird ausgesprochen häufig dazu verwendet.

Schließlich darf man auch Maurice Chevalier nicht vergessen, der den Canotier-Hut auf der ganzen Welt bekannt gemacht hat, und sollte eines seiner unvergeßlichen Chansons hören, wenn man den »Canotier« mit Eis oder gekühltem Obst zum sommerlichen Nachmittagskaffee auftischt, und sich auf diese Weise vom Charme einer vergangenen Epoche bezaubern lassen.

1. Für die Buttercreme Eier mit dem Schneebesen schaumig rühren, Zucker auf 121 °C erhitzen und langsam über die Eigelbmasse gießen; die Masse weiterrühren, bis sie völlig abgekühlt ist. Die schaumig gerührte Butter und dann die abgeriebene Zitronenschale unterziehen. Einen 1–2 Tage alten Genueser Biskuit zweimal durchschneiden, die einzelnen Böden tränken, mit Buttercreme bestreichen und dann aufeinandersetzen.

2. Die Torte rundherum mit der restlichen Buttercreme bestreichen. Kühl stellen. Für den Marzipanbelag Marzipanmasse mit Eigelb und zuletzt mit dem ganzen Ei glattrühren.

3. Sandteigboden herstellen. Mit einem Spritzbeutel mit flacher, gewellter Tülle ein Geflecht aus sich überkreuzenden Marzipanbändern auf die Torte spritzen. Über Nacht an einem kühlen Ort (aber nicht im Kühlschrank) trocknen lassen. Bei 220 °C backen. Nach dem Backen mit Läuterzucker bestreichen und auf den Sandteigboden setzen.

4. Cigarettenteig: Puderzucker zur schaumig gerührten Butter geben, mit dem Schneebesen weiterrühren, nach und nach Eiweiß zugeben, zuletzt das Mehl unterziehen. Die Masse auf ein mit Backpapier ausgelegtes Blech spritzen, mit einer Schablone Teigstreifen herstellen; in den Gefrierschrank stellen. Eine dünne Schicht Cigarettenteig auftragen, mit Kakao mischen, um das Muster zu erzeugen. Bei 220 °C backen. Nach dem Backen um die Torte legen.

Blätterteigtorte mit

Vorbereitungszeit: *2 Stunden*
Backzeit: *30 Minuten*
Schwierigkeitsgrad: ★★★

Für 8 Personen

Blätterteig (siehe Grundrezepte S. 799):

1	kg	Mehl
30	g	Salz
500	ml	Wasser
1	kg	Butter
		Feinkristallzucker

Konditorcreme (siehe Grundrezepte S. 804):

1	l	Milch
8		Eigelb
200	g	Zucker
200	ml	Schlagsahne
200	g	Puderzucker

Leichte Creme:

350	g	Konditorcreme
700	ml	Schlagsahne
6	Blatt	Gelatine
70	g	Puderzucker

Zum Verzieren:
Puderzucker

Dieser Mille-feuille besteht nicht, wie sein Name im Französischen besagt, aus exakt 1000 Schichten – ebensowenig wie der Tausendfüßler 1000 Füße hat. Diese Bezeichnung geht auf die Renaissance zurück; damals untersuchte man zum erstenmal die Zusammensetzung des Blätterteigs, den die Kreuzfahrer aus dem Orient mitgebracht hatten und der heute noch vielfach verwendet wird, z.B. für Croissants (seit dem 18. Jahrhundert und dem Rückzug der Türken nach ihrer Niederlage vor Wien), Blätterteigtaschen und Schweinsohren.

Im Fall des Mille-feuille muß man dem Blätterteig sechs Touren geben, erst vier normale Touren, wozu man in der Regel gut zwei Stunden braucht, und dann noch mal zwei Touren, bei denen man dem Teig reichlich Feinkristallzucker zugeben muß.

Laut Christian Cottard sollte man für den Blätterteig sehr frische Markenbutter verwenden, die in einen Mehl-Wasser-Teig eingeschlagen wird. Wenn man es sehr genau wissen will und einmal kurz nachrechnet, ergibt sich, daß sechsmal tourierter Blätterteig aus 729 Butterschichten und 730 Mehl-Wasser-Teig-Schichten besteht; da kommt natürlich der Buttergeschmack gut zur Geltung!

Das Ergebnis all dieser Mühen ist ein großer Blätterteig-Klassiker, der sehr häufig als Probe aufs Exempel für junge Konditoren dient, und eine der berühmtesten Kreationen dieses feinsinnigen Berufsstandes, bei dem sich eine Vorliebe für Aromen mit Geduld und Kreativität verbindet.

1. Klassischen Blätterteig herstellen, 2 mm dick ausrollen und 2 Stunden ruhen lassen. In 20 cm lange, 1 cm breite Bänder schneiden, daraus den Deckel flechten, 1 Stunde ruhen lassen. 20 Minuten bei starker Hitze backen, nach halber Backzeit umdrehen und zum Karamelisieren mit Puderzucker bestäuben. Der Blätterteig muß gut durchgebacken und glänzend karamelisiert werden. Zwei Blätterteigböden jeweils mit dem Durchmesser des verwendeten Tortenrings herstellen.

2. Für die »Schweinsohren« normalen Blätterteig mit vier Touren herstellen, bei den beiden letzten Touren reichlich Feinkristallzucker zugeben. Die Blätterteigmasse 1–2 cm dick ausrollen, in 5 cm breite Bänder schneiden. Im Kühlschrank fest werden, aber nicht ruhen lassen. Die Bänder in 1 cm breite Stäbchen schneiden, nebeneinander auf ein Blech legen und backen. Einen Tortenring mit den noch heißen »Schweinsohren« auslegen.

geflochtenem Deckel

3. Für die leichte Creme eine normale Konditorcreme bereiten. Abkühlen lassen. Sahne mit 70 g Zucker steif schlagen; Gelatine in kaltem Wasser einweichen. Etwas Konditorcreme erhitzen und die Gelatine unterziehen. Die restliche Konditorcreme zugeben, mit dem Schneebesen glattrühren, vorsichtig die Schlagsahne unterheben.

4. Mille-Feuille zusammensetzen und garnieren: Abwechselnd die Blätterteigböden aufeinandersetzen und mit einem Spritzbeutel mit 10-mm-Lochtülle die Cremefüllung aufspritzen. Zum Schluß als Verzierung den geflochtenen Blätterteigdeckel darauflegen. Etwa 3 Stunden kühl stellen.

La Paillote

Vorbereitungszeit: *1 Stunde 30 Minuten*
Backzeit: *20 Minuten*
Schwierigkeitsgrad: ☆☆

Für 8 Personen

Italienisches Baiser:
(siehe Grundrezepte S. 803)

2		Eiweiß (80 g)
125	g	Feinkristallzucker

Kokosmousse:

250	g	Kokosfruchtfleisch
4	Blatt	Gelatine
35	ml	Rum aus Zuckerrohrsaft
125	ml	Sahne

Succès-Biskuit mit Pekannüssen:

2		Eiweiß (80 g)
150	g	Feinkristallzucker
10	g	Speisestärke
50	g	Mandeln, sehr fein gemahlen
50	g	Pekannüsse, gehackt

Brauner Karamel:

30	g	Feinkristallzucker
30	g	Butter

Füllung:

2		Bananen, in Scheiben geschnitten

Zum Verzieren:
Zartbitterkuvertüre

Die Kokosnuß wird von Konditoren sehr geschätzt und u. a. für Kokosmakronen und diese Paillote mit Kokosmousse, die die Form einer Strohhütte hat, verwendet. Das im Handel erhältliche Fruchtfleisch ist von guter Qualität, aber man kann auch Kopra, das milchhaltige Kokosfruchtfleisch, zerkleinern.

Die flüssigen Zutaten müssen sehr langsam zu der Baisermasse gegeben werden, damit die Mousse locker, aber nicht flüssig wird. Die Schlagsahne wird zum Schluß untergehoben.

Sobald diese Arbeitsgänge abgeschlossen sind, können Sie sich ganz der Paillote widmen. Sie muß aus Zartbitterkuvertüre mit etwa 70 % Kakaogehalt bestehen, denn sie soll ein Gegengewicht zu dem süßen Aroma der Kokosmousse und des Succès-Biskuits darstellen, der die Unterlage für die Mousse bildet. Das »Schokoladendach« sieht zwar sehr kompliziert aus, aber Sie werden den Dreh sicherlich bald heraushaben und können sich dann zu Ihren architektonischen Fähigkeiten beglückwünschen.

Noch eine Anmerkung zu den aus Nordamerika stammenden Pekannüssen: Es handelt sich um eine leichtverdauliche Trokkenfrucht, die nicht ranzig wird, sich aber nur schwer aus der Schale lösen läßt. Gegebenenfalls kann man sie durch gewöhnliche Walnüsse ersetzen, die freilich weniger exotisch sind.

1. Kokosmousse: Italienisches Baiser herstellen, Sahne steif schlagen, das Kokosfruchtfleisch leicht erwärmen. Die Gelatineblätter in kaltem Wasser einweichen, in dem erhitzten Rum auflösen; mit dem Kokosfruchtfleisch unter die Baisermasse ziehen, zuletzt die Schlagsahne unterheben.

2. Für den Succès-Biskuit Eiweiß aufschlagen und mit einem Teil des Zuckers zu steifem Schnee schlagen, Speisestärke zugeben. Den restlichen Zucker mit den gemahlenen Mandeln und den gehackten Pekannüssen mischen und unter den Eischnee heben. Die Masse mit einem Spritzbeutel mit 12/14 mm-Lochtülle auf Backpapier spritzen, bei 220 °C backen. In einer Kasserolle Zucker mit Butter karamelisieren. Die Bananenscheiben darin anbraten, auf einen Teller geben.

coco-créole

3. Aus einer Plastikscheibe einen Chinesenhut formen und in einen Tortenring stellen, damit er stabiler ist. In den Hut einen gleich großen, niedrigen Ring stellen, damit die Paillote einen Sockel bekommt.

4. Den Hut mit Kokosmousse füllen, die Bananenscheiben darauf verteilen und mit dem Biskuitboden abdecken. 12 Stunden in den Gefrierschrank stellen. Den Plastikhut und den niedrigen Tortenring abnehmen und mit einer Spritztüte geschmolzene Schokolade in der Form eines Strohdachs aufspritzen.

Roussillon-

Vorbereitungszeit: *3 Stunden*
Backzeit: *20 Minuten*
Schwierigkeitsgrad: ★★

Für 8 Personen

Aprikosenmus:

200	g	Aprikosen
40	g	Zucker
1/2		Vanilleschote
etwas		Wasser

Italienisches Baiser (s. Grundrezepte S. 803)

Aprikosenmousse:

200	g	Aprikosenmus
10	ml	Amaretto
100	g	Italienisches Baiser
100	ml	Schlagsahne
2	Blatt	Gelatine

Dacquoise-Biskuit:

2		Eiweiß (80 g)
50	g	Zucker
10	g	Speisestärke
100	g	ungeschälte Mandeln, sehr fein gemahlen
100	g	Zucker

Bavaroise mit gerösteten Mandeln:

200	ml	Milch, 3 Eigelb
50	g	Zucker, 3 Blatt Gelatine
200	ml	Schlagsahne
30	g	geröstete Mandeln, sehr fein gemahlen

Klarer Tortenguß:
(s. Grundrezepte S. 803)

Für die Roussillon-Torte bevorzugt Christian Cottard voll ausgereifte Aprikosen aus dem Roussillon, die eine schöne samtigrötliche Farbe aufweisen, »eine Farbe, die nichts verzeiht«, wie der berühmte französische Schriftsteller Victor Hugo sagte. Der Name dieser Früchte geht übrigens auf das arabische »al-barqúq« bzw. seine katalanische Abwandlung »abercoc« zurück. Man sollte Aprikosen mit leichten Flecken, aber ohne Druckstellen aussuchen.

Daraus läßt sich ein sehr einfaches Mus bereiten, das nur aus Feinkristallzucker, Aprikosen und einer Vanilleschote besteht. Die Aprikosen müssen etwa zwanzig Minuten gedünstet werden, damit das Mus die richtige Konsistenz und ein säuerliches Aroma erhält. Man würde Christian Cottard kränken, wenn man hierfür ein Fertigprodukt verwenden würde.

Wenn die Torte gelingen soll, muß sie eine vollkommen glatte Oberfläche aufweisen. Man muß sie deshalb verkehrt herum zusammensetzen und dabei berücksichtigen, daß sie sich im Kühlschrank etwas zusammenzieht. Das gilt übrigens ganz allgemein für Bavaroise-Zubereitungen und Parfaits.

Christian Cottard rät dazu, den Aufguß mit gerösteten Mandeln bereits am Vortag herzustellen. Man muß dafür Mandeln verwenden, die sehr fetthaltig und aromatisch sind und ihren vollen Geschmack im Mund entfalten. Und natürlich darf ein Schuß Amaretto (aus Mandeln und Aprikosen hergestellter italienischer Likör) nicht fehlen, der die harmonische Verbindung von Mandeln und Aprikosen noch unterstreicht. Und ein letzter Tip: Die verschiedenen Massen sollte man rasch in die Form füllen und die fertige Torte so schnell wie möglich kühl stellen.

1. Vollreife Aprikosen aussuchen, entkernen und mit Zucker, Vanille und etwas Wasser in eine Kasserolle geben und 20 Minuten dünsten. Abkühlen lassen. Für den Dacquoise-Biskuit Eiweiß mit 50 g Zucker zu steifem Schnee schlagen. Gemahlene Mandeln, Speisestärke und 100 g Zucker mischen und vorsichtig unter den Eischnee ziehen. Die Biskuitmasse mit einem Spritzbeutel mit 12/14-mm-Lochtülle kreisförmig auf Backpapier spritzen und bei 220 °C backen.

2. Für die Aprikosenmousse Italienisches Baiser zubereiten, Sahne steif schlagen. Gelatineblätter in kaltem Wasser einweichen, in Amaretto auflösen und erhitzen. Baiser, Aprikosenmus, Amaretto und Schlagsahne vorsichtig mischen.

Torte

3. Die gemahlenen Mandeln im Backofen rösten, in die kochende Milch geben, abkühlen lassen. Mit einer Folie abdecken und ziehen lassen. Nicht durchseihen. Eigelb mit Zucker schaumig rühren, bis die Masse in glatten Strähnen vom Schneebesen herunterläuft, den Mandelaufguß zufügen; wie eine Englische Creme abziehen, die in kaltem Wasser eingeweichte Gelatine zugeben. Abkühlen lassen, Schlagsahne unterheben.

4. Torte verkehrt herum zusammensetzen. Einen Tortendeckel mit Folie bedecken, einen Tortenring (18 x 4 cm) daraufstellen. Aprikosenmousse einfüllen, einen Dacquoise-Boden daraufsetzen, die Bavaroise mit gerösteten Mandeln daraufgeben und mit einem zweiten Biskuitboden abdecken. Kalt stellen. Aus der Form stürzen, mit klarem Tortenguß überziehen und mit Mandelhälften verzieren.

Saint-Honoré-

Vorbereitungszeit: *2 Stunden 30 Minuten*
Backzeit: *30 Minuten*
Schwierigkeitsgrad: ★★★

Für 8 Personen

Brandteig:

250	ml	Milch
100	g	Butter
1	Msp.	Salz
1	Msp.	Zucker
150	g	Mehl
5		Eier (240 g)

Karamel zum Glasieren der Windbeutel:

200	g	Zucker
60	ml	Glukosesirup
70	ml	Wasser

Konditorcreme:
(siehe Grundrezepte S. 804)
Italienisches Baiser:
(siehe Grundrezepte S. 803)
Blätterteig:
(siehe Grundrezepte S. 799)

Die berühmte Saint-Honoré-Torte entstand im vorigen Jahrhundert in einer Konditorei im Pariser Stadtviertel Saint-Honoré, ebenso wie die nach ihrem Erfinder, dem Konditor Chiboust, benannte Chiboust-Creme, die man oft – was nicht gerade eine Hommage darstellt – in falschen Schreibweisen findet. Das Ganze ist bis heute noch eine ausgezeichnete Stilübung für alle Konditoren, da es aus zwei »Säulen« der Backkunst, Blätterteig und Brandteig, besteht.

In Anbetracht der Größe der Torte greift Christian Cottard gern auf Blätterteigreste zurück; sie dürfen weder zusammengerollt noch geformt sein, müssen aber auf jeden Fall Butter enthalten.

Ausnahmsweise kann man auch tiefgekühlten Blätterteig verwenden, sofern er keine Stabilisatoren enthält.

Die länglichen Windbeutel, mit denen die Torte garniert wird, sind eine elegante Variante des klassischen Brandteiggebäcks. Sie müssen beim Backen gut trocknen, also viel Wasserdampf abgeben.

Es soll Konditoren geben, die die Saint-Honoré-Torte der Einfachheit halber mit Schlagsahne füllen. Das verfälscht jedoch ihren Charakter, denn das Besondere an ihr ist ja gerade die Chiboust-Creme, die auch Saint-Honoré-Creme genannt wird.

1. Für die Chiboust-Creme Italienisches Baiser und Konditorcreme herstellen. Die in kaltem Wasser eingeweichte Gelatine unter die noch warme Konditorcreme ziehen. Konditorcreme und Baisermasse vorsichtig mischen, wenn beide noch warm sind. Aus dem Blätterteig einen runden Boden von 18 cm Durchmesser ausschneiden. Kühl stellen und 2 Stunden ruhen lassen. Rundherum einen Brandteigring aufspritzen, bei 220 °C 20 Minuten backen.

2. Für den Brandteig Milch, Salz, Zucker und Butterflöckchen mischen und zum Kochen bringen. Sobald die Butter geschmolzen ist, Mehl unterziehen und mit einem Holzspatel auf dem Herd weiterrühren, bis die Masse glatt ist. Den Teig 1–2 Minuten abbrennen. Vom Herd nehmen, nacheinander unter Rühren die Eier zugeben. Mit einem Spritzbeutel mit Lochtülle Nr. 6 Windbeutel auf ein Blech spritzen, bei 220 °C 20 Minuten backen. Karamel herstellen und damit glasieren.

Torte

3. Den Blätterteigboden auf einen Tortendeckel legen und mit einem Spritzbeutel mit einer Tülle mit dreieckiger Einkerbung die noch warme Chiboust-Creme aufspritzen. Mit dem Salamander oder im Backofen leicht abflämmen.

4. Die Windbeutel halbieren, die unteren Hälften mit dem restlichen Karamel auf den Brandteigring der Saint-Honoré-Torte kleben, mit einem Spritzbeutel mit gewellter Tülle mit Chiboust-Creme garnieren; die glasierten oberen Hälften daraufsetzen. Sofort servieren.

La Bavaroise de

Vorbereitungszeit: *1 Stunde 30 Minuten*
Backzeit: *30 Minuten*
Schwierigkeitsgrad: ☆☆

Für 8 Personen

Gestreifter Joconde-Biskuit:
(siehe Grundrezepte S. 802)

Mousse au chocolat:

5		Eigelb (90 g)
150	g	Läuterzucker
540	ml	Schlagsahne
330	g	Schmelzschokolade

Bavaroise au thé:

250	ml	Milch
8	g	Tee (Earl Grey)
50	g	Zucker
4		Eigelb (80 g)
250	ml	Schlagsahne
5	Blatt	Gelatine

Schokoladenbiskuit:

6		Eier (300 g)
180	g	Zucker
110	g	Mehl
35	g	Maizena
30	g	Kakaopulver

Klarer Tortenguß:
(siehe Grundrezepte S. 803)

In einem Lokal in Zeebrugge, in dem man ihm raffinierte Teesorten zu kosten gab, beschloß Lucas Devriese, den Tee einmal so richtig zur Geltung zu bringen. Diesem Getränk sagt man – ob zu Recht oder zu Unrecht – nach, es sei eines der ältesten der Welt. Der Teestrauch, der ursprünglich wohl in China heimisch war, wird je nach Höhenlage und Klima mit unterschiedlichem Erfolg kultiviert, aber viele Staaten betreiben mit Tee einen regen Handel. Mit den Einwohnern der englischen Kolonien gelangte Tee um das 17. Jahrhundert nach Europa, wo sich viele Sorten auch heute noch größter Beliebtheit erfreuen.

Dazu zählt natürlich der »Earl Grey« mit seinem Bergamotte-Aroma. Man schreibt ihn der Findigkeit des vierten Grafen Grey (1812–1898) zu, der Gouverneur von Australien und später von Neuseeland war.

Die Zubereitung der Bavaroise sollte auf jeden Fall einigermaßen zügig erfolgen. Denn Tee bleibt kaum länger als 24 Stunden frisch, besonders wenn man ihn in H-Milch ziehen läßt (die beste Art, sein volles Aroma zu erhalten). Man kann den Tee also frühestens am Vortag zubereiten, kurz bevor man mit der Herstellung der Mousse beginnt.

Für Schokoladenbiskuit eignet sich ungesüßter Kakao besser als gesüßter Kakao. Und noch ein Hinweis zum Schluß: Den »Bavarois« (ein Gelatinedessert, das man in eine Form füllt und erkalten läßt) darf man nicht mit der »Bavaroise« verwechseln, die grundsätzlich nichts anderes als ein heißes Getränk ist, ein gezuckerter Teeaufguß, der zusätzlich mit Kaffee oder Schokolade verfeinert wird.

1. Für den Schokoladenbiskuit Eier mit Zucker verquirlen, bis die Masse in glatten Strähnen von den Quirlen herunterläuft. Mehl mit Maizena und Kakaopulver sieben und mit einem Holzspatel vorsichtig unterziehen. Die Biskuitmasse mit dem Spritzbeutel auf ein mit Backpapier ausgelegtes Blech spritzen und bei 180 °C 25 Minuten backen.

2. Für die Mousse au chocolat den lauwarmen Läuterzucker unter Schlagen mit dem Schneebesen auf das Eigelb gießen. Die Masse im Wasserbad auf 90 °C erhitzen. Wenn sie anfängt, dicklich zu werden, in die Küchenmaschine geben und auf Stufe 3 mit dem Rührbesen weiterschlagen, bis sie völlig ausgekühlt ist. Geschmolzene Schokolade unterrühren und zuletzt Schlagsahne unterheben.

Thé et Chocolat

3. Für die Bavaroise au thé Milch mit Tee aufkochen und zugedeckt ziehen lassen, durch ein Sieb abgießen. Eigelb mit Zucker gut verrühren, Milch zugeben. Masse wieder in den Topf geben und auf 85 °C abziehen. Etwas abkühlen lassen, die in kaltem Wasser eingeweichte Gelatine zugeben und zuletzt Schlagsahne unterheben.

4. Torte zusammensetzen: Einen Schokoladenbiskuitboden in die Form legen, die Form bis auf halbe Höhe mit Mousse au chocolat füllen. Einen zweiten Biskuitboden daraufsetzen, Bavaroise au thé aufspritzen. 3 Stunden kühl stellen. Die Oberfläche mit Kakao verzieren und mit klarem Tortenguß überziehen.

Blätterteigtorte mit Chiboust-

Vorbereitungszeit: *2 Stunden*
Backzeit: *30 Minuten*
Schwierigkeitsgrad: ★★★

Für 8 Personen

Blätterteig (s. Grundrezepte S. 799),
Italienisches Baiser (s. Grundrezepte S. 803),
Konditorcreme (s. Grundrezepte S. 804)

Chiboust-Creme:

375	ml	Milch
6		Eigelb
75	g	Zucker
40	g	Sahnepulver
1		Vanilleschote
5	Blatt	Gelatine

Englische Creme:

250	ml	Milch
6		Eier
500	ml	Crème fraîche
190	g	Butter
30	ml	Calvados

Karamelisierte Äpfel:

8		Äpfel (Jonagold)
200	g	Sultaninen, in Calvados eingelegt
500	g	Zucker
250	g	Butter

Für die Füllung und zum Verzieren:
Walnußkerne, Feinkristallzucker

Die Apfelsorte Jonagold ist das Ergebnis einer Kreuzung aus den Sorten Jonathan und Golden Delicious und wird bei uns besonders häufig im Handel angeboten. Der Jonagold-Apfel hat eine schöne gelbe, stellenweise elegant orangerot getönte Farbe und zeichnet sich durch einen knackigen Biß, einen angenehm säuerlichen Geschmack und ein Aroma aus, das auch bei der Verarbeitung erhalten bleibt. Er ist für dieses Dessert am besten geeignet, weil die einzelnen Spalten beim Karamelisieren zart und fast durchscheinend werden, ohne zu Mus zu zerfallen.

In Belgien wird der Jonagold als Nationalprodukt betrachtet und sehr geschätzt. Kein Wunder also, daß Lucas Devriese ihn empfiehlt. Für die Chiboust-Creme, die den Namen des berühmten Erfinders der Saint-Honoré-Torte verewigt, wird Sahnepulver, eventuell auch Milchpulver oder Maizena – beides muß man dann aber gut sieben – verwendet. Man erhält so eine homogene Creme, die sich gut verarbeiten läßt.

Lucas Devriese empfiehlt, den Boden aus fünffach touriertem Blätterteig herzustellen, der nach jeder Tour anderthalb Stunden im Kühlschrank ruhen muß. Dieser Aufwand ist auf jeden Fall die Mühe wert, denn so wird der fertig gebackene Teig schön leicht und kann gleichzeitig die anderen Bestandteile des Desserts gut aufnehmen.

1. Blätterteig, Italienisches Baiser und Konditorcreme herstellen. Die eingeweichte Gelatine unter die Baisermasse ziehen und diese unter die Konditorcreme heben. Für die Englische Calvados-Creme Milch mit Crème fraîche aufkochen, Eier mit Butter gut verrühren. Milch auf die Ei-Buttermasse gießen, alles in den Topf zurückgeben und erhitzen, bis die Creme eindickt. Calvados zugeben.

2. Äpfel schälen und in Spalten schneiden. Zucker trocken karamelisieren, bis er hellbraun ist, dann Butter zugeben. Apfelspalten in den Karamel legen und bei schwacher Hitze 30 Minuten dünsten, abtropfen lassen. Eine 2 cm hohe Springform mit Blätterteig auslegen, getrocknete Linsen darauflegen, damit der Teig nicht austrocknet, und vorbacken. Abkühlen lassen.

Vanillecreme und Äpfeln

3. Einen 4 cm breiten Streifen Folie um den Blätterteigboden legen. Die Englische Creme einfüllen, anschließend mit den karamelisierten Äpfeln, den in Calvados eingelegten Sultaninen und ein paar Walnußkernen belegen.

4. Zum Schluß eine Schicht Chiboust-Creme daraufgeben. Die Oberfläche mit Feinkristallzucker bestäuben und mit dem Flämmeisen karamelisieren. Mit drei Walnußkernen garnieren.

Weißwein

Vorbereitungszeit: *1 Stunde*
Backzeit: *30 Minuten*
Schwierigkeitsgrad: ⁂

Für 8 Personen

Duchesse-Biskuit (siehe Grundrezepte S. 801)

Englische Weißweincreme:

375	ml	Weißwein
200	g	Zucker
14		Eigelb (275 g)
200	g	Zucker
		Saft von 1 Zitrone

Weißweinmousse:

420	g	Englische Weißweincreme
820	ml	Schlagsahne
9	Blatt	Gelatine

Sirup zum Tränken:

420	g	Englische Weißweincreme
75	ml	Sirup

Zum Verzieren:
frische Früchte nach Jahreszeit:
Heidelbeeren, Johannisbeeren, Brombeeren, Himbeeren, Erdbeeren, Äpfel, Karambolen, grüne Zitronen

Klarer Tortenguß:
(siehe Grundrezepte S. 803)

Heutzutage gibt es immer weniger echte Herzoginnen, statt dessen werden zahlreiche leblose Gegenstände mit diesem Adelstitel geschmückt. Als »Duchesse« bezeichnet man in Belgien eine Art Liegebett oder aber eine Birnensorte (»Duchesse d'Angoulême«), und in Frankreich trägt eine Stoffart diesen Namen. Auch einige berühmte Gerichte wie die »Pommes duchesses« (Kartoffelhäufchen) oder der Duchesse-Biskuit, mit dem wir uns hier befassen, zeugen von diesem Phänomen.

Zubereitung und Backen dürften keine Schwierigkeiten bereiten, wenn man die Backanleitung genau befolgt. Dagegen hängt das Ergebnis von der Qualität des Weißweins ab, mit dem man die Englische Creme parfümiert. Diese wiederum ist auch ein Bestandteil des Sirups, mit dem der Biskuit getränkt wird.

Die Mousse, die Lucas Devriese als Belag für den Biskuit vorsieht, besteht hauptsächlich aus Englischer Creme. Sie können dafür einen der schönen goldgelben Weine wählen, die ausschließlich aus hellen Trauben gewonnen werden. Lucas Devriese, ein großer Liebhaber der Weine aus der Champagne, bevorzugt für die Creme den Chardonnay, dessen Bouquet ihm besonders gut dazu zu passen scheint. Vor allem muß man aber die Englische Creme rasch zubereiten und ebenso schnell aufgießen.

Seiner Experimentierfreude sollte man dabei nicht unbedingt freien Lauf lassen. Kommen Sie zum Beispiel ja nicht auf die Idee, die Englische Creme mit Zimt zu parfümieren. Lucas Devriese, der es selbst ausprobiert (und bitter bereut) hat, kann Ihnen nur davon abraten.

1. Für die Englische Weißweincreme etwas Wein, Zitronensaft und 200 g Zucker in einer Kasserolle aufkochen. Das Eigelb mit den restlichen 200 g Zucker in einer Schüssel schaumig rühren. Den restlichen Weißwein zufügen, das Ganze wieder in die Kasserolle geben und auf 85 °C abziehen. Abkühlen lassen. Für die Weißweinmousse 420 g Englische Weißweincreme mit aufgelöster Gelatine und Schlagsahne mischen.

2. Duchesse-Biskuitmasse bereiten, mit dem Spritzbeutel auf ein Backblech spritzen und im Ofen backen. Für den Sirup zum Tränken Englische Weißweincreme mit Zuckersirup mischen. Einen Biskuitboden in einen Tortenring legen und mit dem Sirup tränken.

duchesse

3. Weißweinmousse aufspritzen. Himbeeren darauf verteilen, einen zweiten Biskuitboden daraufsetzen. Den Tortenring mit Mousse auffüllen. 2 Stunden kühl stellen.

4. Die Torte aus dem Tortenring lösen, den Rand mit der restlichen Mousse bestreichen. Mit klarem Tortenguß überziehen und mit frischem Obst der Saison garnieren.

Schwarzwälder

Vorbereitungszeit: *45 Minuten*
Backzeit: *25 Minuten*
Schwierigkeitsgrad: ★

Für 8 Personen

Schokoladenbiskuit:
(siehe Grundrezepte S. 805)

7		Eier (360 g)
200	g	Zucker
130	g	Mehl
45	g	Maizena
30	g	Kakaopulver
200	g	Schattenmorellen

Schlagsahne:

750	ml	Sahne
120	g	Puderzucker

Schokoladenmousse:
(siehe Grundrezepte S. 805)

Schokoladenblätter:

250	g	Vollmilchkuvertüre

Dieser Klassiker der Konditorkunst erhielt seinen Namen vom Schwarzwald, denn die Obstgärten dieser Gegend sind vor allem für ihre Kirschen berühmt, aus denen ein sehr reines Obstwasser gebrannt wird. Die Schwarzwälder Kirschtorte läßt sich leicht zubereiten und bringt das exquisite Aroma der Schattenmorellen zur Geltung.

Die unterschiedlichen Kirschsorten kann man übrigens in drei Gruppen einteilen: Süßkirschen (rotgelbe Kirschen, Herzkirschen – daraus wird Kirschwasser destilliert), säuerliche (Belle de Choisy) und sehr saure Sorten (Amarellen, Schattenmorellen). Bei den Kirschbäumen unterscheidet man entsprechend zwischen Süßkirschen- und Sauerkirschenbaum.

Die Schwarzwälder Kirschtorte ist eines der Lieblingsdesserts von Lucas Devriese, und er verwendet auf ihre Zubereitung besondere Sorgfalt. Die Schattenmorellen, die am besten zuvor in Kirschwasser eingelegt werden, passen besonders gut zu sehr bitterer Schokolade, deren intensiver Geschmack durch Schlagsahne angenehm ausgeglichen wird.

Es erfordert einiges Geschick und somit eine gewisse Erfahrung, aus Schokoladenspänen die Verzierung der Torte herzustellen. Man muß mit einer Hand die Schokolade erwärmen, damit sie weicher wird, und mit der anderen Hand den Spatel führen. Die Schokoladenblätter gelingen nur, wenn man dabei sehr rasch arbeitet.

1. Schokoladenbiskuit herstellen, mit dem Spritzbeutel auf ein Backblech spritzen und im Ofen backen. Den Biskuit zweimal durchschneiden, einen Boden in einen Tortenring legen und mit Schattenmorellen garnieren. Mousse au chocolat zubereiten.

2. Die Kirschen mit Schlagsahne bedecken, den zweiten Biskuitboden darauflegen, Mousse au chocolat auftragen. Wieder mit Schattenmorellen garnieren, den dritten Biskuitboden daraufsetzen und noch mal Schlagsahne aufspritzen. 2 Stunden in den Kühlschrank stellen.

Kirschtorte

3. Vollmilchkuvertüre im Wasserbad schmelzen und dünn auf eine warme Platte streichen. 30 Minuten in den Kühlschrank stellen und anschließend wieder auf Raumtemperatur bringen. Mit einem Spatel große Späne abziehen. Die Torte aus dem Tortenring lösen.

4. Die Torte vollständig mit originell geformten Schokoladenblättern bedecken. Mit Kakao und Puderzucker bestäuben.

Montblanc

Vorbereitungszeit: *1 Stunde*
Backzeit: *8 Minuten*
Schwierigkeitsgrad: ★★★

8 Stück

Duchesse-Biskuit:
(siehe Grundrezepte S. 801)

Quarkcreme:

5		Eigelb (100 g)
200	g	Zucker
600	g	Quark
640	ml	Schlagsahne
60	ml	Wasser
6	Blatt	Gelatine

Italienisches Baiser:

8		Eiweiß
500	g	Feinkristallzucker

Kischwassersirup zum Tränken:

100	g	Zucker
200	ml	Wasser
80	ml	Kirschwasser

Zum Verzieren:
2 Körbchen Himbeeren

Wenn Lucas Devriese in Belgien, das von Jacques Brel in einem Chanson als »le plat pays« (das flache Land) besungen wurde, beschlossen hat, diesem Dessert den Namen des höchsten Gipfels Europas zu geben, so wollte er damit nicht provozieren. Seine Ehefrau Hilde fand einfach beim ersten Kosten, daß »es an einen Berg erinnert«. Im übrigen ist dies eine so exquisite Kreation, daß ihr Raffinement und ihr Aroma jederzeit alles rechtfertigen können.

Die Zubereitung muß an einem einzigen Tag erfolgen, wobei man das Dessert unbedingt eine Weile in den Gefrierschrank stellen muß, sobald man eine Cremeschicht aufgetragen hat, was das Zusammensetzen um einiges verzögert. Man sollte dafür einen Quark mit nicht zu hohem Fettgehalt (20 bis höchstens 30 %) und von recht fester Konsistenz wählen, damit es später nicht zusammenfällt.

Die Creme wird lockerer, wenn man erst das Eigelb allein aufschlägt und dann den Puderzucker zugibt. Notfalls kann man den Quark auch durch Crème fraîche ersetzen, wobei darauf zu achten ist, daß der charakteristische Geschmack erhalten bleibt. Auf jeden Fall müssen die Zutaten Raumtemperatur haben, wenn man sie vermengt, damit das Dessert gelingt.

Die Creme läßt sich nicht länger als drei Tage aufbewahren und erfordert selbstverständlich Zutaten allerbester Qualität. Nach Belieben können Sie sie noch parfümieren, hierfür bietet sich zum Beispiel Himbeerpüree an.

1. Duchesse-Biskuitmasse bereiten und auf ein mit Backpapier ausgelegtes Blech streichen. Bei 250 °C 6 Minuten backen. Auf einem Kuchengitter auskühlen lassen. Für ein Backblech von 40 x 60 cm benötigt man 600 g Teigmasse. Für die Baisermasse Eiweiß mit Zucker in einer Rührschüssel über einer Wärmequelle aufschlagen, bis es eine feste Konsistenz gewinnt, dann in der Küchenmaschine weiterschlagen, bis die Masse vollständig abgekühlt ist.

2. Für die Quarkcreme Zucker mit Wasser erhitzen, langsam über das schaumig gerührte Eigelb gießen, dabei auf höchster Stufe weiterschlagen. Etwas abkühlen lassen und die aufgelöste Gelatine zugeben. Wenn die Masse völlig erkaltet ist, rasch Quark und Schlagsahne unterheben. Für den Kirschwassersirup zum Tränken Wasser mit Zukker aufkochen, etwas abkühlen lassen, Kirschwasser zugeben.

3. Dessert zusammensetzen: Den Duchesse-Biskuit einmal quer durchschneiden. Einen Boden auf einen Tortendeckel legen, mit Kirschwassersirup tränken und Quarkcreme bestreichen. Den zweiten, mit Sirup getränkten Biskuitboden daraufsetzen. 1 Stunde in den Gefrierschrank stellen. Wenn das Dessert erkaltet ist, mit einer Ausstechform (6 cm Durchmesser) Törtchen ausstechen.

4. Jedes Törtchen auf einen etwas größeren Deckel stellen, um das Auftragen der Baisermasse zu erleichtern. Die Törtchen im Backofen goldbraun überbacken, auf einen Teller stellen und in der Mitte mit Himbeeren garnieren.

La Feuillantine

Zubereitungszeit:	*1 Stunde*
Backzeit:	*1 Stunde 30 Minuten*
Schwierigkeitsgrad:	★★

Für 8 Personen

Für 2 Torten von 16 cm Durchmesser

Japanischer Biskuit:

100 g	Zucker
8	Eiweiß (225 g)
300 g	Zucker
100 ml	Wasser
130 g	Haselnüsse, sehr fein gemahlen

Schokoladenplatten:

400 g	Zartbitterkuvertüre

Honigmasse:

150 ml	Crème fraîche
75 g	weiße Kuvertüre
60 g	Honig
1 Blatt	Gelatine
	Vanillezucker
350 ml	Schlagsahne

Zum Verzieren:

1	Honigpraline
etwas	Puderzucker

Wer die Werke von Victor Hugo kennt, fragt sich sicher, warum die »Florentine«, eine im 17. Jahrhundert beliebte Blätterteigtorte, heute »Feuillantine« heißt. Vielleicht kam es deshalb zu dieser Namensänderung, weil die Sünde der Völlerei dabei eine Rolle spielte, denn das Kloster der Feuillantines im Fauburg Saint-Victor diente über eine lange Zeit als Zuchthaus für Damen des leichten Gewerbes.

Dieses Dessert enthielt zunächst nur Zartbitterschokolade. Ein junger Konditor namens Laurent Buet ergänzte sie durch eine Honigmasse, für die Qualitätshonig, wie er im Schweizer Jura zu finden ist, vorzugsweise Tannenhonig, verwendet wird. Es ist übrigens besser, die Honigmasse am Vortag zu bereiten; so behält sie ihre einheitliche Konsistenz.

Philippe Guignard empfiehlt außerdem, den Vanillezucker aus feinstem Raffinadezucker und erstklassigen, in Trockenkammern gereiften Vanilleschoten selbst herzustellen.

Die Crème fraîche darf nicht zu kurz oder zu lang geschlagen werden, damit sie weder zu sehr nach Milch schmeckt noch zu fest wird und ihr Aroma verliert. Die Haselnüsse geben dem japanischen Biskuitboden eine festere Konsistenz und absorbieren einen Teil des Zuckers und sind deshalb Mandeln vorzuziehen. Dieser Boden ist eigentlich ein Baiserboden, der dem französischen Succès-Biskuit ähnelt. Philippe Guignard formt ihn normalerweise mit dem Spritzbeutel, weil er so beim Backen lockerer wird.

1. Für den japanischen Biskuit Eiweiß mit 100 g Zucker steif schlagen. 300 g Zucker mit Wasser auf 121 °C erhitzen, langsam über den Eischnee gießen, 50 g gemahlene Haselnüsse unterheben. Die Masse auf ein mit Backpapier ausgelegtes Blech spritzen, mit 80 g gemahlenen Haselnüssen bestreuen und bei 160 °C 60–90 Minuten backen.

2. Für die Schokoladenplatten Zartbitterkuvertüre schmelzen, auf ein mit beschichtetem Papier ausgelegtes Blech streichen und dann erkalten lassen (mindestens 1 Stunde). Bevor die Masse ganz fest wird, 2 Platten von der Größe des Desserts ausschneiden. Die Platten jeweils in 8 Dreiecke teilen.

au miel

3. Am Vortag Honigmasse zubereiten: Weiße Kuvertüre im Wasserbad schmelzen. 150 ml Crème fraîche erhitzen, mit der Kuvertüre mischen. Honig, die in kaltem Wasser eingeweichte Gelatine und Vanillezucker zugeben. Am nächsten Tag 350 ml Sahne steif schlagen und unter die Honigmasse heben.

4. Etwas Zartbitterkuvertüre schmelzen, den Biskuitboden damit bestreichen, die Honigmasse aufspritzen. Eine der in Dreiecke geteilten Schokoladenplatten daraufsetzen, erneut Honigmasse aufspritzen, mit einer weiteren Schokoladenplatte abdecken. Mit Puderzucker bestäuben und mit der Honigpraline verzieren.

Pithiviers-

Zubereitungszeit: *1 Stunde*
Backzeit: *35–40 Minuten*
Schwierigkeitsgrad: ★★

Für 8 Personen

Konditorcreme (s. Grundrezepte S. 804),
Blätterteig (s. Grundrezepte S. 799)

1	Ananas
1 EL	Rum
etwas	Zucker
etwas	Zimt
30 g	Butter
350 g	Butter-Blätterteig

Mandelcreme:

125 g	Butter
100 g	Puderzucker
3	kleine Eier
40 g	Speisestärke
125 g	geschälte Mandeln, gemahlen
25 ml	Rum
350 g	Konditorcreme

Zum Bestreichen:

2	Eigelb
1 Prise	Salz
etwas	Zucker

Auch wenn es überrascht, in der Schweiz die Spezialität zu finden, die die französische Stadt Pithiviers berühmt gemacht hat, so können sich die Freunde von Dreikönigskuchen nur darüber freuen. Diese Torte, die aus Mandelcreme und Blätterteig besteht und durch das frische Ananasaroma noch verfeinert wird, schmeckt das ganze Jahr über köstlich und ist nicht besonders schwierig herzustellen.

Die Wahl der Mandelsorte spielt dabei eine wichtige Rolle. Am besten geeignet sind geschälte Mandeln mittlerer Größe wie die spanische Marcona oder die kalifornische Thomson. Die Zutaten für die Mandelcreme müssen sehr sorgfältig vermischt werden, dürfen aber weder geschlagen noch schaumig gerührt werden. Ihr Aroma wird durch den für die Pithiviers-Torte unentbehrlichen braunen Jamaika-Rum abgerundet.

Zu Beginn sollten Sie einen Blätterteig herstellen, der leicht und locker ist und nur reine Butter (mit 82 % Fettgehalt) enthält. Die Schweizer haben viel Erfahrung mit Blätterteig, den sie z.B. für die Waadtler Cremehörnchen verwenden. Sie wissen, daß er nur bei strikter Einhaltung der Temperaturen und mit frischen Zutaten gelingt. Mit der Zubereitung sollte man am besten drei Tage vorher beginnen, dabei dem Teig jeden Tag zwei Touren geben und ihn danach jeweils 24 Stunden ruhen lassen.

Eine Pithiviers-Torte muß langsam gebacken werden, denn sie soll gut durchgebacken sein und einen zarten Schmelz aufweisen. Die Oberfläche wird leicht karamelisiert, was nicht nur ihren Anblick verschönt, sondern auch das Aroma des Blätterteigs noch unterstreicht.

1. Blätterteig und 350 g Konditorcreme herstellen. Für die Mandelcreme die Butter mit den gemahlenen Mandeln, Puderzucker und Speisestärke mischen, nach und nach die Eier zufügen und glattrühren. Den Rum und zuletzt die Konditorcreme zugeben.

2. Die Eigelb zum Bestreichen mit Salz und Zucker verquirlen. Eine frische halbe Ananas schälen, in kleine Würfel schneiden und diese in Butter anbraten. Nach 1 Minute leicht mit Zucker und Zimt bestäuben, nach weiteren 2 Minuten 1 EL Rum zugeben, reduzieren und dann abkühlen lassen.

Torte

3. Den Blätterteig ausrollen und zwei runde Böden ausstechen, wobei ein Boden etwas größer sein sollte. Den kleineren Boden auf eine Tortenplatte legen. Einen 1 cm breiten Rand mit dem verquirlten Eigelb bestreichen, in der Mitte Mandelcreme auftragen. Die Ananaswürfel darauf verteilen. Mit dem anderen Boden abdecken.

4. Die Oberfläche mit Eigelb bestreichen und mit einem Messer rosettenförmig einritzen. Den Rand einschneiden und dabei Teig nach innen schieben, damit sich Halbmonde bilden. 20 Minuten ruhen lassen, dann bei 220 °C 35–40 Minuten backen. Die Torte 5 Minuten vor Ende der Backzeit mit Puderzucker bestäuben, zum Karamelisieren wieder in den Ofen schieben. Lauwarm servieren.

Waadter

Zubereitungszeit: *30 Minuten*
Backzeit: *20 Minuten*
Schwierigkeitsgrad: ★★★

Für 12 Personen

Für den Teig:
550 g Mehl
50 g Hefe
50 g Zucker
50 ml Milch
5 Eier
10 g Salz
abgeriebene Schale von 1 Zitrone
200 g Butter

Für die Füllung:
100 g Mehl
200 g Zucker
500 ml Sahne
1 Prise Salz
etwas Vanillemark

Zum Bestreichen:
Eigelb

Philippe Guignard erweist sich hier als würdiger Vertreter des Kantons Waadt, indem er eines der ältesten Rezepte dieser Region vorstellt: Ein Dessert, das süß ist, obwohl es zunächst nicht den Anschein hat. Diese Spezialität aus Hefeteig, die Guignard meisterhaft beherrscht, kann auf verschiedene Weise zubereitet werden, muß aber immer eine köstliche Sahne mit 33 % Fettgehalt enthalten. Auch Crème double kann je nach Geschmack sehr gut verwendet werden. In der Schweiz schmeckt sie übrigens intensiv nach Alm, woran man sich erst gewöhnen muß.

Die Sahne sollten Sie nicht zu lange und zu kräftig schlagen, damit sie beim Backen nicht zu Butter wird.

Die Zubereitung des Teigs verlangt etwas Sorgfalt. Er wird wie Briocheteig geknetet, also ziemlich lange, so daß er durch den im Mehl enthaltenen Kleber weich und elastisch wird. Wenn Sie Zeit haben, ihn am Vortag herzustellen und ihn über Nacht kühl zu stellen, erhält die Butter wieder ihre frühere Konsistenz, und der Teig wird fester und läßt sich leichter verarbeiten. Durch das zweifache Bestreichen der Ränder bekommt er Farbe und zusätzlich Geschmeidigkeit.

Beim Backen ergeben sich zwei gegensätzliche Effekte: das Schmelzen und Verflüssigen der Füllung und das Aufgehen des Teigs, das dieses Auslaufen begrenzt.

1. Für den Teig Hefe in der Milch auflösen. Mit den Knethaken des Mixers Mehl mit Zucker und der aufgelösten Hefe verkneten. Eier, Salz und geriebene Zitronenschale zugeben. 7–8 Minuten kneten, dann die kleingeschnittene Butter zugeben. Den Teig am besten am Vortag herstellen und im Kühlschrank ruhen lassen.

2. Eine Form mit Butter einfetten. Den Teig ausrollen und damit die Form auslegen. 1 Stunde an einem warmen Ort gehenlassen. Die Ränder zweimal mit Eigelb bestreichen, den Boden mit einer Gabel einstechen. Mit einem Teigrädchen den überschüssigen Teig abschneiden.

Cremefladen

3. Für die Füllung: Sahne steif schlagen. Zucker mit Mehl, der Prise Salz und etwas Vanillemark in einer Schüssel mischen.

4. Diese Mischung auf den Teig geben, Schlagsahne aufspritzen und mit Feinkristallzucker bestäuben. Bei 230 °C 15–20 Minuten backen. Vor dem Servieren abkühlen lassen.

Orangen-Mandel

Zubereitungszeit: *45 Minuten*
Backzeit: *45–50 Minuten*
Schwierigkeitsgrad: ★★

Für 8 Personen

Blätterteig (siehe Grundrezepte S. 799)
Vanillecreme (siehe Grundrezepte S. 805)

500	g	Blätterteig
6		Orangen

Mandelcreme:

125	g	Butter
100	g	Puderzucker
2		kleine Eier
125	g	Vanillecreme
15	g	Speisestärke
125	g	Mandeln, sehr fein gemahlen
1	Prise	Salz
15	ml	Grand Marnier (oder Rum)

Zum Bestreichen:
Orangen-Aprikosen-Gelee

Zum Verzieren:
halbkandierte Orangenschalen
etwas Grenadine-Sirup

Bei Früchten, die eine sehr dicke Schale haben, kann man nie vorsichtig genug sein. Weil Philippe Guignard dies nicht bedacht hatte, erlebte er mit einer Orangentorte eine große Enttäuschung, und so beschloß er, ein ihn zufriedenstellendes Dessert zu kreieren. Das Ergebnis ist diese köstliche Torte aus gut durchgebackenem Blätterteig, Mandelcreme und einem Belag aus dünngeschnittenen Orangenscheiben.

Das Backen des Blätterteigs verlangt natürlich besondere Aufmerksamkeit. Man muß den Teig in den heißen Ofen schieben und dann sehr schnell die Temperatur senken, damit er auch innen schön aufgehen kann. Bei unsachgemäßem Backen können zwar die Ränder goldgelb werden, jedoch leidet, wenn der Teig nicht richtig durchgebacken ist, der Geschmack der Torte.

Bei diesem Rezept spielt die Wahl der Orangen eine wichtige Rolle. Empfehlenswert sind Minneola-Orangen aus Israel, eine Sorte mittlerer Größe und mit eher dünner Haut. Ihre Schalen sollten mindestens eine Nacht in Grenadine-Sirup eingelegt werden, damit sie eine schöne purpurrote Farbe bekommen. Diese halbkandierten Orangenschalen sind zugleich weich und knusprig. Ihre dekorative Wirkung soll aber nicht vergessen lassen, wie fein ihr Geschmack ist.

Für die Mandelcreme eignen sich am besten Markona-Mandeln. Man sollte sie selbst mahlen und dabei einen Schuß Grand Marnier zugeben, was ihr Aroma noch intensiviert. Zu diesem Dessert kann man einen sehr fruchtigen Chardonnay oder einen guten Riesling servieren.

1. 500 g Blätterteig und 125 g Vanillecreme herstellen. Einen Tortenring mit Blätterteig auslegen, 1 Stunde im Kühlschrank ruhen lassen. Für die Mandelcreme die schaumig gerührte Butter mit gemahlenen Mandeln, Puderzucker, Speisestärke und Salz verrühren, nacheinander die Eier zugeben und die Masse mit dem Schneebesen schlagen, bis sie glatt und locker ist. Grand Marnier und zum Schluß die Vanillecreme zugeben.

2. Auf den Blätterteigboden eine dünne Schicht Mandelcreme aufspritzen. Die Orangenschalen in Längsstreifen schneiden und gleichmäßig ablösen. Die Streifen blanchieren, 7–8 Minuten in Grenadine-Sirup leicht kandieren und über Nacht darin liegen lassen.

creme-Torte

3. Den überschüssigen Teig auf Höhe der Mandelcreme mit einem gewellten Teigrädchen abschneiden. Die Orangen halbieren und in sehr dünne Scheiben schneiden.

4. Die Torte gleichmäßig mit Orangenscheiben belegen, leicht mit Feinkristallzucker bestreuen und bei 180 °C 45–50 Minuten backen. Mit dem mit Orangen aromatisierten Aprikosengelee überziehen. Die Tortenmitte abschließend mit in Grenadine-Sirup kandierten Orangenschalen verzieren.

Ananas-

Zubereitungszeit: *1 Stunde*
Backzeit: *8–10 Minuten*
Schwierigkeitsgrad: ★★★

Für 8 Personen

Biscuit roulade:

15		Eigelb (300 g)
65	g	Zucker
80	g	Mehl
		abgeriebene Schale von 1 Zitrone
6		Eiweiß (175 g)
65	g	Zucker
1	Prise	Salz

Ananasmousse:
Vanillecreme:

250	ml	Milch
1/2		Vanilleschote
50	g	Zucker
1		Eigelb
25	g	Sahnepulver, erhitzt
10	ml	Kirschwasser
10	ml	Rum
3	Blatt	Gelatine
500	g	Ananas, gewürfelt
400	ml	Schlagsahne

Zum Bestreichen:
100 g Aprikosenmarmelade

Zum Verzieren:
Pistazien, 1 Ananasspalte

Als »Tourte« bezeichnet man in der Schweiz ein Dessert, das aus einem Biskuitboden und einer aromatisierten Cremeauflage besteht. Philippe Guignard hat diese klassische Torte »Tourte royale« (Königstorte) genannt, und sie sollte seiner Meinung nach nicht in Vergessenheit geraten, weil sie so besonders gut ist. Mit diesem Rezept will er die Ananas zur Geltung bringen, insbesondere die Ananas von der Insel Réunion, die wegen ihrer Konsistenz und ihres Aromas geschätzt wird.

Dem schwedischen Botaniker Olaf Bromel verdanken wir die Entdeckung des Bromelins, eines Enzyms, das in der Ananas und den übrigen Ananasgewächsen (Bromeliazeen) enthalten ist und der reifen Frucht ihr unvergleichliches Aroma verleiht, darüber hinaus aber auch ihre verdauungsfördernden Eigenschaften hervorruft.

Die Tourte royale lebt von der raffinierten Kombination aus Ananas und Konditorcreme; die Creme ist sehr locker, weil sie Schlagsahne enthält, aber auch gehaltvoll und aromatisch. Beide Massen müssen vorsichtig gemischt werden. Die Creme kann außerdem mit zwei verschiedenen Spirituosen, nämlich Rum und Kirschwasser, parfümiert werden.

Die Herstellung des Biscuit roulade verlangt große Sorgfalt. Dieser beliebte Biskuit wird häufig als Tortenboden verwendet. Er ist geschmeidig und köstlich und dank der Marmelade, mit der er bestrichen wird, äußerst aromatisch und sollte bei sehr hoher Temperatur gebacken werden, damit er nicht austrocknet. Nach dem Backen muß er zuerst auskühlen und wird dann sofort aufgerollt. Die Marmelade muß sparsam aufgestrichen werden, damit sie nicht ausläuft.

1. Für den Biskuit zuerst Eigelb mit Zucker aufschlagen, bis die Masse lange Strähnen bildet, dann das gesiebte Mehl und die abgeriebene Zitronenschale unterziehen. Eiweiß mit Salz und Zucker schaumig schlagen. Beide Massen vorsichtig mischen. Die Biskuitmasse auf ein mit Backpapier ausgelegtes Blech streichen.

2. Den Biskuitboden bei 280 °C so backen, daß er dabei geschmeidig bleibt; nach dem Backen sorgfältig mit Zucker bestreuen. Wenn er ausgekühlt ist, mit Aprikosenmarmelade bestreichen. In einer Folie sehr eng aufrollen und 3 Stunden kühl stellen.

Königstorte

3. Für die Vanillecreme Milch mit Zucker und der aufgeschlitzten Vanilleschote erhitzen. Sahnepulver mit Eigelb verrühren, etwas heiße Milch zugeben. Alles wieder in den Milchtopf gießen, zum Kochen bringen und abkühlen lassen. Die in kaltem Wasser aufgelöste Gelatine, Kirschwasser, Rum und die frische, in Würfel geschnittene Ananas zugeben, dann vorsichtig die Schlagsahne unterheben.

4. Einen Tortenring auf Backpapier stellen. Boden und Rand mit dünnen Rouladenscheiben auslegen. Mit Ananasmousse füllen, mit Rouladenscheiben bedecken und im Kühlschrank fest werden lassen. Auf eine Servierplatte stürzen, mit Aprikosenmarmelade überziehen. Die Tortenmitte mit einer Schlagsahnerosette, einer Ananasspalte und halbierten Pistazien verzieren. Vor dem Servieren 1 Stunde kühl stellen.

Vanille-

Vorbereitungszeit: *1 Stunde*
Backzeit: *20 Minuten*
Schwierigkeitsgrad: ★

30 Stück

Brandteig:

125	g	Mehl
125	ml	Wasser
1	Prise	Salz
125	g	Butter
2	EL	Zucker
		Vanillezucker
2		Eier (100 g)
6		Eigelb (120 g)

Vanillecreme:

300	g	Konditorcreme
600	ml	Sahne

Konditorcreme:

250	ml	Sahne
2		Eigelb
40	g	Zucker
15	g	Maizena
15	g	Vanillezucker

Zum Bestäuben:
Puderzucker

In Europa gibt es eine große Vielfalt an Beignet-Spezialitäten, die in den jeweiligen Sprachen verschiedene Namen haben: In Frankreich heißen sie »Bugnes«, »Frivoles«, »Oreillettes« oder »Guenilles«, in Spanien »Churros«, in Italien »Cannoli« und in Griechenland »Loukoumade«. Für den Ausbackteig, aus dem sie bestehen, werden unterschiedliche Zutaten verwendet, und es gibt verschiedene Gebräuche und Anlässe für ihre Zubereitung: religiöse und allgemeine Feste im Jahresverlauf, Feste zu Ehren von Schutzheiligen usw.

Die Windbeutel werden aus Brandteig hergestellt, der auf dem Herd gerührt und dann abgekühlt wird, bevor die Eier zugegeben werden (daher sein Name, von »abbrennen«). Aber das ist eine regionale Besonderheit, und anderswo gibt es natürlich andere Zubereitungsarten.

Den Vanillezucker sollten Sie am besten selbst herstellen: Das ist auf Dauer ergiebiger, als Vanilleschoten zu verwenden. Dazu sollten Sie Zucker mit getrockneten Vanilleschoten in einem luftdicht verschlossenen Behälter aufbewahren und von Zeit zu Zeit neue Schoten zugeben, um das Aroma zu verstärken. Der auf diese Weise aromatisierte Zucker wird sowohl für den Brandteig als auch für die Vanillecreme verwendet.

Für den Windbeutelteig wird zuerst eine Art Sirup hergestellt, der den Teig geschmeidiger macht und bewirkt, daß sich beim Backen Dampf entwickelt, was für das Aufgehen des Teigs wichtig ist. Sie brauchen also einen gut schließenden Backofen, der sehr hohe Temperaturen erreicht; während der Backzeit dürfen Sie den Ofen auf keinen Fall öffnen.

1. Für den Brandteig Wasser mit Butter, Zucker, Vanillezucker und Salz in einem Topf zum Kochen bringen. Mehl zugeben und den Teig mit einem Holzspatel glattrühren (»abbrennen« lassen). Vom Herd nehmen, nacheinander die Eier zugeben und jeweils gut verrühren.

2. Für die Konditorcreme Sahne in einer Kasserolle erhitzen. Eigelb mit Zucker und Vanillezucker in einer Schüssel zu einer cremigen, weißen Masse aufschlagen. Maizena zugeben, langsam die gekochte Sahne darüber gießen. Alles wieder in die Kasserolle geben, zum Kochen bringen, dann umfüllen und abkühlen lassen.

Windbeutel

3. Mit einem Spritzbeutel mit Sterntülle Windbeutel von der Größe kleiner Sahnerosetten auf ein Blech spritzen und goldgelb backen. Zunächst 10 Minuten bei 200 °C backen, dann bei 180 °C weiterbacken, damit sie gut trocknen. Für die Vanillecreme die steifgeschlagene Sahne unter die Konditorcreme heben.

4. Windbeutel vorsichtig quer durchschneiden und mit Hilfe eines Spritzbeutels (mit Sterntülle) mit Vanillecreme füllen, mit Puderzucker bestäuben. Jeweils drei Stück auf einem Teller anrichten.

Nußbeugel

Vorbereitungszeit: *1 Stunde*
Backzeit: *20 Minuten*
Schwierigkeitsgrad: ☆☆

20 Stück

Teig:

80	ml	Milch
100	g	Butter
1	Prise	Salz
25	g	Zucker
15	g	Hefe
10	g	Vanillezucker
250	g	Mehl
		Saft von 1/2 Zitrone

Nußfüllung:

180	ml	Milch
2		Eier
50	g	Zucker
10	g	Vanillezucker
1		Zimtstange
130	g	Biskuitbrösel
100	g	Nougat
150	g	Walnüsse
20	ml	Rum
		Minzblätter

Zum Bestreichen:

1 Ei

Im Jahre 1683 erlebte Wien mit der gigantischen Belagerung durch ein 200 000 Mann zählendes Türkenheer den größten türkischen Ansturm in seiner Geschichte. Es bedurfte einer gewaltigen Mobilisierung des christlichen Abendlandes und des tatkräftigen Eingreifens des polnischen Königs und des Herzogs von Lothringen, um die Truppen des Großwesirs Kara Mustafa in die Flucht zu schlagen. An diese unmittelbare Bedrohung erinnert das dem türkischen Halbmond nachgebildete Gebäck in Hörnchenform; es wurde zum Symbol der Wiener Backkunst und gilt überall auf der Welt als typisches Wiener Gebäck.

Von den verschiedenen Sorten, die es in Wien gibt, sollen hier die Nußhörnchen vorgestellt werden, die man im Hotel Sacher gerne zu Kaffee serviert, sei es zu »Schwarzem Kaffee« (Espresso), »Kapuziner« (mit Schlagsahne) oder »Franziskaner« (mit geraspelter Schokolade).

Der Walnußbaum ist der bekannteste Vertreter der Familie der Juglandazeen (ein Ausdruck, den man sich so richtig auf der Zunge zergehen lassen sollte). Für die Füllung sollte man ausschließlich frische Walnüsse verwenden und sie selbst öffnen, um sicherzugehen, daß Beschaffenheit und Aroma einwandfrei sind. Walnüsse, auch qualitativ hochwertige Sorten, werden äußerst schnell ranzig, und das Aroma der geschälten, oft in Plastiksäckchen verpackten Walnüsse läßt doch manchmal sehr zu wünschen übrig.

Gut geeignet sind italienische und griechische Sorten sowie französische Walnüsse aus dem Périgord und dem Dauphiné. Falls einmal keine erstklassigen Walnüsse zur Hand sein sollten, kann man für die Hörnchen als ebenso aromatische Variation auch eine Mohnfüllung improvisieren.

1. Alle Zutaten für den Teig mit den Knethaken des Mixers gut miteinander verkneten. Aus dem Teig eine Rolle formen und 1 Stunde im Kühlschrank ruhen lassen.

2. Die Teigrolle in Stücke von jeweils 25 g schneiden. Daraus Bällchen formen und diese mit einem Rollholz leicht oval ausrollen. Anschließend kühl stellen.

Aprikosenrösti

3 Den Quarkteig mit einem Rollholz dünn ausrollen. Runde Kreise von 6 cm Durchmesser ausstechen, Quarkcreme daraufgeben und wie Teigtaschen zusammenklappen. Die Teigränder mit den Fingern gut andrücken. Butter in einer Kasserolle zerlassen, Paniermehl zugeben.

4. Die Ravioli 8–10 Minuten in kochend heißem Wasser pochieren, abtropfen lassen. Butter zergehen lassen, die Brösel dazugeben und etwas anrösten. Aprikosen in dünne Scheiben schneiden, in einer Pfanne mit geklärter Butter und Puderzucker karamelisieren. Auf einem Teller jeweils drei Ravioli mit Aprikosenrösti anrichten, mit Puderzucker bestäuben.

Topfenstrudel mit

Vorbereitungszeit: *30 Minuten*
Backzeit: *1 Stunde*
Schwierigkeitsgrad: ⭑⭑

Für 8 Personen

Strudelteig:

250	g	Mehl, 150 ml Wasser
30	ml	Öl
1	Prise	Salz

Füllung:

60	g	Mehl
je 4		Eigelb und Eiweiß
50	g	Zucker
50	g	Puderzucker
1	TL	Vanillezucker
100	g	Butter
440	g	Quark
250	ml	saure Sahne
50	g	Rosinen
10	ml	Rum

Schale und Saft von 1/2 Zitrone, 1 Prise Salz

Vanillesauce:

500	ml	Milch
6		Eigelb
80	g	Zucker
10	g	Vanillezucker
10	g	Sahnepulver

1 Vanilleschote, 20 ml Rum

Eiermilch:
250 ml Milch, 30 g Zucker, 2 Eier

Zum Bestäuben:
Puderzucker

Das Wort »Strudel«, seit Beginn des 18. Jahrhunderts als Bezeichnung für eine spiralförmig aufgerollte Mehlspeise belegt, ist wahrscheinlich von dem Verb »studan« abgeleitet, das u. a. »ein Tuch auswringen« oder »sich rasch im Kreis drehen« bedeutet. Mit letzterem ist die kreisförmige Bewegung des abfließenden Wassers gemeint, wobei sich ein Hohltrichter bildet. Außerdem gibt es noch die Bedeutung von »in Leidenschaft entbrennen«, die auf wahre Strudelfans gemünzt sein könnte ...

Im 19. Jahrhundert waren die Sonntagsausflüge der Wiener Bürger in den Wienerwald, wo man dann in den dortigen Wirtschaften Strudel aß, eine feste Einrichtung. Diese Tradition ist nicht in Vergessenheit geraten, und auch das Hotel Sacher stellt nach wie vor Strudel her.

Alle Arbeitsgänge für den Strudel können am gleichen Tag ausgeführt werden. Die Zubereitung des Teigs muß nicht weiter erklärt werden, nur das Ausrollen verlangt doch eine gewisse Geschicklichkeit; der Teig muß nämlich auf einer Marmorplatte so dünn ausgerollt werden, daß man schon die Adern des Marmors durchscheinen sieht.

Bei der Zubereitung der Strudelfüllung sollte man auf das richtige Verhältnis von saurer Sahne und Quark achten und die Rosinen vor dem Einarbeiten sorgfältig in Rum einlegen. Den mit der Füllung bestrichenen Teig muß man vor dem Backen fest zusammenrollen – er muß also, obwohl er hauchdünn ist, gleichzeitig sehr geschmeidig sein.

1. Für den Strudelteig Mehl mit Öl, Wasser und Salz mit den Knethaken des Mixers verkneten, den Teig zu einer Kugel formen, mit Öl bestreichen und 1 Stunde ruhen lassen.

2. Für die Füllung in einer Schüssel die weiche Butter mit Puderzucker, Vanillezucker, Salz, der Zitronenschale und dem Zitronensaft verrühren, dann nacheinander Eigelb, Quark und die saure Sahne zugeben. Das mit Zucker steifgeschlagene Eiweiß unterheben, zuletzt das Mehl und die in Rum eingelegten Rosinen zugeben.

Vanillesauce

3. Den Teig mit dem Rollholz auf einem bemehlten Küchentuch ausrollen, die Füllung darauf verstreichen und den Teig aufrollen. Für die Vanillesauce Milch mit Sahnepulver und der Vanilleschote in einer Kasserolle zum Kochen bringen. Eigelb mit Zucker und Vanillezucker mit dem Schneebesen schaumig rühren, etwas Milch zugießen, das Ganze in die Kasserolle geben und unter Erhitzen eindicken lassen. Durch ein Sieb streichen, den Rum zufügen.

4. Bei der Herstellung der Eiermilch genauso verfahren. Eine Kastenform mit Butter einfetten, Strudel hineinlegen und bei 180 °C 15 Minuten backen. Eiermilch darüber gießen, weitere 45 Minuten backen. Anschließend mit Puderzucker bestäuben und noch lauwarm mit Vanillesauce servieren.

Maronentorte

Vorbereitungszeit: *1 Stunde*
Backzeit: *20 Minuten*
Schwierigkeitsgrad: ★★

Für 12 Personen

Duchesse-Biskuit:

9		Eier
3		Eigelb
250	g	Zucker
250	g	Mehl
50	g	Butter

Milchschokoladen-Ganache:

500	g	Milchschokolade
125	ml	Kondensmilch, ungesüßt

Maronencreme:

125	g	glasierter Maronenbruch aus der Dose
250	ml	Sahne
10	ml	brauner Rum

Rumsirup:

200	ml	Wasser
150	ml	Rum
100	g	Zucker

Zum Verzieren:
Filoteig
glasierte Maronen

In belgischen Konditoreien hat die Verarbeitung von glasierten Maronen Tradition, und die Familie Nihoul kann hier auf eine langjährige Erfahrung zurückblicken. Schon Christian Nihouls Großvater stellte »Dijonnaises«, mit Schlagsahne und Maronenbruch garniertes Baiser, her. In Belgien gibt es auch noch eine Variante mit Schokoladencreme, die »Merveilleux« (Wunder) heißt. Christian Nihoul verwendet Maronen nicht nur für dieses zarte Gebäck und wählt die Grundzutaten immer besonders sorgfältig aus.

Innerhalb weniger Generationen hat sich jedoch ein grundlegender Wandel vollzogen. Heute stellen Konditoren bestimmte Zutaten wie gemahlene Nüsse oder Mandeln, Fondant, Nougat, Marzipan usw. nicht mehr selbst her, sondern beziehen sie vom Großhandel, wobei sie verständlicherweise sehr strenge Maßstäbe an die Qualität anlegen. Und natürlich muß auch der Maronenbruch – selbst wenn er nicht besonders ansprechend aussieht – von erster Güte sein.

Die pürierten glasierten Maronen bilden mit einer nicht zu fetthaltigen Crème fraîche und einem Schuß braunem Rum einen idealen Tortenbelag, der ohne jeden Zuckerzusatz auskommt.

Für die Ganache-Creme wählt man am besten eine Schokolade mit hohem Milchanteil und sehr wenig Zucker, wie sie belgische Hersteller anbieten. Die Maronentorte ist zweifellos ein sehr gehaltvolles Dessert, das besonders im Winter großen Anklang findet. Wie Christian Nihoul versichert, ist sie auch in Japan seit Jahren sehr gefragt.

1. Ganache-Creme am Vortag zubereiten: Schokolade schmelzen, Kondensmilch aufkochen und unter die Schokolade rühren. Kühl stellen. Für den Biskuit Eigelb, Eier und Zucker mit dem Mixer über einer Wärmequelle aufschlagen, die Masse unter Rühren vollständig abkühlen lassen. Mit einem Schaumlöffel das gesiebte Mehl und die warme, geschmolzene Butter zugeben. Die Biskuitmasse auf ein Backblech spritzen und bei 180 °C 20 Minuten backen.

2. Für die Maronencreme eine Dose Maronenbruch mit dem darin enthaltenen Sirup in der Küchenmaschine pürieren und mit Rum verrühren. Kühl stellen. Sahne steif schlagen und unter die Maronencreme heben. Für den Rumsirup Zucker und Wasser aufkochen, wieder abkühlen lassen und Rum zugeben.

3. Den Biskuit in drei Böden von der Größe des Tortenrings teilen. Den Ring abwechselnd mit einem mit Rumsirup getränkten Biskuitboden und einer Schicht Maronenmousse füllen. 24 Stunden kalt stellen. Die Ganache-Creme im Wasserbad temperieren und die Torte vollständig damit bestreichen.

4. Um den Rand einen gestreiften Biskuitmantel legen. Aus dem Filoteig ein Kastanienblatt ausschneiden und im Ofen bräunen. Die Torte mit dem Kastanienblatt und den glasierten Maronen verzieren.

Kaffeecreme-

Vorbereitungszeit: *1 Stunde*
Backzeit: *20 Minuten*
Schwierigkeitsgrad: ★★

Für 12 Personen

Montmorency-Biskuit:

8		Eiweiß (250 g)
4		Eier
40	g	Zucker
40	g	Mehl
40	g	Butter
375	g	Rohmarzipan 50/50

Konditorcreme:

1	l	Milch
10		Eigelb
125	g	Kristallzucker
80	g	Maizena

Kaffeecreme:

500	ml	Konditorcreme
500	ml	Sahne, steifgeschlagen
50	ml	Kaffee-Essenz (Trablit)
2	Blatt	Gelatine

Zum Verzieren:
Vollmilchschokolade und weiße Schokolade
Kakao
gestreifter Biskuit

Um die Entstehung des Kaffees ranken sich zahlreiche Legenden, wie die, daß er ein Geschenk der antiken Götter an die bedauernswerten Sterblichen war. Die glaubwürdigste davon hat ihren Ursprung im Jemen. Dort findet in der kleinen Hafenstadt Mokka ein reger Handel mit den Kaffeeanbauern aus Äthiopien – genauer gesagt aus dem kleinen Königreich Kaffa – statt, auf das angeblich das Wort »Kaffee« zurückgeht. Heute teilt sich der Markt im wesentlichen zwischen den zwei Sorten Arabica und Robusta auf, deren jeweilige Vorzüge den kundigen Verbrauchern wohlbekannt sind.

Christian Nihoul empfiehlt für dieses Rezept die Verwendung der hochwertigen Kaffee-Essenz »Trablit«, die der Konditorcreme ein sehr edles Aroma verleiht.

Ganz Mutige werden sicher Gefallen daran finden, die Kaffee-Essenz selbst herzustellen. Bei dieser Variante wird kochender Kaffee samt Kaffeesatz auf geschmolzenen Zucker gegossen, wobei unter starker Gas- und Dampfentwicklung glühende Partikel emporgeschleudert werden. Wenn Sie sich jedoch nicht zum Vulkanforscher berufen fühlen, sollten Sie sich lieber an den friedlichen »Trablit« halten. Bei der Konditorcreme muß man die sonst übliche Vanilleschote weglassen, denn ihr Aroma paßt nicht zu dem des Kaffees.

Den Montmorency-Biskuit sollten Sie besonders sorgfältig zubereiten. Die gleichnamigen Kirschen werden Sie darin vergeblich suchen: Seinen Namen verdankt er nämlich dem Herzog von Montmorency-Laval, dem Außenminister Ludwig XVIII.

1. Für den Montmorency-Biskuit das Marzipan mit den ganzen Eiern glattrühren, Mehl unterziehen. Eiweiß mit Zucker steif schlagen, unter die Marzipanmasse heben und zum Schluß die warme zerlassene Butter zugeben.

2. Für die Konditorcreme Milch mit einem Teil des Zuckers aufkochen. Eigelb mit dem restlichen Zucker zu einer cremigen, weißen Masse aufschlagen, Maizena einrühren. Einen Teil der Milch zugeben, die Mischung in den Milchtopf zurückgießen und aufkochen. Abkühlen lassen. Der Konditorcreme, die in kaltem Wasser eingeweichte Gelatine sowie deren Gewicht entsprechend steifgeschlagene, gezuckerte Sahne zufügen. Mit Kaffee-Essenz parfümieren.

Torte

3. Den Montmorency-Biskuit zweimal durchschneiden. Die Torte in einem Tortenring abwechselnd aus einem Biskuitboden und aus mit dem Spritzbeutel aufgetragener Kaffeecreme zusammensetzen.

4. Röllchen aus Milchschokolade und weißer Schokolade herstellen und die Torte damit garnieren. Mantel aus gestreiftem Biskuit um die Torte legen. Die Oberfläche mit Kakao bestäuben.

Hochzeitstorte mit

Vorbereitungszeit: *1 Stunde*
Backzeit: *20 Minuten*
Schwierigkeitsgrad: ⋆⋆

Für 12 Personen

Biskuit:

100	g	Rohmarzipan 50/50
9		Eier
5		Eigelb
250	g	Kristallzucker
315	g	Mehl
100	g	Butter, zerlassen
		Schlagsahne

Buttercreme:
(siehe Grundrezepte S. 800)

Sirup zum Tränken:

100	g	Zucker
200	ml	Wasser
150	ml	Cointreau

Zum Verzieren:
frisches Obst (Ananas, Himbeeren, Erdbeeren, Weintrauben)
Puderzucker

Mit gutem Willen allein kann es hier nicht getan sein: Sie müssen schon zwei Menschen kennen, die entschlossen sind, sich das Jawort zu geben, um die Zubereitung dieser Torte mit wirklichem Erfolg zu krönen. Und obwohl man aus den Statistiken eher das Gegenteil ableiten könnte, ist diese Spezies noch nicht vom Aussterben bedroht ...

Wie Christian Nihoul versichert, ist diese Hochzeitstorte so einfach herzustellen wie eine mit Sahne gefüllte Biskuittorte. Die Cremegarnierung dient dazu, ihr Innenleben zu verhüllen, und wirkt durch das mit dem Spritzbeutel aufgetragene kunstvolle Muster äußerst dekorativ. Um Hochzeitstorten ein makelloses jungfräuliches Weiß zu verleihen, verwendet man üblicherweise Fondantglasuren oder einen sehr glatten Überzug aus weißem Marzipan.

Christian Nihoul hat hierfür eine Lösung gefunden, die den Zuckergehalt deutlich reduziert und gleichzeitig das Anschneiden erheblich erleichtert – häufig wird die Torte ja erst gegen Ende des Hochzeitsessens vom Brautpaar selbst angeschnitten, und in dem allgemeinen Trubel fällt es meist nicht leicht, sich noch darauf zu konzentrieren. Sie können die Torte natürlich noch beliebig verzieren, zum Beispiel mit Turteltauben aus Porzellan oder aus Biskuit.

Den Sirup zum Tränken kann man vielfach variieren: mit Kirschwasser und roten Früchten, Grand Marnier und Orangen, aber auch mit Ananas- oder Bananenstücken usw. Und auch wenn er bei derartigen Anlässen bereits über Gebühr strapaziert und meist gnadenlos verkitscht wird, sollten Sie eine schöne Aufnahme von Mendelssohns »Hochzeitsmarsch« aussuchen.

1. Für den Biskuit Marzipan mit Zucker, Eigelb und Eiern über einer elektrischen Wärmequelle glattrühren. Dann Mehl und die zerlassene Butter zugeben. Bei 170 °C 20 Minuten backen. Den Biskuit zweimal durchschneiden. Einen Biskuitboden in einen Tortenring legen, mit Cointreausirup tränken, mit Schlagsahne bestreichen und mit frischem Obst garnieren.

2. Den zweiten Biskuitboden daraufsetzen, tränken, mit Schlagsahne bestreichen und mit frischem Obst belegen, anschließend mit dem dritten Biskuitboden abdecken.

frischen Früchten

3. Für die Buttercreme ein Drittel der schaumig gerührten Butter mit zwei Dritteln italienischer Schlagsahne mischen. Diese Creme kuppelartig auf die Torte streichen.

4. Mit einem Spritzbeutel mit flacher, gewellter Tülle ein Gittermuster aufspritzen und die Torte mit frischem Obst garnieren.

Sevilla-Torte

Vorbereitungszeit: *1 Stunde 30 Minuten*
Backzeit: *15-20 Minuten*
Schwierigkeitsgrad: ★★

Für 12 Personen

Schokoladenbiskuit:

5		Eier
1		Eigelb
135	g	Zucker
90	g	Mehl
40	g	Speisestärke
25	g	Kakaopulver

Grundcreme:

10		Eigelb
250	g	Zucker, 50 ml Wasser

Mousse au chocolat:

60	g	Grundcreme
125	g	Kuvertüre, sehr bitter
10		Eiweiß (330 g)
50	g	Zucker
500	ml	Sahne
2	Blatt	Gelatine

Ganache-Überzug:

500	g	Zartbitterschokolade
350	ml	Kondensmilch, ungesüßt
		Schokoladentäfelchen und -trüffel zum Verzieren

Dieses Rezept stellte Christian Nihoul bei der Weltausstellung in Sevilla im Jahre 1992 für die überzeugten Liebhaber extrem bitterer Schokolade vor. Die Schokolade darf nicht sauer sein, muß jedoch ein deutlich intensiveres Aroma als herkömmliche Zartbitterschokolade haben. Man sollte sie frisch verwenden und erst schmelzen, wenn man sie braucht. Laut Christian Nihoul muß man sehr darauf achten, sie vorsichtig zu temperieren, da sie keine plötzlichen Temperaturschwankungen verträgt. Nach einer Nacht im Elektroherd bei 40 °C bis 50 °C erhält sie die gewünschte Konsistenz.

Schokolade setzt sich nämlich aus verschiedenen Bestandteilen zusammen, die auf Temperaturschwankungen entsprechend unterschiedlich reagieren. Wie bei der Schokoladensoße des Desserts »Birne Helene« könnte sie durch zu rasches Erhitzen in ihre Bestandteile zerfallen.

Um sich die Arbeit zu erleichtern, kann man den Biskuit und die Ganache-Creme am Vortag zubereiten und sollte sie dann getrennt kühl stellen. Die Torte muß so spät wie möglich mit der Ganache überzogen werden.

Die Zartbitterschokolade, die für diese Torte verwendet wird, ruft einen langen und intensiven Nachgeschmack im Gaumen hervor. Mit Kondensmilch hergestellte Ganache-Creme bietet übrigens viele Vorteile: Sie ist geschmeidiger und bedeutend glänzender als bei der üblichen Zubereitung und eignet sich deswegen bestens als Kuvertüreüberzug oder Glasur.

1. In einer Kupferschüssel Eigelb und Eier mit Zucker verrühren, bis die Masse in langen Strähnen vom Löffel läuft. Mehl mit Speisestärke und Kakao sieben und mit einem Holzspatel unterheben. Die Masse in eine mit Butter eingefettete und bemehlte, 3 cm hohe Springform füllen. Bei 180 °C 15–20 Minuten backen.

2. Für die Grundcreme wie bei einem Baiser vorgehen. Während der Zucker gekocht wird, das Eigelb in der Küchenmaschine zu einer cremigen, weißen Masse aufschlagen. Bei niedrigerer Schaltstufe den auf 121 °C gekochten Zucker langsam auf das Eigelb gießen. Die Masse unter Rühren vollständig abkühlen lassen.

3. Mousse au chocolat: Gelatineblätter in kaltem Wasser einweichen, abtropfen lassen, auflösen und zu der zuvor mit der geschmolzenen Schokolade vermischten Grundcreme geben. Sahne steif schlagen, Eiweiß mit Zucker zu Schnee schlagen. Die drei Massen vorsichtig mischen. Ganache-Creme: Schokolade schmelzen, Kondensmilch aufkochen, beides mischen. In den Gefrierschrank stellen.

4. Einen 1 cm dicken Schokoladenbiskuitboden in einen Tortenring legen und mit Mousse bestreichen. Einen zweiten, leicht mit Zuckersirup getränkten Biskuitboden daraufsetzen und den Ring mit der restlichen Mousse auffüllen. Im Kühlschrank fest werden lassen. Die Torte mit einem Gasbrenner aus dem Ring lösen und in den Kühlschrank stellen. Ganache-Creme im Wasserbad erhitzen und die Torte damit bestreichen. Mit Schokoladentäfelchen und -trüffeln verzieren.

Baisertorte mit

Zubereitungszeit: *20 Minuten*
Backzeit: *2 Stunden*
Schwierigkeitsgrad: ☆

Für 10 Personen

Baiser:

3		Eiweiß (100 g)
100	g	Puderzucker
100	g	Feinkristallzucker
		evtl. Vanillemark, gemahlen

Gianduia-Creme:

600	ml	Schlagsahne
50	g	Haselnußpaste
50	g	Kuvertüre
20	g	bitterer Kakao
50	g	Haselnüsse, geröstet

Zum Verzieren:
Kakaopulver
geröstete Mandeln, gehackt

Gianduia oder Gianduja ist eine Schokoladensorte, eine feine Paste aus Schokolade und Haselnüssen, es ist aber auch die Bezeichnung für eine traditionelle Piemonteser Maske. Aus dem in Norditalien gelegenen Piemont stammen ausgezeichnete Haselnußsorten wie die Avellino-Haselnüsse oder die runden Piemonter Haselnüsse. Dies erklärt, warum die für diese Region typischen Kuchen und Torten, die natürlich auch Gianduia heißen, meist Haselnüsse enthalten.

Flavio Perbellini empfiehlt kleine, aromatische Haselnüsse, die man gut rösten muß, bevor man sie unter die Creme mischt. Die Creme selbst ist sehr mild und enthält überhaupt keinen Zucker, sondern wird mit einer Kuvertüre, die mindestens 60% Kakao enthalten muß, gebunden.

Bei der Zubereitung der Gianduia-Creme braucht man für den letzten Arbeitsgang viel Fingerspitzengefühl. Man muß nämlich die Schlagsahne sehr vorsichtig unterheben, weil sie sonst zusammenfällt und die Creme dadurch zu weich wird. Auch das Italienische Baiser sollte man sehr sorgfältig zubereiten und es bei sehr schwacher Hitze – damit sich kein Dampf entwickelt – am besten über Nacht im Ofen trocknen.

Das Eiweiß sollte bei 4 °C etwa 15 Tage gelagert sein, was völlig unproblematisch und gesundheitlich unbedenklich ist. Das Baiser erhält dadurch eine deutlich verbesserte Konsistenz. Zum Schluß bekommt die Torte noch ein dekoratives Muster, das mit Hilfe einer Schablone aufgetragen wird.

1. Für die Baisermasse Eiweiß mit Zucker in einer Schüssel zu steifem Schnee schlagen. Mit einem kleinen Schaumlöffel den gesiebten Puderzucker und etwas gemahlenes Vanillemark unterheben. Ein Viertel der Baisermasse zum Bestreichen der Torte zurückbehalten.

2. Ein Backblech mit Butter einfetten und mit Mehl bestäuben (oder mit beschichtetem Papier auslegen), Zwei runde Baiserböden von 20 cm Durchmesser aufspritzen. Bei 120 °C 2 Stunden backen.

Gianduia-Creme

3. Für die Gianduia-Creme die Haselnußpaste, die Kuvertüre und den bitteren Kakao im Wasserbad schmelzen. Die zerstoßenen gerösteten Haselnüsse zugeben. Die Masse abkühlen lassen, dann die steifgeschlagene Sahne unterheben.

4. Torte zusammensetzen: Baiserboden auf einen Tortendeckel legen, mit Gianduia-Creme bestreichen, den zweiten Baiserboden daraufsetzen. Die Torte mit dem restlichen Baiser bestreichen, auf die Oberfläche mit Hilfe einer Schablone ein Muster aus Kakaopulver sieben und den Rand mit gehackten gerösteten Mandeln bestreuen.

Panettone

Zubereitungszeit: *3 Stunden*
Backzeit: *1 Stunde 5 Minuten*
Schwierigkeitsgrad: ★★★

Für 30 Personen

1	kg	kleberreiches Mehl
30	g	Hefeansatz
30	g	Bierhefe
70	ml	Milch

10	g	Salz
400	g	Zucker
500	g	Butter
10		Eier (500 g)
300	g	Rosinen
140	g	Orangeat
140	g	Zitronat
		Vanillearoma
		Zitronenaroma
		Orangenaroma

Der heute weltweit bekannte und geschätzte Panettone wurde, so sagt man in Mailand, von einem armen Mailander Bäcker erfunden, der es so zu Reichtum brachte. Die Zutaten des Panettone sind von Stadt zu Stadt unterschiedlich; die Veroneser bereiten ihn z.B. mit einem speziell mit Bierhefe angereicherten Hefeansatz zu, während den Mailändern diese Zubereitungsart gänzlich fremd ist.

Von der Familie Perbellini, deren Mitglieder seit vier Generationen als Konditoren tätig sind, wird das Rezept für den Panettone seit 1852 streng geheimgehalten. Flavio Perbellini stellt hier ein beliebtes Rezept für diesen Hefekuchen vor, der traditionsgemäß Trockenfrüchte und kandierte Früchte enthält und ursprünglich zu Weihnachten gebacken wurde.

Von beidem sollte man nicht zu viel nehmen, denn Trockenfrüchte entziehen dem Kuchen Wasser, und kandierte Früchte machen ihn womöglich zu süß und beeinträchtigen so seinen Geschmack. Für die venezianische Version des Panettone wird übrigens anstelle von kandierten Früchten ein ziemlich intensives Orangenaroma verwendet.

Damit der Teig schön aufgeht, verwendet Flavio Perbellini einen bereits dreißig Jahre alten Hefeansatz, der in einen dicken Stoff gewickelt sorgsam aufbewahrt wird. Auf diese Weise und mit Hilfe des berühmten Papiers »Pizotino« (das viel praktischer als ein Tortenring aus Metall ist), in dem der Teig gebacken wird, wird der Panettone zwangsläufig bester gastronomischer Tradition gerecht.

1. Den Hefeansatz auflösen und mit Bierhefe, Milch und 140 g Mehl verrühren. Den Teig bei 30 °C gehenlassen, bis sich sein Volumen verdoppelt hat.

2. Zu dem so hergestellten, 270 g schweren Teig 300 g Mehl, 3 Eier, 50 g Butter und 50 g Zucker geben, gut verkneten. Den Teig zur doppelten Größe gehenlassen.

3. Zu dem jetzt 820 g schweren Teig 560 g Mehl, 7 Eier, 350 g Zucker, 450 g Butter, Salz, je 1 Tropfen Vanille-, Zitronen- und Orangenaroma geben und zu einem glatten Teig verarbeiten.

4. Die feingewürfelten kandierten Früchte (Orangeat und Zitronat) und die Rosinen zugeben und einarbeiten. Den Teig in Portionen von jeweils 1 kg teilen, daraus Kugeln formen und in Papierformen legen. Die Teigkugeln bei 24 °C 10 Stunden gehenlassen, bis sich ihr Volumen verdoppelt hat, und dann bei 175 °C 65 Minuten backen.

Tiramisù

Zubereitungszeit: *25 Minuten*
Backzeit: *30 Minuten*
Schwierigkeitsgrad: ★★

Für 10 Personen

Tiramisù-Creme:

7		Eigelb (150 g)
150	g	Puderzucker
400	g	Mascarpone
8		Eiweiß (250 g)
250	g	Zucker

Savoyer Biskuit:

4		Eier
2		Eigelb
125	g	Zucker
90	g	Mehl

Kaffeesirup:

30	g	Instantkaffee
400	ml	Wasser
200	g	Zucker

Geröstete Mandelblättchen:

300	g	Mandelblättchen
1	Msp.	Vanille, gemahlen
		Orangenblütenwasser
		Zuckersirup (30 °Bé)

Zum Verzieren:
Puderzucker

Das Tiramisù bianco ist ein äußerst gehaltvolles Dessert, das aus drei Komponenten – Mascarpone, Kaffee und Savoyer Biskuit – besteht. Es ist in Italien und vor allem in Verona sehr beliebt, wo man seinen deutlichen Kaffeegeschmack (der Kaffee wird natürlich auf italienische Art zubereitet, ist also sehr stark) und seine cremige Konsistenz besonders schätzt. Dieses klassische, im wahrsten Sinne des Wortes »stärkende« Dessert auf Eierbasis findet aber auch außerhalb Italiens großen Anklang. Flavio Perbellini besitzt davon ein altes Familienrezept und legt großen Wert darauf, seine Qualität zu erhalten.

Der Savoyer Biskuit (die Herzöge von Savoyen sind bekanntlich Könige von Italien geworden) unterscheidet sich vom klassischen Genueser Biskuit dadurch, daß er mehr Eigelb und weniger Eiweiß und Mehl enthält, und darf nicht mit dem Savoyer Kuchen verwechselt werden, der ganz anders hergestellt wird.

Entscheidend für den Geschmack des Desserts ist die Wahl des Mascarpone: Er sollte sehr frisch, mild und cremig sein, fast wie eine sehr fetthaltige Sahne. Mascarpone ist jetzt das ganze Jahr über (und nicht wie früher nur im Winter) erhältlich; es gibt davon sogar eine pasteurisierte Version, die man an einem kühlen Ort problemlos einige Tage aufbewahren kann. Für das Tiramisù darf er auf keinen Fall bitter sein.

Wenn Ihnen das Tiramisù nicht süß genug sein sollte, können Sie ohne weiteres ein leichtes, gekochtes und gut schaumig gerührtes Sabayon zugeben.

1. Biskuitmasse mit den oben genannten Zutaten und wie im Grundrezept zum Genueser Biskuit beschrieben zubereiten, in eine gebutterte, bemehlte Form von 20 cm Durchmesser füllen und bei 200 °C 30 Minuten backen. Auskühlen lassen und zweimal durchschneiden.
Tiramisù-Creme: Eigelb und Puderzucker mit dem Schneebesen zu einer dickflüssigen schaumigen Masse verrühren, Mascarpone zugeben. Eiweiß von sehr frischen Eiern mit Zucker steif schlagen.

2. Das sehr steif geschlagene Eiweiß vorsichtig unter die Mascarpone-Eier-Masse heben. Anschließend für den Kaffeesirup Zucker mit Wasser zum Kochen bringen. Vom Herd nehmen und Instantkaffeepulver zugeben.

bianco

3. Einen Savoyer Biskuitboden auf einen Tortendeckel legen, mit Kaffeesirup tränken und mit Tiramisù-Creme bestreichen. Den zweiten Boden daraufsetzen, mit Kaffeesirup tränken und mit Tiramisù-Creme bestreichen. Mit dem dritten Boden abdecken, die restliche Creme darauf verstreichen.

4. Die Mandelblättchen auf einem Blech verteilen, mit etwas Orangenblütenwasser und dem Zuckersirup, mit 1 Msp. gemahlener Vanille aromatisiert, beträufeln, im Ofen oder unter dem Salamander rösten. Die Torte rundherum damit bestreuen und mit Puderzucker bestäuben. Kühl stellen.

Mandeltorte

Zubereitungszeit: *25 Minuten*
Backzeit: *40 Minuten*
Schwierigkeitsgrad: ★★

Für 10 Personen

300 g **Konditorcreme:**
(siehe Grundrezepte S. 804)
15 ml Maraschinolikör

Mandelpaste:
500 g Mandeln, geschält
450 g Zucker
50 g Invertzucker
1 Eiweiß
abgeriebene Orangenschale

Genueser Biskuitboden:
(siehe Grundrezepte S. 802)

Zuckersirup:
100 g Feinkristallzucker
100 ml Wasser

Alle Konditoren Italiens kennen das Rezept für diese Mandeltorte und stellen sie mit mehr oder weniger großem Erfolg her. Man kann sie übrigens bei Zimmertemperatur zwei Tage und im Kühlschrank gegebenenfalls fünf bis sechs Tage aufbewahren, sollte sie einmal nicht ganz aufgegessen werden.

Flavio Perbellini stellt die Torta delizia entsprechend der langjährigen Familientradition der Perbellinis aus einem mit Maraschinolikör getränkten Genueser Biskuit und Konditorcreme her. Der Maraschinolikör stammt ursprünglich aus der Gegend um Zara (das heutige Zadar) in Dalmatien und wird aus einem Obstbranntwein hergestellt, der ausschließlich aus Maraskakirschen, einer ebenfalls in dieser Gegend kultivierten Sauerkirschenart, destilliert wird.

Maraskakirschen werden auch für andere Desserts verwendet, z.B. für Eis (sie passen wie die »Amarena-Kirschen« sehr gut zu Vanille). Flavio Perbellini erwähnt noch die »Amarcine«, ein Dessert aus Maraskakirschen, die mit Nelken, Zimt und konzentriertem Sirup in Zucker gedünstet werden.

Von den verschiedenen Mandelsorten, die man auswählen könnte, bevorzugt Flavio Perbellini die sizilianischen »Marri«, da sie sich für dieses Rezept am besten eignen. Die Mandelpaste muß sehr fein sein; man sollte deshalb zum Zerkleinern der Mandeln eine Mandelmühle oder eine Küchenmaschine verwenden. Falls beides nicht vorhanden ist, kann man die Mandeln auch in einem Holzmörser zerstoßen, was allerdings sehr viel Zeit erfordert.

1. Eine klassische Konditorcreme zubereiten, abkühlen lassen und mit Maraschinolikör parfümieren. Die Genueser Biskuitmasse herstellen, in eine mit Butter eingefettete und bemehlte Form von 20 cm Durchmesser füllen. Bei 200 °C 30 Minuten backen, nach dem Auskühlen waagerecht durchschneiden.

2. Für die Mandelpaste die geschälten Mandeln mit Zucker und Invertzucker in der Küchenmaschine zerstoßen und gut mischen, Eiweiß und die abgeriebene Orangenschale zugeben.

3. Torte zusammensetzen: Genueser Biskuitboden auf einen Tortendeckel legen, mit Maraschino-Sirup tränken und mit Konditorcreme bestreichen, den zweiten Boden daraufsetzen. Für den Zuckersirup von 30 °Bé Zucker und Wasser in einem Topf zum Kochen bringen.

4. Die Torte mit einem Spritzbeutel mit flacher, gewellter Tülle mit Mandelpaste garnieren. Bei 250 °C 8–10 Minuten zum Bräunen in den Ofen geben. Herausnehmen und mit klarer Glasur oder Zuckersirup bestreichen.

Zuppa

Zubereitungszeit: *1 Stunde*
Backzeit: *30 Minuten*
Schwierigkeitsgrad: ★★

Für 10 Personen

Genueser Biskuit (s. Grundrezepte S. 802),
Konditorcreme (s. Grundrezepte S. 804)

Zum Tränken des Genueser Biskuits:

50 ml Rum
50 ml Alchermes
50 ml Marsala

Pistaziencreme:

150 g Konditorcreme
125 g Italienisches Baiser
30 g Pistazienpaste

Italienisches Baiser:
(s. Grundrezepte S. 803)

Rumcreme:

150 g Konditorcreme
125 g Italienisches Baiser
50 ml Rum

Die »Zuppa inglese« (»englische Suppe«) hat nichts mit Großbritannien zu tun, sondern wurde von neapolitanischen Konditoren kreiert. Dies muß einmal mit Nachdruck gesagt werden, da es üblicherweise verschwiegen wird und weil diese typische italienische Nachspeise weltweit so bekannt ist.

Aufmerksamen Beobachtern wird nicht entgangen sein, daß hier das Drei-Farben-Prinzip der italienischen Fahne Anwendung findet. Wie bei der »Torta italiana« werden auch hier drei Spirituosen – brauner Rum, Marsala und Alchermes – verwendet. Es sind aber auch andere Kombinationen möglich: Den Marsala kann man z.B. durch Madeira oder Portwein, den Alchermes durch Grand Marnier ersetzen.

Das Besondere an der »Zuppa inglese« sind diese verschiedenen Spirituosen, mit denen jeweils einer der drei Genueser Biskuitböden getränkt wird. Auf die Böden werden außerdem drei verschiedene Cremes aufgetragen. Die Cremes kann man noch mit gehackten Haselnüssen, Schokoladenstückchen oder eingelegten Früchten verfeinern.

Ein letzter Punkt verdient noch Ihre ganze Aufmerksamkeit: das Italienische Baiser, das der Torte den letzten Schliff gibt und erst zubereitet wird, wenn man es als Abschluß der Torte verwendet. Laut Flavio Perbellini muß es absolut glatt sein und darf keine Klümpchen enthalten. Wenn Sie die Torte leicht mit einem Gasbrenner abflämmen, sieht sie noch eleganter aus.

1. Konditorcreme und Italienisches Baiser zubereiten. Genueser Biskuit herstellen, in eine mit Butter gefettete und bemehlte Tortenform von 20 cm Durchmesser füllen und bei 200 °C 30 Minuten backen. Auskühlen lassen und dann in 3 Böden teilen. Für die Pistaziencreme 150 g Konditorcreme mit 125 g Baiser und Pistazienpaste mischen.

2. Für die Rumcreme genauso wie für die Pistaziencreme verfahren, dabei Pistazienpaste durch 50 ml Rum ersetzen.

inglese

3. Torte zusammensetzen: Ersten Biskuitboden auf einen Tortendekkel legen, mit Alchermes tränken und mit Rumcreme bestreichen. Den zweiten Boden daraufsetzen, mit Rum tränken und mit Pistaziencreme bestreichen. Dritten Boden darauflegen, mit Marsala tränken.

4. Italienisches Baiser auf die Tortenoberfläche auftragen und mit einem Spritzbeutel eine Baiserverzierung aufspritzen. Dann mit frischen Früchten garnieren und die Torte bis zum Servieren kühl stellen.

Del Rey

Vorbereitungszeit: *45 Minuten*
Backzeit: *1 Stunde 30 Minuten*
Schwierigkeitsgrad: ★★

Für 8 Personen

Schokoladenbiskuit:

5		Eier (250 g)
60	g	Zucker
50	g	Mehl
30	g	Stabilisator
80	g	Butter
150	g	Vollmilchkuvertüre

Mousse Jivara:

40	ml	Zuckersirup
4		Eigelb (80 g)
200	g	Vollmilchkuvertüre
60	g	Zucker
420	ml	Sahne

Ganache-Creme mit Waldbeeren:

200	g	Waldbeeren
40	g	Zucker
70	g	Zartbitterkuvertüre
1 1/2	Blatt	Gelatine

Crème brûlée:

250	ml	Sahne
50	g	Zucker
4		Eigelb (70 g)
1/2		Vanilleschote

Woher der Name dieser Spezialität stammt, der auch der Name der Konditorei von Bernard Proot ist, erschließt sich nicht ohne weiteres. Auf spanisch bedeutet er »des Königs«, aber es hat damit noch eine andere Bewandtnis. Es ist auch eine diskrete Hommage an die ehemalige Inhaberin, Adèle Reymacckers, die sich gern zu diesem Wortspiel bereit erklärt hat.

Noch ein paar Anmerkungen zu den einzelnen Arbeitsgängen: Die Mousse Jivara sollten Sie am Vortag zubereiten. Wichtig dabei ist, daß die steifgeschlagene Sahne im richtigen Augenblick unter die Karamel-Schokoladen-Masse gehoben wird. Damit die Sahne nicht zusammenfällt, darf diese Masse nur noch lauwarm sein. Die Mousse entwickelt das Aroma von Vollmilchschokolade mit einem leicht fruchtigen Beigeschmack.

Für die Ganache-Creme sollten Sie nur vollreife, aromatische Beeren von allerbester Qualität wählen. Auch wenn sie nicht als Verzierung dienen, sollte man keine zerdrückten oder fleckigen Früchte verwenden, denn der Geschmack des Desserts würde darunter leiden. Kenner bevorzugen für die Ganache Zartbitterkuvertüre mit einem Kakaogehalt von 50 oder 55 %. Man sollte sie jedoch sparsam einsetzen, damit der Geschmack der Beeren nicht überdeckt oder verfälscht wird.

Beim Verzieren des Desserts haben Sie vollkommen freie Hand. Lassen Sie sich von Ihrer Phantasie und vielleicht einem besonderen Anlaß leiten, und entwerfen Sie eine Dekoration, die des königlichen Namens dieser Torte würdig ist.

1. Schokoladenbiskuit: Eier mit Zucker schaumig rühren. Mehl, Stabilisator zugeben. Butter und Kuvertüre vermengen. Massen mischen. Mit dem Spritzbeutel (Nr. 4) 2 Böden spiralförmig auf ein Backblech spritzen, bei 100 °C 40 Minuten backen. Mousse Jivara: Eigelb mit Zuckersirup aufschlagen, bis die Masse ausgekühlt ist. Zucker karamelisieren, mit 60 ml Sahne mischen. Kuvertüre auf Eischaummasse gießen, Karamel zugeben, 360 ml steifgeschlagene Sahne unterheben.

2. Ganache-Creme mit Waldbeeren: Kuvertüre schmelzen. Die Beeren mit Zucker kochen, etwas abkühlen lassen, die in kaltem Wasser eingeweichte Gelatine und die geschmolzene Kuvertüre zugeben. Crème brûlée: Alle Zutaten in einer Schüssel mischen, nicht erhitzen. Die Masse durch ein Sieb passieren, in Flexipanförmchen füllen und bei 100 °C 50 Minuten backen.

3. Die Crème brûlée nach dem Auskühlen mit einer dünnen Schicht Waldbeeren-Ganache bestreichen, in den Gefrierschrank stellen.

4. Torte zusammensetzen: Einen Tortenring mit einem Streifen Folie auskleiden und die Mousse Jivara einfüllen. Einen Schokoladenbiskuitboden daraufsetzen. Eine Scheibe gefrorene Crème brûlée darauflegen. Mit der restlichen Mousse auffüllen und mit einem Biskuitboden abdecken. Dann die Torte stürzen und die Folie abziehen. Die Tortenoberfläche verzieren, den Rand mit Schokoladenscheiben einfassen.

Victoria-

Vorbereitungszeit: *40 Minuten*
Backzeit: *5 Minuten*
Schwierigkeitsgrad: ★★

Für 8 Personen

Joconde-Biskuit mit Praliné und Mokkaschokolade:

2		Eiweiß (75 g)
2	El	Zucker
190	g	Mandel-Zucker-Mischung (zu gleichen Teilen)
6		Eier (125 g)
25	g	Mehl
25	g	Praliné
25	g	Mokkakuvertüre
		Butter, zerlassen

Orangennougat-Mousse:

120	ml	Zuckersirup (35 °Bé)
5		Eigelb (100 g)
450	ml	Schlagsahne, ungesüßt
175	g	Orangenschokolade
125	g	Zartbitterkuvertüre
100	g	Praliné aus süßen Mandeln

Schokoladenmousse mit Mandelmilch:

150	ml	Mandelmilch
4		Eigelb (90 g)
500	ml	Schlagsahne, ungesüßt
150	g	Mokkakuvertüre
120	g	Zartbitterkuvertüre

Kakaoglasur:

225	g	Zucker, 180 ml Wasser
150	ml	Sahne
75	g	Kakao
4	Blatt	Gelatine, klarer Tortenguß

Mit diesem Rezept wurde Gunther Van Essche, der brillante Assistent von Bernard Proot, zum belgischen Konditorenmeister des Jahres 1995 gekürt und erhielt den in Belgien hochangesehenen Prosper-Montagné-Preis. »Victoria« sollte man also mit »Sieg« übersetzen. Andere Auslegungen – etwa eine Anspielung auf die unverwüstliche englische Königin – kommen dagegen nicht ernsthaft in Betracht.

Von einer Siegesgöttin wie der berühmten Nike von Samothrake sind wir hier jedenfalls weit entfernt, denn für dieses Rezept braucht man unbedingt beide Arme! Bei der Victoria-Torte handelt es sich um eine phantasievolle Variation mit zwei Mousses mit verwandtem Aroma.

Laut Gunter Van Essche wird hier nur Schokolade mit 50% Kakaogehalt auch höchsten Ansprüchen gerecht. Sie kommt als Zartbitterkuvertüre sowohl in der Orangennougat-Mousse als auch in der Mandelmilch-Mousse zum Einsatz. Beide sollten leicht sein und auf der Zunge zergehen. Um dieses Ergebnis und eine perfekte Optik zu erreichen, müssen die Zutaten sehr behutsam verarbeitet werden.

Wenn man es vorzieht, die Orangenschokolade selbst herzustellen, kann man einen mit Orangenschalen verfeinerten, konzentrierten Aufguß bereiten, der dann mit der Mousse vermischt wird. Für die Kakaoglasur benötigt man sehr fein gemahlenen Kakao, damit sie schön glänzend wird.

1. Für den Joconde-Biskuit Eier mit 1 El Zucker schaumig rühren, das Eiweiß mit dem restlichen Zucker steif schlagen. Beide Massen mischen. Mehl mit der Mandel-Zucker-Mischung vermengen und unter die Eiermasse ziehen. Geschmolzene Schokolade und Praliné einrühren, zuletzt die zerlassene Butter zugeben. Böden von 22 cm Durchmesser auf ein Blech spritzen und bei 230 °C 5 Minuten backen.

2. Orangennougat-Mousse: Eigelb und Zuckersirup im Wasserbad aufschlagen. Geschmolzene Kuvertüre und Praliné zugeben, dann vorsichtig die Schlagsahne unterheben. Einen Joconde-Biskuitboden in einen 2 cm hohen Tortenring legen. Mit Mousse auffüllen. In den Gefrierschrank stellen. Modellierschokolade zum Verzieren herstellen.

Torte

3. Mandelmilch-Schokoladen-Mousse: Mandelmilch und Eigelb im Wasserbad aufschlagen. Geschmolzene Kuvertüre zugeben, vorsichtig die Schlagsahne unterheben. 4 cm hohen Tortenring mit einem Durchmesser von 24 cm mit einem Streifen Folie auskleiden. Mit Mandelmilch-Mousse ausstreichen. In die Mitte gefrorene Orangennougat-Mousse geben. Restliche Mandelmilch-Mousse darauf verteilen. Mit einem Joconde-Biskuitboden abdecken. In den Gefrierschrank stellen.

4. Für die Kakaoglasur alle Zutaten mit Ausnahme der Gelatine auf 65 °C erhitzen. Abkühlen lassen, dann die eingeweichten Gelatineblätter darin auflösen. Mit klarem Tortenguß eindicken, bis sie die gewünschte Konsistenz erhält. Die Torte aus dem Ring lösen. Die gesamte Oberfläche mit Kakaoglasur überziehen, den Rand mit Schokoladentäfelchen einfassen. Mit der Spritztüte ein Muster aus weißer Schokolade auftragen und mit Modellierschokolade verzieren.

Macadamiatorte

Vorbereitungszeit: *1 Stunde 30 Minuten*
Backzeit: *15 Minuten*
Schwierigkeitsgrad: *★*

Für 8 Personen

Dacquoise-Biskuit mit Macadamianüssen:

15		Eiweiß (450 g)
250	g	Feinkristallzucker
450	g	Mandel-Zucker-Mischung (zu gleichen Teilen)
100	g	Mehl
5		Eiweiß (150 g)
50	ml	Sahne
45	g	Schokoladenstreusel
		Macadamianüsse
		Puderzucker

Englische Creme:

330	ml	Milch
110	g	Zucker
5		Eigelb (90 g)

Mousse au chocolat:

500	g	Englische Creme
450	g	Zartbitterkuvertüre
600	ml	Schlagsahne

Die »Macadamiatorte« ist nicht – wie man vielleicht vermuten könnte – eine Hommage an das Stadtleben bzw. an den typischen Schotter- oder Asphaltbelag (»Macadam« genannt) auf den Straßen und Bürgersteigen unserer Städte, der den Namen seines Erfinders, des schottischen Ingenieurs J. McAdam, verewigt. »Macadamia« ist vielmehr der Name einer australischen Nußart, die nach dem australischen Naturforscher John Macadam benannt wurde.

Die Macadamianuß oder Queenslandnuß, die geschmacklich der Kokosnuß ähnelt, ist die Frucht eines Tropenbaums und gehört zur Gattung der Proteusgewächse. Man darf sie also nicht mit der Paranuß (Topffruchtbaumgewächse) oder der Pekannuß (Juglandazeen) verwechseln.

Für den Dacquoise-Biskuit muß man sehr frisches Eiweiß verwenden, damit das Dessert seine Konsistenz erhält und nicht zusammenfällt. Dann ist nur noch darauf zu achten, daß die Zutaten für die Mousse bei der richtigen Temperatur vermengt werden, was nicht schwieriger ist als die übliche Zubereitung der Englischen Creme. Die Schlagsahne darf erst untergehoben werden, wenn die Mousse erkaltet ist.

Beim Zusammensetzen sollte man die Torte nach jedem Arbeitsgang eine Zeitlang kühl stellen. So erhalten ihre Bestandteile die richtige Konsistenz, und die Torte erhält die nötige Festigkeit. Die Mousse au chocolat kann man auch durch Buttercreme ersetzen, die jedoch eine geringere Festigkeit aufweist.

1. Für den Dacquoise-Biskuit mit Macadamianüssen Eiweiß mit Zukker steif schlagen. Mandel-Zucker-Mischung, Mehl, geschlagenes Eiweiß, Sahne und Schokoladenstreusel vermengen. Diese Mischung unter den Eischnee heben. Zwei 2 cm hohe Tortenringe auf ein mit Backpapier ausgelegtes Blech stellen, die Biskuitmasse einfüllen. Die Tortenringe abnehmen, Biskuitböden mit Macadamianüssen bestreuen, mit Puderzucker bestäuben und bei 170 °C 15 Minuten backen.

2. Für die Mousse au chocolat zunächst die Englische Creme zubereiten: Milch aufkochen, Eigelb mit Zucker schaumig rühren. Die Eigelbmasse mit der Milch mischen und »zur Rose« abziehen. Kuvertüre in die Englische Creme einrühren. Abkühlen lassen und die steifgeschlagene Sahne unterheben.

3. Die Mousse au chocolat mit einem Spritzbeutel mit Lochtülle lamellenförmig auf den ersten Biskuitboden auftragen.

4. Den zweiten Biskuitboden daraufsetzen. Das Dessert 2 Stunden kühl stellen. Vor dem Servieren mit Puderzucker bestäuben.

Maracujatorte

Vorbereitungszeit: *1 Stunde 30 Minuten*
Backzeit: *20 Minuten*
Schwierigkeitsgrad: ★★

Für 8 Personen

Gestreifter Joconde-Biskuit:
(siehe Grundrezepte S. 802)
Duchesse-Biskuit:
(siehe Grundrezepte S. 801)
Italienisches Baiser:
(siehe Grundrezepte S. 803)

Maracuja-Mousse:

500	g	Fruchtfleisch von Passionsfrüchten
200	g	Italienisches Baiser
750	ml	Schlagsahne
4	Blatt	Gelatine

Maracuja-Punsch zum Tränken:

375	g	Fruchtfleisch von Passionsfrüchten
100	ml	Zuckersirup
40	ml	Kirschwasser

Himbeerkonfitüre:

1	kg	Himbeeren
1	kg	Zucker
20	g	Pektin

Zum Verzieren:
Obst nach Jahreszeit
Maracuja-Gelee

Die Früchte der Passionsblume sind eher unansehnlich. Frische und reife Passionsfrüchte erkennt man an ihrer runzligen, glanzlosen und graubraunen Schale. Doch wenn man sich von diesem ersten Eindruck nicht abschrecken läßt, erwartet einen ein zartes Aroma. Die raffinierte Verarbeitung, der Bernard Proot sie unterzieht, verfeinert dieses Aroma noch und wird Ihren Gaumen verwöhnen. Doch muß man dazu einiges beachten.

Die Passionsfrüchte dürfen z.B. nur nach und nach sowie sehr langsam und vorsichtig mit der Schlagsahne vermengt werden. Verwendet wird dabei die Pülpe, d.h. das ziemlich fleischige Arillusgewebe, in das die einzelnen Samenkerne eingebettet sind. Es empfiehlt sich, die Früchte durch ein Sieb zu streichen, um die Samenkerne herauszufiltern.

Daß die Passionsfrucht neuerdings sehr gefragt ist, überrascht nicht, denn sie ist reich an Vitaminen, Mineralstoffen und anderen Wirkstoffen. Neben der Ananas gehört sie mittlerweile zu den populärsten exotischen Früchten. Bei diesem Rezept harmoniert sie zudem ausgezeichnet mit der Himbeerkonfitüre, mit der der zweite Biskuitboden bestrichen wird.

Die Torte wird verkehrt herum zusammengesetzt. Dadurch erhält die Mousse eine vollkommen glatte Oberfläche, und das Gelee haftet besser. Die Biskuitböden müssen sehr sorgfältig und gleichmäßig mit Maracuja-Punsch getränkt werden. Bernard Proot empfiehlt die Verwendung einer Sprühflasche oder eines Babyfläschchens, damit die Punschmischung gleichmäßig über die gesamte Oberfläche des Biskuits verteilt wird.

1. Gestreiften Joconde-Biskuit und Duchesse-Biskuit herstellen. Für die Maracuja-Mousse die Schlagsahne mit dem Fruchtfleisch der Passionsfrüchte mischen. Für das Italienische Baiser die aufgelöste Gelatine unter die noch warme Baisermasse ziehen, abkühlen lassen und mit der Maracuja-Mousse vermengen. Einen Tortenring mit gestreiftem Joconde-Biskuit auskleiden.

2. Einen Duchesse-Biskuitboden in den Tortenring legen. Mit Maracuja-Punsch tränken und mit einer Mousseschicht bedecken. Himbeerkonfitüre: Himbeeren mit Zucker und Pektin bei kleiner Flamme erhitzen, bis man eine sirupartige Konsistenz erhält. Vom Herd nehmen und abkühlen lassen.

3. Den zweiten Duchesse-Boden mit Himbeerkonfitüre bestreichen und in den Tortenring auf die Maracuja-Mousse setzen.

4. Den Tortenring mit der restlichen Mousse auffüllen. 4 Stunden in den Gefrierschrank stellen. Die Tortenoberfläche mit Maracuja-Gelee überziehen und mit Früchten der Saison verzieren.

Törtchen mit Chiboust-Creme

Vorbereitungszeit: *1 Stunde 30 Minuten*
Backzeit: *15 Minuten*
Schwierigkeitsgrad: ★★★

12 Stück

Biskuit (siehe Grundrezepte S. 799)
Konditorcreme (siehe Grundrezepte S. 804)

Chiboust-Creme mit Champagner:

190	ml	Champagner
30	ml	Mandarinenlikör »Napoléon«
90	ml	Mandarinensaft
60	ml	Sahne
6		Eigelb (125 g)
30	g	Puddingpulver
5	Blatt	Gelatine
6		Eiweiß (175 g)
225	g	Zucker
		Konditorcreme

Weiße Ganache-Creme:
(siehe Grundrezepte S. 806)

Mandarinenmousse mit Mandelmilch:

2		Eigelb (50 g)
45	ml	Mandelmilch
190	ml	Mandarinensaft
280	ml	Sahne
75	ml	Mandelmilch
30	ml	Mandarinenlikör »Napoléon«
2		Eiweiß (55 g)
90	g	Zucker
6	Blatt	Gelatine

Mandarinengelee:

100	ml	Mandarinenkonzentrat
300	ml	Wasser

Die erlesenen Zutaten dieses »Royal«, seine effektvolle, wahrhaft »königliche« Aufmachung, das Renommee des Champagners, mit dem die Chiboust-Creme parfümiert wird: Alles trägt dazu bei, daß dieses von Bernard Proot kreierte Dessert seinem Namen alle Ehre macht. Es wird vom säuerlichen Aroma der Mandarine dominiert, die dafür als Saft und als Likör verwendet wird.

Der Mandarinenlikör »Napoléon« wird aus den in Kognak eingelegten Schalen sizilianischer Mandarinen hergestellt. Er wurde Mitte des 19. Jahrhunderts von einem Belgier kreiert. Heute bürgt der Belgier Georgy Fourcroy für die Qualität dieses Likörs und zeichnet außerdem jedes Jahr einen der besten Konditoren der Welt mit dem »Prix Mandarine Napoléon« aus.

Die Schokoladentäfelchen mit der aparten Holzmaserung sind nicht leicht herzustellen. Zunächst muß man die Ganache aus dunkler Schokolade mit einem Spezialkamm bearbeiten. Dann läßt man sie im Gefrierschrank fest werden, und anschließend wird sie stellenweise mit weißer Ganache überzogen, die aus Mandelmilch – am besten italienischer Provenienz – hergestellt wird.

Die verschiedenen Bestandteile der Cremes müssen besonders sorgfältig vermengt werden. Vor allem die Chiboust-Creme gelingt nur, wenn man sich genau an die Temperaturvorgaben hält. Das gleiche gilt für die Mandarinenmousse. Und noch ein Tip zum Schluß: Die Farbe der Mandarinen läßt sich durch die Zugabe von etwas Orangengelee noch intensivieren.

1. Holzimitat zum Verzieren: Vollmilchkuvertüre auf einer Plastikfolie mit einem Spezialkamm ausstreichen, so daß eine holzartige Maserung entsteht. In den Gefrierschrank stellen. Mit einer dünnen Schicht weißer Ganache-Creme bestreichen. Anschließend kühl stellen und fest werden lassen.

2. Für die Chiboust-Creme Konditorcreme zubereiten. Champagner, Mandarinensaft und Sahne aufkochen. Eigelb aufschlagen, bis es hellgelb wird. Puddingpulver zugeben. Mit Champagner mischen und aufkochen. Vom Herd nehmen. Die in kaltem Wasser eingeweichte Gelatine und Mandarinenlikör zugeben. Eiweiß zu Schnee schlagen, langsam den auf 121 °C gekochten Zucker darüber gießen. Weiterschlagen, bis die Baisermasse ausgekühlt ist. Beide Massen mischen.

und Mandarinenmousse

3. Für die Mandarinenmousse Eigelb mit 45 ml Mandelmilch im Wasserbad aufschlagen. Sahne steif schlagen. Italienisches Baiser zubereiten, die in kaltem Wasser eingeweichte Gelatine unterziehen. Die steifgeschlagene Sahne mit 75 ml Mandelmilch, Mandarinensaft und Mandarinenlikör mischen. Die drei Massen vermengen.

4. Törtchen zusammensetzen: Chiboust-Creme in ein Flexiplan-Muldenblech füllen, 1½ Stunden in den Gefrierschrank stellen. Mandarinenmousse in Portionsförmchen verteilen. Chiboust-Cremescheiben in die Mousse hineindrücken. Mit Biskuitscheiben von 5 cm Durchmesser abdecken. 1½ Stunden kühl stellen. Aus Förmchen lösen. Mit Mandarinengelee überziehen. Mit Schokoladentäfelchen einfassen und mit Kapstachelbeeren (puderzuckerbestäubt) garnieren.

Erdbeer-

Vorbereitungszeit: *1 Stunde*
Backzeit: *20 Minuten*
Schwierigkeitsgrad: ★★

Für 8 Personen

Rhabarbermousse:
250 g Rhabarberpülpe
30 g Erdbeerpülpe
170 ml Schlagsahne
125 g Italienisches Baiser
4 Blatt Gelatine

Gestreifter Joconde-Biskuit, Duchesse-Biskuit, Italienisches Baiser
(siehe Grundrezepte S. 802, 801, 803)

Erdbeermousse:
250 g Erdbeerpülpe
Saft von 1/2 Zitrone
170 ml Schlagsahne
170 g Italienisches Baiser
6 Blatt Gelatine

Erdbeerpunsch zum Tränken:
250 g Erdbeerpülpe
100 ml Erdbeerlikör
200 ml Zuckersirup

Erdbeergelee:
250 g Erdbeerpülpe
250 g Zucker
2 g Pektin

Zum Verzieren:
Walderdbeeren
Minzeblätter

Genauso wie Venedig etwas Geheimnisvolles anhaftet und die Vergangenheit in den Bauten an den Kanälen immer gegenwärtig ist, läßt auch diese Torte – »Le Venise« genannt – nichts von ihrem Innenleben ahnen, das unter dem Belag aus Walderdbeeren verborgen bleibt. Bernard Proot klärt seine Gäste erst nach dem Verzehr mit einer gewissen Schadenfreude über die Rhabarbermousse auf. Wegen ihrer verdauungsfördernden Wirkung, die man sich früher in der Medizin zunutze machte, hat diese Pflanze nämlich nicht gerade den besten Ruf ...

Rhabarber verzehrt man am besten während der Saison (von Mai bis Juli, manchmal bis Oktober). Die Rhabarberstangen sollten schön rot, fest und knackig sein. Dieses Knöterichgewächs kann man auch gut einfrieren. Es eignet sich hervorragend für Kompott und Konfitüren.

Rhabarber – der z. B. in England sehr geschätzt, in Belgien aber laut Bernard Proot verkannt wird – läßt sich kaum durch anderes Obst ersetzen. Wenn es unbedingt sein muß, kann man es mit Limetten versuchen, vorausgesetzt sie sind sehr aromatisch. Doch das Ergebnis könnte enttäuschend sein.

Das schrittweise Zusammensetzen des Desserts, angefangen beim Duchesse-Biskuit bis hin zum Baiser, muß in einem Arbeitsgang erfolgen. Zwischendurch wird es immer wieder in den Gefrierschrank gestellt, damit seine Bestandteile schön fest werden. Erdbeeren sind in Belgien übrigens sehr beliebt. Dort wird die Sorte Elsanta kultiviert, die sich vor allem durch ihre regelmäßige Form und das intensive Aroma der wunderbar duftenden reifen Früchte auszeichnet.

1. Rhabarbermousse: Schlagsahne mit Rhabarber- und Erdbeerpülpe mischen. Die in kaltem Wasser eingeweichte Gelatine auflösen und unter die Baisermasse ziehen. Mit der Rhabarber-Erdbeersahne vermengen. Für die Erdbeermousse ebenso verfahren. Duchesse-Biskuit und gestreiften Joconde-Biskuit herstellen.

2. Erdbeerpunsch zum Tränken: Zuckersirup mit Erdbeerpülpe aufkochen, abkühlen lassen, dann Erdbeerlikör zugeben. Einen Tortenring mit gestreiftem Joconde-Biskuit auskleiden, anschließend einen Duchesse-Biskuit hineinlegen. Den Ring bis auf halbe Höhe mit Rhabarbermousse füllen.

Rhabarber-Torte

3. Einen mit Erdbeerpunsch getränkten Biskuitboden daraufsetzen, Walderdbeeren darauf verteilen und den Tortenring mit dem Erdbeermousse auffüllen. Etwa 4 Stunden in den Gefrierschrank stellen. Erdbeergelee: Erdbeerpülpe mit Zucker aufkochen. Vom Herd nehmen, Pektin zugeben und abkühlen lassen.

4. Um den Rand der Tortenoberfläche mit einem Spritzbeutel mit Saint-Honoré-Spezialtülle Italienisches Baiser aufspritzen. Das Baiser mit dem Gasbrenner abflämmen. Die Tortenmitte mit dem Erdbeergelee überziehen und mit Walderdbeeren garnieren.

Kaffee-

Zubereitungszeit: *2 Stunden 15 Minuten*
Backzeit: *30 Minuten*
Schwierigkeitsgrad: ★★★

Für 8 Personen

Klarer Tortenguß (s. Grundrezepte S. 803)

Kaffee-Karamel-Creme:

500	ml	Sahne
750	ml	Schlagsahne
6		Eigelb
250	g	Feinkristallzucker
5	g	Instantkaffeepulver
6	Blatt	Gelatine

Waffelboden:

300	g	Jijona-Nougat, flüssig
200	g	Vollmilchkuvertüre
50	g	Butter
120	g	Waffeln, zerbröselt

Haselnußbiskuit:

7		Eiweiß (225 g)
75	g	Zucker
375	g	geröstete Haselnüsse, gemahlen

Zum Verzieren:
rote Früchte der Saison
Schokoladengitter

Das Besondere an dieser Torte ist der knusprige Waffelboden, der mit seiner brüchigen Oberfläche an eine Bienenwabe erinnert. Seine Unebenheiten können mit Zucker, Sahne, Marmelade oder ähnlichen süßen Massen gefüllt werden, die eine cremig-weiche Ergänzung zu dem knusprigen Boden bilden.

Die Idee zu diesem Dessert kam Francisco Torreblanca, als er ein Eis verzehrte, das Schokoladenraspel enthielt. Dieser Kontrast inspirierte ihn zu dem knusprigen Waffelboden, der mit Butter und Vollmilchkuvertüre verfeinert wird und anschließend im Gefrierschrank die richtige Konsistenz erhält.

Die Torte wird mit einer Kaffee-Karamel-Creme gefüllt, für die zunächst ein heller, trockener Karamel hergestellt wird. Diese Creme muß sehr sorgfältig zubereitet werden und darf auf keinen Fall gekocht werden. Zum Aromatisieren sollte man eine besonders milde Kaffeesorte verwenden, entweder sehr fein gemahlene Kaffeebohnen der Sorte »Kolumbien« oder Instantkaffeepulver bester Qualität. Das Kaffeearoma darf allerdings nicht zu intensiv sein, um den Geschmack des Karamels nicht zu überdecken.

Für den Haselnußbiskuitboden bevorzugt Francisco Torreblanca besonders die köstlichen spanischen Haselnüsse aus Tarragona; man kann sie eventuell auch durch Pistazien oder Walnüsse ersetzen. Sie werden mit der Schale gemahlen und so in die Biskuitmasse eingearbeitet.

1. Für die Kaffee-Karamel-Creme Zucker trocken karamelisieren. Den Karamel in einem Topf mit der heißen Sahne und Instantkaffeepulver verrühren. Eigelb mit dem Schneebesen aufschlagen. Beide Massen mischen und wie eine Englische Creme auf 85 °C abziehen. Die in kaltem Wasser eingeweichte Gelatine zugeben. Erkalten lassen und zuletzt die Schlagsahne unterheben.

2. Waffelboden: Nougat mit der geschmolzenen Kuvertüre und der schaumig gerührten Butter verrühren. Vorsichtig die Waffelbrösel unterheben. Die Masse 0,5 cm dick in einen Tortenring von 16 cm Durchmesser füllen. 4 Stunden in den Gefrierschrank stellen.

Karameltorte

3. Haselnußbiskuit: Eiweiß mit Zucker steif schlagen, Haselnüsse zugeben. Auf ein mit Backpapier ausgelegtes Blech 2 Böden von 16 cm Durchmesser spritzen und bei 170 °C 30 Minuten backen. Folie auf einen Tortendeckel legen, einen 3,5 cm hohen Tortenring mit 18 cm Durchmesser daraufsetzen und Biskuitboden hineinlegen. Creme auftragen, Waffelboden daraufsetzen. Creme auftragen, Biskuitboden daraufsetzen, mit Creme bestreichen. In den Gefrierschrank stellen.

4. Torte aus dem Ring stürzen, die Tortenoberfläche mit geschmolzenem Karamel marmorieren, mit klarem Tortenguß überziehen und mit Früchten der Saison garnieren. Den Tortenrand mit einem Schokoladengitter verzieren.

Dulcinéa-

Zubereitungszeit: *2 Stunden*
Backzeit: *20 Minuten*
Schwierigkeitsgrad: ★★★

Für 8 Personen

Sandteig (siehe Grundrezepte S. 805)

Safrancreme:
10 Safranfäden
3 Blatt Gelatine
Konditorcreme (siehe Grundrezepte S. 804)
250 ml Milch
120 g Eigelb
90 g Zucker
30 g Maizena

Italienisches Baiser:
90 g Zucker
25 ml Wasser
2 Eiweiß (70 g)
25 g Zucker

Zum Verzieren:
300 g Aprikosen
Obst nach Jahreszeit
evtl. Schokoladenornamente

Passionsfrucht- oder Aprikosencoulis

Die zarten Hände der begehrenswerten Dulcinéa aus Toboso haben sicher des öfteren bei der Safranernte in La Mancha geholfen, dem Abenteuerland für wackere Helden, die gegen Windmühlen kämpfen. Die Safran-Blütennarben werden hier frühmorgens vor Sonnenaufgang gesammelt, kurz bevor die Blüten dieser Krokusart sich schließen. Francisco Torreblanca verwendet dieses teure Gewürz für die Dulcinéa-Torte, die er nach der Heldin aus dem Roman von Cervantes benannt hat.

Safran hat eine stark färbende Wirkung und ein ausgeprägtes Aroma und sollte daher immer sparsam verwendet werden. Die Safrancreme kann man am Vortag zubereiten, da sie sich im Kühlschrank gut hält.

Bevor man die Safrangriffel zu der Creme gibt, kann man sie mit einem Salamander leicht toasten. Durch das leichte Erhitzen kommt das Aroma des Safrans – eines Gewürz, das immer wieder für Überraschungen gut und bei einem solchen Dessert sicher recht ungewöhnlich ist – am besten zur Geltung.

Damit die Torte ihren berühmten Namen verdient, sollte man sie »standesgemäß« verzieren und mit einem Kranz aus reifen, mittelgroßen und fleischigen Aprikosen von elegantem Gelborange belegen. Und natürlich muß dazu ein Coulis aus Aprikosen oder Passionsfrüchten (nach Belieben auch ein Coulis aus einer anderen Obstsorte) serviert werden.

1. Sandteig herstellen, anschließend kühl stellen. Eine Springform mit 18 cm Durchmesser mit Butter einfetten, mit dem Teig auslegen und bei 180 °C 15 Minuten blind backen.

2. Für die Safrancreme Konditorcreme herstellen, Safranfäden und die in kaltem Wasser eingeweichte und ausgedrückte Gelatine zugeben.

Torte

3. Für das Italienische Baiser Zucker mit Wasser auf 121 °C kochen, langsam auf das mit Zucker steif geschlagene Eiweiß gießen. Auf Stufe 2 bis zum völligen Erkalten weiterschlagen. Safrancreme und Italienisches Baiser vorsichtig mischen. Die Masse in einen Tortenring mit 16 cm Durchmesser füllen und anschließend 4 Stunden in den Gefrierschrank stellen.

4. Die gefrorene Safrancreme aus dem Gefrierschrank nehmen und auf den Sandteigboden legen, in der Mitte mit einem Flämmeisen karamelisieren. Aprikosen in Spalten schneiden, zuckern und mit dem Flämmeisen karamelisieren. Den Tortenrand mit den Aprikosen belegen, die Tortenmitte mit Früchten der Saison oder mit Schokoladenornamenten garnieren.

Zimttorte

Zubereitungszeit: *1 Stunde 30 Minuten*
Backzeit: *10 Minuten*
Schwierigkeitsgrad: ★★

Für 8 Personen

Zimt-Mandelbiskuit:

250	g	Mandeln, sehr fein gemahlen
250	g	Zucker
6		Eier (300 g)
1	TL	Zimt

Vanillecreme:

250	ml	Milch
5		Eigelb (100 g)
100	g	Zucker
600	ml	Sahne
1		Vanilleschote
250	g	weiße Kuvertüre
4	Blatt	Gelatine

Muskatweingelee:

200	ml	Muskatwein (Moscatel)
125	ml	Glukosesirup
1	kg	Apfelgelee

Weißer Tortenguß:

500	g	Muskatweingelee
325	g	weiße Kuvertüre

Apfelgelee: (siehe Grundrezepte S. 798)

Zum Servieren: Kirschcoulis

Zimt hat ein sehr intensives Aroma, und man sollte ihn deshalb immer sparsam einsetzen. In der Gegend von Valencia wird jedoch traditionellerweise an den ersten schönen Sommertagen eine Art Zimtmilch-Granité (»Granizado«) gegessen. Bei der Zimttorte nach dem Rezept von Francisco Torreblanca besteht die einzige Schwierigkeit darin, ein ausgewogenes Verhältnis von Zimt und Mandeln zu finden.

Das Gelee für diese Torte stellen Sie am besten selbst her, indem Sie Apfelschalen in eine Mischung aus Wasser und Pektin geben, das Ganze aufkochen, Glukosesirup zufügen und es zum Festwerden einige Zeit in den Gefrierschrank stellen. So erhalten Sie ein Gelee, das natürlich, leicht säuerlich und haltbar ist.

Der berühmte Moscatel, ein Muskatwein aus der Gegend von Jávea (in der Nähe von Alicante), der von Kennern wegen seines honigartigen Nachgeschmacks geschätzt wird, gibt dem Gelee eine zusätzliche geschmackliche Komponente, die Ihnen sicher gefallen wird. Wenn Sie etwas Übung in der Zubereitung des Gelees haben, können Sie es auch mit anderen Muskatweinen, einem Sauternes oder mit Champagner aromatisieren.

Bei der Zubereitung der Vanillecreme muß man zunächst eine sorgfältig ausgeschabte Vanilleschote 24 Stunden lang in Milch ziehen lassen. Die Creme darf höchstens auf 85 °C erhitzt werden. Sie kann bei einer Temperatur von 8 °C drei bis vier Tage aufbewahrt und sogar eingefroren werden.

1. Zimt-Mandelbiskuit: Eier trennen. Eiweiß mit Zucker steif schlagen, leicht aufgeschlagenes Eigelb, gemahlene Mandeln und Zimt zugeben. Biskuit auf ein mit Backpapier ausgelegtes Blech streichen und bei 230 °C 7 Minuten backen. Apfelgelee: Apfelschalen und -abfälle in Wasser kochen, abgießen. Zum Saft die gleiche Menge an Zucker geben. Aufkochen, Pektin und Gelatine zugeben, durch ein Sieb passieren. Muskatweingelee: Apfelgelee mit Wein und Glukose erhitzen.

2. Vanillecreme: Milch mit der Vanilleschote zum Kochen bringen. Eigelb mit Zucker aufschlagen, zu der Vanillemilch geben und wie eine Englische Creme »zur Rose« abziehen. Die kleingeschnittene weiße Kuvertüre und die in kaltem Wasser eingeweichte Gelatine zufügen. Erkalten lassen und die steifgeschlagene Sahne unterheben.

3. Die Torte in einem 3,5 cm hohen Tortenring mit 18 cm Durchmesser umgekehrt zusammensetzen: Einen Tortendeckel mit Plastikfolie abdecken, den Tortenring daraufstellen. Die Torte aus 2 Schichten Vanillecreme und 2 Biskuitböden jeweils abwechselnd zusammensetzen, dabei mit der Creme beginnen. Etwa 4 Stunden in den Gefrierschrank stellen. Weißer Tortenguß: Muskatweingelee mit weißer Kuvertüre erhitzen.

4. Die Torte aus dem Gefrierschrank nehmen, auf ein Gitter stürzen und mit dem weißen Tortenguß überziehen. Eine längs aufgeschlitzte Vanilleschote im Ofen trocknen, in Eiweiß tauchen und in Kristallzucker wälzen und zum Kristallisieren in den Ofen geben. Die Torte mit Schokoladentäfelchen einfassen und mit der Vanilleschote und karamelisierten Rosenblättern verzieren. Dazu Kirschcoulis servieren.

Zitronentorte

Zubereitungszeit: *1 Stunde 30 Minuten*
Backzeit: *7 Minuten*
Schwierigkeitsgrad: ★★

Für 8 Personen

Mandelbiskuit (siehe Grundrezepte S. 804):

5		Eier
250	g	Zucker
250	g	Mandeln, sehr fein gemahlen
2		Zitronen
		Ingwer, kandiert

Zitronensirup:

250	ml	Wasser
125	g	Zucker
		Saft von 1/2 Zitrone

Zitronencreme:

250	g	Butter
200	g	Zucker
200	ml	Zitronensaft
8		Eier (400 g)
200	g	Zucker

abgeriebene Schale von 4 Zitronen

In der Provinz Alicante werden große Mengen an Obst erzeugt, das zu Recht berühmt ist. Insbesondere im unteren Segura-Tal – einem wahrhaft paradiesischen Landstrich, der aus Weinbergen und Obstgärten besteht – wachsen unzählige Orangen-, Zitronen- und Aprikosenbäume. Francisco Torreblanca stammt aus dieser Gegend, und das ist sicher der Grund für diese Hommage in Form einer köstlichen Zitronentorte, die in der Konditorei Torel seit 1989 hergestellt wird.

Die Grundlage für diese Torte bildet ein Mandelbiskuit, der aus Marcona-Mandeln, einer sehr ölhaltigen Mandelsorte (die man deshalb kühl aufbewahren sollte), hergestellt wird. Der Marcona-Mandelbaum trägt besonders viele Früchte, die erst spät (im Oktober) reif werden und innerhalb eines Jahres gegessen werden müssen.

Die Mandeln müssen so lange zerkleinert werden, bis sie durch das Ausscheiden des Mandelöls zu einer homogenen Masse geworden sind, so daß eine anschließende Zugabe von Mehl zu dem Biskuit unnötig wird.

Das Besondere an dieser Torte liegt im Kontrast zwischen den ziemlich sauren Zitronen aus Alicante und dem intensiven Aroma des kandierten Ingwers (der deshalb nur sehr sparsam verwendet werden sollte). Dem Saft dieser sauren Zitronen muß man viel Zucker (500 g) zugeben, damit ein brauchbarer Sirup entsteht, insbesondere wenn sie frisch sind. Francisco Torreblanca serviert die Torte mit Erdmandelmilch (»Horchata de Chufa«), einer Spezialität der in der Nähe von Valencia gelegenen Stadt Alboraya.

1. Für den Mandelbiskuit Eier trennen. Eiweiß mit Zucker zu steifem Schnee schlagen, nach und nach Eigelb, die gemahlenen Mandeln, die abgeriebene Zitronenschale und den kandierten Ingwer zugeben. Die Biskuitmasse auf ein mit Backpapier ausgelegtes Blech streichen und bei 230 °C 7 Minuten backen.

2. Für die Zitronencreme Zitronensaft mit Zucker, Butter und der abgeriebenen Zitronenschale zum Kochen bringen. Eier mit Zucker aufschlagen. Beide Massen mischen und 2–3 Minuten kochen. Durch ein Sieb streichen und erkalten lassen. Für den Zitronensirup Wasser mit Zucker und dem Saft einer halben Zitrone zum Kochen bringen.

3. Einen 3,5 cm hohen Tortenring mit 18 cm Durchmesser auf einen mit Folie belegten Tortendeckel stellen und mit einem 3 cm breiten Biskuitstreifen auslegen. Zwei Biskuitböden ausschneiden. Die Torte abwechselnd aus den mit Zitronensirup getränkten Biskuitböden und der Zitronencreme zusammensetzen, dabei mit der Creme beginnen. Danach 4 Stunden in den Gefrierschrank stellen.

4. Die Torte aus dem Gefrierschrank nehmen, stürzen, den Tortenring und die Folie abnehmen. Den Rand mit Kakaopulver bestäuben, die Oberfläche mit klarem Tortenguß überziehen. Mit einem Füllhorn aus weißer Schokolade verzieren und mit Früchten der Saison garnieren.

Tortada

Zubereitungszeit: *1 Stunde 45 Minuten*
Backzeit: *20 Minuten*
Schwierigkeitsgrad: ☆☆

Für 8 Personen

Mandelbiskuit (siehe Grundrezepte S. 804)

Jijona-Creme:

200	g	Jijona-Nougat
100	g	Vollmilchkuvertüre
250	ml	Sahne
500	ml	Schlagsahne
5	Blatt	Gelatine

Karamelisierte Mandeln:

125	g	Mandeln, geschält
65	g	Feinkristallzucker
15	g	Butter

Schokoladenglasur:

180	ml	Zuckersirup (30 °Bé)
60	ml	Glukosesirup
60	ml	Sahne
40	g	Kakaopulver
2	Blatt	Gelatine

Die in der Provinz Alicante gelegene Stadt Jijona ist berühmt für ihre Rosinen und ihren »Turrón«, ein helles Nougat aus Mandeln und Honig, ähnlich dem »Nougat de Montélimar«. Es gibt sogar die kontrollierte Herkunftsbezeichnung »Turrón de Jijona«, die garantiert, daß für dieses Produkt nur Rosmarinhonig und Marcona-Mandeln (eine spanische Mandelsorte, die erst spät reif wird) verarbeitet werden.

Für die Mandeln zum Karamelisieren sollte man ebenfalls Marcona-Mandeln verwenden. Sie werden trocken karamelisiert, und zwar langsam, wenn der Zucker schon zu Karamel geworden ist. Der Karamel soll durchsichtig bleiben, darf also nicht zuviel davon enthalten.

Die Mandeln für den Biskuit, einen klassischen Mandelbiskuit, sollten leicht geröstet werden. Damit die Biskuitmasse schön geschmeidig wird, kann man etwas Honig zugeben, den man zuvor auf 60 °C erhitzen muß. Das Mandelnougat für die Jijona-Creme sollte man durch ein grobmaschiges Sieb streichen, damit ein paar knusprige Stückchen erhalten bleiben.

Für den Biskuit wird auch Zimt verwendet, aber nur in geringer Menge. Damit dieses Gewürz (das wir den Mauren verdanken, die im Mittelalter in Spanien herrschten) sein volles Aroma entfalten kann, sollte man eine Zimtstange verwenden, die erst bei Bedarf gerieben und dann durch ein feines Sieb gegeben wird.

1. Mandelbiskuit mit Zimt und Zitrone herstellen. Jijona-Creme: Jijona-Nougat durch ein Sieb streichen, mit geschmolzener Kuvertüre mischen, kochende Sahne und in kaltem Wasser eingeweichte Gelatine zugeben. Auf 30 °C abkühlen lassen, dann steifgeschlagene Sahne unterheben.

2. Für die karamelisierten Mandeln Zucker mit den geschälten Mandeln trocken karamelisieren, Butter zufügen. Auf mit Öl bepinseltes Butterbrotpapier geben, ein paar Mandeln zum Verzieren der Torte aufheben und die anderen zerstoßen.

de Jijona

3. Die Torte in einem 3,5 cm hohen Tortenring mit 18 cm Durchmesser umgekehrt zusammensetzen. Plastikfolie auf einen Tortendeckel legen, den Ring daraufstellen und die Torte aus 2 Schichten Jijona-Creme und 2 Biskuitböden jeweils abwechselnd zusammensetzen, dabei mit der Creme beginnen. Auf jede Cremeschicht karamelisierte Mandeln streuen. 4 Stunden in den Gefrierschrank stellen.

4. Schokoladenglasur: Zuckersirup, Glukosesirup, Sahne und Kakaopulver erhitzen und aufkochen lassen. Den Herd abschalten und die in kaltem Wasser eingeweichte Gelatine zugeben. Die Torte mit der Schokoladenglasur überziehen, mit karamelisierten Mandeln, kristallisierten Kirschblättern und feinen Schokoladenröllchen verzieren und mit Schokoladentäfelchen einfassen.

Grundrezepte

Amerikanische Sauce

Rezept: Leichte Hechtklößchen von Christian Bouvarel

Rezept: Gefüllte Schwimmkrabben mit getrockneten Tomaten von Jacques Cagna

Rezept: Languste mit Oliven von Jacques Chibois

Zutaten:
2 Hummer à 500 g, 1 Karotte, 1 Zwiebel, 100 ml trockener Weißwein, 2 EL Cognac, 50 ml Öl, 500 ml Kalbs- oder Fischfond, 4 Tomaten, 1 EL Tomatenmark, 1 Bouquet garni (Petersilie, Thymian, Lorbeer, Kerbel, Estragon), Salz, Cayennepfeffer, 150 g Butter.

Zubereitung:
Die Hummerschwänze von den Köpfen trennen. Die Köpfe der Länge nach halbieren, die Steintasche entfernen. Den Corail in eine Schüssel geben und mit 50 g Butter mischen. Die Zwiebel und die Karotte in kleine Würfel schneiden. Das Öl in einem Schmortopf sehr heiß werden lassen, die Hummerstücke hineinlegen und so lange sautieren, bis der Panzer kräftig rot ist. Den Cognac, den Weißwein, die enthäuteten, entkernten und gehackten Tomaten, das Bouquet garni, das Tomatenmark und 500 ml Kalbs- oder Fischfond zufügen. Topf abdecken und ca. 20 Minuten garen. Den Hummer herausnehmen und die Sauce mit dem Corail binden, einmal aufkochen und mit Salz und Cayennepfeffer würzen. Durch ein Spitzsieb streichen und zum Schluß 100 g Butter zugeben.

Apfelgelee

Rezept: Zimttorte von Francisco Torreblanca

Zutaten:
2 1/2 kg säuerliche Äpfel – 1 kg Zucker – 200 ml Glukosesirup

Zubereitung:
Äpfel in 6 Spalten schneiden und gut waschen. In einen Topf geben, so viel Wasser zugießen, daß die Äpfel mit Flüssigkeit bedeckt sind. Unter Rühren zum Kochen bringen, bis sie weich gedünstet sind und zerfallen. Abgießen und durch ein Tuch pressen, so daß man ca. 1 l Saft erhält. Den Saft aufkochen, 1 kg Zucker und 200 ml Glukosesirup zugeben. Auf 32 °Bé (maximal 35 °Bé) erhitzen, dabei ständig rühren. Sofort abkühlen und in einem luftdicht abschließenden Behälter aufbewahren.

Apfelsorbet

Rezept: Gaumenschmaus aus der Normandie von Michel Bruneau

Zutaten:
2 Äpfel (Granny Smith) – Saft von 1 Zitrone – Pfeffer aus der Mühle – 100 ml Zuckersirup mit 30 °Beaumé (50 g Zucker – 50 ml Wasser)

Zubereitung:
Die Äpfel in kleine Stücke schneiden, in den Gefrierschrank geben, um die Haut zu gefrieren. Mit der Zitrone und dem Pfeffer im Mixer zerkleinern, mit dem Sirup mischen und in die Sorbetière geben.

Baiser

Rezept: Blätterteig mit Milchreis von Hilario Arbelaitz

Rezept: Halbgefrorener Nougat von Stéphane Raimbault

Zutaten:
100 g Tannenhonig – 25 g Glukose (Traubenzucker) – 120 ml Wasser – 50 g Zucker – 4 Eiweiß (120 g) – 2 g Gelatine

Zubereitung:
In eine kleine Pfanne den Honig, die Glukose, das Wasser und den Zucker geben. Bei 121 °C einkochen. Dann auf die zuvor steif geschlagenen Eiweiße geben. Im Anschluß daran 4 Minuten auf hoher Stufe und bis zum völligen Abkühlen auf mittlerer Stufe mit dem Rührgerät rühren und die aufgeweichte Gelatine zufügen.

Baumkuchen

Rezept: Hanse-Torte von Adolf Andersen

Zutaten:
5 Eier (250 g) – 250 g Zucker – 250 g Mehl – 250 g Butter – 1/2 Vanilleschote – 35 g gehackte geröstete Mandeln – 250 ml Rum

Zubereitung:
Butter langsam zerlassen. Inzwischen Eier mit Zucker kräftig aufschlagen, bis die Masse hellgelb wird. Mehl unterziehen, rasch mischen. Rum, Vanillemark, Mandeln und Butter zugeben. Eine konische Walze aus Holz mit Butterbrotpapier umwickeln, das Ganze festbinden. Ein Holzfeuer machen. Die hölzerne Walze auf einem Bratspieß befestigen. Die Walze drehen und dabei mit Hilfe eines Schöpflöffels eine erste Teigschicht auftragen. Den Teig backen, dabei den Spieß fortwährend drehen. Den Teig, der herunterfällt, in einer Schale auffangen. Die Walze immer wieder mit Teig bestreichen, bis er aufgebraucht ist. Den Baumkuchen vor dem Herunternehmen am Spieß auskühlen lassen.

Biscuit roulade nature

Rezept: Zitronentorte von Eric Baumann

Zutaten:
10 Eigelb (200 g) – 100 ml Läuterzucker – 75 g Feinkristallzucker – 7 Eiweiß (200 g) – 45 g Zucker – 125 g Mehl

Zubereitung:
Eigelb mit Läuterzucker und Zucker aufschlagen. Eiweiß mit Zucker zu steifem Schnee schlagen. Beide Massen mischen. Zuletzt mit einem Holzspatel das gesiebte Mehl unterziehen. Die Biskuitmasse auf ein mit Backpapier ausgelegtes Blech streichen oder in eine Form füllen und bei 220 °C 20 Minuten backen.

Biscuit roulade spécial

Rezept: Karameltorte à la Baumann von Eric Baumann

Zutaten:
4 Eier (200 g) – 4 Eiweiß (130 g) – 150 g Puderzucker – 20 g Zucker – 40 g Mehl – 30 g Butter – 150 g sehr fein gemahlene Mandeln

Zubereitung:
Gemahlene Mandeln, Puderzucker und Mehl mit der Hälfte der Eier verquirlen, nach und nach die restlichen Eier und dann die zerlassene Butter zugeben. Eiweiß mit Zucker zu steifem Schnee schlagen. Beide Massen mit einem Holzspatel vorsichtig mischen. Die Biskuitmasse wie den gestreiften Joconde-Biskuit auf ein mit Backpapier ausgelegtes Blech dressieren.

Biskuitteig

Rezept: Törtchen mit Chiboust-Creme und Mandarinenmousse von Bernard Proot und Gunther Van Essche

Zutaten:
4 kleine Eier (175 g) – 50 g Zucker – 225 g Mandel-Zuckermischung – Schale von 1 Orange – 5 Eiweiß (185 g) – 125 g Zucker – 75 g Mehl – 50 g zerlassene Butter – 100 g gemahlene Walnüsse

Zubereitung:
5 Eier, die Mandel-Zuckermischung und die abgeriebene Orangenschale verquirlen. 5 Eiweiß mit Zucker steif schlagen. Beide Massen vorsichtig mischen, Mehl, Walnüsse und die zerlassene Butter unterziehen. Die Masse auf ein mit Backpapier ausgelegtes Blech streichen und bei 180 °C 10 Minuten backen.

Rezept: Cassata alla Siciliana von Carlo Brovelli

Rezept: Großes Dessert mit Karamelmilch von Jean-Pierre Vigato

Zutaten:
250 g Zucker – 8 Eier – 250 g Mehl

Zubereitung:
Den Zucker und die Eier bei schwacher Hitze in einer Schüssel im Wasserbad schaumig schlagen. Die lauwarme Mischung vom Herd nehmen. Mit Hilfe eines Rührgerätes bei hoher Geschwindigkeit schlagen. Geschwindigkeit verringern und die Mischung langsam weiterschlagen, so daß sie abkühlen kann und Konsistenz bekommt. Mit einem Schaumlöffel vorsichtig das gesiebte Mehl untermischen. In eine gefettete und mit Mehl bestäubte Form füllen und bei 200 °C ungefähr 30 Minuten backen.

Blätterteig

Rezept: Taube und Gänsestopfleber im Blätterteig mit Trüffeln von Michel Haquin
Rezept: Blätterteigtarte mit Thunfisch, Tomaten und Basilikum von Dominique Le Stanc
Rezept: Ochsenschwanzsuppe mit Blätterteighut von Roger Jaloux
Rezept: Gaumenschmaus aus der Normandie von Michel Bruneau
Rezept: Blätterteig mit Milchreis von Hilario Arbelaitz
Rezept: Feiner Apfelkuchen mit Estragonsorbet von Jean Crotet
Rezept: Blätterteigtaschen mit Mamía und Sagardoz von Pedro Subijana
Rezepte: Blätterteigtorte mit geflochtenem Deckel, Saint-Honoré-Torte von Christian Cottard
Rezept: Blätterteigtorte mit Chiboust-Vanillecreme und Äpfeln von Lucas Devriese
Rezepte: Pithiviers-Torte, Orangen-Mandelcreme-Torte von Philippe Guignard

Zutaten:
500 g Mehl – 15 g Salz – 250 ml Wasser. Für die Touren: 500 g Butter.

Zubereitung:
Das Mehl kranzförmig auf die Arbeitsfläche sieben. In die Mitte Salz und Wasser geben, rasch zu einer Teigkugel zusammenkneten. 20 Minuten ruhen lassen. Auf einer Marmorplatte zu einem Viereck ausrollen. In die Mitte die ganzen 500 g weiche Butter geben. Die Butter mit den überstehenden Teigenden einschlagen, so daß ein Quadrat entsteht. Tourieren: Dem Teig 2 einfache Touren geben, 20 Minuten kühl stellen. Erneut 2 Touren geben, 20 Minuten kühl stellen, noch einmal wiederholen. Bis zur Weiterverwendung kühl stellen.

Brandteig

Rezept: Saint-Honoré-Torte von Christian Cottard

Zutaten:
250 ml Milch – 100 g Butter – 5 g Salz – 5 g Zucker – 150 g Mehl – 5 Eier (240 g)

Zubereitung:
Milch, Salz, Zucker und die kleingeschnittene Butter in eine Kasserolle geben und zum Kochen bringen. Wenn die Butter geschmolzen ist, das Mehl zugeben und bei schwacher Hitze mit einem Holzspatel kräftig rühren, bis ein glatter Teig ensteht. Den Teig 1–2 Minuten abbrennen. Wenn er sich gut vom Spatel löst, vom Herd nehmen. Nacheinander die Eier zugeben und jeweils gut verrühren.

Briocheteig

Rezept: Russisches Lachs-Kulibijaka von Michel Bourdin

Zutaten:
1,2 kg Mehl, 40 g Zucker, 24 g Salz, 10 Eier, 40 g Hefe, 100 ml Milch, 600 g Butter (Zimmertemperatur).

Zubereitung:
Die Hefe in der kalten Milch auflösen. Das Mehl, das Salz, den Zucker, die Milch mit der Hefe und die Eier in eine Rührschüssel geben. Mit dem Rührgerät 10 Minuten bei mittlerer Geschwindigkeit kneten. Sobald der Teig geschmeidig und glatt ist, rasch die weiche Butter in eigroßen Stücken einarbeiten. Gut vermischen. Den Teig in eine Schüssel geben, in der er Platz hat aufzugehen. Mit einem Tuch abdecken. Bei Zimmertemperatur etwa 1 1/2 Stunden ruhen lassen. Den Teig mit der Handkante einschlagen und eine Nacht kalt stellen.

Buttercreme

Rezepte: L' Ambassadeur, Erdbeertorte, Grand-Marnier-Torte von Maurice und Jean-Jacques Bernachon

Rezept: Hochzeitstorte mit frischen Früchten von Christian Nihoul

Zutaten:
500 g Butter – 200 g Feinkristallzucker – 5 Eier (250 g) – 50 g Zartbitterschokolade – 1 Prise Salz – 5 TL Rum (25 ml) – 5 TL Arrak (25 ml)

Zubereitung:
Eier mit Zucker und Salz im Wasserbad schaumig rühren. Wenn die Masse Körpertemperatur erreicht hat, vom Herd nehmen und unter Rühren völlig auskühlen lassen. Butter zu einer cremigen, weißen Masse verrühren, nach und nach die Eier-Zuckermasse zugeben.

Buttermürbeteig

Rezepte: Rieslingmärchen, Himbeercremetorte von Adolf Andersen

Zutaten:
90 g Mehl (Type 550) – 1 Eigelb (18 g) – 30 g Puderzucker – 1 Prise Salz – 60 g Butter – Mark von 1/2 Vanilleschote

Zubereitung:
Alle Zutaten mit Ausnahme des Mehls mit den Knethaken des Mixers zu einem glatten Teig verarbeiten. Nach und nach das Mehl zugeben, gut verkneten. Den Teig in ein Tuch wickeln und bis zum nächsten Tag kühl stellen, damit er sich leichter verarbeiten läßt.

Caracas-Biskuitboden

Rezept: Hanse-Torte von Adolf Andersen

Zutaten:
3 EL Mehl (Type 550) – 30 g Nougat – 30 g Biskuitbrösel – 3 Eigelb – 35 g Rohmarzipan – 20 g Zucker – 1 Prise Salz – 4 Eiweiß – 75 g Feinkristallzucker – 30 g Butter

Zubereitung:
Butter zerlassen und wieder erkalten lassen. Mehl sieben und mit Nougat und Biskuitbröseln mischen. Eigelb mit Marzipan, Zucker und Salz schaumig rühren. Eiweiß mit Feinkristallzucker steif schlagen. Ein Drittel des Eischnees mit der Eigelbmasse mischen, dann mit einem Holzspatel den restlichen Eischnee unterheben. Mehl, Biskuitbrösel, Nougat und zuletzt die zerlassene Butter unterziehen, dabei nicht zu lange rühren. Die Biskuitmasse in eine mit Butter gefettete, mit Butterbrotpapier ausgelegte Form füllen. Bei 170 °C 12–15 Minuten backen. Auf ein Kuchengitter stürzen und auskühlen lassen

Charlotte-Creme

Rezept: Kiwi-Torte mit Passionsfruchtcreme von Eric Baumann

Zutaten:
500 ml Milch – 180 g Zucker – 15 Eigelb (300 g) – 6 1/2 Blatt Gelatine

Zubereitung:
Milch mit Zucker aufkochen. Das Eigelb mit dem Schneebesen aufschlagen. Beide Massen vorsichtig mischen und »zur Rose« abziehen (auf ca. 82 °C). Die zuvor in kaltem Wasser eingeweichten Gelatineblätter unterziehen. Kühl stellen.

Cigarettenteig

Rezept: Zitronentorte von Eric Baumann

Zutaten:
160 g Mehl – 5 Eiweiß (160 g) – 160 g Puderzucker – 160 g Butter

Zubereitung:
Butter, Puderzucker und die Hälfte des Eiweißes verrühren, dann die Hälfte des Mehls zugeben. Anschließend das restliche Eiweiß und das restliche Mehl unterziehen.
Schokoladen-Zigarettenteig: 60 g Mehl durch 60 g Kakaopulver ersetzen. Gefärbter Zigarettenteig: Die entsprechende Lebensmittelfarbe zugeben, um die gewünschte Färbung zu erzielen.

Cigarettenteig mit Mandeln

Rezepte: Halbgefrorener Nougat von Stéphane Raimbault

Zutaten:
200 g Butter – 200 g Puderzucker – 7 Eiweiß (210 g) – 150 g Mehl – 5 ml Vanille-Extrakt – 20 g Pistazien – 20 g Rosinen – 20 g Kokosraspel – 20 g Mandeln – 20 g Mandelblättchen

Zubereitung:
Die Butter zunächst schaumig rühren, danach den Puderzucker zufügen und zügig die Eiweiße und schließlich das Mehl und die flüssige Vanille zufügen. Die Masse mit Hilfe einer runden Schablone gleichmäßig auf ein nichthaftendes Backblech auftragen. Zum Abschluß mit den Pistazien, Rosinen, Kokosraspeln, Mandeln und Mandelblättchen bestreuen. Einige Minuten bei 180 °C im Ofen backen.

Crêpeteig

Rezept: Russisches Lachs-Kulibijaka von Michel Bourdin

Zutaten:
100 g Mehl, 2 Eier, 1/4 Liter Milch, 1 Prise Salz, 50 g Butter, 1 kleiner Bund Schnittlauch.

Zubereitung:
Das gesiebte Mehl und die Prise Salz in eine Schüssel geben. Die ganzen Eier zufügen, mit einem Schneebesen verrühren, die Milch nach und nach in kleinen Mengen zufügen, um einen glatten Teig zu erhalten. Die Butter in einer Pfanne zerlassen und vom Herd nehmen, sobald sie haselnußbraun ist. Die Butter unter ständigem Rühren mit dem Schneebesen in die Masse geben. Durch ein Spitzsieb streichen. Dann den Teig 20 Minuten ruhen lassen, bevor man ihn zu Crêpes verarbeitet.

Duchesse-Biskuit

Rezept: Maracujatorte, Erdbeer-Rhabarber-Torte von Bernard Proot und Gunther Van Essche

Rezept: Weißweinduchesse, Montblanc von Lucas Devriese

Zutaten:
4 Eier (200 g) – 100 g Zucker – 100 g Mehl – 20 g Mandel-Zuckermischung

Zubereitung:
Eiweiß mit Zucker steif schlagen, Mandel-Zuckermischung und gesiebtes Mehl vorsichtig unterziehen. Für ein Backblech von 40 x 60 cm braucht man 600 g Biskuitmasse. Bei 250 °C 6 Minuten backen.

Einfache Ganache-Creme

Rezept: Schokoladen-Baumstamm von Maurice und Jean-Jacques Bernachon

Zutaten:
300 g Koch- oder Zartbitterschokolade – 250 ml Crème fraîche

Zubereitung:
Die Crème fraîche in eine Kasserolle mit dickem Boden geben. Bei starker Hitze unter Rühren mit dem Schneebesen genau 1 Minute kochen lassen. Vom Herd nehmen. Die Schokolade in kleine Stücke brechen und zu der gekochten Crème fraîche geben. Verrühren, bis eine glatte, homogene Masse entsteht. Abdecken und mindestens 12 Stunden in den Kühlschrank stellen.

Einfacher Genueser Biskuit

Rezepte: L' Ambassadeur, Schokoladen-Baumstamm, Erdbeertorte, Grand Marnier-Torte von Maurice und Jean-Jacques Bernachon

Zutaten:
3 Eier – 90 g Feinkristallzucker – 90 g Mehl – 30 g Butter
Form: Backblech mit hohem Rand

Zubereitung:
Eier und Zucker in eine Schüssel im Wasserbad geben. Erwärmen und mit dem Schneebesen verrühren. Herausnehmen und mit dem Mixer weiterrühren, bis die Masse hellgelb wird und in langen Strähnen von den Quirlen herunterläuft. Mit einem Holzspatel das Mehl unterziehen, die heiße zerlassene Butter zugeben. Ein Backblech mit Butter einfetten und mit Mehl bestäuben, die Biskuitmasse 2–3 cm dick darauf verstreichen, die Oberfläche mit einem Spatel glätten. Im vorgeheizten Backofen bei 220 °C 10 Minuten backen. Am Vortag herstellen.

Englische Creme

Rezepte: Variationen aus Schokolade von Michel Blanchet

Rezept: Maronensüßspeise mit Haselnußsauce von Georges Paineau

Zutaten:
500 ml Milch – 1 Vanilleschote – 6 Eigelb – 150 g Zucker

Zubereitung:
Die Milch mit der Hälfte des Zuckers und der der Länge nach aufgeschnittenen Vanilleschote zum Kochen bringen. In einer Schüssel die Eigelbe und den Rest des Zuckers gründlich schaumig schlagen. Ein wenig Milch auf die Zucker-Eier-Mischung geben. Alles wieder in einen Topf umfüllen und ohne Unterbrechung mit einem Holzspatel oder -löffel umrühren. Die Mischung darf vor allen Dingen nicht kochen. Vom Herd nehmen und bis zum völligen Erkalten weiterrühren. Dann die Creme durch ein Spitzsieb streichen.

Genueser Biskuit

Rezepte: Karameltorte à la Baumann, Zuger Kirschtorte, Kiwi-Torte mit Passionsfruchtcreme von Eric Baumann

Zutaten:
6 Eier (300 g) – 5 Eigelb (100 g) – 260 g Zucker – 260 g Mehl – 120 g Butter

Zubereitung:
Eigelb, Eier und Zucker im Wasserbad (bei 37 °C) aufschlagen, bis die Masse in langen Strähnen vom Löffel läuft. Mit einem Holzspatel das gesiebte Mehl unterziehen, zuletzt die zerlassene Butter zugeben. Bei 170 °C 20 Minuten backen.

Rezept: Le Canotier von Christian Cottard

Rezepte: Tiramisù bianco, Mandeltorte, Zuppa inglese von Flavio Perbellini

Zutaten:
4 Eier – 125 g Zucker – 125 g Mehl

Zubereitung:
Eier und Zucker im lauwarmen Wasserbad zuerst auf Stufe 3 verquirlen, dann auf Stufe 2 weiterschlagen, bis die Masse völlig ausgekühlt ist und in langen Strähnen von den Quirlen herunterläuft. Vorsichtig das gesiebte Mehl unterziehen. In eine mit Butter ausgestrichene, bemehlte Form füllen. Bei 200 °C 30 Minuten backen. Für den Canotier 25 g Zucker durch 25 g Honig und etwas gemahlene Vanille ersetzen.

Genueser Teig

Rezept: Torte von der Entenleber mit Traubenconfit von Dieter Kaufmann

Zutaten:
8 Eier – 250 g Zucker – 250 g Mehl.

Zubereitung:
In einer Rührschüssel im Wasserbad Zucker und Eier aufschlagen und dabei lauwarm werden lassen. Vom Herd nehmen und zunächst sehr kräftig, dann etwas langsamer weiterschlagen, bis die Masse abkühlt. Das Mehl mit einem Löffel vorsichtig unter die Masse heben. In gebutterte und mit Mehl bestäubte Formen füllen und im Backofen 30 Minuten bei 200 °C backen.

Gestreifter Joconde-Biskuit

Rezepte: Maracujatorte, Erdbeer-Rhabarber-Torte von Bernard Proot und Gunther van Essche

Rezepte: La Bavaroise de thé et chocolat von Lucas Devriese

Zutaten:
4 kleine Eier (175 g) – 125 g Feinkristallzucker – 225 Mandel-Zuckermischung – abgeriebene Schale von 1 Orange – 6 Eiweiß (190 g) – 50 g Zucker – 75 g Mehl – 50 g Butter

Zubereitung:
Eier mit 125 g Zucker, der Mandel-Zuckermischung und der abgeriebenen Orangenschale verrühren. Eiweiß mit 50 g Zucker steif schlagen. Eischnee und Eigelbmasse mischen, vorsichtig Mehl und die zerlassene Butter unterziehen. Die Hälfte der Biskuitmasse dünn auf ein mit Backpapier ausgelegtes Blech streichen, mit einem Spezialkamm Streifen ziehen, in den Gefrierschrank stellen. Nur bei dem Rezept »Himbeermousse« die andere Hälfte mit Himbeergelee parfümieren und dünn auf den festgewordenen Biskuit auftragen. Bei 200 °C 5 Minuten backen. Für den Joconde-Schokoladenbiskuit das Himbeergelee durch Kakaopulver ersetzen.

Gewürzplätzchen

Rezept: Sorbet aus Quitten mit Rhabarberkompott von Jean-Louis Neichel

Zutaten:
100 g Mandelblättchen – 100 g Zucker – 20 g Mehl – 2 Eier – Gewürze nach Belieben

Zubereitung:
In einer Schüssel die Mandeln, den Zucker, das Mehl, die Eier und die Gewürze mischen. Ungefähr 2 Stunden ruhen und ziehen lassen. Auf ein eingefettes Blech geben und im Ofen bei 240 °C backen.

Grand-Marnier-Punsch

Rezept: Grand-Marnier-Torte von Maurice und Jean-Jacques Bernachon

Zutaten:
100 g Feinkristallzucker – 100 ml Wasser – 100 ml Grand Marnier

Zubereitung:
Wasser mit Zucker aufkochen. Abkühlen lassen, den Grand Marnier zugeben.

Hummersuppe

Rezept: Hummer-Gazpacho von Michel Haquin

Zutaten:
2 Hummer à 500 g – 1 Karotte – 1 Zwiebel – 100 ml trockener Weißwein – 2 EL Cognac – 1 Bouquet garni mit viel Petersilie – 1 Thymianzweig – 1/2 Lorbeerblatt – Pfeffer, Salz – 50 ml Öl – 300 ml Kalbs- oder Fischbrühe – 1 EL Tomatenmark – 120 ml Sahne – Reis

Zubereitung:
Hummerköpfe und -schwänze abtrennen, die Köpfe der Länge nach spalten. Sand entfernen und Corail in eine Schüssel geben. Karotte und Zwiebel klein schneiden und in Olivenöl anschwitzen. Hummerstücke zugeben und schmoren lassen, bis das Fleisch gut durch ist und die Schalen eine rote Farbe annehmen. Tomatenmark, Cognac und Weißwein zufügen und reduzieren. Mit Brühe aufgießen, zum Kochen bringen und zehn Minuten köcheln lassen. Die Hummerstücke herausnehmen. Die Hummerköpfe in einem Mörser zerstoßen, zur Kochflüssigkeit geben, mit 120 ml Sahne, dem in 100 ml kalter Brühe eingeweichten Reis und der Hummercorail mischen. Etwa zehn Minuten kochen, fein passieren und abschmecken.

Italienisches Baiser

Rezepte: La Paillote coco-créole, Roussillon-Torte, Saint-Honoré-Torte von Christian Cottard

Rezept: Blätterteigtorte mit Chiboust-Vanillecreme und Äpfeln von Lucas Devriese

Rezepte: Zuppa inglese von Flavio Perbellini

Rezept: Erdbeer-Rhabarber-Torte, Maracujatorte von Bernard Proot & Gunther van Essche

Zutaten:
8 Eiweiß (250 g) – 500 g Feinkristallzucker – 250 ml Wasser

Zubereitung:
Zucker und Wasser in einen Kupferkessel geben und auf 121 °C kochen. Inzwischen Eiweiß zu steifem Schnee schlagen, langsam den gekochten Zucker darüber gießen. 3 Minuten auf Stufe 3 verquirlen, dann auf Stufe 2, bis die Masse völlig ausgekühlt ist.

Japanischer Biskuit

Rezept: Zuger Kirschtorte von Eric Baumann

Zutaten:
35 g Mehl – 8 Eiweiß (250 g) – 225 g Feinkristallzucker – 190 g sehr fein gemahlene Haselnüsse

Zubereitung:
Eiweiß mit Zucker zu steifem Schnee schlagen. Mehl mit den gemahlenen Haselnüssen sieben und mit einem Holzspatel vorsichtig unter den Eischnee ziehen. Die Biskuitmasse bei 150 °C 10 Minuten backen.

Kirschwasserpunsch

Rezepte: L'Ambassadeur, Erdbeertorte von Maurice & Jean-Jaques Bernachon

Zutaten:
100 ml Wasser – 100 g Feinkristallzucker – 100 ml Kirschwasser

Zubereitung:
Wasser mit Zucker aufkochen, abkühlen lassen, das Kirschwasser zufügen.

Klarer Tortenguß

Rezepte: Karameltorte à la Baumann, Kiwi-Torte mit Passionsfruchtcreme von Eric Baumann

Rezept: Roussillon-Torte von Christian Cottard

Rezept: La Bavaroise de Thé et Chocolat, Weißweinduchesse von Lucas Devriese

Rezept: Kaffee-Karameltorte, Zitronentorte von Francisco Torreblanca

Rezept: Mandeltorte von Flavio Perbellini

Zutaten:
450 ml Wasser – 225 ml Glukosesirup – 12 g Zitronensäure – 12 g Pektin – 570 g Feinkristallzucker

Zubereitung:
Wasser mit Glukosesirup und Zitronensäure zum Kochen bringen. Vom Herd nehmen, Pektin und einen Teil des Zuckers zufügen. Etwas abkühlen lassen, nach und nach restlichen Zucker zugeben. Kühl stellen.

Kokos-Curry-Sauce

Rezept: Schweinefilet mit Kokos-Curry-Sauce von Philippe Groult

Zutaten:
1/2 Zwiebel – 1/2 Apfel – 1/2 Banane – 1 Kokosnuß – 100 ml Geflügelbrühe – 15 g Madrascurry – 50 ml Olivenöl – 60 g Butter – Salz und Pfeffer.

Zubereitung:
Öl in einer Schmorpfanne erhitzen, darin Zwiebel, Apfel und Banane schmoren; Curry zugeben. Die Kokosmilch mit der Geflügelbrühe mischen und 5 Minuten kochen. Alles mixen, durch ein Sieb passieren, Butter unterrühren. Abschmecken.

Konditorcreme

Rezept: Schokoladen-Baumstamm, L' Ambassadeur, von Maurice und Jean-Jacques Bernachon

Rezept: Gaumenschmaus aus der Normandie von Michel Bruneau

Rezept: »Chocolat-Café« mit Walnüssen von Louis Grondard

Rezept: Mokka-Charlotte mit Eiscreme und Nüssen von André Jaeger

Rezept: Fruchtgratin mit Mandeln von Jean Fleury

Rezept: Blätterteigtorte mit Chiboust-Vanillecreme und Äpfeln von Lucas Devriese

Rezept: Pithiviers-Torte von Philippe Guignard

Rezept: Mandeltorte, Zuppa inglese von Flavio Perbellini

Rezept: Törtchen mit Chiboust-Creme und Mandarinenmousse von Bernard Proot & Gunther Van Essche

Zutaten:
600 ml Milch – 4 Eigelb – 150 g Feinkristallzucker – 50 g Mehl – 1 Prise Salz – 1 Vanilleschote

Zubereitung:
500 ml Milch, die längs aufgeschlitzte Vanilleschote und das Salz in eine Kasserolle geben, aufkochen und 2 Minuten kochen lassen. Eigelb mit Zucker in einer Schüssel kräftig aufschlagen. Mehl zugeben, dann 100 ml kalte Milch, damit sich keine Klümpchen bilden. Anschließend die gekochte Milch einrühren. Das Ganze in die Kasserolle geben, aufkochen und unter ständigem Rühren mit dem Schneebesen 3 Minuten kochen lassen. Erkalten lassen und kühl stellen.

Rezepte: Blätterteigtorte mit geflochtenem Deckel, Saint-Honoré-Torte von Christian Cottard

Rezept: Dulcinéa-Torte von Francisco Torreblanca

Zutaten:
250 ml Milch – 3 Eigelb (60 g) – 65 g Feinkristallzucker – 15 g Puddingpulver – 10 g Mehl – 1 Vanilleschote

Zubereitung:
Milch mit der längs aufgeschlitzten Vanilleschote in einer großen Kasserolle zum Kochen bringen. Eigelb mit Zucker in einer Schüssel aufschlagen, bis die Masse hellgelb wird. Das mit dem Puddingpulver gesiebte Mehl zugeben. Milch einrühren. Das Ganze in die Kasserolle geben, aufkochen und 2 Minuten kochen lassen, dabei ständig rühren, damit die Creme nicht am Topfboden haftet.

Makronenmasse

Rezept: Rieslingmärchen von Adolf Andersen

Zutaten:
450 g Rohmarzipan – 3 Eigelb (45 g) – 90 g Puderzucker – 1 Prise Salz – etwas abgeriebene Schale von 1 unbehandelten Zitrone und Saft der Zitrone

Zubereitung:
Rohmarzipan mit Eigelb glattrühren. Den mit der abgeriebenen Zitronenschale gesiebten Puderzucker, Zitronensaft und Salz zugeben. Alles gut mischen.

Mandelbiskuit

Rezepte: Zitronentorte, Tortada de Jijona von Francisco Torreblanca

Zutaten:
5 Eier – 250 g Feinkristallzucker – 250 g sehr fein gemahlene Mandeln – 1 TL Zimt – abgeriebene Schale von 1/2 Zitrone

Zubereitung:
Eier trennen, Eiweiß mit Zucker zu steifem Schnee schlagen. Nach und nach Eigelb, die gemahlenen Mandeln, die abgeriebene Zitronenschale und Zimt zugeben. Die Biskuitmasse dünn auf ein mit Backpapier ausgelegtes Blech streichen und bei 230 °C 6–8 Minuten backen.
Für die Zitronentorte Zimt durch kandierten Ingwer ersetzen.

Pfannkuchenteig

Rezept: Pfannkuchenravioli mit Orangenbutter »Suzette« von Philippe Dorange

Zutaten:
250 g Mehl – 80 g Zucker – 1 große Prise Salz – 4 Eier – 500 ml Milch – 100 g Butter

Zubereitung:
Das gesiebte Mehl, den Zucker und das Salz in eine Schüssel geben. Die ganzen Eier zufügen, mit dem Schneebesen verrühren und nach und nach die Milch zugeben, um einen glatten Teig zu erhalten. In einer Pfanne die Butter schmelzen, wenn sie braun ist, vom Herd nehmen und die Eiermilch unter Rühren zugießen. Durch ein Spitzsieb streichen. Den Teig vor der Verarbeitung eine halbe Stunde ruhen lassen.

Quittensorbet

Rezept: Sorbet aus Quitten mit Rhabarberkompott von Jean-Louis Neichel

Zutaten:
500 g frische Quitten – Wasser – 1 TL Rosmarin, frisch gehackt – 500 g Zucker – 1 unbehandelte Zitrone – 1 kleines Glas Quittenlikör

Zubereitung:
Die Quitten schälen, in Stücke schneiden und in einen Topf geben. Mit Wasser bedecken und mit dem Rosmarin, dem Zucker, dem Quittenlikör, dem Zitronensaft und einem Stück Zitronenschale bei niedriger Temperatur 15 Minuten kochen. Abkühlen lassen, im Mixer noch einmal aufschlagen und dann gefrieren lassen.

Sacher-Biskuitboden

Rezept: Hanse-Torte von Adolf Andersen

Zutaten:
4 Eigelb (70 g) – 3 Eiweiß (90 g) – 80 g Zucker – 40 g Feinkristallzucker – 70 g Mehl – 1 Prise Salz – 140 g Butter – Mark von 1/2 Vanilleschote

Zubereitung:
Die Butter mit Zucker, Salz und Vanille zu einer cremigen Masse verrühren. Das Eigelb und die geschmolzene, anschließend wieder erkaltete Schokolade unter die Buttermasse ziehen. Danach das Eiweiß mit Zucker steif schlagen. Ein Drittel davon zu der Buttermasse geben, dann den restlichen Eischnee und das Mehl unterheben.

Sandteig

Rezept: Le Canotier von Christian Cottard

Zutaten:
500 g Mehl – 2 Eier – 30 ml Crème fraîche – 150 g Puderzucker – 250 g Butter – 8 g Salz – abgeriebene Schale von 1/2 Zitrone – 1/2 Päckchen Backpulver

Zubereitung:
Die weiche Butter mit dem Puderzucker verkneten. Eier, Crème fraîche, Salz, die abgeriebene Zitronenschale und zuletzt das mit Backpulver gesiebte Mehl zugeben. Den Teig zu einer Kugel formen und kühl stellen.

Rezept: Dulcinéa-Torte von Francisco Torreblanca

Zutaten:
500 g Mehl – 5 g Salz – 250 g Butter – 125 g Puderzucker – 2 g Emulgator
Zubereitung:
Das Mehl sieben, in die Mitte der Fläche eine Vertiefung eindrücken, die weiche Butter sowie die übrigen Zutaten in die Mulde geben und anschließend alles gut verkneten. Danach den Teig kühl stellen.

Sauce Hollandaise

Rezept: Schwarzwurzeln mit frischen Walnüssen von Philippe Groult

Zutaten:
4 Eigelb – 200 g Butter – 4 Spritzer Mandelmilch – 1 Prise Cayennepfeffer – 4 EL Wasser – Salz – Pfeffer
Zubereitung:
Butter in einer Kasserolle zerlassen. Eigelb und Wasser in eine Saucenpfanne geben, bei schwacher Hitze schaumig schlagen. Vom Herd nehmen und nach und nach die zerlassene Butter unterrühren. Mit Salz, Pfeffer und Cayennepfeffer würzen und vier Spritzer Mandelmilch zugeben.

Schokoladenbiskuit

Rezept: Schwarzwälder Kirschtorte von Lucas Devriese

Zutaten:
7 Eier (360 g) – 200 g Zucker – 130 g Mehl – 45 g Maizena – 30 g Kakaopulver
Zubereitung:
Die Eier mit dem Zucker verquirlen, bis die Masse von den Quirlen herunter läuft. Mehl mit Maizena und Kakaopulver durchsieben und mit einem Spatel unter die Eimasse heben. Den Biskuit im Backofen auf einem mit Backpapier ausgelegten Backblech bei 180 °C etwa 25 Minuten backen.

Schokoladenmousse

Rezept: Schwarzwälder Kirschtorte von Lucas Devriese

Zutaten:
70 g Feinkristallzucker – 15 ml Wasser (auf 130 °C gekocht) – 1 Ei (50 g) – 3 Eigelb (55 g) – 172 g Manjari-Kuvertüre (bei 45–50 °C geschmolzen) – 240 ml Schlagsahne
Zubereitung:
Eier und Eigelb verquirlen, den gekochten Zucker darüber gießen. Abkühlen lassen, dabei auf höchster Stufe 5 Minuten schlagen und dann auf mittlerer Stufe weiterschlagen, bis die Masse völlig ausgekühlt ist. Ein Viertel der Schlagsahne unter die geschmolzene Kuvertüre heben, die restliche Schlagsahne unterheben, dann die erkaltete Eier-Zuckermasse zugeben, vorsichtig mischen.

Tapenade

Rezept: Lammbraten mit Tapenade von Laurent Tarridec

Zutaten:
35 g entsteinte Oliven – 1 Sardellenfilet – 1 feingehackte Schalotte – ein paar Kapern – Pfeffer.

Zubereitung:
Alle Zutaten zusammen im Mixer pürieren.

Vanillecreme

Rezept: Orangen-Mandelcreme-Torte von Philippe Guignard

Zutaten:
300 ml Milch – 2 Eigelb (30 g) – 40 g Zucker – 18 g Weizenstärke – 1 Prise Salz – Mark von 1/2 Vanilleschote

Zubereitung:
250 ml Milch mit Zucker, Salz und der aufgeschlitzten Vanilleschote zum Kochen bringen. Die Vanilleschote kurz vor dem Kochen herausnehmen, das Mark herausschaben und in die Milch geben. Eigelb mit der restlichen Milch und der Weizenstärke verrühren, in die kochende Milch einrühren. Aufkochen, vom Herd nehmen.

Vanille-Eiscreme

Rezept: Mokka-Charlotte mit Eiscreme und Nüssen von Andé Jaeger

Rezept: Rhabarbersuppe »Bagatelle« von Eyvind Hellstrøm

Zutaten:
500 ml Milch – 150 g Zucker – 1 Vanilleschote – 6 Eigelb – 250 ml Crème fraîche

Zubereitung:
Die Milch mit der Hälfte des Zuckers und der längshalbierten Vanilleschote gründlich zum Kochen bringen. In einer Schüssel die Eigelbe und den Rest des Zuckers cremig schlagen. Ein wenig Milch auf die Eier-Zucker-Mischung gießen. Alles zusammen in einen Topf geben und mit einem Holzspatel oder -löffel ununterbrochen verquirlen. Keinesfalls kochen. Nach einiger Zeit vom Herd nehmen und bis zum völligen Erkalten weiterrühren. Durch ein Spitzsieb streichen. Die Crème fraîche zufügen und in die Eismaschine geben.

Vanillesauce

Rezept: Vanillekipferl von Franz Augustin

Zutaten:
500 ml Milch – 6 Eigelb – 125 g Zucker – 1 Vanilleschote

Zubereitung:
Milch mit der Hälfte des Zuckers und der längs aufgeschlitzten Vanilleschote zum Kochen bringen. Eigelb mit dem restlichen Zucker in einer Schüssel aufschlagen, bis die Masse hellgelb wird. Etwas Milch auf die Eigelb-Zuckermasse gießen. Das Ganze in die Kasserolle geben und bei schwacher Hitze mit einem Holzspatel rühren. Die Masse darf auf keinen Fall kochen. Vom Herd nehmen und unter Rühren völlig auskühlen lassen. Durch ein Sieb passieren.

Weiße Champagnersauce

Rezept: Leipziger Allerlei mit Gemüse von Lothar Eiermann

Zutaten:
200 ml Kalbsbriessud – 20 ml Noilly Prat (Wermut) – 30 ml Champagner – 1 Schalotte – 20 g Butter – 1/4 Lorbeerblatt – Salz, Pfeffer – 2 weiße Pfefferkörner, zerstoßen – 1 Zitrone – 100 ml Crème fraîche – 100 ml flüssige Sahne

Zubereitung:
Den Fischfond mit der gehackten Schalotte, Lorbeer und Salz zur Hälfte einkochen, die flüssige Sahne zugeben und weiter reduzieren. Fein passieren und den Wermut angießen. Erneut zum Kochen bringen, Crème fraîche, Butter und zum Schluß den Champagner zufügen. Abschmecken.

Weiße Ganache-Creme

Rezept: Törtchen mit Chiboust-Creme und Mandarinenmousse von Bernard Proot

Zutaten:
525 g weiße Schokolade – 70 ml Sahne – 135 g Butter – 70 ml Milch – 75 ml Glukosesirup

Zubereitung:
Sahne mit Milch und Glukosesirup aufkochen. Vom Herd nehmen, die kleingeschnittene weiße Schokolade und die Butter zugeben. Gut mischen. Erkalten lassen.

Wiener Biskuitboden

Rezept: Rieslingmärchen von Adolf Andersen

Zutaten:
5 Eier (250 g) – 100 g Mehl (Type 550) – 180 g Zucker – 110 g Weizenstärke – 50 g Butter – 1 Prise Salz

Zubereitung:
Butter zerlassen und wieder erkalten lassen. Eier mit Zucker und Salz im Wasserbad schaumig rühren, bis die Masse Körpertemperatur erreicht. Aus dem Wasserbad nehmen und unter Rühren völlig auskühlen lassen. Vorsichtig Mehl und Weizenstärke unterziehen. Die zerlassene Butter zugeben.
Eine runde Form von 24 cm Durchmesser mit Butter einfetten, den Boden mit Butterbrotpapier auslegen. Die Biskuitmasse einfüllen und bei 170 °C 30 Minuten backen. In der Form auskühlen lassen. Mehrere Stunden ruhen lassen.

Die Köche

Fernando Adría

* 14. Mai 1962

Restaurant **El Bulli**
30, Apartado de Correos Cala Montjoi
E-17480 Rosas

1983 erhielt Fernando Adría 2 Michelin-Sterne für seine Tätigkeit in seinem Restaurant an der Costa Brava. Der Gault-Millau zeichnete Adría mit 19 Punkten und 4 roten Kochmützen aus. Auch die spanischen Restaurantführer würdigten sein Talent: 4 Sterne im Campsa, 9,5 von 10 Punkten im Gourmetour. Fernando Adría gewann den »Spanischen Nationalpreis für Gastronomie« und 1994 auch den »Europäischen Grand Prix der Kochkunst«. Wenn ihm seine Pflichten noch Zeit dazu lassen, feuert der Küchenchef gerne den Fußballverein von Barcelona an.

Hilario Arbelaitz

* 27. Mai 1951

Restaurant **Zuberoa**
Barrio Iturrioz, 8
E-20180 Oyarzun

Geboren im Herzen des spanischen Baskenlands, dessen Feinschmecker-Traditionen er mit Nachdruck pflegt, begann Hilario Arbelaitz seine Karriere 1970 im Restaurant *Zuberoa*, wo er 1982 Küchenchef wurde. Seitdem hat er zahlreiche französische und spanische Auszeichnungen erhalten: 2 Michelin-Sterne, 3 rote Kochmützen und 17 Punkte im Gault-Millau, außerdem 4 Campsa-Sterne. 1993 erwarb er den Titel »Bester Koch von Euzkadi« (Baskenland) und 1991 »Bester Koch Spaniens«. Er pflegt mit gleicher Begeisterung das baskische Pelotespiel und sein Familienleben und interessiert sich sehr für die Geschichte und Zukunft seines Metiers.

Firmin Arrambide

* 16. September 1946

Restaurant **Les Pyrénées**
19, place du Général de Gaulle
F-64220 Saint-Jean-Pied-de-Port

Seit 1986 bestimmt Firmin Arrambide das Schicksal des Restaurants *Pyrénées*: 2 Michelin-Sterne, 3 rote Kochmützen und 18 Punkte im Gault-Millau. Er pflegt eine regional inspirierte Küche, die ihm den zweiten Platz beim »Taittinger«-Preis (1978) einbrachte und die Teilnahme am Finale des Wettbewerbs »Bester Handwerker Frankreichs« (1982).
Wie es sich für einen echten Basken gehört, geht Arrambide im Herbst auf die Jagd. Außerdem liebt er das Bergsteigen. Aber er genießt auch ab und zu einfach ein Sonnenbad am Rand des Schwimmbeckens.

Jean Bardet

* 27. September 1941

Restaurant **Jean Bardet**
57, rue Groison
F-37000 Tours

Bevor er 1987 unter seinem Namen ein Restaurant in Tours eröffnete, hat Jean Bardet ganz Europa durchquert und hauptsächlich als Saucenkoch im Londoner *Savoy* gearbeitet. Er ist Mitglied der »Relais et Châteaux«, »Relais Gourmands« sowie der »Auguste-Escoffier«-Stiftung und erhielt 4 rote Kochmützen im Gault-Millau (19,5) und 2 Michelin-Sterne. 1982 hat er sogar das Essen der Staatschefs beim Versailler Gipfel zubereitet. Jean Bardet ist passionierter Zigarrenraucher und frönt im Herbst gemeinsam mit Freunden seiner Jagdleidenschaft.

Guiseppina Beglia

* 16. Mai 1938

Restaurant **Balzi Rossi**
2, Via Balzi Rossi
I-18039 Vintimiglia

Seit 1983 überragt ihr Restaurant den berühmten Aussichtspunkt und die Höhlen der »Balzi Rossi« (rote Felsen), aber Guiseppina Beglia selbst ist in Italien ebenso wegen ihrer von 1985 bis 1990 ausgestrahlten Fernsehsendungen bekannt. Als Mitglied der Restaurantkette »Le Soste« erhielt sie 2 Michelin-Sterne, 3 rote Kochmützen im Gault-Millau (18) und 82 von 100 Punkten im Restaurantführer Gambero Rosso. 1992 gewann sie den ersten »Goldenen Schlüssel der Gastronomie«, den Gault-Millau an Köche außerhalb Frankreichs vergab. Guiseppina Beglia liebt das Skifahren in den Alpen.

Michel Blanchet

* 16. Juni 1949

Restaurant **Le Tastevin**
9, avenue Eglé
F-78600 Maisons-Laffitte

Nach einer hervorragenden Ausbildung von 1967 bis 1971 im *Maxim's*, im *Lutétia* und bei *Ledoyen*, hat Michel Blanchet 1972 die Leitung des *Tastevin* übernommen, das heute 2 Michelin-Sterne besitzt. Sein Talent hat ihn mehrmals in das Finale des »Prosper Montagné«-Preises (1970 und 1972), des »Taittinger«-Preises (1974) und des Wettbewerbs »Bester Handwerker Frankreichs« (1979) gebracht. Michel Blanchet ist »Maître Cuisinier de France« und Mitglied der »Kulinarischen Akademie Frankreichs«. Als großer Naturliebhaber schätzt er Streifzüge durch Wälder und Radsport.

Michel Bourdin

* 6. Juni 1942

Restaurant **The Connaught**
Carlos Place, Mayfair
GB-W1Y 6AL London

Michel Bourdin, der in der großen Ahnenreihe französischer Küchenchefs in Großbritannien steht, erfreut seit 1975 die Londoner im *Connaught*. Nach seiner Ausbildung bei *Ledoyen* und im *Maxim's* unter der Führung von Alex Humbert, erhielt er zahlreiche Preise (»Prosper Montagné«, »Taittinger«) und ist seit 1980 Präsident des britischen Zweiges der »Kulinarischen Akademie Frankreichs«. Schließlich ist er Mitglied im »Verein der Hundert« und Ehrenmitglied der Vereinigung »Chefs des Chefs«. Seine Mitarbeiterinnen Carolyn und Deborah Power haben die Desserts des *Connaught* berühmt gemacht.

Christian Bouvarel

* 26. April 1954

Restaurant **Paul Bocuse**
F-69660 Collonges-au-Mont-d'Or

Der jüngste Küchenchef des Restaurants *Paul Bocuse* hatte berühmte Lehrer: 1971 Raymond Thuillier im Oustau de Baumanière in Baux-de-Provence und 1972 Paul Haeberlin in der *Auberge de l'Ill* in Illhaeusern, bevor er 1975 in das berühmte Restaurant in Collonges eintrat. 3 Michelin-Sterne, 4 rote Kochmützen im Gault-Millau (19), 4 Sterne im Bottin Gourmand: An diesem Erfolg ist natürlich auch Christian Bouvarel beteiligt, der zudem 1993 zum »Besten Handwerker Frankreichs« ernannt wurde.
Der geborene Lyoneser ist ein begeisterter Naturfreund und verbringt seine knappe Freizeit am liebsten mit Bergsteigen.

Carlo Brovelli

* 23. Mai 1938

Restaurant **Il Sole di Ranco**
5, Piazza Venezia
I-21020 Ranco

Eine Sonne – der Restaurantführer Veronelli mußte diesem Restaurant unter dem Zeichen des Tagesgestirns einfach eine solche Anerkennung zollen. Es blickt auf eine 120jährige Familientradition zurück und wird von Carlo Brovelli seit 1968 geführt. Als Mitglied der Ketten »Le Soste«, »Relais et Châteaux« und »Relais Gourmands« hat er viele Auszeichnungen erhalten: 2 Michelin-Sterne, 3 Kochmützen im Gault-Millau (18), 84 von 100 Punkten im italienischen Gambero Rosso. Carlo Brovelli, der in der Hotelfachschule in La Stresa ausgebildet wurde liebt Radsport, Fußball und die Jagd.

Jean-Pierre Bruneau

* 18. September 1943

Restaurant **Bruneau**
73–75, avenue Broustin
B-1080 Brüssel

Im Schatten der bedeutenden Koekelberg-Basilika mitten in Brüssel leitet Jean-Pierre Bruneau seit gut 20 Jahren das Restaurant, das seinen Namen trägt. Die raffinierten Kreationen dieses belgischen »Maître Cuisinier« haben ihm viele Auszeichnungen gebracht: 3 Michelin-Sterne, 4 rote Kochmützen im Gault-Millau, 3 Sterne im Bottin Gourmand und 94 von 100 Punkten im belgischen Restaurantführer Henri Lemaire. Außerdem ist er Mitglied von »Traditions et Qualité«.
Wenn er die Küche je verläßt, geht er gerne zur Jagd und beteiligt sich am Automobilsport, den er auch selbst ausübt; außerdem sammelt er alte Autos.

Michel Bruneau

* 11. Februar 1949

Restaurant **La Bourride**
15-17, rue du Vaugueux
F-14000 Caen

»Die Normandie ist stolz auf sich« – das ist die Devise von Michel Bruneau, der nicht müde wird, auf seiner ausführlichen verlockenden Speisekarte die üppigen Produkte aus der Region Calvados aufzuzählen. Zuerst arbeitete er inmitten der Plantagen in Ecrécy, am Ufer der Guigne (1972 bis 1982), dann seit 1982 im *La Bourride* in Caen. Hier bietet er Feinschmeckern eine erfindungsreiche Küche, die von regionalen Traditionen geprägt ist: 2 Michelin-Sterne, 3 rote Kochmützen im Gault-Millau (18). Privat kocht Michel Bruneau für seine Freunde. Er spielt Fußball und begleitet seinen Sohn manchmal auf die Skating-Piste.

Alain Burnel

* 26. Januar 1949

Restaurant **Oustau de Baumanière**
Val d'Enfer
F-13520 Les Baux-de-Provence

Die Lehre hat Alain Burnel ins *La réserve de Beaulieu*, ins *Frantel* nach Nantes zu Roger Jaloux, ins *Sofitel* nach Marseille und in das *Château du Besset* nach Saint-Romain de Lerps geführt. Dort war er von 1978 bis 1982 Küchenchef, bevor er in Baux die Stelle des berühmten Raymond Thuillier übernahm, dessen Restaurant heute der Familie Charial gehört. Alain Burnel erhielt 2 Michelin-Sterne, 3 weiße Kochmützen im Gault-Millau (18), und er ist Mitglied von »Traditions et Qualité«, »Relais et Châteaux« und »Relais Gourmands«. In seiner Freizeit ist der Küchenchef ein hervorragender Radsportler.

Jan Buytaert

* 16. Oktober 1946

Restaurant **De Bellefleur**
253 Chaussée d'Anvers
B-2950 Kapellen

Obwohl er ein waschechter Belgier ist und einen Großteil seiner Karriere in Belgien verbracht hat (zunächst im *Villa Lorraine* in Brüssel, 1973 bis 1974), arbeitete Jan Buytaert zwei Jahre in der Küche vom *Prés et Sources d'Eugénie* in Eugénie-les-Bains unter der Leitung von Michel Guérard (1974 bis 1975). Nach diesem französischen Zwischenspiel eröffnete er 1975 sein jetziges Restaurant, das ihm 2 Michelin-Sterne brachte und zu den besten Restaurants in seiner Region zählt.
Der belgische »Maître Cuisinier« liebt ruhige Sportarten wie Wandern und Reiten und arbeitet gern im Garten.

Jacques Cagna

* 24. August 1942

Restaurant **Jacques Cagna**
14, rue des Grands Augustins
F-75006 Paris

Dieser ausgezeichnete Küchenchef hat in den berühmtesten Restaurants der Hauptstadt gewirkt (1960 im *Lucas Carton*, 1961 im *Maxim's*, 1964 im *La Ficelle*) und war sogar Koch der Nationalversammlung (1961 bis 1962), bevor er 1975 unter seinem Namen ein eigenes Restaurant eröffnete, für das er allerhöchste Würden erhielt: 2 Michelin-Sterne, 2 rote Kochmützen im Gault-Millau (18) und 3 Sterne im Bottin Gourmand. Jacques Cagna ist Ritter des »Mérite nationale des Arts et des Lettres«. Er kennt sich sehr gut in Asien aus, spricht fließend Japanisch und begeistert sich für klassische Musik, Oper und Jazz.

Stewart Cameron

* 16. September 1945

Restaurant **Turnberry Hotel & Golf Courses**
GB-KA26 9LT Turnberry

Die Küche des Hotels *Turnberry*, eines von zwei schottischen Restaurants, das 5 rote Sterne trägt, hat seit 1981 einen echten Schotten als Küchenchef: Stewart Cameron, der vorher im *Malmaison*, dem Restaurant des *Central Hotel* in Glasgow, arbeitete. Stewart Cameron ist außerdem Mitglied des »Taste of England« und des britischen Zweiges der »Kulinarischen Akademie Frankreichs«. 1986 und 1994 durfte er die Teilnehmer der Golf-Open von Großbritannien in seinem Restaurant bewirten. Bei Gelegenheit geht Stewart Cameron auf die Jagd oder zum Fischen. Natürlich ist er Rugby-Fan und gehört zu den treuesten Förderern der XV von Schottland.

Mario Cavallucci

* 20. Mai 1959

Restaurant **La Frasca**
38, Via Matteoti
I-47011 Castrocaro Terme

2 Michelin-Sterne, 4 Kochmützen im Gault-Millau (19), 1 Sonne im Veronelli, 89 von 100 Punkten im *Gambero Rosso:* Was will Mario Cavallucci mehr? Im besten Einvernehmen mit dem Restaurant-Inhaber und Kellermeister Gianfranco Bolognesi hat dieser junge, unermüdliche Küchenchef schon viele Ehrungen erhalten. Er ist Mitglied der Restaurantkette »Le Soste« und setzt sich seit 1978 voller Elan für die große kulinarische Tradition Italiens ein.
Diese Tätigkeit läßt ihm trotzdem noch etwas Zeit zum Fischen und Lesen, für gelegentliche Kinobesuche, zum Karten-, Fußball- und Billardspielen.

Francis Chauveau

* 15. September 1947

Restaurant **La Belle Otéro**
Hôtel Carlton (7e étage)
58, La Croisette
F-06400 Cannes

Die Begegnung mit der provenzalischen Küche hat für Francis Chauveau zu hervorragenden Ergebnissen geführt. Proben seines Könnens genießen die Besucher des mit 2 Michelin-Sternen ausgezeichneten *Palace-Hotels* in Cannes seit 1989. Als Küchenchef sammelte Francis Chauveau seine ersten Erfahrungen im *Hôtel d'Espagne* in Valencay und setzte 1965 seine Karriere in der *Auberge de Noves* fort. Danach arbeitete er in Nobelrestaurants wie der *Auberge du Père Bise, Réserve de Beaulieu, Terrasse* im Hotel *Juana* in Juan-les-Pins und von 1980 bis 1989 im berühmten Restaurant *L'Amandier* in Mougins.

Jacques Chibois

* 22. Juli 1952

Restaurant **La Bastide St-Antoine**
45, avenue Henri Dunant
F-06130 Grasse

Im Laufe einer Karriere mit zahlreichen Ortswechseln durfte Jacques Chibois viele berühmte Köpfe der französischen Gastronomie kennenlernen: Jean Delaveyne in Bougival, Louis Outhier in La Napoule, Roger Vergé in Mougins und im Bereich der Pâtisserie Gaston Lenôtre. Seit 1980 arbeitete er immer wieder unter der Leitung von Michel Guérard und erhielt während seiner Zeit im *Gray d'Albion* (Cannes, 1981 bis 1995) 2 Michelin-Sterne. 1995 eröffnete er dann in Grasse das Restaurant *La Bastide Saint-Antoine.* In seiner Freizeit begeistert er sich für Radsport und für die Natur, außerdem ist er passionierter Jäger und Angler.

Serge Courville

* 9. Dezember 1935

Restaurant **La Cote 108**
Rue Colonel Vergezac
F-02190 Berry-au-Bac

Serge Courville nennt mit Wärme seine drei Lehrer Roger Petit, Robert Morizot und Jean-Louis Lelaurain. Wenig interessiert an Auszeichnungen, hat er dennoch das Finale zahlreicher kulinarischer Wettbewerbe erreicht (»Prosper Montagné«-Preis, 1971; »Trophée national de l'Académie Culinaire«, 1972; »Taittinger«-Preis, 1973). Serge Courville leitet seit 1972 zusammen mit seiner Ehefrau das *La Cote 108*, das 1982 auch 1 Michelin-Stern erhielt. Privat läßt er gern Freunde seine Gerichte probieren, er ist außerdem ein leidenschaftlicher Leser und Radsportler und hält sich viel in der Natur auf, um zu angeln oder Pilze zu suchen.

Bernard & Jean Coussau

* 15. September 1917 * 6. Mai 1949

Restaurant **Relais de la Poste**
F-40140 Magescq

Bernard Coussau symbolisiert die Gastronomie der Region Landes. Im *Relais de la Poste*, das 1954 eröffnet wurde und seit 1969 durchgehend 2 Michelin-Sterne innehat, bietet der Ehrenpräsident der »Maîtres Cuisiniers de France« seinen Gästen eine feine Regionalküche, die gut zu der alten, hervorragend erhaltenen Poststation paßt. Auf dem Gipfel einer außergewöhnlichen Karriere ist der Küchenchef heute Offizier des »Mérite agricole«, Ritter der »Ehrenlegion« und der »Palmes académiques«. Sein Sohn Jean arbeitet mit ihm, nach einer mustergültigen Karriere im *Café de Paris* in Biarritz, *Plaza-Athénée* in Paris und *Riz* in Madrid steht er neben seinem Vater in der Küche.

Richard Coutanceau

* 25. Februar 1949

Restaurant **Richard Coutanceau**
Place de la Concurrence
F-17000 La Rochelle

Richard Coutanceau, dessen Restaurant wundervoll im »grünen Venedig« zwischen dem Marais Poitevin und der Côte Sauvage gelegen ist, hat seine Karriere in Paris begonnen (*L'Orée du bois*, 1968) und in La Rochelle fortgesetzt (*Hôtel de France et d'Angleterre*, von 1968 bis 1982). Der gebürtige Charentaiser sammelt Auszeichnungen geradezu: 2 Sterne im Michelin, 3 im Bottin Gourmand und 3 rote Kochmützen im Gault-Millau sowie 17 Punkte. Sein Restaurant gehört zu der Kette »Relais Gourmands«, darüber hinaus ist er Mitglied der »Jungen Restaurateure Europas«.
Der Küchenchef spielt fleißig Tennis und geht gerne Angeln.

Jean Crotet

* 26. Januar 1943

Restaurant **Hostellerie de Levernois**
Route de Combertault
F-21200 Levernois

Inmitten eines prächtigen Parks aus Louisiana-Zedern, Weiden und Eschen, der von einem kleinen Fluß durchzogen wird, bietet Jean Crotet eine edle Küche, die mit 2 Michelin-Sternen und 3 Sternen im Bottin Gourmand ausgezeichnet wurde. Er ist »Maître Cuisinier de France«, Mitglied der »Relais et Châteaux« und »Relais Gourmands«. 1988 hat er sich in Levernois nahe Beaune niedergelassen, nachdem er 15 Jahre im *La Côte d'Or* in Nuits-Saint-Georges tätig war.
In seiner Freizeit angelt Jean Crotet gern, fliegt Hubschrauber, spielt Tennis, geht auf die Jagd und arbeitet im Garten.

Michel Del Burgo

* 21. Juni 1962

Restaurant **La Barbacane**
Place de l'Église
F-11000 Carcassonne-La Cité

Im Süden Frankreichs hat dieser junge Pikarde erstmals seine Talente unter Beweis gestellt – bei Alain Ducasse in Courchevel, Raymond Thuillier in Baux-de-Provence und bei Michel Guérard in Eugénie-les-Bains. Nach einem kurzen Aufenthalt im Rhônetal und in Avignon (1987 bis 1990) wurde Michel Del Burgo dann 1991 von Jean-Michel Signoles zum Küchenchef des *La Barbacane* im Zentrum von Carcassonne ernannt. 1995 erhielt er seinen zweiten Michelin-Stern, die »Lilie der Restauration« und den »Goldenen Schlüssel« des Gault-Millau sowie 3 rote Kochmützen und 18 Punkte. Michel Del Burgo liebt Musik, Automobilsport und Wandern.

Joseph Delphin

* 4. September 1932

Restaurant **La Châtaigneraie**
156, route de Carquefou
F-44240 Sucé-sur-Erdre

Als »Maître Cuisinier de France« und Mitglied der »Kulinarischen Akademie Frankreichs« erfreut Joseph Delphin die Feinschmecker aus der Gegend um Nantes mit seinen Talenten. Er ist Ritter des »Mérite agricole« und hat außerdem vom französischen Präsidenten die »Vase de Sèvres« erhalten. Direkt am Ufer der Erdre liegt das Restaurant *La Châtaigneraie* (1 Michelin-Stern). Es gibt kaum etwas Schöneres als den warmherzigen Empfang durch die Familie Delphin, denn Jean-Louis, Mitglied der »Jungen Restaurateure Europas«, arbeitet hier zusammen mit seinem Vater.

Philippe Dorange

* 27. Mai 1963

Restaurant **Fouquet's**
99, avenue des Champs-Élysées
F-75008 Paris

Muß man das *Fouquet's* eigentlich hier noch vorstellen? Sicherlich nicht, ebensowenig wie die Restaurants, in denen Philippe Dorange früher gewirkt hat: Roger Vergés *Le Moulin de Mougins* (1977 bis 1981), Jacques Maximins *Negresco* in Nizza (1981 bis 1988) und schließlich das *Ledoyen* in Paris, wo er von 1988 bis 1992 Küchenchef war. Ein wirklich schöner Werdegang für einen jungen Chefkoch, dessen mediterrane Herkunft sich in seinen kulinarischen Vorlieben widerspiegelt. Wenn er gerade nicht in der Küche steht, boxt Philippe Dorange gern, er fährt Sportwagen oder spielt Fußball.

Claude & Éric Dupont

* 7. Juni 1938 * 16. April 1966

Restaurant **Claude Dupont**
46, avenue Vital Riethuisen
B-1080 Brüssel

Die belgischen und französischen Gourmetführer geizen nicht mit Auszeichnungen für die Küche von *Claude Dupont*: 2 Michelin-Sterne seit 1976, 3 Sterne im Bottin Gourmand, 3 weiße Kochmützen im Gault-Millau (17) und 92 von 100 Punkten im belgischen Führer Henri Lemaire. 1967 erhielt *Claude Dupont* den »Prosper Montagné«-Preis, 1973 den »Oskar der Gastronomie«. Außerdem war der Küchenchef Leiter des belgischen Pavillons auf der Weltausstellung in Osaka 1970. Sein Sohn war Schüler der Brüsseler Meisterköche Freddy Van Decasserie, Pierre Wymants und Willy Vermeulen. Heute arbeitet er mit seinem Vater zusammen.

Lothar Eiermann

* 2. März 1945

Restaurant **Wald- & Schloßhotel Friedrichsruhe**
D-74639 Friedrichsruhe

Lothar Eiermann ist seit mehr als 20 Jahren in Friedrichsruhe, der Sommerresidenz des Prinzen von Hohenlohe-Öhringen, tätig, die zu den »Relais et Châteaux« gehört. Davor hat er ganz Europa durchstreift: Als Küchenchef arbeitete er in der Schweiz zwischen 1964 und 1972 im *Grappe d'Or* in Lausanne und im Hotel *Victoria* in Glion. Dann war er im Hotel *Gleneagles* in Schottland tätig, ging anschließend nach England und erneut nach Schottland, wo er 1972 bis 1973 Hotelmanager war. Der Liebhaber edler Bordelais-Weine hat außerdem ein Studium in Wirtschaftswissenschaften in Heidelberg abgeschlossen, fährt Ski und Fahrrad oder spielt Tennis.

Jean Fleury

* 22. April 1948

Restaurant **Paul Bocuse**
F-69660 Collonges-au-Mont-d'Or

Nach einem vielversprechenden Debüt in seiner Heimatstadt Bourg-en-Bresse, der Hauptstadt der für ihre hervorragenden Produkte bekannten Region Bresse, ist Jean Fleury durch seine Tätigkeit im Hotel *Royal* in Évian (1968 bis 1969) und im Brüsseler *Hilton* (1971 bis 1978) berühmt geworden. Als »Prosper Montagné«-Preisträger von 1976 wurde er im gleichen Jahr zum »Besten Koch Belgiens« ernannt und gewann 1979 den Wettbewerb um den Titel »Bester Handwerker Frankreichs«. 1985 beendete er seine Arbeit im Lyoneser *Arc-en-ciel* und konnte nun Paul Bocuse in sein berühmtes Restaurant nach Collonges folgen. Er liebt Reisen, Wandern und alte Kochbücher.

Constant Fonk

* 1. September 1947

Restaurant **De Oude Rosmolen**
Duinsteeg 1
NL-1621 Er Hoorn

Seit 1990 haben die 2 Michelin-Sterne Hoorn im Norden der Niederlande nicht mehr verlassen. Nach den ersten vielversprechenden Schritten in Amsterdam im *Hilton* (1965 bis 1966), dann im *Amstel Hotel* (1966 bis 1967), ist Constant Fonk in seine Heimatstadt zurückgekehrt. Dort arbeitet er seit 1967 im Restaurant *De Oude Rosmolen* und übernahm 1976 schließlich die Leitung der Küche. Begeistert von guter Küche und guten Weinen, liebt er es besonders, diese gemeinsam mit Gleichgesinnten zu probieren. Außerdem spielt er gerne Golf.

Louis Grondard

* 20. September 1948

Restaurant **Drouant**
16-18, rue Gaillon
F-75002 Paris

Es ist keine leichte Aufgabe, seit 1990 jedes Jahr die Juroren des »Prix Goncourt« zu beköstigen – dafür braucht man schon jemanden wie diesen Küchenchef, der 1979 zum »Besten Handwerker Frankreichs« ernannt wurde. Gelernt hat Louis Grondard im *Taillevent* und im *Maxim's*, erst in Orly, dann in Roissy. Erste Erfolge erzielte er dann im Eiffelturm-Restaurant und im berühmten *Jules Vernes*, das 1983 im Turm eröffnet wurde. Zu Recht erhielt er 3 weiße Kochmützen im Gault-Millau sowie 17 Punkte und 2 Michelin-Sterne. Unser Küchenchef Louis Grondard liebt Literatur, Barockmusik und die Oper.

Philippe Groult

* 17. November 1953

Restaurant **Amphyclès**
78, avenue des Ternes
F-75017 Paris

Als treuer Mitarbeiter und Schüler von Joël Robuchon im *Jamin* (1974 bis 1985) arbeitet der Normanne Philippe Groult heute in eigener Regie. Er wurde 1982 zum »Besten Handwerker Frankreichs« ernannt und besitzt heute 2 Michelin-Sterne und 3 rote Kochmützen (18) im Gault-Millau. 1988 hat er an der »Kulinarischen Olympiade« in Tokio teilgenommen, ein Jahr später übernahm er die Küchenleitung im *Amphyclès*. Seit 1978 ist er Mitglied der »Devoirs Unis«.
Philippe Groult ist ein großer Freund des Reisens, Fernost-Kenner und auch ein begeisterter Kampfsportler.

Marc Haeberlin

* 28. November 1954

Restaurant **Auberge de L'Ill**
2, rue de Collonges-au-Mont-d'Or
F-68970 Illhaeusern

Dieser würdige Erbe der Haeberlin-Dynastie wird die Feinschmecker, die durch die Erfolge seines Vaters Paul angelockt wurden, bestimmt nicht enttäuschen, wenn sie heute wieder in diesen Tempel der Elsässer Küche einkehren. 3 Michelin-Sterne, 4 rote Kochmützen (19,5 Punkte!) im Gault-Millau und 4 Sterne im Bottin Gourmand sind wirklich ansehnliche Auszeichnungen. Seine weitere Ausbildung erhielt er bei Bocuse und den Troisgros und in Paris im *Lasserre* (1976).
Wenn er genügend Zeit hat, beschäftigt sich Marc Haeberlin mit Malerei und Autos. Im Winter fährt er Abfahrtsski.

Michel Haquin

* 27. September 1940

Restaurant **Le Trèfle à 4**
87, avenue du Lac
B-1332 Genval

Unweit von Brüssel arbeitet Michel Haquin erfolgreich an seiner Karriere, die 1961 in der belgischen Hauptstadt begann. Als belgischer »Maître Cuisinier« und Mitglied der »Kulinarischen Akademie Frankreichs« ist der Küchenchef in den »Orden der dreiunddreißig Meisterköche« aufgenommen worden und erhielt den »Oskar der Gastronomie«. Die Restaurantführer überschütten ihn mit Auszeichnungen: 2 Michelin-Sterne, 3 rote Kochmützen im Bottin Gourmand und 91 von 100 Punkten im belgischen Führer Henri Lemaire. In seiner Freizeit liest und reist Michel Haquin gern.

Paul Heathcote

* 3. Oktober 1960

Restaurant **Paul Heathcote's**
Higher Road 104–106
GB-PR3 3SY Longridge

Dieser junge Küchenchef, der der französischen Küche gegenüber sehr offen ist, arbeitet nahe am anderen Ufer des Ärmelkanals. Nachdem er bei Michel Bourdin im *Connaught* tätig war, verbrachte er zwei Jahre bei Raymond Blanc im *Manoir au Quatr'Saisons* in Oxford und von 1987 bis 1990 im *Broughton Park Hotel* in Preston, bevor er 1990 schließlich sein eigenes Restaurant eröffnete (2 Michelin-Sterne). Der Restaurantführer Egon Ronay verlieh ihm 1994 den beneidenswerten Titel »Bester Küchenchef des Jahres«. Paul Heathcote ist ein begeisterter Sportler. Er liebt Fußball, aber auch Squash und Skifahren.

Eyvind Hellstrøm

* 2. Dezember 1948

Restaurant **Bagatelle**
Bygdøy Allé 3
N-0257 Oslo

Eyvind Hellstrøm ist der Küchenchef mit den meisten Auszeichnungen in Skandinavien. Er läßt sich stark durch die französische Gastronomie beeinflussen, die er im Lauf seiner Ausbildung bei berühmten Kollegen wie Guy Savoy, Alain Senderens, Bernard Loiseau und Fredy Girardet kennengelernt hat. Als Mitglied von »Eurotoques« und »Traditions et Qualité« erhielt Eyvind Hellstrøm 1982 für sein Restaurant 2 Michelin-Sterne. Der Küchenchef ist passionierter Weinkenner, vor allem ein Liebhaber der Bourgogne-Weine. Er reist gern, fährt Ski und ist ein Fan des schwedischen Skifahrers Ingmar Stenmark.

Alfonso Iaccarino

* 9. Januar 1947

Restaurant **Don Alfonso 1890**
Piazza Sant'Agata
I-80064 Sant'Agata sui due Golfi

Alfonso Iaccarino hat sein Restaurant, das eine wunderbare Aussicht auf den Golf von Neapel und von Salerno bietet, 1973 nach seinem Großvater benannt. Als Mitglied der Ketten »Le Soste«, »Relais Gourmands« und »Traditions et Qualité« hat der Küchenchef zahlreiche Auszeichnungen erhalten: 2 Michelin-Sterne, 4 Kochmützen im Espresso/Gault-Millau, 1 Sonne im Veronelli und 92 von 100 Punkten im Gambero Rosso. 1989 wurde er für seine Sammlung edler italienischer und französischer Weine mit dem Titel »Beste Weinkellerei Italiens« belohnt. Alfonso Iaccarino liebt die Natur, Malerei, Sport und Reisen.

André Jaeger

* 12. Februar 1947

Restaurant **Rheinhotel Fischerzunft**
Rheinquai 8
CH-8200 Schaffhausen

André Jaeger kann mit Stolz von sich behaupten, daß er die Schweizer und sogar die europäische Gastronomie erfolgreich asiatisch inspiriert hat. Sein Restaurant, das er 1975 eröffnet hat, besitzt 2 Michelin-Sterne und 4 rote Kochmützen im Gault-Millau (19). Er erhielt von Gault-Millau 1995 den Titel »Küchenchef des Jahres«, 1988 den »Goldenen Schlüssel der Gastronomie« und wurde in der Schweiz zum Präsidenten der »Grandes Tables« ernannt. Darüber hinaus ist er Mitglied der »Relais et Châteaux« und »Relais Gourmands«. André Jaeger schätzt Weine, interessiert sich für zeitgenössische Kunst und sammelt Autos.

Roger Jaloux & Christian Bouvarel

* 20. Mai 1942 * 26. April 1954

Restaurant **Paul Bocuse**
F-69660 Collonges-au-Mont-d'Or

Als treuester unter den treuen Schülern von Paul Bocuse folgte ihm Roger Jaloux 1965 in das berühmte Restaurant. Hier hat Roger Jaloux den Wettbewerb um den Titel »Bester Handwerker Frankreichs« vorbereitet, den er 1976 gewann. In seiner Freizeit liebt Roger Jaloux künstlerische Aktivitäten und zahlreiche Sportarten. Der jüngste Küchenchef des Restaurants *Paul Bocuse,* Christian Bouvarel, hatte berühmte Lehrer: 1971 Raymond Thuillier in Baux-de-Provence und 1972 Paul Haeberlin in der *Auberge de l'Ill.* 3 Michelin-Sterne, 4 rote Kochmützen im Gault-Millau (19), 4 Sterne im Bottin Gourmand: An diesem Erfolg ist natürlich auch Christian Bouvarel beteiligt.

Patrick Jeffroy

* 25. Januar 1952

Restaurant **Patrick Jeffroy**
11, rue du Bon Voyage
F-22780 Plounérin

Als Bretone mit einem Hang zur Einsamkeit hat sich Patrick Jeffroy in einem Dorf im Département Côtes-D'Armor niedergelassen: Dort serviert er in seinem 1988 gegründeten und inzwischen mit 1 Michelin-Stern und 3 roten Kochmützen im Gault-Millau (17) ausgezeichneten Restaurant eine erfindungsreiche, schmackhafte Küche. Die Stationen seiner Karriere waren Abidjan/Elfenbeinküste (1972) und das *Hôtel de l'Europe* in Morlaix (1977 bis 1987). Die Michelin-Auszeichnung hat unser Küchenchef seit 1984 inne, außerdem ist er »Maître Cuisinier de France«, und er erhielt den 1. Preis »Mandarine Impériale«.

Émile Jung

* 2. April 1941

Restaurant **Le Crocodile**
10, rue de l'Outre
F-67000 Straßburg

Hinter dem »Krokodil« verbirgt sich das von Gourmets hochgeschätzte Restaurant Émile Jungs: eine Hochburg der elsässischen Küche, die nicht weniger als 3 Michelin-Sterne, 3 weiße Kochmützen im Gault-Millau (18) und 3 Sterne im Bottin Gourmand vorweisen kann. Dies verwundert auch kaum, wenn man weiß, daß der Werdegang unseres Küchenchefs über das *La Mère Guy* in Lyon sowie *Fouquet's* (1965) und *Ledoyen* (1966) in Paris führte. Émile Jung ist »Maître Cuisinier de France« und Mitglied in »Relais Gourmands« und »Traditions et Qualité«. Als passionierter Weinkundler ist er auf Weine aus dem Elsaß spezialisiert.

Dieter Kaufmann

* 28. Juni 1937

Restaurant **Zur Traube**
Bahnstraße 47
D-41515 Grevenbroich

Dieter Kaufmann hegt eine Liebe zu Frankreich, und das Land dankt es ihm: Mit 2 Michelin-Sternen und 4 roten Kochmützen im Gault-Millau (19,5) zählt er zu den meistgeschätzten nichtfranzösischen Küchenchefs und wurde außerdem »Küchenchef des Jahres 1994« bei Gault-Millau. Er ist Mitglied der renommierten Ketten »Traditions et Qualité«, »Relais et Châteaux« und »Relais Gourmands«. Das Restaurant, das er seit 1962 führt, verfügt mit über 30 000 Flaschen und außergewöhnlichen Jahrgängen über den zweifellos bedeutendsten Weinkeller Deutschlands.
Neben seinen bibliophilen Neigungen ist Dieter Kaufmann vom Reisen begeistert.

Örjan Klein

* 15. Mai 1945

Restaurant **K.B.**
Smalandsgatan, 7
S-11146 Stockholm

Den Schauplatz für Örjan Kleins gastronomische Karriere bildet in erster Linie die schwedische Hauptstadt: Auf die Stockholmer Restaurants *Berns* (1966 bis 1967) und *Maxim's* (1971 bis 1979) folgte, als vorläufiger Höhepunkt, die Eröffnung des inzwischen mit 1 Michelin-Stern ausgezeichneten *K.B.* zusammen mit Ake Hakansson. Örjan Klein war 1993 »Küchenchef des Jahres« und wurde mit je 1 Goldmedaille der »Nordfishing« Trondheim (1976) sowie der »Schwedischen Akademie für Gastronomie« (1983) ausgezeichnet. Als Naturliebhaber hat er Freude an Gartenarbeit und Wandern. Er schreibt auch Bücher (übers Kochen) und hält sich mit Sport fit.

Robert Kranenborg

* 12. Oktober 1950

Restaurant **La Rive/Hotel Amstel Inter-Continental**
Prof. Tulpplein, 1
NL-1018 GX Amsterdam

Küchenchef im *La Rive* – dem Restaurant des *Inter-Continental* und damit dem vornehmsten Hotel von Amsterdam (1 Michelin-Stern) – wird man nicht von heute auf morgen. In der Tat konnte Robert Kranenborg sich mit einer Reihe glänzender Referenzen für seinen dortigen Eintritt im Jahre 1987 empfehlen: *Oustau de Baumanière* in Baux-de-Provence (1972 bis 1974), *Le Grand Véfour* in Paris (1975 bis 1977) und *La Cravache d'Or* in Brüssel (1979 bis 1986). 1994 war er »Küchenchef des Jahres«. Falls ihm die Küche einmal Zeit dazu läßt, spielt er gerne Schlagzeug oder betreibt Sport, am liebsten Golf.

Étienne Krebs

* 15. August 1956

Restaurant **L'Ermitage**
75, rue du Lac
CH-1815 Clarens-Montreux

Als Inhaber und Küchenchef eines wunderschönen Hauses am Ufer des Genfer Sees kann es sich Étienne Krebs gutgehen lassen: 1 Michelin-Stern und 3 rote Kochmützen im Gault-Millau (18), der Titel »Koch des Jahres« 1995 für die französische Schweiz sowie die Mitgliedschaft bei »Junge Restaurateure Europas« und »Grandes Tables Suisses« zeichnen ihn aus. Nach seiner Ausbildung bei den renommiertesten Schweizer Küchenchefs, bei Fredy Girardet in Crissier und Hans Stucki in Basel, führte er von 1984 bis 1990 die *Auberge de la Couronne* in Cossonay, bevor er schließlich das *L'Ermitage* in Montreux eröffnete.

Jacques Lameloise

* 6. April 1947

Restaurant **Lameloise**
36, place d'Armes
F-71150 Chagny

Jacques Lameloise ist in seiner Familie nun schon der dritte seines Namens und führt seit 1971 die Küche des familieneigenen Restaurants. Seine ersten Schritte tat er bei Ogier in Pontchartrain, dann folgten von 1965 bis 1969 die Pariser Gourmet-Tempel *Lucas Carton, Fouquet's, Ledoyen* und *Lasserre* – und natürlich das *Savoy* in London. Das *Lameloise* kann je 3 Sterne im Michelin und im Bottin Gourmand sowie 3 rote Kochmützen im Gault-Millau (18) vorweisen und wird bei »Relais et Châteaux«, »Relais Gourmands« und »Traditions et Qualité« geführt.
Unser Küchenchef hat eine besondere Vorliebe für Antiquitäten und Oldtimer.

Erwin Lauterbach

* 21. März 1949

Restaurant **Saison**
Strandvejen, 203
DK-2900 Hellerup

Von 1972 bis 1973 servierte Erwin Lauterbach im *Maison du Danemark* in Paris die Küche seines Landes. Von 1977 bis 1981 kochte er im *Primeur* im schwedischen Malmö und ging im Anschluß daran in sein Heimatland zurück. Sein 1981 eröffnetes *Saison* kann sich inzwischen mit 1 Michelin-Stern schmücken. Unser Küchenchef ist außerdem Mitglied der »Dänischen Akademie für Gastronomie« und pflegt virtuos die dänischen Kochtraditionen. Als Bewunderer der primitiven Malerei – Kostproben davon zieren die Speisekarte seines Restaurants – geht er leidenschaftlich gern in Museen.

Dominique Le Stanc

* 7. Dezember 1958

Restaurant **Chanteclerc - Hôtel Negresco**
37, Promenade des Anglais
F-06000 Nizza

Über den Werdegang Dominique Le Stancs wachten die Großen der Gastronomie höchstpersönlich: Nach seinen Lehrjahren bei Paul Haeberlin arbeitete er mit Gaston Lenôtre, Alain Senderens sowie Alain Chapel, unter dem er zum Chefkoch avancierte. Schließlich machte er sich selbständig, zunächst mit dem *Bristol* in Niederbronn-les-Bains (1982 bis 1984), anschließend in Monaco und Èze. Er ist Mitglied der italienischen Kette »Le Soste« und seit 1989 Küchenchef des *Negresco*, was dem renommierten Betrieb 2 Michelin-Sterne und 3 rote Kochmützen im Gault-Millau (18) eintrug. Unser sportlicher Küchenchef betreibt Triathlon und Wasserski.

Michel Libotte

* 1. Mai 1949

Restaurant **Au Gastronome**
2, rue de Bouillon
B-6850 Paliseul

Seit 1978 wacht Michel Libotte über die Küche des Restaurants *Au Gastronome*, das der belgische Gastronomieführer Henri Lemaire bei 94 von 100 Punkten einstuft. Auch die französischen Kritikerkollegen halten sich mit Lob nicht zurück, kann doch unser Küchenchef stolz auf 2 Michelin-Sterne und 3 Sterne im Bottin Gourmand verweisen. Michel Libotte ist »Bester Koch Belgiens« sowie Mitglied von »Eurotoques« und der »Kulinarischen Akademie Frankreichs«. In seinem grenznahen Restaurant serviert er seinen Kunden eine eigenwillige, phantasievolle und immer wieder neuartige Küche. Michel Libotte sammelt Schußwaffen und hält sich mit Sport fit.

Léa Linster

* 27. April 1955

Restaurant **Léa Linster**
17, route de Luxembourg
L-5752 Frisange

Léa Linster ist die erste und bisher einzige Frau, die sich mit der höchsten gastronomischen Auszeichnung, dem goldenen »Bocuse«, schmücken kann, den ihr der Meister selbst 1989 in Lyon überreichte. Dies war die wohlverdiente Anerkennung für ihr tägliches Bemühen, die gastfreundliche luxemburgische Gastronomie bekannter zu machen. Dazu hatte die Chefköchin, die 1987 ihren Meisterbrief erhielt, das elterliche Gasthaus 1982 in ein Restaurant der »Haute Cuisine« verwandelt.
Neben ihrer offensichtlichen Begeisterung für die Gastronomie genießt Léa Linster Wanderungen in der Natur sowie den regen Austausch mit ihrer Kundschaft.

Régis Marcon

* 14. Juni 1956

Restaurant **Auberge et Clos des Cimes**
F-43290 Saint-Bonnet-le-Froid

1995, mit nur 39 Jahren, erhielt Régis Marcon den goldenen »Bocuse«, wobei ihm sein (Fast-) Nachbar Michel Troisgros Pate gestanden hatte. Dabei war die Auszeichnung nur ein weiterer Glanzpunkt in einer an sich schon vor Preisen glänzenden Karriere: »Taittinger«-Preis 1989, »Brillat-Savarin«-Preis 1992 sowie mehrere Finalteilnahmen beim Wettbewerb »Bester Handwerker Frankreichs« (1985, 1991, 1993). 1979 eröffnete unser Küchenchef dann in seinem Heimatort ein Restaurant, das ihm 3 rote Kochmützen im Gault-Millau (17) eintrug und dessen Bau an einen lichtdurchfluteten Kreuzgang erinnert. Der Medaillengewinner im Skilauf und passionierte Naturfreund wollte einmal Maler werden.

Guy Martin

* 3. Februar 1957

Restaurant **Le Grand Véfour**
17, rue de Beaujolais
F-75001 Paris

Guy Martins Karriere läßt sich unmöglich in ein paar Sätze fassen. Die Fakten sind: 2 Michelin-Sterne, 3 weiße Kochmützen im Gault-Millau (18), 3 Sterne im Bottin Gourmand und 18,5/20 im Champérard. Das Wunderkind der Gastronomie lernte zunächst bei Troisgros, dann in seiner Heimatregion, vor allem in Divonne. Er übernahm schließlich 1991 das *Grand Véfour*, jenes Juwel unter den Pariser Restaurants, in dem seit nunmehr 200 Jahren die literarische Szene der Metropole verkehrt. Guy Martins Liebe gilt der kulinarischen Geschichte seiner Heimat. Außerdem mag er Musik, Malerei, gotische Kunst und läuft gerne Ski.

Maria Ligia Medeiros

* 9. August 1946

Restaurant **Casa de Comida**
1, Travessa das Amoreiras
P-1200 Lissabon

Seit 1978 führt Maria Ligia Medeiros die Küche eines gemütlichen Restaurants, das im Besitz von Jorge Vales, eines ehemaligen Schauspielers der *Casa de Comedia*, ist - daher auch das Wortspiel des Restaurantnamens, »comida« heißt portugiesisch »Speise«. Dort, im Herzen der Lissaboner Altstadt, führt sie gekonnt vor, was die traditionelle portugiesische Küche alles zu bieten hat, und sie wird dafür seit einigen Jahren mit 1 Michelin-Stern belohnt.
Neben der »Haute Cuisine« liebt unsere Küchenchefin klassische Musik und verbringt einen Großteil ihrer Freizeit mit Lektüre.

Dieter Müller

* 28. Juli 1948

Restaurant **Dieter Müller**
Lerbacher Weg
D-51469 Bergisch Gladbach

Als sich Dieter Müller 1992 in seinem Heimatland niederließ, hatte ihn sein beruflicher Werdegang bereits durch eine ganze Reihe von Ländern und Kontinenten geführt: Von 1973 an war er in der Schweiz, in Australien (Sidney), in Japan und auf Hawaii als Chefkoch tätig und hatte zahlreiche Auszeichnungen gesammelt, darunter den Titel »Koch des Jahres« bei Krug 1982 und erneut bei Gault-Millau 1988. Heute kann er 2 Michelin-Sterne und 4 rote Kochmützen (19,5) sowie einen nationalen Gastronomiepreis vorweisen. Er ist Mitglied bei »Relais et Châteaux« und »Relais Gourmands«. Er fotografiert, sammelt alte Rezepte, spielt Eishockey und Fußball.

Jean-Louis Neichel

* 17. Februar 1948

Restaurant **Neichel**
Beltran i Rózpide, 16 bis
E-08034 Barcelona

Jean-Louis Neichel ist dank seiner Ausbildung bei Berühmtheiten wie Gaston Lenôtre, Alain Chapel und Georges Blanc ein europäischer Koch par excellence. Er führte Jahre lang das *El Bulli* in Rosas, wo inzwischen Fernando Adría Küchenchef ist, bevor er 1981 in Barcelona sein eigenes Restaurant eröffnete. Vor allem seine Sammlung alter Armagnacs und Cognacs ist hochgeschätzt. Jean-Louis Neichel wurde mit 2 Michelin-Sternen und 9/10 im Gourmetour ausgezeichnet, und ist auch Mitglied bei »Relais Gourmands«. Unser Küchenchef beschäftigt sich mit Landschafts-Ölmalerei und treibt Sport.

Pierre Orsi

* 12. Juli 1939

Restaurant **Pierre Orsi**
3, place Kléber
F-69006 Lyon

Der Werdegang Pierre Orsis läßt nichts zu wünschen übrig. Der »Beste Handwerker Frankreichs« von 1972 arbeitete mit den Großen seines Fachs und seiner Generation: Mit Bocuse von 1955 bis 1958, im *Lucas Carton*, mit Alex Humbert im *Maxim's*, im *Lapérouse* in Paris. Dann folgte von 1967 bis 1971 ein Aufenthalt in den USA. Im Anschluß daran kehrte er nach Lyon zurück und ließ sich am Rande des Viertels Tête d'Or nieder. Mit 1 Michelin-Stern und 3 Sternen im Bottin Gourmand ist sein prächtig ausgestattetes Restaurant ein Treffpunkt für Gourmets. Pierre Orsi ist Mitglied bei »Relais Gourmands« und »Traditions et Qualité«.

Roland Pierroz

*26. August 1942

Restaurant **Hôtel Rosalp Pierroz**
Route de Médran
CH-1936 Verbier

In dem beliebten Wintersportort Verbier arbeitet Roland Pierroz seit 1962. Sein bekanntes Restaurant hat 1 Michelin-Stern, 4 rote Kochmützen sowie 19 Punkte und 3 Sterne vom Bottin Gourmand. 1980 erhielt er den »Goldenen Schlüssel der Gastronomie« und wurde 1992 zum »Küchenchef des Jahres« ernannt. Seine Ausbildung hat er in Lausanne und London absolviert. Er ist Mitglied von »Relais et Châteaux« und »Relais Gourmands« sowie Vizepräsident der Vereinigung »Grandes Tables Suisses«. Der gebürtige Walliser geht leidenschaftlich gern auf die Jagd und spielt gerne Golf.

Georges Paineau

* 16. April 1939

Restaurant **Le Bretagne**
13, rue Saint-Michel
F-56230 Questembert

Georges Paineau hatte das seltene Glück, seine Karriere 1960 bei Fernand Point im *La Pyramide* zu beginnen. Seither zog es ihn immer weiter in Richtung Bretagne. Auf Restaurants in La Baule (1962) und Nantes (1963) folgte 1965 das *Le Bretagne* in Questembert, nahe am Golf von Morbihan gelegen. Dort sammelt er nun Sterne – 2 im Michelin und 4 im Bottin Gourmand – und Kochmützen von Gault-Millau – 4 rote und 19 Punkte. Sein in einer ehemaligen Poststation eingerichtetes Restaurant steht auf der Liste der »Relais Gourmands« und »Relais et Châteaux«. Georges Paineau liebt neben seinem Beruf das Rugbyspiel.

Jacques & Laurent Pourcel

* 13. September 1964

Restaurant **Le Jardin des Sens**
11, avenue Saint Lazare
F-34000 Montpellier

Die unzertrennlichen Zwillinge haben die gleiche Ausbildung, jedoch mit verschiedenen Spezialgebiete durchlaufen. Sie lernten bei Alain Chapel, Marc Meneau, Pierre Gagnaire, Michel Bras, Michel Trama und Marc Veyrat. Mit ihrem Partner Olivier Château haben sie 1988 das Restaurant *Jardin des Sens* in einem Haus aus Glas und Steinen eröffnet. Seither sammeln sie überall Sterne: 2 von Michelin und 3 rote Kochmützen von Gault-Millau (17). Beide sind »Maîtres Cuisiniers de France« und Mitglieder bei »Relais Gourmands«.

Paul Pauvert

* 25. Juli 1950

Restaurant **Les Jardins de la Forge**
1, place des Piliers
F-49270 Champtoceaux

Paul Pauvert tat seine ersten Schritte im *Café de la Paix* in Paris, war von 1972 bis 1974 in der Küche des berühmten Ozeandampfers *Grasse* der Transatlantik-Schiffahrtsgesellschaft tätig und trat anschließend, auf Einladung Roger Jaloux', ins Hotel *Frantel* in Nantes ein. 1980 eröffnete er schließlich in seiner Heimatstadt ein eigenes Restaurant, und zwar an genau der Stelle, an der seine Vorfahren früher eine Schmiede betrieben. Er führt 1 Michelin-Stern und ist Mitglied der »Kulinarischen Akademie Frankreichs« und der »Jungen Restaurateure Europas«. Die Gegend, in der unser Küchenchef lebt, bietet ihm Gelegenheit zum Jagen, Fischen und Reiten.

Stéphane Raimbault

* 17. Mai 1956

Restaurant **L'Oasis**
Rue Honoré Carle
F-06210 La Napoule

Nachdem Stéphane Raimbault einige Jahre in Paris im *La Grande Cascade* verbracht hat, ist unser Küchenchef für neun Jahre nach Japan gegangen. Dort führte er in Osaka im Hotel *Plaza d'Osaka* das Restaurant *Rendez-vous*. Nachdem er 1991 nach Frankreich zurückgekehrt war, übernahm er mit seinem Bruder als Chefkonditor das *L'Oasis* in La Napoule. Er hat 2 Michelin-Sterne und 3 rote Kochmützen (18), darüber hinaus war er in der Endrunde um den Titel »Bester Handwerker Frankreichs«. Er ist »Maître Cuisinier de France« und Mitglied bei »Traditions et Qualité«. Seine Hobbys sind Joggen, Segeln und Schwimmen.

Horst Petermann

* 18. Mai 1944

Restaurant **Petermann's Kunststuben**
Seestraße 160
CH-8700 Küsnacht

Nach seinen Lehrjahren in Hamburg setzte Horst Petermann seine Karriere in der Schweiz fort: Sankt Moritz, Luzern und Genf waren seine Stationen. Er kochte bei Émile Jung im *Le Crocodile* in Straßburg und bei der Koch-Olympiade in Tokio 1985, wo er unter den Preisträgern war. Seine weiteren Auszeichnungen sind der »Goldene Schlüssel der Gastronomie« 1987, »Küchenchef des Jahres« 1991, 4 rote Kochmützen bei Gault-Millau (19) sowie 2 Michelin-Sterne. Diesen Erfolg sichern hilft ihm sein Konditormeister Rico Zandonella.
Horst Petermann schwärmt für seinen Beruf und treibt gerne Sport.

Paul Rankin

* 1. Oktober 1959

Restaurant **Roscoff**
7, Lesley House, Shaftesbury Square
GB-BT2 7DB Belfast

Paul Rankin hat eine internationale Karriere durchlaufen: in London bei Albert Roux im *Gavroche*, dann in Kalifornien und Kanada. Seine kanadische Frau Jeanne hat er aber nicht dort, sondern auf einer Kreuzfahrt in Griechenland kennengelernt. Ihre Konditorenkünste erfreuen nunmehr seit 1989 die Gäste des *Roscoff*. Übrigens hat der Guide Courvoisier dieses Haus 1994 bis 1995 zum »Besten Restaurant Großbritanniens« gewählt. Paul Rankin leitet darüber hinaus auch die Fernsehsendung »Gourmet Ireland« der BBC. Unser Küchenchef liebt Reisen und Wein, er spielt Fußball und Rugby und praktiziert Yoga.

Jean-Claude Rigollet

* 27. September 1946

Restaurant **Au Plaisir Gourmand**
2, rue Parmentier
F-37500 Chinon

Jean-Claude Rigollet hat seine Laufbahn im *Maxim's* bei Alex Humbert begonnen und kam dann ins Loiretal, wo er zuerst in Montbazon (*Domaine de la Tortinière*, 1971 bis 1977) und dann in der berühmten *Auberge des Templiers* der Bézards (1978 bis 1982) sein Metier ausübte. 1983 wurde er Küchenchef im *Plaisir Gourmand* in Chinon, das in der Touraine liegt. Jean-Claude Rigollet bekam 1985 1 Michelin-Stern. Unser Küchenchef stammt zwar aus der Sologne, aber er pflegt auch die Küche der Touraine, und sein Weinkeller weist ihn als ausgezeichneten Kenner regionaler Weine aus.

Michel Rochedy

* 15. Juli 1936

Restaurant **Le Chabichou**
Quartier Les Chenus
F-73120 Courchevel 1850

Dieser Küchenchef wurde als Schüler von André Pic, dem Chefkoch aus Valence, bei seinen ersten Versuchen in der Kochkunst angeleitet (1954 bis 1956). Michel Rochedy, der aus der Ardèche stammt, kam 1963 nach Savoyen und erlag dem Charme dieser Region. Er hat sich mit seinem Restaurant *Chabichou* auf diese regionale Küche spezialisiert und erntete 2 Michelin-Sterne und 3 rote Kochmützen von Gault-Millau (17). Er ist »Maître Cuisinier de France« und Mitglied der »Eurotoques«.
Michel Rochedy beschäftigt sich gerne mit Kunst und Literatur, und wenn ihm noch mehr freie Zeit bleibt, geht er gern angeln, spielt Fußball und Rugby.

Joël Roy

* 28. November 1951

Restaurant **Le Prieuré**
3, rue du Prieuré
F-54630 Flavigny-Sur-Moselle

Joël Roy hat 1979 den Wettbewerb »Bester Handwerker Frankreichs« gewonnen, als er noch mit Jacques Maximin im Hotel *Negresco* in Nizza arbeitete. Kurz darauf wurde er Chefkoch des *Frantel* in Nancy. 1983 eröffnete er *Le Prieuré*, das mit seinen Arkaden um den Garten wie ein moderner Kreuzgang aussieht. Sein Haus, das 1 Michelin-Stern besitzt, liegt in Lothringen, einer Region, deren Traditionen und landschaftliche Reize er sehr liebt.
Als ausgezeichneter Fischkenner angelt er dort besonders gern an Flüssen und fährt gerne Fahrrad.

Santi Santamaria

* 26. Juli 1957

Restaurant **El Racó de Can Fabes**
Carrer Sant Joan, 6
E-08470 San Celoni

Seit 1981 hat Santi Santamaria seine Freude daran, Feinschmeckern Spezialitäten aus seiner Heimat Katalonien zu servieren. Sein Restaurant, das ganz in der Nähe von Barcelona, am Fuß des Naturschutzgebietes Montseny liegt, hat 3 Michelin-Sterne und 8 von 10 Punkten im Gourmetour erhalten. Santi Santamaria ist außerdem Mitglied von »Relais Gourmands« und »Traditions et Qualité«. Unser Küchenchef organisiert auch gastronomische Seminare, im Frühling über Kräuter und im Herbst über Pilze. Diese Feinschmeckertage sind immer ein großer Erfolg. In seiner Freizeit liest Santi Santamaria gern.

Ezio Santin

* 17. Mai 1937

Restaurant **Antica Osteria del Ponte**
9, Piazza G. Negri
I-20080 Cassinetta di Lugagnano

Das Talent von Ezio Santin ist seit 1974, als er Chefkoch der *Antica Osteria del Ponte* wurde, bekannt: 3 Michelin-Sterne, 4 rote Kochmützen von Gault-Millau (19,5), 1 Sonne im Veronelli und 92 von 100 Punkten im Gambero Rosso. Diese Titel und Ehrungen rechtfertigen das Ansehen, das ihm seine italienischen Kollegen entgegenbringen, die ihn zum Vorsitzenden von »Le Soste« gewählt haben, einem Zusammenschluß der besten Restaurants Italiens.
Ezio Santin liest in seiner Freizeit sehr gerne. Er ist ein begeisterter Anhänger des Fußballclubs Inter Mailand und interessiert sich auch für modernen Tanz.

Nadia Santini

* 19. Juli 1954

Restaurant **Dal Pescatore**
I-46013 Runate Canneto S/O

Seit 1974 leitet Nadia Santini die Küche des Restaurants *Dal Pescatore*, das 1920 vom Großvater ihres Ehemanns eröffnet wurde. Der ausgezeichnete Ruf des Hauses ist in italienischen und französischen Restaurantführern eindrucksvoll dokumentiert: 2 Michelin-Sterne, 4 rote Kochmützen von L'Espresso/Gault-Millau (19), 1 Sonne im Veronelli und 94 von 100 Punkten im Gambero Rosso. Sie ist Mitglied in »Le Soste«, »Relais Gourmands« und »Traditions et Qualité«. L'Espresso/Gault-Millau haben ihr 1993 den Preis für den »Besten Weinkeller des Jahres« verliehen. Nadia Santini interessiert sich für Geschichte, vor allem die der Kochkunst. Sie liebt außerdem Bergwanderungen.

Maria Santos Gomes

* 10. August 1962

Restaurant **Conventual**
Praça das Flores, 45
P-1200 Lissabon

Das Restaurant *Conventual* liegt in der Altstadt Lissabons, direkt am Parlament. Dort hat Dina Marquez 1982 die junge Chefköchin Maria Santos Gomes eingestellt – zur größten Freude der Politiker von ganz Lissabon, die dort zu speisen pflegen. Die Dekoration stammt zu einem großen Teil vom ehemaligen Kloster von Igreja (daher der Name). Maria Santos Gomes hat mit ihrer einfallsreichen Kochkunst schon 1 Michelin-Stern bekommen, und sie hat 1993 den ersten Preis des »Portugiesischen Gastronomie-Wettbewerbs« gewonnen, der immer in Lissabon stattfindet. Außer der Kochkunst liebt sie die Literatur, Spaziergänge auf dem Land und Reisen.

Nikolaos Sarantos

* 5. Dezember 1945

Restaurant **Hôtel Athenaeum Inter-Continental**
89-93, Syngrou Avenue
GR-117 45 Athen

Von 1971 bis 1988 hat Nikolaos Sarantos den Mittelmeerraum und den Mittleren Osten bereist. Dort hat er in den verschiedenen *Hilton*-Hotels in Teheran, Athen, auf Korfu, in Kuwait City und in Kairo sein gastronomisches Können unter Beweis gestellt, bis er sich schließlich 1988 im *Athenaeum Inter-Continental* niederließ. Bei internationalen Kochwettbewerben in San Francisco, Kopenhagen oder Bordeaux wirkt Nikolaos Sarantos in der Jury mit. Er ist Vorsitzender der »Vereinigung der Chefköche Griechenlands«. Außerdem ist er ein großer Sportfan, der mit Begeisterung Tennis, Fußball und Basketball spielt.

Fritz Schilling

* 8. Juni 1951

Restaurant **Schweizer Stuben**
Geiselbrunnweg 11
D-97877 Wertheim

Fritz Schilling ist seit 1972 Küchenchef und hat 1990 im Maintal, in der Nähe des romantischen Städtchens Wertheim, sein Restaurant eröffnet. Für seine raffiniert-vielfältige Kochkunst, die die besten Traditionen der deutschen Gastronomie fortsetzt, hat er bereits 2 Michelin-Sterne und 4 rote Kochmützen von Gault-Millau (19,5) erhalten. Er ist Mitglied von »Relais et Châteaux« und »Relais Gourmands«, und sein Restaurant gehört zu den besten Deutschlands.
In seiner Freizeit hört Fritz Schilling begeistert Popmusik. Er ist leidenschaftlicher Autofahrer, spielt gerne Golf und liebt die meisten Strandsportarten.

Jean & Jean-Yves Schillinger

* 31. Januar 1934 * 22. März 1963
† 27. Dezember 1995

Jean Schillinger war Vorsitzender der »Maîtres Cuisiniers de France« und ein Symbol für die elsässische Gastronomie: Sein Restaurant in Colmar (1957 bis 1995) hatte 2 Michelin-Sterne, 3 rote Sterne von Gault-Millau (17) und 3 Sterne im Bottin Gourmand. Seit über 20 Jahren machte der Ritter des »Mérite«-Ordens die französische Küche bekannt, von Japan über Australien bis Brasilien.
Sein Sohn Jean-Yves gehört zur vierten Generation der Gastwirtfamilie und hat in so namhaften Restaurants wie dem *Crillon* und *Jamin* in Paris und im *La Côte Basque* in New York gearbeitet. Von 1988 bis 1995 arbeitete er im familieneigenen Restaurant.

Rudolf Sodamin & Jonathan Wicks

* 6. April 1958 * 14. Juni 1962

Restaurant **Passagierschiff Queen Elizabeth II.**
Heimathafen:
GB-Southampton

Diese beiden Köche sind bei der Schiffahrtsgesellschaft *Cunard Line* tätig, der außer der *Queen Elizabeth II.* noch einige andere stattliche Schiffe gehören. Der Österreicher Rudolf Sodamin ist Küchenchef und Chefkonditor und hat schon in vielen Restaurants in Österreich, Frankreich, in der Schweiz und in den USA auf sich aufmerksam gemacht. In New York hat er im berühmten *Waldorf-Astoria* gearbeitet.
Jonathan Wicks war in verschiedenen Londoner Restaurants tätig, darunter das *Mayfair Intercontinental,* das *Grosvenor House* in Park Lane und das *Méridien* in Picadilly. 1987 wurde er zum Küchenchef der *Queen Elizabeth II.* ernannt.

Roger Souvereyns

* 2. Dezember 1938

Restaurant **Scholteshof**
Kermstraat, 130
B-3512 Stevoort-Hasselt

Roger Souvereyns leitet seit 1983 die Geschicke des Restaurants *Scholteshof:* In diesem Gehöft aus dem 18. Jahrhundert hat er einen großen Gemüsegarten. So kann er für seine Küche wunderbar frisches Obst und Gemüse verwenden. Roger Souvereyns hat 2 Michelin-Sterne, 4 rote Kochmützen von Gault-Millau (19,5), 3 Sterne im Bottin Gourmand und 95 von 100 Punkten im belgischen Restaurantführer Henri Lemaire. Er ist Mitglied bei »Relais et Châteaux«, »Relais Gourmands« und »Traditions et Qualité«. Der Chefkoch ist Sammler von Antiquitäten und alten Bildern. Er liebt Opern, schwimmt und fährt gern Fahrrad.

Pedro Subijana

* 5. November 1948

Restaurant **Akelaré**
56, Paseo del Padre Orcolaga
E-20008 San Sebastian

Pedro Subijana hat seit 1981 ein eigenes Restaurant mit Aussicht auf den Golf von Biskaya. Er wurde mit 2 Michelin-Sternen und 9 von 10 Punkten im Gourmetour ausgezeichnet und 1982 zum »Besten Koch Spaniens« ernannt. Subijana hat eine traditionelle Ausbildung in der Hotelfachschule in Madrid und in der Euromar-Schule in Zarauz absolviert und wurde 1970 Kochlehrer. 1986 wurde er Generalkommissar der Europäischen Köchevereinigung, die ihren Sitz in Brüssel hat. Er leitet kulinarische Fernsehsendungen im baskischen Fernsehen E.T.B. und in Tele-Madrid.

Émile Tabourdiau

* 25. November 1943

Restaurant **Le Bristol**
112, rue du Faubourg Saint-Honoré
F-75008 Paris

Émile Tabourdiau war seit 1964 nur in den renommiertesten Restaurants tätig: Im *Ledoyen,* dann in *La Grande Cascade* und schließlich seit 1980 im *Bristol,* das in unmittelbarer Nachbarschaft zum Élysée-Palast liegt und einen wunderschönen Garten von über 1200 m² hat. Der Schüler von Auguste Escoffier ist Mitglied der »Kulinarischen Akademie Frankreichs«, hat 1970 den »Prosper Montagné«-Preis bekommen und ist »Bester Handwerker Frankreichs« von 1976. Er hat auch 1 Stern im Guide Michelin. In seiner Freizeit liebt er die Malerei, er spielt Tennis und pflegt seinen Garten.

Romano Tamani

* 30. April 1943

Restaurant **Ambasciata**
33, Via Martiri di Belfiore
I-46026 Quistello

Romano Tamani ist der einzige unserer Spitzenköche, der den begehrten Titel »Commendatore della Repubblica Italiana« trägt, eine Auszeichnung, die ihm sein Heimatland 1992 verlieh. Ohne Zweifel ist der Lombarde, der sein Handwerk in London und in der Schweiz erlernte, einer der kunstfertigsten Vertreter der italienischen Gastronomie. Seit 1978 führt er mit seinem Bruder Francesco das *Ambasciata.* Ihre Bilanz: 2 Michelin-Sterne, 3 Kochmützen im Espresso/Gault-Millau, 1 Veronelli-Sonne und 90/100 im Gambero Rosso sowie die Mitgliedschaft bei »Le Soste«. Daß Tamanis Leidenschaft der Küche gilt, steht damit wohl außer Frage.

Laurent Tarridec

* 26. Mai 1956

Restaurant **Le Restaurant du Bistrot des Lices**
Place des Lices
F-83990 Saint-Tropez

Es zeugt schon von außergewöhnlichem Anpassungstalent, daß der Bretone, der mit Michel Rochedy lernte, sich ausgerechnet an der Côte D'Azur etablieren und dort schon nach einem Jahr (1995) 1 Michelin-Stern und 3 rote Kochmützen im Gault-Millau (18) einheimsen konnte. Davor hatte er sein Können in der Bretagne im *Lion d'Or,* in Paris und im Rhônetal im *Beau Rivage* unter Beweis gestellt.
Laurent Tarridec interessiert sich für Politik sowie für alles, was mit dem Meer zu tun hat. Daneben betreibt er Skisport, fährt Motorrad und hat, seit er in Saint-Tropez lebt, auch das Boule-Spiel für sich entdeckt.

Dominique Toulousy

* 19. August 1952

Restaurant **Les Jardins de l'Opéra**
1, place du Capitole
F-31000 Toulouse

In Toulouse ist Dominique Toulousy erst seit 1984 ansässig. Damals schlug er sein Quartier an der Place du Capitole auf und erntete reihenweise Auszeichnungen: »Goldener Schlüssel der Gastronomie« 1986, 3 rote Kochmützen im Gault-Millau (18), 2 Michelin-Sterne sowie den Titel »Bester Handwerker Frankreichs« 1993. Davor sammelte er in der Region Gers erste Erfolge. Er ist Mitglied bei den »Jungen Restaurateuren Europas«, im Verein »Prosper Montagné«, bei »Eurotoques« und »Traditions et Qualité«. Er beschäftigt sich gerne mit alten Kochbüchern und liebt Gartenarbeit, Tennis und Schwimmen.

Gilles Tournadre

* 29. Juni 1955

Restaurant **Gill**
8 et 9, quai de la Bourse
F-76000 Rouen

Auch ein Normanne verläßt schon mal seine Heimat, um in die Lehre zu gehen: Gilles Tournadre hat seine ersten Schritte im *Lucas Carton* getan, es folgten die *Auberge des Templiers* der Bézards und das *Taillevent*, bis es ihn schließlich - auf eigenen Füßen - nach Bayeux und zuletzt 1984 wieder in seine Heimatstadt verschlug. 2 Michelin-Sterne und 3 rote Kochmützen sowie 17 Punkte nennt der junge Gastronom mit dem Restaurant gleich neben der Kathedrale von Rouen stolz sein Eigen. Er ist Mitglied der »Jungen Restaurateure Europas«. Der begeisterte Sportler liebt Judo, Golf und Motorsport und ist vehementer Naturschützer.

José Tourneur

* 4. Januar 1940

Restaurant **Des 3 Couleurs**
453, avenue de Tervuren
B-1150 Brüssel

Die drei Farben, die sich José Tourneur 1979 als Emblem und Namen seines Restaurants auserkoren hat, sind die der Nationalflagge seines Landes. Das Restaurant, ganz der belgischen Nationalküche gewidmet, führt 1 Michelin-Stern und liegt im belgischen Restaurantführer Henri Lemaire bei 88 von 100 Punkten. Der Autodidakt erhielt 1969 den Preis »Prosper Montagné« und war 1969 bis 1979 Küchenchef im Brüsseler *Carlton*. Inzwischen ist er Mitglied im »Orden der 33 Meisterköche Belgiens«, der »Kulinarischen Akademie Frankreichs« und im »Vatel Club«. José Tourneur liebt Schiffe, angelt gern und fährt Wasserski. Zu Lande schätzt er die Jagd.

Luisa Valazza

* 20. Dezember 1950

Restaurant **Al Sorriso**
Via Roma, 18
I-28018 Soriso

Über Luisa Valazzas kulinarisches Talent sind sich alle einig: Das Restaurant, das sie mit ihrem Mann Angelo seit 1981 in ihrer Heimat im Piemont führt, kann auf 2 Michelin-Sterne, 4 Kochmützen im Espresso/Gault-Millau (19,2), 1 Veronelli-Sonne und 90/100 im Gambero Rosso verweisen. Angesichts dieser Lawine von Auszeichnungen bewahrt die Chefin, die auch Mitglied in der Kette »Le Soste« ist, kühlen Kopf und pflegt sorgsam die Rezepte, die sie sich seit 1971 im *Europa* in Borgomanero angeeignet hat. Luisa Valazza liebt die Kunst, Malerei und Literatur. Sie ist aber auch eine begeisterte Wintersportlerin.

Guy Van Cauteren

* 8. Mai 1950

Restaurant **T'Laurierblad**
Dorp, 4
B-9290 Berlare

Bevor Guy Van Cauteren 1979 sein Restaurant *T´Laurierblad* (»Das Lorbeerblatt«) eröffnete, war er bei den herausragendsten Köchen in die Schule gegangen: bei Alain Senderens im *Archestrate* in Paris und bei den Allégriers im *Lucas Carton* (1972 bis 1974). Es folgten mehrere Jahre bei der französischen Botschaft in Brüssel (1974 bis 1979). Seither hat er sich 2 Michelin-Sterne, 3 rote Kochmützen im Gault-Millau (17) und 89/100 im belgischen Restaurantführer Henri Lemaire verdient. Außerdem ist er glücklicher Preisträger des »Bocuse« in Bronze von 1993 und trägt den Titel »Maître Cusinier de Belgique«. Er sammelt Tees und alte Bücher und reist gerne.

Freddy Van Decasserie

* 10. Oktober 1943

Restaurant **La Villa Lorraine**
75, avenue du Vivier d'Oie
B-1180 Brüssel

Freddy Van Decasserie trat 1963 als Küchenjunge in die *Villa Lorraine* ein und hat seither alle Hierarchieebenen des Hauses durchlaufen, bis er schließlich selbst als Küchenchef zahlreiche Auszeichnungen entgegennehmen konnte. Dies sind 2 Michelin-Sterne, 3 rote Kochmützen im Gault-Millau (18), 3 Sterne im Bottin Gourmand und 92/100 im Henri Lemaire. Er ist »Maître Cusinier de Belgique«, Mitglied der »Kulinarischen Akademie Frankreichs« und bei »Traditions et Qualité«.
In seiner Freizeit hält er sich als »Trainigspartner« von Eddy Merckx mit Radfahren fit. Außerdem schwimmt er und besucht gelegentlich Fußballturniere.

Geert Van Hecke

* 20 Juli 1956

Restaurant **De Karmeliet**
Langestraat, 19
B-8000 Brügge

Geert Van Hecke wurde von Freddy Van Decasserie in der *Villa Lorraine* 1977 in seine Zunft eingeführt, lernte dann bei Alain Chapel und im berühmten *Cravache d'Or* in Brüssel und eröffnete schließlich sein eigenes Restaurant in einem renommierten Traditionshaus im Herzen von Brügge, dem »Venedig des Nordens«. Sein Werdegang hat ihm bis heute 2 Michelin-Sterne, 3 Sterne im Bottin Gourmand, 3 rote Kochmützen im Gault-Millau (18) und 92/100 im Henri Lemaire eingebracht. Er ist »Bester Koch Belgiens« und Mitglied bei »Traditions et Qualité«.
Geert Van Hecke interessiert sich für Kunst und besucht gerne Museen.

Gérard Vié

* 11. April 1943

Restaurant **Les Trois Marches**
(Trianon Palace)
1, boulevard de la Reine
F-78000 Versailles

Der unvergleichliche Küchenchef der *Trois Marches* (seit 1970) begann seine Karriere bereits im Alter von 13 Jahren im *Lapérouse*. Es folgten *Lucas Carton*, das *Plaza-Athénée* und *Crillon Tower's* in London sowie drei Jahre bei der *Compagnie des Wagons-Lits* (1967 bis 1970). Heute kann Gérard Vié 2 Michelin-Sterne und 3 rote Kochmützen (18) vorweisen. 1984 erhielt er von Gault-Millau die Auszeichnung »Silberner Tisch« und 1993 den »Goldenen Schlüssel der Gastronomie«. Er ist Theater-, Oper- und Kinoliebhaber und sammelt Gemälde. Ansonsten liebt Gérard Vié Wandern und Schwimmen.

Jean-Pierre Vigato

* 20. März 1952

Restaurant **Apicius**
122, avenue de Villiers
F-75017 Paris

Jean-Pierre Vigato war zunächst Kellermeister und lernte in verschiedenen Restaurants, bevor er 1980 bis 1983 im *Grandgousier* in Paris seine ersten großen Erfolge hatte. 1984 machte er sich in seiner Heimatstadt mit dem *Apicius* selbständig. Seinen ersten Michelin-Stern erhielt das Restaurant, dessen Namenspatron ein ruhmreicher römischer Gastronom war, 1985, zwei Jahre später den zweiten. Inzwischen kann es auch 3 rote Kochmützen von Gault-Millau (18) vorweisen. Der Küchenchef ist Mitglied bei »Relais Gourmands«, war 1988 »Bester Küchenchef des Jahres« bei Gault-Millau und Koch des französischen Pavillons bei der Weltausstellung 1992.

Gianfranco Vissani

* 22. November 1951

Restaurant **Vissani**
I-05020 Civitella del Lago

Gianfranco Vissani erhielt vom Espresso/Gault-Millau mit 19,6 und 4 Kochmützen wahre Traumnoten, die besten in ganz Italien. 2 Michelin-Sterne, 1 Veronelli-Sonne und 87/100 im Gambero Rosso vervollständigen den Ruhm des Restaurants, das unser Gastronom seit 1980 als Familienbetrieb mit Ehefrau, Mutter und Schwester führt. Eines seiner Aushängeschilder ist sein selbst hergestelltes Olivenöl, ein unentbehrliches Würzmittel in der Küche des Mittelmeers. In seiner Freizeit sammelt der Gastronom Uhren und entspannt sich bei klassischer Musik oder Lektüre. Darüber hinaus ist er ein bedingungsloser Fan des AC Mailand.

Heinz Winkler

* 17. Juli 1949

Restaurant **Residenz Heinz Winkler**
Kirchplatz 1
D-83229 Aschau im Chiemgau

Als Einundreißigjähriger hatte Heinz Winkler schon 3 Michelin-Sterne: Wie schafft man das nur? Zum Beispiel, indem man nach einer Ausbildung im *Victoria* in Interlaken, bei Paul Bocuse und im Münchner *Tantris* die *Residenz Heinz Winkler* eröffnet (1991). Um das Maß voll zu machen, führt der Gastronom außerdem 3 weiße Kochmützen (18) und war »Koch des Jahres« 1979 sowie »Restaurateur des Jahres« 1994 bei Gault-Millau. Er ist Mitglied bei »Relais et Chateaux«, »Relais Gourmands«, »Traditions et Qualité« und sogar bei der italienischen Kette »Le Soste«. Er beschäftigt sich gerne mit alten Kochbüchern, aber auch mit Golfspielen und Skifahren.

Harald Wohlfahrt

* 7. November 1955

Restaurant **Schwarzwaldstube**
Tonbachstraße 237
D-72270 Baiersbronn

Harald Wohlfahrt trat 1976 in die *Schwarzwaldstube*, das Restaurant des Hotels *Traube-Tonbach* im Herzen des Schwarzwalds, ein und ist dort seit 1980 Küchenchef. Sein Metier hat er im *Stahlbad* in Baden-Baden und im Münchner *Tantris* erlernt. 1991 wurde er von Gault-Millau zum »Küchenchef des Jahres« gewählt und kann heute auf 3 Michelin-Sterne und 4 rote Kochmützen (19,5) verweisen. Er ist Mitglied bei »Relais Gourmands« und »Traditions et Qualité«. Er begeistert sich vor allem für Eß- und Kochtraditionen. Seine sportlichen Vorlieben gelten dem Schwimmen, dem Fußballspielen und Fahrradfahren.

Armando Zanetti

* 11. Dezember 1926

Restaurant **Vecchia Lanterna**
Corso Re Umberto, 21
I-10128 Turin

Bereits von 1955 bis 1969 führte der gebürtige Veneter ein Restaurant in Turin, das *Rosa d'Oro*. 1970 eröffnete Armando Zanetti dann in derselben Stadt das Restaurant mit dem anschaulichen Namen »Alte Laterne«. Inzwischen hat der Küchenchef, der sich vorwiegend den kulinarischen Traditionen seines Heimatlandes widmet, 2 Michelin-Sterne und stolze 4 Kochmützen im Espresso/Gault-Millau (19,2/20).
Unermüdlich sucht Armando Zanetti nach allem Wissenswerten über die europäische Küche früherer Epochen. Er probiert aber auch gerne die Speisen seiner Kollegen.

Alberto Zuluaga

* 31. März 1960

Restaurant **Lopez de Haro y Club Nautico**
Obispo Orueta, 2
E-48009 Bilbao

Als Baske aus Vizcaya, der Provinz am Golf von Biskaya, ist Alberto Zuluaga besonders stolz darauf, sein Metier in der wahren Hauptstadt seiner Heimatprovinz ausüben zu können. Seit 1991 ist er Küchenchef im 5-Sterne-Luxusrestaurant *Club Nautico* im Bankenviertel von Bilbao. Zuvor hatte er von 1987 bis 1991 im *Bermeo*, ebenfalls in Bilbao, die baskische Eßkultur und ihre Traditionen gepflegt, was ihm 1988 den Titel »Bester Koch von Euzkadi« eintrug. Selbstverständlich vergnügt er sich in seiner Freizeit mit dem baskischen Boulespiel, schätzt aber auch den Motorsport. Darüber hinaus geht er mit Begeisterung Pilze sammeln.

Die Konditoren

Adolf Andersen

* 10. August 1936

Konditorei Café Confiserie Andersen
Wandsbeker Marktstraße 153
D-22041 Hamburg

Filialen: Jungfernstieg 26; Markt 16, Glinde; EKZ Hamburger Straße; Axel-Springer-Platz; EKZ Quarree Wandsbek Markt; Stadtzentrum Schenefeld

Adolf Andersen stammt aus einer Familie, deren Mitglieder seit 1910 als Konditoren tätig sind; er besitzt eine Konditorei mit zahlreichen Filialen in Hamburg. In seinen Cafés kann man seine Kreationen kosten, die auf »alten Familienrezepten, modernsten Techniken und einem guten Gespür« beruhen. Sein persönlicher Stil wurde vor allem während seiner Lehrzeit in der Konditorei *Voigt* in Braunschweig geprägt. Seine Hobbys sind Radtouren, Angeln und Jazz.

Jean-Jacques Bernachon

* 27. Oktober 1944

Chocolaterie Pâtisserie Bernachon
42, Cours Franklin Roosevelt
F–69006 Lyon

Nach einer Lehre in der *Pâtisserie Marchand* in Bougoin-Jallieu im französischen Departement Isère absolvierte der Sohn von Maurice Bernachon diverse Praktika in Paris bei Suchard, in Amsterdam bei Blooker und in Basel an der École La Koba. Von 1967 bis 1968 arbeitete er für Bocuse, dessen Prinzipien er bis heute treu geblieben ist. 1969 kehrte er nach Lyon zurück, um in der Konditorei seines Vaters zu arbeiten. Jean-Jacques Bernachon mag Mannschaftssportarten wie Fußball und Rugby, er spielt andererseits auch Golf. Außerdem beschäftigt er sich in seiner Freizeit ausgiebig mit zeitgenössischer Kunst, mit Lesen und Reisen.

Franz Augustin

* 12. April 1954

Demel k. u. k. Hofzuckerbäckerei
Kohlmarkt 14
A–1010 Wien

Die Hofzuckerbäckerei *Demel* – die berühmteste Konditorei zu Zeiten der Doppelmonarchie Österreich-Ungarn und k.u.k. Hoflieferant – braucht man nicht vorzustellen. Franz Augustin, der in den Konditoreien *Baumert* (1969–1974) und *Nahodil* (1974–1989) eine solide Ausbildung erhielt, ist seit April 1994 Backstubenleiter in diesem traditionsreichen und renommierten Unternehmen.
Neben seiner großen Vorliebe für die klassischen Wiener Köstlichkeiten interessiert Franz Augustin sich für Spiel- und Dokumentarfilme. Weitere Hobbys sind Bowling und Reisen.

Maurice Bernachon

* 10. Januar 1919

Chocolaterie Pâtisserie Bernachon
42, Cours Franklin Roosevelt
F–69006 Lyon

Der »Roi du chocolat«, Maurice Bernachon, erhielt seine Ausbildung bei Deboges in Pont-de-Beauvoisin und noch vor Beginn des Zweiten Weltkriegs in Lyon bei Lauthome und bei Coillard. Aufgrund einer Kriegsverletzung kehrte er 1942 nach Lyon zurück, und zwar in die Konditorei *Durand*. Nach einem kurzen Zwischenspiel in Trévoux eröffnete er seine eigene Konditorei in Lyon.
Dieser enge Freund und Weggefährte von Paul Bocuse wurde mit dem »Ordre du Mérite Agricole« und dem »Ordre des Arts et Lettres« ausgezeichnet. Hobbys: Blumen, Lesen und Fußball.

Eric Baumann

* 29. September 1961

Confiserie Pâtisserie Baumann
Balgriststraße 2
CH–8008 Zürich

Eric Baumann ist ein Perfektionist. Er machte zunächst eine Ausbildung an der Kaderschule in Zürich (1988–1990) und arbeitete anschließend in namhaften Konditoreien in Biel, St. Gallen und Zürich sowie eine Zeitlang in Mulhouse bei Gérard Bannwarth. 1990 eröffnete er seine eigene Konditorei in Zürich. Eric Baumann unterhält sehr gute Beziehungen zu verschiedenen Konditorenverbänden, wie z.B. dem »Cercle des Confiseurs«, dem er seit 1993 angehört, und der internationalen Vereinigung »Relais Desserts«, wo er seit September 1996 ist.
Eric Baumann reitet in seiner Freizeit gerne; zweimal in der Woche geht er mit seinen Mitarbeitern joggen.

Christian Cottard

* 17. Juli 1959

Pâtisserie Christian Cottard
49, Rue de la République
F–06600 Antibes

Christian Cottard stammt aus einer Konditorenfamilie in Menton. 1986 und 1989 kam er in die Endausscheidung für den Titel »Bester Handwerker Frankreichs«; 1989 wurde er »Champion de France en Dessert«. Im gleichen Jahr ließ er sich in Antibes nieder, nachdem er im *Oasis* in La Napoule, im *Hôtel de Paris* und im *Louis XV* in Monaco bei Alain Ducasse sein Können unter Beweis gestellt hatte. Er ist »offen für alles Schöne« und nimmt gern an den glanzvollen gesellschaftlichen Ereignissen der Côte d'Azur teil.
Christian Cottard treibt Sport (Ski, Surfen) und fotografiert gerne. Besonders schätzt er jedoch das Familienleben.

Lucas Devriese

* 3. Januar 1964

Pâtisserie Lucas
Van Bunnenplein 29
B–8300 Knokke-Heist

Lucas Devriese ging von 1985 bis 1989 bei Jeff Damme in Gent in die Lehre. 1989 eröffnete er in Knokke – wo er bei Roelens in der Konditorei *Notre-Dame* seine erste Berufserfahrung erworben hatte – seine eigene Konditorei in den Räumen der ehemaligen Metzgerei seiner Schwiegereltern. Heute ist er Mitglied der Vereinigung »Top Desserts«.
Lucas Devrieses Hobbys sind Motorradfahren und Radfahren im nahegelegenen Park Het Zwin. Er geht aber auch gern zum Essen aus. Er vergißt nie zu erwähnen, wie wichtig für ihn seine Ehefrau Hilde bei allen persönlichen und beruflichen Unternehmungen ist.

Philippe Guignard

* 13. März 1963

Maison Guignard Desserts
Grand-Rue 17–19
CH–1350 Orbe (Kanton Waadt)

Seit 1989 leitet Philippe Guignard seine eigene Bäckerei-Konditorei-Confiserie, die 1992 um ein Café-Restaurant erweitert wurde. In seinem Betrieb ist ihm »echter Teamgeist« wichtig. Entscheidend für seine Berufswahl wurde die Begegnung mit Albert Bise, einem Freund, dessen Leidenschaft die Gastronomie war. Zusammen mit seinem Chefpâtissier Laurent Buet kombiniert Philippe Guignard, »was gut und schön ist und zusammenpaßt«, und ist stolz auf den stetigen Zuspruch der Kunden.
Philippe Guignard liebt die Natur, fährt gerne Rad, spielt Tennis und ist aktives Mitglied des Fußballclubs von Yverdon.

Helmut Lengauer

* 1. Februar 1961

Hotel Sacher
Philharmonikerstraße 4
A–1010 Wien

Die echte Sachertorte wird in dem weit über Österreichs Grenzen hinaus berühmten Hotel *Sacher* hergestellt. Diese köstliche Torte ist nach Metternichs Koch Franz Sacher benannt, der sie im Sommer 1815 für den Wiener Kongreß kreierte.
Seit 1985 ist Helmut Lengauer Chefpâtissier im Hotel *Sacher* und hält sowohl die Tradition als auch das Renommee dieses Hauses aufrecht, dessen Backkunst europäische Lebensart verkörpert. Helmut Lengauer ist, was nicht weiter erstaunlich ist, ein großer Liebhaber klassischer Musik; er spielt gerne Tennis und fährt im Winter gern Ski in den Bergen.

Christian Nihoul

* 8. Oktober 1946

Gourmand Gaillard
1 à 7, Rue J. Jordaens
B–1000 Brüssel

Seit 100 Jahren ist die Pâtisserie der Familie Nihoul, die 1910 ihre Räume in der Avenue Louise in Brüssel bezog, ein Begriff und genießt insbesondere auch die Gunst des belgischen Königshauses. So fertigte Christian Nihoul, der die Konditorei seit 1964 leitet, z.B. für Königin Fabiola eine Geige aus Schokolade. Darüber hinaus knüpfte er zahlreiche Kontakte mit dem Ausland (Vereinigte Staaten, Korea, Weltausstellung von Sevilla) und eröffnete sogar zwei Filialen in Japan. Er ist Mitglied der »Kulinarischen Akademie Frankreichs«. Zu Christian Nihouls Hobbys gehörte lange das Fechten. Er interessiert sich auch für die Formel 1 und Comics.

Flavio Perbellini

* 8. November 1954

Pasticceria Ernesto Perbellini
Via V. Veneto, 46
I–37051 Bovolone (Verona)

Die Mitglieder der Familie Perbellini sind bereits seit fünf Generationen – seit der Gründung der Konditorei durch Luigi Perbellini im Jahre 1862 – als Konditoren tätig. Flavio Perbellini erhielt seine Ausbildung am Technischen Institut von Forli und absolvierte anschließend in Frankreich Praktika an der Schule Lenôtre und bei Taillevent. 1986 war er Preisträger beim Konditorenwettbewerb von Mestre. Zusammen mit seinen Brüdern Giovanni Battista und Enzo führt er die Familientradition fort.
Flavio Perbellini liebt seine Heimatstadt Verona. Weitere Hobbys sind figurative Malerei, mit Botticelli als Vorbild, und Schwimmen.

Bernard Proot

* 30. Juli 1954

Chocolaterie Pâtisserie Del Rey
Appelmanstraat 5
B–2018 Antwerpen

Seine erste Berufserfahrung sammelte Bernard Proot 1975 in der Konditorei *Del Rey*, aufmerksam beobachtet von seinem Chef Marchand, der ihn für mehrere Praktika an die Schule Lenôtre schickte. Um »nicht aus der Übung zu kommen«, ging er dann für zwei Jahre nach Brüssel zu Paul Wittamer. 1983 eröffnete er seine eigene Chocolaterie-Pâtisserie, die 1993 um ein Café erweitert wurde. Er ist Mitglied bei »Relais Desserts« und der Vereinigung »Top Desserts«. Bernard Proot schätzt das Familienleben, gutes Essen und geht gern ins Kino. Außerdem mag er Squash und Basketball, vor allem wenn sein Sohn Jan spielt.

Francisco Torreblanca

* 5. Februar 1951

Pasteleria Totel
Gran Avenida 103
E–03600 Elda (Alicante)

Seit 1978 leitet Francisco Torreblanca die *Pasteleria Totel*, eine der renommiertesten Konditoreien Alicantes, jener griechischen und später römischen Kolonie, die einst den Wohlstand des Königreichs Valencia begründete. Francisco Torreblanca wurde mehrfach ausgezeichnet, so 1988 als »Bester Konditor Spaniens«. 1990 erhielt er in Madrid den Titel »Bester Konditor Europas«. Er ist Mitglied bei »Relais Desserts« und hat sich einen Ruf erworben, der weit über Spaniens Grenzen hinausgeht. Francisco Torreblanca interessiert sich sehr für Malerei und klassische Musik, der er einen großen Teil seiner Freizeit widmet.

Gunther Van Essche

* 11. August 1965

Chocolaterie Pâtisserie Del Rey
Appelmanstraat 5
B–2018 Antwerpen

Bernard Proots Mitarbeiter Gunther Van Essche lernte bei Paul Wittamer in Brüssel und arbeitete anschließend in der Pâtisserie *Etienne* in Ophasselt. 1994 erhielt er den internationalen Preis »Mandarine Impériale«, 1995 den Preis »Prosper Montagné«, mit dem der beste Konditor Belgiens ausgezeichnet wird. Im gleichen Jahr wurde er zusammen mit Rik de Baere und Pierre Marcolini »Konditorenweltmeister«.
Genügt es, um all das zu erreichen, »Perfektionist zu sein«, wie er sich ausdrückt? Sicher gehören dazu auch viel Talent und das ständige Bestreben, Neues zu schaffen. Seine Freizeit verbringt Gunther Van Essche mit Gartenarbeit, Fitneßtraining und Jiu-Jitsu.

Glossar

Abbrennen: Eine Masse (z.B. Brandteig) auf dem Herd so lange mit dem Holzlöffel rühren oder schlagen, bis sie sich glatt von Löffel und Topfwand löst.

Abflämmen: Gebäck oder Schneemasse im heißen Backofen bei starker Oberhitze kurz Farbe annehmen lassen. Man kann dazu auch den Salamander benutzen.

Abglänzen: Früchte, Cremes oder Gebäckstücke dünn mit Gelee, Marmelade oder Gummi arabicum bestreichen.

Ablöschen: Durch Zugabe von Flüssigkeit wie Wein oder Fleischbrühe den gehaltvollen Bratensatz unter Rühren vom Topf- oder Pfannenboden lösen.

Abschlagen: Einen Teig bearbeiten.

Abschmecken: Eine Speise gegen Ende der Zubereitung mit Pfeffer und Salz oder auch mit Gewürzen und Kräutern nachwürzen, um sie geschmacklich abzurunden.

Abschrecken: Einen heißen Topf oder eine heiße Speise in kaltes Wasser tauchen oder abgießen und unter fließendes kaltes Wasser halten, um die Temperatur schnell zu senken.

Abstechen: Kleine Klöße o. ä. mit einem Tee- oder Eßlöffel von der Masse abstechen, um sie in siedendem Wasser oder Brühe zu garen.

Abziehen = »zur Rose« abziehen: Eine Creme oder Sauce unter ständigem Rühren unter dem Siedepunkt so lange erhitzen, bis sie den Löffel deckt, d. h. dickflüssige Konsistenz erlangt. Hebt man dann etwas Creme auf einem Kochlöffel heraus, bleibt sie leicht angedickt darauf liegen und bildet beim Daraufblasen Wellen, die an die Form einer Rose erinnern.

Aïoli: Provenzalische Knoblauch-Mayonnaise (frz. »ail« = Knoblauch), die zu gedünstetem Seefisch, hartgekochten Eiern oder Gemüse gereicht wird.

Al dente: (ital. bißfest) Teigwaren und Gemüse bißfest, d.h. nicht zu weich garen.

Amerikanische Sauce: Sauce aus stark angeröstetem Wurzelgemüse und zerstoßenen Hummerschalen, die mit Weinbrand flambiert, mit Weißwein abgelöscht und mit Butter aufgeschlagen wird. Man reicht sie zu Fisch und Schalentieren.

Anbraten: Fleisch oder andere Zutaten in wenig heißem Fett bräunen lassen.

Angelika = Engelwurz: Die getrockneten und kandierten Stengel der Angelikapflanze haben ein leicht bitteres Aroma.

Anschwitzen: Gemüse, vor allem Zwiebeln, oder Mehl bei niedriger Hitze in Fett garen, ohne es zu bräunen.

Aprikotieren: Gebäck mit heißer, durchpassierter Aprikosenkonfitüre bestreichen, entweder als Glasur oder als Isolierschicht unter Glasuren und Creme- oder Obstfüllungen.

Aroma: Backaromen und -essenzen sind konzentrierte Geschmacks- und Geruchsstoffe aus Früchten, Pflanzen und Gewürzen, die mit »Trägerstoffen« (meist Alkohol oder Öl) verbunden werden, z.B. Bittermandel-, Rum-, Arrak-, Vanille- und Zitronenaroma.

Aromatisieren: Einer Creme Gewürze, Essenzen oder Alkohol zufügen, um ihr eine besondere geschmackliche Note zu geben.

Arrosieren: Bratenstücke wie Roastbeef, Ente, Spanferkel o. ä. mit heißem Bratensaft begießen (frz. »arroser« = begießen), damit das Fleisch nicht austrocknet, sondern eine appetitliche braune Kruste bekommt.

Aufschlagen: Schnee- oder Eiermassen mit dem Schneebesen schaumig rühren bzw. schlagen.

Ausbacken: Gebäck schwimmend in heißem Pflanzenfett oder Schmalz backen.

Ausrollen: Einen Teig mit Hilfe eines Rollholzes oder Nudelholzes in eine gewünschte Form bringen.

Ausstreichen: Backformen mit einer dünnen Schicht Fett bestreichen, damit sich das fertige Gebäck leichter herauslösen läßt.

Ausstreuen: Eine gefettete Backform mit Semmelbröseln, Zucker, Mehl oder feingemahlenen Mandeln oder Nüssen bestreuen.

Backen: Garen von Teigen (Gebäck) oder teigartigen Massen (Aufläufe, Pasteten) in trockener Hitze im Backofen.

Baiser, Meringe, Meringue: Schaumgebäck aus Zucker und Eiweiß.

Bemehlen: Siehe Ausstreuen.

Binden: Eine Flüssigkeit durch Mehl, Stärke, Eier, Eigelb, Gelatine oder auch Sahne sämiger machen.

Biskuitbrösel: Zerbröselte trockene Biskuitreste.

Blanchieren (brühen): Zutaten, vor allem Gemüse, in kochendem Wasser leicht garen, um strengen Geschmack, Geruch, Keime oder Enzyme zu entfernen. Blanchieren nennt man auch das Übergießen von Früchten oder Nüssen mit heißem Wasser, um die Schale oder Haut vor dem Schälen zu lösen.

Blindbacken: Einen Mürbeteigboden mit Rand ohne Füllung vor- oder fertigbacken. Damit der Teigrand nicht einsinkt, füllt man auf den Boden, der mit Pergamentpapier bedeckt wird, getrocknete Hülsenfrüchte (Bohnen, Erbsen oder Linsen) oder Backerbsen aus Metall.

Blini: Kleiner russischer Pfannkuchen aus Buchweizenmehl, meist mit saurer Sahne, Kaviar oder Räucherlachs belegt.

Bouquet garni: Zusammengebundenes Kräutersträußchen, mit dem man Suppen, Eintöpfe und Schmorgerichte würzt. Besteht meist aus Thymian, Lorbeer und Petersilie, aber auch aus Rosmarin, Majoran, Liebstöckel, Fenchel, Lauch oder Sellerie je nach Gericht und Region.

Bräunen: Braun dünsten oder poelieren (frz. »poêle« = Pfanne), d.h. zartes Fleisch auf einem Stück Speck in einer Pfanne mit Butter oder etwas Flüssigkeit bei mittlerer Hitze garen, bis es schön braun wird.

Carpaccio: Gericht aus hauchdünn geschnittenem, rohen Fleisch, meist Rindfleisch, mit Öl und Zitronensaft oder einer Vinaigrette aus Olivenöl angerichtet und als Vorspeise serviert.

Chantilly: Speisen à la Chantilly, vor allem Süßspeisen, werden immer von Schlagsahne begleitet oder damit vermischt.

Charlotte: Dessert aus pürierten Früchten oder Cremes, die in eine mit Löffelbiskuits, Waffeln oder gebutterten Brotscheiben ausgelegte Form gefüllt werden.

Chartreuse (Kartäusergericht): Ein Auflauf aus kleingeschnittenem Fleisch, Gemüse und Speck, der im Wasserbad gart und warm serviert wird.

Consommé: (frz. »consommer« = vollenden) Kraftbrühe aus Fleisch oder Geflügel, sehr lange eingekocht und dann geklärt. Sie wird heiß oder kalt verzehrt.

Corail: Rogen von Schalentieren, z. B. Hummern, der unter Kennern als besondere Delikatesse gilt.

Coulis: Sauce aus pürierten Früchten, Zitronensaft und Läuterzucker.

Croûtons: Geröstete Brotscheiben oder -würfel, die mit Suppen, Schmorgerichten oder Salat serviert werden.

Crudités: (frz. Rohkost) Rohes Gemüse, meist zu Streifen geschnitten, als Vorspeise. Wird mit Dips und kalten Saucen serviert.

Dämpfen: Garen von Speisen über Wasserdampf im Dampftopf mit Siebeinsatz oder in speziellen, mehrschichtigen Metall- oder Bambustöpfen.

Dekorieren: (frz. »décorer« = ausschmücken) Eine Speise verzieren, z. B. mit Kräutersträußchen oder schön geschnittenen Gemüse- oder Obstscheiben.

Dijonnaise: Französischer Begriff für Gerichte, die mit hellem Dijonsenf zubereitet werden – eine spezielle, cremige Senfart aus Senfkörnern, die im sauren, vergorenen Saft unreifer Trauben eingeweicht werden. Dijonnaise bezeichnet auch eine Mayonnaise mit Senfgeschmack, die zu kaltem Fleisch serviert wird.

Dressieren: Cremes oder Massen mit dem Spritzbeutel formen.

Dünsten: Speisen im eigenen Saft oder mit sehr wenig zusätzlicher Flüssigkeit und meist auch etwas Fett garen.

Einbrennen: Saucen oder Gemüse mit Einbrenne (Mehlschwitze) binden.

Eindecken: Torten und Gebäck mit Marzipan usw. überziehen.

Einstechen: Rohen Teig (z. B. Mürbeteig) vor dem Backen mit einer Gabel in gleichmäßigen Abständen einstechen, damit er beim Backen keine Blasen wirft.

Englische Sauce: Sauce für Süßspeisen aus Puderzucker, Eigelb, Milch und etwas Salz, mit Sahne abgerundet.

Entfetten: Durch Abschöpfen oder Abgießen das oben schwimmende Fett von Saucen oder Suppen entfernen.

Farce: (frz. Füllung) Feingehackte Mischung aus Fleisch oder Fisch mit Kräutern und Gewürzen zur Füllung von Pasteten oder Geflügel. Auch Pilze, Gemüse, Reis, Semmelbrösel oder Ei werden mit Fleisch oder Innereien vermischt als Füllung verwendet.

Filo-Teig: Teig aus kleberreichem Mehl (Weizenmehl), Wasser und Öl (Fett), der papierdünn ausgerollt und dann zu Blättern geschnitten und mit Fett bepinselt übereinandergeschichtet wird. In der Küche des Vorderen Orients, der Türkei, Griechenlands, Österreichs und Ungarns häufig verwendet. Dem Blätterteig ähnlich; kann in den Rezepten durch diesen ersetzt werden.

Flambieren: Gerichte mit hochprozentigem Alkohol übergießen und anzünden, um sie mit dessen Aroma zu verfeinern.

Fond: Saft, der nach dem Garen von Fleisch oder Fisch zurückbleibt und die Basis für Saucen bildet. Auch als Fertigprodukt.

Fondant: Zuckermasse zum Glasieren.

Frappieren: Kühlen, meist in Eis kühlen.

Fritieren: Nahrungsmittel in sehr heißem Fett oder Öl schwimmend garen oder bräunen. Dadurch bildet sich eine Kruste, die Geschmack und Feuchtigkeit einschließt.

Galantine: Rollpastete – pikant gewürzte Pastete, die in Tücher oder dünne Fleischstreifen eingerollt oder in einer entsprechenden Form gegart wird.

Garnele: Kleines, scherenloses Schalentier mit langen Fühlern, schmalen Beinen und einem langen, plumpen Körper. Je nach Art variiert die Farbe, aber die meisten werden beim Kochen orangerot. Es gibt sie in kalten und warmen Gewässern, in Süß- und Salzwasser. Ihr festes, feuchtes Fleisch bildet in vielen Ländern die Grundlage für diverse Gerichte.

Garnieren: Um die Hauptzutat Beilagen anrichten oder das Gericht verzieren.

Garnitur: Dekorative Beilage eines Gerichtes, auch die Einlage bei Suppen oder Saucen.

Gazpacho: Kalte Gemüsesuppe spanischer Herkunft aus reifen Tomaten, rotem Paprika, Gurke, Olivenöl und Brot- oder Knoblauchkrüstchen.

Gehenlassen: Hefeteig oder Hefevorteig zugedeckt an einem warmen Ort ruhen lassen, damit sich sein Volumen vergrößert.

Gelatine: Gelierstoff in Blattform oder pulverisiert. Blattgelatine in etwas kaltem Wasser 5–10 Minuten einweichen, dann gut ausdrücken und in heißer Flüssigkeit (am besten im heißen Wasserbad) auflösen. Gemahlene Gelatine im Einweichwasser bei milder Hitze auf dem Herd unter ständigem Rühren auflösen.

Gelee: Klare oder halbklare, elastische Masse, mit Pektin oder Gelatine zubereitet oder gallertartig erstarrter Fleischsaft.

Geschlossener Zug: Backen mit Dunst; die dazu vorgesehene Öffnung beim Backrohr schließen.

Glacieren (glasieren): Das Überglänzen von Speisen mit dem eigenen Saft, Gelee oder Zucker.

Glukose, Glukosesirup: Stärkesirup, der beim Zuckerkochen zugesetzt wird, um zu verhindern, daß der Zucker wieder kristallisiert.

Grillen: Nahrungsmittel schnell über heißer Kohle oder unter einer heißen Grillspirale garen.

Hefevorteig, Hefeansatz: Das Herstellen des Hefevorteigs ist der erste Arbeitsgang bei der Zubereitung eines Hefeteigs. Er wird aus der ganzen oder einem Teil der Hefe, einem Viertel oder Drittel des Mehls, der halben Menge Flüssigkeit und etwas Zucker angesetzt und muß zugedeckt bei einer Temperatur von 20–25 °C ca. 15 Minuten ruhen, bis er starke Risse zeigt, und wird dann mit den übrigen Zutaten zum Hauptteig verknetet.

Herzmuscheln: Gruppe von Muscheln mit braungestreiften, gerillten Schalen in den flachen Küstengewässern des Atlantiks und des Mittelmeers, die roh mit Zitronensaft, gebraten oder gedünstet verzehrt werden.

Hoisinsauce: Pikante rotbraune Sauce aus einer Paste aus fermentierten Sojabohnen, Mehl, Salz, Zucker und rotem Reis hergestellt. Gibt als natürliches Färbemittel vielen chinesischen Gerichten die Farbe.

Instantkaffee: Sehr geschmacksintensiver, sofort löslicher Pulverkaffee, der nach einem bestimmten Verfahren hergestellt wird.

Jakobsmuschel: Weichtier mit charakteristischer, fächerförmiger Schale. Es bewegt sich bei geöffneter Schale mit Hilfe eines großen Muskels fort. Gegessen werden dieser Muskel und der orangefarbene Rogen. Jakobsmuscheln werden gewöhnlich in der Schale zubereitet und serviert.

Julienne: In feine Streifen geschnittenes Gemüse als Suppeneinlage oder als Beilage zum Hauptgericht.

Kalt schlagen: Schaum- oder Eiermassen nach dem warmen Aufschlagen im kalten Wasserbad schlagen, bis sie ausgekühlt sind.

Kandieren: Früchte, Blumen, Schalen oder Samen (z.B. Kirschen, Ingwer, Zitronat, Orangeat, Veilchenblüten) in konzentrierte Zuckerlösung einlegen und anschließend trocknen. Der Zucker kristallisiert und bildet die typische dicke Kruste.

Karamel: Geschmolzener Zucker, der sich durch das Erhitzen hell bis kräftig braun färbt.

Karamelisieren: Leicht mit Karamelzucker überziehen oder vermengen.

Klären: Entfernung von Trübstoffen aus Suppen und Saucen durch Einrühren von leicht aufgeschlagenem Eiweiß, vorsichtiges Erhitzen und anschließendes Passieren.

Kneten: Die Bestandteile eines Teigs mit beiden Händen oder den Knethaken des Mixers kräftig durcharbeiten, bis eine glatte, geschmeidige Masse entsteht.

Köcheln: Lebensmittel in einer Flüssigkeit knapp unter dem Siedepunkt gar ziehen lassen. Wenn die Flüssigkeit köchelt, steigen Blasen auf.

Krokant: Masse aus gemahlenen Haselnüssen oder Mandeln und karamelisiertem Zucker.

Läuterzucker: Lösung aus Zucker und Wasser im Verhältnis 1:1. Der Zucker wird dazu mit Wasser auf 100 °C bzw. bei Verwendung einer Zuckerwaage auf 28 °Beaumé gekocht (was in der erkalteten Flüssigkeit 30 °Beaumé entspricht).

Legieren: Leichtes Andicken und Binden von köchelnden Saucen durch Einrühren von Eigelb und Sahne, Milch oder Butter.

Liwanzen: Böhmisches Hefegebäck, das in einer speziellen Muldenpfanne gebacken wird.

Mandel-Zuckermischung: Mischung aus 50% gemahlenen Mandeln und 50% Zucker (»Gleichschwer«).

Marillen: Österreichische Bezeichnung für Aprikosen.

Marinieren: Einlegen von Fleisch, Fisch oder Geflügel in eine Mischung aus Öl, Essig oder Zitronen sowie Gewürzen und Kräutern. Dadurch verkürzt sich die Kochzeit, und die eingelegten Stücke nehmen das Aroma der Marinade an.

Marzipan: Masse aus sehr fein gemahlenen Mandeln und Puderzucker. Rohmarzipan wird als Fertigprodukt angeboten.

Mazerieren: Früchte (vor allem Trockenfrüchte) in Alkohol oder Likör einlegen und durchziehen lassen.

Melieren: Vorsichtig vermengen, unterheben, unterziehen.

Mousse: (frz. Schaum) Üppige, leicht gesüßte oder herzhafte Speise, die ihre zarte, schaumige Struktur durch steifgeschlagenes Eiweiß, geschlagene Sahne oder beides erhält.

Nappieren: Mit einer Creme überziehen, die so dick eingekocht wird, daß sie den Löffel deckt.

Nougat: Masse aus gerösteten gemahlenen Haselnüssen oder Mandeln mit Zucker und Kakaobestandteilen. Helles Nougat (z. B. Nougat de Montélimar) enthält dagegen keine Kakaobestandteile.

Offener Zug: Backen ohne Dunst (durch Öffnen der beim Backrohr dazu vorgesehenen Vorrichtung).

Panieren: Fleisch, Geflügel oder Fisch in einer Mischung aus Mehl, Ei und Semmelbröseln (Paniermehl) wenden, um sie anschließend zu braten oder zu fritieren.

Parfait: (frz. vollkommen, vollendet) Kalte Speise aus einer feinen Farce, mit Gelatine oder Eiweiß gebunden, in Formen gefüllt und nach dem Erkalten gestürzt. Ein süßes Parfait ist ein gekühltes Dessert aus Eiercreme, Gelee, Eiscreme und Sahne in einem hohen Glas.

Parfümieren: Mit beliebigen Gewürzen, Alkohol oder Essenzen aromatisieren.

Passieren: Eine Suppe, Sauce oder andere Flüssigkeit durch ein Sieb oder Tuch streichen.

Persillade: Mischung aus feingehackter Petersilie und Knoblauch oder kalte Rindfleischschnitte mit Essig, Öl und viel Petersilie (frz. »persil« = Petersilie).

Pochieren: Zutaten bei niedriger Temperatur in wenig Flüssigkeit garen.

Powidl: Österreichische Bezeichnung für Pflaumenmus.

Pralin, Praliné: Eine Masse aus gerösteten gemahlenen Haselnüssen oder Mandeln mit karamelisiertem Zucker.

Pralinieren: In Zucker rösten, karamelisieren.

Pürieren: Weiche Zutaten durch Zerkleinern zu einer gleichmäßigen Masse verarbeiten.

Reduzieren: Sauce oder Bratensaft einkochen, so daß Wasser verdampft, die Sauce dicker und das Aroma kräftiger wird.

Remoulade: Kräutermayonnaise mit gehacktem Estragon, Kerbel, Petersilie, Gewürzgurken und Kapern. Auch als Fertigprodukt. Wird zu kalten Fleischspeisen, Fisch und Schalentieren serviert.

Rösten: Speisen bräunen oder knusprig machen, indem man sie trockener Hitze aussetzt. Bei Nüssen und Kernen erreicht man damit ein volleres Aroma.

Rühren: Flüssige oder cremige Substanzen durch Rühren mit dem Kochlöffel, dem Schneebesen oder dem Rührbesen des Mixers in eine homogene Masse verwandeln.

Sabayon: Eine im Wasserbad gerührte luftige Schaumcreme aus Eigelb, Zucker und Alkohol.

Safran: Gewürz aus den getrockneten Stempeln der Safranpflanzenblüte. Da die kleinen Staubfäden von Hand gepflückt werden müssen, ist echter Safran das teuerste Gewürz der Welt. Doch benötigt man nur kleine Mengen zum Würzen und Färben verschiedener Gerichte wie Fischgerichte, Reis, Currys, Schmortöpfe und Süßspeisen.

Sauce béchamel: Cremige Sauce aus Mehl, Butter und Milch, die heiß serviert wird. Benannt nach dem Marquis de Béchamel, Haushofmeister von Ludwig XIV.

Sautieren: Lebensmittel in etwas heißer Butter anbraten oder bräunen (frz. »sauter« = springen, kurz in Butter braten).

Schleifen: Teigstück auf der Arbeitsfläche rund formen.

Schmelzen: Fett, Nougat oder Schokolade bei sehr milder Hitze bis zum Flüssigwerden erhitzen.

Schmoren: Zutaten zunächst anbraten, dann etwas Flüssigkeit (Wasser, Brühe, Fond, Wein) zugeben und gut zugedeckt langsam garen. Das Schmorgut gart also im Fett, in der Flüssigkeit und im Dampf.

Soufflé: Leichtes, lockeres Eiergericht (frz. »souffler« = aufblasen), süß oder herzhaft, das heiß oder kalt serviert wird. Die luftige Struktur des heißen Soufflés entsteht durch steifgeschlagenes Eiweiß, das unter eine warme Sauce oder ein Püree gehoben wird.

Spicken: Mageres Fleisch mit Speckstreifen, Trüffelscheiben oder Knoblauchzehen durchziehen oder umwickeln, um es vor Austrocknung zu schützen und um dem Fleisch zusätzlichen Geschmack zu verleihen.

Sud: Gewürzte Kochbrühe zum Garen von Fisch oder Siedfleisch.

Tatar: Rohes Schabefleisch vom Rind, das mit gehackten Zwiebeln, Essiggurken, Kapern oder Petersilie, Pfeffer und Salz gewürzt wird.

Temperieren: Kuvertüre bei schwacher Hitze oder im heißen Wasserbad langsam erhitzen und verflüssigen.

Terrine: Zubereitung aus feingehacktem Fleisch, Geflügel, Wild, Fisch oder Gemüse, die in einer tiefen Form mit geraden Wänden gegart und anschließend gekühlt serviert wird.

Topfen: Die österreichische Bezeichnung für Quark.

Tourieren, Touren geben: Einschlagen und Ausrollen des Teigs mit der Butter bei der Herstellung von Blätterteig oder Plunderteig. Je häufiger dieser Vorgang wiederholt wird, um so mehr Schichten hat der Teig. Guter Blätterteig wird vier- bis sechsmal touriert. Zwischendurch muß er kühl gestellt werden.

Tranchieren: (frz. »tranche« = Scheibe) Fleisch, Geflügel oder Fisch in Scheiben schneiden oder zum Anrichten zerlegen. Dazu benötigt man ein großes, sehr scharfes Messer und ein Tranchierbrett (Holzbrett).

Tränken: Tortenböden, Schnitten usw. mit einer Mischung aus Läuterzucker, Spirituosen oder Fruchtsaft so lange beträufeln, bis sie sich vollgesogen haben. Kleinere Gebäckstücke lassen sich auch kurz in die jeweilige Flüssigkeit tauchen.

Trempieren: Krokant oder Pralinen in Kuvertüre tauchen, kleine Gebäckstücke (z.B. Babas) in Sirup tauchen.

Trüffel: Großer, wildwachsender Speisepilz mit knolligem Stamm und einer fleischigen, braunen Kappe. Im Herbst unter dem Laub von Eichen und Kastanienbäumen zu finden.

Überbacken(gratinieren): Gekochte Speisen vor dem Servieren mit Semmelbröseln, Käse und Butterflöckchen bestreuen und bei starker Oberhitze im Ofen kurz backen, so daß sich eine braune Kruste bildet.

Unterheben: Zutaten in eine gleichmäßige Masse geben und vorsichtig, ohne kräftiges Rühren, damit vermischen.

Unterziehen: Teigzutaten nicht rasch verrühren, sondern mit einem Holzspatel langsam untereinanderziehen.

Vanillezucker: Zucker mit einem Zusatz von mindestens 5% zerkleinerter Vanilleschote, deren dunkle Pünktchen sichtbar sind

Vanillinzucker: Zucker mit Vanillin, einem künstlichen Vanille-Trockenaroma.

Velouté: (frz. »velours« = Samt) Weiße, sämige Grundsauce aus Butter, Mehl, Kalbs- oder Geflügelfond, mit Salz und Pfeffer gewürzt. Auch als Fertigprodukt erhältlich.

Vinaigrette: Salatsauce auf der Basis von Essig (frz. »vinaigre«) und Öl, oft auch mit (Dijon-)Senf.

Warm schlagen: Schaum- oder Eiermassen im warmen Wasserbad aufschlagen.

Wasserbad: Schonendes Garen in einem Topf, der in einem zweiten Topf mit kochendem Wasser hängt, oder in speziellen doppelwandigen Töpfen, wodurch ein Anbrennen verhindert wird.

Ziselieren: Beidseitiges Einschneiden von Fisch oder Fleisch (frz. »ciseler« = ausmeißeln) aus dekorativen Gründen, damit die Stücke beim Kochen nicht platzen, sondern sich gleichmäßig wölben.

Zuckersirup = Läuterzucker: In Wasser aufgelöster und klar gekochter Zucker. Der Konzentrationsgrad des Zuckers wird mit der Zuckerwaage in ° Beaumé gemessen. Die Zuckerwaage wurde von dem französischen Chemiker und Ingenieur Antoine Beaumé (1728–1804) erfunden.

Register